Johanna Steinfeld

Unternehmen ohne Eigentümer

Schriftenreihe zur Zeitschrift für Unternehmensgeschichte

Band 37

Johanna Steinfeld

Unternehmen ohne Eigentümer

Unternehmerische Entscheidungen der Optischen Werkstätte Carl Zeiss von 1889 bis 1933

DE GRUYTER
OLDENBOURG

ISBN 978-3-11-105283-0
e-ISBN (PDF) 978-3-11-105323-3
e-ISBN (EPUB) 978-3-11-105353-0
ISSN 2509-291X

Library of Congress Control Number: 2022949810

Bibliografische Information der Deutschen Nationalbibliothek
Die Deutsche Nationalbibliothek verzeichnet diese Publikation in der Deutschen Nationalbibliografie; detaillierte bibliografische Daten sind im Internet über http://dnb.dnb.de abrufbar.

Einbandabbildung: Postkarte, nach 1911: Optische Werke Carl Zeiss Jena im Hintergrund. Links davor das Ernst-Abbe-Denkmal, enthüllt am 30. Juli 1911, rechts davor Ernst Abbes Wohnhaus. ZEISS ARCHIV, Jena, PK 402.
Druck und Bindung: CPI books GmbH, Leck

www.degruyter.com

Dank

Die vorliegende Arbeit ist eine für den Druck überarbeitete Fassung meiner im Juni 2020 am Fachbereich Philosophie und Geschichtswissenschaften der Goethe-Universität Frankfurt am Main eingereichten Dissertation. Sie entstand am Frankfurter Lehrstuhl für Wirtschafts- und Sozialgeschichte unter der Betreuung von Professor Dr. Werner Plumpe. Ihm vor allen möchte ich danken, der meine Arbeit mit anregenden Kommentaren begleitet und mir zugleich die nötige Freiheit des Forschens gestattet hat. Dankbar bin ich Professor Dr. Andreas Fahrmeir und Professor Dr. Ralf Banken für die Übernahme des Zweit- und Drittgutachtens und die vielen förderlichen Kommentare.

Ebenso danke ich der Jury des Preises für Unternehmensgeschichte, die die Arbeit der Aufnahme in die Schriftenreihe der Zeitschrift für Unternehmensgeschichte für würdig befand. Dank gilt an dieser Stelle dem Verlag Walter DeGruyter, namentlich Herrn Georg Bucher, ebenso wie Frau Ursula Schmidt von Datagroup für die freundliche Betreuung der Veröffentlichung. Zudem gebührt mein Dank der Historischen Kommission für Thüringen, welche die Dissertation im Jahr 2021 mit dem Landesgeschichtlichen Preis für Industriekultur der Kategorie II ausgezeichnet hat.

Den Mitgliedern des Frankfurter Lehrstuhls für Wirtschafts- und Sozialgeschichte spreche ich meinen Dank für die Diskussionen und Debatten aus, von denen meine Arbeit profitiert hat. Ich danke PD Dr. Friederike Sattler für ihr Interesse und ihre Unterstützung und Professor Dr. Johannes Bähr für seine hilfreichen und kenntnisreichen Anregungen. Die studentischen Hilfskräfte Aresa Citaku, Johannes Marquardt, Markus Neumann, Felix Plantenberg und David Sánchez unterstützten die Arbeit auf vielfältige Weise; ich möchte ihnen vor allem für das gründliche Korrekturlesen der Arbeit danken. Besonders profitiert hat das Manuskript von Christiane Borcherts stilistischen Vorschlägen.

Darüber hinaus gilt mein großer Dank Herrn Dr. Wolfgang Wimmer und Frau Marte Schwabe sowie den weiteren Mitarbeiter:innen des ZEISS Archivs, die mich dort mehrere Monate lang betreut, mit wertvollen Auskünften versorgt und während der Corona-Pandemie trotz geschlossener Archivtüren flexible Lösungen für meine Anfragen gefunden haben. Ich danke ebenfalls dem SCHOTT Archiv und Frau Judith Hanft, dem Stadtarchiv Jena und Frau Constanze Mann sowie dem Landesarchiv Thüringen, Hauptstaatsarchiv Weimar für die freundliche Betreuung.

Zuletzt gilt mein Dank meiner Familie und meinen Freund:innen, besonders meinen Eltern sowie Constanze für die interessierte Betreuung der Arbeit und des Arbeitsprozesses und Vernessa für die humorvolle Begleitung während der gesamten Zeit am Frankfurter Lehrstuhl.

Frankfurt am Main, im Januar 2023 Johanna Steinfeld

https://doi.org/10.1515/9783111053233-001

Inhalt

1 Die Unternehmensführung der Optischen Werkstätte Carl Zeiss

1.1 Die Unternehmensführung eines Stiftungsunternehmens

> Das Stiftungsstatut war herrlich, solange der Stifter selbst noch lebte und es jeder Änderung der Verhältnisse anpassen konnte. Von jetzt an wird es wie eherne Schienen einen lebenden, wachsenden Körper umschliessen, und dessen Nerven werden bald und noch oft Schmerzen empfinden.[1]

Es waren sorgenvolle Gedanken, die Siegfried Czapski[2] im Jahr 1905 auf die Entwicklung der Optischen Werkstätte Zeiss richtete. Als einer der drei Geschäftsleiter der Optischen Werkstätte unterstand ihm ein Unternehmen mit außergewöhnlicher Organisationsstruktur. Eigentümer waren nicht eine bzw. mehrere Privatpersonen oder Aktionäre, wie es Anfang des 20. Jahrhunderts zumeist der Fall war; stattdessen befanden sich alle Unternehmensanteile im Besitz einer Unternehmensstiftung – der Carl-Zeiss-Stiftung. Diese für ein Unternehmen ungewöhnliche Organisationsform war im Wesentlichen vom Unternehmereigentümer Ernst Abbe, der seit den 1870er-Jahren den Erfolg der Optischen Werkstätte maßgeblich beeinflusst hatte, konzipiert und im Jahr 1896 im Stiftungsstatut fixiert worden. Czapskis Sorgen waren daher im Widerspruch von starrer Unternehmensverfassung und dynamischer Unternehmensentwicklung begründet.

Ernst Abbes Tod im Januar 1905 beendete eine Zeitspanne von vier Jahrzehnten, während derer sein Leben eng mit der Geschichte der Optischen Werkstätte verbunden gewesen war. Mitte der 1860er Jahre war es zu einem folgenreichen Kontakt zwischen dem Inhaber der Optischen Werkstätte, Carl Zeiss, und dem Mathematiker und Physiker Ernst Abbe gekommen, als jener Rat in physikalischen Fragen suchte.[3] Abbe lehrte zu dieser Zeit an der Universität Jena und war entschlossen, seine

1 Siegried Czapski an Max Vollert, 21.11.1905, in: Carl Zeiss Archiv (im Folgenden abgekürzt: CZA), BACZ 23018.

2 Der Physiker Siegfried Czapski (1861–1907) arbeitete seit 1884 bei Zeiss. Nach Abbes Rückzug aus der Geschäftsleitung im April 1903 wurde er Stiftungsbevollmächtigter.

3 Der Familienname „Zeiss" wurde ursprünglich mit „ß" geschrieben, die Firma schon früh mit „ss". Der Sohn von Carl Zeiss, Roderich Zeiss, und Ernst Abbe änderten die Schreibweise von Firmen- und schließlich auch Familiennamen in den 1880er Jahren zu „Zeiss". In einigen Quellen, die in dieser Arbeit zitiert werden, findet sich noch die alte Schreibweise. Vgl. Hellmuth, Edith/Mühlfriedel, Wolfgang: Zeiss 1846–1905. Vom Atelier für Mechanik zum führenden Unternehmen des optischen Gerätebaus, Köln/Weimar/Wien 1996, S. 1, Fn1.

https://doi.org/10.1515/9783111053233-002

Berufslaufbahn auf akademischem Wege weiterzuführen. In der Zusammenarbeit mit Carl Zeiss zeigte sich jedoch rasch, dass Abbe in der Lage war, theoretische und praktische Probleme des optischen Instrumentenbaus zu lösen. Ein intensiveres Engagement Abbes bei der Optischen Werkstätte lag daher nahe, zunächst in Form einer stillen Teilhaberschaft im Jahr 1875. Acht Jahre später, im Jahr 1883, besaß Abbe die Hälfte der Unternehmensanteile, während die andere Hälfte Eigentum von Carl Zeiss und seinem Sohn Roderich war.[4] Im Mai 1889 schließlich gründete Abbe die Carl-Zeiss-Stiftung und übertrug ihr 1891 seine Anteile an der Optischen Werkstätte und dem Glastechnischen Laboratorium Schott & Genossen in Jena. Da auch Roderich Zeiss zu diesem Zeitpunkt seine Anteile der Stiftung übertrug, wurde die Carl-Zeiss-Stiftung Eigentümerin aller Anteile der Optischen Werkstätte und der Hälfte der Unternehmensanteile des Glastechnischen Laboratoriums Schott.[5]

Die Carl-Zeiss-Stiftung war von Abbe als sogenannte Unternehmensträgerstiftung konzipiert worden. Sie verwaltete nicht bloß das Stiftungskapital, dessen Erträge zur Finanzierung der Stiftungszwecke verwendet werden sollten, sondern agierte darüber hinaus als Betreiberin beider Unternehmen.[6] Stiftung und Unternehmen gingen folglich eine enge Verbindung ein, und nur durch ein prosperierendes Gedeihen der Stiftungsbetriebe war es der Stiftung möglich, die ihr von Abbe zugewiesenen Stiftungszwecke zu erfüllen. In der Hierarchie der Stiftungszwecke stand daher zuoberst das kostendeckende Wirtschaften der Stiftungsbetriebe. Über die Kostendeckung hinaus erwirtschaftete Gewinne sollten für die in Paragraph 1, B des Stiftungsstatuts[7] formulierten gemeinnützigen Zwecke außerhalb der Unternehmen verwendet werden. Die Unternehmen wurden zum Ort der Durchsetzung

4 Der Gesellschaftsvertrag wurde am 21.7.1883 neu formuliert, vgl. Schomerus, Friedrich: Einleitung, in: Abbe, Ernst: Werden und Wesen der Carl-Zeiss-Stiftung an der Hand von Briefen und Dokumenten aus der Gründungszeit (1886–1896), dargestellt von Friedrich Schomerus (Gesammelte Abhandlungen von Ernst Abbe, Bd. 5), Hildesheim/Zürich/New York 1989 (zuerst 1940), S. 5.

5 Das Glastechnische Laboratorium Schott & Gen. wurde 1884 gegründet und später, im Jahr 1920, in Jenaer Glaswerk Schott & Gen. umbenannt. Zuvor firmierte das Unternehmen unter wechselnden Bezeichnungen, die auch nebeneinander verwendet wurden, darunter auch Glaswerk. Diese Arbeit verwendet für den gesamten Untersuchungszeitraum die Unternehmensbezeichnung Glaswerk und in einigen Fällen Schott. Vgl. Kappler, Dieter/Steiner, Jürgen: Schott 1884–2009. Vom Glaslabor zum Technologiekonzern, Mainz 2009, S. 17, 61.

6 Die Carl-Zeiss-Stiftung hielt bis zum 1. April 1919 nur die Hälfte der Unternehmensanteile des Glastechnischen Laboratoriums, bis Otto Schott die zweite Hälfte der Anteile der Stiftung überschrieb. Insofern kann von einem Betreiben der Unternehmen präzise erst ab diesem Zeitpunkt gesprochen werden.

7 Das Stiftungsstatut der Carl-Zeiss-Stiftung von 1896 ist abgedruckt in Abbe, Ernst: Vorträge, Reden und Schriften sozialpolitischen und verwandten Inhalts (Gesammelte Abhandlungen von Ernst Abbe, Bd. 3), Hildesheim/Zürich/New York 1989 (zuerst Jena 1906), S. 264–319. Im Folgenden werden lediglich Paragraphen angegeben, aber nicht die betreffende Seitenzahl des Paragraphen zitiert.

immaterieller Stiftungszwecke, indem die industriellen Beziehungen[8] derart geregelt waren, dass den Mitarbeitern durch das Stiftungsstatut ein unveränderlicher Rechtsstatus gewährt wurde und sie bestimmte von Stiftung und Unternehmen zu erbringende Leistungen erhielten. Außerhalb der Unternehmen sollten die arbeitende Bevölkerung der Stadt Jena (§ 1, B, 2) sowie die Förderung von mathematischer und naturwissenschaftlicher Forschung und Lehre (§ 1, B, 3) begünstigt werden.

Es überrascht nicht, dass Ernst Abbe großes Interesse daran zeigte, die dauerhafte Tragfähigkeit seiner Stiftungskonstruktion zu gewährleisten. Mit dem Stiftungsstatut fixierte er den Ordnungsrahmen für die beiden Unternehmen, die sogenannte Corporate Governance.[9] Darin legte Abbe detaillierte Bestimmungen hinsichtlich der Eigentumsverhältnisse der Stiftungsbetriebe, ihrer Leitung und Kontrolle, der Unternehmensfinanzierung, der Verwendung der Unternehmenserträge und der industriellen Beziehungen fest. Der Charakter des zu Anfang der 1890er-Jahre geschriebenen und seit 1896 geltenden Stiftungsstatuts war maßgeblich durch den Ewigkeitsanspruch der Stiftung geprägt, Veränderungsmöglichkeiten waren daher stark eingeschränkt worden. Die Corporate Governance schien folglich höchst unflexibel und gerade für dynamische Wachstumsphasen sowie im Hinblick auf starke Veränderungen der Unternehmensumwelt ungeeignet. Eben das war es, was Czapski Sorgen machte: So fuhr er in dem zu Beginn dieser Arbeit zitierten Brief fort, dass, „solange es [das Stiftungsstatut, J.S.] zu dem Körper passt, dem es angemessen wurde vom Verfertiger, solange schütze es auf wertvolle Art vor

8 Der Begriff der industriellen Beziehungen ist im deutschen Sprachraum durch Rolf Dahrendorf eingeführt worden, der ihn aus dem Angelsächsischen übernommen hat. Gemeint sind Aushandlungsprozesse und -ergebnisse von Arbeitnehmern und Arbeitgebern zur Regulierung von Arbeitsverhältnissen, sowohl auf innerbetrieblicher als auch auf kollektiver Ebene. Vgl. das Kapitel „Industrielle Beziehungen“, in: Dahrendorf, Ralf: Industrie- und Betriebssoziologie, 4. Auflage, Berlin 1967, S. 101–107.

9 Zunächst bezeichnet Corporate Governance die Grundsätze der Leitung und Kontrolle eines Unternehmens. Vgl. Thommen, Jean-Paul, u. a.: Allgemeine Betriebswirtschaftslehre. Umfassende Einführung aus managementorientierter Sicht, 6. überarbeitete und erweiterte Auflage, Wiesbaden 2009, S. 280. Aufgrund einer Bedeutungserweiterung steht Corporate Governance zudem für eine bestimmte, angemessene Art der Unternehmensführung. Dies drückt sich beispielsweise im Deutschen Corporate Governance Kodex aus, der nationale und internationale Standards einer „guten“ Unternehmensführung vereint. Amiram Gill konstatiert für das Jahr 2008 einen Wandel „from Agency to Accountability“, also einen Wandel von einer „guten“ Unternehmensführung im Sinne der Shareholder hin zu einer Orientierung an „non-shareholder stakeholders“, sprich an Stakeholdern, die über keinen Unternehmensanteil verfügen, vgl. Gill, Amiram: Corporate Governance as Social Responsibility. A Research Agenda, in: Berkeley Journal of International Law 26 (2) 2008, S. 452–478, hier: 456–459.

mancherlei Angriffen und giebt [!] dem Körper Halt. Aber dieser Körper wächst und schon jetzt fängt die Rüstung an, ihn da und dort zu drücken"[10]. Veränderungen an der Rüstung könnten erst vorgenommen werden, wenn bereits Lebensgefahr für den Körper bestünde, womit sich Czapski auf die strikten und voraussetzungsreichen Vorgaben zu den Statutenänderungen bezog.[11] Diese erlaubten Eingriffe ins Statut nur dann, wenn Veränderungen der rechtlichen, technischen oder ökonomischen Bedingungen die Befolgung des Statuts unmöglich machten bzw. dem Stifterwillen nicht mehr genügt werden konnte. Wie von Czapski angedeutet, konnte der Stifter Abbe, selbst Mitglied der Geschäftsführung bis zum Jahr 1903, während seiner Lebenszeit als menschliches Scharnier die Passung von Regeln der Unternehmensführung beeinflussen. Abbes Einwirkungsmöglichkeiten bestanden vor allem in einer „weichen" Korrektur der Stiftungsstatuten durch die Auslegung einzelner Paragraphen in seinem Sinne. Diese Möglichkeiten waren nach Abbes Rückzug aus der Geschäftsleitung im April 1903 und erst recht nach seinem Tod im Januar 1905 nicht mehr gegeben. Die Geschäftsführung war daher vollständig dem Stiftungsstatut verpflichtet, das sich zumindest in Hinblick auf seine Unveränderlichkeit tatsächlich als „ehern" erweisen sollte. Es zeigte sich nämlich, dass sich die Stiftung und die Unternehmen auf lange Zeit bewährten, und das, gemessen an den Unternehmensergebnissen, durchaus erfolgreich. Bis die Nationalsozialisten 1935 die rechtlichen und politischen Institutionen mit Folgen für den Inhalt des Stiftungsstatuts veränderten, blieb das Statut bis auf zwei Änderungen unangetastet.[12] Statut und Stiftung überdauerten auch die Zeit des Nationalsozialismus.[13] Nach dem Ende des Zweiten Weltkriegs wurde die Stiftung zum Ausdruck deutscher Geschichte. Entsprechend der Teilung Deutschlands wurde sie ebenfalls in einen ost- und einen westdeutschen Teil aufgespalten, worauf nach der deutschen Wiedervereinigung auch die Vereinigung der Stiftung folgte.[14] Eine Stiftungsreform im Jahr 2004 veränderte den Charakter der unmittelbaren Unternehmensträgerstiftung, die

---

10 Siegfried Czapski an Max Vollert, 21.11.1905, in: CZA, BACZ 23018. Diese Äußerungen Czapskis gehen dem einleitenden Zitat voran.

11 Siegfried Czapski an Max Vollert, 21.11.1905, in: CZA, BACZ 23018.

12 Damit ist zunächst die Statutenänderung im Jahr 1931 gemeint, siehe hierzu in dieser Arbeit das Kapitel „Fester Lohn bzw. Gehalt". Die Statutenrevision des Jahres 1906 war von Abbe selbst festgelegt worden, vgl. in dieser Arbeit das Kapitel „Statutenrevision 1905/06".

13 Vgl. Bähr, Johannes: Selbstbehauptung, Anpassung und Wandel. Die Carl-Zeiss-Stiftung und die Stiftungsbetriebe im „Dritten Reich", in: Plumpe, Werner (Hrsg.): Eine Vision. Zwei Unternehmen. 125 Jahre Carl-Zeiss-Stiftung, München 2014, S. 147–193.

14 Vgl. Karlsch, Rainer: Die Carl-Zeiss-Stiftung in Jena 1945 bis 1989, in: Plumpe, Eine Vision, a.a.O, S. 195–237; Ziegler, Dieter: Die Carl-Zeiss-Stiftung Heidenheim 1948 bis 1989, in: Plumpe, Eine Vision, a.a.O., S. 239–291; Steiner, André: Die (Wieder-)Vereinigung der Carl-Zeiss-Stiftungen West und Ost, in: Plumpe, Eine Vision, a.a.O, S. 293–329.

nunmehr eine Beteiligungsträgerstiftung ist.[15] Im Jahr 2014 feierte die Stiftung ihr 125-jähriges Bestehen.

Die Unternehmensgeschichte der beiden Stiftungsbetriebe, die vor allem im Fall der Optischen Werkstätte bereits gut erforscht ist, zeigt, dass weder der Wechsel des Eigentümers der Optischen Werkstätte von einer Privatperson zu einer Stiftung im Jahr 1891 noch die Einsetzung des Stiftungsstatuts im Jahr 1896 dem erfolgreichen Wachstum des Unternehmens entgegenstanden. Aus der kleinen Werkstätte des Jahres 1866 mit 20 Beschäftigten entwickelte sich ein Unternehmen, dessen Belegschaft sich bereits im Jahr 1886 mehr als verzehnfacht hatte. Als Siegfried Czapski 1905 seine Bedenken über das Aufeinandertreffen von dynamischen Unternehmen und statischem Statut äußerte, zählte die Optische Werkstätte 1.355 Beschäftigte und erzielte 5.097.719 Mark Umsatz. Seit 1907 wuchs die Optische Werkstätte zudem durch Unternehmenskäufe und Beteiligungen zu einem Konzern heran, der die optische Industrie dominierte.

Gegenstand der Arbeit und Untersuchungszeitraum

Die Geschichte der Optischen Werkstätte während der Jahre 1889 bis 1933 ist also trotz der wirtschaftlichen und politischen Krisen jener Periode eine Erfolgsgeschichte. Retrospektiv betrachtet stellten sich die Sorgen von Siegried Czapski demnach als unbegründet heraus, welcher im Übrigen zu früh starb – im Jahr 1907 –, um dies selbst feststellen zu können. In Bezug auf diese Erfolgsgeschichte zu klären bleibt die Frage nach dem Anteil der Corporate Governance an der erfolgreichen Entwicklung der Optischen Werkstätte und, konkreter, wie und in welchem Umfang die durch das Statut gesetzten Bedingungen auf die Unternehmensführung einwirkten und auf welche Weise die Geschäftsleitung das Unternehmen unter derart spezifischen Bedingungen führte.[16] Gegenstand dieser Arbeit ist daher die

15 Während die Unternehmensträgerstiftung ein Unternehmen betreibt, ist die Beteiligungsträgerstiftung nur über eine Beteiligung mit dem Unternehmen verbunden. Die Carl-Zeiss-Stiftung hält seit 2004 alle Anteile an der Zeiss Gruppe sowie der Schott Gruppe. Die Stiftungsverwaltung hat seitdem keinen Einfluss auf unternehmerische Tätigkeiten mehr, während der Stiftungskommissar von einem dreiköpfigen Stiftungsrat mit unternehmerischen Kompetenzen abgelöst wurde. Vgl. Kleinschmidt, Christian: Das 21. Jahrhundert – Die Stiftungsreform, in: Plumpe (Hrsg.), Eine Vision, a.a.O., S. 331–361, hier: S. 356.

16 Aus der Managementpraxis stammt der Versuch, Faktoren für unternehmerischen Erfolg zu ergründen, der den Ursprung für das betriebswirtschaftliche Interesse an dem Zusammenhang von Corporate Governance und Unternehmenserfolg und der damit verbundenen Suche nach einer Art „Gebrauchsanleitung“ einer guten Corporate Governance-Struktur bildet. Vgl. Kieser, Alfred/Nicolai, Alexander: Trotz eklatanter Erfolgslosigkeit. Die Erfolgsfaktorenforschung weiter auf Erfolgskurs,

Untersuchung des Zusammenhangs zwischen den Bedingungen der Unternehmensführung und der Praxis der Unternehmensführung.[17] Die Annahme, dass die Organisation eines Unternehmens wesentlichen Einfluss auf die Unternehmensführung – und im Fall von Zeiss also die Stiftungskonstruktion auf die Unternehmensführung der Optischen Werkstätte – hat, ist eine Grundannahme dieser Arbeit. Es sollen daher alle Bereiche der Unternehmensführung untersucht werden, für die das Stiftungsstatut Bestimmungen traf: Personal- und Lohnpolitik, Investitionspolitik, Stiftungspolitik und Finanzierungspolitik. Fragen der Produktion, des Absatzes und Vertriebs hingegen ließ das Statut außer Acht, weshalb sie in dieser Arbeit keinen Niederschlag finden. Zudem sind gerade diese Fragen teilweise gut erforscht, während der zu rekonstruierende Zusammenhang von Statut und Unternehmensführung der genannten Bereiche völlig neue Perspektiven auf die Unternehmensgeschichte der Optischen Werkstätte eröffnen wird.[18]

Das Unternehmen wird in dieser Arbeit als Organisation betrachtet, der nach den Vorstellungen der Neuen Institutionenökonomik ein Geflecht aus Verträgen zu Grunde liegt.[19] Da angenommen wird, dass die Handlungen von Unternehmen in

---

in: Die Betriebswirtschaft 62 (2002), S. 579–596, hier: S. 580. Beispiele hierfür sind: Mustaghni, Basir: Einfluss von Corporate Governance auf den Erfolg von Unternehmen. Eine Untersuchung börsennotierter Unternehmen in Deutschland, Frankfurt a. M. 2012; Brunner-Kirchmair, Thomas M.: Corporate Governance und die Performance von Mergers & Acquisitions, Wiesbaden 2019. Abseits der grundsätzlichen Kritik an der Erfolgsfaktorenforschung (siehe Kieser/Nicolai, Erfolgslosigkeit, passim) sind ihre Ergebnisse nicht auf Zeiss übertragbar, siehe hierzu Fn 29. Anschlussfähiger ist die aus der Neuen Institutionenökonomik stammende Annahme, dass, wenn die Corporate Governance effizient organisiert ist, Agenturkosten gespart werden können. Vgl. Lorentz, Bernhard/Erker, Paul: Chemie und Politik. Die Geschichte der Chemischen Werke Hüls 1938 bis 1979. Eine Studie zum Problem der Corporate Governance, München 2003, S. 14.

17 Der Begriff „Unternehmensführung" wird in dieser Arbeit ausschließlich für das Leiten von Unternehmen verwendet. Das unternehmensführende Gremium hingegen wird als Geschäftsleitung bezeichnet, so wie es in den Quellen der Fall ist.

18 Wenngleich die bisher erschienenen, allgemein gehaltenen Unternehmensgeschichten auch im Hinblick auf Absatz- und Vertriebsgeschichte Raum für weitere Forschungen lassen.

19 Vgl. Jensen, Michael C./Meckling, William H.: Theory of the firm. Managerial behavior, agency costs and ownership structure, in: Journal of Financial Economics 3 (1976) 4, S. 305–360, hier: S. 310. Die Konzepte der Neuen Institutionenökonomik haben in den vergangenen zwei Dekaden verstärkt Eingang in die Forschung der Wirtschafts- und Unternehmensgeschichte gefunden. Vgl. Berghoff, Hartmut: Moderne Unternehmensgeschichte. Eine themen- und theorieorientierte Einführung, 2. Auflage, Berlin/Boston 2016, S. 51. Siehe hierzu unter vielen anderen das Kapitel von Wischermann, Clemens: Neue Institutionenökonomik, in: Ders./Patzel-Mattern, Katja/Lutz, Martin/Jungkind, Thilo (Hrsg.): Studienbuch institutionelle Wirtschafts- und Unternehmensgeschichte, Stuttgart 2015, S. 20–32; Plumpe, Werner: Die Neue Institutionenökonomik und die moderne Wirtschaft. Zur wirtschaftshistorischen Reichweite institutionenökonomischer Argumente am Beispiel des Handlungsmodells der Rationalität, in: Wischermann, Clemens/Ellerbrock, Karl-Peter (Hrsg.): Die Wirt-

Entscheidungen bestehen, kann die historische Rekonstruktion von Unternehmensführung operationalisiert werden, indem sie als Aneinanderreihung von Entscheidungen betrachtet wird.[20] Auch auf den Umgang mit Informationen, die für Entscheidungsprozesse eine bedeutende Rolle spielen, soll in dieser Arbeit ein Schlaglicht geworfen werden, ebenso wie auf Kommunikationsstränge, die für die Kontrolle durch die Stiftungsverwaltung und die Partizipation des Stiftungskommissars am Unternehmen bedeutsam waren.[21] Eine wesentliche Annahme ist zudem, dass Entscheidungen innerhalb einer formalen Entscheidungsstruktur getroffen werden, die durch die Corporate Governance vorgegeben wird. Deren Beschreibung bildet den Ausgangspunkt dieser Arbeit.[22] Die Quellen der Corporate Governance waren maßgeblich das Stiftungsstatut, daneben weitere Schriftstücke Abbes und seine eigene Person in der Rolle des Stifters. Zur Darstellung der Probleme und Chancen dieser sehr besonderen Leitungs- und Kontrollstruktur eignet sich ein weiterer Baustein der Neuen Institutionenökonomik, namentlich der Prinzipal-Agenten-Ansatz. Dieser ermöglicht die Erfassung und Analyse der komplexen Leitungsstruktur der Optischen Werkstätte, deren Führungsverantwortung nicht allein auf die Geschäftsleitung beschränkt war. Abbe hatte sowohl drei Organen der Stiftung als auch Vertreterorganen der Destinatäre, also Begünstigten der

---

schaftsgeschichte vor der Herausforderung durch die New Institutional Economics, Dortmund 2004, S. 31–57; Wischermann, Clemens/Nieberding, Anne: Die institutionelle Revolution. Eine Einführung in die deutsche Wirtschaftsgeschichte des 19. und frühen 20. Jahrhunderts, Stuttgart 2004.

20 Der Begriff der Entscheidung bezeichnet zugleich den Entscheidungsprozess und sein Ergebnis. Vgl. Hoffmann-Rehnitz, Philip/Krischer, André/Pohlig, Matthias: Entscheiden als Problem der Geschichtswissenschaft, in: Zeitschrift für Historische Forschung 45 (2018), S. 217–281, hier: S. 226. Wenn ausdrücklich nur der „ereignishafte Akt" gemeint ist, wird in dieser Arbeit „Entscheidungsprozess" verwendet. Die theoretischen Grundlagen zu Entscheidungen für diese Arbeit sind der Systemtheorie, konkreter Niklas Luhmanns Arbeiten, und daran anknüpfenden Überlegungen entnommen.

21 Vgl. Cyert, Richard Michael/March, James G.: A behavioral theory of the firm, 2. Auflage, Cambridge, Mass. u. a. 1992, S. 5–6.

22 Der Corporate Governance-Ansatz wird für diese Arbeit herangezogen, da er nicht nur alle im Statut fixierten Bereiche der Unternehmensorganisation miteinbezieht, sondern zugleich auch externe Teile der institutionellen Struktur berücksichtigt. Theoretische Auseinandersetzungen mit dem Corporate Governance-Ansatz für die Unternehmensgeschichte sind u. a. Erker, Paul: Corporate Governance. Ein neuer Untersuchungsansatz der historischen Unternehmensforschung? in: Boch, Rudolf, u. a. (Hrsg.): Unternehmensgeschichte heute. Theorieangebote, Quellen, Forschungstrends, Leipzig 2005, S. 29–45; Bayer, Christian/Burhop, Carsten: Corporate Governance and Incentive Contracts. Historical Evidence from a Legal Reform, in: Explorations in Economic History 46 (2009), S. 464–481. Unter den empirischen Arbeiten, die den Corporate Governance-Ansatz verwenden, sind nennenswert beispielsweise Marx, Christian: Paul Reusch und die Gutehoffnungshütte: Leitung eines deutschen Großunternehmens, Göttingen 2013; Priemel, Kim Christian: Flick. Eine Konzerngeschichte vom Kaiserreich bis zur Bundesrepublik, Göttingen 2007.

Stiftung, eine Beteiligung in diesem Leitungs- und Kontrollkonstrukt zugewiesen. Die durch staatliche Beamte besetzten Stiftungsorgane waren an der Unternehmensführung beteiligt und als Vertreter des für die Universität zuständigen Ministeriums zugleich für die Interessen der durch die Stiftungszwecke zu fördernden Organisationen und Personen verantwortlich. Daraus resultierte eine Doppelrolle der Stiftungsverwaltung und des Stiftungskommissars, die besonders Entscheidungen zur Verwendung von Unternehmenserträgen zu Konfliktfällen werden lassen konnten. Ähnlich geartete Fälle von Interessenkonflikten werden bei der folgenden Erarbeitung der Corporate Governance identifiziert und im empirischen Teil überprüft.

Ist der formale Entscheidungsrahmen erst skizziert, lassen sich die in diesem Rahmen getroffenen Entscheidungen nachzeichnen und ihr Bezug bzw. ihre Wechselwirkung zum Entscheidungsrahmen verdeutlichen. Eine eindeutige Beziehung zwischen Entscheidungsrahmen und getroffenen Entscheidungen besteht nicht, da eine solche Eindeutigkeit jegliche Kontingenz – also die Unmöglichkeit, dass jede getroffene Entscheidung notwendigerweise getroffen wurde – verhindern würde und alle weiteren Einflüsse auf Entscheidungen zu vernachlässigen wären.[23] Die Wahrscheinlichkeit, dass eine Entscheidung getroffen wird oder nicht, kann jedoch durchaus durch die Gestaltung des Bezugsrahmens erhöht oder verringert werden. Die potentiell bis ins Unendliche reichenden Entscheidungsmöglichkeiten werden so von vorneherein reduziert. Die Entscheidungssituation wird durch die Reduktion von Komplexität zunächst vereinfacht, kann jedoch inhaltlich durch die vorweggenommene Ausschließung von Entscheidungsmöglichkeiten auch erschwert werden.[24] Mark Casson beispielsweise geht in seiner Charakterisierung des Unternehmers so weit, dass dieser sein „unternehmerisches Talent" nur entfalten könne, sofern er nicht „in einem Korsett von Vorschriften" ersticke, und bedient sich dabei ebenfalls der metaphorischen Vorstellung eines vitalen Unternehmenskörpers, der durch ein einzwängendes, starres Gerüst umschlossen wird.[25] Vor diesem

23 Vgl. Luhmann, Niklas: Die Paradoxie des Entscheidens, in: Verwaltungsarchiv 84 (1993), S. 287–310, hier: S. 291.

24 Komplexität definiert Luhmann als „Zahl der Möglichkeiten, die durch Systembildung ermöglicht werden." Luhmann, Niklas: Vertrauen. Ein Mechanismus der Reduktion sozialer Komplexität, 4. Auflage, Stuttgart 2000, S. 5.

25 Casson, Mark: Der Unternehmer. Versuch einer historisch-theoretischen Deutung, in: Geschichte und Gesellschaft 27 (2001), S. 524–544, hier: S. 535. Der Körper als Metapher für das Unternehmen ist im sprachlichen Alltagsgebrauch etabliert. Diese Metaphorisierung findet sich beispielsweise auch in Bildern für das kranke Unternehmen, das riesenhafte Unternehmen etc. Vgl. Kuck, Kristin: Metaphorische Szenarien. Eine Analyseeinheit der linguistischen Epistemologie, in: Wengeler, Martin/Ziem, Alexander (Hrsg.): Diskurs, Wissen, Sprache. Linguistische Annäherungen an kulturwissenschaftliche Fragen, Berlin/Boston 2018, S. 243–270, hier: S. 261–265.

Hintergrund erscheint der Unternehmenserfolg der Optischen Werkstätte unwahrscheinlich, wenngleich eine mögliche Erklärung sein kann, dass parallel zu den Problematiken einer inhaltlichen Festlegung auf bestimmte Entscheidungsmöglichkeiten die komplexitätsreduzierende Wirkung der Entscheidungsprämissen zugleich zu Entscheidungssicherheit und Freisetzung von Entscheidungspotential führte, das für weitere Entscheidungen dieses Entscheidungsstrangs oder für andere Entscheidungen genutzt werden konnte.

Die entscheidungstheoretische Untersuchung von Unternehmen reiht sich in einen wiederkehrenden Schwerpunkt der Wirtschafts- und Unternehmensgeschichte ein, der zuletzt einen spürbaren Auftrieb erhalten hat.[26] Diesen Untersuchungen kann mit dieser Arbeit eine einzigartige Fallstudie hinzugefügt werden, da – wenngleich auch andere Unternehmen sich in ihren Entscheidungen an Statuten orientierten, ja diese für manche Unternehmensformen sogar verpflichtend waren – das hier vorliegende Statut zum einen von einem besonders umfassenden Gestaltungsanspruch Abbes zeugt und zum anderen dauerhaft gelten sollte. In den Statuten fanden Abbes Ansichten und Vorstellungen von guter Unternehmensführung und angemessenen industriellen Beziehungen ihren Ausdruck, die im Begriff „Stifterwillen" gebündelt wurden. Dem Stifterwillen war in der Carl-Zeiss-Stiftung – wie im Übrigen in jeder Stiftungskonstruktion – eine besondere Bedeutung zugewiesen: Ihn zu garantieren, war zusammen mit der Erfüllung der Stiftungszwecke oberster Maßstab für die Entscheidungen von Stiftungsverwaltung, Stiftungskommissar und Geschäftsleitung. Die Geschäftsleiter bewegten sich daher in einem Rahmen aus durch das Statut festgelegten Entscheidungsprämissen, die von sozialpolitischen Ideen durchdrungen waren. Dieser Umstand allein ist schon bemerkenswert. Die Tatsache, dass durch Abbe die Interessen von Personen, namentlich von Eigentümern oder Kapitalgebern, an der Optischen Werkstätte ausgeschaltet wurden, fügt noch einen weiteren beachtenswerten Aspekt hinzu.

Der gängige Ansatz der betriebswirtschaftlichen Forschung, die Ausrichtung der Unternehmensführung an den Interessen der Shareholder (den Inhabern oder Anteilseignern des Unternehmens) oder der Stakeholder (den Personen, Institutionen oder Organisationen, die in einer Verbindung zum Unternehmen stehen)[27]

---

26 Allein die umfangreiche Publikationsliste des Sonderforschungsbereichs „Kulturen des Entscheidens" in Münster zeigt, welche zentrale Stellung entscheidungstheoretischen Arbeiten in der Geschichtswissenschaft in jüngster Zeit eingeräumt wird. Auf theoretischer Ebene setzen sich mit dem Entscheiden in der Geschichtswissenschaft auseinander: Philip Hoffmann-Rehnitz, André Krischer und Matthias Pohlig, a.a.O; sowie Jakob, Mark/Nützenadel, Alexander/Streb, Jochen (Hrsg.): Erfahrung und Erwartung. Jahrbuch für Wirtschaftsgeschichte 59 (2018).

27 Es existieren zahlreiche Definitionen zum Stakeholder-Begriff, weswegen hier eine weite Definition verwendet wird. Siehe den Aufsatz von Samantha Miles, die vorliegende Definitionen sam-

festzumachen,[28] ist für die Optische Werkstätte nur begrenzt tragfähig.[29] Aus Abbes Anliegen, persönliche Interessen in der Unternehmenskonstruktion auszuschalten, resultierte die Wahl einer unpersönlichen juristischen Person als alleiniger Shareholder. Da die Stiftung selbst keine Interessen formulieren konnte, erst recht keine materiellen wie etwa in Bezug auf die Rendite des Unternehmens, greifen die herkömmlichen Vorstellungen für die Gestaltung von Unternehmensführung im Fall der Optischen Werkstätte nicht. Die Sichtweise des Stakeholder-Ansatzes hingegen kann auf jedes Unternehmen bezogen werden, findet aber in der Perspektive auf die Optische Werkstätte seine ganz eigene Ausprägung.[30] Abbes Statut nämlich bevorzugte einige der Stakeholder-Beziehungen und erhob sie in den Status von Destinatären:[31] Neben den Beschäftigten der Stiftungsbetriebe Zeiss und Schott waren dies die arbeitende Bevölkerung Jenas und Umgebung sowie seit dem Ergänzungsstatut des Jahres 1900 auch die Universität Jena. Die Geschäftsleitung unterlag daher auf der einen Seite nicht dem Interesse der Eigentümer, auf der anderen Seite musste sie ihre eigene Politik über das übliche Maß hinaus mit den dauerhaft fixierten Interessen der Destinatäre abgleichen.[32] Es ist daher zu fragen, wie sich die Unternehmensführung ohne die Orientierung an Shareholder-Interessen gestaltet. Als feststehend angenommen werden kann dabei, dass die Corpo-

melt und in ein Ordnungskonzept bringt. Miles, Samantha: Stakeholder Theory Classification, Definitions and Essential Contestability, in: Wasieleski, David M./Weber, James (Hrsg.): Stakeholder Management, Bingley 2017, S. 21–48, besonders: S. 24–28.

28 Siehe beispielsweise Charreaux, Gerard/Desbrières, Philippe: Corporate Governance: Stakeholder Value Versus Shareholder Value, in: Journal of Management & Governance 5 (2001), S. 107–128.

29 Der in der betriebswirtschaftlichen Corporate Governance-Forschung häufig verwendete Gradmesser der Effizienz von Governance-Strukturen besteht im positiven Zusammenhang zwischen der Corporate Governance sowie dem Shareholder-Engagement und ist daher nicht auf den Fall Zeiss anwendbar. Nebenher ist für den historisch-empirischen Ansatz dieser Arbeit die in ökonomischen Studien verbreitete quantifizierende Operationalisierung von Governance-Strukturen ebenfalls wenig anschlussfähig.

30 So bestehen nicht alle Verträge eines Unternehmens, mit Gemeinden beispielsweise, explizit, sondern existieren auch, ohne dass sie in Schriftstücken festgeschrieben worden wären: „Since the specification of rights is generally effected through contracting (implicit as well as explicit), individual behavior in organizations, including the behavior of managers, will depend upon the nature of these contracts." Jensen/Meckling, Theory of the firm, S. 308.

31 Die Identifizierung der legitimen Stakeholder ist in Unternehmen ohne Unternehmensverfassung hingegen nicht immer einfach, da verschiedene Definitionen existieren. Vgl. Donaldson, Thomas/Preston, Lee E.: The Stakeholder Theory of the Corporation: Concepts, Evidence and Implications, in: The Academy of Management Review 20 (1995), S. 65–91, hier: S. 66.

32 Gemeint ist damit jedoch nicht, dass die Optische Werkstätte nicht marktwirtschaftlichen Logiken unterlag, da ihr wirtschaftlicher Erfolg ja gerade Bedingung der funktionierenden Stiftungskonstruktion war. Siehe hierzu in dieser Arbeit das Kapitel „Weder Aktiengesellschaft noch Genossenschaft: Abbes Gründe für das Stiftungsunternehmen".

rate Governance einer besonderen Gestaltung bedurfte, um in dem Interessenvakuum üblicher Unternehmensbedingungen die Macht der Geschäftsleitung hinreichend zu begrenzen, da hier der Prinzipal-Agenten-Theorie gefolgt wird, die von einem opportunistischen Verhalten der Agenten ausgeht.[33] Aber auch die opportunistischen Interessen der Geschäftsleitung unterschieden sich von anderen Unternehmen, in denen Vorstände durch erfolgreiche Unternehmensperformanz (auch) ihren eigenen Verdienst erhöhen konnten. So wurden die Geschäftsleiter nicht durch vom Geschäftserfolg der Optischen Werkstätte abhängige Anreize sanktioniert. Die bisherige historische Corporate Governance-Forschung kann daher um ein weiteres Beispiel bereichert werden, dessen Unternehmenskonstruktion den Unternehmensformen der Kapital- bzw. Aktiengesellschaft und Personengesellschaften eine völlig neue Gattung hinzufügt.

Dieser Sonderfall der Unternehmensgeschichte bietet zudem aufgrund seiner vermutlich einzigartigen Organisation günstige Bedingungen für Historikerinnen, tiefe Einsicht in die Führungsstruktur eines Unternehmens im Kaiserreich und der Weimarer Republik zu erhalten. So ist es wahrscheinlich, dass durch die Beteiligung mehrerer Organe an Entscheidungen und die eng angelegte Kontrolle der Geschäftsleitung durch die Stiftungsverwaltung die Entscheidungsprozesse in den Protokollen der Stiftungsorgane und in deren Schriftwechseln nachvollzogen werden können und eine besondere Rekonstruktionstiefe der Unternehmensführungspolitik erreicht wird.

Der Untersuchungszeitraum dieser Arbeit erstreckt sich von 1889, dem Jahr der Stiftungsgründung, bis zum Jahr 1933, seit dem die Corporate Governance der Optischen Werkstätte durch von der nationalsozialistischen Regierung für Unternehmen gemachte Vorgaben verändert wurde. Innerhalb dieses Zeitraums lassen sich verschiedene Phasen ausmachen. Nach Inkrafttreten des Stiftungsstatuts im Jahr 1896 markiert der Rückzug Abbes aus der Geschäftsleitung im April 1903 eine erste Zäsur, die durch seinen Tod im Jahr 1905 nochmals verstärkt wurde. Die sich darauf anschließenden beinahe drei Jahrzehnte bedeuteten mit dem Kaiserreich, dem Ersten Weltkrieg und der Weimarer Republik drei völlig unterschiedliche politische und wirtschaftliche Rahmenbedingungen, die ebenfalls unmittelbaren Einfluss auf das Verhältnis von Unternehmen, Stiftung und Destinatären hatten. Während im Kaiserreich die Verwaltung der Stiftung den von Abbe noch persönlich gekannten Beamten unter dem Großherzog oblag und die wirtschaftliche Lage günstig war, brachte die Weimarer Republik Veränderungen in Bezug auf Personal und Funktionen der Stiftungsverwaltung. Zudem stellten die ökonomischen Schwierigkeiten

---

33 Vgl. Williamson, Oliver E.: Markets and hierarchies. Analysis and antitrust implications. A study in the economics of internal organization, New York 1975, S. 26.

der 1920er-Jahre die Geschäftsleitung vor besondere Herausforderungen und verlangten Antworten auf völlig neue Probleme. Das überaus dynamische Wachstum der fast zwei Jahrzehnte nach Verabschiedung des Stiftungsstatuts sowie die Ausnahmesituationen des Ersten Weltkriegs, der Revolution und der Weltwirtschaftskrise werden zeigen, ob Corporate Governance und Unternehmensführung auf vom Stifter nicht antizipierte, sehr wechselhafte äußere Bedingungen vorbereitet waren und ob die Geschäftsleitung Ausnahmezustände zum Anlass nahm, von Statut und Stifterwillen abzurücken.

Forschungsstand und Quellenlage

Die Rekonstruktion der Unternehmensführung eines Stiftungsunternehmens bezieht die Stiftung als ihren strukturellen Rahmen mit ein. So bringen die Forschungen über die Führung der Optischen Werkstätte zugleich wichtige Erkenntnisse über die Führung und Organisation der Carl-Zeiss-Stiftung hervor, die die bisherige Literatur über die Stiftung bereichern werden.[34] Wenngleich einige Arbeiten zur Stiftung schon zur Zeit des Kaiserreichs und der Weimarer Republik entstanden sind,[35] erschienen nach der Publikation von Dokumenten zur Gründungsgeschichte durch Friedrich Schomerus im Jahr 1939 lange Zeit keine weiteren

34 So existiert etwa keine Theorie der Stiftung, die beispielsweise Antworten auf die Frage liefen könnte, wie Stiftungen entscheiden. In jüngster Zeit sind allerdings vermehrt Publikationen zu soziologischen Fragestellungen der Stiftung entstanden, die die vorherigen Arbeiten von Frank Adloff zu Stiftungen (z. B. Ders.: Philanthropisches Handeln. Eine historische Soziologie des Stiftens in Deutschland und den USA, Frankfurt a. M./New York 2010) ergänzen, wie zum Beispiel drei Überblicksbände zu Stiftungen in Deutschland: Anheier, Helmut K., u. a. (Hrsg.): Stiftungen in Deutschland, Bd. 1–3, Wiesbaden 2017.

35 Bemerkenswerte Interpretationen des Statuts finden sich bei Julius Pierstorff, einem Zeitgenossen und Freund Ernst Abbes, der als Professor für Sozialpolitik und Privatwirtschaftslehre in Jena lehrte. Vgl. Pierstorff, Julius: Die Carl Zeiß-Stiftung, ein Versuch zur Fortbildung des großindustriellen Arbeitsrechts; Sonderabdruck aus Schmollers Jahrbuch, Bd. 21, Heft 2, Leipzig 1897. Siehe auch die Arbeit von Ernst Wuttig, der seit 1915 Stiftungsreferent der Carl-Zeiss-Stiftung war, welche sich mit der Bedeutung der Carl-Zeiss-Stiftung für die Forschung befasste. Wuttig, Ernst: Die Carl-Zeiss-Stiftung in Jena und ihre Bedeutung für die Forschung, in: Brauer, Ludolph/Mendelssohn-Bartholdy, Albrecht/Meyer, Adolf (Hrsg.): Forschungsinstitute. Ihre Geschichte, Organisation und Ziele, Bd. 1, Hamburg 1930, S. 441–449. Die Unternehmensgeschichte des an der Universität Jena tätigen Physikers Felix Auerbach schließt auch eine Darstellung der Verfassung der Carl-Zeiss-Stiftung mit ein. Auerbach, Felix: Das Zeisswerk und die Carl-Zeiss-Stiftung in Jena. Ihre wissenschaftliche, technische und soziale Entwicklung und Bedeutung für weitere Kreise dargestellt, 4. Auflage, Jena 1914.

historischen Arbeiten.[36] Erst 2005 widmete sich Wolfgang Wimmer in einem aufschlussreichen Aufsatz der Frage, in welchem Verhältnis die Optische Werkstätte und die Stiftung zueinanderstanden.[37] Wimmers Aufsatz bildete den Anfang einer Reihe von Untersuchungen, deren historisch-empirische Herangehensweise in der Überprüfung der normativen Bestimmungen des Stiftungsstatuts bestand. Das 125-jährige Jubiläum der Carl-Zeiss-Stiftung gab im Jahr 2014 den Anlass für eine detaillierte Untersuchung der Stiftung und ihrer Betriebe, deren Ergebnisse in einem von Werner Plumpe herausgegebenen Sammelband zusammengefasst sind.[38] Ferner zu nennen sind auch Sebastian Demels Monographie[39], die die Carl-Zeiss-Stiftung als Instrument gesellschaftlicher Gestaltung interpretiert, die Untersuchung von Christoph Matthes über das Verhältnis von optischer Industrie in Jena und Carl-Zeiss-Stiftung[40] sowie die zuletzt erschienene Arbeit von Louis Pahlow und André Steiner zur Geschichte der Carl-Zeiss-Stiftung in Wiedervereinigung und Globalisierung von 1989 bis 2004.[41] Für die vorliegende Arbeit sind die Untersuchungen von Wimmer, Demel und Matthes von besonderer Bedeutung für das Kapitel über die Stiftungspolitik der Geschäftsleitung.

Das Interesse an der Geschichte der Optischen Werkstätte hat bereits mehrere Ergebnisse hervorgebracht, die unter anderem den Firmengründer Carl Zeiss[42] sowie vor allem den späteren Unternehmenseigentümer und Gründer der Carl-

36 Bedeutsam zur Rekonstruktion der Gründung der Stiftung sind die von Friedrich Schomerus herausgegebenen Dokumente, siehe: Werden und Wesen der Carl-Zeiss-Stiftung, a.a.O. In diesem Zeitraum erschienen auch juristische Arbeiten, z. B.: David, Walter: Die Carl-Zeiss-Stiftung, ihre Vergangenheit und ihre gegenwärtige rechtliche Lage, Heidenheim 1954; Treml, Karl: Beiträge zum Stiftungsrecht in Baden-Württemberg, Tübingen 1961, die für diese Arbeit allerdings keine Relevanz besitzen.

37 Wimmer, Wolfgang: Das Verhältnis von Carl-Zeiss-Stiftung und Zeisswerk zur Universität bis 1933, in: Steinbach, Matthias/Gerber, Stefan (Hrsg.): „Klassische Universität" und „akademische Provinz". Studien zur Universität Jena von der Mitte des 19. bis in die dreißiger Jahre des 20. Jahrhunderts, Quedlinburg 2005, S. 59–76.

38 Plumpe Eine Vision.

39 Demel, Sebastian: Auf dem Weg zur Verantwortungsgesellschaft. Ernst Abbe und die Carl-Zeiss-Stiftung im deutschen Kaiserreich, Göttingen 2014.

40 Matthes, Christoph: Finanzier, Förderer, Vertragspartner. Die Universität Jena und die optische Industrie 1886–1971, Köln u. a. 2014.

41 Pahlow, Louis/Steiner, André: Die Carl-Zeiss-Stiftung in Wiedervereinigung und Globalisierung 1989–2004, Göttingen 2017.

42 Beispielsweise Esche, Paul G.: Carl Zeiss. Leben und Werk, Jena 1966. Zeiss und Abbe nimmt in den Blick Stolz, Rüdiger/Wittig, Joachim (Hrsg.): Carl Zeiss und Ernst Abbe: Leben, Wirken und Bedeutung, Jena 1993; zuletzt erschien Paetrow, Stephan/Wimmer, Wolfgang: Carl Zeiss. Eine Biografie 1816–1888, herausgegeben vom Zeiss Archiv, Köln/Weimar/Wien 2016.

Zeiss-Stiftung Ernst Abbe[43] und sein sozialpolitisches Werk[44] in den Blick nehmen, während eine Gesamtdarstellung der im Vergleich zu anderen Industrien des Kaiserreichs und der Weimarer Republik kleinen optischen Industrie bisher nicht vorliegt. Frühe Untersuchungen über die Optische Werkstätte wurden von den Naturwissenschaftlern Felix Auerbach und Moritz von Rohr und dem Personalchef der Optischen Werkstätte Friedrich Schomerus angestellt.[45] Sehr ausführlich und quellenfundiert ist das in der ehemaligen DDR entstandene Werk des Autorenkollektivs unter Wolfgang Schumann über Zeiss.[46] Drei Bände zur Unternehmensgeschichte der Optischen Werkstätte wurden im Zeitraum von 1996 bis 2004 von Edith Hellmuth und Wolfgang Mühlfriedel (Band 1, 1846–1905[47], und Band 3, 1945–1990[48]) und Rolf Walter (Band 2, 1905–1945[49]) vorgelegt. All diese Unternehmensgeschichten beschreiben das Unternehmen, jedoch ohne es in seiner Verankerung innerhalb der Stiftungskonstruktion zu zeigen.

Die Quellenlage zur Optischen Werkstätte und zur Carl-Zeiss-Stiftung kann als sehr gut beschrieben werden. Sicherlich gibt es Zeiträume und Ereignisse, die in den Quellen nur in geringem Maße abgebildet sind. Das ZEISS Archiv war als gut sortiertes Unternehmensarchiv mit zahlreichen Akten und Quellen unterschiedlichster Art erste und wichtigste Anlaufstelle. Hier waren vor allem die Stiftungssitzungsprotokolle, die für den gesamten Untersuchungszeitraum vorliegen, von besonderem Wert. Die Stiftungsakten lagern sowohl im ZEISS als auch im SCHOTT Archiv in

43 Die 1918 veröffentlichte Biographie Abbes des Physikers Felix Auerbach stellt interessante Beobachtungen an. Auerbach, Felix: Ernst Abbe 1840–1905. Sein Leben, sein Wirken, seine Persönlichkeit, Bad Langensalza 2011 (zuerst Leipzig 1918). Ebenfalls als Zeitgenosse schrieb der wissenschaftliche Mitarbeiter der Optischen Werkstätte Moritz von Rohr über Abbe. Ders.: Ernst Abbe, Jena 1940. Unter den zahlreichen darauffolgenden Publikationen über Ernst Abbe sei noch genannt: Gerth, Kerstin, unter Mitwirkung von Wolfgang Wimmer: Ernst Abbe 1840–1905. Wissenschaftler, Unternehmer, Sozialreformer, Jena 2005.

44 Auch hier haben Zeitgenossen Abbes interessante Ausführungen vorgelegt: Schmoller, Gustav: Ernst Abbes Sozialpolitische Schriften. Ein Beitrag zur Lehre vom Wesen und Gewinn der modernen Großunternehmung und von der Stellung der Arbeiter in ihr, in: Jahrbuch für Gesetzgebung, Verwaltung und Volkswirtschaft im Deutschen Reich, herausgegeben von Gustav Schmoller 31 (1907), S. 1–29; Czapski, Siegfried: Ernst Abbe als Arbeitgeber. Vortrag am 17. April 1907, in: Flitner, Andreas/Wittig, Joachim (Hrsg.): Optik – Technik – Soziale Kultur. Siegfried Czapski, Weggefährte und Nachfolger Ernst Abbes. Briefe, Dokumente, Schriften, Rudolstadt 2000, S. 502–526.

45 Auerbach, Das Zeisswerk, a.a.O; Rohr, Moritz von: Zur Geschichte der Zeissischen Werkstätte bis zum Tode Ernst Abbes, 2. Auflage, Jena 1936; Schomerus, Friedrich: Geschichte des Jenaer Zeisswerkes 1846–1946, Stuttgart 1952.

46 Schumann, Wolfgang (u. a.): Carl Zeiss, Jena, einst und jetzt, Berlin 1962.

47 Mühlfriedel/Hellmuth, Zeiss 1846–1905.

48 Mühlfriedel, Wolfgang/Hellmuth, Edith: Carl Zeiss in Jena 1945–1990, Köln/Weimar/Wien 2004.

49 Walter, Rolf: Carl Zeiss 1905–1945, Köln/Weimar/Wien 2000.

Kopie. Ihre im Thüringer Staatsarchiv verwahrten Originale sind während des Zweiten Weltkriegs größtenteils zerstört worden. In den Stiftungsakten finden sich die Schriftwechsel zwischen Stiftungskommissar und Geschäftsleitungen, zwischen Stiftungsverwaltung und Geschäftsleitungen sowie weitere bedeutsame Quellen wie die Jahresberichte des Stiftungskommissars. Die Stiftungsakten und Stiftungssitzungsprotokolle bilden das Quellenfundament für diese Arbeit. Informationen aus zahlreichen anderen Akten des ZEISS Archivs reichern die Untersuchung zur Unternehmensführung mit statistischem Material und sonstigem Hintergrundwissen an. Zusätzlich fanden sich im Thüringer Landesarchiv in Weimar Schriftwechsel zwischen der Geschäftsleitung der Optischen Werkstätte und der Stiftungsverwaltung, die nicht im ZEISS Archiv vorlagen. Gleiches gilt auch für die Bestände im SCHOTT Archiv. Dies kann einerseits mit der engen Verbindung des Glaswerks Schott zur Optischen Werkstätte erklärt werden, andererseits mit dem Umstand, dass einige Schreiben der Stiftungsverwaltung an beide Geschäftsleitungen adressiert wurden. Darüber hinaus wurden für die vorliegende Arbeit einige wenige Quellen des Stadtarchivs Jena eingesehen sowie eine Reihe publizierter Quellen herangezogen. Darunter sind vor allem der dritte Band mit den sozialpolitischen Schriften und Reden und der fünfte Band, die bereits oben erwähnte Dokumentation der Gründung der Carl-Zeiss-Stiftung, der seit 1904 erschienenen fünf Bände von Abbes „Gesammelten Abhandlungen“ relevant.

Gang der Arbeit

Zunächst werden die zwei Unterkapitel 1.2 und 1.3 die theoretischen Grundlagen für die darauffolgende Darstellung der Bedingungen und die empirische Rekonstruktion der Praxis der Unternehmensführung liefern. Als empirische Grundlagen werden zwei Kapitel die Geschichte der optischen Industrie und die Unternehmensgeschichte der Optischen Werkstätte Zeiss schildern. Die Länge der Darstellungen orientiert sich an der bisher erschienenen Literatur zu beiden Themen: Da es keine moderne Überblicksdarstellung zur optischen Industrie gibt, vermittelt das Kapitel 2 ausführlich grundlegende Kenntnisse über die optische Industrie, die auf Basis von Sekundärliteratur zur Industrie allgemein sowie zu einzelnen optischen Unternehmen erarbeitet wurden. Das Kapitel 3 zur Unternehmensgeschichte von Zeiss fällt knapper aus, da hier bereits einige gründlich recherchierte Unternehmensgeschichten vorliegen. Wieso Ernst Abbe in der Stiftungsgründung eine Möglichkeit für die Weiterführung der Optischen Werkstätte in unpersönlicher Hand gesehen hat, wird in Unterkapitel 4.1 beleuchtet werden. Ebenfalls dort behandelt wird Abbes Auseinandersetzung mit den Unternehmensformen der Genossenschaft und der Aktiengesellschaft, deren Rekonstruktion die Besonderheiten des Stiftungsunternehmens verdeutlichen sollen. Das sich anschließende Unterkapitel 4.2 zeichnet die Schritte zur Gründung der Carl-Zeiss-Stiftung nach. Das fünfte Kapitel zur Unternehmensverfassung der Optischen Werkstätte verbindet den theoretischen bzw. deskriptiven Teil mit dem empirischen Teil der vorliegenden Arbeit. So nimmt Unterkapitel 5.1 zur Corporate Governance eine normative Perspektive ein, in Unterkapitel 5.2 zur Zusammensetzung und Arbeitsweise der Geschäftsleitung sowie in Unterkapitel 5.3 zum Verdienst der Geschäftsleitung fließen bereits empirische Ergebnisse ein. Der empirische Teil der Arbeit nimmt nacheinander die Bereiche der Unternehmensführung in den Blick: Personal- und Lohnpolitik (Kapitel 6), Investitionspolitik (Kapitel 7), Stiftungspolitik (Kapitel 8) und Finanzierungspolitik (Kapitel 9). Hier wird auf Grundlage der Protokolle der Sitzungen der Entscheidungsträger und der dazugehörenden Korrespondenz exemplarisch die Unternehmensführung der Optischen Werkstätte in Bezug auf die zuvor erarbeiteten Bedingungen rekonstruiert werden.

1.2 Bedingungen der Unternehmensführung: Die Corporate Governance

Wie beschrieben bezeichnet die Corporate Governance eines Unternehmens alle externen und internen Grundsätze zu dessen Leitung und Kontrolle. Aus entscheidungstheoretischer Perspektive liegt mit der Corporate Governance somit ein Bündel struktureller Entscheidungsprämissen vor.[50] Prämissen sind für die Entscheidungsträger eines Unternehmens für das Treffen von Entscheidungen unabdingbar, da die zentrale Problematik des Entscheidens in der Festlegung auf eine Entscheidungsmöglichkeit mit zum Zeitpunkt der Entscheidung unabsehbaren Folgen in einer kontingenten Zukunft liegt.[51] Weil die Entscheidungsmöglichkeiten zahlreich sind, die Entscheidungsträger sich aber in der Entscheidungssituation auf eine Entscheidung festlegen und somit alle Alternativen ausblenden müssen, sind

50 Der Begriff der „Entscheidungsprämisse" ist wesentlich durch die Arbeiten von Herbert A. Simon geprägt worden, siehe ders., Models of Man, Social and Rational: Mathematical Essays on Rational Human Behavior in a Social Setting, New York 1957, S. 201. Die weitere Verwendung dieses Begriffs innerhalb der vorliegenden Arbeit orientiert sich an seiner Weiterentwicklung durch Niklas Luhmann, siehe Ders.: Organisation und Entscheidung, 3. Auflage, Wiesbaden 2011: „In Organisationen nehmen Strukturen die Form von Entscheidungsprämissen an." Ebd., S. 331.

51 „Die Zukunft des Unternehmens ist kontingent, jeder einzelne Schritt dorthin zwar entweder wahr oder falsch, aber eben nicht: mit Sicherheit und Notwendigkeit das eine und nicht das andere." Baecker, Dirk: Die Form des Unternehmens, Frankfurt a. M. 1999, S. 70.

Entscheidungssituationen überaus komplex. Die Wirkung eines Statuts besteht daher zunächst in der Verringerung der Entscheidungsmöglichkeiten und somit in der Komplexitätsreduktion, die Voraussetzung für das Treffen weiterer Entscheidungen ist.[52]

Zugleich bringen die Entscheidungsprämissen eines Statuts auch neue Komplexität hervor, die als Eigenkomplexität des Unternehmens die Anschlussfähigkeit von Entscheidungen erleichtert. So gab das Statut beispielsweise im Hinblick auf die Expansion des Unternehmens für die Gründung neuer Unternehmen der Carl-Zeiss-Stiftung bestimmte Unternehmensformen vor.[53] Diese von Abbe getroffene und in Form des Statuts in eine Prämisse überführte Entscheidung verringerte die Unsicherheit über die Entscheidungsmöglichkeiten und machte die Zukunft der Expansion ein Stück weit beherrschbarer. Zugleich entstanden hierdurch jedoch neue Unsicherheiten, die wiederum Entscheidungen veranlassten, etwa in Bezug auf die Ausgestaltung der Corporate Governance von Neugründungen, das Treffen von Personalentscheidungen etc. Unternehmen sind auf diese neu entstehenden Unsicherheiten angewiesen, um weitere Entscheidungen treffen zu können, da völlige Sicherheit über eine zukünftige Situation eine Entscheidung über das weitere Vorgehen obsolet machen würde. Nur so kann das Unternehmen weiter bestehen: indem es kontinuierlich Entscheidung an Entscheidung reiht.[54]

Insofern ist Abbes Stiftungsstatut nicht per se als ein hemmender Faktor für die Unternehmensentwicklung zu beschreiben, sondern diente der Reduktion von Entscheidungskomplexität und zugleich dem Aufbau von Eigenkomplexität. Aus entscheidungstheoretischer Perspektive problematisch scheint vielmehr, dass das Statut Entscheidungen über Entscheidungsprämissen verhinderte. Die Variation und der Austausch struktureller Entscheidungsprämissen, die als eine Voraussetzung von Organisationswandel charakterisiert werden können, waren in Bezug auf die durch das Statut vorgegebenen Entscheidungsprämissen folglich nur durch die Überwindung großer Hürden möglich.[55] Zum anderen fehlte der Optischen Werk-

52 Vgl. Luhmann, Niklas: Soziologische Aufklärung Bd. 3: Soziales System, Gesellschaft, Organisation, 6. Auflage, Wiesbaden 2018, S. 21.

53 Siehe hierzu in dieser Arbeit das Kapitel „Statutenkonformität der Beteiligungen".

54 Vgl. Luhmann, Organisation und Entscheidung, S. 10. Das Bild *einer* Kette von Entscheidungen ist nicht ganz präzise, da in Unternehmen viele dieser Ketten nebeneinander existieren können. Vgl. Luhmann, Niklas: Zur Komplexität von Entscheidungssituationen, in: Soziale Systeme 15 (2009), S. 3–35, hier: S. 7.

55 Vgl. Luhmann, Organisation und Entscheidung, S. 331. Damit sind organisationale Änderungen gemeint, die ausschließlich die Struktur des Unternehmens betreffen, also beispielsweise Reformen mit dem Ziel, etwas zu verbessern oder den Eintritt negativer Ereignisse zu verhindern. Die inneren Prozesse des Unternehmens können sich nicht ändern, da sie im Zeitpunkt ihres Vollzugs bereits

stätte die Möglichkeit, ihre Entscheidungsprämissen vollständig zu löschen oder auszublenden,[56] wie dies Organisationen tun, um bei Reorganisationen Widersprüche zur bisherigen Unternehmensorganisation zu verhindern.[57] Im Gegenteil, da der Stifterwille innerhalb der Stiftungskonstruktion oberste Leitlinie war, ist anzunehmen, dass dieser als Entscheidungsprämisse für Entscheidungen aktualisiert wurde. Auf diese Weise sollte sichergestellt werden, dass Entscheidungen mit dem Stifterwillen übereinstimmen.

Die Entscheidungsprämissen Abbes legten auch fest, wie künftige Entscheidungsprämissen entstehen sollten, bestimmten also, wer Kompetenzen zum Treffen von Entscheidungen erhalten sollte. Die grundsätzliche, innerhalb der Neuen Institutionenökonomik als Prinzipal-Agenten-Theorie beschriebene Problematik bei der Übertragung von Entscheidungskompetenzen besteht darin, dass Entscheidungen im Sinne des Auftraggebers (Prinzipal) durch den Beauftragten (Agent) getroffen werden sollen. Da der Beauftragte durch seine unmittelbare Involvierung in die Entscheidungssituation über mehr Informationen als der Auftraggeber verfügt, entsteht hierbei eine Informationsasymmetrie. Und weil Unternehmen im Sinne der Neuen Institutionenökonomik als ein Geflecht von Verträgen charakterisiert werden können, kann das Statut der Carl-Zeiss-Stiftung als ein Rahmenvertrag beschrieben werden, von dem alle weiteren Verträge abhängen, welche die Beziehungen zwischen Prinzipal und Agenten regeln. Allgemein gilt, dass der Grund für den Abschluss dieser Verträge darin liegt, dass der Prinzipal aufgrund mangelnder Zeit sowie unzureichender Fähigkeiten nicht alle unternehmerischen Aufgaben selbst übernehmen kann, weshalb er zur Delegation der Aufgaben gezwungen ist.[58] Auftraggeber und Beauftragte existieren im Unternehmen in verschiedenen Kombinationen, wie beispielsweise zwischen dem mittleren Management und hierarchisch darunter angesiedelten Angestellten. In Hinblick auf die Frage nach einer möglichen Kontrolle bei der Trennung von Eigentum und Manager ist in der Prinzipal-Agenten-Theorie jedoch zunächst vor allem die Eigentümer-Manager-Beziehung betrachtet worden.

Verträge zwischen Prinzipal und Agent sind durch Unvollständigkeit gekennzeichnet. Eine vollkommene Spezifizierung der Verträge, welche die Entscheidungssituationen bis ins letzte Detail mit allen möglichen Varianten regeln würde,

---

geschehen und vergangen sind. Organisationswandel setzt immer seine Beobachtung voraus, ansonsten kann das System ihn nicht einordnen.

56 Vgl. ebd.

57 Vgl. Luhmann, Organisation und Entscheidung, S. 331.

58 „We define an agency relationship as a contract under which one or more persons (the principal(s)) engage another person (the agent) to perform some service on their behalf which involves delegating some decision making authority to the agent." Jensen/Meckling, Theory of the firm, S. 308.

wäre aus Sicht der Neuen Institutionenökonomik zu kostenintensiv.[59] So wären die sogenannten Vereinbarungskosten für solch eine Vertragsgestaltung so hoch,[60] dass ein Zustandekommen dieses Vertragsdokuments höchst unrealistisch wäre, zumal es dem Vertragsgestaltenden aufgrund seiner begrenzten Rationalität nicht möglich wäre, alle zukünftigen Entscheidungssituationen mitsamt ihrer Folgen im Voraus abzubilden und die Verträge entsprechend auszugestalten.[61] Die Prinzipal-Agenten-Theorie fragt danach, wie Verträge trotz ihrer Unvollständigkeit effizient gestaltet werden können, d. h. wie die Beziehung zwischen Prinzipal und Agent institutionell zu gestalten ist, sodass der Agent einen Anreiz besitzt, im Sinne des Prinzipals zu entscheiden und zu handeln. Wie beschrieben ist die grundlegende Annahme, dass dabei eine Informationsasymmetrie vorliegt, der Agent also einen Wissensvorsprung gegenüber dem Prinzipal hat, den er in Entscheidungssituationen, die Spielräume zulassen, nutzen könnte. Hinzu kommt, dass die Neue Institutionenökonomik von nutzenmaximierenden Akteuren ausgeht. Der Agent also versucht in dieser Sichtweise stets, in opportunistischer Weise zu handeln, unabhängig davon, ob dies im Einklang mit den Absichten des – ebenfalls nutzenmaximierenden – Prinzipals steht.[62] Es ist grundsätzlich nicht davon auszugehen, dass die Interessen von Prinzipal und Agent vollständig kongruent sind, woraus in der Praxis Probleme in ihrer Beziehung resultieren. Diese können in drei verschiedene Typen unterteilt werden: *hidden characteristics*, *hidden action* und *hidden information*.

Während der erste Typ *hidden characteristics* vor Abschluss des Vertrags (*ex ante*) zwischen Prinzipal und Agenten auftritt und für den Fall steht, in dem der Agent bestimmte Eigenschaften vor Vertragsabschluss verheimlicht, treten die beiden anderen Varianten nach Abschluss des Vertrags (*ex post*) auf. Der Typ *hidden action* tritt in Situationen auf, in denen ein Prinzipal während oder nach der vom Agenten ausgeführten Handlung nicht entscheiden kann, ob sie von diesem im Sinne des Prinzipals ausgeführt wird bzw. wurde. Diese Unkenntnis resultiert aus den zu hohen Kontrollkosten, die dem Prinzipal die Beobachtung der Handlungen aller Agenten unmöglich machen. In unternehmensinternen Zusammenhängen tritt

---

59 Vgl. Erlei, Mathias/Leschke, Martin/Sauerland, Dirk: Institutionenökonomik, 3. überarbeitete Auflage, Stuttgart 2016, S. 65 f.

60 Vgl. Ebers, Mark/Gotsch, Wilfried: Institutionenökonomische Theorien der Organisation, in: Kieser, Alfred/Ebers, Mark (Hrsg.): Organisationstheorien, 7. aktualisierte und überarbeitete Auflage, Stuttgart 2014, S. 195 – 255, hier: S. 210.

61 Die Annahme begrenzter Rationalität gehört zu den Grundlagen der Institutionenökonomik. Vgl. Williamson, Oliver E.: Comparative Economic Organization, in: Ordelheide, Dieter/Rudolph, Bernd/Büsselmann, Elke (Hrsg.): Betriebswirtschaftslehre und ökonomische Theorie, Stuttgart 1991, S. 30 – 72.

62 Der Nutzen kann monetär, aber auch nicht-monetär, z. B. Karriere, Prestige, Macht etc., sein. Vgl. Ebers/Gotsch, Institutionenökonomische Theorien der Organisation, S. 209.

dieser Typ des Prinzipal-Agenten-Problems häufig als Müßiggang oder Faulheit auf. Der Typ *hidden information* bezeichnet den Fall, in dem ein Prinzipal die Handlungen des Agenten und seine Ergebnisse zwar beobachten kann, ihm aber Informationen fehlen, um die Handlungen einschätzen und bewerten zu können. Unter *hidden information* fällt auch, wenn der Agent dem Prinzipal bewusst Informationen vorenthält (*moral hazard*).

Aufgrund der Informationsasymmetrien und der Zielkonflikte zwischen Prinzipal und Agenten existieren Agenturkosten. Diese fallen zum einen dann an, wenn Prinzipal oder Agent versuchen, die Informationsasymmetrie zu beheben. Im Fall des Prinzipals können Steuerungs- und Kontrollmaßnahmen mit den entsprechenden Kosten dazu beitragen, das Leistungsverhalten des Agenten zu beeinflussen, zu beobachten und zu bewerten. Der Agent hingegen bringt Signalisierungskosten auf, um seinen Informationsvorsprung gegenüber dem Prinzipal zu verringern. Zum anderen fallen dem Prinzipal sogenannte Residualkosten an, wenn das nur unter vollständiger, ausgeglichener und kostenloser Informationsbeschaffung zu erreichende Optimum in Bezug auf seine Interessensdurchsetzung nicht erreicht werden kann.[63] Im besten Fall sollten Verträge zwischen Prinzipal und Agent so gestaltet sein, dass keine Agenturkosten anfallen. Da dies kein realistisches Modell ist, diskutiert die Prinzipal-Agenten-Theorie Möglichkeiten, die Agenturkosten zumindest zu begrenzen. Diese Kosten sind allerdings nur schwer quantifizierbar und empirisch daher kaum nachzuweisen, sondern dienen „in erster Linie als heuristisches Bewertungskriterium“[64].

In Hinblick auf die Untersuchung der Optischen Werkstätte sind vor allem die nachvertraglichen Typen *hidden action* und *hidden information* relevant. Möglichkeiten zur Eindämmung dieses Problems sind *Monitoring* sowie Anreiz- und Sanktionssysteme. Durch *Monitoring*, also Überwachung von Vorgängen, werden Überwachungs- und Kontrollmaßnahmen geschaffen, die zwar die Transparenz für den Prinzipal erhöhen, ihrerseits aber Kosten erzeugen. Anreiz- und Sanktionssysteme helfen dabei, einen Interessenausgleich zwischen Prinzipal und Agent herzustellen, beispielsweise durch die Gestaltung von Anreizverträgen, durch welche die Entlohnung des Agenten vollständig oder teilweise von seiner erbrachten Leistung abhängig gemacht wird.[65] Um die Interessen von Prinzipal und Agent anzugleichen, werden in der Managementforschung seit den 1980er-Jahren auch die

63 Vgl. Jensen/Meckling, Theory of the firm, S. 308.

64 Hochhold, Stefanie/Rudolph, Bernd: Prinzipal-Agenten-Theorie, in: Schwaiger, Manfred/Meyer, Anton (Hrsg.): Theorien und Methoden der Betriebswirtschaft. Handbuch für Wissenschaftler und Studierende, München 2009, S. 131–146, hier: S. 136 f.

65 Vgl. Erlei/Leschke/Sauerland, Institutionenökonomik, S. 39; vgl. Weber, Thomas: Anreizsysteme für die betriebliche Forschung und Entwicklung, Wiesbaden 2006, S. 11 f.

Vorteile einer bestimmten Unternehmenskultur diskutiert.[66] Anne Nieberding weist allerdings zu Recht darauf hin, dass die Messbarkeit von Unternehmenskultur ein äußerst schwieriges Unterfangen ist.[67] Zudem sei die Vorstellung der Managementforscher zu verwerfen, Unternehmenskultur könne innerhalb eines Unternehmens von oben nach unten durch die Geschäftsleitung durchgesetzt werden.[68] Nieberding selbst nähert sich dem Zusammenhang von Unternehmenskultur und der Prinzipal-Agenten-Beziehungen durch die Einführung des Konzepts von „Sinnwelten" an:

> Unternehmen sind partielle Sinnwelten, die ihre Mitglieder mit institutionalem Sinn vertraut machen und Präferenzen dahingehend zu beeinflussen suchen, dass opportunistisches Verhalten auch dann unterbleibt, wenn Handlungen und Handlungsfolgen nicht vollständig kontrolliert werden können.[69]

Auf diese Weise können Transaktionskosten gesenkt werden und Kooperationsgewinne entstehen, da Agenten und Prinzipal die gleiche Nutzenfunktion haben.[70] Diese Sinnkonstruktionen werden den Beschäftigten in Sozialisationsprozessen zugemutet, allerdings steht es ihnen frei, ob sie diese annehmen. Folgt man dem Konzept Nieberdings, so wird in Hinblick auf die Carl-Zeiss-Stiftung und die Optische Werkstätte in der Literatur eine besondere „Sinnwelt" beschrieben, ein besonderer „Zeiss-Geist" beschworen, der zur Angleichung von Nutzenfunktionen von Geschäftsleitung und Mitarbeitern geführt haben könnte.[71] Diese „Sinnwelt" kann

66 Vgl. Welskopp, Thomas: Unternehmen Praxisgeschichte. Historische Perspektiven auf Kapitalismus, Arbeit und Klassengesellschaft, Tübingen 2014, S. 257.

67 Vgl. Nieberding, Anne: Unternehmenskultur in historischer Perspektive. Chancen und Grenzen eines Forschungsansatzes – dargestellt am Beispiel eines Chemieunternehmens, in: Rupieper, Hermann-Josef/Wagner-Kyora, Georg/Sattler, Friederike (Hrsg.): Die mitteldeutsche Chemieindustrie und ihre Arbeiter im 20. Jahrhundert, Halle 2005, S. 52–75, hier: S. 54. Siehe Berghoff, Hartmut: Unternehmenskultur und Herrschaftstechnik. Industrieller Paternalismus: Hohner von 1857 bis 1918, in: Geschichte und Gesellschaft 23 (1997), S. 167–204, hier: S. 173. Präzise Kritik an der Unternehmenskultur als Analysekonzept äußert auch Welskopp, Unternehmen Praxisgeschichte, S. 257–281.

68 Vgl. Nieberding, Unternehmenskultur in historischer Perspektive, S. 53.

69 Ebd. Siehe auch: Nieberding, Anne/Wischermann, Clemens: Unternehmensgeschichte im institutionellen Paradigma, in: Zeitschrift für Unternehmensgeschichte 1 (1998), S. 35–48, hier: S. 42–45.

70 Vgl. Nieberding, Unternehmenskultur in historischer Perspektive, S. 58.

71 Vgl. etwa Lindner, Reinhold: Die Umwandlung einer Stiftung in eine Aktiengesellschaft – am Fallbeispiel der Carl-Zeiss-Stiftung, Jena 2004, S. 57. Lindner stellt in der Zeit nach 1945 einen bestimmen „Zeiss-Geist" fest, den er von der Würdigung der Person Ernst Abbe ableitet. Für den Betrachtungszeitraum kommt die Forschungsliteratur zu ähnlichen Interpretationen, vgl. Schumann (u. a.), Carl Zeiss Jena, S. 648. Anzunehmen ist, dass die Interpretationen der Sinnwelt als vom

als eine Sammlung von sogenannten „unentscheidbaren Entscheidungsprämissen" verstanden werden.[72] Auf diese haben die Geschäftsleitung und andere Entscheider keinen Einfluss, sie „pendeln" sich im Unternehmen ein und bestimmen etwa, wie Geburtstage im Unternehmen gefeiert werden.

Bei der Entwicklung einer bestimmten „Sinnwelt" der Optischen Werkstätte mag auch die herausragende Persönlichkeit Ernst Abbes eine Rolle gespielt haben.[73] Markus C. Beckers Untersuchung der Optischen Werkstätte seit ihrer Gründung bis in die 1960er-Jahre legt zugrunde, dass individuelle *habits* von Ernst Abbe ebenfalls als Entscheidungsprämissen für das Verhalten von Organisationen gesehen werden können.[74] Individuelle, unternehmensbezogene Handlungsweisen sowohl von Ernst Abbe wie auch von Carl Zeiss – beispielsweise die wissenschaftsbasierte Entwicklung von optischen Hochpräzisionsgeräten – seien in eine Organisationsroutine überführt worden, die über Jahrzehnte „dispositions for science-based product development and high precision manufacturing" nicht nur für den Forschungsprozess an sich, sondern auch für Personalentscheidungen, Produktionsentscheidungen und vieles mehr gelegt hätten.[75] Die von Becker erkannten Kontinuitäten von den 1860er-Jahren bis hin zu den 1960er-Jahren erscheinen durchaus plausibel, deren Verbindung zu Abbes „habits" kann er allerdings nur behaupten.[76] Eine mögliche Operationalisierung des Einflusses der Persönlichkeit Abbes soll daher im Folgenden vorgeschlagen werden.

Zeiss-Geist geprägt auch auf Selbstbeschreibungen des Unternehmens zurückgehen. Ein jüngeres Beispiel hierfür ist die Jubiläumsschrift zum 20-jährigen Jubiläum der Wiedervereinigung von Carl Zeiss im Jahr 2011: „Doch der Geist der Gründer Carl Zeiss und Ernst Abbe war auf beiden Seiten des ‚Eisernen Vorhangs' lebendig geblieben." Kaschke, Michael: Vorwort, in: Paetrow, Stephan: … was zusammen gehört. 20 Jahre Wiedervereinigung von Carl Zeiss, herausgegeben vom Carl Zeiss Archiv, Hamburg 2011, S. 4–8, hier: S. 4.

72 Luhmanns Definition von Organisationskultur ist angelehnt an den Vorschlag Darío Rodriguez', der diese als Menge von unentscheidbaren Entscheidungsprämissen definiert. Vgl. Luhmann, Organisation und Entscheidung, S. 240 f.

73 Zur Betrachtung von Abbes Eigenschaften, die über seine Lebenszeit hinaus wirkten, siehe: Lemuth, Oliver: Alles Abbe? Wertzuweisungen und Deutungskämpfe in einer Erinnerungs- und Rezeptionsgeschichte, in: John, Jürgen/Ulbricht, Justus H. (Hrsg.): Jena. Ein nationaler Erinnerungsort?, Köln 2007, S. 483–496.

74 Vgl. Becker, Markus C.: How Dispositions Shape Organizations: The Carl Zeiss Case, 2012, http://dx.doi.org/10.2139/ssrn.1920678, letzter Aufruf: 15.3.2020, S. 3.

75 Vgl. Becker, How Dispositions Shape Organizations, S. 13. Das Zitat findet sich ebd., S. 17. Eindeutig belegt werden kann, dass Ernst Abbe aufgrund seiner Personalpolitik bleibende Wirkung für die Optische Werkstätte entfaltete. So stellte Abbe einige hervorragende Wissenschaftler ein, die er selbst an der Universität Jena kennengelernt hatte. Diese Gruppe von Wissenschaftlern wird in der Literatur als „Abbe-Schule" bezeichnet. Vgl. Flitner/Wittig, Optik – Technik – Soziale Kultur, S. 54.

76 Vgl. Becker, How Dispositions Shape Organizations, S. 36 ff.

In der Corporate Governance der Optischen Werkstätte waren die Prinzipal-Agenten-Beziehungen grundlegend durch die Organisation der Unternehmensstiftung vorgegeben und von Abbe im Einzelnen konkretisiert worden. Die Beziehung zwischen Eigentümer und Geschäftsleitung der Optischen Werkstätte ist dabei als außergewöhnlich zu charakterisieren: Da es seit Abbes Übertragung seiner Unternehmensanteile an die Carl-Zeiss-Stiftung keinen menschlichen Eigentümer mehr gab, stand nunmehr dem Agenten, also der Geschäftsleitung, eine juristische Person, die Stiftung, als Prinzipal gegenüber. Diese war zwar Eigentümerin der Optischen Werkstätte, aber nur durch eine mit staatlichen Vertretern besetzte Stiftungsverwaltung handlungsfähig. Insofern fehlte der Stiftungskonstruktion ein „menschlicher" Prinzipal. Die Stiftungsverwaltung selbst als Prinzipal zu identifizieren ist insofern problematisch, als sie weder selbst Eigentümerin war noch ihr die vollen Verfügungsrechte über das Eigentum der Stiftung übertragen worden waren. So konnte sich die Stiftungsverwaltung bei Entscheidungen in Bezug auf das Eigentum nicht allein von ihrer Nutzenmaximierung leiten lassen, sondern musste den Vorgaben des Statuts und des darin verewigten Stifterwillens folgen. Es scheint daher vielmehr plausibel, dass auch der Stiftungsverwaltung ein Prinzipal gegenüberstehen musste: Aus der „Eigentümerlosigkeit"[77] der Stiftung resultiert zumindest in der Theorie eine Leitungs- und Kontrollkonstruktion, die durch die fehlende Weisungsgebundenheit der Stiftungsverwaltung gegenüber einem Prinzipal die Gefahr von Missbrauch der Leitungskompetenzen sowie einen Umgang mit dem Eigenkapital zum Nachteil der Stiftung hervorrufen könnte. Aus diesem Kontrollvakuum heraus ist wohl die Stiftungsaufsicht zur Kontrolle des Stiftungsvorstands in Bezug auf die Einhaltung des Stifterwillens und stiftungsrechtlicher Prinzipien entstanden, die zum Zeitpunkt der Gründung der Carl-Zeiss-Stiftung bei dem jeweiligen Bundesstaat, also beim Großherzogtum Sachsen-Weimar-Eisenach, lag und hinsichtlich ihres Einflusses auf die Stiftungskonstruktion völlig unbedeutend blieb.[78] Wenngleich damit eine weitere Instanz zur Kontrolle etabliert worden war, fungierte auch die Stiftungsaufsicht nicht als oberster Prinzipal der Stiftungskonstruktion, da sie ihre Aufsicht qua Amt nur stellvertretend für den Stifter ausübte.

Unzweifelhaft ist, dass trotz der im Sinne der Prinzipal-Agenten-Theorie unklaren Hierarchie innerhalb der Stiftungskonstruktion ein Ewigkeitsanspruch formuliert und schriftlich fixiert wurde, der sowohl für die Carl-Zeiss-Stiftung als auch für den Stifterwillen galt.[79] Die grundlegende Annahme dieser Arbeit ist daher, dass Ernst Abbe nach der Übertragung der Eigentumsrechte an die Stiftung weiterhin als

77 Vgl. Lindner, Die Umwandlung einer Stiftung, S. 27.

78 Vgl. ebd.

79 „Oberstes Prinzip im Stiftungsrecht ist der Vorrang des Stifterwillens". Lindner, Die Umwandlung einer Stiftung, S. 144.

Prinzipal der Stiftungskonstruktion gelten kann. Diese Rolle überdauerte dabei nicht nur den eigentlichen Eigentumstransfer an die Stiftung, sondern behielt selbst nach Abbes Rückzug aus den Unternehmen, ja sogar nach seinem Tod im Jahr 1905 noch Geltung. Dieser Prinzipal ist körperlos und abstrakt, bleibt also in einem gewissen Sinne fiktiv, und er ist unsterblich.

Um dem fiktiven Prinzipal einen realen und gegenwartsbezogenen Charakter zu verleihen, wurden seine Interessen unter dem Begriff des „Stifterwillens" stetig aktualisiert. Dies war immer dann der Fall, wenn Verträge Interpretationslücken aufwiesen. Abbe platzierte den „Stifterwillen" in zahlreichen Paragraphen, um Lösungen nicht eindeutiger Fragen zur Kontroll- und Leistungsstruktur in seinem Sinne geklärt zu wissen. Als Garantie für die „korrekte" Auslegung des Stifterwillens konnten sowohl Zeitgenossen des Stifters als auch überlieferte, etwa das Statut ergänzende Schriftstücke bedeutend werden. Abbe hatte dem Statut die beiden erläuternden Texte „Motive und Erläuterungen zum Entwurf eines Statuts der Carl Zeiss-Stiftung"[80] und „Die Verfassung der Carl Zeiss-Stiftung" hinzugefügt. Zudem hatte sich Abbe in mehreren Reden und Schriften in Bezug auf unternehmensorganisatorische Fragen geäußert. Czapski zählte sie aufgrund ihres Inhalts und ihrer Bedeutung zu den „Motive und Erläuterungen" und es wird zu zeigen sein, ob sie auf diese Weise auch von den verschiedenen Interessengruppen der Optischen Werkstätte bzw. der Stiftung verwendet wurden.[81] Der „Stifterwille" war insofern sowohl statischer als auch veränderbarer Teil der Corporate Governance, da aktualisier- und interpretierbarer Gegenstand des Unternehmensführungsdiskurses.

Abbe stand als fiktiver Prinzipal gleich mehreren Agenten gegenüber, die wiederum untereinander eigene Prinzipal-Agenten-Beziehungen ausbildeten.[82] Fiktiver Prinzipal war er gegenüber der Geschäftsleitung sowie der Stiftungsverwaltung, die die Stiftung gemäß dem Statut und Stifterwillen verwalten sollte. Zugleich galt dies für die Mitarbeiter, deren Prinzipal innerhalb des Unternehmens die Geschäftsleitung bzw. die Vorgesetzten auf niedrigeren Ebenen der Unternehmenshierarchie waren. Agenturkosten fielen nicht dem fiktiven Prinzipal an, sondern wurden in das Unternehmen bzw. die Stiftung hinein verlagert. Der fiktive Informationsvorsprung zwischen dem verstorbenen Abbe und seinen Agenten Geschäftsleitung, Stiftungs-

80 Abbe, Ernst: Motive und Erläuterungen zum Entwurf eines Statuts der Carl Zeiss-Stiftung (1895), in: Ders.: Vorträge, Reden und Schriften, a.a.O., S. 330–372. Im Fließtext abgekürzt mit „Motive und Erläuterungen".

81 Vgl. Czapski, Siegfried: Vorwort, in: Abbe, Ernst: Vorträge, Reden und Schriften sozialpolitischen und verwandten Inhalts, a.a.O., S. V–XIII, hier: S. X.

82 Zur theoretischen Ausweitung der Prinzipal-Agenten-Theorie auf mehrere Agenten bzw. mehrere Prinzipale siehe: Göbel, Elisabeth: Neue Institutionenökonomik. Konzeption und betriebswirtschaftliche Anwendungen, Stuttgart 2002, S. 105, 107.

verwaltung und Mitarbeitern wurde im Laufe der Zeit zunehmend größer. Aus diesen Überlegungen lässt sich ableiten, dass zwei Bedingungen für die Unternehmensführung in Abbes Sinne eine Rolle spielten: erstens eine Corporate Governance, die den Kontrollausgleich zwischen den verschiedenen Organen der Stiftung und des Unternehmens gewährleistete, welche sich wiederum auf ihren gemeinsamen, höchsten Prinzipal berufen konnten. Nur über einen solchen Kontrollausgleich würde gewährleistet werden können, dass Entscheidungen im ständigen Spannungsverhältnis von Unternehmensprofit und Gemeinnützigkeit im Sinne Abbes getroffen würden, so die Annahme. Zweitens ist wahrscheinlich, dass der Charakter der Stifterpersönlichkeit selbst einen erheblichen Einfluss auf den Ewigkeitsanspruch seiner Vorstellungen hatte. So kann davon ausgegangen werden, dass dieser nicht nur für die Frequenz und Bedeutung der Reaktualisierung des fiktiven Prinzipals wichtig war, sondern zugleich auch zur Entstehung einer gewissen „Sinnwelt" beitrug, die die Lösung von Prinzipal-Agenten-Problemen im gesamten Unternehmen, vor allem aber auf Leitungsebene, wahrscheinlicher machte.

1.3 Praxis der Unternehmensführung: Entscheidungen

Die Auseinandersetzung mit dem Komplex der Entscheidungstheorie kann innerhalb der Ökonomie des 20. Jahrhunderts als zentral aufgefasst werden. Einen wesentlichen Einschnitt innerhalb dieser Auseinandersetzung markierte die veränderte Annahme in Bezug auf die Rationalität des Entscheiders. Bedeutsam dabei war Herbert A. Simon (1957), der das von der neoklassischen Theorie entworfene Modell des *homo oeconomicus* hinterfragte, demzufolge Entscheidungen des Menschen rational getroffen werden. Diese Vorstellung von rationaler Entscheidungsfindung impliziert ein Wissen über die Umwelt, das perfekte Information für die Entscheidungssituation und ein stabiles und gut organisiertes Bewusstsein der eigenen Präferenzen sowie darüber hinaus ein Einschätzungsvermögen bereitstellt, das die Folgen der jeweiligen Entscheidung vorhersehbar macht und mit seinen Präferenzen in Einklang bringen kann.[83] Die sich auf der Basis der von Simon populär gemachten Vorstellung von *bounded rationality* entwickelnde, deskriptive Entscheidungstheorie brach mit der normativen Vorstellung des rationalen Entscheiders und entwickelte eine wirklichkeitsnähere Vorstellung des Entscheidens

83 Vgl. Simon, Herbert A.: A Behavioral Model of Rational Choice, in: The Quarterly Journal of Economics 69 (1955), S. 99–118, hier: S. 99.

unter Unsicherheit.[84] Diese entwirft einen Entscheider mit begrenzter individueller Rationalität, der in einer Entscheidungssituation weder alle Entscheidungsmöglichkeiten kennt noch Zugang zur perfekten Informationsausstattung über die gekannten Alternativen hat. Der Entscheider muss also „ohne ausreichendes Wissen und mit abgekürzter Informationsverarbeitung"[85] entscheiden.

Gerät der Entscheider mit begrenzter Rationalität in eine Entscheidungssituation, begegnet er aufgrund ihrer Komplexität der Unmöglichkeit, eine optimale Entscheidung treffen zu können.[86] Die Komplexität ist höher, je mehr Entscheidungsmöglichkeiten es gibt bzw. wenn verschiedene Entscheidungsmöglichkeiten und ihre Folgen voneinander abhängen.[87] Dem Entscheider mit begrenzter Rationalität in komplexen Entscheidungssituationen bleibt es demnach verwehrt, eine objektiv „richtige" Entscheidung zu treffen, da diese Richtigkeit nur nach vollständiger Analyse aller Entscheidungsmöglichkeiten und ihrer Konsequenzen unter perfekter Information feststellbar wäre.[88] Das Ergebnis dieser Betrachtung führt zur Erkenntnis der Kontingenz von Entscheidungssituationen, die eine getroffene Entscheidung weder rückwirkend, also in Bezug auf die Entscheidungsmöglichkeiten, noch in Bezug auf ihre Folgen legitimiert, da sonst jede nicht-getroffene Entscheidungsmöglichkeit zum Entscheidungsergebnis werden könnte. Daraus folgt, dass Entscheidungen von Unternehmen nicht getroffen werden, um das Mittel zu einem bestimmten Zweck zu finden. Die in der Betriebswirtschaftslehre postulierte Annahme der Beziehung zwischen Zweck und Mittel bzw. Entscheidungsanlass und Entscheidung wird damit aufgelöst, bzw. es wird deutlich, dass sie in Wahrheit das Ergebnis einer nachträglichen Rationalisierung ist.[89] Daher scheint es beinahe plausibel, zu erklären, Unternehmen hätten so entschieden, weil sie so entschieden haben – ein gewisses Maß an „Spekulation" ist jedenfalls Teil jeder unternehmerischen Entscheidung.[90] Dennoch liegt zwischen dem nur theoretisch zu erreichenden Optimum der Entscheidung und einer in völliger Willkür getroffenen Entscheidung durchaus ein Zwischenbereich, in welchen alle Entscheidungen

---

84 Im Gegensatz zur deskriptiven will die normative oder präskriptive Entscheidungstheorie nicht erklären, wie Entscheidungen tatsächlich getroffen werden, sondern wie sie rational getroffen werden können. Vgl. Laux, Helmut/Gillenkirch, Robert M./Schenk-Mathes, Heike Y.: Entscheidungstheorie, 9. Auflage, Berlin 2014, S. 4.

85 Luhmann, Organisation und Entscheidung, S. 27.

86 Vgl. Luhmann, Niklas: Kann die Verwaltung wirtschaftlich handeln?, in: Ders.: Schriften zur Organisation, Bd. 1: Die Wirklichkeit der Organisation. Wiesbaden 2018, S. 111–134, hier: S. 115.

87 Vgl. Luhmann, Zur Komplexität von Entscheidungssituationen, S. 5.

88 Vgl. Plumpe, Werner: Wie entscheiden Unternehmen?, in: Zeitschrift für Unternehmensgeschichte 61 (2016), S. 141–159, hier: S. 143.

89 Vgl. Kieser, Alfred/Walgenbach, Peter: Organisation, 5. Auflage, Stuttgart 2007, S. 5f.

90 Vgl. Plumpe, Wie entscheiden Unternehmen?, S. 144.

fallen, deren Festlegung durch bestimmte Bedingungen wahrscheinlicher gemacht werden.

Zur empirischen Rekonstruktion von Entscheidungen bietet sich die Betrachtung des gesamten Entscheidungsprozesses auf mehreren Ebenen an: zeitlich gesehen vom Auslöser bis hin zur Legitimation der Entscheidung und möglicher, nur retrospektiv erkennbarer Folgen, sachlich gesehen in der Betrachtung von Anzahl und Inhalt der Entscheidungsmöglichkeiten und deren Kenntnis durch die Entscheider mitsamt den dazu jeweilig vorliegenden Informationen, und personell gesehen in der Feststellung der jeweilig an der Entscheidung Beteiligten. Letztere werden formal durch die gültigen Eigentumsrechte bzw. die jeweils übertragenen Verfügungsrechte innerhalb eines Unternehmens, die sogenannten property rights, bestimmt. Im Fall der Unternehmensstiftung fixierte die Corporate Governance neben der Geschäftsleitung auch die Stiftungsverwaltung bzw. den Stiftungskommissar als Entscheidungsorgane. Üblicherweise wird die Entscheidungshoheit aufgrund des hierarchieartigen Charakters des Unternehmens vor allem seinem obersten Organ unterstellt, dessen Funktion zugleich zum Begriff dieser Institution wurde: die Unternehmensführung. Die Zurechnung folgt dabei der Notwendigkeit, außerhalb und innerhalb des Unternehmens einen Entscheidungsort ausfindig machen zu müssen, um dem diffusen Konstrukt des Unternehmens eine handelnde Repräsentanz zuzuordnen.[91]

In der zeitlichen Dimension des Entscheidungsprozesses steht zuvorderst der „Entscheidungsanlass“. Einen für diesen zuständigen Produktionsort in der Organisation des Unternehmens gibt es nicht, stattdessen werden Anlässe sowohl im als auch außerhalb des Unternehmens geboren, und das aus einer unbekannten Vielzahl von Gründen. Nicht jedes Umweltereignis wird zum Entscheidungsanlass innerhalb des Unternehmens:[92] „Der Markt bestimmt nichts, er veranlasst nur“, wie Werner Plumpe konstatiert.[93] Kennzeichen der Verarbeitung von Umweltereignissen im Unternehmen ist die Reduktion ihrer Komplexität.

---

91 Vgl. Luhmann, Zur Komplexität von Entscheidungssituationen, S. 1. Luhmann leitet dies aus der Notwendigkeit ab, die Risiken des Entscheidens auf eine konkrete Stelle rückführen zu müssen, vgl. ders.: Soziologie des Risikos, Berlin/New York 1991, S. 27. Nicht jedes Handeln der Unternehmensführung jedoch ist eine Entscheidung, sondern nur das, worüber ein Bewusstsein besteht bzw. das von anderen als solches identifiziert wird. Vgl. ders., Zur Komplexität von Entscheidungssituationen, S. 4.

92 Dem liegt zugrunde, dass das Unternehmen keine völlig undurchlässigen Grenzen hat, siehe Luhmann, Organisation und Entscheidung, S. 71. Würde das Unternehmen Ereignisse seiner Umwelt behandeln, wie die Umwelt selbst Ereignisse behandelt, würde es sich über seine eigene Unterscheidung von der Umwelt hinwegsetzen und zur Umwelt werden. Vgl. Baecker, Die Form des Unternehmens, S. 7.

93 Plumpe, Wie entscheiden Unternehmen?, S. 145.

Der in der Unternehmensführung fortgesetzte Entscheidungsprozess – typischerweise durch Stabsstellen des Unternehmens unterstützt – kann unterschiedliche Grade der Formalisierung aufweisen und ist möglicherweise ebenfalls durch Bestimmungen der Corporate Governance festgelegt.[94] Im Laufe des Prozesses wird unter Reduktion der Entscheidungsmöglichkeiten durch Entscheidungsprämissen schließlich von den Entscheidern eine Auswahl von Entscheidungsmöglichkeiten präsentiert, denen zumeist zugehörige Informationen beigefügt werden.[95] Die Kontingenz der Entscheidungssituation wird während des Prozesses ausgeblendet, um handlungsfähig zu bleiben.[96]

Für die Entscheidungsfindung wesentlich ist die Formulierung von Erwartungshaltungen. Diese wird vollzogen, ohne dass die Erwartungen aufgrund der unsicheren Zukunft tatsächlich eintreten müssten.[97] Die Erwartungen bleiben also in einem gewissen Sinne „fiktional", ohne dass sie dabei jedoch zu „wilden Fantasien" ausarten würden.[98] Auch hier wird demnach ein Bereich zwischen absoluter Willkür und einem nur theoretisch zu ermittelnden Erwartungsoptimum gezeichnet.[99] Jens Beckert hat zur Ermittlung von „benennbaren Einflüssen"[100] sieben verschiedene Faktoren festgehalten, die als „heuristische Stütze"[101] einen Rahmen für die Verortung empirischer Ergebnisse schaffen können: Institutionen, Soziale Position, Soziale Netzwerke, Kalkulative Instrumente, Kulturelle Strukturen, Reflexivität und Protentionen, welche Erfahrungsmuster aus vorherigem Handeln miteinschließen. Für die Entscheidungssituation in einem Unternehmen mögen vor allem Institutionen, Kalkulative Instrumente, Reflexivität und Protentionen eine Rolle spielen. Besonders der Faktor Reflexivität dürfte die Erwartungsbildung der Geschäftsleitung beeinflussen, welche durch die von Luhmann so benannte „Erwartungserwartung", also die Erwartungsbildung anderer, geprägt wird.[102]

94 Zu den Stabsstellen vgl. Plumpe, Wie entscheiden Unternehmen?, S. 151.

95 Dabei ist diese Auswahl nicht die Differenz aus allen Entscheidungsmöglichkeiten und den durch Entscheidungsprämissen ausgeschlossenen Möglichkeiten, sondern folgt den eigenen Logiken der Entscheider. Die Auswahl der Möglichkeiten ist im engen Sinne auch bereits eine Entscheidung, die die Hauptentscheidung vorbereitet.

96 Vgl. Plumpe, Wie entscheiden Unternehmen?, S. 152.

97 Vgl. ebd., S. 144.

98 Beckert, Jens: Woher kommen Erwartungen? Die soziale Strukturierung imaginierter Zukünfte, in: Jakob/Nützenadel/Streb, Erfahrung und Erwartung, a.a.O, S. 507–523, hier: S. 508.

99 Vgl. ebd., S. 510.

100 Ebd.

101 Ebd., S. 522.

102 Vgl. Luhmann, Niklas: Soziologische Aspekte des Entscheidungsverhaltens, in: Die Betriebswirtschaft 44 (1984), S. 591–603.

Geht es nun um das Treffen der Entscheidung, können gewisse Verfahrensanweisungen Einfluss gewinnen, also etwa die Frage nach dem jeweiligen Entscheidungsrecht, ob es ein Vetorecht gibt usw. Diese können ebenfalls durch die Corporate Governance vorgegeben sein. Dabei ist eine Festlegung auf eine der Entscheidungsmöglichkeiten nicht zwingend notwendig, da auch die Entscheidung getroffen werden kann, keine Entscheidung zu treffen.[103]

Als den Entscheidungsprozess abschließendes Element kann die Veröffentlichung der Entscheidung definiert werden. In dieser wird jedoch die Kontingenz der Entscheidungssituation wieder offenbar, und dies nicht nur für die Entscheider selbst, sondern auch für die Beobachter der Entscheidung. Damit in einem Unternehmen nicht jede Unternehmensführungsentscheidung ob der Fragwürdigkeit ihrer Richtigkeit zur Kontroverse führt, bedarf die Entscheidung einer gewissen Legitimierung. Diese muss nicht nur vor dem Prinzipal als Auftraggeber der Entscheidung Bestand haben, sondern auch gegenüber den Beschäftigten sind Unternehmensführungsentscheidungen zu rechtfertigen, damit sie nicht willkürlich erscheinen. Interessant in Bezug auf die Optische Werkstätte ist also die Frage, inwieweit sich die Entscheider den fiktiven Prinzipal Ernst Abbe zu Eigen machten, um die Legitimierung ihrer Entscheidungen zu verstärken.

Für die Geschäftsleitung bedeutet Unternehmensführung zusammengefasst betrachtet also nicht die „zielorientierte Gestaltung, Steuerung und Entwicklung eines Unternehmens“[104], sondern vielmehr den Umgang mit Komplexität durch seine Reduktion bzw. die Umwandlung in Eigenkomplexität des Unternehmens angesichts einer unsicheren Zukunft und der beschränkten Möglichkeiten der Informationsbeschaffung und -verarbeitung. Unternehmensführung ist in diesem Sinne das Treffen von Entscheidungen unter Berücksichtigung bestehender Entscheidungsprämissen, unter Orientierung an den an die Entscheidungen gerichteten Erwartungen und schließlich die Legitimierung der Entscheidungen vor ihren Beobachtern.

Die durch diese Sicht auf Unternehmensführung mögliche empirische Rekonstruktion von Unternehmensführung bringt im Fall der Optischen Werkstätte eine Unternehmensgeschichte hervor, die nicht allein die (scheinbaren) Resultate von Entscheidungen präsentiert. Tritt man in dieser Darstellung einen Schritt zurück, wird erkennbar, innerhalb welcher Strukturen die Geschäftsleitung ihre Entscheidungen traf. Über die Analyse von Entscheidungssituationen können dabei auch

---

103 Dann, wenn das Entscheiden selbst Gegenstand der Reflexion wird und entschieden wird, nicht oder später zu entscheiden. Vgl. Luhmann, Zur Komplexität von Entscheidungssituationen, S. 25.
104 Auf diesen Sinn können sich die meisten Definitionen für Unternehmensführung der modernen Betriebswirtschaftslehre einigen. Vgl. Rahn, Horst-Joachim/Mintert, Svenja: Unternehmensführung, Herne 2019, S. 25.

Status-quo-Entscheidungen nachgewiesen werden, also Entscheidungen, keine Entscheidung zu treffen, wodurch ein bisher nicht bekannter Teil der Unternehmensgeschichte von Zeiss erforschbar gemacht werden könnte. Für die Geschichte der Geschäftsleitung der Optischen Werkstätte könnte dieser Zugang bedeuten, dass nicht nur ihr Entscheidungsverhalten innerhalb der Corporate Governance rekonstruierbar wird, sondern dass auch erhellt wird, welchen Anteil Geschäftsleitung und Stiftungsverwaltung an der Unternehmensführung der Optischen Werkstätte hatten.

2 Der Aufstieg der optischen Industrie

Die Kenntnis von den Prinzipien der Strahlenoptik war in ihren Grundzügen bereits in der Antike verbreitet. Auf dieser Kenntnis basierte die Erfindung der Brille im 13. Jahrhundert ebenso wie die Entwicklung erster Mikroskope im ausgehenden 16. Jahrhundert.[105] In den darauf folgenden Jahrhunderten gab es indes keine wesentlichen Verbesserungen auf dem Feld der Optik, bis veränderte technologische und ökonomische Bedingungen ungekannte Wachstumschancen hervorbrachten. So entstand eine Nachfrage nach optischen Instrumenten mit hoher Präzision, die durch den wissenschaftlichen Entdeckungsdrang von Biologen, Medizinern und Astrologen gespeist wurde.[106] Pariser und Londoner Optiker reagierten auf die Nachfrage, indem sie sich bereits im 18. Jahrhundert auf die Verbesserung der Herstellung von Mikroskopen und optischen Geräten konzentrierten, ohne dabei jedoch Berechnungen zur Beschaffenheit der Linsen zu Grunde zu legen.[107] Die Optikermeister und ihre Gesellen behalfen sich daher beim Schleifen und Polieren des Rohglases zur Linse bis weit ins 19. Jahrhundert hinein mit *trial-and-error*-Methoden, dem sogenannten Pröbeln.[108] Damit blieb es zumeist dem Zufall überlassen, wie das Endprodukt ausfiel. Die deutlich schwankende Qualität des Endprodukts wurde durch die wechselhafte Beschaffenheit des maßgeblichen Rohstoffes noch verstärkt, des damals verfügbaren optischen Glases.[109]

Trotz der unausgereiften Ergebnisse der Optiker entwickelte sich folglich schon vor der Entstehung der optischen Industrie[110] ein Markt für optische Instrumente

---

105 Vgl. Gerlach, Dieter: Geschichte der Mikroskopie, Frankfurt a. M. 2009, S. 3 f., 16, 24.

106 Vgl. Berg, Alexander: Carl Kellner. Zum hundertsten Todestag des Begründers der optischen Industrie in Wetzlar herausgegeben von den optischen Werken Ernst Leitz in Wetzlar, Hildesheim 1955, S. 18.

107 Schomerus, Friedrich: Von der deutschen optisch-feinmechanischen Industrie, 1935, in: CZA, BACZ 168; vgl. Schmitz, Emil-Heinz: Handbuch zur Geschichte der Optik, Ergänzungsband 2, Teil A, Bonn 1989, S. 117 f.; Behnke, Gert: Feinmechanik und Optik in Hamburg. Die Firma C. Plath, Fabrik nautischer Instrumente, Berlin u. a. 2011, S. 9.

108 Vgl. Schmitz, Handbuch zur Geschichte der Optik, S. 113. Czapski beschreibt recht detailliert, wie man sich den Pröbelvorgang vorzustellen hat, in Auerbach, Das Zeisswerk, S. 176 f.

109 Vgl. Gerlach, Geschichte, S. 16, 24. Einfache Mikroskope litten unter sphärischer und chromatischer Aberration. Vgl. Ebd., S. 171.

110 Die Eingrenzung der optischen Industrie für den betrachteten Zeitraum fällt nicht ganz leicht. Eine rein auf die optische Industrie bezogene Definition umfasst die Anwendung von wissenschaftlichen Erkenntnissen der Optik bei der Herstellung industrieller Produkte, die dazu dienen sollen, die menschliche Sehkraft zu verbessern oder zu ergänzen. In einer weiten Sicht sind zu den Produkten der optischen Industrie auch Feld-, Gruben- und nautische Messinstrumente sowie photographische Apparate zu zählen. Die optische Industrie ist zudem aufs engste mit der fein-

https://doi.org/10.1515/9783111053233-003

und Geräte. Die Anbieter waren lange Zeit Handwerker. Nur ein kleiner Teil der Produktion optischer Instrumente war in seiner Struktur Veränderungen im Zuge der Protoindustrialisierung unterworfen. So wurde die traditionell ansässige Brillenmacherzunft in einigen süddeutschen Städten zu Beginn des 19. Jahrhunderts durch im Verlagssystem arbeitende, unselbständige Arbeiter abgelöst. Sie produzierten Brillen in großer Stückzahl, die sich in Herstellungsart und Güte jedoch nicht von den vorherigen Modellen unterschieden, die von Mechanikern hergestellt worden waren.[111] Erst die vom Theologen Johann Heinrich August Duncker in Rathenow hergestellten Brillengläser brachten wesentliche Fortschritte in Bezug auf die Herstellungsweise.[112] Aufgrund der technischen Fähigkeiten von Duncker hatte sich die von ihm im Jahr 1801 gegründete „Optische Industrie-Anstalt" bereits bis zur Mitte des 19. Jahrhunderts zu einem Betrieb mittlerer Größe entwickelt.[113] 1871 wurde aus der „Optischen Industrie-Anstalt" die Emil Busch-Aktiengesellschaft, die den Grundstein für die Stadt Rathenow als Hauptstandort der optischen Industrie legte.

Das Beispiel Dunckers verweist auf das Potential reproduzierbarer Herstellung, welches durch das Einbringen technischer Kenntnisse entfaltet werden konnte. Voraussetzung für ein reproduzierbares Ergebnis der Produktion optischer Instrumente war die Verwendung von optischem Glas mit verlässlichen Eigenschaften, das zu Anfang des 19. Jahrhunderts jedoch nicht existierte. Daher widmeten sich die Unternehmer Joseph von Utzschneider und der Optiker Joseph von Fraunhofer seit 1804 den arbeitsorganisatorischen Möglichkeiten zur standardisierten Herstellung sowie der Entwicklung qualitativ hochwertigen optischen Glases. Der frühe

mechanischen Industrie verbunden, da zu der Herstellung von optischen Geräten den Linsen und Prismen häufig komplizierte Fassungen beigefügt werden. Es sind dies Hersteller von physikalischen und astronomischen Präzisionsinstrumenten und Apparaten, von fotografischen und kinematografischen Projektionsapparaten, Hersteller von Brillen und Feldstechern. Nicht zur optischen und feinmechanischen Industrie werden zumeist und an dieser Stelle gezählt: elektrotechnische Industrie, Uhren, Musikinstrumente, Kontrollkassen, Rechen- und Schreibmaschinen, orthopädische Instrumente. Zur Vereinfachung ist in dieser Arbeit nur von der optischen Industrie die Rede. Vgl. Faulhaber, Carl: Die optische Industrie, in: Handbuch der Wirtschaftskunde, Bd. 4, Leipzig 1904, S. 455–472, hier: S. 455; Stolz, Rüdiger: Die Naturwissenschaften zur Zeit von Carl Zeiß, in: Ders./ Wittig (Hrsg.): Carl Zeiss und Ernst Abbe, S. 5–20, hier: S. 18–20.

111 Vgl. Schumann, Wilhelm: Kapitalaufbau und Finanzierungsmethoden der deutschen optischen Industrie, Gelnhausen 1935, S. 7; Vogel, Paul: Die Entwicklung und Bedeutung der optisch-feinmechanischen Industrie in der Schweiz, Bern 1949; Albrecht, Karl: Die Geschichte der Emil Busch A.-G., optische Industrie, Rathenow vom wirtschaftswissenschaftlichen Standpunkt. Ein Beitrag zur Erkenntnis der Struktur des Wirtschaftslebens, Jena 1928, S. 16 f.

112 Vgl. ebd., S. 14.

113 Vgl. ebd., S. 44. Duncker hatte die Vielschleifmaschine erfunden, die mehrere Schleifvorgänge zugleich ermöglichte.

Tod Fraunhofers verhinderte die Fortführung der erfolgsversprechenden Unternehmung, die bereits erste geglückte Versuche zur Glasherstellung gezeitigt hatte.[114] Deutsche Optiker und Mechaniker bezogen deshalb das von ihnen benötigte Glas weiterhin aus dem Ausland, vor allem aus England und Frankreich.[115] Rund 40 Jahre nach Fraunhofer stellte der an der Wiener Universität lehrende Mathematiker Joseph Petzval Berechnungen zu photographischen Linsen an, auf deren Grundlage der Optiker Friedrich Voigtländer Linsen für das so genannte Petzval-Porträt-Objektiv anfertigte. Durch dieses Objektiv konnte die Präzision von photographischen Aufnahmen deutlich erhöht und die Belichtungszeit der Kamera auf wenige Sekunden herabsetzt werden. Die im Januar 1841 in den Verkauf gelangte Kamera wurde bereits im Jahr darauf 600-mal verkauft. Schließlich wurde das Unternehmen 1849 von Voigtländer nach Braunschweig verlegt, wo es sich zu einem bedeutenden Kamera-Unternehmen entwickelte.[116]

Die Situation um 1850 stellte sich daher wie folgt dar: Das Gros der optischen und mechanischen Handwerker arbeitete für den jungen Markt für optische Instrumente und Geräte auf der Grundlage ihres Erfahrungswissens. Erste unternehmerische Schritte führten aufgrund der pröbelnden Herstellungsweise und der schlechten Glasbeschaffenheit nur bedingt zu Erfolgen. Während es den Mechanikern zwar möglich war, durch Geschicklichkeit und Fleiß mechanische Verbesserungen der Instrumente wie beispielweise ihre Handhabung vorzunehmen, stießen alle nicht-wissenschaftlich fundierten Bemühungen zur Verbesserung der Linsen rasch an ihre Grenzen. Die englischen und französischen Optiker waren mit der pröbelnden Herstellungsweise und den in ihrer Qualität eingeschränkten optischen Geräten am erfolgreichsten. Sie dominierten zu Anfang des 19. Jahrhunderts den Markt und konnten die kontinuierlich steigende Nachfrage nach optischen Geräten zumindest quantitativ befriedigen. Das Potential der Zusammenarbeit von Wissenschaftlern und Optikern bzw. Unternehmern hatte sich bereits bei Fraunhofers und Voigtländers Unternehmungen gezeigt. Dieses Potential machten sich auch Optiker und Mechaniker zunutze, als viele von ihnen ihre Handwerkstätten zu

114 Vgl. Roth, Günter D.: Die Grundlagen für eine Optische Industrie in München. Ein Werk von Joseph von Utzschneider und Carl August von Steinheil, in: Tradition 5 (1960), S. 15–26, hier: S. 21. Im Jahr 1809 wurde das Optische Institut Utzschneider, Reichenbach und Fraunhofer gegründet, das die bereits zuvor gemachten Versuche zur Glasherstellung sowie optische Versuche weiterführte. Ebd., S. 23.

115 Vgl. Hansen, Fritz: Großhandel und Industrie optisch-photographischer Bedarfsartikel, Berlin 1918, S. 6.

116 Vgl. Erdmann, Ilse: Vom Mechanicus Johann Christoph Voigtländer in Wien zur Voigtländer AG in Braunschweig, II. Teil, in: Tradition. Zeitschrift für Firmengeschichte und Unternehmerbiographie 7 (1962), S. 161–174, hier: S. 164f.

industriellen Unternehmen weiterentwickelten. So entstand die optische Industrie als eine der Branchen der seit den 1870er Jahren einsetzenden zweiten Industriellen Revolution.[117] Voraussetzung dafür waren einerseits allgemeine Errungenschaften der Industrialisierung wie arbeitsorganisatorische und technologische Verbesserungen.[118] Für die Entstehung der optischen Industrie grundlegend war jedoch die theoretische Durchdringung der Eigenschaften von Linsen und die Umstellung der Technik der praktischen Optik: „Es mussten neue Maschinen, Kontroll- und Arbeitsmethoden erfunden werden, um die Krümmung und Dicke der Linsen mit grösster Genauigkeit den Resultaten der Theorie entsprechend zu gestalten", resümierte der Personalchef der Optischen Werkstätte Friedrich Schomerus.[119] Viele der Optiker – unter ihnen auch Carl Zeiss –, deren Werkstätten zu Unternehmen heranwuchsen, waren dafür durch mathematische oder physikalische akademische Weiterbildung zumindest einigermaßen gerüstet.[120] Beispielhaft für diesen Prozess steht der gelernte Mechaniker Carl Bamberg, aus dessen Werkstätte ein namhaftes Unternehmen hervorging. Bamberg absolvierte seine Lehre in der Optischen Werkstätte zwischen den Jahren 1862 und 1866. Bamberg vertiefte sein Wissen in Jena und Berlin mit Mathematik- und Physikstudien, unter anderem bei Ernst Abbe, deren Kern die Astronomie und Optik bildeten.[121] Ein außergewöhnliches Beispiel für einen Autodidakten war Josef Rodenstock, der, ohne zuvor in die Lehre gegangen zu sein, im Jahr 1877 in Würzburg eine kleine feinmechanische Werkstätte grün-

117 Die zweite Industrielle Revolution war gekennzeichnet durch die Verbindung von wissenschaftlichen Erkenntnissen und deren industriellen Verwertung sowie der auf Verwissenschaftlichung basierenden Technik. Branchen der zweiten Industriellen Revolution waren neben der optischen die chemische und elektrotechnische Industrie. Vgl. Ziegler, Dieter: Das Zeitalter der Industrialisierung, in: Michael North (Hrsg.): Deutsche Wirtschaftsgeschichte. Ein Jahrtausend im Überblick, München 2000, S. 192–281, hier: S. 234–241; vgl. Hahn, Hans-Werner: Die industrielle Revolution in Deutschland, 3. Auflage, München 2011, S. 42 f.

118 Vgl. ebd., S. 60.

119 Schomerus, Friedrich: Von der deutschen optisch-feinmechanischen Industrie, 1935, in: CZA, BACZ 168.

120 Ein weiteres Beispiel ist Peter Wilhelm Friedrich von Voigtländer. Dieser war in der ersten Hälfte des 19. Jahrhunderts Lehrling in der Werkstatt für optische Instrumente seines Vaters und besuchte das Polytechnische Institut in Wien. Sein 1846 geborener Sohn Friedrich Wilhelm Ritter von Voigtländer wurde als Optiker und Mechaniker ausgebildet und besuchte die Polytechnische Schule. Vgl. Erdmann, Vom Mechanicus Johann Christoph Voigtländer in Wien zur Voigtländer AG, S. 161.

121 Vgl. Feldhaus, Franz M.: Carl Bamberg. Ein Rückblick auf sein Wirken und auf die Feinmechanik, Berlin 1929, S. 33 f.

dete, die sich später zu einem bedeutenden Unternehmen mit einem großen Vertriebsnetz entwickelte.[122]

Für eine grundlegende Reform der Linsenherstellung war jedoch die Expertise eines Wissenschaftlers unabdingbar – eine Voraussetzung, die im Unternehmen Carl Zeiss Jena erfüllt war.[123] So ist der Erfolg der Optischen Werkstätte seit den 1870er Jahren zu großen Teilen Abbes außergewöhnlichen wissenschaftlichen Fähigkeiten zuzuschreiben. Durch die Zusammenarbeit mit Abbe erlangte die Firma Zeiss, aber auch die optische Industrie insgesamt, eine völlig neue Wissensbasis. Die fortschreitende Verwissenschaftlichung der Produktentwicklung und -herstellung sowie die Reform der optischen Praxis lösten das Pröbeln nach und nach ab. Die neuen Kenntnisse verbreiteten sich ebenso unter Optikern und Mechanikern, die nach ihrer Ausbildung aus den optischen Unternehmen ausschieden und sich selbständig machten.[124] Ferner trugen Zeitschriften zur Verbreitung des Wissens bei. Darüber hinaus setzte die Gründung des Kaiserlichen Patentamts im Jahr 1877 Anreize, Produktentwicklungen auf wissenschaftlicher Basis voranzutreiben, da die Neuentwicklung von Maschinen oder Verfahren nun durch Patentanmeldungen geschützt werden konnte.[125]

Nicht zuletzt hatten die Forschungen zu den Eigenschaften von optischem Glas durch Ernst Abbe und den Chemiker Otto Schott wesentliche Bedeutung für die Herstellung hochqualitativer Linsen, deren erfolgreiche Entwicklung eine fehler-

---

122 Vgl. Moser, Eva: „Rodenstock, Josef", in: Neue Deutsche Biographie (NDB), Bd. 21, Berlin 2003, S. 695–696, hier: S. 696.

123 Ein weiteres Beispiel für einen Wissenschaftler, der seine Kenntnisse im Unternehmen anwandte, ist das des Astronomen und Mathematikers Carl August von Steinheil, der in München zunächst 1847 eine „akademische" Werkstätte, schließlich 1855 eine feinmechanisch-optische Fabrik eröffnete. Vgl. Roth, Günter D.: Entwicklung der optischen Industrie in München im 19. Jahrhundert, in: Treue, Wilhelm/Mauel, Kurt (Hrsg.): Naturwissenschaft, Technik und Wirtschaft im 19. Jahrhundert, Göttingen 1976, S. 579–586, hier: S. 583.

124 Friedrich Deckel beispielsweise hatte während der Lehr- und Wanderjahre auch bei Zeiss gearbeitet und dort besondere Förderung durch Ernst Abbe erhalten. Nachdem er 1897 und 1898 Arbeitserfahrungen bei Steinheil in München gesammelt hatte, gründete er 1898 in München eine kleine mechanische Werkstätte und 1903 gemeinsam mit Christian Bruns die Werkstätte Bruns & Deckel, die ihm seit 1905 allein gehörte und zu einem bedeutsamen Kameraverschluss-Unternehmen wurde. Vgl. Neher, Franz Ludwig: „Deckel, Friedrich Wilhelm", in: Neue Deutsche Biographie (NDB), Bd. 3, Berlin 1957, S. 543–544, hier: S. 543; vgl. Roth, Entwicklung der optischen Industrie in München, S. 584.

125 Margrit Seckelmann erklärt diesen Zusammenhang mit der Verringerung der Transaktionskosten durch die Zuschreibung und Durchsetzbarkeit von Eigentumsrechten an Erfindungen. Dadurch war bei den Unternehmen erst die „notwendige Erwartungssicherheit" garantiert, um enorme Summen für Forschung bereitzustellen. Vgl. Seckelmann, Margrit: Industrialisierung, Internationalisierung und Patentrecht im Deutschen Reich, 1871–1914, Frankfurt a.M. 2006, S. 10f.

freie Funktionsweise optischer Geräte mit hohem Präzisionsniveau ermöglichte.[126] Um ihre bahnbrechenden Versuche zu verwerten, gründeten Schott und Abbe im Jahr 1884 paritätisch ein Glaswerk in Jena, das Glastechnische Laboratorium Schott & Genossen. Das Glaswerk schuf zugleich einen deutschen Markt für optisches Glas und machte die deutsche optische Industrie von weiteren Importen aus dem Ausland unabhängig.[127]

Zeitgleich zur in den 1870er Jahren einsetzenden Verwissenschaftlichung sowie den Qualitätssprüngen in der Glasherstellung erweiterte sich die Nachfragestruktur auf dem Markt für die Unternehmen der optischen Industrie. Neben den Universitäten waren es nun auch staatliche Forschungseinrichtungen und militärische Stellen im In- und Ausland, welche einen Bedarf an den vom Jenaer Unternehmen hergestellten Produkten anmeldeten. Vor allem die Bedeutung des Heeresbedarfs für die optische Industrie darf hierbei nicht unterschätzt werden.[128] Einzelne Unternehmen, etwa die 1886 in Berlin-Friedenau gegründete Optische Anstalt C. P. Goerz, verdankten ihre Entwicklung im Wesentlichen der Deckung des Militärbedarfs.[129] Zudem traten neben die institutionellen Nachfrager vermehrt private: Die steigende Kaufkraft der deutschen Bevölkerung im Kaiserreich ermöglichte „Aus-

---

126 Der Chemiker und Glastechniker Otto Schott aus Witten hatte sich 1879 an Abbe gewandt, mit der Absicht die chemische Zusammensetzung von Glas zu erkennen und auf diesen Erkenntnissen basierend dem Glas bestimmte Eigenschaften zu verleihen. Vgl. Steiner, Jürgen/Hoff, Uta: Vom Versuchslaboratorium zum Weltunternehmen. Das Jenaer Glaswerk 1884–1934, in: John, Jürgen/Wahl, Volker (Hrsg.): Zwischen Konvention und Avantgarde. Doppelstadt Jena-Weimar, Weimar 1995, S. 209–232, hier: S. 210. Sehr ausführlich bei Zschimmer, Eberhard: Die Glasindustrie in Jena. Ein Werk von Schott und Abbe. Entstehung und Entwicklung in den ersten 25 Jahren, 2. Auflage, Jena 1923, S. 41–43.

127 Vgl. Hansen, Großhandel und Industrie, S. 9. Das Glas wurde zuvor vor allem von Chance Brothers in Birmingham und einer französischen Glashütte von Christian Feil bezogen. Vgl. Hüttmann, Hans Dieter: Entwicklungsgeschichte des Glases für optische und technische Zwecke im 19. Jahrhundert, in: Treue, Wilhelm/Mauel, Kurt (Hrsg.): Naturwissenschaft, Technik und Wirtschaft im 19. Jahrhundert. Acht Gespräche der Georg-Agricola-Gesellschaft zur Förderung der Geschichte der Naturwissenschaften und der Technik. Teil 2, Göttingen 1976, S. 565–578, hier: S. 569.

128 Die Rüstungspolitik europäischer Großmächte Ende des 19. Jahrhunderts schuf die Nachfrage nach modernsten Geräten für Militär und Flotte. Militärische Auseinandersetzungen wie der russisch-japanische Krieg 1904/05 führten zu Großbestellungen. Vgl. Florath, Bernd: Immer wenn Krieg war. Die Bedeutung der Rüstungsproduktion für die wirtschaftliche Entwicklung der Carl-Zeiss-Werke, in: Markowski, Frank (Hrsg.): Der letzte Schliff. 150 Jahre Arbeit und Alltag bei Carl Zeiss, Berlin 1997, S. 34–53, hier: S. 40.

129 Vgl. ebd., S. 42.

gaben für Kulturbedürfnisse“[130], sodass Produkte wie Operngläser und Kameras zumindest für gewisse Bevölkerungsgruppen zu Konsumgütern wurden.[131]

Besonders der Absatz an militärische Stellen wirkte für optische Unternehmen und Branche stabilisierend, da die Nachfrage aufgrund der Krisenresistenz dieser Nachfragegruppe auch in den Rezessionsjahren des Kaiserreichs stabil blieb.[132] Die schwankende Nachfrage für andere Produkte konnte somit ausgeglichen werden. War die Nachfrage nach Brillen vergleichsweise einkommensunelastisch, da ihre Notwendigkeit für die Alltagsbewältigung außer Frage stand, schwankte die Nachfrage nach optischen Instrumenten wie etwa Mikroskopen deutlich. Über eine Basisausstattung hinaus war eine solch kostenintensive Anschaffung für wissenschaftliche Institute, Unternehmen und Privatpersonen keine Selbstverständlichkeit. Noch stärker waren jedoch Luxusgüter wie Theatergläser, Feldstecher, Photo- und Kinoapparate von Einkommensveränderungen der Konsumenten betroffen, wie sich in den Krisenjahren der 1920er eindrücklich zeigen sollte. Ausgeglichen wurden schwache inländische Konjunkturjahre unter anderem durch die hohe Exportquote, die für die gesamte Branche schon früh charakteristisch war. Bereits in der ersten Hälfte des 19. Jahrhunderts nutzte das Unternehmen Voigtländer von Wien, später von Braunschweig aus Agenturen zum Export.[133] Auch die Firma Busch belieferte bereits im 19. Jahrhundert von Rathenow aus militärische Stellen in England, Italien, den nordischen Staaten, Russland, der Schweiz und Holland. Gründungen internationaler Filialen dienten dabei früh dem Aufbau des internationalen Exportnetzes, wie die 1895 gegründete Filiale von Leitz in New York zeigt.[134] Die Exportquoten der größeren Unternehmen stiegen ebenso rasch.[135] Auf

130 Vgl. König, Wolfgang: Kleine Geschichte der Konsumgesellschaft. Konsum als Lebensform der Moderne, 2. überarbeitete Auflage, Stuttgart 2013, S. 39.

131 Trotz steigender Reallöhne zwischen der Mitte des 19. Jahrhunderts und dem Ersten Weltkrieg war ein Konsum wie der von Kameras bis zum Zweiten Weltkrieg noch besser verdienenden Facharbeitern, Angestellten, Beamten und Selbständigen vorbehalten. Zudem hätte es den Arbeitern auch bei genügendem Lohn an disponibler Zeit gemangelt. Vgl. ebd., S. 124 f., 127. Das anfänglich im Zentrum des Erfolgs der optischen Industrie stehende Mikroskop verlor aber nicht an Bedeutung, auch, weil sich der Kreis der Nachfrager nach Mikroskopen erweiterte. Es wurde nun auch in öffentlichen Institutionen, in Unternehmen und im Handwerk verwendet, beispielsweise im Materialprüfungswesen und bei Kontrollen von Halb- und Fertigfabrikaten. Vgl. Schumann, Kapitalaufbau und Finanzierungsmethoden, S. 12.

132 Vgl. Albrecht, Geschichte der Emil Busch A.-G., S. 54. Wobei Entstehung und Beendigung militärischer Konflikte selbst dazu führen konnten, dass es starke Auf und Abs in der Kapazitätsauslastung der Produktion geben konnte. Vgl. Florath, Immer wenn Krieg war, S. 40.

133 Vgl. Erdmann, Vom Mechanicus Johann Christoph Voigtländer in Wien zur Voigtländer AG, S. 165.

134 Vgl. Homberg, Wilhelm: Die optische Industrie in Wetzlar, Gießen 1928, S. 14.

dem Weltmarkt traten den deutschen optischen und feinmechanischen Unternehmen Konkurrenten aus Frankreich und besonders beim Vertrieb von Brillen auch aus den Vereinigten Staaten entgegen. Bedingung für die Entstehung eines internationalen Marktes war die drastische Verringerung der Transportkosten und der Zollsätze, deren niedrige Höhe den Export von Waren erst kosteneffektiv machte. Umgekehrt profitierte ebenfalls der Import von verwendeten Materialien, Rohstoffen und Halbfertigwaren aus aller Welt von den günstigen Zoll- und Transportbedingungen, wenngleich diese Produkte in der optischen Industrie nur in begrenztem Umfang aus dem Ausland bezogen werden mussten.[136]

Der Ausdehnung des Marktes schien daher zumindest international keine Grenzen gesetzt. Die Ausweitung der Produktionskapazitäten blieb allerdings hinter dem Potential dieser Marktexpansion zurück. Die hohen Anforderungen an die Qualität und den Präzisionsgrad der Produkte verhinderten eine beträchtliche Skalierung der Produktion. Zudem konnte die Differenzierung innerhalb der verschiedenen Produktgruppen stark ausgeprägt sein, und die Anpassung an die Bedürfnisse der Abnehmer vor allem bei kleinen Unternehmen zu einer hochspezialisierten Produktion führen.[137] Dennoch konnten die optischen Unternehmen mittels weitgehender Arbeitsteilung und der Ausdehnung des Marktes durchaus eine bestimmte Produktionsmenge erreichen, die zumindest Serienfertigung ermöglichte.[138]

---

135 Exakte Angaben über die Höhe des Exports sind schwierig, da aufgrund der geringen Größe der Industrie eine Handelsstatistik erst später geführt wurde. Eine von der Deutschen Gesellschaft für Mechanik und Optik vorgenommene Untersuchung, die selbst nur „Näherungswerte" ermittelt, beziffert den Wert der deutschen optischen Ausfuhr zwei Jahre vor Kriegsbeginn auf eine Höhe von zwischen 60 und 80 Millionen Mark. Blaschke, A.: „Die Exportverhältnisse der deutschen Optik", in: Handelszeitung des Berliner Tageblattes, 13.9.1912, 2. Beiblatt. A. Blaschke war Geschäftsführer der Deutschen Gesellschaft für Mechanik und Optik in Berlin-Halensee.

136 Vgl. Funcke, Hans: Die deutsche optische und feinmechanische Industrie in der Nachkriegszeit, Weimar 1931, S. 14. Die hauptsächlich verwendeten Rohstoffe und Materialien waren Kupfer, Messing, Aluminium, Zink, Zinn, Eisenbleche, Wolframstahl, Hartgummi, Kautschuk etc. Grundstoffe für Glas waren: Pottasche, Fluss- und Kalkspat, Borsäure, Salpeter.

137 Vgl. Funcke, Die deutsche optische und feinmechanische Industrie, S. 20. Auerbach berichtet davon, dass es 1903 in der Schleiferei bei Zeiss „etwa 20 000 Schalen [Schleifschalen, J.S.] mit ungefähr 700 verschiedenen Krümmungsradien" gab. Auerbach, Das Zeisswerk, S. 77 f.

138 Daher waren die Möglichkeiten, weitgehende Rationalisierungsmethoden nach amerikanischem Vorbild in den deutschen Unternehmen zu implementieren, begrenzt. Vgl. Kleinschmidt, Christian: Technik und Wirtschaft im 19. und 20. Jahrhundert, München 2006, S. 23 f. Die Geschäftsleitung der Optischen Werkstätte allerdings beschäftigte sich durchaus mit Maßnahmen des „Scientific Managements", wozu der auf diesem Feld renommierte Frank Gilbreth als Berater bei Zeiss tätig wurde. Vgl. Hoof, Florian: Engel der Effizienz: Eine Mediengeschichte der Unternehmensberatung, Paderborn 2015, 299 f.

Diese Eigenart der optischen Produktion, aufgrund des hohen erforderlichen Präzisionsniveaus und des teilweise hochindividualisierten Angebots nur eingeschränkt massenproduktionstauglich zu sein, liefert Erklärungen für die Struktur der Industrie. Die optische Industrie war vor dem Ersten Weltkrieg von kleinen Unternehmen mit unter fünf Beschäftigten und mittleren Unternehmen mit unter 50 Beschäftigten dominiert, die im Jahr 1895 zusammen insgesamt 98,3 Prozent der Unternehmen ausmachten. Auch die Verteilung der Beschäftigten entsprach zunächst noch diesem überaus hohen Anteil: Insgesamt 74,4 Prozent der Beschäftigten, in absoluten Zahlen 13.350, waren in kleinen und mittleren Betrieben angestellt. Infolge des hohen Spezialisierungsgrads und den begrenzten Größenvorteilen der Produktion waren diese kleinen und mittleren Unternehmen durchaus konkurrenzfähig. Von der Verwissenschaftlichung der Industrie profitierten hingegen vor allem die Großunternehmen. Tendenzen der Marktkonzentration sind spätestens seit dem Jahr 1907 feststellbar, in welchem schon über die Hälfte der Unternehmen mehr als 50 Beschäftigte zählte (57,6 Prozent). Häufig erreichten die großen Unternehmen den Höhepunkt ihrer Belegschaftszahl unmittelbar vor dem Ersten Weltkrieg: Zeiss etwa, das größte Unternehmen, zählte zu diesem Zeitpunkt rund 4.600 Angestellte und Arbeiter, Leitz hatte rund 1.000 Mitarbeiter, Hensoldt & Söhne rund 200, W. & H. Seibert rund 70 Mitarbeiter.[139]

Auch die Zusammensetzung der Arbeiter- und Angestelltenschaft erklärt sich aus den Produktionsbedingungen. Die Fertigung technisch anspruchsvoller Produkte von höchster Qualität setzte tiefe Kenntnisse und große Fähigkeiten hoch qualifizierter Arbeiter voraus. Die hieraus resultierende personalkostenintensive Produktion konnte durch die hohe Wertschöpfungsquote der Branche teilweise aufgefangen werden.[140] Diese herausragende Bedeutung des Humankapitals brachte die mittleren und größeren Unternehmen einerseits dazu, der Entwicklung ihrer Ausbildungssysteme großen Wert beizumessen, andererseits profitierten die Mitarbeiter von zahlreichen Zusatzleistungen und Vergünstigungen.[141] Die Unternehmen entwickelten dabei unterschiedliche Modelle, die beispielsweise bezahlten

---

139 Vgl. Homberg, Die optische Industrie in Wetzlar, S. 16. Angabe für Zeiss nach CZA, BACZ 21186.

140 Der durchschnittliche Herstellungspreis eines Mikroskops im Jahr 1914 setzte sich wie folgt zusammen: Material: 22,8 %, Anfertigung: 51,47 %, Unkosten: 25,73 %. Vgl. Both, Heinz: Die Lohnentwicklung in der optisch-mechanischen Industrie Wetzlars während der Jahre 1914–1927, Frankfurt a. M. 1928, S. 5 f.

141 Zu den gelernten oder Facharbeitern zählten u. a. Optiker, Mechaniker, Werkzeugmacher, Maschinenschlosser, Arbeiter in Schmiede, Spenglerei, Sattlerei, Etuimacherei etc., zu den angelernten Arbeitern Hobler, Fräser, Bohrer, Lackierer, Polierer, Kitter, Fasser, Graveure, Revolverdreher, Glasschneider etc. Vgl. Vogel, Entwicklung und Bedeutung, S. 103.

Urlaub in den Wetzlarer optischen Werken,[142] eine Fabriksparkasse mit integrierter Gewinnbeteiligung und eine Fabrikbadeanstalt bei Busch[143] oder eine freie Hilfskrankenkasse zur Ergänzung der gesetzlichen Fürsorge bei Leitz vorsahen. In Wetzlar gab es aufgrund der Dichte der optischen und feinmechanischen Unternehmen eine eigene Ortskrankenkasse für Mechaniker und Optiker, an welcher drei Firmen beteiligt waren. Zeiss führte darüber hinaus den Achtstundentag im Jahr 1901 ein. Weitere Unternehmen der optischen Industrie folgten diesem Beispiel noch vor dem Ersten Weltkrieg, bevor die Arbeitszeitregelung nach Kriegsende gesetzlich vorgeschrieben wurde.[144] Die hohe Spezialisierung der Arbeiter und die verbreiteten Vergünstigungsmodelle mögen auch Gründe dafür gewesen sein, dass die Arbeitswelt der optischen Industrie vor dem Ersten Weltkrieg im Vergleich zu streikintensiven Branchen eher ruhig blieb.[145]

Nicht zuletzt lässt sich die Verteilung der Standorte durch die hohen Anforderungen an die Produktion und damit einhergehend an die Arbeiter erklären. Produktionsstandorte, die von dem bereits beschriebenen optischen Handwerk als solche gewählt worden waren, wurden nur selten gewechselt, da in den jeweiligen Orten, meist kleineren oder mittleren Städten, eine qualifizierte Arbeiterschicht entstanden war. Oft bildeten sich innerhalb von Familien Arbeiterdynastien heraus, bei denen der Beruf des Mechanikers und Optikers von der jeweils nachfolgenden Generation übernommen wurde. So ist auch die Bildung von Clustern wie Rathenow, Wetzlar oder Braunschweig erklärbar.[146] Die meisten der Standorte der opti-

142 Vgl. Homberg, Die optische Industrie in Wetzlar, S. 25.

143 Vgl. Albrecht, Geschichte der Emil Busch A.-G., S. 79 f.

144 Vgl. Homberg, Die optische Industrie in Wetzlar, S. 25. Im Jahr 1912 führte Friedrich Deckel als erster Münchner Unternehmer den Achtstundentag ein, vermutlich aufgrund der engen Beziehung zwischen den Unternehmen Zeiss und Deckel, vgl. Neher, Deckel, S. 544.

145 Dennoch gab es Arbeitskämpfe: Einen größeren Streik bildete beispielsweise der „Maschinenstreik" bei Nitsche & Günther. Durch die allgemeine Depression von 1902/03 und die starke amerikanische Konkurrenz hatte sich die Geschäftsleitung von Nitsche & Günther dazu gezwungen gesehen, die Heimarbeit aufzulösen und Herstellungsmethoden zu rationalisieren. Vgl. Albrecht, Geschichte der Emil Busch A.-G., S. 72. Viele der Arbeiter waren zudem gewerkschaftlich organisiert. Für das Jahr 1913 gibt Homberg eine Mitgliedschaft von 10.173 Vollarbeitern in der Berufsgenossenschaft der Feinmechanik und Elektrotechnik an. Vgl. Homberg, Die optische Industrie in Wetzlar, S. 27. Vgl. dazu die von Max Fischer genannte Gesamtzahl von rund 40.000 Arbeitern und Angestellten im Jahr 1914. Fischer, Max: Wirtschaftliche Bedeutung der deutschen optischen Industrie, in: Wochenausgabe des Berliner Tagesblattes Nr. 24, 4.9.1912, in: CZA, BACZ 18180.

146 In Wetzlar gründete Carl Kellner eine Werkstätte, aus der später weitere Wetzlarer Werkstätten hervorgingen. So hatte Kellner Anfang der 1850er Jahre mit Moritz Carl Hensoldt zusammengearbeitet, der sich schließlich selbständig machte. Durch den Eintritt Ernst Leitz' entwickelte sich aus Kellners Werkstätte nach dem Tod des Unternehmensgründers ein erfolgreiches Unternehmen. Auch Wilhelm und Heinrich Seibert wurden in Kellners Werkstätte ausgebildet, ebenso wie weitere

schen und feinmechanischen Unternehmen waren Universitätsstädte oder lagen in der Nähe einer Universität, sodass in den Anfangsjahren ein sicherer lokaler Markt für optische Instrumente zur wissenschaftlichen Nutzung existierte. Die Bedürfnisse der wachsenden Unternehmen konnten durch die kleinen und mittleren Städte wie Jena, Wetzlar, Kassel, Braunschweig oder Rathenow angemessen befriedigt werden: Weder war die optische Industrie von ortsgebundenen Rohstoffen oder einer außergewöhnlich hohen Wasserversorgung abhängig, schon gar nicht musste sie in Zeiten hoher Konjunktur auf Kontingente der Massenarbeiter zurückgreifen, was in den großen Ballungsgebieten notwendig sein konnte.[147] Die beträchtlichen Personalkosten infolge der hohen Qualifikation der Arbeiter wurden ein Stück weit dadurch relativiert, dass diese kleinen und mittleren Städte ein vergleichsweise niedriges Lohnniveau aufwiesen, und die Gebiete aufgrund ihrer geographischen Lage zudem den Vorteil boten, dass die Arbeiter ein wenig Land besitzen und nebenher bewirtschaften konnten.[148] Trotz dieser lokal bedingten Vorteile und der offensichtlichen Konzentration einer Vielzahl von Unternehmen in Städten mittlerer Größe, siedelten sich Unternehmen ebenfalls in Großstädten an, so etwa die Optisch-astronomische Anstalt C. A. Steinheil & Söhne in München oder Carl Bamberg in Berlin-Friedenau.[149]

Den Wachstumsbedingungen auf der Unternehmensseite, also der Anwendung wissenschaftlicher Methoden und Theorien, der Reformierung von Technik und Arbeitsorganisation und der Verwendung qualitativ hochwertiger Gläser, standen folglich besondere Gegebenheiten auf der Nachfragerseite gegenüber: Ein sich ausweitender Export, die zunehmende Bedeutung des Militärs und der mit dieser Klientel verbundene Profit aus kriegerischen Auseinandersetzungen zu Ende des 19. und Anfang des 20. Jahrhunderts sowie die Ausdifferenzierung der Produkte und

---

Verwandte Kellners, die Unternehmen gründeten und Mikroskopobjekte bauten. Vgl. Berg, Kellner, S. 8. Im Jahr 1930 wurden in Rathenow 61, in Wetzlar 11, in Fürth 14, Dresden 23 und Pforzheim 18 Betriebe gezählt. Vgl. Vorstand des Deutschen Metallarbeiterverbandes (Hrsg.): Die deutsche optische Industrie und ihre Arbeiter, Stuttgart 1927, S. 41. Rathenow, bekannt als „Stadt der Optik" zählte um 1900 163, im Jahr 1930 200 Betriebe. Vgl. Stutz, Rüdiger: Im Banne der Zahlen. Zwei Umfragen des Deutschen Metallarbeiter-Verbandes zur „objektiven Lage" der Arbeiter in der optischen Industrie, 1927 und 1931, in: Gerber, Stefan/Greiling, Werner/Swiniartzki, Marco (Hrsg.): Thüringen im Industriezeitalter. Konzepte, Fallbeispiele und regionale Verläufe vom 18. bis zum 20. Jahrhundert, Wien/Köln/Weimar 2019, S. 325–350, hier: S. 335.

147 Vgl. Homberg, Die optische Industrie in Wetzlar, S. 8.

148 Vgl. ebd.

149 Nach einer Lehre bei der Optischen Werkstätte Zeiss gründete Johann Carl Bamberg 1871 eine eigene Werkstatt in Berlin, die u. a. Marinekompasse und Planimeter herstellte. Zu Anfang hatte er größere Schwierigkeiten, angemessenes qualifiziertes Personal zu finden. Vgl. Feldhaus, Carl Bamberg, S. 33.

die Ausnutzung der zunehmend kaufkräftigeren Nachfrager. Das rasche Wachstum großer Unternehmen wurde zumeist durch die Umgründung in Aktiengesellschaften (AG) finanziert, die durch die Aktienrechtsnovelle des Jahres 1870 erleichtert wurde.[150] So wurde das Unternehmen Emil Buschs bereits 1872 in eine AG umgewandelt, Ernemann folgte im Jahr 1898.[151] Im selben Jahr wurde auch das Voigtländer Familienunternehmen in eine AG umgewandelt, fünf Jahre später erfolgte die Umgründung der Optischen Anstalt C. P. Goerz in Berlin zur AG.[152] Dennoch handelte es sich bei diesen Umwandlungen im industrieweiten Vergleich nur um Einzelphänomene: Im Jahr 1925 waren von 2.319 Unternehmen der optischen Industrie nur zwei Prozent, also 45 Unternehmen, Aktiengesellschaften. Zugleich beschäftigten diese zu diesem Zeitpunkt jedoch beinahe ein Drittel (29 Prozent) der Beschäftigten in der optischen Industrie. Die meisten Unternehmen gehörten einem Einzelinhaber (1.672), waren Handelsgesellschaften (272) oder Gesellschaften mit beschränkter Haftung (154). Zusammen beschäftigten diese drei Gruppen über die Hälfte (54,9 Prozent) der Arbeiter und Angestellten.[153]

Die Etablierung der optischen Industrie drückte sich ebenso im Grad ihrer Organisation aus. Bereits im Jahr 1876 hatte sich in Berlin ein Fachverein der Mechaniker und Optiker gebildet, um die Möglichkeiten der Förderung wissenschaftlicher, technischer und wirtschaftlicher Anliegen der Branche zu stärken. Aus diesem Verein ging 1881 die Deutsche Gesellschaft für Optik und Mechanik hervor. Zehn Jahre nach ihrer Gründung wurden weitere Zweigvereine in Deutschland gegründet.

Trotz ihres starken Wachstums darf die Größe der Branche nicht überschätzt werden. Im Vergleich zu den ähnlich jungen und wissenschaftsbasierten chemischen und elektrotechnischen Industrien – ganz zu schweigen von den großen Industrien des Kaiserreichs wie beispielsweise der Schwerindustrie – war die optische Industrie klein.[154] Max Fischer[155], einer der Geschäftsleiter der Optischen

---

150 Vgl. Schubert, Werner: Die Abschaffung des Konzessionssystems durch die Aktienrechtsnovelle von 1870, in: Zeitschrift für Unternehmens- und Gesellschaftsrecht 10 (1981), S. 285–317, hier: 312 f.

151 Vgl. Schumann, Kapitalaufbau und Finanzierungsmethoden, S. 10–12.

152 Vgl. ebd., S. 35.

153 Vgl. Vorstand des Deutschen Metallarbeiterverbandes (Hrsg.): Die deutsche optische Industrie, S. 28.

154 Vgl. Behnke, Feinmechanik und Optik in Hamburg, S. 1. Die größten Einzelunternehmen in den Jahren 1897, 1907 und 1927 kamen aus der chemischen, elektrotechnischen sowie Bergbau und Eisen-/Metallgewinnung. Vgl. Kocka, Jürgen: Großunternehmen und der Aufstieg des Manager-Kapitalismus im späten 19. und frühen 20. Jahrhundert. Deutschland im internationalen Vergleich, in: Historische Zeitschrift 232 (1981), S. 39–60, hier: S. 44.

155 Max Wilhelm Conrad Fischer (1857–1930) sammelte nach einer dreijährigen kaufmännischen Lehrzeit in einer Weberei in Coburg Arbeitserfahrungen u. a. im Ausland, bevor er am 1. Februar

Werkstätte, ging vor dem Ersten Weltkrieg für die gesamte optische Industrie von einer Belegschaft, inklusive Hilfsbetrieben, von 40.000 Mitarbeitern aus, die insgesamt einen Produktionswert von 150 Millionen Mark erwirtschafteten. Ein Viertel der Mitarbeiter war laut Fischers Angaben bei den sechs größten Unternehmen beschäftigt.[156] In anderen Industrien übertrafen schon Einzelunternehmen die Beschäftigungszahl der gesamten optischen Industrie, etwa die Friedrich Krupp AG mit 64.000 Mitarbeitern im Jahr 1907.[157] Gleichwohl war die herausragende Stellung, die sich die optische Industrie auf dem Weltmarkt erarbeitet hatte, bemerkenswert.[158]

Wie für andere Industrien bedeutete der Erste Weltkrieg auch für die optische Industrie einen tiefen Einschnitt, durch den der erfolgreich erschlossene Zugang zum Weltmarkt plötzlich verwehrt und eine vollständig neue Marktlage geschaffen wurde. Hauptabnehmer waren nun staatliche Stellen im Inland sowie im verbündeten und neutralen Ausland.[159] Die neue Art der Kriegsführung des Ersten Weltkriegs fußte auf Waffen, in denen eine optische Hilfsvorrichtung verbaut war.[160] Die optischen Unternehmen mit militärisch relevanter Produktion konnten die Herstellung dieser Vorrichtungen daher deutlich ausweiten,[161] während die wenigen Unternehmen ohne militärische Produktion nur noch schwerlich existieren konnten.[162] Von den Kriegsaufträgen profitieren konnten vor allem die großen Unter-

---

1890 als kaufmännischer Disponent bei Zeiss begann. Im Jahr 1895 wurde er zum Geschäftsleiter ernannt, 1907 wurde er Stiftungsbevollmächtigter, bis er 1926 aus der Optischen Werkstätte ausschied. Stier, Friedrich: Max Fischer, in: CZA, BACZ 9916; Ders.: „Mein Lebensweg und meine Arbeitsleistung", Vortrag, gehalten in der Berliner Funkstunde vom 20.2.1930, in: CZA, BACZ 18178.

156 Fischer, Max: Wirtschaftliche Bedeutung der deutschen optischen Industrie, in: Wochenausgabe des Berliner Tagesblattes Nr. 24, 4.9.1912, in: CZA, BACZ 18180.

157 Vgl. Kocka, Großunternehmen und der Aufstieg des Manager-Kapitalismus, S. 44.

158 Vgl. Hansen, Großhandel und Industrie, S. 11–15.

159 Die Umstellung von Friedens- auf Kriegswirtschaft brachte in Hinblick auf das Verhältnis von Angebot und Nachfrage, das nationale Marktgefüge, die infrastrukturellen Bedingungen und den Arbeitsmarkt riesige Veränderungen und zerstörte die internationalen Wirtschaftsbeziehungen. Vgl. Ullmann, Hans-Peter: „Kriegswirtschaft", in: Hirschfeld, Gerhard/Krumeich, Gerd/Renz, Irina (Hrsg.): Enzyklopädie Erster Weltkrieg, 2. Auflage, Paderborn u. a. 2014, S. 220–232, hier: S. 224.

160 Vgl. Homberg, Die optische Industrie in Wetzlar, S. 28–31.

161 Zeiss, Goerz, Busch, Hensoldt, Voigtländer und Hahn waren bereits in Friedenzeiten Lieferanten für das Militär. Vgl. ebd., S. 28.

162 Das Unternehmen Hensoldt stellte sich auf den Krieg ein, indem mehr Arbeiter beschäftigt wurden. Seibert in Wetzlar geriet in eine problematische Lage, da hier nur Forschungsinstrumente produziert wurden. Bei Leitz fand eine weitgehende Fabrikationsumstellung vom Mikroskopbau auf Zünder und optische Kriegsinstrumente statt. Vgl. Homberg, Die optische Industrie in Wetzlar, S. 31.

nehmen, den kleineren Unternehmen standen nicht die erforderlichen maschinellen Kapazitäten zur Verfügung.[163]

Die Schwierigkeiten, die der Krieg mit sich brachte, erschwerten die Produktionsbedingungen der Wirtschaft branchenübergreifend und drückten sich vor allem in Rohstoff-, Material- und Arbeitermangel aus.[164] Bereitete schon der Rohstoff- und Materialmangel Schwierigkeiten in der optischen Industrie,[165] so wirkte sich der Arbeitermangel in erheblichem Maße auf die Produktionsprozesse aus. Ausgelöst wurde der Arbeitermangel durch die Einberufung zahlreicher Arbeiter an die Front bei gleichzeitiger Erhöhung des Produktionsvolumens.[166] Die Politik versuchte durch das Hindenburg-Programm von 1916 eine höhere Effizienz der Rüstungsproduktion zu erreichen. Hierzu wurden vielfach ungelernte Arbeiter und Frauen eingestellt, die die fehlenden Männer an den Maschinen ersetzen sollten.[167] Waren 1914 rund 193.000 Arbeiter und Arbeiterinnen in der optischen Industrie und den mit ihr eng verbundenen Industrien der Uhrenfabriken, des Kleinmaschinenbaus, der Flugzeugwerke und der Schraubenfabriken etc. beschäftigt, stieg diese Zahl bis zu ihrem Höhepunkt im Jahr 1918 auf rund 370.000 Arbeiter und Arbeiterinnen.[168] Die Arbeitsschritte mussten daher kleinteiliger und einfacher zu befolgen sein und wurden unter Aufsicht von Vorarbeitern ausgeführt. Im Verlauf des Krieges machte sich der Mangel an Arbeitern bei gleichzeitiger Erhöhung der

---

163 Fischer, Max: Wie ist in den einzelnen Erwerbsgruppen die voraussichtliche Lage der Verhältnisse auf dem inneren und äußeren Markte nach glücklich beendetem Kriege zu beurteilen?, gehalten als Referat für den Wirtschaftlichen Ausschuss im Reichsamt des Innern, 7. Juli 1915, in: CZA, BACZ 1508.

164 Hierzu das Kapitel „Die sozialen und politischen Grundlagen der wirtschaftlichen Mobilmachung", in Feldman, Gerald D.: Vom Weltkrieg zur Weltwirtschaftskrise, S. 13–35, hier besonders: S. 16, 32 f.

165 Wichtige Rohstoffe wie Silber und Gold waren für Kriegszwecke beschlagnahmt worden. Vgl. Hansen, Großhandel und Industrie, S. 25 f. Der Mangel an Kohle war ein ernsthaftes Problem in Bezug auf die Energieversorgung, vgl. Wimmer, Wolfgang: Carl Zeiss im Ersten Weltkrieg, in: Hellmann, Birgitt/Mieth, Matias (Hrsg.): Heimatfront. Eine mitteldeutsche Universitätsstadt im Ersten Weltkrieg (Begleitband zur Ausstellung im Stadtmuseum Jena 3. Oktober 2014 bis 15. März 2015), Jena 2014, S. 193–212, hier: S. 198.

166 Funcke geht zum Höhepunkt des Produktionsvolumens vom vier- bis fünffachen der Friedensproduktion aus. Vgl. Funcke, Die deutsche optische und feinmechanische Industrie, S. 7.

167 U.a. die Emil Busch AG, Rathenow, vgl. Bönig, Jürgen: Die Einführung von Fließbandarbeit in Deutschland bis 1933. Zur Geschichte einer Sozialinnovation, Bd. 1, Münster/Hamburg 1993, S. 375; vgl. Homberg, Die optische Industrie in Wetzlar, S. 29.

168 Die Zahlen zitiert Krüß aus dem Verwaltungsbericht der Berufsgenossenschaft der Feinmechanik für das Jahr 1918, siehe Krüß, Hugo: Die Entwicklung der feinmechanischen und optischen Industrie im Kriege, in: Zeitschrift der deutschen Gesellschaft für Mechanik und Optik 3 und 4 (1920), S. 16–17.

Auftragslage zunehmend bemerkbar und wurde nun immer häufiger durch Schichtarbeit kompensiert.[169]

Vier Jahre Kriegsproduktion hatten für die Unternehmen der optischen Industrie eine überdurchschnittliche Abnutzung der Maschinen zur Folge, die Zerstörung des bisherigen Arbeiter- und Angestelltenstamms, deren Auswirkungen sowohl in arbeitsorganisatorischer wie in sozialer Hinsicht deutlich zu spüren waren sowie die vollständige Umstellung der Produktionsvorgänge und Veränderungen des Produktionsprogramms.[170] Auch die Forschungs- und Entwicklungsabteilungen konnten nicht wie gewohnt weiterarbeiten.[171] Gleichzeitig waren die Gewinne erheblich höher als in Friedenszeiten. Es herrschte also ein Ausnahmezustand, der ökonomisch gesehen zumindest kurzfristig nicht von Nachteil war, dessen Kosten sich aber spätestens mit der Umstellung auf Friedensproduktion klar zeigten.[172] Hinzu kam, dass andere Länder wie Frankreich, Großbritannien und Japan Schritte unternahmen, um während der Kriegsjahre eine eigene leistungsfähige optische Industrie aufzubauen, teilweise, wie in Frankreich und Großbritannien, unterstützt durch Regierungsgelder.[173] Wie der Personalchef von Zeiss rückschauend feststellte,

169 Vgl. Both, Lohnentwicklung, S. 16.

170 Vgl. Funcke, Die deutsche optische und feinmechanische Industrie, S. 11. Interessant sind vor diesem Hintergrund die von Max Fischer formulierten Erwartungen an die Nachkriegszeit nach einem „glücklich beendeten Krieg". Fischer ging von einem bedeutenden Aufschwung für die gesamte Industrie aus, da die Lager für optische Instrumente geleert sein würden – unter der Voraussetzung der Lösung der Arbeiterfrage und des Rohstoffmangels sowie des Abschlusses günstiger Handelsverträge. Fischer, Max: Wie ist in den einzelnen Erwerbsgruppen die voraussichtliche Lage der Verhältnisse auf dem inneren und äußeren Markte nach glücklich beendetem Kriege zu beurteilen?, gehalten als Referat für den Wirtschaftlichen Ausschuss im Reichsamt des Innern, 7. Juli 1915, in: CZA, BACZ 1508.

171 Bei Zeiss wurden beispielsweise die Forschung und Produktion geodätischer Instrumente eingestellt. Vgl. Vogel, Entwicklung und Bedeutung, S. 76.

172 Bei Goerz beispielsweise zeigte sich die Schwierigkeit, dass die im Krieg errichteten Erweiterungsbauten nach 1918 nicht angemessen genutzt werden konnten. Vgl. Schumann, Kapitalaufbau und Finanzierungsmethoden, S. 45.

173 Das ging sogar so weit, dass der britische Staat Maßnahmen zur Zentralisierung der Forschung vornahm, siehe Bein, Zur Entwicklung einer wissenschaftlich-technischen Industrie in England und Amerika, in: Zeitschrift der Deutschen Gesellschaft für Mechanik und Optik 1 und 2 (1920), S. 8–11, hier: S. 9 f. Länder wie Japan hatten solche Versuche bereits in der Vorkriegszeit unternommen. Vgl. Albrecht, Geschichte der Emil Busch A.-G., S. 70. Wenngleich die ausländischen Industrien in quantitativer und qualitativer Hinsicht nicht mit der deutschen Industrie gleichziehen konnten, waren die Produkte der optischen Industrie in England während der Kriegsjahre teilweise auf einem höheren Niveau angelangt und die Industrie an sich gewachsen, sodass 1926 die Gesamtzahl optischer Arbeiter 1.200 betrug. Vgl. Homberg, Die optische Industrie in Wetzlar, S. 37. Trotzdem entwickelte sich keine optische Industrie von Bedeutung in England. Die Ausfuhr von Deutschland

konnte der Vorsprung der deutschen optischen Industrie offenbar nicht rasch aufgeholt werden, da „in dieser Industrie mit ihren Produkten recht hoher Qualität, wissenschaftliche Forscher, erfindungsreiche Konstrukteure und bestgeschulte Facharbeiter zusammenarbeiten“[174] mussten. Dennoch war die deutsche optische Industrie seit 1918 mit einer veränderten Konkurrenzsituation auf dem Weltmarkt konfrontiert, die durch eine hohe Schutzzollpolitik zusätzlich verschärft wurde. England beispielsweise erließ ein Schlüsselindustriegesetz, durch das der Zoll auf optische Erzeugnisse im Jahr 1921 auf 33 1/3 Prozent erhöht wurde, fünf Jahre später sogar auf 50 Prozent. Zudem war das internationale Vertriebsnetz der optischen Industrie durch den Krieg zerstört und das Eigentum der ausländischen Filialen und Produktionsstätten häufig beschlagnahmt worden.

Mit dem Ende des Krieges waren nicht alle Schwierigkeiten der Kriegszeit auf einen Schlag beseitigt. In den ersten Nachkriegsjahren ließ der weiterhin anhaltende Rohstoff- und Materialmangel die Kosten des Materialeinsatzes steigen und machte die Kohlenversorgung zu einem ernsthaften Problem.[175] Dringend benötigte Rohstoffe konnten aufgrund des Devisenmangels der Unternehmen nicht importiert werden.[176] Unter den Arbeitern registrierten die Unternehmen Arbeitsunlust und eine zunehmende Politisierung infolge der Ereignisse der Jahre 1918 und 1919.[177] Nach der Revolution im Herbst 1918 waren die Arbeiter der optischen Industrie verstärkt organisiert: Ca. 80 Prozent von ihnen waren im Metallarbeiterverband zusammengeschlossen.[178] Die Politisierung der Arbeiter und die zunehmende Geldentwertung führten zu einigen Streiks in den Nachkriegsjahren, etwa bei Busch,[179] sowie zu Sozialisierungsabsichten in den Stiftungsbetrieben Schott

---

nach Großbritannien überstieg im Jahr 1929 die Vorkriegsausfuhr aus dem Jahr 1913. Vgl. Funcke, Die deutsche optische und feinmechanische Industrie, S. 82.

174 Schomerus, Friedrich: Von der deutschen optisch-feinmechanischen Industrie, 1935, in: CZA, BACZ 168.

175 Vgl. Funcke, Die deutsche optische und feinmechanische Industrie, S. 16.

176 Vgl. Feldman, Gerald D.: Der deutsche organisierte Kapitalismus während der Kriegs- und Inflationsjahre 1914–23, in: Winkler, Heinrich August (Hrsg.): Organisierter Kapitalismus. Voraussetzungen und Anfänge, Göttingen 1974, S. 150–171, hier: S. 162 f.

177 Vgl. Homberg, Die optische Industrie in Wetzlar, S. 32. Siehe auch Funcke, Die deutsche optische und feinmechanische Industrie, S. 11.

178 Vgl. Both, Lohnentwicklung, S. 21. Die thüringischen und die deutschen Gewerkschaften insgesamt profitierten stark von den revolutionären Ereignissen 1918/19, vgl. Swiniartzki, Marco: Die Industriegewerkschaften in Thüringen bis 1933. Entwicklungslinien, Organisationsbedingungen, Forschungsfragen, in: Gerber/Greiling/Ders. (Hrsg.): Thüringen im Industriezeitalter, S. 291–324, hier: S. 295.

179 Vgl. Albrecht, Geschichte der Emil Busch A.-G., S. 99 f., 102. Der schwere Streik der Glasschleifer im Frühjahr 1921 dauerte 13 Wochen.

und Zeiss in Jena.[180] Die sich ständig verändernde Beziehung zwischen Reallöhnen und Lebenshaltungskosten durch die laufenden Teuerungen führten zu häufigeren Lohn-Verhandlungen mit den Arbeitern,[181] die zudem über die Betriebsratsgesetze einen höheren Organisationsgrad als vor dem Krieg erreichten. Das galt auf der anderen Seite ebenfalls für die Unternehmer, von denen 1927 drei Viertel in Arbeitgeberorganisationen zusammengeschlossen waren.[182] Die Lohnverhandlungen wurden daher im Vergleich zur Vorkriegszeit immer häufiger von kollektiven Verhandlungspartnern geführt.[183]

Für die Unternehmen der optischen Industrie waren auch die Bedingungen des Friedensschlusses problematisch. So durften die Hersteller – mit wenigen Ausnahmen, unter ihnen Zeiss – keine optischen Instrumente an die noch existierende deutsche Marine und das deutsche Militär liefern. Auch Lieferungen an ausländische militärische Stellen waren untersagt.[184] Erhebliche Auswirkungen hatten diese Bestimmungen vor allem auf Unternehmen mit sehr hohem Anteil an militärischer Produktion, wie die C. P. Goerz AG. Bei diesem Unternehmen machte die Produktion für inländische und ausländische Heereslieferungen rund zwei Drittel der Gesamtproduktion aus.[185]

Aus all diesen Gründen waren Arbeitsproduktivität und Rentabilität im Vergleich zur Vorkriegszeit geringer.[186] Die sich daraus ergebenden hohen Preise

180 Zumindest für die Wetzlarer Werke stellt Homberg jedoch eine rasche Beruhigung fest. Nach der Betriebsratseinführung wurde wieder die Arbeitsintensität der Vorkriegszeit erreicht, auch weil der Akkordlohn dazu führte, dass trotz niedriger Löhne die Arbeitsleistung gesteigert wurde. Vgl. Homberg, Die optische Industrie in Wetzlar, S. 32 f.

181 Vgl. Funcke, Die deutsche optische und feinmechanische Industrie, S. 35. Die Lohnerhöhungen der optischen Unternehmen hinkten hinterher: Am 1.4.1922 betrug der Lohn das 30fache des Friedenslohns, während die Lebenshaltungskosten etwa das 30 – 40fache des Vorkriegsdurchschnitts ausmachten. Vgl. Albrecht, Geschichte der Emil Busch A.-G., S. 101.

182 Vgl. Vorstand des Deutschen Metallarbeiterverbandes (Hrsg.): Die deutsche optische Industrie, S. 44.

183 Vgl. Funcke, Die deutsche optische und feinmechanische Industrie, S. 36 f. Für 1904 gab es für die optische Industrie nur zwei Tarife für 289 Arbeiter. Auch 1913 waren es erst drei Tarife für 1.153 Arbeiter.

184 Artikel 168 und 170 des Friedensvertrags von Versailles galten auch für die optische Industrie. Art. 168 gab Beschränkungen für die Fabriken vor, die militärische Produkte herstellen durften und Art. 170 verbot die militärische Produktion für fremde Länder. Vgl. Funcke, Die deutsche optische und feinmechanische Industrie, S. 8. Im Zuge dessen wurden auch militärische Geräte vernichtet und nur zu einem geringen Teil Entschädigungszahlungen geleistet. Bei Goerz und Zeiss waren dies Mengen, die sich deutlich negativ in der Bilanz ausdrückten. Ebd., S. 9.

185 Vgl. ebd.

186 Bei Busch beispielsweise lag die Jahresproduktion bis 1922 unter dem Durchschnitt der Vorkriegszeit. Vgl. Albrecht, Geschichte der Emil Busch A.-G., S. 88.

wirkten sich negativ auf den inländischen Absatz aus.[187] Im Ausland entstand dagegen eine sehr hohe Nachfrage, da die sonst hochpreisigen optischen Instrumente aufgrund der schwachen deutschen Mark vergleichsweise günstig zu erwerben waren. Ein großer Teil der optischen Industrie jedoch versuchte, seine Preise durch Ausfuhr-Mindestpreise und den Vertrieb über eigene Agenturen und Filialen im Ausland durchzusetzen. Dennoch gab es auch Unternehmen, die ihre Erzeugnisse durch vermehrte Produktion zu günstigen Preisen über indirekten Export oder unter Umgehung der Exportkontrolle „verschleuderten“.[188] Der direkte Export unterlag nämlich in den Jahren bis 1923 rechtlichen Regelungen: Infolge der Verordnung über Außenhandelskontrolle vom 20. Dezember 1919 wurde die Außenhandelsstelle für Feinmechanik und Optik gegründet, welche die Ausfuhr nach Kriterien wie Zahlungsbedingungen und Nichtunterschreitung von Mindestpreisen etc. freigeben sollte.[189]

Die 1920er Jahre waren von drei Entwicklungen der optischen Industrie geprägt: Konzentration, überproportionales Wachstum der größeren Unternehmen im Vergleich zu anderen Unternehmen und Rationalisierung. So verstärkten sich die bereits vor dem Krieg einsetzende Konzentration und die Kartellisierung. Bereits 1909 war die Ica AG aus den Kamera-Unternehmen Hüttig und Wünsche in Dresden sowie der Firma Krügener in Frankfurt a.M. unter Einbringung der Kameraabteilung der Optischen Werkstätte hervorgegangen. Im gleichen Jahr schlossen sich führende Rathenower Firmen der Brillenindustrie zur „Gläserkonvention“ zusammen.[190] Nach dem Krieg waren es die OHG Contessa-Nettel, die 1920 eine Interessengemeinschaft mit der Ica AG gründete und 1922 die Nitsche u. Günther AG und die Emil Busch AG, die das Fertigungsprogramm in gemeinsamer Abstimmung festlegten.[191] Der größte Zusammenschluss erfolgte in der Kameraindustrie im Jahr 1926, als die Ica AG gemeinsam mit der Optischen Anstalt Goerz, der Contessa-Nettel AG, Stuttgart, und den Ernemann-Werken, Dresden, fusionierten. Die Zusammenschlüsse führten seit der Mitte der 1920er Jahre vermehrt zu Rationalisierungsmaßnahmen, etwa bei den Zeiss-Ikon Werken,[192] und forderten in

---

187 Vgl. Anonym, Die wirtschaftliche Lage der Feinmechanik, in: Zeitschrift der Deutschen Gesellschaft für Mechanik und Optik, 3 und 4 (1920), S. 15.

188 Homberg, Die optische Industrie in Wetzlar, S. 34f. Dabei war nicht nur die schwache deutsche Währung ein Problem, sondern auch die Schwankungen an sich.

189 Vgl. Funcke, Die deutsche optische und feinmechanische Industrie, S. 53.

190 Vgl. Schumann, Kapitalaufbau und Finanzierungsmethoden, S. 10–12. Vgl. Homberg, Die optische Industrie in Wetzlar, S. 37.

191 Vgl. Albrecht, Geschichte der Emil Busch A.-G., S. 113.

192 Vgl. Bönig, Die Einführung von Fließbandarbeit, S. 380.

einigen Unternehmen eine hohe Zahl von Entlassungen.[193] Die Vergrößerung der Produktionstiefe war für die Unternehmen der optischen Industrie wenig sinnvoll, da die Rohstoffe keinen großen Anteil an den Kosten ausmachten. In der photographischen Industrie kam dies häufiger vor, wie die Verbindung von Voigtländer u. Sohn AG, Braunschweig, mit dem Schering-Konzern im Jahr 1927 zeigt.[194]

Eine zweite Entwicklung der 1920er Jahre bestand in der Fortsetzung des Aufstiegs der Großbetriebe, der bereits vor dem Ersten Weltkrieg zu beobachten war und nun durch die Konzentrationsbewegungen der Industrie weiteren Aufwind erhielt. So arbeiteten 1895 noch 25,6 Prozent der Beschäftigten in Großunternehmen (absolut 4.591), im Jahr 1907 dann 57,6 Prozent (absolut 21.609) und schließlich 1925 66,8 Prozent (absolut 41.175), während zwischen 1907 und 1925 der Anteil der Großbetriebe nur von 3,7 auf 5,7 Prozent stieg.[195] Die Zahl der beschäftigten Personen verdoppelte sich von 17.941 im Jahr 1895 auf 37.518 im Jahr 1907 und wuchs bis 1925 nochmals um 64 Prozent.[196] Ein Teil dieses Wachstums bis zum Jahr 1925 ist allerdings als Momentaufnahme zu interpretieren, da die Zahlen auch Unternehmensneugründungen von kleinen optischen Unternehmen nach der Inflation erfassen, welche später der Bereinigung des Marktes zum Opfer fielen.[197] Nach einem Abschwung der Beschäftigtenzahlen im Jahr 1926 als Folge von Inflation, Rationalisierung und Zusammenschlüssen war das Jahr 1928 wieder durch eine Zunahme der Beschäftigtenzahl gekennzeichnet.[198]

---

193 Bei Busch waren es im Jahr 1926 40 % der Arbeiterschaft, bei Nitsche & Günther AG, Rathenow, 25 % und bei der Optischen Werkstätte 5 %. Durch den Zeiss-Ikon-Zusammenschluss wurden in den jeweiligen Werken insgesamt 2.000 Personen entlassen. Vgl. Funcke, Die deutsche optische und feinmechanische Industrie, S. 43.

194 Vgl. Schumann, Kapitalaufbau und Finanzierungsmethoden, S. 11.

195 1895: 8.595 Beschäftige (47,9 %), 1907: 11.186 Beschäftige (29,8 %), 1925: 15.915 Beschäftige (25,8 %). Vgl. Funcke, Die deutsche optische und feinmechanische Industrie, S. 28. Die Zahlen entstammen der Gewerbestatistik von 1907 und 1925.

196 Vgl. Funcke, Die deutsche optische und feinmechanische Industrie, S. 28. 1927 gestaltete sich die Situation folgendermaßen: Die meisten Arbeiter gehörten den 10,5 % Betrieben an, die 201–1.000 Arbeiter beschäftigen (44,1 %). 20,8 % der Beschäftigten gehörten 0,7 % der Betriebe an, die über 1.000 Beschäftigte hatten. Vgl. Vorstand des Deutschen Metallarbeiterverbandes (Hrsg.): Die deutsche optische Industrie, S. 11.

197 Vgl. Funcke, Die deutsche optische und feinmechanische Industrie, S. 30.

198 Die Statistik der Berufsgenossenschaft erfasste die Arbeiter der optischen Industrie, Präzisionsmechanik und Messgeräte (ohne chirurgische Instrumente). Danach waren 1925 rund 50.000, 1926 rund 40.000, 1928 rund 53.000 Arbeiter beschäftigt. Statistik der Berufsgenossenschaft, abgedruckt in Funcke, Die deutsche optische und feinmechanische Industrie, S. 44.

Die vereinzelten Rationalisierungsbestrebungen der Vorkriegszeit wurden nun in den Unternehmen konsequenter verfolgt, vor allem in den größeren Werken.[199] Die bereits im Krieg angestoßene Entwicklung in Richtung einer zunehmenden Maschinisierung der Arbeit wurde vorangetrieben und vor allem ab 1924/25 mehr und mehr verstärkt.[200] Kamen 1895 lediglich 346 Motoren in 3.146 Betrieben zum Einsatz, und zwölf Jahre später, im Jahr 1907 725 Motoren in 3.275 Betrieben, so waren 1925 bereits 3.244 Betriebe mit 1.858 Motoren ausgestattet, deren durchschnittliche Leistung in PS im Vergleich zu den zuvor eingesetzten Motoren deutlich höher war.[201] Parallel dazu nahm die Zahl der ungelernten Arbeiter zu, von 21,7 Prozent im Jahr 1927 auf 25,2 Prozent im Jahr 1930. Der Zuwachs ungelernter Arbeiter innerhalb dieses Zeitraums ging dabei jedoch nicht mit einer Verringerung von Facharbeitern, sondern von Angelernten und Lehrlingen einher.[202] Darüber hinaus führte die Ausdehnung des Akkord-Lohn-Systems zu einer höheren Arbeitsproduktivität. Zudem konnten in einigen Unternehmen über Materialauswahl und die Material- und Aufwandskontrolle Einsparungen erzielt werden.[203] Aus den zuvor genannten Gründen waren tiefgreifende Rationalisierungsschritte, wie etwa die Einführung des Fließbandes in der Automobilproduktion, allerdings nur in Ansätzen möglich.[204] An durchgehende Fließarbeit, wie es sie nach dem Krieg in Deutschland in anderen Branchen gab, war daher nicht zu denken. Die wegen der „Differenziertheit der Erzeugnisse" und dem „wissenschaftliche[n] Charakter der Erzeugnisse" schwierige Normalisierung war bereits während des Krieges in den Fokus der Unternehmen gerückt, als der technische Ausschuss für Brillenoptik ge-

---

199 Vgl. Homberg, Die optische Industrie in Wetzlar, S. 37; vgl. Albrecht, Geschichte der Emil Busch A.-G., S. 105.

200 Markowski, Frank: Präzisionsarbeit, Massenproduktion und Gruppensystem. Arbeit und Technik bei Carl Zeiss bis zur Weltwirtschaftskrise, in: Ders. (Hrsg.), Der letzte Schliff, S. 54–75, hier: S. 56.

201 Vgl. Funcke, Die deutsche optische und feinmechanische Industrie, S. 18.

202 Das ist zu begründen mit dem nicht gesunkenen Bedarf von Facharbeitern für den erweiterten Instrumentenbau, dem Aufstieg vieler Angelernter zu Facharbeitern und vor allem dem Rückgang der Lehrlinge. Vgl. Vorstand des Deutschen Metallarbeiterverbandes (Hrsg.): Die deutsche optische Industrie, S. 51 f.

203 Vgl. Funcke, Die deutsche optische und feinmechanische Industrie, S. 26.

204 Vgl. Bönig, Die Einführung von Fließbandarbeit, S. 372. 1929 arbeiteten nur ungefähr 1.200 Arbeiter in zwölf Betrieben der optischen Industrie in Fließarbeit und 800 in fünf Betrieben an Bandarbeit. Vgl. ebd., S. 373. Der Bau von billigen Kameras ließ allerdings weitgehende Rationalisierungsschritte zu, wobei selbst die Eastman-Kodak-Werke in Rochester, mit denen Zeiss-Ikon durch eine Interessengemeinschaft verbunden war, keine Fließarbeit bei der Kameramontage eingeführt hatten und noch größtenteils auf gelernte Handwerker zurückgriffen. Vgl. ebd., S. 376 f.

gründet worden war, der die in der Branche insgesamt nicht weit fortgeschrittene Normierung und Standardisierung vorantreiben sollte.[205]

Organisiert gingen die Unternehmen der optischen Industrie auch gegen die hohe Zollschutzpolitik der anderen Länder vor. Diese Bemühungen intensivierten sich, nachdem Deutschland seit 1925 wieder in der Lage war, Handelsverträge zu schließen, die der optischen Industrie den Zugang zum Weltmarkt erleichterten und Exporterfolge ermöglichten, die denen der Vorkriegszeit ähnelten. Nachdem von 1913 bis 1924 ein Rückgang in Bezug auf die Ausfuhr optischer und feinmechanischer Erzeugnisse festzustellen war,[206] folgte in den darauffolgenden Jahren eine Zunahme bis zum Jahr 1928.[207] Vor dem Hintergrund der geschilderten schwierigen Bedingungen der 1920er Jahre sind die Exportquoten durchaus bemerkenswert.[208] Trotz der positiven Zahlen zum Beschäftigungswachstum in der Industrie und der Rückkehr auf den Weltmarkt seit Mitte der 1920er Jahre waren die Jahre bis 1933 jedoch eine Zeit unruhiger ökonomischer Verhältnisse, von denen die optische Industrie ebenso wie alle anderen deutschen Industrien betroffen war, aufgrund ihrer starken Exportorientierung sogar in besonderem Maße. Die Weltwirtschaftskrise 1929 und die anschließenden Jahre bis 1933 brachten neue Schwierigkeiten hervor. Der Rückgang des Bruttoinlandsproduktes in vier aufeinanderfolgenden Jahren hatte starke Auswirkungen auf die Industrieproduktion, die in dieser Zeit um 40 Prozent schrumpfte.[209] Konnten inländische Krisenzeiten im Kaiserreich durch den Export kompensiert werden, war dies während der Weltwirtschaftskrise nicht mehr möglich. Diese Entwicklungen setzten der optischen Industrie, darunter der Optischen Werkstätte, stark zu, wie der nachfolgende Abriss ihrer Unternehmensgeschichte darlegt.

---

205 Vgl. Vorstand des Deutschen Metallarbeiterverbandes (Hrsg.): Die deutsche optische Industrie, S. 40.

206 1913 belief sich die Ausfuhr auf rund 71 Millionen Doppelzentner, 1925 auf rund 59 Millionen Doppelzentner. Die verkleinerte Ausfuhr teilte sich zudem noch auf eine vergrößerte Zahl von Unternehmen auf. Schumann zitiert aus dem monatlichen Nachweis des Deutschen Außenhandels: Vgl. Schumann, Kapitalaufbau und Finanzierungsmethoden, S. 20.

207 1929 wurden 125.000 Doppelzentner an Waren exportiert. Vgl. Funcke, Die deutsche optische und feinmechanische Industrie, S. 72, Anlage II, Ausfuhr optischer und feinmechanischer Erzeugnisse.

208 Aufgrund der Stärke der optischen Industrie spielte die Einfuhr von optischen Produkten nach Deutschland weder vor noch nach dem Krieg eine wesentliche Rolle. Vgl. Funcke, Die deutsche optische und feinmechanische Industrie, S. 77.

209 Vgl. Hesse, Jan-Otmar/Köster, Roman/Plumpe, Werner: Die große Depression. Die Weltwirtschaftskrise 1929–1939, Frankfurt a.M./New York 2014, S. 55.

3 Zeiss 1866 – 1933

Die Geschichte der Optischen Werkstätte Zeiss verlief im Großen und Ganzen entsprechend der Entwicklung der optischen Industrie. Wenngleich das Unternehmen während des gesamten Untersuchungszeitraums ein Wachstum verzeichnen konnte, unterscheiden sich dessen Bedingungen wesentlich voneinander. So lassen sich drei unterschiedliche Wachstumsphasen ausmachen, die sich jeweils vor dem Hintergrund der spezifischen Bedingungen während des Kaiserreichs, des Ersten Weltkriegs und der Weimarer Republik abgrenzen lassen.[210]

Wie für die Branche typisch wurde die Optische Werkstätte von einem Handwerker an einem Standort nahe einer Universität gegründet. Der Mechaniker Carl Zeiss errichtete 1846 in Jena eine Werkstatt mit angeschlossenem Verkaufsladen.[211] Die Stadt konnte zu diesem Zeitpunkt zwar auf eine glänzende Vergangenheit als Universitätsstandort zurückblicken, doch waren im Jahr 1846 Industrialisierungstendenzen kaum zu erkennen. Weder war Jena an das Eisenbahnnetz angebunden – diese Anbindung erfolgte erst 1874 – noch hatte sich dort bis zu diesem Zeitpunkt nennenswerte Industrie angesiedelt.[212] Diese Rückständigkeit wurde erst durch die Entwicklung der Optischen Werkstätte seit den 1870er Jahren durchbrochen. Entscheidend für den späteren Verlauf der Geschichte Jenas war die Zusammenarbeit von Carl Zeiss und dem Wissenschaftler Ernst Abbe, der Zeiss seit der Mitte der 1860er Jahre bei der Entwicklung von

---

210 Saßmannshausen unterteilt feingliedriger zwischen 1914 und 1930 fünf Wachstumsphasen: Eine erste Phase bis 1914, die inneres und äußeres Wachstum der Optischen Werkstätte hervorbrachte, eine zweite des Scheinwachstums bis 1918, eine Phase der innerbetrieblichen „Reorganisation" und des internen Wachstums sowie der Rückkehr auf den Weltmarkt, schließlich von 1924 bis 1928 externes Wachstum zum Großkonzern, und als letzte Phase weiteres Konzernwachstum bis 1930. Saßmannshausen, Sean Patrick: Carl Zeiss – Wachstum in schwieriger Zeit. Ein Beitrag zur Unternehmensgeschichte von 1914–1930, Hamburg 2003, S. 234 f.

211 Schumann (u. a.), Carl Zeiss Jena, S. 21. Carl Friedrich Zeiß wurde am 11. September 1816 in Weimar geboren. Zu den ersten Jahren der Werkstätte siehe Schomerus, Geschichte, S. 11–22.

212 Hierzu vgl. die Zusammenstellung der Betriebe der beginnenden Industrialisierung bei Schultze, Joachim H.: Jena. Werden, Wachstum und Entwicklungsmöglichkeiten der Universitäts- und Industriestadt, Jena 1955, S. 113. Obige Aussage lässt sich auf das gesamte Gebiet des heutigen Thüringens übertragen. Nach der Reichsgründung allerdings holte Thüringen den Vorsprung der führenden Regionen des Kaiserreichs auf. Dies resultierte unter anderem aus dem raschen Aufschwung der Branchen Optik, Feinmechanik und Maschinenbau im thüringischen Gebiet. Am Ende des 19. Jahrhunderts gehörte es zu den am stärksten industrialisierten Regionen des deutschen Kaiserreichs. Hahn, Hans-Werner: Thüringen im deutschen Industrialisierungsprozess. Forschungsbilanz und Forschungsperspektiven, in: Gerber, Stefan/Greiling, Werner/Swiniartzki, Marco (Hrsg.): Industrialisierung, Industriekultur und soziale Bewegungen in Thüringen, Köln/Weimar/Wien 2018, S. 37–53, hier: S. 37, 46.

https://doi.org/10.1515/9783111053233-004

Mikroskopen unterstützen sollte.[213] Abbe lehrte zu diesem Zeitpunkt nach seiner Habilitation in Physik an der Universität Jena und trat im Jahr 1866 als wissenschaftlicher Mitarbeiter in die Werkstatt ein. Im Februar 1869 begann er mit der Berechnung von Mikroskopen.[214]

Die herausragenden Leistungen Ernst Abbes bestanden in der Erarbeitung einer Theorie der mikroskopischen Abbildung sowie der Entwicklung einer mikroskopischen Technik, die auf wissenschaftlichen Grundlagen beruhte. Auf diesen Leistungen basierten zahlreiche wesentliche Erfindungen, wie etwa die Systeme der homogenen Immersion (1878/79).[215] Trotz der großen Bedeutung von Abbes Erfindungen war die Optische Werkstätte zuvor keineswegs ein erfolgloses Unternehmen.[216] Carl Zeiss selbst war aufgrund seines Besuchs von Vorlesungen u. a. in Mathematik, Optik, Physik und Mineralogie an der Jenaer Universität fachlich gut gebildet.[217] Erst Abbes Berechnungen sowie die Entwicklung aller Produkte auf wissenschaftlicher Basis legten jedoch den Grundstein für das Wachstum der Werkstätte und die Entwicklung hin zu einem Industrieunternehmen.[218] Überdies konzipierte Abbe die Zerlegung der Produktion in einzelne Arbeitsschritte, um ein hohes qualitatives Niveau der Produkte zu erreichen. Hierzu schrieb er: „Zehn einseitig geschulte Personen, die sich in ihrer Arbeit gegenseitig gut ergänzen, leisten nicht nur viel mehr, sondern auch viel besseres als zehn andere, sonst gleiche, die vielseitiger ausgebildet und geübt sind.“[219] Die Arbeitsteilung führte zu einer höheren Produktivität, die wiederum geringere Kosten für die Mikroskope und höhere Kapazitäten bedeutete. Den Verkaufserfolgen der Mikroskope höchster Qualität schloss sich Ernst Abbes stille Teilhaberschaft im Jahr 1875 an. Nach dem Tod von Carl Zeiss im Jahr 1888 und dem Rückzug seines Sohnes Roderich aus der Geschäftsleitung wurde Abbe zum alleinigen Geschäftsleiter. Unter seiner Leitung und basierend auf seinen Erfindungen setzte in den 1890er Jahren ein dynamisches

---

213 Ausgeführt bei Schomerus, Geschichte, S. 12 f. sowie Gerth, Ernst Abbe 1840 – 1905, S. 9. Einiges über Entwickelung (!) und gegenwärtigen Zustand der Optischen Werkstaette (Firma CARL ZEISS) Jena, Herbst 1899, in: CZA, BACZ 168.

214 Vgl. Gerth, Ernst Abbe 1840 – 1905, S. 9; vgl. Rohr, Ernst Abbe, S. 27.

215 Vgl. Czapski, Vorwort, S. XIIIf.

216 So konnte er schon im ersten Jahr nach Gründung der Werkstatt einen Gehilfen und einen Lehrling einstellen, vgl. Schumann (u. a.), Carl Zeiss Jena, S. 21.

217 Vgl. Wittig, Carl Zeiß und die Universität Jena, in: Stolz/Ders. (Hrsg.): Carl Zeiss und Ernst Abbe, S. 21 – 36, hier: S. 22.

218 Zudem schien der Druck der Konkurrenz unter den beinahe 40 Mikroskop-Werkstätten auf dem Markt in Europa und den USA fühlbar stärker zu werden. Vgl. Wittig, Carl Zeiß und die Universität Jena, S. 28.

219 Abbe, Ernst: Welche sozialen Forderungen soll die Freisinnige Volkspartei in ihr Programm aufnehmen? (1894), in: Ders.: Vorträge, Reden und Schriften sozialpolitischen und verwandten Inhalts, a.a.O., S. 1 – 59, hier: S. 30.

Wachstum der Optischen Werkstätte ein. Die Aufschwungsphase des Unternehmens wurde Anfang des 20. Jahrhunderts kurz gedämpft, hielt aber insgesamt bis zum Ersten Weltkrieg an.[220] Das Mikroskop verlor dabei nach und nach seine zentrale Stellung innerhalb des Produktprogramms, da Diversifizierungen zu Gründungen neuer Abteilungen mit hohen Absatzzahlen führten. Bedeutsam war dabei der Aufbau der Photographischen Abteilung seit dem Jahr 1890, deren Umsatz bereits 1899/1900 bei 617.200 Mark lag und 1906/07 die Millionengrenze überstieg.[221] Am Gesamtumsatz in Höhe von 3.188.442 Mark im Geschäftsjahr 1899/1900 machte der Umsatz der Photographischen Abteilung daher knapp ein Fünftel aus, ungefähr so viel wie im Geschäftsjahr 1906/07, in dem sich der Gesamtumsatz auf 5.720.220 Mark belief.[222] Noch Mitte der 1890er waren Mikroskope und deren Nebenapparate mit einem Anteil von 53,3 Prozent am Gesamtumsatz vertreten, danach Photoobjektive mit 25,7 Prozent und Feldstecher mit 19,3 Prozent. 1904/05 zeigte sich die geringere Bedeutung des Mikroskops in Relation zu den anderen Produkten deutlicher: Nun erzielte der Verkauf von Feldstechern mehr als 50 Prozent des Gesamtumsatzes.[223]

Bedingung für den Diversifizierungsprozess der optischen Industrie war seit dem Jahr 1880 die Errichtung von Werkstätten, die wichtige Vorarbeiten oder andere Hilfstätigkeiten verrichteten.[224] In den 1880er Jahren waren das vor allem Dreherei, Fräserei, Bohrerei und Stanzerei.[225] Zunehmend wurden Konstruktionsbüros für die einzelnen Abteilungen eingerichtet. Dort wurden die Konstruktionen der Instrumente entworfen und die technischen Zeichnungen angefertigt. Daneben trieb das Unternehmen den Maschinenbau voran und errichtete in den 1890er Jahren weitere Nebenabteilungen wie eine Schreinerei oder eine eigene Gießerei, welche gleichzeitig einem Gießerei-Laboratorium zur Entwicklung von Legierungen Platz bot. Die funktionale Integration war nicht nur ökonomisch begründet, sondern wurde auch durch den hohen Qualitätsanspruch notwendig, der, wie im Fall der Gießerei, nur durch die Optische Werkstätte selbst sichergestellt werden konnte.[226]

---

220 Vgl. Mühlfriedel/Hellmuth, Zeiss 1846–1905, S. 198.

221 Vgl. Schomerus, Geschichte, S. 84. Der Umsatz der Abteilung wäre noch höher gewesen, wenn Abbe nicht Lizenzen an ausländische Fabrikanten und an das Unternehmen Voigtländer & Sohn vergeben hätte, um „eine allzu sprunghafte und vielleicht wieder zusammenschrumpfende Ausdehnung des Geschäftes zu vermeiden". Ebd., S. 84 f.

222 Umsätze und Gewinne 1900–1908, aus: CZA, BACZ 23023.

223 Vgl. Mühlfriedel/Hellmuth, Zeiss 1846–1905, S. 201 f.

224 Vgl. Schomerus, Geschichte, S. 69.

225 Vgl. Schumann (u. a.), Carl Zeiss Jena, S. 49.

226 Vgl. Mühlfriedel/Hellmuth, Zeiss 1846–1905, S. 234 ff.

Für die neu gegründeten Abteilungen und Büros wurden kontinuierlich Arbeiter und Angestellte eingestellt, wofür das Wachstum von Umsatz und Gewinn zugleich Voraussetzung und Folge war. Im Jahr der Verabschiedung des Statuts, 1896, lag der Umsatz der Optischen Werkstätte bei rund 1.875.000 Mark und das Unternehmen beschäftigte 700 Mitarbeiter.[227] Kurz vor der Jahrhundertwende, im Geschäftsjahr 1899/1900, war das Personal bereits auf 818 Arbeiter und 115 Beamte angewachsen, insgesamt also auf 933 Beschäftigte.[228] Der Umsatz belief sich auf 3.172.000 Mark.[229] Bis zum Jahr 1913 konnte dieser auf das mehr als Zehnfache gesteigert werden. Da die Zahl der Beschäftigten aber nur um das 6,6-Fache stieg, war es offenbar auch gelungen, die Arbeitsproduktivität zu erhöhen.[230] Die Arbeiter der Optischen Werkstätte waren vor allem Optiker und Mechaniker. Erstere schliffen das Rohglas zu Linsen und Prismen, während die Aufgaben der Mechaniker darin bestanden, Fassungen herzustellen und die Instrumente fertigzustellen.[231]

Das äußerst vielfältige und heterogene Produktionsprogramm entwickelte sich zu einem der Kennzeichen der Optischen Werkstätte, welches durch weitere Abteilungsgründungen, wie beispielsweise die der Abteilung für geodätische Instrumente im Jahr 1909, kontinuierlich ausgebaut und verstetigt wurde.[232] Trotz günstiger Absatzmöglichkeiten für militärische Produkte – zwischen 1895 und 1904 erreichte allein der Umsatz der Feldstecher für militärische Zwecke zusammen genommen beinahe die zehn Millionen-Mark-Grenze – blieb Zeiss weiterhin ein Unternehmen, das sich in Forschung und Entwicklung wie in der Produktion breit aufstellte und nicht einseitig der Militärproduktion zuwandte.[233] Ebenfalls typisch für die Optische Werkstätte war der stetige und erfolgreiche Versuch, das der Forschung und Entwicklung zugrunde liegende Fachwissen zu erweitern. Im Jahr 1903

227 Vgl. Schomerus, Geschichte, S. 92.

228 Einiges über Entwickelung (!) und gegenwärtigen Zustand der Optischen Werkstaette (Firma CARL ZEISS) Jena, Herbst 1899, in: CZA, BACZ 168.

229 Entwicklung der Optischen Werkstaette (Firma Carl Zeiss) Jena im Betriebsjahr 1899–1900, in: CZA, BACZ 168.

230 Vgl. Walter, Zeiss 1905–1945, S. 38.

231 Vgl. Both, Lohnentwicklung, S. 10 f.

232 Vgl. Schumann (u. a.), Carl Zeiss Jena, S. 88.

233 Zusammenstellung des Gesamtumsatzes aus verschiedenen Akten des Betriebsarchives, in: CZA, BACZ 14952. Im Geschäftsjahr 1912/13 machte der Umsatz der für das Militär hergestellten Produkte sogar rund die Hälfte des Gesamtumsatzes aus, siehe CZA, BACZ 17122, 23027. Den Gegensatz eines Pazifisten und Produzenten von militärischem Gerät, den Abbe scheinbar verkörperte, löst Max Fischer auf. So seien es weniger die kommerziellen Erfolge gewesen, die diese Art von Produktion motivierten, sondern das Wissen, mit hoch qualitativen optischen Instrumenten die militärische Ausrüstung zu verbessern und damit die Sicherheitslage des Vaterlandes zu unterstützen. Fischer, Max: Ernst Abbe als Industrieller, in: Rohr, Moritz von: Zur Geschichte der Zeissischen Werkstätte bis zum Tode Ernst Abbes, 2. Auflage, Jena 1936, S. 89–98, hier: S. 92 f.

etwa waren 24 wissenschaftliche Mitarbeiter angestellt.[234] Vergleichsweise spät erfolgte daher die Einstellung des ersten Ingenieurs mit Hochschulbildung zum gleichen Zeitpunkt.[235]

Die Vielzahl unterschiedlicher Produkte korrespondierte mit einem differenzierten Vertriebsnetz. Die Produkte der Optischen Werkstätte wurden zunächst durch fremde Handelsfirmen im In- und Ausland vertrieben. Gegen Ende der 1890er Jahre wurde, ganz im Sinne der zeittypischen Vorwärtsintegration der Unternehmen,[236] eine firmeneigene Vertriebsorganisation aufgebaut.[237] Eigene Fabrikationsstätten im Ausland wurden zumeist dann eröffnet, wenn ausländische Regierungen die Vergabe militärischer Aufträge an die Bedingung knüpften, dass Teile der Produktion in ihrem Land vollzogen werden mussten.[238] Dem avancierten Vertriebsnetz entsprechend wuchs der Export der Optischen Werkstätte seit Ende des 19. Jahrhunderts bis zu den Vorkriegsjahren auf ein Volumen an, das zwei Drittel der Gesamtproduktion umfasste.[239]

Angetrieben durch das inner- und außerbetriebliche Wachstum der Optischen Werkstätte entwickelte sich Jena zu einer Stadt, die wesentlich durch die Zeiss- und Schott-Werke geprägt war. Nicht nur verdingte sich ein Großteil der Bevölkerung nun als Arbeiter in den Industriewerken, auch die Infrastruktur der Stadt wurde ausgebaut und verbessert und vor allem das kulturelle Angebot der Stadt deutlich erweitert. Städtische Einrichtungen wie das Volkshaus oder das Volksbad vergrößerten das Freizeit- und Bildungsangebot der Stadt. Der kulturell-infrastrukturelle Charakter der Stadt wurde finanziell und inhaltlich in hohem Maße durch die Carl-Zeiss-Stiftung geprägt. Auch das Glaswerk profitierte als Lieferant vom Wachstum der Optischen Werkstätte. 30 Jahre nach seiner Gründung im Jahr 1884 zählte das Glaswerk 1.217 Mitarbeiter und erzielte einen Umsatz von rund 7.209.000 Mark, wobei sich der Exportanteil Schotts vor dem Ersten Weltkrieg auf 51,5 Prozent belief.[240]

Bis zum Ersten Weltkrieg entwickelte sich die Optische Werkstätte zum mitarbeiterstärksten Unternehmen der optischen Industrie und konnte im Geschäftsjahr vor Kriegsbeginn nach einem beinahe ununterbrochenen aufsteigenden Trend in Bezug

234 Vgl. Schomerus, Geschichte, S. 154.

235 Vgl. Bönig, Die Einführung von Fließbandarbeit, S. 373.

236 Vgl. Kocka, Großunternehmen und der Aufstieg des Manager-Kapitalismus, S. 49.

237 Bericht über das Geschäftsjahr 1902/03, in: CZA, BACZ 23014.

238 Vgl. Wimmer, Carl Zeiss im Ersten Weltkrieg, S. 195. Fabrikationsstätten wurden u. a. 1906 in Wien, 1908 in Riga und 1909 in Györ, Ungarn gegründet.

239 Vgl. Schumann (u. a.), Carl Zeiss Jena, S. 212.

240 Vgl. Steiner/Hoff, Vom Versuchslaboratorium zum Weltunternehmen, S. 216.

auf die Geschäftsergebnisse einen Gewinn von rund 1.539.421 Mark ausweisen.[241] Der Erste Weltkrieg führte die Gewinn- und Umsatzsteigerungen weiter, veränderte deren Charakter aber grundlegend. Zwischen den Jahren 1913 und 1918 verfünffachte sich der Gesamtumsatz nahezu. Die erzielten Gewinne waren mit mehr als 40 Millionen Mark enorm und doppelt so hoch wie im Zeitraum der zuvor liegenden fast zwei Jahrzehnte seit 1896.[242] Die Optische Werkstätte war dabei den wirtschaftspolitischen Rahmenbedingungen ebenso unterworfen wie die anderen Unternehmen der Branche. Zahlreiche Arbeiter wurden zu Kriegsbeginn zum Militärdienst eingezogen, die Produktion umgestellt und die Produktionsmenge erhöht. Die erforderliche Produktionsmenge wurde seit Ende 1916 durch die Rückkehr von 160 als unabkömmlich erklärten Facharbeitern vom Kriegsdienst in das Unternehmen im November 1916, sowie die Erhöhung der Arbeitszeit an Sonntagen und durch die Einführung eines Drei-Schicht-Betriebs erreicht.[243] Des Weiteren kompensierten Frauenarbeit und Kriegsgefangene den Ausfall der zum Militärdienst eingezogenen Männer.[244]

Auch die Umstellung auf die Friedenswirtschaft gestaltete sich bei der Optischen Werkstätte ähnlich schwierig wie bei den übrigen Unternehmen der optischen Industrie, wobei die Erlaubnis durch die Siegermächte, weiterhin in geringem Umfang Militärprodukte herzustellen, der Optischen Werkstätte eine günstige Sonderstellung innerhalb der Branche verschaffte. Zudem konnte durch die Gründung der Nedinsco, einer niederländischen Fabrik zur Produktion von Militärinstrumenten, auf Betreiben der Geschäftsleitung das Verbot, ausländische Militärstellen zu beliefern, umgangen werden. Auffallend war der neue politisierte Umgang zwischen Arbeitern und Geschäftsleitung, der sich nicht nur bei aktuellen Fragen wie beispielsweise den Lohnerhöhungen angesichts der Geldentwertung zeigte, sondern auch ältere Verhandlungspunkte wie die Frage nach der durchgehenden oder geteilten Arbeit betraf.[245] Den Widrigkeiten der Nachkriegsjahre begegnete die Geschäftsleitung seit 1921 mit verstärkten Rationalisierungsmaßnahmen, zu denen unter anderem der verstärkte Einsatz von Frauen zählte.[246]

Eine nächste Wachstumsphase bis 1933 trug in Anbetracht der schwierigen Bedingungen der Nachkriegs-, Inflations- und Krisenzeit andere Züge. Die Optische Werkstätte musste den überwiegenden Wegfall der militärischen Produktion kompensieren, in der vor dem Krieg rund die Hälfte der Arbeiter beschäftigt waren.

241 Jahres-Einnahmen und Ausgaben der Carl-Zeiss-Stiftung, in: CZA, St 162.

242 Vgl. Florath, Immer wenn Krieg war, S. 46 f.

243 Vgl. Wimmer, Carl Zeiss im Ersten Weltkrieg, S. 199.

244 Vgl. Schomerus, Geschichte, S. 193.

245 Der Konflikt um die durchgehende Arbeit ist beschrieben bei Schumann (u. a.), Carl Zeiss Jena, S. 278.

246 Vgl. Schumann (u. a.), Carl Zeiss Jena, S. 279.

Sie war zudem von den gleichen Problemen der Nachkriegszeit betroffen wie alle Unternehmen der optischen Industrie: die verringerte Nachfrage im Inland, der durch die handelspolitische Abschirmung rückläufige Absatz im Ausland und die Währungsschwankungen der Mark zu Beginn der 1920er Jahre bis zur Inflation. Zwar hätte man die Währungsschwankungen zum Vorteil der Optischen Werkstätte nutzen können, indem man den Export aufgrund der schwachen Mark erhöht hätte, doch verzichtete die Geschäftsleitung der Optischen Werkstätte auf die daraus resultierenden Valuta-Vorteile aus Sorge vor einer späteren Aufwertung der Mark. Der von der Geschäftsleitung stattdessen angestrebte Verkauf zu festen Auslandspreisen wurde durch andere Händler vielfach unterlaufen. Demgemäß war der Absatz der Optischen Werkstätte im Ausland gering. In der Folge arbeiteten die meisten Abteilungen auf Lager.[247]

Aufgrund der geschilderten schwierigen Markt-Bedingungen sind die nach dem Krieg weiter verfolgten Maßnahmen der horizontalen Diversifikation mehr als Reaktion auf diese Bedingungen denn als Ausdruck einer Strategie der Unternehmensführung zu interpretieren. Zunächst wurde 1918 mit der Feinmess-Abteilung eine neue Abteilung zur Weiterentwicklung von Feinmaß- und Feinmessgeräten gegründet, die bereits seit Jahrzehnten in der Optischen Werkstätte für den Eigengebrauch entworfen und genutzt wurden.[248] Diese Expertise wurde nun gewinnbringend genutzt, um nach dem Krieg neue Absatzfelder im Zivilgeschäft zu erschließen.[249] Die Feinmess-Abteilung nahm in wenigen Jahren eine bedeutende Position innerhalb des Unternehmens ein.[250] Ebenso bedeutsam wurde der Ausbau der Abteilung Opto, die Brillengläser herstellte und bereits vor dem Krieg gegründet worden war.[251]

Dem Unternehmen blieb jedoch nicht viel Zeit, sich nach dem Krieg auf das Zivilgeschäft auszurichten. Die Geschäftsleitung der Optischen Werkstätte musste auf die steigende Geldentwertung reagieren, die im November 1923 ihren Höhepunkt erreichte und zur Entlassung von insgesamt 800 Beamten und Arbeitern führte.[252] Auch die folgenden Jahre bis 1933 waren nicht wesentlich leichter zu bewältigen, wie bereits für die gesamte optische Industrie gezeigt wurde. Obwohl die Währungsreform von 1923 die Hoffnung auf eine Konsolidierung der Optischen

247 Walter, Zeiss 1905–1945, S. 98–100.

248 Vgl. Schumann (u. a.), Carl Zeiss Jena, S. 117.

249 Vgl. Schomerus, Geschichte, 200. Zum Aufbau der Vertriebsorganisation der Feinmess-Abteilung siehe Walter, Zeiss 1905–1945, S. 122–125.

250 Walter errechnet für den Zeitraum von 1923/24–1944/45 einen Durchschnittsanteil am Gesamtumsatz der Optischen Werkstätte von 5,3 Prozent. Vgl. ebd., S. 118.

251 Siehe hierzu das Kapitel „Die Abteilung Opto für Brillengläser und Brillen", bei Schomerus, Geschichte, S. 248–253.

252 Vgl. Walter, Zeiss 1905–1945, S. 109 f.

Werkstätte geweckt hatte, waren die Ergebnisse des Geschäftsjahres 1925/26 überaus enttäuschend. Zur Absatzkrise kamen die stark erhöhten Rohmaterialpreise, denen die Produktpreise jedoch nicht folgten.[253] Wie bereits während der unmittelbaren Nachkriegszeit reagierten die Unternehmen der optischen Industrie, darunter Zeiss, auf die niedrigen Gewinne dieser Zeit mit Rationalisierungsmaßnahmen und Fusionen. Die bei Zeiss im Zuge dieser zweiten Rationalisierungswelle seit 1924 durchgeführten Produktionsverbesserungen führten zu einem deutlichen Zuwachs des Pro-Kopf-Umsatzes.[254]

Dennoch können die beinahe ununterbrochenen Krisenjahre aufgrund der zahlreichen Fusionsaktivitäten der Optischen Werkstätte als eine Zeit des Wachstums beschrieben werden. Unter Anwendung dieser Fusionsstrategie gelang es der Geschäftsleitung der Optischen Werkstätte ihre Marktposition in dieser Zeit auszudehnen. Damit beschritt sie einen bereits in der Mitte des ersten Jahrzehnts des 20. Jahrhunderts eingeschlagenen Weg. Über Unternehmensbeteiligungen und Unternehmenszusammenschlüsse hatte die Optische Werkstätte seitdem ihren Aktivitäts- und Einflussbereich innerhalb der optischen Industrie erweitert. Zunächst war die Geschäftsleitung der Optischen Werkstätte wesentlich an der fortgeschrittenen Konzentration des Photomarktes beteiligt. Die bereits 1909 gegründete Ica AG, in die Zeiss seine photographische Abteilung eingebracht hatte, schloss sich nun mit weiteren Unternehmen zur Zeiss-Ikon AG zusammen. Zahlreiche weitere Beteiligungen in horizontaler Richtung dienten der weiteren Stärkung der Marktposition,[255] sodass 1928/1929 von den 14 größten Betrieben nach Mitarbeiterzahl acht zum Konzern der Optischen Werkstätte gehörten.[256]

Das Stammhaus selbst verzeichnete indes ebenfalls weiteres Wachstum, das sich allerdings in seiner Dynamik vom Vorkriegswachstum unterschied. Zunächst stieg die Zahl der Lohnempfänger vom Jahr 1924 bis zum September 1930 kontinuierlich von 4.352 auf 5.917 – ein Anstieg, der ohne die Rationalisierungsmaßnahmen und die damit verbundene Steigerung der Arbeitsproduktivität vermutlich

253 Vgl. Walter, Zeiss 1905 – 1945, S. 111 f.

254 Von 1924/25 auf 1926/27 steigerte sich der Umsatz um 64,6 %. Vgl. Schumann (u. a.), Carl Zeiss Jena, S. 371.

255 Dieses Kapitel der Optischen Werkstätte ist noch nicht so ausreichend erforscht, dass ein abschließendes Urteil über die Wirkungen der Beteiligungen getroffen werden könnte. Bei Schumann sind einige der Beteiligungen rekonstruiert, aber ohne ein vollständiges Bild zu liefern und die grundsätzliche Strategie des Unternehmens darzulegen. Gleiches gilt für Saßmannshausen, Carl Zeiss – Wachstum in schwieriger Zeit, u. a. S. 226 – 230. Tatsache ist aber, dass die bis zum Ende des Betrachtungszeitraums entwickelten Beteiligungsunternehmungen vielfältig und intensiv waren. In dem Kapitel „Investitionsentscheidungen" in dieser Arbeit ist zumindest die erste Phase der Konzernbildung aufgearbeitet.

256 Einschließlich der Optischen Werkstätte selbst, vgl. Schumann (u. a.), Carl Zeiss Jena, S. 351.

noch größer gewesen wäre.[257] Zudem wurden seit den Jahren 1927/28 bis 1929/30 hohe Investitionen in Gebäude, Maschinen und Mobilien getätigt, die in allen drei Jahren zusammen eine Höhe von fünf Millionen Reichsmark überstiegen.[258] Der Aufschwung wurde durch die Weltwirtschaftskrise jäh unterbrochen. Das Geschäftsjahr 1930/31 sowie das darauffolgende Geschäftsjahr 1931/32 brachten Umsatzeinbußen, wobei diese im Ausland stärker als im Inland waren. Insgesamt verringerte sich der Umsatz vom Spitzenjahr 1928/29 bis zum Jahr 1931/32 um 33 1/3 Prozent. Die daraus folgenden Entlassungen dezimierten das Personal um 25 Prozent und konnten auch durch Kurzarbeit nicht verhindert werden.[259]

Es lassen sich folglich drei von unterschiedlichem Wachstum geprägte Phasen in der Geschichte der Optischen Werkstätte ausmachen. Die Jahre zwischen 1889 bis zum Ersten Weltkrieg, in welche die Gründung der Carl-Zeiss-Stiftung fiel, zeigen eine Aufstiegsgeschichte zum großen Industrieunternehmen, der auch Rezessionsjahre keinen Abbruch taten. Dabei wuchs das Unternehmen vor allem seit den 1890er Jahren zuerst durch Diversifikationsprozesse und anschließend durch eine starke Expansion auf dem gesamten Weltmarkt. Im Ersten Weltkrieg wurden die Wachstumssegmente teilweise zerstört, teilweise nicht weiterverfolgt: Statt zusätzliche Produkte zu entwickeln und in neugegründete Abteilungen zu übertragen, wurden mehrheitlich militärische Produkte hergestellt. Die ausländische Expansion wurde gestoppt, Filialen aufgegeben oder von ausländischen Regierungen enteignet. Stattdessen erlebte die Optische Werkstätte ein allein auf Personal und Produktionsmenge beschränktes Wachstum, welches nicht nachhaltig war, da andere bisher erfolgte Wachstumsschritte zerstört wurden. Dies verdeutlicht, welch tiefen und langfristig wirksamen Einschnitt der Erste Weltkrieg für die bisherige Unternehmensstrategie bedeutete. Dessen Auswirkungen und Zerstörungen bestimmten die Nachkriegszeit, die für die Optische Werkstätte – neben allen anderen währungspolitischen und volkswirtschaftlichen Schwierigkeiten – vor allem den Verlust des Militärgeschäfts und des bedeutenden und zuvor kaum beschränkten Exportmarktes brachte. Dennoch gelang es der Optischen Werkstätte vor diesem Hintergrund eine weitere Wachstumsphase einzuläuten, die sich aus eben diesen Bedingungen erklärt. So konnten die Grenzen des Absatzes durch die Eindämmung der Konkurrenz kompensiert, das Produktportfolio des Marktes durch die zentrale Entscheidungsmacht der Optischen Werkstätte nach ihren Vorstellungen vorgegeben und der Nachfrage entsprechend angepasst werden. Infolgedessen wuchs das Unternehmen Zeiss endgültig zum Konzern heran, der eine herausragende Marktposition erlangte.

257 Siehe Walter, Zeiss 1905–1945, S. 314, Tabelle X.

258 Vgl. ebd., S. 304.

259 Geschäftsleitung, Bericht über das Geschäftsjahr 1931/32, in: CZA, BACZ 9505.

4 Das Stiftungsunternehmen als Unternehmensform

Seit der Herausbildung des modernen Unternehmens während der letzten Jahrzehnte des 19. Jahrhunderts ist seine Leitung zunehmend komplexer geworden. Industrielle Massenherstellung und eine wachsende nationale wie internationale Nachfrage führten zu einem Wachstum, das entweder bereits bestehende Unternehmen zu Großbetrieben machte oder aus Einmannbetrieben oder Handwerkstätten Unternehmen entstehen ließ. Die Unternehmensleitung stand insofern vor neuen Herausforderungen, da das Wachstum mehr Kapital und unternehmerische Expertise erforderte. Der Aufbau internationaler Vertriebsnetze, die Integrierung von Forschung in unternehmerische Entwicklungsprozesse, die Anpassung von Technik und Arbeitsorganisation an Massenproduktion, die Ausweitung des Produktionsprogramms, die Etablierung kostengünstiger Formen der Rohstoffbeschaffung und Absatzorganisationen durch vertikale Integration – all dies musste finanziert werden und erforderte betriebswirtschaftliche, wissenschaftliche, technische und rechtliche Kenntnisse.[260]

Die bisherigen Unternehmensformen der ersten Hälfte des 19. Jahrhunderts, Einzelunternehmen oder Personal- oder Personengesellschaften, konnten das hierzu nötige Kapital und erforderliche Wissen nicht aufbringen. Eine Umwandlung zur Aktiengesellschaft mit ihren günstigen Möglichkeiten zur Kapitalbeschaffung lag daher nahe, weshalb sich die Aktiengesellschaft rasch zur vorherrschenden Form der Großunternehmen entwickelte.[261] Dabei vollzog sich häufig die Trennung von Unternehmenseigentümern und -leitung, und es bildete sich neben der traditionellen Form des Unternehmers, dem Eigentümer-Unternehmer, eine weitere Gruppe von Unternehmern heraus: der Angestellten-Unternehmer oder auch Manager genannt, der keine Eigentumsrechte am Unternehmen besaß. Dass eine Aktiengesellschaft nicht zwangsläufig zum Managerunternehmen werden musste, sondern häufig vom Gründer bzw. der Gründerfamilie bestimmt werden konnte,[262]

260 Vgl. Plumpe, Werner: Unternehmensgeschichte im 19. und 20. Jahrhundert, Berlin/Boston 2018, S. 23.

261 Diese Entwicklung gab es bereits seit den 1860er Jahren. Vgl. Kocka, Großunternehmen und der Aufstieg des Manager-Kapitalismus, S. 52; vgl. Pohl, Hans: Zur Geschichte von Organisation und Leitung deutscher Grossunternehmen seit dem 19. Jahrhundert, in: Zeitschrift für Unternehmensgeschichte 26 (1981), S. 143–178, hier: S. 146.

262 Vgl. Plumpe, Unternehmensgeschichte, S. 59. Dies war beispielsweise bei den Farbenfabriken vorm. Friedr. Bayer & Co. der Fall, welche trotz Umgründung zur AG weiterhin überwiegend Fa-

https://doi.org/10.1515/9783111053233-005

zeigt sich an einigen Unternehmen der optischen Industrie.[263] In traditionellen Familienunternehmen war es häufig der Fall, dass Mitglieder der Familie noch die Geschäfte führten. Bezüglich der Unternehmensleitung ergab sich dabei aber das Problem, dass mit zunehmendem Unternehmensalter auch eine zunehmende Zahl an Familienmitgliedern am Unternehmenseigentum beteiligt war. Nicht alle von ihnen konnten jedoch die Unternehmensführung übernehmen. Die Eigentümer von Familienunternehmen wie auch von Aktiengesellschaften sahen sich also vor die Frage gestellt, wie sie die Unternehmensführung in ihrem Sinne sicherstellen konnten bzw. wie die Beziehung zwischen den Eigentümern und den Unternehmensleitern in Bezug auf die Unternehmensführung zu gestalten war. Dabei differenzierten sich die Ordnungsrahmen bei Aktiengesellschaften nach regulierten und bei Familienunternehmen nach freieren Prinzipien aus, auf deren Basis Regeln zur internen und externen Lenkung und Kontrolle der Unternehmen ausgebildet wurden.[264] Das Nachdenken über die Möglichkeiten der Organisation von Unternehmen und die Wahl von Unternehmensformen drückte sich in einer öffentlichen Diskussion aus, die von Veröffentlichungen zu diesem Thema begleitet wurde.[265] Erst um die Jahrhundertwende sind Ansätze einer „allgemeinen Organisationlehre" festzustellen.[266]

Ernst Abbe beobachte die Veränderungen der Unternehmensformen und fasste diese im Jahr 1896 mit folgenden Worten zusammen, als er den Mitarbeitern das Stiftungsmodell und das seit diesem Zeitpunkt geltende Stiftungsstatut vorstellte:

> Es ist eine fast typische Erscheinung der neueren Wirtschaftsentwicklung geworden, daß Industrieunternehmungen, wenn sie eine gewisse äußere Größe überschritten haben, von den persönlichen Inhabern aufgegeben und – ausnahmsweise in Genossenschaften – gewöhnlich in Aktiengesellschaften oder ähnliche Formen übergeleitet werden.[267]

---

milienmitglieder in Vorstand und Aufsichtsrat versammelten. Vgl. Plumpe, Werner: Carl Duisberg 1861–1935. Anatomie eines Industriellen, München 2016, S. 125 f.

263 Beispielsweise die Emil Busch A. G., bei der der vorherige Eigentümer Emil Busch den Posten eines Delegierten des Aufsichtsrats erhielt. Vgl. Albrecht, Karl: „Busch, Friedrich Emil", in: Neue Deutsche Biographie (NDB), Bd. 3, Berlin 1957, S. 61.

264 Vgl. Landes, David: Die Macht der Familie. Wirtschaftsdynastien in der Weltgeschichte, München 2008, S. 417 f.

265 Das Aufkommen der Debatte sieht Kocka auch als Reaktion auf die Wirtschaftskrise 1873 und ihre Folgen, vgl. Kocka, Jürgen: Industrielles Management. Konzeptionen und Modelle in Deutschland vor 1914, in: Vierteljahrschrift für Sozial- und Wirtschaftsgeschichte 56 (1969), S. 332–372, hier: S. 338.

266 Vgl. ebd.

267 Abbe, Ernst: Gedächtnisrede zur Feier des 50jährigen Bestehens der Optischen Werkstätte (1896), in: Ders.: Vorträge, Reden und Schriften sozialpolitischen und verwandten Inhalts, a.a.O, S. 60–101, hier: S. 87.

Abbe selbst erweiterte die Möglichkeiten der Unternehmens-Umgründung um eine weitere Option: das Stiftungsunternehmen. Diese Unternehmensform war zu diesem Zeitpunkt bereits bekannt, aber äußerst selten. Ohne auf theoretische Literatur zu diesem Thema zurückgreifen zu können, kam Abbe zu dem Schluss, dass die Stiftung – nicht eine Aktiengesellschaft bzw. eine einer Aktiengesellschaft ähnliche Gesellschaft oder Genossenschaft – die beste Organisationsform für seine Zwecke sein würde.[268] Wie im nachfolgenden Unterkapitel geschildert wird, lässt sich Abbes Präferenz für die Umgründung in ein Stiftungsunternehmen aus seinen biographischen Erfahrungen, seiner Bewertung anderer Unternehmensformen sowie seinen Überlegungen zu Institutionen ableiten. Die letztendliche Entscheidung für die Stiftung war dabei weniger eine zielgerichtete Antwort auf die Frage nach der Zukunft des Unternehmens, sondern eher das Ergebnis eines durch den Wissenschaftsförderer Abbe begleiteten Prozesses. Dessen Ausgangspunkt war Abbes Idee, der Universität Jena durch die Gründung eines Ministerialfonds eine regelmäßige Unterstützung zukommen zu lassen. Schließlich suchte Abbe als Unternehmer nach Möglichkeiten, seine Unternehmensanteile nach seinem Tod der Universität zu überschreiben. Der gesamte Prozess und die damit verbundenen Veränderungen in der Unternehmensorganisation werden im zweiten Unterkapitel dargestellt.

4.1 Weder Aktiengesellschaft noch Genossenschaft: Abbes Gründe für das Stiftungsunternehmen

Die ersten Schritte zur Förderung kultureller und sozialer Zwecke hatte Ernst Abbe bereits unternommen, bevor seine Überlegungen zur Unternehmensnachfolge schließlich in die Gründung des Stiftungsunternehmens mündeten. Der Wunsch, bei der Suche nach einer geeigneten Unternehmensform auch weiterhin die Förderung kultureller und sozialer Zwecke zu berücksichtigen, und diese „sozialen Aufgaben" sogar durch eine Stiftungsverfassung zu manifestieren, geht auch auf seinen per-

268 Ernst Abbe zog zur Entscheidungsfindung in den überwiegenden Fällen auch – obgleich nicht sehr viel – theoretisches Material heran. Weiterhin nutzte er eigene Beobachtungen aus seiner unternehmerischen Tätigkeit, statistische Angaben aus dem eigenen Betrieb oder aus anderen Quellen und zog geeignete andere betriebs- oder volkswirtschaftliche Beispiele heran. Das wird beispielsweise deutlich in den Vorträgen „Über Gewinnbeteiligung der Arbeiter in der Großindustrie" sowie „Die volkswirtschaftliche Bedeutung der Verkürzung des industriellen Arbeitstages". Abbe, Ernst: Über Gewinnbeteiligung der Arbeiter in der Großindustrie (1897), in: Ders.: Vorträge, Reden und Schriften sozialpolitischen und verwandten Inhalts, a.a.O, S. 102–118; Abbe, Ernst: Die volkswirtschaftliche Bedeutung der Verkürzung des industriellen Arbeitstages (1901), in: Ders.: Vorträge, Reden und Schriften sozialpolitischen und verwandten Inhalts, a.a.O, S. 203–249.

sönlichen Werdegang zurück – auch wenn dieser Zusammenhang in der Literatur generell ein wenig überbetont wird.[269] Abbe, 1840 in Eisenach geboren, kam aus einem Arbeiterhaushalt, in dem er seinen Vater in einer von Mühen und Ausbeutung gekennzeichneten Arbeiterstellung erleben musste.[270] Dies prägte seine Perspektive offenbar ein Leben lang. So habe er trotz seiner Entwicklung zum Unternehmer und Kapitalisten keine „Unternehmer- und Kapitalistenaugen" entwickelt, wie Abbe seine Sichtweise selbst im Alter von vierundfünfzig Jahren im Jahr 1894 beschrieb.[271] Zunächst schlug Abbe jedoch keine kaufmännische, sondern eine akademische Laufbahn ein. Er studierte seit 1857 Mathematik, Physik, Astronomie und Philosophie in Jena und seit 1859 in Göttingen, wo er 1861 promoviert wurde und sich schließlich 1863 habilitierte.[272] 1870 wurde er zum außerordentlichen Professor an der Universität Jena berufen. Es folgten 1877 die Professur für Astronomie und eine Stellung als Direktor der Sternwarte sowie 1878 die Ernennung zum ordentlichen Honorarprofessor.[273] Durch die Heirat mit Elise Snell, der Tochter des Lehrstuhlinhabers für Mathematik und Physik in Jena, Karl Snell, verschaffte sich Abbe einen Platz im intellektuellen Gefüge der kleinen Stadt. Ernst und Elise Abbe bekamen zwei Töchter. Abbes akademische Karriere und der damit verbundene gesellschaftliche Aufstieg waren nur durch die Unterstützung von ihm wohlgesinnten Privatpersonen denkbar. Seine Bestrebungen, auch anderen Arbeiterkindern diesen Werdegang zu ermöglichen und seine Alma mater, die Universität Jena, mit großzügigen Mitteln zu bedenken, leuchten daher durchaus ein.

Abbe hatte aufgrund seiner Herkunft ein Gespür für die gesellschaftlichen Ungleichheiten seiner Zeit entwickelt, welche seit Mitte des 19. Jahrhunderts in Deutschland als soziale Frage diskutiert wurden. Abbe identifizierte den Gegensatz von Kapital und Arbeit als Grund „wirtschaftlicher Mißstände und sie begleitender sozialer Übel", ohne jedoch die kapitalistische Marktordnung an sich in Zweifel zu ziehen. Es sei die ungerechte Verteilung zwischen Kapital und Arbeit in Verbindung

269 Zum Beispiel Felix Auerbachs Biographie mit der Interpretation der Stiftungsgründung als sozialreformerische Tat. Vgl. Auerbach, Ernst Abbe, S. 318 ff. Siehe Nebe, Wolfgang: Ernst Abbes ethische und religiöse Überzeugungen, in: Jenaer Jahrbuch zur Technik – und Industriegeschichte, Bd. 7 (2005), S. 108–124. Eine Ausnahme bildet Plumpe, Werner: Menschenfreundlichkeit und Geschäftsinteresse. Die betriebliche Sozialpolitik Ernst Abbes im Lichte der modernen Theorie, in: Markowski (Hrsg.): Der letzte Schliff, S. 10–33.

270 Vgl. Gerth, Ernst Abbe 1840–1905, S. 9.

271 Abbe, Welche sozialen Forderungen, S. 4.

272 Ernst Abbes wissenschaftliches Interesse galt vorrangig mathematischen sowie Fragen der experimentellen und theoretischen Physik und der Astronomie. Optische Probleme rückten erst seit dem Kontakt zu Zeiss in sein Beschäftigungsfeld. Vgl. Auerbach, Ernst Abbe, S. 116–118.

273 Vgl. Gerth, Ernst Abbe 1840–1905, S. 9; vgl. Auerbach, Ernst Abbe, S. 132, 167.

mit der „privaten Zinswirtschaft“[274], die zu Ungerechtigkeiten führe. Den freien Markt hielt er daher nicht für ein geeignetes Regulativ, sondern sah im Staat das „Korrektiv“ gegen zerstörerische Wirkungen der „unkontrollierten privat-kapitalistischen Produktionsweise“.[275] Abbes Vorstellung von der Rolle des Staates war nicht allumfassend, sondern hatte ihre Grenzen dort, wo die Autonomie des Bürgers beginnen sollte.[276] Institutionen bildeten für Abbe die rahmende Ordnung, innerhalb derer er als Bürger und Unternehmer handeln konnte. Der Staat war Abbe zufolge Urheber und Garantieträger dieser Institutionen. Um seine Sichtweise zu verdeutlichen, wählte Abbe in seinem Vortrag „Welche sozialen Forderungen soll die Freisinnige Volkspartei in ihr Programm aufnehmen?“ das Beispiel der Verrechtlichung von Eigentum. Erst durch einen „Pacht- oder Mietsvertrag, Pfandurkunde oder Staatsschuldschein“ werde dem Eigentümer ein „arbeitslose[r] Vermögensertrag“ garantiert. Im „Naturzustand“ hingegen finde sich solch eine rahmende Ordnung nicht, die zugleich Bedingung und Ausdruck eines durchsetzungsfähigen Staates sei.[277] Die Verortung der Unternehmen innerhalb des durch staatliche Institutionen gesetzten Rahmens werde durch die Funktion des Unternehmers vermittelt, die er als öffentlich charakterisierte. Sie liege in der „Verwaltung der nationalen Arbeitskraft in der Wirtschaftstätigkeit des Volkes“, weshalb diese Funktion „durch öffentliches Recht nach Anforderungen des Gemeinwohls geregelt sein“ müsse.[278] Unternehmen sah Abbe als Module der Volkswirtschaft, deren Regulierung dem Staat als Garantieträger des Gemeinwohls zufalle. Dem Unternehmer selbst sollten daher auch soziale Verpflichtungen obliegen. So solle er nicht in erster Linie den eigenen Vorteil im Blick haben, sondern „das soziale Interesse der staatlichen Gemeinschaft“ zum obersten Prinzip erklären.[279]

Ernst Abbe verkörperte dieses Bild des Unternehmers vollkommen. Das Denken in gesellschaftlich-kollektiven Zusammenhängen statt in individuellen Beziehungen zwischen den Vertretern von Kapital und Arbeit, also Unternehmern und Arbeitern, spiegelt Abbes grundsätzliche Anschauung und Herangehensweise wider. Sebastian Demel zeigt dies in seiner Untersuchung zu Abbes Stellung innerhalb der „Verant-

---

274 Abbe, Welche sozialen Forderungen, S. 26.

275 Ebd., S. 7.

276 Diese Vorstellung vom ordnenden Staat als Voraussetzung für bürgerliche Autonomie illustriert Werner Plumpe anhand des Unternehmers Carl Duisberg und des Wissenschaftlers Karl Hampe. Vgl. Plumpe, Werner: Den Boden verloren! Die multiple Krise des bürgerlichen Lebens im Zeitalter des Ersten Weltkriegs, in: Hettling, Manfred/Pohle, Richard (Hrsg.): Bürgertum. Bilanzen, Perspektiven, Begriffe, Göttingen 2019, S. 205–235, hier: v. a. S. 219.

277 Abbe, Welche sozialen Forderungen, S. 18.

278 Ebd., S. 47.

279 Abbe, Gedächtnisrede, S. 86.

wortungsgesellschaft" ausführlich und führt dabei die Stiftungsgründung nicht auf rein philanthropische oder humanitäre Auffassungen zurück, sondern auf dezidiert politisches Handeln mit gestalterischem Anspruch für die Gesellschaft.[280] „Schild und Wehr für die Kräftigen! – damit sie ihre Position behaupten, damit dem arbeitstätigen Volk breite Schichten kräftiger, widerstandsfähiger Elemente erhalten bleiben", so drückte Abbe sein Ansinnen aus. Er wolle weder rein „dekorative" Veränderung erreichen noch „Wohltaten" leisten, sondern für „besseres Recht" sorgen.[281] Institutionelle Verbesserungen hingegen sollten das metaphorische „Schild und Wehr" ermöglichen.[282] Mithilfe einer Stiftung war Abbe imstande, diese institutionellen Regelungen auf Dauer festzulegen.

Der Wunsch, die „sozialen Aufgaben" auf Dauer zu erfüllen, ist somit auf Abbes Sozialisierung zurückzuführen. Wäre es aber Abbes einziges Anliegen gewesen, soziale Zwecke zu fördern, hätte er dies mit dem Kapital aus dem Verkauf seiner Unternehmensanteile tun können. Da eine Anlage dieses Kapitals – vorausgesetzt, dass gewisse Ausnahmefälle wie Krieg und Inflation ausgeblieben wären – sicher über eine lange Zeit Erträge abgeworfen hätte, wäre dies die risikoärmere Variante im Vergleich zu dem Betrieb zweier Unternehmen gewesen, deren Zukunftsperspektive Abbe selbst zunächst als „auf den ersten Blick als entschieden ungünstig" erschienen.[283] Abbes Stiftung ist somit vom typischen Mäzenatentum wohlhabender Bürger im deutschen Kaiserreich und vor allem in Preußen abzugrenzen, das zwischen „den Polen Elitebildung und Demokratisierung" schwankte, häufig das Prestigebedürfnis der Stifter und Spender befriedigte und deren gesellschaftlichen Aufstieg manifestierte.[284]

---

280 Vgl. Demel, Auf dem Weg, z. B. S. 27.

281 Abbe, Welche sozialen Forderungen, S. 54.

282 Abbe, Über Gewinnbeteiligung, S. 113.

283 Sie erschienen ungünstig wegen der hohen Personalkosten sowie der hohen Forschungs- und Entwicklungskosten, die sich in hohen Preisen niederschlugen, damit den Kreis der Abnehmer verringerten und Wettbewerbern die Möglichkeiten gaben, die Optische Werkstätte mit günstigeren Produkten zu unterbieten. Hierzu siehe in dieser Arbeit die Kapitel „Stiftungsrechte" und „Investitionspolitik". Allerdings führt Abbe auf den nachfolgenden Seiten weiter aus, dass aufgrund der Qualität der Produkte von Zeiss eine ebenbürtige Konkurrenz nicht entstehen könne. Ferner räumt er die scheinbar ungünstigen Bedingungen auch durch weitere Argumente aus, siehe Abbe, Ernst: Die Denkschrift vom 4. Dezember 1887, in: Werden und Wesen der Carl-Zeiss-Stiftung, a.a.O, S. 22–78, hier: S. 59–69.

284 Frey, Manuel: Macht und Moral des Schenkens. Staat und bürgerliche Mäzene vom späten 18. Jahrhundert bis zur Gegenwart, Berlin 1999, S. 84. Mäzenatisches Handeln hatte „nicht nur eine ideologische, sondern auch eine soziale Klammerfunktion für den Zusammenhalt innerhalb der Eliten selbst". Ebd., 91. Als Gegenbeispiel Ernst Abbes kann Carl Duisberg gelten, der sein Engagement in der Wissenschaftsförderung (unter anderem) mit seiner eigenen gesellschaftlichen Eta-

Abbe ging es ebenso sehr darum, die Optische Werkstätte wie auch das Glaswerk zu erhalten, die er als Orte des Erschaffens bestimmter Werte wahrnahm, die über die schlichte Vermehrung von Kapital hinausgingen. Diese Werte seien durch die hervorragenden Forschungsergebnisse und Erfindungen sowohl auf wissenschaftlichem und technischem Gebiet entstanden wie auch auf sozial-gesellschaftlicher Ebene, da der Lebensunterhalt einer großen Anzahl von Familien durch die regelmäßigen Lohnzahlungen, Gehälter und Zahlungen an Lieferanten gesichert werde.[285] Besonders für die angewandte Optik wie für die wissenschaftlichen Bereiche der Optik und Physik leiste die Optische Werkstätte Entscheidendes, sodass sie zu einer „Stätte für die Pflege und Weiterbildung der optischen Kunst überhaupt" geworden sei.[286] Infolgedessen hätten sowohl das Glaswerk als auch die Optische Werkstätte die Bedeutung einer „Staatseinrichtung" erlangt, die sich „öffentlichen" Interessen unterwerfen müsse.[287] Mit diesem Gedanken war auch Abbes Vorstellung verbunden, dass die Gestaltung der Arbeitsbedingungen in der Optischen Werkstätte keine reine Privatangelegenheit sei. Die Optische Werkstätte sollte demnach auch als Raum dienen, in dem Abbe institutionelle Reformen ein- und durchsetzen konnte. Das stellte Abbe in seinen „Motive und Erläuterungen" zum Statut der Stiftung klar:

> Die Carl Zeiss-Stiftung soll in keinem Punkt, namentlich aber nicht hinsichtlich der [...] ihr zugewiesenen sozialen Aufgaben den Charakter der ‚milden Stiftung' haben. [...] Denn das Ziel meiner Bestrebungen ist durchaus nicht, in meinem Wirkungskreis Caritas zu befördern, sondern ganz allein die Rechtslage aller derjenigen zu heben, die in diesen Wirkungskreis eingetreten sind oder in Zukunft eintreten mögen.[288]

Die Herstellung bestimmter Werte und die Schaffung eines eigenen Rechtsraums innerhalb der Optischen Werkstätte werde erst aufgrund ihrer Beschaffenheit als Organisation ermöglicht. Organisationen identifizierte Abbe als wesentliche Triebfeder der industriellen Entwicklung, deren Bedeutung in der Koordination von Kapital und Arbeit zur Hervorbringung und Ermöglichung spezifischer materieller

blierung verknüpfte. Siehe hierzu das Kapitel „Spinne im Netz", in Plumpe, Duisberg, S. 301–329; allgemein hierzu: Frey, Macht und Moral des Schenkens, S. 233.

285 Abbe, Denkschrift vom 4.12.1887, S. 41.

286 Ebd., S. 44.

287 Ebd., S. 43. Zu diesem Zeitpunkt zählte Abbe zum öffentlichen Interesse noch, dass keine Patente genommen und alle im Betrieb entwickelten Arbeitsmethoden und Konstruktionen durchaus als öffentliches Wissen betrachtet werden sollten. Diese Auffassung änderte sich später mit der ersten Patentanmeldung 1890. Siehe in dieser Arbeit das Unterkapitel „Die Paragraphen 42 und 43: Forschung und Entwicklung".

288 Abbe, Motive und Erläuterungen, S. 331.

und immaterieller Werte bestand. Die allgemeinen „Organisationstendenzen“[289] seiner Zeit hatte Abbe damit treffend erkannt. Den Wandel der industriellen Landschaft vom landwirtschaftlichen oder handwerklichen Ein-Mann-Betrieb hin zur „organisierten Arbeit“ sah Abbe als unumkehrbar an und prognostizierte im Jahr 1894, dass in den nächsten 30 oder 40 Jahren nicht-organisierte Arbeit, also Handwerk, nicht mehr existieren werde, wenn sie nicht gerade eine Sondernachfrage bediene oder besondere Kunstfertigkeit vorweisen könne.[290] Die Organisation bot aus Abbes Sicht mehrere Vorteile sowohl für die industrielle Produktion wie auch für die Forschung und Entwicklung, die Festlegung institutioneller Regelungen und nicht zuletzt für die künftige Garantie der in ihr erzeugten Werte. Abbe war davon überzeugt, dass der „Ausfluß der Organisation selbst“ (§ 40) nicht der summierten Leistung der in ihr tätigen Personen entspreche.[291] Durch die Organisation würden „gänzlich verschiedene Kräfte, die nie in einer Person vereinigt sein können [...] in solcher Art zum Zusammenwirken“ gebracht, dass sie durch die gegenseitige Ergänzung „den wirtschaftlichen Effekt riesenhaft gesteigerter Körperkraft und geistiger Potenz hervorbringen“ könnten. Zudem schaffe die Organisation den Rahmen für die „technische Arbeitsteilung“, welche „nicht nur quantitativ die Leistungsfähigkeit der Arbeit“ erhöhe, sondern ebenso „das qualitative Niveau der Leistung“.[292] Es waren also sowohl die immaterielle als auch die materielle Wertschöpfung der Organisation, die sie für Abbe so wertvoll machte. Die erreichten Leistungen auf dem Gebiet des Mikroskopbaus etwa sah er daher nicht allein unter dem Aspekt der wirtschaftlichen Verwertungsmöglichkeiten. Sie seien vielmehr auch Fortschritte in der angewandten Optik, die wiederum die Naturwissenschaften durch das erlangte Wissen und die dort verwendeten Instrumente voranbrachten. Diese von ihm eingeleiteten Fortschritte würden nach seiner Überzeugung nur von der Organisation der Optischen Werkstätte weitergeführt werden können.[293] Damit werde am ehesten gesichert, was bereits seit fünf Jahrzehnten in dieser hervorgebracht worden war:

> Die Summe der technischen und wirtschaftlichen Erfahrung, die ein halbes Jahrhundert angesammelt hat, die Kräfte aus der Kontinuität aller Aktionen, die Summe technischer Schulung in aller Arbeit, das planmäßige Ineinandergreifen der Tätigkeit aller einzelnen, die nachwirkende Kraft der Leistungen aller Vorgänger, lebender und verstorbener – also sozusagen das

289 Kocka, Großunternehmen und der Aufstieg des Manager-Kapitalismus, S. 40.

290 Abbe, Welche soziale Forderungen, S. 35.

291 Zur theoretischen Auseinandersetzung mit der Gleichung von Systemen als Summe ihrer Teile vgl. Luhmann, Niklas: Zweckbegriff und Systemrationalität. Über die Funktion von Zwecken in sozialen Systemen, Tübingen 1968, S. 117–123.

292 Abbe, Welche soziale Forderungen, S. 31.

293 Ebd., S. 29.

> ganze geistige Kapital, das in einer hochentwickelten Organisation durch die stetige Arbeit vieler in diesen 50 Jahren zusammengebracht ist und der folgenden Generation überliefert werden soll [...].[294]

Durch die starken Selbsterhaltungskräfte einer breit aufgestellten Unternehmensorganisation, an deren Fortbestehen das Personal interessiert sein werde, sei die Existenz des Unternehmens für mindestens ein weiteres halbes Jahrhundert gesichert. Auch „Defekte und Mißstände" würden nicht zum Untergang dieses Unternehmens führen, sondern könnten durch in der Organisation erworbene und gesammelte Mittel behoben werden.[295]

Von Abbes Überlegungen zur Organisation leitete sich ebenfalls sein Verteilungskonzept für den Unternehmergewinn ab. Ebenso wie der in einer Organisation entstandene Wert nicht (nur) auf die einzelnen Mitglieder zurückgeführt werden könne, könne auch der Gewinn nicht auf diese aufgeteilt werden (§ 40). Der spezifische Organisationsgewinn ermögliche den Unternehmergewinn erst. Der Unternehmergewinn sei zwar durchaus ein Äquivalent für die Koordinationsleistung des Unternehmers, der „die gewerbliche Tätigkeit von vielen andern Personen [...] in den Formen gemeinsamer fabrikatorischer Arbeit mit zu organisieren und zu leiten hatte" oder für den Aufwand des Kapitalisten, der den „angesammelten Ertrag vorangegangener Arbeit als Produktionsmittel für weitere Arbeit vorzuhalten" habe.[296] In ihn flössen aber weitere Posten ein, die mit der „persönlichen Tätigkeit und persönlichem Verdienst der Unternehmer gar nichts zu tun haben." Dies, so Abbe, sei der „überschüssige Unternehmergewinn." Es existiere daher keine Rechtfertigung für den Unternehmer, den Unternehmergewinn gänzlich abzuschöpfen.[297] Ein Teil des überschüssigen Gewinns, der nicht als Lohn, Abschreibungen, Verzinsung des Betriebsfonds usw. verwendet werde, solle daher als „allgemeiner Rücklagefonds in der Verwahrung der Unternehmer" gesehen werden.[298] Der dem Unternehmer durch die Organisation ermöglichte Ertrag solle verwendet werden, um ihren Mitgliedern zu einem höheren „wirtschaftlichen Niveau" zu verhelfen.[299] Für

---

294 Abbe, Gedächtnisrede, S. 89.

295 Abbe, Denkschrift vom 4.12.1887, S. 76.

296 Abbe, Welche soziale Forderungen, S. 4. Über die Zusammensetzung des Unternehmergewinns finden sich unterschiedliche Theorien. Abbe nennt hier zwei Elemente, die auch die zeitgenössische nationalökonomische Lehre identifizierte: Unternehmerlohn und Kapitalzins. Als mindestens ein weiteres Element kannte die nationalökonomische Lehre die Risikoprämie. Vgl. Stavenhagen, Gerhard: Geschichte der Wirtschaftstheorie, 4. durchgesehene und erweiterte Auflage, Göttingen 1969, S. 261.

297 Abbe, Gedächtnisrede, S. 86.

298 Abbe, Welche soziale Forderungen, S. 50.

299 Abbe, Gedächtnisrede, S. 86.

die Verwendung seines eigenen Unternehmergewinns erdachte Abbe die Rückführung an zwei Quellen: zum einen an diejenigen, die in der Organisation mitwirkten, um diesen Gewinn zu erwirtschaften und zum anderen an die Universität Jena als „eigentliche Nährmutter" der beiden Unternehmen.[300]

Ernst Abbe setzte nicht darauf, dass alle Unternehmer – wie er selbst – zu dieser Einsicht kommen würden. Er sah den Staat in der Verantwortung, die Aufsicht über die Verteilung des Organisationsgewinns, der in den allermeisten Fällen dem Unternehmergewinn entsprach, zu Gunsten eines Ausgleichs zwischen Unternehmern und Arbeitern zu übernehmen:

> Nur der Staat als Vertreter und Organ der Interessen der Gemeinschaft gegenüber denen aller einzelnen und aller Klassen, kann in seiner R e c h t s o r d n u n g [Sperrung im Original, J.S.] die Garantien dafür schaffen, daß auch in dem wirtschaftlichen Streit zwischen Starken und Schwachen die Resultante noch dem Gemeinwohl diene.

Abbe erwartete vom Staat „Rechtseinrichtungen", welche die früheren Angehörigen des Handwerkerstandes, die nun unselbständige Arbeit verrichteten, wirtschaftlich und rechtlich auf das damalige Niveau der Handwerker heben würden.[301] Er forderte, die industriellen Beziehungen grundsätzlich durch Gesetze, namentlich Reichsgewerbeordnung und Arbeiterschutzgesetze, zu regeln; sowohl, um den abhängigen Arbeiter gegen die Einschränkung seiner persönlichen und bürgerlichen Freiheit zu schützen als auch um die Ausbeutung der Arbeitskraft des unselbständigen Arbeiters zu verhindern, sofern der Unternehmergewinn ausschließlich dem Unternehmer zukomme.[302]

Abbes Pläne für den Umgang mit seinen Unternehmensanteilen nach seinem Tod bezogen also neben der Verwirklichung sozialer Aufgaben auch die Erhaltung und Fortführung der Organisation der Optischen Werkstätte mit ein. Aus welchem Grund schien ihm dafür die damals äußerst seltene Unternehmensform des Stiftungsunternehmens passend? Aus seinen Schriften und Vorträgen, die er allerdings erst nach der Gründung der Stiftung verfasste, geht hervor, dass er sich mit mindestens zwei anderen Unternehmensformen beschäftigt hatte, die das Kriterium der Verwirklichung sozialer Aufgaben hätten erfüllen können und als Unternehmensform zugleich das Wesen einer Organisation hatten. Die erste Unternehmensform, die Abbe in Hinblick auf ihre Vor- und Nachteile untersuchte, war die Genossenschaft. Diese versprach in der Theorie durchaus eine institutionell geregelte Verbesserung der rechtlichen und wirtschaftlichen Absicherung der Arbeiter

---

300 Abbe, Denkschrift vom 4.12.1887, S. 40.

301 Abbe, Welche soziale Forderungen, S. 37.

302 Ebd., S. 39.

durch die Beteiligung aller Mitglieder der Organisation an den Eigentumsrechten. Gegen die Genossenschaft sprach allerdings die Verteilung des Unternehmergewinns an die einzelnen „Kleinunternehmer". Dieser sollte nach Abbe nämlich nicht dem Privatvermögen der Mitarbeiter zukommen, sondern ihrer „Gemeinschaft und Zwecken des allgemeinen Wohls" (§ 40).

Das wesentlich größere Problem sah Abbe jedoch in der Corporate Governance dieser Organisationsform. So erkannte er ein nicht auflösbares Prinzipal-Agenten-Problem, das dauerhaft zu deren Scheitern führen müsse. Als Genossenschaft werde das Unternehmen laut Abbe unter „die Herrschaft der augenblicklichen, ephemeren und zum Teil disparaten Interessen der zufällig mittätigen Personen" gestellt.[303] Nur „unter Gleichartigen und Gleichberechtigten" könne diese Herrschaft erfolgreich handeln, eine Bedingung, die in der Realität nicht anzutreffen sei. Für das Treffen von Entscheidungen zur Unternehmensführung können Abbes Befürchtungen zur Folge haben, dass zunächst eine Vielzahl von Entscheidern, nämlich alle Mitglieder der Organisation, beteiligt sind. Diese agieren zugleich als Prinzipal und als Agent, sodass es bei der Delegation von Entscheidungen zu konfusen Beziehungsnetzen kommen kann. Kann kein Konsens unter den Entscheidern hergestellt werden, wird das Beziehungskonstrukt mit einer Vielzahl von Partikularinteressen belastet, was die Gefahr birgt, deren Durchsetzbarkeit nicht garantieren zu können. Dieser hochkomplexen Entscheidungslage entsprechend müssen Verträge und Anreizsysteme gestaltet werden, um die drohenden *moral hazard*-Probleme aufzulösen. Anderenfalls ist die Gefahr der Ineffizienz gegeben.[304]

Aus Abbes Sicht konnte daher die genossenschaftliche Tätigkeit, „bei der die Arbeitstätigen in ihrer Gesamtheit zugleich den Herrn des Unternehmens, den Prinzipal, darstellen", nur dort funktionieren, „wo das Zusammenarbeiten vieler möglich ist ohne eine feinere Organisation, ohne weitgehende Gliederung der Funktionen und ohne Vereinigung sehr heterogener Elemente".[305] Die Genossenschaft entbehrt daher aller Vorteile, die Abbe der Organisation zugeschrieben hatte.[306] Abbes Argumentationslinie folgend ist es daher schlüssig, dass er die Kon-

---

303 Abbe, Gedächtnisrede, S. 88.

304 Die Literatur zu Genossenschaften weist zudem auf mögliche Gefahren wie das Trittbrettfahrerproblem hin, erhöhte Kosten durch partizipative Entscheidungsprozesse, hohe Opportunitätskosten für die Informierung der Entscheider zu Lasten anderer Aufgaben, Zeitaufwand für Koordinierung und Konsensbildung usw. vgl. Runkel, Gunter: Genossenschaft, Repräsentation und Partizipation, Berlin u. a. 2003, S. 43 f.

305 Abbe, Über Gewinnbeteiligung, S. 105.

306 Interessanterweise bezeichnete Abbe in seiner Rede „Über die Grundlagen" die Stiftung als „Produktivgenossenschaft"– vermutlich, um die Unternehmensform verständlicher und annehmbarer zu machen. Nur in Bezug auf Leitung und Verwaltung könne man nicht von einer Genossenschaft sprechen, so Abbe in diesem Kontext. Siehe Abbe, Ernst: Über die Grundlagen der

kurrenzfähigkeit der Genossenschaft gegenüber anderen Unternehmensorganisationen als unzureichend beschrieb und ihr das Potential zur Beseitigung sozialer Missstände absprach.[307] Zudem sah sich Abbe durch die Praxis bestätigt. Der einzige ihm bekannte Versuch der Gründung bzw. Umgründung eines Unternehmens zu einer Genossenschaft war der des Bochertschen Messingwerkes in Berlin im Jahre 1868. Dieser Versuch, die Mitarbeiter durch Anteilsscheine am Unternehmen zu beteiligen und ihnen gewisse Partizipationsmöglichkeiten einzuräumen, wurde nach einigen Jahren zu Gunsten der Umwandlung in eine Aktiengesellschaft vom Besitzer Wilhelm Borchert jun. aufgegeben.[308]

Die Aktiengesellschaft – die zweite Unternehmensform, mit der sich Abbe auseinandersetzte – fand sein Interesse aufgrund der Möglichkeit der unpersönlichen Leitung. Durch die Trennung von Eigentum und Leitung trete der Unternehmer als dominierende Einzelpersönlichkeit zu Gunsten der Organisation zurück: „Wie hoch man die qualifizierte Arbeit der oberen Beamten anschlagen mag (...) – auch mancher andere würde an deiner Stelle, in die gegebene Organisation hineingesetzt, deine Funktionen gleich gut ausüben können."[309] Wie sehr sich Abbes Vorstellungen von der Unterordnung der Unternehmerleistung unter die Organisation gegen eines der herrschenden zeitgenössischen Bilder des Unternehmers richteten, lässt sich mit Blick auf Kockas Forschungsergebnisse zum Konzept des Unternehmers vor 1914 zeigen. Der traditionelle Unternehmer sah, so Kocka, die Bedeutung seiner einzigartigen Persönlichkeit als notwendige Bedingung für den Unternehmenserfolg an.[310]

Die Unterordnung des Individuums unter die Organisation war aus Abbes Sicht Bedingung für eine langfristig erfolgreiche Organisation, vor allem auch, weil er die

Lohnregelung in der Optischen Werkstätte (1897), in: Ders.: Vorträge, Reden und Schriften sozialpolitischen und verwandten Inhalts, a.a.O, S. 119–156, hier: S. 126 f.

307 Abbe, Welche soziale Forderungen, S. 53.

308 Der Besitzer der Messingfabrik in Berlin, Wilhelm Borchert jun., bot 1867 seinen Arbeitern und Angestellten an, Anteilsscheine an der Fabrik zu erwerben, mit denen nicht sehr weitgehende Partizipationsrechte an der Geschäftsleitung verbunden waren ebenso wie der Anspruch auf eine Auszahlung eines Bonus' auf den Gewinn und einer Dividende auf das Kapital. Letztlich wurde der Bonus von Borchert durch eine andere Art der Erfolgsbeteiligung ersetzt, u. a. weil Borchert die Jahreszahlung als zu abstrakt zur Anreizsetzung im Sinne der Koordinierung von Prinzipal- und Agenteninteressen erkannte. Borchert, Wilhelm jun.: „An meine Beamten und Arbeiter", abgedruckt in: Böhmert, Victor: Die Gewinnbetheiligung. Untersuchungen über Arbeitslohn und Unternehmergewinn, erster Theil, Leipzig 1878, S. 250–261, hier: S. 252 f.

309 Abbe, Motive und Erläuterungen, zu § 94, S. 365.

310 Kocka sieht in diesem Selbstverständnis den Grund dafür, dass sich unpersönliche Organisationsvorstellungen nur schwer durchsetzen konnten und der Unternehmensführung trotz anderslautender theoretischer Erkenntnisse länger einen „regelfreien, relativ informellen Raum an der Spitze bewahrt haben". Vgl. Kocka, Industrielles Management, S. 356.

Möglichkeit einkalkulierte, dass dieses Individuum in Person des Unternehmensleiters nicht fähig und damit nicht geeignet für die Unternehmensführung sein konnte. Er sah es als geradezu „widersinnig" an, dass eine Organisation, von der zahlreiche Mitarbeiter wirtschaftlich abhingen und die zudem „ein vielleicht wertvolles Stück des Nationalvermögens" sei, selbst von Personen abhinge, die zufällig die Eigentumsrechte besitzen, ohne der Unternehmerschaft würdig zu sein. Die AG sah er daher als Möglichkeit, das Eigentum auf mehrere Personen zu verteilen, unter denen sich Unfähigkeit und Fähigkeit ausglichen und so einen Durchschnittswert erreichten. Zur Unabhängigkeit von den Eigenschaften des Eigentümer-Unternehmers komme auch der Vorteil, dass Nachfolgeprozessen im Unternehmen die „Unberechenbarkeit" genommen würden.[311]

Die Aktiengesellschaft wies also für Abbe wesentliche Kriterien auf, die Organisationen ihm zufolge erfüllen sollten: Im Gegensatz zur Genossenschaft klare Hierarchien, die zu einseitig verlaufenden Prinzipal-Agenten-Beziehungen führten sowie die Trennung von Eigentum und Leitung. Ohne dass er diese Möglichkeit in Erwägung zog, wäre die Aktiengesellschaft zudem geeignet gewesen, soziale Aufgaben zu übernehmen. So gab es im 19. Jahrhundert einige Aktiengesellschaften, die auch gemeinnützige Zwecke erfüllten, indem die Ausschüttung der Dividende an die Aktionäre beschränkt und die so entstehenden Gewinnanteile für diese Zwecke verwendet wurden. Es gab sogar Aktiengesellschaften, die ohne gewinnorientierte Zielsetzung gegründet wurden und ausschließlich gemeinnützigen Zwecken dienen sollten. Beispielhaft dafür steht das Leipziger Kunstmuseum.[312]

Gegen die Aktiengesellschaft jedoch sprach für Abbe das Diktat des Kapitals. Die Leitung der Optischen Werkstätte würde in einer Aktiengesellschaft „unter die Herrschaft des sichmehrenwollenden Geldes" gestellt werden.[313] Geschäftsleitung und Mitarbeiter wie auch das Kapital sollten stattdessen dienende Elemente der im Vordergrund stehenden Organisation sein.[314] Die Organisation würde so zum dritten Wirtschaftsfaktor neben Arbeit und Kapital, und wäre imstande, den Wert von eingesetzter Arbeit und investiertem Kapital zu steigern. So würde ein höherer Wert

311 Abbe, Gedächtnisrede, S. 88.

312 Das unter anderem über den Verkauf der Aktien finanzierte Museumsgebäude wurde 1858 eröffnet. Weitere Beispiele sind zoologische Gärten in Berlin und Dresden, die als Aktiengesellschaft begründet wurden. Vgl. Adam, Thomas: Stiften und Stiftungen im deutsch-amerikanischen Vergleich von 1815–1945, in: Reden, Sitta von (Hrsg.): Stiftungen zwischen Politik und Wirtschaft. Geschichte und Gegenwart im Dialog, München 2015, S. 23–50, hier: S. 45 f.

313 Abbe, Gedächtnisrede, S. 88.

314 Ebd.

erzielt werden, als wenn Kapital und Arbeit außerhalb der Organisation eingesetzt würden.[315]

Zusammenfassend erachtete Abbe folgende Kriterien als bedeutsam bei der Wahl der Unternehmensform: die Verwirklichung sozialer Aufgaben, den dauernden Erhalt und die Vermehrung der in der Organisation bereits geschaffenen Werte – unabhängig von Personen oder Kapitalinteressen, die Umverteilung des Unternehmergewinns bzw. im Fall der Stiftung des Organisationsgewinns sowie klare Strukturen der Corporate Governance in Abgrenzung zu denen der Genossenschaft, sodass Doppelrollen von Prinzipal und Agent ausgeschlossen werden. Deutlich sollte geworden sein, dass er nicht allein an der Regelung der Unternehmensnachfolge interessiert war und den Erhalt der Unternehmen um ihretwillen nicht als oberstes Ziel erachtete. Aus den zuvor erläuterten Gründen wurden Aktiengesellschaft wie auch Genossenschaft ausgeschlossen, um Abbes Unternehmensanteile zu überführen. Daneben erwies sich eine zuvor von ihm entwickelte Idee, die Unternehmensanteile direkt an die Universität oder das Ministerium zu überschreiben, als ungeeignet.[316]

Schließlich kam Regierungsrat Carl Rothe auf die Idee, einer selbständigen juristischen Person, der Stiftung, die Unternehmensanteile zu überschreiben.[317] Der Gedanke einer Stiftungsgründung zur Ordnung der persönlichen Hinterlassenschaften war durchaus naheliegend. Seit Mitte des 19. Jahrhunderts gab es einen regelrechten Boom von durch Privatpersonen gegründeten Stiftungen.[318] Neben dem Erstarken einer bürgerlichen Schicht, die erstmals finanzielle Mittel zur Verwendung nach ihren Kriterien hatte, war ebenso die Durchsetzung der Stiftung als Rechtssubjekt für diesen Boom verantwortlich.[319] Auch das Konzept des Stiftungsunternehmens entwickelte sich in diesem Zusammenhang. Eine der ältesten Unternehmensstiftungen war die in Dresden ansässige Dr.-Güntz-Stiftung von 1856, die eine Buch- und Zeitungsdruckerei betrieb.[320]

---

315 Abbe, Gedächtnisrede, S. 89.

316 Siehe Ministerialdirektor Adolf Guyet an Heinrich von Eggeling, 3.11.1887, abgedruckt in: Abbe, Werden und Wesen der Carl-Zeiss-Stiftung, S. 30. So musste der Staat keine gesellschaftlichen Haftungsrisiken und Verpflichtungen übernehmen, denen er in unternehmerischer Verbindung mit Roderich Zeiss und Otto Schott ausgesetzt worden wäre.

317 Abbe, Gedächtnisrede, S. 91.

318 Vgl. Strachwitz, Rupert Graf: Die Stiftung – ein Paradox?: Zur Legitimität von Stiftungen in einer politischen Ordnung, Stuttgart 2010, S. 114–117.

319 Vgl. Pahlow, Louis: „... antikapitalistisch, aber keineswegs socialistisch". Das Statut der Carl-Zeiss-Stiftung von 1896, in: Plumpe, Eine Vision, a.a.O, S. 65–85, hier: S. 68.

320 Vgl. Berndt, Hans: Stiftung und Unternehmen. Rechtsvorschriften, Besteuerung, Zweckmäßigkeit, 6. Auflage, Herne/Berlin 1998, S. 124.

Eine Stiftung, die die Optische Werkstätte und – zumindest anteilig – das Glaswerk betreiben sollte, erfüllte die von Abbe entwickelten Anforderungen an eine Organisation, die seine Unternehmensanteile übernehmen sollte, außerordentlich gut. Abbe selbst fasste die in der Stiftung gebündelten Möglichkeiten folgendermaßen zusammen:

> Dem Grundgedanken nach geht die CARL ZEISS-Stiftung darauf aus: gegebene Geschäftsunternehmungen mit allen daran haftenden Rechten und Anwartschaften im Sinne eines Fideikommisses in unpersönlichem Besitz und zugunsten unpersönlicher Interessen unter dauernde Bindung zu stellen, und zwar einerseits hinsichtlich der fortgesetzten Leitung und Verwaltung jener Unternehmungen nach bestimmten Grundsätzen, andererseits hinsichtlich beschränkter Verfügung über die mit ihrem Besitz verknüpften Nutznießungen.[321]

Dabei war die Verwirklichung sozialer Aufgaben nur ein Aspekt, der durch das Wesen der Stiftung gewährleistet wurde. Ebenso passend war, dass sie unpersönlicher Träger eines privaten Industrieunternehmens sein konnte. Der Aktiengesellschaft mit ihren klaren Strukturen der Corporate Governance ähnelte die Stiftungsverfassung durch ihre Teilung von Leitung und Kontrolle. Stiftungsverwaltung und Geschäftsleitung können zudem in ihrer Stellung zueinander mit dem Aufsichtsrat und Vorstand einer Aktiengesellschaft verglichen werden, sieht man von den unterschiedlich vergebenen Eigentumsrechten ab. Die Stiftung ähnelt der Aktiengesellschaft auch in den Ausgestaltungsmöglichkeiten der Corporate Governance, wenngleich die Rechtsgrundlagen, die die AG betrafen, in den 1880er Jahren bereits wesentlich fortgeschrittener waren als das rudimentäre Stiftungsrecht. Für die Kontrollorgane beider Organisationsformen, Stiftungsverwaltung und Aufsichtsrat, galt die große Breite der Kontrollmöglichkeiten.[322] Nicht vergleichbar hingegen sind die jeweils dritten Organe in der Leitungs- und Kontrollstruktur: die Stiftungsaufsicht und die Hauptversammlung der AG. Während die zeitgenössische staatliche Aufsicht bei der Stiftung nur die Wahrung und Befolgung des Stiftungszwecks und des in ihm gebundenen Stiftungswillens überwachte, durfte die Hauptversammlung einer Aktiengesellschaft durchaus Personal- und bedeutende strategische Entscheidungen treffen.[323] In diesem Zusammenhang war es ebenso von Vorteil, dass die relativ junge Geschichte der Stiftung nur geringe Erwartungen

---

321 Abbe, Motive und Erläuterungen, S. 330.

322 Vgl. Lutter, Marcus: Der Aufsichtsrat im Wandel der Zeit – von seinen Anfängen bis heute, in: Bayer, Walter/Habersack, Mathias (Hrsg.): Aktienrecht im Wandel, Bd. 2, Tübingen 2007, S. 389–429, hier: S. 395.

323 Dies ist bis heute der Fall: Die Stiftungsaufsicht prüft die ordnungsgemäße Geschäftsführung in Bezug auf Gesetz und Satzung. Zur Entwicklung der Staatsaufsicht im 19. Jahrhundert siehe Strachwitz, Die Stiftung – ein Paradox, S. 106–108.

an die freie Gestaltung der Stiftungs- und Unternehmensorganisation hervorrief. Ernst Abbes Stiftung wurde auf Basis des sächsisch-weimarisch-eisenachischen Landesgesetzes von 1833 errichtet, das sich primär auf Fideikommisse bezog und nur grobe Regelungen für Stiftungen vorgab, wie beispielsweise die Konzessionspflicht.[324] Abbe hatte folglich die Chance, seine organisationstheoretischen Vorstellungen frei umzusetzen.

Nicht zuletzt entsprach der Charakter der Stiftung als selbständige juristische Person Abbes Kriterium der Unpersönlichkeit. Die Stiftung folgte weder den Interessen der in der Organisation vereinigten, fluktuierenden Mitglieder, also der Gesamtheit aller Arbeiter und Angestellten, noch den Interessen des Kapitals. Die Leitung des Unternehmens sollte einem unpersönlichen Eigentümer obliegen, der Eigentums- und Verfügungsrecht am „geistigen Betriebsfonds der Organisation" haben sollte. Als persönlich waren daher nur die Organe zu bezeichnen, durch die die Stiftung ihre Funktionen ausüben konnte, und welche als Vertreter der Organisation wirken sollten, „also der dauernden Interessen des Ganzen gegenüber allen Elementen, die darin in Verein getreten sind."[325] Die Frage nach der Aufteilung des Unternehmergewinns erübrigte sich damit, da jeglicher Gewinn als Organisationsgewinn zunächst in der Verfügung des unpersönlichen Trägers der Organisation, der Stiftung, liegen sollte (§ 40). Das war nur konsequent, da der Staat die von Abbe dafür vorgesehenen Institutionen noch nicht geschaffen hatte. Dennoch war der Staat als Garantieträger des Ausgleichs zwischen Arbeit und Kapital in Abbes Stiftungskonstruktion verflochten, zum einen, weil die Stiftungsaufsicht bei den Staaten lag. So war das Großherzogtum Sachsen-Weimar-Eisenach für die Carl-Zeiss-Stiftung zuständig. Zum anderen wirkte das Personal der Stiftungsverwaltung in Personalunion auch als staatliche, für die Universität Jena verantwortliche Beamte. Diese Anbindung an den Staat stellte Abbe als einen weiteren Vorteil der Stiftung heraus. So werde der Staat durch seine Institutionen der Organisation einen stärkeren „Halt" verschaffen, ohne die „Bewegungsfreiheit der Stiftung" einzuschränken – einen Halt, den eine „rein private" Organisation nicht bieten könne.[326] Neben dem Ausschalten der Person in der Organisation, die etwa durch Nachfolgekonflikte

324 Vgl. Pahlow, „… antikapitalistisch, aber keineswegs socialistisch", S. 65. Nach Erlass des BGBs am 1.1.1900 waren landesrechtliche Vorschriften als geltende Rechtsgrundlage bestätigt, sodass die Rechtsbasis für das im Jahr 1905 neugefasste Statut auf Grundlage des Ausführungsgesetzes des Großherzogtums Sachsen-Weimar-Eisenach gefasst wurde. Vgl. Lingelbach, Gerhard: Juristische Aspekte zur Gründung, in: Stolz/Wittig, Carl Zeiss und Ernst Abbe, a.a.O, S. 51–60, hier: S. 58.

325 Abbe, Gedächtnisrede, S. 89.

326 Das Beispiel für einen Verlust von in einem Unternehmen hervorgebrachten Werten, dem Abbe unbedingt nicht folgen wollte, war die Unternehmung von Utzschneider und Fraunhofer in München. Abbe, Denkschrift vom 4.12.1887, S. 47.

zur Gefahr für das Unternehmen werden konnte, sorgte der Staat für zusätzliche Sicherheit. Die Rechtsform der Stiftung, und durch die Vorgabe des Statuts auch die des Unternehmens, konnte nicht verändert werden, und die Verteilung der Eigentumsrechte war auf Dauer angelegt.[327] Das schienen geeignete Voraussetzungen zu sein, um Abbes Unternehmensstiftungskonstruktion dauerhaft zu gewährleisten.

4.2 Organisationsreformen: Die Schritte zur Gründung des Stiftungsunternehmens

Der Aufstieg Ernst Abbes vom wissenschaftlichen Berater zum Mitinhaber der Optischen Werkstätte vollzog sich innerhalb eines Jahrzehnts. Seit Mitte der 1860er Jahre arbeitete Abbe als freier Angestellter für das Unternehmen, bereits rund zehn Jahre später, im Mai 1875, wurde er neben dem Gründer der Werkstätte, Carl Zeiss, stiller Teilhaber der Firma. Durch den Eintritt Abbes erhöhte sich das Gesellschaftskapital, von dem Abbe selbst ein Drittel hielt. Der Reingewinn fiel zu drei Fünfteln Carl Zeiss zu, zwei Fünftel gingen an Abbe.[328]

Der 1850 geborene Sohn von Carl Zeiss, Roderich Zeiss, trat im Jahr 1876 in die Optische Werkstätte ein und wurde 1879 zum offenen Gesellschafter. Abbe bewertete diesen Eintritt für die organisatorischen Bedingungen der Optischen Werkstätte als positiv, hatte sich Carl Zeiss doch eher zurückhaltend gegenüber Veränderungen gezeigt, vor allem gegenüber denjenigen, die die innere Organisation betrafen. Dies führte Abbe darauf zurück, dass sich Carl Zeiss als Gründer der Werkstätte und Unternehmer der ersten Generation eher den traditionellen Aufgaben zuwandte, die vor dem Wachstum der Optischen Werkstätte den Kern der Unternehmensentscheidungen ausgemacht hatten. Abbe konnte daher gut nachvollziehen, dass für Reformen und Neuerungen „gerade diejenigen Personen schon an sich wenig gestimmt und wenig geeignet sein konnten, deren Interesse ganz von den Aufgaben des ursprünglichen Ideenkreises in Anspruch genommen war." Darüber hinaus erkannte Abbe ein gewisses Risiko bei der Entwicklung der Optischen Werkstätte zum „Großbetrieb", welches durch den neu eingetretenen Roderich besser bewältigt werden könne.[329] Tatsächlich wurden auf Roderich Zeiss' Initiative hin die erste kaufmännische Verwaltung eingerichtet und grundlegende organisatorische Maßnahmen für ein funktionierendes Großunternehmen durchgeführt: die Versorgung mit Betriebsmitteln, Anfänge der rationellen Arbeitsteilung und die damit ver-

327 Vgl. Berndt, Stiftung und Unternehmen, S. 162.
328 Vgl. Schumann (u. a.), Carl Zeiss Jena, S. 43; vgl. Schomerus, Geschichte, S. 41.
329 Abbe, Gedächtnisrede, S. 80.

bundene Verbesserung von Arbeitsmaschinen unter Einbindung technischer Neuerungen.[330]

Im Jahr 1883 wurde zwischen den drei Teilhabern ein Vertrag geschlossen, in dem die Eigentumsrechte an dem Unternehmen neu verteilt wurden: Eine Hälfte fiel nun Roderich und Carl Zeiss zu, während die andere Hälfte Ernst Abbe zukam. Sowohl das Kapital als auch das Unternehmerrisiko wurden zwischen den Vertragsparteien geteilt. Die Entscheidungskompetenz in der Unternehmensführung wurde den Dreien gleichermaßen zugesprochen. Der Reingewinn sollte nicht der sonstigen Regelung entsprechend geteilt werden, sondern Abbe 45 Prozent und Vater und Sohn Zeiss zusammen 55 Prozent erhalten. Der Vertrag konnte mit einer Frist von zwei Jahren gekündigt werden, seine Mindestlaufzeit wurde auf den 1. Oktober 1890 festgelegt. Der Vertrag sah zudem vor, den Bestand der Optischen Werkstätte im Fall der Gesellschaftsauflösung nach Möglichkeit zu sichern.[331] Im Fall des Todes von Carl Zeiss sollte dessen Sohn Roderich gemeinsam mit Abbe Kapital, Risiko, Geschäftsleitungskompetenz und Gewinn teilen. Sah der erste Vertrag von 1875 für Abbe noch die Stellung als wissenschaftlicher Mitarbeiter im Unternehmen vor, hielt der Gesellschaftsvertrag von 1883 Abbes Rechte und Pflichten als Geschäftsleiter fest. So sollte er weiterhin theoretische und rechnerische Aufgaben erfüllen, zu Gunsten derer er seine Arbeit an der Universität begrenzen sollte. Die Übernahme einer ordentlichen Professur war damit ausgeschlossen. Die Rechte an Abbes geistiger Arbeit, soweit sie optische Rechnungen betrafen, sollten ans Unternehmen übergehen.[332]

Mit der 45-prozentigen Beteiligung am Gewinn des Unternehmens erlangte Abbe einen Wohlstand, den er an der Universität nicht erreicht hätte, wenngleich die Teilhaber ihre Gewinne größtenteils reinvestierten, um ein fortwährendes Wachstum der Optischen Werkstätte zu gewährleisten.[333] Hinzu kamen Abbes Tantiemen, die durch den Mikroskopbau rasch eine stattliche Höhe erreichten und im Jahr 1872 für das vorhergehende Geschäftsjahr 800 Taler betrugen.[334] Einen Teil dieses Gewinns wollte Abbe der Universität Jena zur Verfügung stellen. Diese befand sich durch die geringen Zahlungen der wirtschaftlich schlecht gestellten, soge-

330 Ebd., S. 80 f.

331 Vgl. Schomerus, Geschichte, S. 43.

332 Vgl. Schomerus, Einleitung, S. 5.

333 Ebd.

334 Abbe, Über die Grundlagen, S. 138. Umgerechnet waren dies 2.000 Mark. Zum Vergleich: Bei den Farbenfabriken Bayer verdiente ein Betriebsmeister bis zu 6.000 Mark und zählte damit zu den Bestverdienern im Unternehmen (ca. 1870er Jahre). Zu den Verdiensten der Meister bei Bayer, vgl. Wetzel, Walter: Naturwissenschaften und chemische Industrie in Deutschland. Voraussetzungen und Mechanismen ihres Aufstiegs im 19. Jahrhundert, Stuttgart 1991, S. 217.

nannten Erhalterstaaten Sachsen-Weimar-Eisenach, -Altenburg, -Gotha und -Meiningen dauerhaft in Geldnöten. So errichtete Ernst Abbe am 13. Mai 1886 den „Ministerialfonds für wissenschaftliche Zwecke", um der Universität Erträge der Optischen Werkstätte zuzuführen, die als Forschungsorganisation die Grundlagen für den Erfolg der Optischen Werkstätte gelegt hatte. Eine gewisse Summe – 6.000 Mark – sollte mathematisch-naturwissenschaftlichen Zwecken der Universität von April 1886 an jährlich zukommen.[335] Bemerkenswert ist die Verbindlichkeit dieser Einrichtung: Der Ministerialfonds sollte auf Abbes Lebenszeit oder aber nach seinem Tod auf mindestens weitere 30 Jahre angelegt sein, selbst für den Fall, dass Abbe bzw. Abbes Erben nicht mehr am Unternehmen beteiligt sein sollten. Für jede dieser Varianten hatte Abbe Finanzierungswege entwickelt.[336]

In einem frühen Lebensalter dachte Abbe, damals erst 46-jährig, demnach bezüglich der Fortführung seines sozialen Engagements an die Zeit nach seinem Tod. Dieses vorausschauende Denken ging offenbar mit einem Verantwortungsgefühl für einmal eingegangene Verpflichtungen einher, könnte aber auch seiner schon damals angegriffenen gesundheitlichen Verfassung geschuldet sein.[337] Abbe suchte nämlich bereits 1886 und noch intensiver im darauffolgenden Jahr nach Möglichkeiten, um seine Anteile an der Optischen Werkstätte und dem Glastechnischen Laboratorium nach seinem Tod durch einen Rechtsakt der Universität oder für diese stellvertretend dem Weimarer Staat zu übereignen. Für seinen sinngemäßen Erben, die Universität, sah Abbe vor, dass diese alle Rechte und Pflichten von ihm übernehmen sollte. Dies bedeutete vor allem, dass sie am Reingewinn beteiligt sein würde. Eine Abfindung seiner eigenen Erben hatte Abbe berücksichtigt, denn durch diesen Schritt würden seine beiden Töchter und deren Nachkommen für alle Zeit von jeglichen Unternehmensbeteiligungen an der Optischen Werkstätte oder dem Glaswerk ausgeschlossen. Die Entscheidung über den Ausschluss seiner Töchter als Erben der Unternehmensanteile datierte aus einer Zeit vor den Überlegungen zur Stiftungsgründung. So war Siegfried Czapski von Abbe zunächst als Nachfolger nicht nur in Bezug auf seine Position im Unternehmen, sondern auch als Erbe der Unternehmensanteile vorgesehen.[338]

---

335 Vom 1.4.1888 an erhöhte Abbe den Beitrag an den Fonds auf jährlich 10.000 Mark und noch im selben Jahr auf 20.000 Mark. Vgl. Abbe, Werden und Wesen der Carl-Zeiss-Stiftung, S. 16.

336 Erklärung zur Errichtung des Ministerialfonds für wissenschaftliche Zwecke, 13.5.1886, abgedruckt in: Abbe, Werden und Wesen der Carl-Zeiss-Stiftung, S. 9.

337 Über den Sommer 1891 schrieb Abbe selbst über seinen „schon damals etwas prekären Kräftestand[es]," Ernst Abbe an das Großherz. S. Staatsministerium (Abschrift), 15.11.1895, in: CZA, BACZ 1444.

338 Ernst Abbe an das Großherzogl. S. Staatsministerium (Abschrift), 15.11.1895, in: CZA, BACZ 1444. Zum Ausgleich dafür, dass die Stiftung statt Siegfried Czapski zum Erben der Unternehmensanteile

Abgesehen von dem relativ jungen Alter, in dem Abbe sich entschied, Vorsorge für seinen Tod zu treffen, ist bemerkenswert, dass er schon an dieser frühen Stelle des Stiftungsgründungsprozesses den oben bereits besprochenen Aspekt priorisierte, soziale Förderungen nicht durch Geldzahlungen oder eine Kapitalsumme, sondern durch die Unternehmenserträge zu leisten und damit den Bestand der Unternehmen zu wahren. Folgt man seinen Ausführungen, hatte er diese Überlegungen sogar schon Jahre zuvor angestellt.[339] Die besonders hohe Stabilität, Rentabilität und das auf lange Sicht wirtschaftlich fruchtbare Arbeitsfeld der optischen Industrie sowie sein eigenes bisheriges unternehmerisches Verhalten bestärkten ihn darin, sein Anliegen durchzusetzen. Dieses unternehmerische Verhalten zeichne sich laut Abbe durch strategisches und besonders innovatives arbeitsorganisatorisches Handeln aus. So führte er den Erfolg des Unternehmens nicht auf Zufall oder günstige Geschäftskonstellationen zurück, sondern auf das Ergebnis „der Durchführung einer neuen Idee bezüglich der Organisation fabrikatorischer Arbeit, und einer in den persönlichen Eigenschaften des Gründers seit lange [!] vorbereiteten, nunmehr seit 15 Jahren zielbewußt verfolgten Geschäftspolitik".[340] Erfolgsbedingungen seien zudem der verhältnismäßig geringe Einsatz von Kapital zur Produktion optischer Instrumente, die eine Abhängigkeit von Fremdkapitalgebern unwahrscheinlich machte sowie die schon Ende der 1880er Jahre herangewachsene, qualifizierte, in Jena und Umgebung ansässige Arbeiterschaft.[341] Diese Entwicklungen fortgeführt und über seinen Tod hinaus sichergestellt zu wissen, darum ging es Abbe im Dezember 1887, „um nicht noch länger der Gefahr ausgesetzt zu bleiben, daß irgendein meine Person betreffender Zwischenfall die Verwirklichung meiner Absichten überhaupt verhindern könnte".[342] In einer Denkschrift vom 4. Dezember 1887 führte er sein Anliegen der Übertragung der Unternehmensanteile an die Universität bzw. den Weimarischen Staat äußerst detailliert aus. Bereits hier legte er fest, dass das Großherzogliche Staatsministerium an der Verwaltung und Leitung der beiden Unternehmen partizipieren sollte. Zielte die Einrichtung des Ministerialfonds darauf, dass Abbe als Privatperson Spenden in monetärer Form an einen dem Staat angegliederten Fonds zu Gunsten der Universität

---

geworden war, erhielt dieser zu Ende des Geschäftsjahres 1895 eine einmalige Zahlung von 30.000 Mark.

339 Ernst Abbe an Heinrich von Eggeling, 1.11.1887, abgedruckt in: Abbe, Werden und Wesen der Carl-Zeiss-Stiftung, S. 27–30.

340 Ebd.

341 Abbe, Denkschrift vom 4.12.1887, S. 53. Fast alle dieser Arbeiter waren selbst im Unternehmen ausgebildet worden. Ebd., 54.

342 Ernst Abbe an Heinrich von Eggeling, 1.11.1887, abgedruckt in: Abbe, Werden und Wesen der Carl-Zeiss-Stiftung, S. 27–30.

tätigen konnte, ging es für die Zeit nach seinem Tod um die Regelung der Unternehmensnachfolge durch Vererbung unter der Bedingung der Unternehmensfortführung. Wie oben beschrieben, stellte die Unternehmensstiftung aus mehreren Gründen eine vorteilhafte Form zur Übertragung der Unternehmensanteile dar. Schließlich gab Ernst Abbe am 5. März 1888 die Erklärung ab, eine Stiftung errichten zu wollen, die nach seinem Tod zu seinem Universalerben werden würde.[343] Unterzeichnet wurde diese Erklärung von Ernst Abbe selbst, sowie von Ministerialdirektor Adolf Guyet, Universitätskurator Heinrich von Eggeling und Carl Rothe, Regierungsrat im Kultusdepartement des Staatsministeriums. Die Unterzeichner erarbeiteten in den nächsten Monaten zusammen die Einzelheiten der Stiftungsgründung. Die Unterzeichnung der Stiftungsurkunde durch Abbe und seine Frau am 19. Mai 1889 leitete den Gründungsakt ein.[344] Die landesherrliche Bestätigung folgte am 21. Mai 1889.[345]

Nach dem Tod von Carl Zeiss am 3. Dezember 1888 führten Uneinigkeiten mit Roderich Zeiss in den nachfolgenden Monaten zu dessen Rückzug aus der Geschäftsleitung.[346] Dies bestätigte Abbes Misstrauen gegen eine von Personen abhängige Unternehmensorganisation. Das Verhalten von Roderich Zeiss, für den die Geschäftsinteressen der Optischen Werkstätte in den Hintergrund rückten, führte Abbe vor Augen, dass sich persönliche Prioritäten innerhalb weniger Monate ändern konnten. Aus den Verhandlungen über den Rückzug Zeiss' ging auch Abbes Entscheidung im Jahr 1890 hervor, seine Anteile bereits zu Lebzeiten an die Stiftung zu übertragen und Roderich Zeiss nach Möglichkeit rasch aus seinem Gesellschaf-

343 Abbe, Werden und Wesen, S. 80–82.

344 Ebd., S. 93.

345 Im Zusammenhang mit der Stiftungsurkunde wurde am 28. Mai 1889 auch der Erbeinsetzungsvertrag zwischen Abbe und dem Großherzoglichen Staatsministerium, Departement des Kultus, unterzeichnet. Vgl. Abbe, Werden und Wesen, S. 110–117.

346 Friedrich Schomerus interpretierte Abbe als vorausschauenden, visionären Unternehmer, der vom risikoaversen Roderich Zeiss in seinen Taten gebremst wurde. Vgl. Abbe, Werden und Wesen, S. 118. Die in „Werden und Wesen der Carl-Zeiss-Stiftung" abgedruckten Briefe Abbes zeigen, dass er die Wankelmütigkeit von Roderich Zeiss in Bezug auf einmal geschlossene Entscheidungen, auch aufgrund seiner schwachen körperlichen Konstitution, nicht ertragen konnte. Ernst Abbe an Roderich Zeiss, 23.11.1889, abgedruckt in: Ebd., S. 124–129. Schumann erklärt den Streit der beiden Unternehmer damit, dass Roderich Zeiss reformavers gewesen sei und auf alte Methoden setzte. Vgl. Schumann (u. a.), Carl Zeiss Jena, S. 130. Glaubwürdig ist Max Fischers Aussage, der die Differenzen zwischen Roderich Zeiss und Abbe auf grundlegende Meinungsverschiedenheiten zurückführt, welche die Expansion des Unternehmens sowie soziale Fragen betrafen. Abbe wollte die großen Entwicklungspotentiale des Unternehmens nutzen, Roderich Zeiss hingegen nicht. Vgl. Fischer, Abbe als Industrieller, S. 89.

terverhältnis zu entlassen.[347] Dafür führte er drei Gründe an: Zunächst stellten die hohen Gewinne der beiden Unternehmen eine Herausforderung für die Stiftung dar, da die an Abbes Erben zu zahlende Summe infolgedessen eine unternehmensbedrohende Höhe erreiche. Des Weiteren wünschte Abbe eine „Einübungsphase" der Unternehmensführung innerhalb der Stiftungskonstruktion, die sich nach seinem Tod bewähren würde. Dazu kreierte Abbe das Amt des Stiftungskommissars, der als Vermittler zwischen Geschäftsleitung und Stiftungsverwaltung „eine nähere Fühlung mit den Interessen und Angelegenheiten des Unternehmens" erhalten würde.[348] Dass diese „Einübungsphase" in eine prosperierende Zeit der Betriebe fallen würde, betrachtete Abbe als zusätzlichen Vorteil. Schließlich visierte Abbe drittens klare rechtliche Verhältnisse an, die er durch eine völlige Übertragung aller Unternehmensanteile der Optischen Werkstätte und des Glaswerks – außer denen von Otto Schott an dem Glaswerk – schaffen wollte. Da Roderich Zeiss zwar nicht an der Geschäftsleitung partizipierte, aber die Rechte eines offenen Gesellschafters besaß, sah Abbe hier dringenden Handlungsbedarf – auch angesichts des verunsicherten Personals der Optischen Werkstätte.[349] Neuerlichen Beratungen zwischen den Vertretern des Staatsministeriums und Abbe folgten die Zustimmung des Ministers sowie längere Verhandlungen zwischen Abbe und Roderich Zeiss.

Letztendlich wurde die Carl-Zeiss-Stiftung am 1. Juli 1891 durch Vertragsschluss alleinige Inhaberin der Optischen Werkstätte und hälftige Mitinhaberin des Glaswerks. Roderich Zeiss überließ der Stiftung seine Anteile an Zeiss und Schott in Höhe von 468.000 Mark, die dort als verzinstes Darlehen blieben. Zusätzlich musste die Stiftung Zahlungen an die Miterben von Roderich Zeiss leisten, die bis zum Ende des Geschäftsjahres 1893/94 einen Gewinnanteil erhielten. Roderich Zeiss selbst war nur bis zum 1. Oktober 1891 am Gewinn beteiligt. Ihm stand anschließend bis zum Ende des Geschäftsjahres 1900/1901 eine Rente von jährlich 21.280 Mark zu. Ernst Abbe überließ der Carl-Zeiss-Stiftung seine Anteile an der Firma Zeiss im Wert von 440.000 Mark und an Schott im Wert von 71.000 Mark. Gleiches galt für die bisher bei der Carl-Zeiss-Stiftung von Abbe als Rücklage angesammelten 60.000 Mark sowie den von ihm und Roderich und Carl Zeiss gebildeten Pensionsfonds von 90.000 Mark. Für alles zusammen zahlte ihm die Carl-Zeiss-Stiftung eine Abfindungssumme von 300.000 Mark, die ebenfalls in ein mit fünf Prozent jährlich zu verzinsendes Darlehen bei der Stiftung umgewandelt

347 Die einzelnen Schritte der Übertragung der Anteile sind in Abbe, Werden und Wesen, S. 119–122, nachzulesen.

348 Niederschrift Abbes, 24.1.1891, abgedruckt in: Abbe, Werden und Wesen, S. 146–150, hier: S. 146.

349 Ebd., S. 146 f.

wurde.[350] Die Rechtsform des Unternehmens wurde die Stiftung.[351] Die bisherigen Gesellschafter wurden zu Gläubigern, deren Darlehen von der Stiftung in den nächsten 15 Jahren zurückgezahlt werden sollten. Der Verkaufspreis der Unternehmensanteile wurde auf Basis des Buchwertes der Unternehmen festgelegt. Schomerus errechnete, dass das Verhältnis von Buchwert zu tatsächlichem Verkaufspreis bei Ernst Abbe kaum 50 Prozent erreichte, im Fall von Roderich Zeiss aber bei mindestens 250 Prozent lag.[352] Abbe wurde zum angestellten Geschäftsführer seines ehemaligen eigenen Unternehmens, zum sogenannten Bevollmächtigten der Carl-Zeiss-Stiftung, der die Geschäftsleitung der Optischen Werkstätte und deren Interessensvertretung bei dem Glaswerk übernehmen sollte. Sein Gehalt belief sich auf jährlich 12.000 Mark.[353] Die Personalverhältnisse in der Geschäftsleitung änderten sich nicht, sondern wurden nur fixiert. Nach dem Ausscheiden von Roderich Zeiss ging die Unternehmensführung „in collegialischer Form" von diesem auf Siegfried Czapski und Otto Schott über. Czapski war schon kurz nach seiner Anstellung von Abbe zu seinem Nachfolger in der Geschäftsleitung bestimmt worden.[354] Otto Schott hatte die Arbeit in der Geschäftsleitung aus „freundschaftlichen Rücksichten" gegenüber Abbe übernommen. Abbe wünschte nun eine Formalisierung dieser Form der Geschäftsleitung, die im Übrigen ohne feste Ressortzuweisung gearbeitet hatte. Alle drei Geschäftsleiter sollten in Bezug auf die „innere Geschäftsführung" gleichberechtigt sein, ohne die Funktionen gegeneinander abzugrenzen, während die Vertretung der Firma nach außen dem Stiftungsbevollmächtigten Abbe obliegen sollte. Der Stiftungskommissar sollte beratend und beaufsichtigend wirken und seine Einblicke in das Unternehmen durch direkten Kontakt mit den Mitarbeitern und durch Einsicht in alle Unterlagen erhalten. Abbe setzte dabei vor allem darauf,

350 Abbe selbst hielt später fest, dass es ungebührlich gewesen sei, die Transaktion zwischen ihm und der Stiftung als „Kauf" zu bezeichnen, da der Kaufpreis „in so grossem Missverhältniss zum Wert der von mir [Abbe, J.S.] abgetretenen Vermögensobjecte und Rechte" stand. Das gleiche hätte für den Vertrag zwischen Schott und der Stiftung gegolten, der der „Stiftung Rechte und Anwartschaften von ganz grosser vermögensrechtlicher Bedeutung ohne jegliches materielles Entgelt" eingeräumt hätte. Abbe an die Großherz. Steuerlokalcommission, 7.1.1900, in: SCHOTT Archiv 5/32.

351 Im Unterschied zu einer Beteiligungsträgerstiftung, die an einer Kapitalgesellschaft oder an der Personengesellschaft beteiligt ist. Vgl. Lindner, Die Umwandlung einer Stiftung, S. 7, 20.

352 Vgl. Schomerus, Geschichte, S. 114.

353 Vertrag des Großherzoglich Sächsischen Staatsministerium, Departement des Großherzoglichen Hauses und des Kultus mit Ernst Abbe, 17./18.6.1891, abgedruckt in: Werden und Wesen, S. 203–208, hier: S. 206.

354 Abbe, Ernst: Wünsche und Anträge als Grundlage für die in Artikel 9 meines Abtretungsvertrages noch vorbehaltenen Vereinbarungen, in: Werden und Wesen, a.a.O, S. 222–235, hier: S. 222.

dass die Rolle des Stiftungskommissars durch die Praxis der nächsten Jahre geschärft würde.[355]

Ernst Abbes Verhältnis zur Optischen Werkstätte hatte sich innerhalb von 25 Jahren mehrmals verändert. Allein dies weist auf eine ungewöhnliche Unternehmerkarriere hin, die die schwierige Einordnung von Abbes Rolle im Unternehmen noch bemerkenswerter macht. So lässt sich Abbe weder als Eigentümer-Unternehmer noch als Angestellten-Unternehmer charakterisieren, obwohl er den Status von beiden Unternehmertypen – wenngleich im Fall des Eigentümer-Unternehmers nur den des Anteilhabers – inne hatte.[356] Dem Typ des Eigentümer-Unternehmers, den Carl Zeiss verkörperte, war Abbe ähnlich durch seinen hohen Einsatz für die Optische Werkstätte und das wissenschaftliche Feld der Optik. Seine Fachkenntnisse und seine Distanz zu den Unternehmen jedoch entsprachen vielmehr der Rolle des Angestellten-Unternehmers. Denn wenngleich Abbe das Unternehmen in viel stärkerem Maße als Carl Zeiss geprägt hatte, stand er zu diesem nicht in einem unauflösbaren Verhältnis, das eine Übergabe an die Stiftung zu Lebzeiten ausgeschlossen hätte. Aufgrund seiner eigenartigen Karriere gehörte er nicht zu den Eigentümer-Unternehmern, die „ihr Unternehmen als ihr ureigenstes Werk, ihrer direkten, jeder Zeit aktualisierbaren Verfügungsgewalt unterworfen, eng verknüpft mit ihrer Person und ihrer Familie" sahen, und daher „eben nicht als (formale) Organisation".[357] Ganz im Gegenteil, Abbe erkannte die Vorteile der formalen Struktur der Organisation, auf die er bei der Stiftungsgründung setzte. Die Organisationsform der Stiftung ermöglichte Abbe schließlich, sein ursprüngliches Anliegen, die Universität Jena bzw. vor allem ihre mathematisch-naturwissenschaftlichen Institute auf Dauer zu fördern, den Kreis der Destinatäre zu erweitern, die industriellen Beziehungen zu gestalten und zugleich – teils bereits schon umgesetzte – Vorstellungen von Unternehmensführung und -organisation zu fixieren. Die Umwandlung des Unternehmens führte ebenso dazu, dass Kapazitäten für das Wachstum der Werkstätte geschaffen wurden und Abbe seine Überlegungen zum Interessenausgleich zwi-

355 Abbe, Wünsche und Anträge, S. 222 f.

356 So wurde er vom wissenschaftlichen Angestellten zum Eigentümer-Unternehmer, der allerdings niemals die vollen Anteile der Optischen Werkstätte besessen hatte, und durch die Übertragung der Unternehmensanteile zum Angestellten-Unternehmer. Diese Typologisierung stammt von Alfred D. Chandler Jr., der neben diesen beiden Unternehmertypen noch eine Zwischenform erkennt, in der die strategischen Entscheidungen dem Gründer bzw. seiner Familie und Erben obliegen, die Manager aber die tagtägliche Leitung in der Hand haben. Vgl. Chandler, Alfred D./Daems, Herman: Introduction. The Rise of Managerial Capitalism and its Impact on Investment Strategy in the Western World and Japan, in: Daems, Herman/Wee, Herman van der (Hrsg.): The Rise of Managerial Capitalism, Den Haag 1974, S. 1–34, hier: S. 5 f.

357 Kocka, Industrielles Management, S. 334.

schen Kapital und Arbeit durch den dritten Wirtschaftsfaktor der Organisation fruchtbar machen konnte.

All dies fand Eingang in das Stiftungsstatut, das am 1. Oktober 1896 durch das Großherzogliche Sächsische Staatsministerium bestätigt wurde. Am 26. August 1896 überreichte Ernst Abbe das Statut den Angehörigen der Optischen Werkstätte und des Glaswerks zur Feier des 50-jährigen Bestehens der Optischen Werkstätte. Noch im selben Jahr wurden die gesamten Schuldverpflichtungen der Stiftung in Höhe von über 800.000 Mark abgelöst, indem eine vierprozentige Schuldverschreibungsanleihe in Höhe von einer Million Mark aufgenommen wurde. Dabei wurden Schuldverschreibungen an Roderich Zeiss und Ernst Abbe gegen Vergütung des Zinsunterschieds in Höhe ihrer Forderungen ausgegeben.[358]

Die Gründung der Carl-Zeiss-Stiftung war demnach kein zwangsläufiges Ergebnis, sondern Ausdruck von Abbes Gestaltungswillen, dem eine Stiftung als Instrument zur Umsetzung seiner liberalen Vorstellungen und zur Kompensation seines biographischen Aufstiegs dienen sollte.[359] Vielmehr wurde der Stiftungsgründungsprozess durch Abbes Wunsch nach der Vererbung seiner Unternehmensanteile an die Universität bzw. den Weimarer Staat initiiert. Abbes Gründe sich für die Stiftungsform zu entscheiden waren komplex und lassen sich auf persönlich-biographische, unternehmerische, gesellschaftliche und soziale Motive zurückführen. Diese Komplexität der Motivlage verbunden mit dem schrittweisen Entstehungsprozess können unter anderem erklären, warum die Carl-Zeiss-Stiftung nicht als Vorbild die zeitgenössische Unternehmenslandschaft veränderte, auch nicht, als sich zeigte, dass sie durchaus als erfolgreiche Organisationsform für ein prosperierendes Unternehmen taugte. Neben der Einzigartigkeit des Gründungsvorgangs war die Organisationsform an sich nur schwer vermittelbar. Sie war weder für die Arbeiterseite als Ausdruck ihrer Interessen akzeptabel. So verkörperte die Stiftung für die Gewerkschaften laut Werner Plumpe ein geradezu „skandalöses“ Modell, da sie „auf dem liberalen, individuellen Arbeitsrecht basierte“ und völlig ohne Gewerkschaften auskam.[360] Noch entsprach sie den Unternehmervorstellungen ihrer Zeit, wie für die Eigentümer-

358 Vgl. Schomerus, Geschichte, S. 115 f.

359 Demel macht die Aspekte der Kompensation eines aus der Entwicklung vom Arbeitersohn zum Unternehmer hervorgerufenen Identitätskonflikts und des Abbe'schen Gestaltungswillen als Motive für die Stiftungsgründung sehr stark. Vgl. Demel, Auf dem Weg, S. 147, 233, 539; Steinbach, Peter/ Demel, Sebastian: Ernst Abbe und die Gründung der Carl-Zeiss-Stiftung. Wissenschaftsförderung – Gestaltungswille – Verantwortung, in: Plumpe, Werner, Eine Vision, a.a.O, S. 29–63, hier: S. 29.

360 Plumpe, Werner: Exposé: Die Geschichte der Carl-Zeiss-Stiftung 1896–1933, unveröffentlichtes Manuskript, 2014, S. 2.

Unternehmer oben gezeigt wurde.[361] Auch auf theoretischer Ebene, für die Nationalökonomen, war die Stiftung keine besonders geeignete Unternehmensform, widersprach sie doch deren Vorstellung von der „Eigengesetzlichkeit der Wirtschaft".[362]

361 Max Fischer hielt als seine Beobachtung fest: „Im Rahmen der von ihm errichteten Stiftung schuf er ein tief durchdachtes Arbeitsrecht, das, von Arbeitgebern und Arbeitnehmern oft verkannt oder aus parteitaktischen Gründen bekämpft, einen gangbaren Weg zum sozialen Ausgleich weist." Fischer, Abbe als Industrieller, S. 98.

362 Vgl. Weinel, Heinrich: Der Sinn der Carl Zeiß-Stiftung. Ernst Abbes sozialpolitische Gedanken. Aus seinen Vorträgen und Schriften, Langensalza 1925, Vorwort, ohne Seitenzahl.

5 Leitung und Kontrolle eines Stiftungsunternehmens

Die Verfassung der Stiftung sowie als deren Teil die Corporate Governance der Optischen Werkstätte sind in der Forschungsliteratur ausführlich dargestellt worden, wenngleich das Statut bisher nur selten in empirischen Arbeiten überprüft worden ist.[363] Die folgenden Ausführungen zur Corporate Governance der Optischen Werkstätte konzentrieren sich daher vor allem auf die Frage, welchen Einfluss die Stiftungsorgane Stiftungsverwaltung und Stiftungskommissar auf das Unternehmensführungsorgan Geschäftsleitung hatten und welche Probleme strukturell in der Beziehung zwischen Leitungs- und Kontrollorganen des Unternehmens angelegt waren (Unterkapitel 5.1). Dabei kommt dem gesamten Kapitel zur Leitung und Kontrolle eines Stiftungsunternehmens insofern eine Scharnierstellung innerhalb der vorliegenden Arbeit zu, da hier zugleich die ausschließlich theoretische Sichtweise auf die Optische Werkstätte endet und die empirische Untersuchung dieser Arbeit beginnt. In diesem Sinne folgen nach der Darstellung der Corporate Governance der Optischen Werkstätte beide Sichtweisen verbindende Ausführungen zur Geschäftsleitung, in denen die Zusammensetzung und Arbeitsweise des Organs beschrieben wird. Nach einem anschließenden Unterkapitel über das Personal der Geschäftsleitung wird der Verdienst der Geschäftsleitung zum Thema, auf den die Entscheidungsprämissen des Statutes wesentlichen Einfluss hatten.

Ein Merkmal der Coporate Governance der Optischen Werkstätte war ihre auf Dauer angelegte Konzeption. Veränderungen des Stiftungsstatuts waren durch das Statut selbst restringiert. Die Ausnahme bildete eine von Abbe für die ersten zehn Jahre nach der Verabschiedung des Stiftungsstatuts vorgesehene und statutarisch festgelegte Revision (§ 117), die schließlich im Jahr 1905/06 durchgeführt wurde. Die im Zuge der Revision vollzogenen Änderungen des Statuts sollten dabei Abbes Vorgaben folgen. Die Untersuchung der Statutenrevision in Unterkapitel 5.3 soll daher beantworten, wie die Veränderungen der Corporate Governance zu gewichten sind und ob diese in Abbes Sinne vorgenommen wurden.

363 Demel hat den Vergleich von „Verfassung und ‚Verfassungswirklichkeit'" vollzogen, bezieht sich aber nur auf die Arbeit der Stiftung und dies nur bis zum Jahr 1907. Vgl. Demels Ausführungen zum Ansatz seiner Arbeit, Ders., Auf dem Weg, S. 286. Auch die Aufsätze im Sammelband zur Carl-Zeiss-Stiftung leisten eine empirische Überprüfung. Plumpe, Eine Vision.

https://doi.org/10.1515/9783111053233-006

5.1 Die Corporate Governance

Das Stiftungsstatut von 1896 bestimmte, dass drei Organe an der Unternehmensführung der Optischen Werkstätte beteiligt sein sollten: Stiftungsverwaltung, die Geschäftsleitung der Optischen Werkstätte sowie der Stiftungskommissar. Als Vertreterin der unpersönlichen juristischen Person Carl-Zeiss-Stiftung bildete die Stiftungsverwaltung die höchste Instanz der Stiftungsorgane. Ihr oblagen Vermögensverwaltung und die „oberste Leitung der Stiftungsangelegenheiten". Der Verantwortungs- und Aufgabenbereich der Stiftungsverwaltung sollte in erster Linie der Bereich der Stiftung sein, dem die gemeinnützigen Aufgaben nach Paragraph 1, B zugeordnet worden waren. Das Personal der Stiftungsverwaltung war aus demjenigen Departement des Großherzoglich Sächsischen Staatsministeriums zu rekrutieren, in dessen Verantwortungsbereich die Universität Jena fiel:[364] Der jeweilige Chef des Departements sollte der Stiftungsverwaltung vorstehen, ein Beamter seiner Behörde oder ein gehobener Beamte einer anderen Behörde als Stiftungskommissar fungieren (§ 5).

Neben die Stiftungsverwaltung setzte Abbe die Organe Geschäftsleitung und Stiftungskommissar. Beide Organe sollten von der Stiftungsverwaltung ernannt werden (§ 4). Der Geschäftsleitung oblag die „industrielle Tätigkeit der Stiftung" (§ 4), die durch Paragraph 1, A, 1 als die „Pflege der unter Mitwirkung des Stifters in Jena eingebürgerten Zweige feinmechanischer Industrie" konkretisiert wurde. Zur Erfüllung dieses Stiftungszweckes bestimmte das Statut die Fortführung der Stiftungsbetriebe in Jena. Titel II des Statutes über die Organisation der industriellen Tätigkeit der Stiftung regelte im Einzelnen, nach welchen Grundsätzen die Verwaltung der Stiftungsbetriebe erfolgen sollte: So sollte der Geschäftsleitung „die gesamte innere Betriebsleitung", „die kaufmännische Verwaltung des Unternehmens" sowie „die ganze äußere Aktion der Firma" und „die eigene Verwaltung des zur regelmäßigen Geschäftsführung erforderlichen flüssigen Betriebsfonds und Bankkredits" obliegen (§ 21). Die Geschäftsleitung war befugt, eigenständig innerhalb und außerhalb der Stiftungsbetriebe tätig zu werden und über das separat verwaltete Betriebskapital zu verfügen (§ 6), war jedoch in allen Handlungen dem Statut unterworfen (§ 8,2). Damit unterschieden sich die Aufgaben und Befugnisse zunächst nicht von denen anderer Unternehmen, deren Unternehmensverfassung auf einem Statut gründete. Die Besonderheit der Unternehmensführung machte bei der Optischen Werkstätte jedoch die Bindung an ein Statut aus, dessen Bestim-

364 Das 1849 gegründete Departement des Kultus wurde seit 1903 Departement des Großherzoglichen Hauses und des Kultus, Weimar genannt. Vgl. Brocke, Bernhard vom/Krüger, Peter (Hrsg.): Hochschulpolitik im Föderalismus: Die Hochschulkonferenzen der deutschen Bundesstaaten und Österreichs 1898 bis 1918 (Protokolle), Berlin 1994, S. 417f.

mungen nur sehr schwer zu ändern waren, wie im weiteren Verlauf dieses Kapitels ausführlich erläutert werden wird. Hierin lag ein wesentlicher Unterschied zu den Handlungs- und Entscheidungsspielräumen der Geschäftsleitungen anderer Unternehmen wie etwa Aktiengesellschaften, bei denen Änderungen des Gesellschaftsvertrags verhältnismäßig einfach durch die Hauptversammlung vorgenommen werden konnten.[365]

Die Abgrenzung zwischen Geschäftsleitungs- und Stiftungsverwaltungskompetenzen eröffnete Interpretationsspielräume. Zum einen hatte Abbe versucht, der Geschäftsleitung den zur Unternehmensführung notwendigen Handlungsspielraum sicherzustellen. So durften in unternehmerischen Belangen keine Entscheidungen gegen das Veto der Geschäftsleitungen getroffen werden.[366] Zum anderen weisen die unterschiedlichen Definitionen der Zuständigkeiten von Geschäftsleitung und Stiftungsverwaltung auf mögliche Konfliktlinien hin. So waren die Kompetenzen der Geschäftsleitung und ihre Verwaltungsbefugnisse präzise durch das Statut definiert, während für die Stiftungsverwaltung die allgemeine Maßgabe der „oberste[n] Leitung der Stiftungsangelegenheiten" galt. Unter der Annahme, dass Angelegenheiten, die nicht zu den präzisierten Zuständigkeiten des einen Organs gehörten, in die allgemein definierte Zuständigkeit des anderen Organs fielen, schien die Stiftungsverwaltung gegenüber der Geschäftsleitung vor allem in Fragen, die das Statut nicht regelte, eine Deutungshoheit zu besitzen.

Zwischen Geschäftsleitung und Stiftungsverwaltung sollte der Stiftungskommissar als Vermittler fungieren, der „bei" den Stiftungsbetrieben angesiedelt sein, d. h. vor Ort die Stiftungsverwaltung repräsentieren sollte. Die Stiftungsverwaltung selbst sollte hingegen nicht in laufende Entscheidungsprozesse eingebunden werden. Daher oblag dem Stiftungskommissar die „Einwirkung" der Stiftung auf die Geschäftsleitung (§ 10): „Eine Einwirkung der Stiftungsverwaltung auf die Geschäftsführung der Stiftungsbetriebe findet nur insoweit statt, als dieses Statut bestimmt und nur durch Vermittelung des Stiftungskommissars."[367] Dem Stif-

365 Auch hier gab es Abstufungen zwischen den Änderungsmöglichkeiten in Bezug auf die einzelnen Bestimmungen des Gesellschaftsvertrags, siehe Artikel 210a des Gesetzes vom 18. Juli 1884 betreffend die Kommanditgesellschaften auf Aktien und die Aktiengesellschaften, abgedruckt in: Schubert, Werner (Hrsg.): Quellen zum Aktiengesetz vom 18. Juli 1884, Frankfurt a. M. 2017, S. 314.
366 Abbe, Motive und Erläuterungen, S. 333.
367 Die Beschränkung der Einwirkung der Stiftungsverwaltung auf die Unternehmensführung durch die Grenzen des Statuts war infolge der Neuredaktion des Stiftungsstatuts fixiert worden. Zuvor waren ihr keine Grenzen gesetzt gewesen. So hieß es vor der Redaktion des Statuts von 1905/06 noch: „Der Vertreter der Stiftungsverwaltung in der Geschäftsführung der Stiftungsbetriebe ist der Stiftungskommissar. Alle Einwirkung der Stiftungsverwaltung auf diese Geschäftsführung hat stets durch ihn zu erfolgen." Statut der Carl Zeiss-Stiftung, S. 267 f.

tungskommissar war explizit die Teilnahme an der „Leitung der industriellen Tätigkeit der Stiftung“ und der „Verwaltung ihrer Geschäftsbetriebe“ zugewiesen worden. Schon Jahre zuvor hatte Abbe die Rolle des Stiftungskommissars in seinen im Juni 1891 niedergeschriebenen „Wünsche[n] und Anträge[n] für die im Artikel 9 meines Abtretungsvertrages in Aussicht genommenen Vereinbarungen“ skizziert:[368] Der Stiftungskommissar sollte seine Aufgabe in der Beaufsichtigung und Beratung der Geschäftsleitung finden und und zwar in allen technischen, wissenschaftlichen und kaufmännischen Bereichen.[369] Die Notwendigkeit einer tiefen Durchdringung der unternehmerischen Angelegenheiten durch den Stiftungskommissar als Voraussetzung zur Erfüllung der Maßgabe des Paragraphs 11 zeichnete sich damals schon ab: So sollte der Stiftungskommissar die „Ordnungsmäßigkeit der Verwaltung und Statutenmäßigkeit im Verfahren der Geschäftsleitungen“ überwachen (§ 11). Darüber hinaus jedoch bestimmte das Statut die Involvierung des Stiftungskommissars in wichtige Entscheidungsprozesse als Beratungs- und Mitentscheidungsinstanz. So war die Zustimmung des Stiftungskommissars bei der Gewinnverwendung zur Reinvestition (in Bezug auf Kapitalaufwendungen von ungewöhnlicher Höhe), bei außergewöhnlichen Verschuldungsakten, wichtigen Personalentscheidungen, Rechtsfragen ungewöhnlicher Art und Änderungen von Pensionsstatut und Krankenkassenstatut erforderlich. Nicht zuletzt war auch die Errichtung von auswärtigen Geschäftsstellen, Zweig- oder Handelsniederlassungen durch ihn genehmigungspflichtig (§ 16). Folglich sollte der Stiftungskommissar vor allem in außerordentlichen Fällen einbezogen werden, die nicht den Routineentscheidungen der Geschäftsleitung entsprachen. Das Kapitel „Investitionsentscheidungen“ wird zeigen, inwiefern diese Vorgabe durch die Geschäftsleitung berücksichtigt wurde. Auch für die Entscheidungsverfahren selbst war der Stiftungskommissar bedeutsam. In Bezug auf Entscheidungen, in denen sich die Geschäftsleitung uneinig war, hatte das Stiftungsstatut ihm das letzte Wort übertragen (§ 15). Der Stiftungskommissar hatte zudem das Recht, von sich aus Anträge zu unternehmerischen Angelegenheiten zur Diskussion zu stellen (§ 17).

Mithilfe des Amts des Stiftungskommissars wollte Ernst Abbe die nachvertraglich entstehende Informationsasymmetrie zwischen Stiftungsverwaltung und Geschäftsleitung im Sinne der *hidden action* reduzieren, sprich die Beobachtung der von der Geschäftsleitung getroffenen Entscheidungen erleichtern. So erläuterte er in den „Motive und Erläuterungen“ zum Statut:

> Da bei so komplizierten Geschäftsaktionen, wie hier in Frage sind, in die Beurteilung jeder wichtigeren Sache immer vielerlei Einzelheiten hereinspielen, und Rücksichten und Erwä-

368 Abbe, Wünsche und Anträge, S. 222–235.
369 Ebd., S. 223.

> gungen, die einem Fernerstehenden meist kaum verständlich zu machen sind, so würde jede maßgebende Einwirkung der Stiftungsverwaltung, die aus der Entfernung erfolgen müßte, eher lähmend als fördernd sein.[370]

Die Aufgabe des Stiftungskommissars erforderte daher großes Engagement und hohen Zeiteinsatz, den dieser zusätzlich zu seiner hauptamtlichen Tätigkeit als oberer Beamte im Großherzoglich Sächsischen Staatsministerium oder einer anderen Behörde des öffentlichen Dienstes (§ 5) aufbringen musste. Noch aufwändiger machte die Arbeit des Stiftungskommissars die Bestimmung, dass dieser sich ausschließlich durch persönliche Unterrichtung „an Ort und Stelle" zu informieren habe (§ 18). So herausfordernd die Ausgestaltung des Amts für den Stiftungskommissar war, so günstig war diese für Abbes Zwecke: Durch die mündliche Kommunikation waren die Möglichkeiten der Kontrolle der Geschäftsleitung durch den Stiftungskommissar vergrößert worden und damit die Chancen der Stiftungsverwaltung auf eine sogenannte *ex-ante*-Kontrolle erhöht, sprich die Möglichkeiten der Kontrollausübung durch die Stiftungsverwaltung vor einem möglicherweise unerwünschten Verhalten der Geschäftsleitung waren vergrößert. Nebenher entsprach die Mündlichkeit als Kommunikationsform innerhalb des Unternehmens Abbes eigenem Führungsstil. Die Größe des Unternehmens bis Mitte der 1890er ließ es zu, dass Abbe einen „personenbezogenen Leitungsstil" pflegte, der nach Jürgen Kocka vor allem durch persönlichen Kontakt, häufige direkte Ansprache und den Verzicht auf Festlegung bürokratischer Informationswege gekennzeichnet war.[371]

Ungleich schwerer lösbar war das Problem von *hidden information* – das Problem, die Qualität beobachtbarer Entscheidungen zu beurteilen –, das zwischen Stiftungskommissar und Geschäftsleitungen auftreten konnte, und durch den Stiftungskommissar auf die Beziehung zwischen Stiftungsverwaltung und Geschäftsleitungen übertragen werden konnte. Denn sowohl die Stiftungsverwaltung als auch

---

370 Abbe, Motive und Erläuterungen, S. 334.

371 Vgl. Kocka, Industrielles Management, S. 336. Den Leitungsstil Abbes erhellt ein Schreiben des Stiftungskommissars Max Vollert, der im Oktober 1903 die Ursachen von Abbes schlechtem Gesundheitszustand ergründete: „Die gewaltige Arbeitslast, die Prof. Abbe durch mehr als drei Jahrzehnte getragen hat, die von ihm seit seinen astronomischen Studien angenommene Gewohnheit nachts zu arbeiten, und seine Gepflogenheit, an der Leistung der umfänglichen Betriebe sich persönlich zu beteiligen (z. B. mit der sich immer vermehrenden Arbeiterschaft jederzeit direkt zu verkehren, alle Anliegen und Beschwerden jedes Einzelnen persönlich entgegenzunehmen, zu erörtern und zu erledigen) in Verbindung mit fortgesetzten Gebrauch von Schlafmitteln haben seine zähe und widerstandsfähige Natur allmählich so untergraben, daß er gänzlich überarbeitet und hochgradig nervös sich schon seit dem 1. April 1903 von der Betriebsleitung der Zeiss-Werke zurückgezogen hat und nunmehr auch förmlich aus der Geschäftsleitung ausgeschieden ist." Niederschrift aus einem Bericht Vollerts an die Königlich-Preußische Gesandtschaft, Oktober 1903, in: CZA, BACZ 188.

der Stiftungskommissar hatten aufgrund ihrer fachlichen Qualifikation als Juristen und ihrer bisherigen beruflichen Erfahrungen als Beamte eher schlechte Kenntnisse über unternehmerische Angelegenheiten. Zudem wird den Geschäftsleitern und Beamten der Stiftung unterschiedliches Entscheidungsverhalten unterstellt, von dem sich während des Fortgangs dieser Arbeit zeigen wird, inwiefern dies zutrifft und ob es sich charakterisieren lässt.[372] Das Aufbrechen der Informationsasymmetrie und eine erfolgreiche Wahrnehmung der Beaufsichtigungsfunktion des Stiftungskommissars gegenüber den Geschäftsleitungen war daher stark von der jeweiligen personellen Besetzung der Geschäftsleitungen und des Stiftungskommissars abhängig. Die Skala der möglichen Gestaltungen dieser Beziehung war folglich sehr groß und hing wesentlich vom Sachverstand des Stiftungskommissars für unternehmerische Zusammenhänge und der Bereitschaft der Geschäftsleitung ab, Einsicht in ihre Entscheidungsprozesse zu gewähren.

In Bezug auf das Verhältnis des Stiftungskommissars zur Stiftungsverwaltung waren die Entscheidungsprämissen des Statuts nicht eindeutig. Zum einen sollte der Stiftungskommissar als „Vertreter und Beauftragter" der Stiftungsverwaltung tätig sein.[373] Zum anderen hatte ihm Abbe „soviel Selbständigkeit" zugestanden, „daß seine eingehendere persönliche Kenntnis der Verhältnisse und entsprechende

372 In Bezug auf die Frage, ob bzw. inwiefern sich das Treffen von Entscheidungen in Behörde und Unternehmen unterscheidet, muss innerhalb des Unternehmens zwischen der „nicht-bürokratischen Spitze" und dem Verwaltungsapparat differenziert werden, welcher in seiner Arbeitsweise durchaus einer Behördenverwaltung gleicht, vgl. Bosetzky, Horst: Grundzüge einer Soziologie der Industrieverwaltung. Möglichkeiten und Grenzen der Betrachtung des industriellen Großbetriebes als bürokratische Organisation, Stuttgart 1970, S. 94–102. Bürokratische Entscheidungen sind grundsätzlich regelbasierter als unternehmerische, müssen also mehr Entscheidungsprämissen berücksichtigen, wodurch ihnen „Langsamkeit des Entscheidens, Koordinationsfehler oder Unwirtschaftlichkeit von Investitionen und Planungen" unterstellt wird. Derlien, Hans-Ulrich/Böhme, Doris/Heindl, Markus: Bürokratietheorie. Einführung in eine Theorie der Verwaltung, Wiesbaden 2011, S. 35. Daher wird unternehmerischen Entscheidern ein dynamischeres Verhalten (vgl. Schumpeters dynamischen Unternehmer, Schumpeter, Joseph: Theorie der wirtschaftlichen Entwicklung, Leipzig 1912, S. 163 f.) zugeschrieben, das Luhmann zufolge aber vor allem darauf zurückgeht, dass unternehmerische Entscheidungen in „Geschäftsziel" und „Kapital" eine „natürliche Sichtbegrenzung" finden, während die Verwaltung sich „umfassend verantworten muß". Luhmann, Kann die Verwaltung wirtschaftlich handeln?, S. 119. In dem Zusammenhang ist es interessant, dass die Geschäftsleitung der Optischen Werkstätte im Jahr 1919 Unternehmensführung von bürokratischer Arbeit unterschied: „Es ist nicht nur Verwaltungstätigkeit wie bei einer Stadt, einem Konsumverein, einer Baugenossenschaft; es ist schöpferische Tätigkeit, die Schaffung neuer Werte." Geschäftsleitung des Zeißwerks, „An alle Betriebsangehörigen!" 27.6.1919, in: CZA, BACZ 521.

373 Entsprechend der zeitgenössischen und heutigen Verwendung des Begriffs Kommissar als Beauftragter, Gesandter, siehe Ohne Autor: „Kommissar", Meyers Großes Konversations-Lexikon, Band 11. Leipzig 1907, S. 329, http://www.zeno.org/nid/20006917887, letzter Aufruf: 5.1.2020.

Verantwortlichkeit wirklich zur Geltung kommen" möge.[374] Zudem hob Abbe ausdrücklich hervor, dass das Hierarchieverhältnis der Behörde in keinem Fall die Beziehung von Stiftungsverwaltung und Stiftungskommissar prägen sollte. Dass Abbes Konzeption in Bezug auf die Rolle des Stiftungskommissars strukturelle Schwächen aufwies, ist auch damit zu erklären, dass dieses Amt im deutschen Gesellschaftsrecht beispiellos war – im Gegensatz zu Vorstand und Aufsichtsrat, für deren Konzeption Abbe zahlreiche Beispiele des dualistischen Systems vor Augen standen.[375] Zum Zeitpunkt der Niederschrift des Statuts waren die Organe des Vorstandes und Aufsichtsrates in Kapitalgesellschaften fest etabliert, sodass Abbe zahlreiche Beispiele des dualistischen Systems vor Augen standen. Das zeitgenössische Aktienrecht jedoch legte die für die Kontrolle des Vorstands notwendige Informationsfunktion in die Hände des Aufsichtsrats selbst.[376] Wie Artikel 225 des Allgemeinen Deutschen Handelsgesetzesbuches bestimmte, musste sich der Aufsichtsrat über den „Gange der Angelegenheiten der Gesellschaft" informieren.[377] Abbe hatte die Informationsfunktion des Aufsichtsrats aus dessen Aufgabenfeld extrahiert und sie der Position des Stiftungskommissars beigegeben, die er zudem mit weitreichenden Veto- und Partizipationsrechten an strategischen Entscheidungen versah.

Unter anderem für das neuartige Konzept des Stiftungskommissars hatte Abbe vermutlich die Vorstellung von einer „Einübungsphase" in Bezug auf die Unternehmensführung entwickelt, die bereits im vorherigen Kapitel thematisiert wurde.[378] Abbe nutzte seine Lebenszeit dazu, die Corporate Governance zu interpretieren und die durch den Vertragscharakter des Statuts existierenden Lücken der

374 Abbe, Motive und Erläuterungen, S. 334.

375 Die Orientierung an diesen beiden Organen der AG ist unverkennbar, wie Werner Plumpe ebenfalls feststellt. Vgl. Plumpe, Werner: Die Carl-Zeiss-Stiftung 1896 bis 1933, in: Ders., Eine Vision, a.a.O, S. 87–145, hier: S. 136 f. Die Kompetenzverteilung zwischen Aufsichtsrat und Vorstand fiel in den einzelnen Unternehmen aufgrund juristischer Freiräume sehr unterschiedlich aus, grundsätzlich erfolgte aber durch die Aktienrechtsnovelle von 1870 eine Aufwertung des Aufsichtsrats. Vgl. Nieberding/Wischermann: Die institutionelle Revolution, S. 259–267.

376 Die Aufgabe der Informationsvermittlung zwischen Aufsichtsrat und Vorstand wird heutzutage dem Aufsichtsratsvorsitzenden zugeordnet. Vgl. Seibt, Christoph H.: Informationsfluss zwischen Vorstand und Aufsichtsrat (dualistisches Leitungssystem) bzw. innerhalb des Verwaltungsrats (monistisches Leitungssystem), in: Hommelhoff, Peter/Hopt, Klaus J./Werder, Axel von (Hrsg.): Handbuch Corporate Governance. Leitung und Überwachung börsennotierter Unternehmen in der Rechts- und Wirtschaftspraxis, Stuttgart 2009, S. 391–422, hier: S. 398.

377 Artikel 225 des Gesetzes vom 18. Juli 1884 betreffend die Kommanditgesellschaften auf Aktien und die Aktiengesellschaften, abgedruckt in: Schubert, Quellen, S. 319.

378 Niederschrift Abbes, 24.1.1891, abgedruckt in: Werden und Wesen, S. 146–150, hier: S. 146.

Bestimmungen zu „füllen".[379] Dieser kontinuierliche Anpassungsprozess zeigte sich etwa im Dezember 1900, als beim Geschäftsjahresabschluss ein Missverständnis zwischen der Stiftungsverwaltung und der Geschäftsleitung Zeiss aufgekommen war. So hatte die Geschäftsleitung wohl eine Änderung der bereits abgeschlossenen Geschäftsbilanz der Optischen Werkstätte vorgenommen, welche die Stiftungsverwaltung nicht genehmigen wollte. Dies nahm Abbe zum Anlass, um die grundsätzliche Kompetenzverteilung zwischen Stiftungsverwaltung, Stiftungskommissar und Geschäftsleitung zu thematisieren. Sein Einschreiten zielte darauf, einen Präzedenzfall für die Zukunft zu verhindern. So sei für ihn und seine Kollegen zwar grundsätzlich klar, dass die Stiftungsverwaltung über alle Handlungen der Geschäftsleitungen, die

> [...] aus dem Rahmen der gewöhnlichen Geschäftsführung heraustreten, und zumal über alle Handlungen, in die persönliche Interessen der Mitglieder der Vorstände hereinspielen, informiert werde, damit sie – unabhängig wem letztendlich die Entscheidung zustehen, ihre Bedenken anmelden könne.[380]

Die hier gemeinte Kontrollkompetenz jedoch sei zu trennen von der Entscheidungskompetenz. So war die Genehmigung der Stiftungsverwaltung zwar unabdingbar für das ordnungsgemäße Verfahren des Bilanzabschlusses. Die „Entscheidung im Sachlichen" aber sah Abbe allein bei denjenigen, die nach dem Stiftungsstatut die Verantwortung für die richtige und sachgemäße Leitung der Firma trügen, namentlich bei den Mitgliedern der Geschäftsleitung und dem Stiftungskommissar. Abbe stärkte zudem die Rechte des Stiftungskommissars, dem er eine eigenständige Stellung innerhalb der Entscheidungsprozesse der Unternehmensführung zuwies – unabhängig von der auf ihre Aufsichtsfunktion verwiesene Stiftungsverwaltung. Im folgenden Teil des Briefes räumte Abbe ein, wie ungeklärt die Stellung des Stiftungskommissars bisher noch sei. Als Konsequenz drückte er im Dezember 1900 seinen Wunsch aus, dass noch zu seinen Lebzeiten ausführlich geklärt würde, welche Befugnisse Geschäftsleitungen und Stiftungskommissar hätten.[381] Tatsächlich halten die Protokolle der Stiftungssitzungen einige Jahre

---

379 Weitere Belege für eine Auslegung des Statuts durch Abbe selbst sind die im Jahr 1897 gehaltene Rede „Über Gewinnbeteiligung der Arbeiter in der Großindustrie", die Erläuterung der Stellung des Staates zu den Stiftungsorganen im nach 1896 ausgebrochenen Streit um die Durchsetzung von Abbes Grundsatz politischer und religiöser Neutralität in Bezug auf die Nutzung der Lesehalle durch die Sozialdemokraten und das im Februar 1900 veröffentlichte Ergänzungsstatut.

380 Ernst Abbe an Departement des Kultus, 14.12.1900, in: LATh – HStA Weimar, Thüringisches Volksbildungsministerium C 531.

381 Ernst Abbe an Departement des Kultus, 14.12.1900, in: LATh – HStA Weimar, Thüringisches Volksbildungsministerium C 531.

später, im August 1904, das Vorhaben einer Verschriftlichung der Geschäftsordnung fest, deren Fertigstellung sich allerdings nicht den Quellen entnehmen lässt.[382]

Ebenfalls zur Corporate Governance, wenngleich nicht unter den betreffenden Titeln zu Anfang des Statuts, sondern an späterer Stelle aufgeführt (Titel VIII „Rechnungslegung der Stiftungsverwaltung") gehörte die Einrichtung der Rechnungskommission, die insgesamt fünf Mitglieder versammeln sollte. Mit dem Kurator der Universität Jena und einem Vertrauensmann des akademischen Senats waren zwei Repräsentanten der Universität versammelt, während die Gemeindevertretung einen Vertrauensmann wählen sollte. Von Seiten beider Stiftungsbetriebe war jeweils das dienstälteste Geschäftsleitungsmitglied in die Rechnungskommission zu entsenden (§ 110). Die Einsichtnahme durch die einzelnen Mitglieder der Rechnungskommission sollte die betreffenden Abschlussdokumente von staatlicher Behörde, Universitätskasse und Unternehmen einbeziehen und mit einer gemeinsamen mündlichen Verhandlung darüber abschließen. Die Protokolle der Rechnungskommission sollten ein „Gedächtnis" für die weiteren Rechnungslegungen der nächsten 20 Jahre bilden (§ 112).

Der Regelung der Rechnungskommission waren von Abbe unter einem eigenen Titel VIII drei Paragraphen eingeräumt worden, sodass das Verhältnis zwischen dem durch das Thema eingenommenen „Raum" im Statut und seinem Inhalt dessen hervorgehobene Bedeutung zeigt. Nur an dieser Stelle war den Vertretern der Destinatäre eine Partizipationsmöglichkeit eingeräumt worden, denen ansonsten keine institutionalisierten Wege zur Interessensbekundung und -durchsetzung offenstanden. Durch den im Zuge der Rechnungslegung stattfindenden Informationsaustausch an die Destinatärsvertreter wurden die Kontrollmöglichkeiten in Bezug auf die Verteilung der Erträge im Sinne des Stifters erhöht. So kann die Rechnungskommission als ein die Anliegen des fiktiven Prinzipals Ernst Abbe unterstützendes Organ gesehen werden, das die Durchsetzung der Artikel 1 und 2 des Paragraphen 1, B, also die Verteilung der Unternehmenserträge zu Gunsten gemeinnütziger Zwecke, wahrscheinlicher machen sollte. Auch der Vergleich mit ähnlichen Praktiken innerhalb von Kapitalgesellschaften ist aufschlussreich, wo die Jahresabschlussprüfung der Hauptversammlung oblag, sprich den Eigentümern des Unternehmens.[383] Dass zudem ein Brief überliefert ist, in welchem Siegfried

---

382 Protokoll der Stiftungssitzung, ohne Nummerierung, 29.8.1904, in: CZA, BACZ 23014. Gegen eine Fertigstellung der Geschäftsordnung spricht der im Kapitel „Investitionspolitik" geschilderte Aufsichts- und Kontrollkonflikt, in dessen Verlauf sich keine der Streitparteien auf die Geschäftsordnung zur Klärung von Grundsatzfragen der Corporate Governance berief.

383 ADHGB vom 18.07.1884, Artikel 221.

Czapski die Rechnungskommission mit „Generalversammlung"[384] bezeichnet, zeigt, dass sich auch die zeitgenössische Sicht der Geschäftsleiter mit dem Vergleich zwischen Rechnungskommission und Hauptversammlung einer Aktiengesellschaft deckt. Das Revisionsrecht des Eigentümers eines Unternehmens hatte Abbe folglich auf die Rechnungskommission übertragen. In Bezug auf die Repräsentation des fiktiven Prinzipals fungierte zudem die staatliche Stiftungsaufsicht als juristische Kontrollinstanz, deren Aufgabe es war, den Stifterwillen sicherzustellen. Das waren im Fall der Stiftung die jeweiligen Länder. Es kann allerdings bereits an dieser Stelle vorweggenommen werden, dass diese Kontrollinstanz im Gefüge der Zeiss-Stiftung keine bedeutende Rolle erlangte.

Während also die Vertreter der Begünstigten nach Artikel 1, B 2 und 3 innerhalb der Corporate Governance Aufsichtsfunktionen erhalten hatten, war diese Funktion für die Begünstigten des Paragraphen 1, A, also die Beschäftigten der Stiftungsbetriebe, nicht vorgesehen.[385] Eine mögliche Partizipation der Arbeiter an Entscheidungen der Geschäftsleitung war zwar durch die Anlage des Arbeiterausschusses in Paragraph 64 vorgesehen worden, dessen Rechte jedoch sehr beschränkt worden.[386] Die Einrichtung des Arbeiterausschusses sollte aber eher als eine Verbesserung von Arbeiterrechten denn als eine Interessenvertretung von Destinatären verstanden werden. Eine Wahrnehmung der Interessen der Beschäftigten war daher nur durch die Organe der Stiftung selbst möglich. Dieser Umstand beschäftigte auch immer wieder die Mitarbeiter der Optischen Werkstätte, was sich am deutlichsten im – erfolglos gebliebenen – Antrag zur Aufnahme eines Arbeitervertreters in die Rechnungskommission im Jahr 1920 ausdrückte.[387]

In zusammenfassenden Worten ist Abbes Bemühen unverkennbar, der Geschäftsleitung Eigenständigkeit und ungestörtes Arbeiten in der Unternehmensführung zu sichern und gleichzeitig der Stiftungsverwaltung größtmögliche Aufsicht

---

384 Siegfried Czapski an Max Vollert, 30.3.1907, abgedruckt in Flitner/Wittig: Optik – Technik – Soziale Kultur, S. 379–380, hier: S. 379.

385 Diese Beobachtung macht auch Wolfgang Wimmer. Vgl. ders., Verhältnis, S. 64.

386 Siehe hierzu in dieser Arbeit, Fn 486.

387 Die Geschäftsleitung wurde in ihrer Ablehnung des Antrags bestärkt durch die Argumentation von Ernst Abbes Tochter Grete Unrein, die die Frage nach einem Vertreter der Arbeiter in der Rechnungskommission aus der Perspektive des Stifters versuchte zu beantworten. Der gegenwärtigen Arbeiterschaft sprach Unrein – sich mit ihrem Vater in Übereinstimmung wähnend – die nötige „Reife", „Sachlichkeit" und „Fähigkeit" ab, um weitere Rechte zu erhalten. Zudem sei die Denkschrift aus dem Klassenkampf heraus geboren worden, der laut Abbe jedoch „nur lächerlich" wirke, „wenn kein Unternehmer da ist". Das prinzipielle Kriterium Abbes für Statutenänderungen sah Unrein darüber hinaus nicht erfüllt, da der von Abbe vorausgesetzte Zukunftsstaat nicht eingetreten sei. Grete Unrein an Präsident, 27.4.1921, in: CZA, BACZ 1489.

der Betriebe zu gewähren, um dadurch die Erfüllung der Stiftungszwecke und die Befolgung der Stiftungsstatuten zu garantieren. Dennoch beließ es Abbe nicht nur bei der Aufsicht, sondern räumte dem Stiftungskommissar und damit der Stiftungsverwaltung darüber hinaus Partizipationsrechte an strategischen Entscheidungen der Unternehmensführung ein. Im Sinne der Durchsetzung des Stifterwillens erscheint dies durchaus sinnvoll, zumal über diese Konstruktion eine Machtkonzentration bei der Geschäftsleitung verhindert wurde und ein auf gegenseitigen Ausgleich beruhendes System von *checks and balances* entstand, wie bereits Sebastian Demel zu Recht anmerkte.[388] Ein gewisses Konfliktpotential barg die Rolle des Stiftungskommissars, der zum einen Agent der Stiftungsverwaltung war und gleichzeitig aufgrund seines Informationsvorsprungs gegenüber der Stiftungsverwaltung eigene Entscheidungen treffen können sollte. Die Beziehung von Stiftungsverwaltung und Stiftungskommissar in ihrer hauptamtlichen Beschäftigung innerhalb des Kultusdepartements, die von Hierarchie geprägt war, verkomplizierte die Stellung des Stiftungskommissars noch zusätzlich.

5.2 Die Geschäftsleitung

5.2.1 Zusammensetzung und Arbeitsweise

Ernst Abbe hatte in Bezug auf die Zusammensetzung der Geschäftsleitung genaue Vorstellungen, die er in den Paragraphen 7 und 8 sowie 25 bis 31 des Statuts festhielt. So war die Größe der Geschäftsleitung von ihm auf drei bis vier Mitglieder beschränkt worden, deren Zusammenarbeit kollegial erfolgen sollte (§ 7). Die Festsetzung auf mindestens drei Mitglieder resultierte dabei aus den drei Ressorts Wissenschaft, Technik und kaufmännische Organisation, deren Teilhabe an der Geschäftsleitung Abbe für notwendig erachtete, während eine Anzahl von mehr als vier Mitgliedern von Abbe als die Entscheidungsprozesse lähmend charakterisiert wurde.[389] Die Verbindung zum zweiten Stiftungsbetrieb, dem Glaswerk, war dadurch sichergestellt, dass ein Mitglied der Geschäftsleitung von Zeiss stets auch als Geschäftsleiter des Glaswerkes fungierte (§ 7). Die Geschäftsleiter sollten nicht von außerhalb rekrutiert werden, sondern innerhalb des Zeitraums von vier Jahren vor ihrer Berufung mindestens zwei Jahre im Unternehmen angestellt gewesen sein (§ 26). Darüber hinaus sollten sie weiterhin in ihren Rollen als Angestellte der Op-

388 Vgl. Demel, Auf dem Weg, S. 280. Auch Werner Plumpe verwendet diesen Ausdruck, der in der Politikwissenschaft für ein Regierungssystem steht, in dem sich verschiedene Organe gegenseitig an der Ausübung von Macht hindern. Vgl. Plumpe, Die Carl-Zeiss-Stiftung 1896 bis 1933, S. 115.

389 Abbe, Motive und Erläuterungen, S. 333.

tischen Werkstätte fungieren – ein Anspruch, der nicht nur in Bezug auf das Selbstverständnis und die Aufgabenerfüllung ungewöhnlich war, sondern zugleich zu der Konstellation führen konnte, dass sich ein Mitglied der Unternehmensführung in seinem Angestelltendasein einem anderen Ressortleiter unterordnen musste (§ 28). Dieser Anspruch resultierte vermutlich aus Abbes eigener Biographie, der theoretische Arbeiten und operative Aufgaben zusätzlich zu seiner Geschäftsleitertätigkeit ausführte.[390]

Aus dem kollegial arbeitenden Organ der Geschäftsleitung hob Abbe den Stiftungsbevollmächtigten und seinen Stellvertreter heraus, die beide für die Optische Werkstätte zeichnungsberechtigt waren. Die übrigen Geschäftsleiter erhielten Einzelprokura. Entscheidungsverfahren der Geschäftsleitung waren von Abbe geregelt worden, der Entscheidungen „nach feststehender Übung" oder „sonst klare[n] Fälle[n]" – also Routineentscheidungen – von sonstigen, folglich außergewöhnlichen Entscheidungen unterschied, für welche er Gemeinsamkeit und Einstimmigkeit der Geschäftsleiter vorschrieb (§ 13).[391] Sollte in Entscheidungsprozessen keine Einstimmigkeit erzielt werden können, hatte der Stiftungskommissar das ausschlaggebende Wort. Das Kollegialitätsprinzip mag auch Ausdruck von Abbes Anliegen gewesen sein, die Stabilität des Stiftungsbetriebes nicht von einzelnen Personen abhängig zu machen. Sicher ist jedoch, dass sich hier eine bestimmte Vorstellung von Geschäftsleitungsentscheidungen ausdrückte, mit deren hoher Komplexität – in Abbes Worten „Vielfältigkeit der stets zu berücksichtigenden Interessen und stets erforderlichen Sachkenntnisse" – nur auf eine Weise umgegangen werden konnte: Durch die Summe von „Einzelurteilen mehrerer gleichberechtigter, möglichst verschiedene Interessen des Betriebes vertretender

390 Das Tagebuch von Siegfried Czapski belegt Abbes unglaubliches Arbeitspensum. Neben der wissenschaftlichen Arbeit, bei der er zwar durch wissenschaftliche Mitarbeiter wie Moritz von Rohr unterstützt wurde, die er aber gleichwohl koordinieren musste, war Abbe in jede Personalentscheidung involviert, nahm an den Stiftungssitzungen als Stiftungsbevollmächtigter teil, traf wegweisende Forschungsentscheidungen und – dies war besonders zeitintensiv – schrieb Abfassungen für Prozesse gegen andere Firmen in Patentstreitigkeiten. So musste er beispielsweise im Winter 1898 auf einen Erholungsurlaub verzichten, weil er mit Prozessen, u. a. gegen Goerz, stark beschäftigt war. Czapski, Siegfried: Tagebuchbericht, 1897–1901, Eintrag zum November 1898, in: CZA, BACZ 8341.

391 Damit traf er die organisationstheoretische Unterscheidung der Routineentscheidung von problematischen Entscheidungen. Routineentscheidungen folgen einem festgelegten Schema. Sie wirken für das Unternehmen entlastend, weil sie „ein hochabstraktes, stark vereinfachtes Wirklichkeitsbild aufspannen, auf das hin gehandelt wird". Luhmann, Niklas: Lob der Routine, in: Ders.: Schriften zur Organisation, B. 1: Die Wirklichkeit der Organisation. Herausgegeben von Ernst Lukas und Veronika Tacke, Wiesbaden 2018, S. 293–332, hier: S. 328.

Personen".[392] Die Arbeitsweise der Geschäftsleiter sollte daher von Arbeitsteilung und gleichzeitiger Kenntnis der anderen Ressorts als Grundlage für gemeinsame Entscheidungen geprägt sein.[393] Das arbeitsteilige Modell der Geschäftsleitung hatte Abbe bereits 1887 entworfen, obschon er damals nur einen gut ausgebildeten Techniker und einen Physiker für das Unternehmensführungsorgan vorsah. Folgt man Kocka, der ein arbeitsteiliges Führungsorgan des Unternehmens als Voraussetzung für Wachstum ansieht, hatte Abbe damit eine Bedingung für das kommende Wachstum der Optischen Werkstätte gelegt.[394]

Nicht aus dem Statut hervor ging die formale Organisation der Zusammenarbeit zwischen Stiftungsverwaltung, Stiftungskommissar und Geschäftsleitung, wenngleich das Verbot von schriftlicher Kommunikation durchaus als Entscheidungsprämisse gesehen werden kann. Vor dessen Hintergrund etablierten sich regelmäßige Sitzungen, die bereits zu Abbes Zeit abgehalten wurden.[395] Die Sitzungen, an denen alle Geschäftsleiter und der Stiftungskommissar teilnahmen, fanden meist in einem Turnus von vier bis sechs Wochen statt und wurden häufig dann einberufen, wenn es um die Klärung konkreter Fragestellungen ging.[396] Seit 1909 nahm auch Friedrich Ebsen[397] als Referent in Angelegenheiten der Carl-Zeiss-Stiftung im Ministerium an den Stiftungssitzungen teil, um mit den „Einrichtungen der

392 Abbe, Motive und Erläuterungen, S. 333.

393 Interessant ist in diesem Zusammenhang die Beschwerde Max Fischers über eine Besprechung von Rudolf Straubel und Paul Fischer mit einem Komptoristen, der prinzipiell Max Fischer unterstellt war. Es wurde festgehalten, dass eine Informierung in anderen Ressorts grundsätzlich zugelassen sei, aber hierbei stets mit großer Vorsicht vorzugehen sei, um die Autorität der Kollegen nicht zu beschädigen. Protokoll der Stiftungssitzung, 30.5.1904, in: CZA, BACZ 23014.

394 In jedem Fall war Abbes arbeitsteiliges Modell ein frühes Beispiel für diese Art von Organisation der Unternehmensführung. So setzte sich zu Ende des 19. Jahrhunderts die Arbeitsteiligkeit der Unternehmensführung zunehmend durch, indem kaufmännischen Experten ein technischer Fachmann beigeordnet wurde. Vgl. Kocka, Industrielles Management, S. 345. Die Betonung des Fachmannwissens dominierte stets innerhalb der Optischen Werkstätte, sodass ein gänzlich anderer Unternehmertyp, der statt auf Fachwissen auf „Energie und Organisationstalent" setzte, wie Kocka aus einem im Jahr 1908 in der Zeitschrift Organisation erschienenen Aufsatz zitiert, nicht vorstellbar war. (Bd. 8, S. 381). Vgl. Kocka, Industrielles Management, S. 353, 355, Fn 100, 356.

395 Werner Plumpe führt bereits Grundsätzliches zu den Sitzungen an, vgl. Plumpe, Die Carl-Zeiss-Stiftung 1896 bis 1933, S. 134.

396 In den Quellen werden die Sitzungen als Geschäftsleitersitzungen oder Stiftungssitzungen benannt. Gesammelt liegen alle Protokolle vollständig vom 8.6.1903 bis 1933 (und darüber hinaus) vor, siehe CZA, BACZ 22259 und CZA, BACZ 1711. Für die Zeit vor dem 8.6.1903 sind einzelne Protokolle in den Stiftungsakten zu finden.

397 Friedrich Ebsen wurde 1909 zum Stiftungsreferenten berufen und war von 1912 bis 1933 im Amt des Stiftungskommissars tätig.

Betriebe" bekannt zu werden.[398] Nach Ebsens Ernennung zum Stiftungskommissar im Jahr 1912 kam der ihm als Referent nachfolgende Regierungsrat Hans Guyet hinzu.[399] In besonderen Fällen war auch der Chef[400] der Stiftungsverwaltung anwesend.[401]

Sonstige Teilnehmer von Seiten der Stiftungsverwaltung im gesamten Betrachtungszeitraum waren Finanzrat Carl Haubold[402] für Fragen der Stiftungsrechnung und auf Seiten der Geschäftsleitung seit Ende 1906 regelmäßig der Syndikus der Optischen Geschäftsleitung, Paul Fischer. Nach dem Krieg erweiterte sich der Teilnehmerkreis deutlich und wurde diverser. Zum einen nahmen nun unregelmäßig Otto Schott und gelegentlich einige seiner Geschäftsleiter teil, zum anderen war die Stiftungsverwaltung nun oft durch den – häufiger wechselnden – Minister[403] vertreten sowie seit 1924 in beinahe allen Sitzungen zusätzlich vom Ministerialrat.[404]

---

398 Carl Rothe an Geschäftsleitung Zeiss, 1.4.1909, in: CZA, BACZ 9203. Ab 1915 war Ernst Wuttig Referent in Angelegenheiten der Stiftung. Vgl. in dieser Arbeit zu den Gründen für die Einführung des Stiftungsreferenten, S. 210.

399 Protokoll der Stiftungssitzung, Nr. 330, 12.1.1913, in: CZA, BACZ 1484.

400 Das politische System des Kaiserreichs sorgte für eine große Kontinuität in Bezug auf die Besetzung dieses Amts: Von 1889 an gab es zwar fünf verschiedene Vorsitzende der Stiftungsverwaltung (Gottfried Theodor Stichling seit 1889, Adolf Guyet seit 1890, Rudolph von Gross seit 1891, Alfred von Boxenberg seit 1893, Rudolf von Pawel-Rammingen seit 1898), ab 1901 bis zum Jahr 1918 hatte jedoch nur Carl Rothe dieses Amt inne.

401 Dies war etwa dann der Fall, wenn die Geschäftsleitung in Konflikt mit der Stiftungsverwaltung geriet, siehe die Auswertung in dieser Arbeit, Fn 803.

402 Die Buchführung der Carl-Zeiss-Stiftung wurde vom Revisor des Departements des Kultus, Finanzrat Carl Haubold, erledigt. Haubold war seit Gründung der Stiftung für diese tätig, und dies über seine Pensionierung als Staatsbeamter im Jahr 1924 hinaus bis zum Ende des Jahres 1932. Seine Aufgabe bestand darin, regelmäßige Übersichten und Kontoauszüge anzufertigen und auf deren Grundlage für Stiftungskommissar und Geschäftsleitungen der Stiftungsbetriebe eine jährliche Übersicht über laufende Einnahmen und Ausgaben sowie den Vermögensbestand und die im Rechnungsjahr entstandenen Veränderungen vorzulegen. Zudem fertigte er die jährliche Rechnungslegung für Stiftung und Stiftungsbetriebe an. Anonym an Carl-Zeiss-Stiftung, 3.4.1930, in: CZA, St 69. Der Brief stammt höchstwahrscheinlich von Carl Haubold.

403 Seit 9.11.1918 war zunächst August Bauer Staatminister. Dem darauffolgenden Staatsminister Arnold Paulsen (1919–1921) folgte als Thüringischer Volksbildungsminister des neuen Freistaates Thüringen Max Greil. Diesem folgten Richard Leutheusser (1924–1928), Arnold Paulsen (1928–1930), Wilhelm Frick (1930–1931) und schließlich Wilhelm Kästner (1931–1932) und Fritz Wächtler (1931–1932). Aufstellung „Chefs der Stiftungsverwaltung", in: CZA, BACZ 7792.

404 Aufstellung „Referenten der Stiftungsverwaltung", in: CZA, BACZ 7792. Friedrich Stier besetzte seit 1918 in der Kultusverwaltung des Freistaats Sachsen-Weimar-Eisenach eine Ministerialstelle. 1922 bekam er zusätzliche Kompetenzen des aufgelösten Kuratoramts der Universität Jena übertragen, sodass er für mehr als zwanzig Jahre eine „Schlüsselposition der Thüringer Hochschulpo-

Die in diesen Sitzungen getroffenen Entscheidungen wurden in Form eines Ergebnisprotokolls festgehalten. Eine weit ausführlichere Dokumentation erfolgte in binnen kurzem vom Stiftungskommissar erstellten Verlaufsprotokollen, die um einordnende Hintergrundinformationen ergänzt waren und von Vollert und Ebsen zur Informierung des Ministers genutzt wurden.[405] Lediglich wenn dieser selbst teilgenommen hatte, fielen die Erläuterungen kürzer aus. Die Themen der Sitzungen betrafen sowohl das Unternehmen wie die Stiftung.[406] Die Protokolle der Weimarer Jahre verzeichnen wesentlich weniger unternehmerische Themen, der Schwerpunkt ist hier auf Bewilligungsthemen und andere Fragen der Stiftung verlagert. Aus den Quellen ist ersichtlich, dass die Treffen zwar eine wichtige Säule des Informationsflusses zwischen Stiftungsbetrieben und Stiftungsverwaltung waren, aber zwischen den Sitzungen ein reger Briefverkehr stattfand. Dass sich Stiftungsverwaltung, Stiftungskommissar und Geschäftsleitung damit über das Verbot der Schriftlichkeit hinwegsetzten, resultierte vermutlich auch aus der in den zehn Jahren seit Entstehen des Statuts erkennbaren Potenzierung der zu besprechenden Angelegenheiten.[407] Durch den rasanten Wandel der Optischen Werkstätte war das Statut von 1896 in diesem Punkt bereits innerhalb weniger Jahre überholt.

5.2.2 Personal

Nach dem Rückzug von Roderich Zeiss im Jahr 1889 bestand die Geschäftsleitung zunächst aus Ernst Abbe und seit 1891 aus Otto Schott, Ernst Abbe als Bevollmächtigten und dem 1884 eingestellten Siegfried Czapski. Ein Kaufmann war noch nicht vertreten, denn zu diesem Zeitpunkt erschienen Abbe die kaufmännischen Tätigkeiten „geordnete Buchführung und Kassenverwaltung“ noch als „sehr einfa-

---

litik“ einnahm. Vgl. Faludi, Christian: „Stier, Friedrich Otto Alfred Walter“, in: Mieth, Matias/Stutz, Rüdiger (Hrsg.): Jena. Lexikon zur Jenaer Stadtgeschichte, Berching 2018, S. 626–627.

405 Siehe beispielsweise die Stiftungsakten für die Jahre vor dem Ersten Weltkrieg sowie CZA, BACZ 1489 für die Jahre danach. Die Protokolle wurden unter anderem mit Hilfe von Paul Fischer angefertigt.

406 Das Glaswerk Schott ging am 1. April 1919 vollständig in den Besitz der Carl-Zeiss-Stiftung über. Die Angelegenheiten des Glaswerks wurden schon in den Sitzungen thematisiert, als dieses erst zur Hälfte der Stiftung gehörte und die Entscheidungshoheit bei Otto Schott lag, vgl. hierzu Protokoll der Stiftungssitzung, 22.4.1903, in: CZA, BACZ 23012.

407 Siehe etwa im anschließenden Kapitel „Verdienst der Geschäftsleitung“ die Forderung der Geschäftsleitung nach der Erhöhung ihres Gehalts, begründet mit der höheren Arbeitslast, sowie Siegfried Czapskis Vergleich der Geschäftslage 1896 und 1906, siehe Siegfried Czapski an Max Vollert, 22.11.1905, in: CZA, BACZ 23018.

che Aufgaben".[408] Gleichwohl wurde der erste Angestellte mit kaufmännischer Ausbildung, Max Fischer, durch Ernst Abbe bereits am 1. Februar 1890 eingestellt.[409] Die Einstellung war ein Ergebnis der veränderten Geschäftsleitersituation nach dem Rückzug Roderich Zeiss' und der daraus resultierenden Konfrontation Abbes mit allgemeinen unternehmerischen Aufgaben. So sollte Max Fischer Abbe zunächst in kaufmännische Themen einarbeiten – eine Aufgabe, die Fischer retrospektiv folgendermaßen schilderte:

> Die Art des Arbeitens von *Ernst Abbe* [Kursivierung im Original, J.S.] war bei allen an ihn herantretenden Aufgaben die gleiche; mochte er in dem ihm durch das Studium vertrauten physikalischen, mathematischen und technischen Wirkungskreis oder auf juristischem und kaufmännischem Gebiet sich betätigen, überall ging er tiefgründig vor. Voraussetzungslosigkeit, zähes Forschen und unerbittliche Logik bestimmten sein Handeln.[410]

Anschließend berichtete Max Fischer, wie er über zwei Jahre lang einer zweistündigen Befragung zu seiner geschäftlichen Tätigkeit unterzogen wurde. Abbe kritisierte „jede vollbrachte Arbeit, sogar jede einzelne Korrespondenz auf ihre Wirkung auf die Empfänger der Briefe, deren Partei er beim Kreuzverhör verfocht." Nach zwei Jahren schließlich habe Abbe die detaillierten Befragungen plötzlich abgebrochen und seitdem nur noch über grundsätzlich wichtige kaufmännische Vorgänge entschieden.[411] Möglicherweise hatte Abbe während dieser Einarbeitungsphase die Bedeutung der kaufmännischen Expertise für die Geschäftsleitung eines rasch wachsenden Unternehmens erkannt und ebenfalls die damit einhergehende Notwendigkeit, einen Kaufmann in die Geschäftsleitung aufzunehmen; 1895 jedenfalls wurde Max Fischer zum Geschäftsleiter ernannt. Das Wachstum des Unternehmens begleitend wurden Stabsstellen errichtet, die der Unterstützung der Geschäftsleitung dienen sollten. Besonders der im Sommer 1901 eingestellte Syndikus Paul Fischer entwickelte sich zu einem bedeutsamen Mitarbeiter, der alle Angelegenheiten der Geschäftsleitung mit juristischer Sachkenntnis begleitete.[412]

Nach Abbes Rückzug aus der Geschäftsleitung im April 1903 trat an dessen Stelle als Bevollmächtigter der Stiftung der vorige Stellvertreter Czapski. Auch in den

---

408 Diese Einschätzung der Bedeutung der kaufmännischen Tätigkeit drückte sich in der von Abbe verfassten „Denkschrift vom 4. Dezember 1887" aus, in der er sich eindeutig gegen die Aufnahme eines Vertreters der kaufmännischen Verwaltung in die Geschäftsleitung aussprach. Siehe Abbe, Denkschrift vom 4. Dezember 1887, S. 74.

409 Vgl. Schomerus, Geschichte, S. 108.

410 Fischer, Abbe als Industrieller, S. 90.

411 Vgl. ebd., S. 90 f.

412 Auszug aus dem Anstellungs-Vertrag des Herrn Rechtsanwalt Dr. Fischer mit der Firma Carl Zeiss, 27.8.1901, in: CZA, BACZ 8052.

Folgejahren wurde so verfahren, dass dem Bevollmächtigten sein Stellvertreter nachfolgte. Nach dem Tode Czapskis im Jahr 1907 wurde Max Fischer zum Bevollmächtigten der Stiftung, und Rudolf Straubel[413] sein Stellvertreter. Für Czapski trat im Jahr 1908 Walther Bauersfeld in die Geschäftsleitung ein, dessen Ausbildung der statutarischen Anforderung eines Geschäftsleiters für das Ressort Technik entsprach.[414] Mit Bauersfeld rückte zudem erstmalig ein Angestellter in die Geschäftsleitung auf, der Abbe nicht mehr persönlich erlebt hatte. Bis nach dem Ende des Ersten Weltkriegs bestand die Geschäftsleitung aus drei Personen. Durch die Einstellung von August Kotthaus[415] wurde sie im Jahr 1919 schließlich um ein zusätzliches Mitglied vergrößert. Ein weiterer Personalwechsel wurde durch den Rückzug Max Fischers 1926 motiviert, für den Paul Henrichs[416] eintrat.

5.2.3 Verdienst der Geschäftsleitung

Die Corporate Governance der Optischen Werkstätte sah – abgesehen von den für alle Mitarbeiter geltenden Remunerationen nach Paragraph 95 – für die Geschäftsleitung keine spezifischen Anreize vor, wie sie für Angestellten-Unternehmer üblich waren und es bis heute sind: Ein Aktienbesitz an der Optischen Werkstätte war für die Geschäftsleiter aufgrund der Unternehmensform nicht möglich und leistungsabhängige Boni hatte Abbe explizit ausgeschlossen. So gab Paragraph 28 vor, dass die Geschäftsleiter keine „Bezüge haben [dürften, J.S.], deren Höhe abhängig ist vom Bruttogewinn, Reingewinn oder Betriebsüberschuß der ihrer Leitung unterstellten Firma oder eines Betriebszweiges derselben." Auch ein weiteres „besoldetes Amt", wie etwa ein Aufsichtsratssitz, war den Geschäftsleitern versagt (§ 28).[417] Diese Vorschriften entsprachen ganz Abbes Anliegen, gewinnmaximie-

413 Der Physiker Rudolf Straubel (1864–1943) war von 1903 bis 1933 Geschäftsleiter der Optischen Werkstätte, daneben auch viele Jahre in der Geschäftsleitung des Glaswerks vertreten und seit 1927 Bevollmächtigter der Stiftung. Vgl. Schomerus, Geschichte, S. 312.

414 Walther Bauersfeld (1879–1959) studierte Maschinenbau an der Technischen Hochschule Charlottenburg und trat 1908 in die Geschäftsleitung Zeiss ein, nachdem er dort bereits von 1905 bis 1907 gearbeitet hatte, Bauersfeld Walther: Lebensbeschreibung, 14.9.1945, in: CZA, BACZ 13671.

415 Der Diplom-Ingenieur August Kotthaus (1884–1941) war von 1919 bis 1931 Geschäftsleiter der Optischen Werkstätte. Zuvor hatte er seit Sommer 1910 rund neun Jahre als Betriebs-Ingenieur bei Zeiss gearbeitet. Vgl. Schomerus, Geschichte, S. 318 f.

416 Paul Henrichs (1882–1962) arbeitete bereits seit März 1901 als kaufmännischer Angestellter in der Optischen Werkstätte, bevor er im Jahr 1926 in die Geschäftsleitung berufen wurde.

417 Die sozialistische Forschungsliteratur der 1960er Jahre macht den Geschäftsleitern den Vorwurf sich über Aufsichtsratssitze finanziell bereichert zu haben – entgegen des Statuts. Vgl. Fischer, Alarich: Der Kampf zwischen den Arbeitern und den kapitalistischen Managern des Zeiß-Konzern –

rendes Streben nur an rein sachlichen und nicht an persönlichen Motiven auszurichten.

Stattdessen hatte Ernst Abbe einen indirekten Anreiz für die Geschäftsleitung gesetzt, der in der Koppelung der Durchschnittshöhe der Mitarbeiter an die Spitzengehälter, also die Gehälter der Geschäftsleiter, bestand. Die „Solidarität der Interessen aller" im Unternehmen, in der Abbe eine „Lebensfrage für die gedeihliche Fortentwicklung der Stiftungsunternehmungen" sah, sollte durch ein Lohnsystem hergestellt werden, dessen Abhängigkeitsbeziehung die Höhe der Spitzengehälter in Bezug auf die Durchschnittslöhne der Arbeiter regelte (§ 94). Abbe versprach sich davon die Motivierung der Geschäftsleiter, da diese durch eine erfolgreiche Unternehmensführung und die damit einhergehende verbesserte Lohnsituation der Beschäftigten mittelbar Einfluss auf die Erhöhung ihrer eigenen Gehälter nehmen könnten.[418] Mit den vergleichsweise niedrigen Geschäftsleitergehältern wollte Abbe zudem der in Großunternehmen üblichen „exorbitante[n] Dotierung" von Vorstandsmitgliedern Grenzen setzen, standen sie seiner Meinung nach doch weder im Verhältnis zu dem Lohn der niedrig beschäftigten Mehrheit der Mitarbeiter noch im Verhältnis zum „objektiven wirtschaftlichen Wert der Arbeitsleistung". So hielt Abbe selbst die oberen Beamten zu einem gewissen Grad für austauschbar, was sich auch in ihrer Vergütung ausdrücken sollte.[419]

Die Beschränkung des Geschäftsleitergehalts wurde im Herbst 1905 zu einem viel diskutierten Thema der Stiftungssitzungen, als das Leitungsmitglied Rudolf Straubel von der Universität Rostock einen Ruf auf einen Lehrstuhl, vermutlich des Physikalischen Instituts, erhalten hatte.[420] Da die Optische Werkstätte im Vergleich

---

Ausdruck des Antagonismus ihrer Klasseninteressen (Diss Jena 1960), CZA, BACZ 23401, S. 37. Die Geschäftsleiter hatten durchaus hohe Einnahmen durch Aufsichtsratssitze wie August Kotthaus im Jahr 1930, in welchem er rund 5.300 Reichsmark für einen Aufsichtsratssitz der Zeiss Ikon AG, 1.000 Reichsmark für einen Aufsichtsratssitz der Emil-Busch-AG und 800 Reichsmark für einen Aufsichtsratssitz der C.P. Goerz AG Bratislava bezog. Kotthaus, August: Angaben über Gesamteinkommen, 3.7.1933, in: CZA, BACZ 8421. Damit ist aber noch nicht gesagt, dass die Geschäftsleiter diese Summen nicht doch an die Stiftung abführten.

418 Vgl. Abbe, Motive und Erläuterungen, zu § 94, S. 365f. Zudem zeigen die Kapitel „Stiftungspolitik" und „Finanzierungspolitik", wie komplex sich die Verteilungswirklichkeit der Stiftungserträge gestaltete, sodass die Erhöhung der Gewinne nicht zwangsläufig zu der Erhöhung von Löhnen und Gehältern geführt hätte. Die Wirksamkeit dieses von Abbe als Anreiz erdachten Instruments kann daher stark angezweifelt werden.

419 Vgl. Abbe, Motive und Erläuterung, zu § 94, S. 365.

420 In den Quellen nicht explizit benannt, aber bei Schielicke nachzulesen ist, dass Rudolf Straubel an das Physikalische Institut der Universität Rostock berufen wurde. Vgl. Schielicke, Reinhard E.: Rudolf Straubel 1864–1943, Jena 2017, S. 205. Siehe auch Mahnke, Reinhard: Die Mathematisch-Naturwissenschaftliche Fakultät, in: Maeß, Gerhard (Hrsg.): Mögen viele Lehrmeinungen um die eine Wahrheit ringen – 575 Jahre Universität Rostock, Rostock 1994, S. 219–249, hier: S. 229.

der Grundgehälter gegenüber der Universität schlechter abschnitt, forderte Straubel eine Erhöhung seines Gehalts ebenso wie eine Beteiligung am Reingewinn einer zu begründenden Scheinwerferabteilung, die seine Erfindung des Schleifverfahrens verwerten sollte.[421] Letzteres wurde von Stiftungsverwaltung und Geschäftsleitung übereinstimmend als statutenwidrig in Hinsicht auf Paragraph 25 abgelehnt, der bestimmte, dass die „Ernennung [...] kein besonderes Amt, sondern nur den Auftrag zur Teilnahme an den in §§ 8 u. f. dieses Statuts bezeichneten Funktionen" begründe.[422]

Die Geschäftsleitung nutzte hier – wie in vielen anderen Fällen auch – Paragraph 95 als Kompensationsinstrument, um die Auflagen des Statuts zu umgehen und Straubels Forderungen Rechnung tragen zu können. Dieser Paragraph sah vor, dass Remunerationen als Sondervergütung zur Prämierung ausgezahlt werden konnten. Die Geschäftsleitung bezeichnete die Remunerationen ausdrücklich als einzige Möglichkeit, um eine „Ausgleichung" in den Gehaltsverhandlungen mit Straubel herbeizuführen.[423] So wurde auf Straubels Diamantschleifverfahren eine Lizenz genommen, aus deren Verwertung dieser Remunerationszahlungen erhalten sollte.[424] Solche Zahlungen wurden üblicherweise als Tantiemen bezeichnet, allerdings waren diese durch das Statut untersagt. So war es weniger eine sachliche als eine semantische Lösung, die Paragraph 95 herbeiführte. Am 9. Oktober 1905 wurde

421 Die Straubel angebotene Summe ist nicht zu rekonstruieren, allerdings ist der Sekundärliteratur zu entnehmen, dass Adolf Heydweiller, der schließlich im Jahr 1908 ordentlicher Professor für (Experimental-)Physik in Rostock wurde, insgesamt eine Summe von Gehalt und Nebenbezügen von 12.500 Mark mit der Option auf eine Erhöhung auf insgesamt 15.000 Mark erhielt. Adolf Heydweiller an Geheimen Oberregierungsrat Ludwig Elster, 31.8.1907, abgedruckt, in: Spenkuch, Hartwin (Hrsg.): Preußische Universitätspolitik im Deutschen Kaiserreich. Dokumente zu Grundproblemen und ausgewählten Professorenberufungen in den Philosophischen Fakultäten zur Zeit Friedrich Althoffs (1897 bis 1907), Berlin/Boston 2018, S. 722. Das war nur unwesentlich mehr als das, was den Geschäftsleitern schließlich im Mai 1905 zugesagt wurde, wie auf den nächsten Seiten des Fließtexts dargestellt wird.

422 Daraufhin machte Rudolf Straubel den Vorschlag, gemeinsam mit der Optischen Werkstätte eine Gesellschaft zur Verwertung des Schleifverfahrens zu gründen. Aufgrund der schlechten Erfahrungen mit Max Pauly als Teilhaber der astronomischen Abteilung von Zeiss wurde dies aber von der Geschäftsleitung zurückgewiesen und darüber hinaus auch grundsätzlich als nicht „angängig" bezeichnet. Protokoll der Stiftungssitzung, Nr. 195, 27.9.1905, in: CZA, BACZ 23018.

423 Protokoll der Stiftungssitzung, Nr. 195, 27.9.1905, in: CZA, BACZ 23018. Diese Art der Verwendung von Remunerationen wurde vielfach genutzt, um Gehaltsverhandlungen mit wissenschaftlichen Mitarbeitern zu einem positiven Abschluss zu führen. Siehe hierzu das Unterkapitel „Remunerationen".

424 Die Lizenz sah für Straubel 0,2 % der Lizenzeinnahmen von optischen und 0,5 Prozent von nicht-optischen Betrieben sowie 12 % des Reingewinns auf die für die Scheinwerfer verwendeten Spiegel vor. Protokoll der Stiftungssitzung, Nr. 196, 9.10.1905, in: CZA, BACZ 23018.

in der Geschäftsleitersitzung festgelegt, dass der Anstellungsvertrag von Straubel formuliert werden sollte, um ihn der Stiftungsverwaltung zur endgültigen Abnahme vorzulegen.[425]

In den folgenden Stiftungssitzungen der Jahre 1905 und 1906 suchten die drei Geschäftsleiter Czapski, Fischer und Straubel wiederholt nach Möglichkeiten, um ihr Gehalt zu erhöhen. Nachdem zunächst eine positive Entscheidung zu Gunsten einer sogenannten Funktionszulage für die Geschäftsleiter getroffen worden war, die eine einmalige Zahlung von 1.000 Mark bei Beginn der Geschäftsleitungstätigkeit sowie dieselbe Summe nach fünf und zehn Jahren vorsah, schlug Czapski im Juni 1905 vor, den Mitgliedern der Geschäftsleitung zusätzlich eine feste Vergütung als „Repräsentationsaufwand" zu zahlen.[426] Seine Begründung für diesen Vorschlag ist bemerkenswert: In einem Brief an den Stiftungskommissar Vollert im selben Monat hatte er eingeräumt, bei diesem Thema bisher Abbe gegenüber „aus Befangenheit nicht gründlich genug mit der Sprache herausgerückt zu sein". Er selbst halte es allerdings „für ebenso <u>unbillig</u> als – vom rein geschäftlichen Standpunkt – <u>unklug</u>", wenn die Geschäftsleiter, „die ihre ganze Kraft für die Interessen der Stiftungsbetriebe und damit der Stiftung überhaupt einsetzen, wenn diesen Männern materielle Sorgen um sich selbst und Familie nicht thunlichst abgenommen werden."[427] Czapskis Vorschlag zielte auf eine jährliche Zahlung des Repräsentationsaufwandes ab, der sich für ihn selbst auf 2.000 Mark, für Fischer und Straubel auf je 1.000 Mark belaufen sollte.[428] Die Repräsentationsaufwände waren dabei offenbar nicht nur eine rhetorische Begründung, um das Gehalt über eine zusätzliche regelmäßige Zahlung aufzubessern, sondern ihnen standen laut Czapski tatsächliche Aufwände der Geschäftsleiter gegenüber.[429] Die Stiftungsverwaltung lehnte eine regelmäßig zu zahlende Summe zwar ab, beabsichtigte stattdessen jedoch ab dem Jahr 1906 eine Summe von 5.000 Mark zur Verfügung zu stellen, die für alle Beamten mit erworbenem Anspruch auf Repräsentationsaufwand vorgesehen war. Über die Verteilung sollte am Jahresschluss beschlossen werden, wobei der Stiftungskommissar mitentscheiden sollte.[430] Auch auf die Höhe der Repräsentationsgelder wurde von der Stiftungsverwaltung streng geachtet, da in Hinblick auf Paragraph 94,2 diese Zah-

425 Protokoll der Stiftungssitzung, Nr. 196, 9.10.1905, in: CZA, BACZ 23018.

426 Protokoll der Stiftungssitzung, Nr. 183, 2.2.1905, in: CZA, BACZ 23015.

427 Siegfried Czapski an Max Vollert, 10.6.1905, in: CZA, BACZ 23018.

428 Protokoll der Stiftungssitzung, Nr. 190, 3.6.1905, in: CZA, BACZ 23018.

429 Welche Aufwände mit „materiellen Mittel[n]" Czapski konkret meinte, sparte er im Brief aus. Gemeint sind vermutlich Ausgaben für Geschäftsreisen u. ä. Siegfried Czapski an Max Vollert, 10.6.1905, in: CZA, BACZ 23018.

430 Protokoll der Stiftungssitzung, Nr. 192, 13.7.1905, in: CZA, BACZ 23018.

lung nur als Entschädigung „für tatsächlich gehabte Auslagen" gesehen werden durfte. [431]

Ein weiteres Argument für höhere Gehälter brachten die Geschäftsleiter im Mai 1906 vor, als sie auf die durch das starke Wachstum der Optischen Werkstätte zugenommene „Arbeitslast" und Verantwortung verwiesen.[432] So habe sich der Umsatz der Optischen Werkstätte zum Zeitpunkt der Verabschiedung des Stiftungsstatuts auf zwei Millionen Mark belaufen, während er nun bei sechs Millionen Mark liege. Besonders im Vergleich zu Direktoren anderer Unternehmen falle auf, wie sehr Paragraph 94 das Einkommen der Geschäftsleiter beschränke. Damit hatten die Geschäftsleiter durchaus Recht: 10.000 bis 13.000 Mark an Grundgehalt erhielten die Geschäftsleiter zu diesem Zeitpunkt, ein Gehalt, das dem Vergleich mit Unternehmern anderer Spitzenunternehmen nicht standhielt.[433] Um daher die Gehälter der Geschäftsleitung zu erhöhen, wurde sogar die Änderung des betreffenden Paragraphen 94 angeregt, wenngleich sich die Geschäftsleitung der Schwierigkeiten dieses Vorgehens bewusst war und dieses wohl rasch durch die Stiftungsverwaltung verworfen wurde. Eine Lösung sahen die Geschäftsleiter schließlich darin, dass das für ihre Position vorgesehene Höchstgehalt möglichst frühzeitig erreicht werden sollte. Im Mai 1906 wurde für alle drei Mitglieder der Geschäftsleitung ein Grundgehalt von 12.000 Mark jährlich festgelegt, zu dem Repräsentationsgelder und Funktionszulagen kamen.[434] Offen blieb zwischen Geschäftsleitung und Stiftungsverwaltung noch die Frage nach der Höhe der Funktionszulagen, für welche zunächst der Durchschnittsverdienst der Arbeiter geklärt werden musste.[435] Fraglich war, ob bei dessen Berechnung nur alle über 24 Jahre alten, in der optischen Werkstätte oder im Glaswerk mindestens drei Jahre tätigen männlichen Arbeiter einbezogen werden sollten, in welchem Falle sich der Durchschnittsverdienst auf 1.683 Mark jährlich belaufen hätte. Falls auch die weiblichen Arbeiterinnen des Glaswerkes in die Rechnung einbezogen würden, sänke dieser auf 1.639 Mark. Da

---

431 Protokoll der Stiftungssitzung, Nr. 209, 20.6.1906, in: CZA, St 218.

432 Das Verlaufsprotokoll von Max Vollert datiert die Sitzung auf den 29.5.1906, das Protokoll in CZA, St 218 hingegen auf den 28.5.1906.

433 Vorstände anderer Spitzenunternehmen in jedoch zumeist größeren Branchen verdienten weitaus mehr. Völlig andere Dimensionen erreichte beispielsweise das Generaldirektorengehalt von dem in der chemischen Industrie tätigen Carl Duisberg in Höhe von 100.000 Mark, das er im Jahr 1912 von Bayer erhielt. Vgl. Plumpe, Duisberg, S. 370.

434 Protokoll der Stiftungssitzung, Nr. 208, 28.5.1906, in: CZA, St 218. Abschrift aus den Akten des Kultus-Departements, 29.5.1906, in: CZA, St 220. Der erst am 1.5.1908 eingetretene Walther Bauersfeld erhielt 8.000 Mark und eine Funktionszulage von 2.000 Mark jährlich. Das Doppelte sollte er ab 1.10. 1917 erhalten, wie bei seiner Einstellung festgelegt wurde (Gehalt inklusive Funktionszulage). Departement des Kultus an Walther Bauersfeld, 18.4.1908, in: CZA, BACZ 9203.

435 Protokoll der Stiftungssitzung, Nr. 207, 9.5.1906, in: CZA, St 218.

Czapski sich zwar erinnern konnte, dass Abbe in seinen Berechnungen stets nur den Durchschnittsverdienst der Männer mit einbezogen hatte, der allgemeine gesetzliche sowie der Sprachgebrauch des Statuts aber beide Geschlechter implizierte, wurde diese Entscheidung der Stiftungsverwaltung übertragen.[436] Nachdem die Stiftungsverwaltung die Entscheidung gefällt hatte, dass Frauen bei der Berechnung des durchschnittlichen Arbeitsverdienstes zu berücksichtigen seien, sollte das Maximum der Funktionszulagen bei rund 4.200 Mark liegen.[437]

Der errechnete Unterschied zwischen den beiden Bemessungsgrundlagen in Hinblick auf die Funktionszulage war marginal, das Beispiel zeigt aber sehr gut, welcher Aufwand teilweise betrieben wurde, um Entscheidungen mit dem Stiftungsstatut überein zu bringen. Zudem sind weitere Punkte an der Diskussion um die Gehälter der Unternehmensleitung bemerkenswert. Zum einen rückte die Frage nach einer Erhöhung des Gehalts bereits kurze Zeit nach Abbes Tod auf die Tagesordnung, obwohl sein Tod nicht zu einer Vermehrung der Arbeitslast geführt hatte. Prinzipielle Fragen der Arbeitsorganisation wurden während Abbes Lebenszeit aus Respekt vor seiner Person nicht angesprochen, wie Czapski an Vollert geschrieben hatte. Zum anderen machten die Geschäftsleiter bereits im Mai 1906 deutlich, dass die Grenzen des Gehalts zu diesem Zeitpunkt im Missverhältnis zu ihrer Tätigkeit standen. Gleichsam wurde offenbar, dass die Corporate Governance der Optischen Werkstätte persönlichen Interessen tatsächlich keinen Vorschub leistete, da die Geschäftsleiter die einzige Möglichkeit für die Erhöhung ihrer Gehälter in der nur sehr schwer möglichen Änderung des Statuts sahen.[438] Interessant ist ferner, dass die Stiftungsverwaltung in der Frage, ob die Verdienste der Frauen in die Durchschnittslöhne einzubeziehen wären, sich von Abbes Vorgaben emanzipierte, die Czapski aktualisiert hatte, und zu einer eigenen, von Abbe abweichenden Interpretation gelangte, die zudem letztlich in der Diskussion um höhere Gehälter den Geschäftsleitern zum Nachteil gereichte.

---

436 Abschrift aus den Akten des Kultus-Departements, 29.5.1906, in: CZA, St 220. Protokoll der Stiftungssitzung, Nr. 208, 28.5.1906, in: CZA, St 218.

437 Protokoll der Stiftungssitzung, Nr. 209, 20.6.1906, in: CZA, St 218. Fragen der Berechnungsgrundlage für die Maximalgehälter der Geschäftsleitung wurden wiederholt von der Stiftungsverwaltung geprüft, wie beispielsweise 1910, als unklar war, ob die Löhne des Glaswerks einbezogen werden sollten. Schreiben von Max Vollert, vermutl. an Departement des Kultus, 29.9.1910, in: CZA, St 220. Die Klärung wurde durch die Auslegung des Statuts herbeigeführt.

438 Die Bestimmungen des § 94 wurden schließlich 1941 durch eine Statutenänderung gelockert, da sie sich „seit langem als bedenkliches Hemmnis gesunder Fortentwicklung der Stiftungsbetriebe erwiesen" hätten, wie eine Begründung für die Statutenänderung festhält. Dies hätte die Personalpolitik der letzten 50 Jahre beeinflusst, da angemessene Führungskräfte nicht angeworben bzw. gehalten hätten werden können. Solche Fälle sind für den Betrachtungszeitraum jedoch nicht bekannt. Unbekannter Verfasser, 29.7.1941, in: CZA, BACZ 8443.

An der Verdienstsituation der Geschäftsleiter änderte sich daher aufgrund der eindeutigen Vorgaben der Unternehmensverfassung im betrachteten Untersuchungszeitraum nur wenig, wenngleich die Gehälter zumindest – wie es die Geschäftsleitung gegenüber der Stiftungsverwaltung durchgesetzt hatte – das Maximalniveau schnell erreichten. Damit war auch der letzte Anreiz für die Geschäftsleitung entfallen, nicht nach opportunistischen Interessen zu entscheiden. Eine solche Anreizgestaltung war innerhalb einer Unternehmensorganisation, die nur einen fiktiven Prinzipal kannte, der nicht zur Sicherstellung seiner Interessen aktiv werden konnte, durchaus gewagt. Abbe hatte diese Problematik zu Lebzeiten durchaus erkannt:

> Was aber schwerer ins Gewicht fällt und vielen Sorge macht, ist die Notwendigkeit, aus unserem Wirkungskreis manches ausschließen zu müssen, was zur Zeit meist für unentbehrlich in industriellen Unternehmungen angesehen wird – namentlich bei der Regelung der Rechte und Interessen der verschiedenen Personengruppen innerhalb der Organisation.[439]

Deshalb würden der Unternehmensleitung „manche Vorzüge und Vorteile vorenthalten werden, welche in der Großindustrie öfters als die eigentlich wirksamen Triebfedern erfolgreicher Betätigung gelten." Die Folge sei, dass die Unternehmensorganisation Menschen brauche, die besondere „Kräfte und Eigenschaften" aufbieten würden: „weniger Selbstsucht, mehr Gemeinsinn – weniger äußerer Ehrgeiz, mehr Sinn für den inneren Wert menschlicher Arbeit – weniger Gehorsam, mehr freie bewußte Pflichterfüllung und einiges mehr […]."[440] Folgt man dem Urteil von Abbes Biographen Felix Auerbach, der Abbes Persönlichkeit als außergewöhnlich bescheiden und frei von Dünkel, sich an sachlichen Prinzipien orientierend und skeptisch in Bezug auf Oberflächlichkeiten beschrieb, entsprach diese Stellenbeschreibung für die Geschäftsleiter vor allem Abbes eigenem Charakter.[441]

Die fehlenden Anreize für die Geschäftsleitung sollten laut Abbe also durch die spezifische Gesinnung und intrinsische Motivation der Geschäftsleiter kompensiert werden, die sich tatsächlich in einer Selbstbeschreibung der Geschäftsleitung aus dem Juni 1919 widerspiegelte. So bezeichnete die Geschäftsleitung „die Förderung des Werkes als ihre Lebensaufgabe".[442] Zudem scheint, ohne an dieser Stelle psychologisieren zu wollen, die Rekrutierung von Geschäftsleitern in Hinblick auf die von Abbe beschriebenen Charakterzüge erfolgreich gewesen zu sein. Für den Abbe in vielen Eigenschaften ähnlichen Siegfried Czapski gilt dies in jedem Fall. So

---

439 Abbe, Gedächtnisrede, S. 92.
440 Ebd.
441 Auerbach, Ernst Abbe, S. 142.
442 Geschäftsleitung des Zeißwerks, „An alle Betriebsangehörigen!" 27.6.1919, in: CZA, BACZ 521.

schrieb dieser selbst im Juni 1905, als er wohl höhere Gehälter oder Zulagen beantragt hatte, für den Fall, dass diese ihm nicht gewährt würden, die Stiftungsverwaltung und „die anderen, wohlhabenderen, [!] Mitglieder der Geschäftsleitung [könnten, J.S.] ohne Sorgen sein: ich werde mich [...] nicht in den Schmollwinkel setzen oder auf die Bärenhaut legen [...] unter Voranstellung des ‚Prinzips der Erhaltung der Gesundheit'"[443] Der Grund dafür liege für ihn in der Bedeutung von Stiftung und Unternehmen. Diese seien „nun einmal ein Stück von mir selbst geworden, von mindestens gleicher Bedeutung wie meine Familie und ich werde fortfahren, so gut ich es vermag, mit allen mir zu Gebote stehenden Mitteln und Kräften für sie zu wirken."[444] Eine hohe Arbeitsmoral lässt sich auch für Max Fischer[445] und Rudolf Straubel belegen.[446] Für letzteren beantragte der Stiftungskommissar Max Vollert[447] eine irreguläre Gehaltserhöhung um 2.000 Mark mit dem Argument, dass Straubel „die gesamte technische Leitung der Optischen Werkstätte" innehätte und dass „dessen energischer Initiative und rastloser aufreibender Arbeit die bis jetzt günstige Entwicklung der Firma Carl Zeiss hauptsächlich zu verdanken ist."[448] Siegfried Czapski sah in Straubel beinahe einen zweiten Abbe, wie er im August 1906 festhielt. So seien Rudolf Straubels überragende Fähigkeiten zwar nicht von Beginn seiner Geschäftsleitertätigkeit an zu erkennen gewesen. Dann aber hätte er angefangen, „seine abwartende, beobachtende Stellung aufzugeben und praktisch einzugreifen. Da ging es auf einmal los: kaufmännisch-organisatorisch, wissenschaftlich und technisch-konstruktiv, alles zugleich." Und obwohl Czapski Abbe nicht mehr am Höhepunkt seiner Schaffenskraft erlebt habe, glaubte er „ihm nicht zu nahe zu treten, wenn ich sage: das ist Abbescher Geist – auch mit der Untugend des sich zu Schanden [!] arbeitens." Mehr als Abbe sei Straubel „auf oekonomische Organisation bedacht, aber Geist von seinem Geist." Schien daher

443 Es ist anzunehmen, dass Czapski auf den wissenschaftlichen Mitarbeiter Paul Rudolph anspielte, mit dem sich die Optische Werkstätte seit mehreren Jahren in Streitigkeiten befand. Siegfried Czapski an Max Vollert, 10.6.1905, in: CZA, BACZ 23018.

444 Siegfried Czapski an Max Vollert, 10.6.1905, in: CZA, BACZ 23018.

445 Max Fischer war für seine Bescheidenheit und hohe Arbeitsmoral bekannt, vgl. Friedrich Stier an Staatsminister Leutheusser, 25.8.1927, in: LATh – HStA Weimar, Thüringisches Volksbildungsministerium C 1645, Bl.115v. Entwurf des Schreibens des Staatsministers an Max Fischer, 8.9.1927, in: LATh – HStA Weimar, Thüringisches Volksbildungsministerium C 1645, Bl.118v.

446 Das wird auch deutlich in der Biographie über Rudolf Straubel, in der dessen zahlreiche Tätigkeiten beschrieben werden, siehe Schielicke, Rudolf Straubel.

447 Max Vollert (1851–1935) schlug nach einem juristischen Studium die Beamtenlaufbahn ein, die er 1891 als vortragender Rat im Ministerialdepartement des Kultus in Weimar begann. Von 1896–1911 war er Stiftungskommissar der Carl-Zeiss-Stiftung, seit 1909 Universitätskurator. Vgl. Vollert, Max: Selbstgeschriebener, bei der Bestattung vorgelesener Lebenslauf, in: SCHOTT Archiv 5/1.

448 Schreiben des Stiftungskommissars, vermutl. an Stiftungsverwaltung, 29.9.1910, in: CZA, St 220.

Straubel durch seine außerordentliche intrinsische Motivation gut in die anreizlosen Arbeitsbedingungen für die Geschäftsleiter der Optischen Werkstätte zu passen, ist umso bemerkenswerter, dass Siegfried Czapski festhielt, dass in Bezug auf die sozialpolitische Dimension der Optischen Werkstätte Straubel seinem Vorgänger in der Geschäftsleitung, Ernst Abbe, überhaupt nicht gleichkam. Czapski drückte dies so aus: „[...] in sozialethischer Hinsicht ist er fast sein Antipode, ordentlich im bewussten Gegensatz, aus Antagonismus." Dies äußere sich sowohl „im Verhalten gegen Einzelne wie gegen die Arbeiterschaft als ganze, und wird von dieser natürlich sehr gut herausgefühlt." Straubels sozialpolitische Handlungen waren daher nicht immer in Abbes Sinne, wie sich aus Czapskis Worten schließen lässt, der verlangte, „nicht bei jeder Gelegenheit an den Einrichtungen zu rütteln, sie zu bemäkeln, ohne den Versuch, ihre Schwächen als notwendige Begleiterscheinungen ihrer grossen Schönheiten und Vorzüge zu begreifen." Kein Wunder, dass Czapski selbst sich als Bewahrer von Abbes besonderer Unternehmensorganisation verstand.[449]

5.3 Statutenrevision 1905/06

Wie bereits beschrieben waren die Möglichkeiten zur Statutenänderung gering. Die hohen Hürden entsprachen dabei Abbes Anliegen, die Führung der Stiftungsbetriebe in seinem Sinne auf Dauer sicherzustellen. Sollten in den ersten zehn Jahren nach der Verabschiedung des Stiftungsstatuts jedoch Schwächen der Corporate Governance offenbar werden, sollten diese durch Statutenänderungen beseitigt werden können. So sah Paragraph 117 vor, dass in diesem Zeitraum Umgestaltungen, Streichungen und Hinzufügungen möglich wären, sofern sie auf gemeinsamer Entscheidung von Stiftungsverwaltung und Stifter gründeten. Abbe hatte für den Fall, dass er vor dem Ablauf dieser Zehnjahresfrist versterben oder handlungsunfähig werden sollte, drei Stellvertreter zum Abschluss des Revisionsvorhabens bestimmt. Maßgebend in Bezug auf die Änderungen sollte dabei stets die Absicht des Stifters sein. Nach 1906 waren die Änderungsmöglichkeiten deutlich erschwert, da sie nun nur noch der Stiftungsverwaltung offenstanden. Auch Abbe selbst hätte seit diesem Zeitpunkt nicht mehr an Änderungsprozessen beteiligt werden dürfen (§ 118). Voraussetzung für die Möglichkeit einer Statutenänderung nach dem Jahr 1906 waren veränderte rechtliche, technische und ökonomische Rahmenbedingungen, die statutarische Bestimmungen undurchführbar machten oder die wegen

449 Siegfried Czapski an Anton Dohrn, 23.8.1906, abgedruckt in: Flitner/Wittig, Optik – Technik – Soziale Kultur, S. 367–370, hier: S. 367 f.

zu erwartender ungünstiger Konsequenzen nicht geraten schienen. Auch der Umstand, dass die veränderten Rahmenbedingungen die Befolgung des Stifterwillens verhinderten, konnte eine Statutenänderung rechtfertigen.[450]

Bei jeder der Änderungsoptionen waren dem Stiftungskommissar und der Geschäftsleitung von Abbe lediglich das Recht der Anhörung bei der Stiftungsverwaltung eingeräumt worden. In das Änderungsverfahren einbezogen wurden stattdessen die staatliche Aufsichtsbehörde für Stiftungen, die Vertreter der Destinatäre sowie die Nachkommen des Stifters bis zur dritten Generation.[451] Sie alle mussten den Änderungen zustimmen bzw. hatten die Möglichkeit, gegen diese auf juristischem Wege vorzugehen. Erst mit der Statutenänderung von 1905/1906 war auf Abbes Wunsch die Ergänzung des Paragraphen 119 verfügt worden, nach welchem das Gericht sich dabei an den „vermutlichen Absichten des Stifters" orientieren sollte.[452] Die Modifikation des Paragraphen leitete sich aus Abbes Versuch ab, seinen Stifterwillen auch auf legislativer Ebene als Entscheidungsprämisse zu stärken. Die Änderung an sich ist deshalb bemerkenswert, weil Paragraph 119 durch Paragraph 121 als unveränderlich erklärt worden war: Zur unveränderlichen Ordnung des Statuts nach Paragraph 121 gehörten die Paragraphen 1 bis 4, die Zweck, Name, Sitz und Organe der Stiftung festlegten sowie die vier Paragraphen 117 bis 120, welche die Vorschriften zur Änderung des Statuts beinhalteten. Dass Abbes Änderungsbestimmung für Paragraph 119 gegen Paragraph 121 verstieß, monierte im Januar 1906 der Beamtenausschuss der Optischen Werkstätte. Czapski versuchte die Änderung zu rechtfertigen, ohne jedoch die Begründung des inzwischen verstorbenen Abbes zu kennen. Abbe hätte hier, so Czapski, vermutlich eine Ausnahme gemacht, da die Änderung „in einem für die Betriebsangehörigen günstigen Sinne wirken würde."[453]

Der Einschub in Paragraph 121 war nicht die einzige Änderung im Zuge der Statutenrevision der Jahre 1905/06. Wie Ernst Abbe richtig vorgesehen hatte, hatten die ersten Jahre nach der Verabschiedung des Statuts einen Verbesserungsbedarf erkennen lassen, auf den allerdings nicht durch die von Abbe bereitgestellten Än-

---

450 Für diese Statutenänderungen konnte unter der Annahme, dass die die Statutenänderung initiierenden Veränderungen nicht von Dauer sein würden, eine Ablauffrist festgelegt werden.

451 Die Nachkommen des Stifters sollten dabei nur unter der Bedingung angehört werden, dass sie in Deutschland lebten und volljährig waren. Ab Bekanntgabe der Änderungsabsicht der Stiftungsverwaltung hatten die genannten Institutionen und Personen die Möglichkeit, die Änderung innerhalb eines Jahres auf dem juristischen Wege anzufechten (§ 119).

452 Antwort Czapskis auf die Eingabe der Arbeiter- und Beamtenausschüsse, 18.1.1906, in: CZA, BACZ 12309.

453 Siegfried Czapski an Beamtenausschuß, Vorsitzender Emil Withgen (mit Unterzeichnung als Zeichen der Zustimmung von Otto Schott und Dr. Eggeling), 18.1.1906, in: CZA, BACZ 12309.

derungsmöglichkeiten in den Jahren zuvor reagiert worden war. Die von Abbe verfügte Zehnjahresfrist, innerhalb derer Korrekturen am Statut vorgenommen werden sollten, verstrich 1906. Aufgrund dessen beschloss die Geschäftsleitung im August 1904 die Revision des Statuts anzugehen. Erste Vorbereitungen dazu waren bereits vor Abbes Rückzug aus der Geschäftsleitung im Jahr 1903 getroffen worden. Abbe hatte bereits bei einem Treffen im Dezember 1902, an dem neben ihm auch Siegfried Czapski, Otto Schott und der Universitätskurator Heinrich von Eggeling sowie Max Fischer, Paul Fischer und Rudolf Straubel als Zeugen teilgenommen hatten, Änderungsvorschläge geäußert. Diese Vorschläge sollten eigentlich ausformuliert und anschließend Abbe zur Genehmigung vorgelegt werden.[454] Da Abbe während des Überarbeitungsprozesses im Januar 1905 verstarb, wurde die Überarbeitung des Statuts von den drei von Abbe bestimmten „Vertrauenspersonen" Siegfried Czapski, Otto Schott und Heinrich von Eggeling fortgesetzt und in enger Abstimmung mit der Geschäftsleitung vollendet. Neben Abbes mündlichen Anweisungen bezogen Czapski, Schott und von Eggeling handschriftliche Notizen ein, die Teil von Abbes Nachlass waren.[455] Dem Syndikus Paul Fischer oblag die Formulierung und Einarbeitung der Korrekturen.[456] Die Änderungsanträge wurden schließlich der Stiftungsverwaltung zur Genehmigung vorgelegt.

Der Spielraum der „Vertrauenspersonen" zur Einbringung ihrer eigenen Interessen war theoretisch nur im Sinne eines Vetorechts möglich: Wie auch Siegfried Czapski den Beamten nach der Statutenrevision im Januar 1906 schriftlich erläuterte, bestand die einzige Möglichkeit der Vertrauenspersonen zur Einflussnahme auf die Revision darin, nicht alle von Abbe gewünschte Abänderungen einzupflegen.[457] Insgesamt beinhaltete die Revision die Überarbeitung von 31 Paragraphen, wobei teilweise nur einzelne Wörter eingefügt wurden.[458] Bemerkenswerterweise wurden jedoch auch Änderungen versucht vorzunehmen bzw. vorgenommen, die

---

454 Protokoll der Stiftungssitzung, 29.8.1904, in: CZA, BACZ 23014. Antwort Czapskis auf die Eingabe der Arbeiter- und Beamtenausschüsse, 18.1.1906, in: CZA, BACZ 12309.

455 Abbe hatte von Eggeling ein Exemplar des Statuts mit Änderungen übergeben, das jedoch keine schriftlichen Erläuterungen enthielt. Gutachten des Stiftungskommissars zur Frage der Auslegung von Art. 4 Ergänzungsstatut, 27.10.1911, in: CZA, BACZ 1482. Siegfried Czapski an Beamtenausschuss, Vorsitzender Emil Withgen, (mit Unterzeichnung als Zeichen der Zustimmung von Otto Schott und Dr. Eggeling), 18.1.1906, in: CZA, BACZ 12309.

456 Protokoll der Stiftungssitzung, Nr. 184, undatiert, vermutlich Februar 1905, in: CZA, BACZ 23016.

457 Siegfried Czapski an Beamtenausschuß, Vorsitzender Emil Withgen (mit Unterzeichnung als Zeichen der Zustimmung von Otto Schott und Dr. Eggeling), 18.1.1906, in: CZA, BACZ 12309.

458 Es sind dies die Paragraphen: 5, 10, 12, 26, 27, 35, 38, 47, 48, 52, 53, 58, 72, 73, 74, 77, 78, 79, 88, 89, 93, 95, 96, 98, 100, 104a, 106, 108, 116, 118, 119. Nicht für alle Änderungen ist der Überarbeitungsprozess rekonstruierbar bzw. der Grund für die Überarbeitung erkennbar.

nicht auf Abbes Absichten zurückzuführen waren. So wollte die Geschäftsleitung etwa im Zuge der Statutenrevision einen Anspruch des ältesten Geschäftsleitungsmitgliedes auf die Stellung als Bevollmächtigten einführen (§ 9, 1). Die Änderung der Nachfolgeregelung hätte mit sich gebracht, dass Max Fischer anstelle von Siegfried Czapski zum Bevollmächtigten ernannt worden wäre – ein Vorschlag, der schließlich durch den Chef der Stiftungsverwaltung Carl Rothe abgelehnt wurde. Wenngleich die Gründe der Ablehnung nicht überliefert sind, mag Rothe solch eine einschneidende führungspolitische Änderung als Verstoß gegen Abbes Willen wahrgenommen haben.[459] Abbe hatte seit den 1880er Jahren eindeutig Siegfried Czapski als Nachfolger aufgebaut und diesen eine Zeitlang gar als Erben für seine Unternehmensanteile vorgesehen. Nach einigen Verhandlungen wurde die Neuordnung der Nachfolgeregelung von der Geschäftsleitung aufgegeben, da sie am großen Widerstand der Stiftungsverwaltung scheiterte.[460]

Auch in anderen Fällen agierten die Revisoren entgegen der Vorgabe des Paragraphen 177, den „ihnen bekannten Absichten des Stifters" zu folgen. So modifizierten sie etwa die Regelungen des Paragraphen 77 über die Abgangsentschädigung und verzichteten dort auf die Einarbeitung einer von Abbe verfügten Änderung. Auch dieser Änderungsvorschlag wurde von der Stiftungsverwaltung anerkannt, wobei nicht sicher ist, ob bzw. inwieweit diese die Abweichung von Abbes Vorgaben nachvollziehen konnte. In der Ursprungsfassung des Statuts hatte Abbe im Paragraphen 77 verfügt, dass jeder Geschäftsangehörige nach dreijähriger Anstellungsdauer einen Anspruch auf Abgangsentschädigung erhalten sollte.[461] Wie Czapski einräumte, war es Abbes eigentliche Absicht gewesen, die Dienstzeit, nach welcher der Anspruch auf Abgangsentschädigung erworben würde, auf ein halbes Jahr zu reduzieren. Anscheinend hatte Abbe diese Bestimmung auch entgegen des Statuts bereits in der Praxis umgesetzt. Hierauf deutet hin, dass die Geschäftsleitung nach dem Rückzug Abbes im April 1903 den neu eingestellten Mitarbeitern ein Revers zur Abgangsentschädigung vorlegte, mit welchem diese sich durch ihre Unterschrift einverstanden erklärten, dass die Abgangsentschädigung erst nach drei Jahren gezahlt würde.[462] Die Geschäftsleitung argumentierte, dass aus der Verkürzung der Arbeitszeit vor der Gewährung der Abgangsentschädigung eine Art informelle Probezeit für den Mitarbeiter entstehen könnte, die kürzer als sechs Mo-

459 Max Fischer sah in der Ablehnung der Stiftungsverwaltung „eine persönliche Spitze gegen sich". Protokoll der Stiftungssitzung, Nr. 196, 9.10.1905, in: CZA, BACZ 23018.

460 Protokoll der Stiftungssitzung, Nr. 196, 9.10.1905, in: CZA, BACZ 23018.

461 Genauer: Unter der Bedingung, dass der Mitarbeiter drei Jahre seit seinem vollendeten 18. Lebensjahr bei Zeiss angestellt war.

462 Protokoll der Stiftungssitzung, 29.8.1904, in: CZA, BACZ 23014. Antwort Czapskis auf die Eingabe der Arbeiter- und Beamtenausschüsse, 18.1.1906, in: CZA, BACZ 12309.

nate währen würde. Nur so würde verhindert werden können, dass ungeeignete Arbeiter und Angestellte den Anspruch auf eine Abgangsentschädigung erhielten und eine Entlassung erheblich erschwert würde. Diese verkürzte Probezeit würde schließlich zu einer höheren Anzahl von Entlassungen führen und könne daher nicht im Sinne der Geschäftsangehörigen sein, so Czapski. Um mit ihrem eigenmächtigen Entschluss dem Wunsch Abbes nicht vollends zu widersprechen, entschied sich die Geschäftsleitung dafür, den Zeitraum eines halben Jahres zur Zahlung der Abgangsentschädigung für solche Fälle gelten zu lassen, in denen der Grund der Entlassung nicht bei dem Mitarbeiter selbst lag.[463]

Das hier dargestellte Beispiel deutet auf die Qualität der insgesamt 31 Änderungsfälle hin, die in Summe keine allzu wesentlichen Eingriffe in das Stiftungsstatut darstellten. Nach der Überarbeitung und seiner Genehmigung durch das Großherzoglich Sächsische Staatsministerium Departement des Innern am 5. Dezember 1905 trat das redigierte Statut am 1. Januar 1906 in Kraft.[464] Die Kritik von Mitarbeiterseite, deren Grundtenor das Nichtbefolgen der „Absichten des Stifters" war, folgte rasch: Die Vertreter der wissenschaftlichen Angestellten, der Beamten und der Arbeiterschaft reichten am 7. Januar 1906 gemeinsam eine Eingabe mit Einwänden gegen die Änderung des Statutes ein, in der sie unter anderem die statutarische Festlegung des Achtstunden-Arbeitstages forderten.[465] Stiftungsverwaltung, Stiftungskommissar und Geschäftsleitung konnten auf die Kritik nicht eingehen, da die von Abbe gesetzte Zehnjahresfrist zur Bearbeitung bereits verstrichen war. Da Bemerkungen der Eingabe zu den Paragraphen 72 und 73 jedoch korrekterweise auf einen Formfehler hinwiesen, sollte in die zu verteilenden Statutenexemplare eine auf diesen Fehler hinweisende Erklärung geklebt werden.[466]

Kritik äußerten die Arbeiter- und Angestelltenvertretungen auch am Ergänzungsstatut. So hätte dieses keine Überarbeitung erfahren und sei zudem nicht gedruckt worden – gegen Abbes Willen, wie die Mitarbeiter behaupteten. Daher stellten die Vertretungen am 7. Januar 1906 einen Antrag auf Drucklegung und Verteilung unter den Mitarbeitern. Die Stiftungsverwaltung, namentlich Rothe,

---

463 Das galt für die Fälle, in denen die Entlassung aufgrund von „Einschränkung des Betriebes, Einführung von Fabrikationsverbesserungen oder ähnliche betriebstechnische Maßnahmen verursacht wird." (§ 77)

464 Siegfried Czapski an Beamtenausschuß, Vorsitzender Emil Withgen, (mit Unterzeichnung als Zeichen der Zustimmung von Otto Schott und Dr. Eggeling), 18.1.1906, in: CZA, BACZ 12309.

465 Ausgeführt in dieser Arbeit im Kapitel „Stiftungsrechte".

466 Dabei ging es nur um Formalia in Bezug auf bereits vorgenommene Ergänzungen am Pensions-Statut vom 1. September 1897. Siegfried Czapski an Beamtenausschuß, Vorsitzender Emil Withgen (mit Unterzeichnung als Zeichen der Zustimmung von Otto Schott und Dr. Eggeling), 18.1.1906, in: CZA, BACZ 12309.

drückte gegenüber der Geschäftsleitung schriftlich ihre Ablehnung gegenüber diesem Ansinnen aus und begründete dies mit der Haltung Abbes, der dem Ergänzungsstatut eine Sonderstellung zugewiesen hatte und dessen Bestimmungen daher nicht der Öffentlichkeit bekannt gemacht werden sollten.[467] Die Geschäftsleitung hatte den Charakter des Ergänzungsstatuts zunächst ebenfalls als interne Vorschrift beschrieben, änderte jedoch schließlich ihre Meinung.[468] Die Geschäftsleiter wurden durch den Hinweis der Mitarbeiter überzeugt, dass Paragraph 106 des Stiftungsstatuts „als dem Titel VII zugehörig" und „nach den einleitenden Worten des Erg.-Statuts selbst in jeder Hinsicht als integrierender Bestandteil des Statuts vom 26. Juli/16. Aug. 1896 zu gelten habe." Eine ausbleibende Drucklegung des Ergänzungsstatuts schien der Geschäftsleitung ein offensichtlicher Verstoß gegen die Vorgaben von Ergänzungsstatut und des Paragraphen 122 zu sein, der die Veröffentlichung des geänderten Statuts vorsah. Dies war für die Geschäftsleitung nicht zu dulden, da sie fürchtete, damit die Angehörigen der Optischen Werkstätte zu beunruhigen und „vor allem das Vertrauen in die strenge Handhabung des Statuts durch die dazu berufenen Organe zweifellos [zu] erschüttern."[469] Interessanterweise ging Czapski auch darauf ein, dass Abbe manchmal selbst seinen eigenen Vorgaben nicht gefolgt sei, da er seine Auffassung mit den Regelungen des Statuts gleichsetzte:

> Aber der Stifter fühlte sich, und man hielt ihn mit Recht für so identisch mit den Grundgedanken des Statuts, daß man an seine Handlungen in dieser Hinsicht einen anderen Maßstab anlegte als an die von Außenstehenden und sich mit seinen Erklärungen zufrieden gab.[470]

Das Gegenteil gelte, so Czapski, nach Abbes Austritt für die Mitglieder der Geschäftsleitung, deren Handlungen in Hinblick auf ihre Statutentreue beobachtet würden. Hierbei sei verschärft drauf zu achten, die Vorgaben des Stiftungsstatuts zu berücksichtigen, denn die Geschäftsleiter seien „an den Wortlaut der Bestimmungen des St. -St. [Stiftungsstatuts, J.S.] vielmehr als er gebunden."[471] Für die Geschäftsleitung schien folglich in der heiklen Angelegenheit der Statutenrevision die Wirkung ihrer Handlungen und deren Wahrnehmung durch die Beschäftigten

467 Carl Rothe an Geschäftsleitung Zeiss, 16.1.1906, in: CZA, BACZ 8313.
468 Protokoll der Stiftungssitzung, Nr. 200, 22.12.1905, in: CZA, BACZ 23018.
469 Siegfried Czapski an Departement des Kultus, 25.1.1906, in: CZA, BACZ 8313.
470 Ebd.
471 Ebd. Zudem hatte die Geschäftsleitung unterdessen die von Abbe vorgenommenen Anmerkungen am Statut und Ergänzungsstatut durchgesehen und eine Anmerkung als Beleg dafür interpretiert, dass Abbe das Ergänzungsstatut doch für die Drucklegung vorgesehen hatte.

ausschlaggebender zu sein als der sachliche Aspekt der Nichtveröffentlichung des Ergänzungsstatuts. Daraus resultierte, dass das Ergänzungsstatut schließlich im Zuge der Drucklegung des revidierten Statuts ebenfalls an die Beschäftigten der Optischen Werkstätte verteilt wurde.[472]

Siegfried Czapski schilderte dem Stiftungskommissar Max Vollert nach Abschluss der Revisionsarbeiten, wie stark ihn der Arbeitsprozess der Statutenrevision mitgenommen habe: Er fühle sich hin- und hergerissen zwischen dem Willen „des von mir wie ein zweiter Vater verehrten Mannes" und der Überzeugung, dass die Ausführung dieses Willens dem Unternehmen Schaden anrichten könne. Czapski empfand diese Zerrissenheit als einen „böse[n] Konflikt" und jeden dafür gefundenen Kompromiss als schmerzlich. Dennoch waren es nicht völlig abwegige Änderungen, die Czapski, Fischer und von Eggeling vorgenommen hatten. So tröstete Czapski das „Gefühl, dass Abbe sich wahrscheinlich [Unterstreichung im Original, J.S.] zu der jetzt vorgeschlagenen Fassung würde haben bringen lassen."[473]

472 Siegfried Czapski an Beamtenausschuß, Vorsitzender Emil Withgen (mit Unterzeichnung als Zeichen der Zustimmung von Otto Schott und Dr. Eggeling), 18.1.1906, in: CZA, BACZ 12309. Der Antrag an Czapski zur Verteilung des Ergänzungsstatuts stammt vom 7.1.1906.

473 Siegfried Czapski an Max Vollert, 22.11.1905, in: CZA, BACZ 23018.

6 Personal- und Lohnpolitik

Ein wesentliches Element der Stiftung fußte auf Abbes Idee, den Arbeitern fixierte Rechte innerhalb des Unternehmens wie bezahlten Urlaub, arbeitsorganisatorische Verbesserungen wie den Achtstundentag[475] sowie materielle Vorteile und Sicherheiten zu gewähren. Im Vergleich zur Situation von Arbeitern anderer Unternehmen verbesserten Vergünstigungen wie bezahlte Urlaubstage die Lebenssituation der Arbeiter zur Zeit der Stiftungsgründung.[476] Dazu gehörte auch das Verbot der Diskriminierung wegen „Abstammung, Bekenntnis und Parteistellung“ bei der Einstellung oder Beförderung von Arbeitern und Angestellten (§ 56).[477] Zur Verbesserung der materiellen Situation der Arbeiter wurde ein Lohnsystem geschaffen, das ihnen einen fixierten Lebensstandard sichern sollte. Ein sogenannter fester Lohn bzw. ein festes Gehalt sollte eine einmal erreichte Lohn- bzw. Gehaltshöhe über die gesamte Anstellungsdauer garantieren. Zudem gehörten zwei weitere Instrumente zu diesem Lohnsystem: Die Lohn- und Gehaltsnachzahlung (§ 98), eine Art Gewinnbeteiligung für die Mitarbeiter sowie die Remunerationen (§ 95), Gratifikationszahlungen für außerordentliche Leistungen der Mitarbeiter und Geschäftsleiter.

Die Personal- und Lohnpolitik der Geschäftsleitung war daher wie kein anderer Bereich der Unternehmensführung durch vom Statut festgelegte Entscheidungsprämissen eingeschränkt. Mit den personal- und lohnpolitischen Vorgaben der Stiftung gingen Kosten einher, welche von den Stiftungsbetrieben getragen wurden und mit denen die jeweilige Geschäftsleitung daher kalkulieren musste. Das galt auch für solche Kosten, die durch die Bestimmungen unter Titel V des Stiftungs-

475 Seit 1.4.1900 wurden in der Optischen Werkstätte statt neun versuchsweise acht Stunden pro Tag gearbeitet. Aufgrund des erfolgreichen Ergebnisses dieses Versuchs erfolgte die Einführung schließlich im darauffolgenden Jahr. Vgl. Schomerus, Geschichte, S. 156.

476 Einrichtungen der Optischen Werkstätte in diesem Sinne, die nicht statutarisch fixiert waren, waren z. B. eine Fabrikbadeanstalt und eine Spar- und Darlehenskasse auf genossenschaftlicher Grundlage. Vgl. Walter, Zeiss 1905–1945, S. 34. An dieser Stelle ist allerdings vor allem für die optische Industrie zu bemerken, dass hier viele größere Unternehmen ähnliche Einrichtungen kannten, siehe hierzu in dieser Arbeit das Kapitel „Der Aufstieg der optischen Industrie“.

477 Inwiefern dieses immaterielle Recht die Unternehmensführung geprägt hat, ließ sich aus den Akten nicht rekonstruieren und wird daher an dieser Stelle nicht näher betrachtet. Es sind allerdings keine Fälle von Einstellungsverfahren bekannt, in denen der Paragraph 56 nicht befolgt worden wäre. Zudem wurden wissenschaftliche Mitarbeiter jüdischer – zum Beispiel Otto Eppenstein – sowie nicht deutscher Herkunft – zum Beispiel Heinrich Wild – eingestellt. Zur historischen Einordnung des Diskrimierungsverbots siehe Mühlfriedel/Hellmuth, Zeiss 1846–1905, S. 247–249. Zur Wirkung des Neutralitätsgebot auf die Beziehungen zu jüdischen Mitarbeitern nach 1933, siehe Bähr, Selbstbehauptung, Anpassung und Wandel, S. 162–165.

https://doi.org/10.1515/9783111053233-007

statuts anfielen und in den Quellen als „Stiftungsrechte“ bezeichnet werden: Abgangsentschädigung, Pensionen, Überstundenzuschläge, Mindestlohn, bezahlter Urlaub sowie die Weiterzahlung des festen Lohns bei Verkürzung der Arbeitszeit. Das verstärkte den Einfluss des Stiftungsstatuts auf den Bereich der Personal- und Lohnpolitik weiter. Im Folgenden soll daher untersucht werden, wie die vom Statut vorgegebenen personal- und lohnpolitischen Instrumente den Entscheidungsspielraum der Unternehmensführung beeinflussten und die industriellen Beziehungen prägten. Das folgende Kapitel behandelt den festen Lohn als Basis des gesamten Lohnsystems und die sich aus dieser Grundlage ergebenden Konflikte um Lohn- bzw. Gehaltserhöhungen. Daran anschließend werden die dem Lohnsystem zugehörigen personal- und lohnpolitischen Instrumente der Lohn- und Gehaltsnachzahlung und der Remuneration dargestellt. Den Abschluss bilden Ausführungen über die „Stiftungsrechte“ und die Frage, welche Kosten sie für die Optische Werkstätte bedeuteten.

6.1 Fester Lohn bzw. Gehalt

Kern der von Abbe gestalteten Personal- und Lohnpolitik der Optischen Werkstätte war der sogenannte feste Lohn, der den Mitarbeitern der Optischen Werkstätte die wöchentliche oder monatliche Zahlung eines festgelegten Lohns nach Paragraph 66 des Stiftungsstatuts garantierte. Dies galt auch für die vielen Arbeiter, die Akkord- oder Stückverdienste erhielten. Bei diesen Arbeitsformen wurde der feste Lohn zum Mindestlohn (§ 69). Einmal festgelegt, konnte der Lohn oder das Gehalt laut Paragraph 67 des Statuts nach Ablauf einer Zahldauer von einem Jahr nicht mehr reduziert werden. Dies betraf ebenfalls die Fälle, in denen die Arbeitszeit verkürzt wurde. Der feste Lohn bzw. das Gehalt bildete zudem die Bezugsgröße für die Pensionen und bestimmte ebenso die Höhe von Abgangsentschädigungen. So wurde Betriebsangehörigen bei unverschuldeter Entlassung eine Lohn- und Gehaltsfortzahlung in Höhe des letztgezahlten festen Lohns oder Gehalts für ein halbes Jahr gewährt (§ 77). Es scheint daher nicht übertrieben, den festen Lohn als Garantieeinrichtung für das gesamte Sozialsystem der Stiftung zu Gunsten der Arbeiter zu bezeichnen. Da dieser nicht herabgesetzt werden konnte, gab es für die Arbeiter kaum Veranlassung, von sich aus zu kündigen und damit ihre Anwartschaften auf die erworbenen Rechte, allen voran die Pensionsleistungen, zu verlieren.[478] Für die Geschäftsleitung bedeutete der Mindestlohn, dass eine Herabsetzung der Löhne nur über die Kündigung von Arbeitsverträgen und die Neueinstellung von Mitarbeitern

478 Abbe, Motive und Erläuterungen, S. 352.

erreicht werden konnte. Abgesehen davon, dass dies der Absicht widersprochen hätte, das wertvolle Humankapital im Unternehmen zu bewahren, stand potentiellen Kündigungen die Zahlung von Abgangsentschädigungen entgegen, deren Zahlung den Vorteil der Einsparung von Lohnkosten durch eine Kündigung deutlich verringert hätte.

Ernst Abbe hatte dem festen Lohn und der mit ihm einhergehenden Absicherung des Lebensstandards der Arbeiter eine solch hohe Bedeutung beigemessen, dass er bewusst Nachteile in Kauf nahm: So werde es der Geschäftsleitung in wirtschaftlich schlechten Zeiten nicht möglich sein, eine Entlastung des Lohnkontos über die Senkung der Löhne herbeizuführen. Doch auch für prosperierende Zeiten sah Abbe die Risiken: In Zeiten höherer Gewinne bestehe die Gefahr, dass dem Unternehmen qualifizierte Arbeitskräfte aufgrund der nicht möglichen Lohnerhöhung abgeworben werden.[479] Die soziale Absicherung der Betriebsangehörigen, die über die Vorstellung betrieblicher Wohlfahrtseinrichtungen weit hinausging,[480] stellte die Unternehmensleitung daher vor große Herausforderungen, ohne dass sich aus der Fixierung des Lohns bzw. Gehalts Vorteile für diese ergeben hätten.

Abbe war demnach bewusst, dass eine Fixierung der Zahlungen unweigerlich einen Wettbewerbsnachteil auf dem Arbeitsmarkt bedeuten könnte. Der Arbeitsmarkt jedoch sollte der Optischen Werkstätte als Leitlinie in Lohn- und Gehaltsfragen dienen, wie Abbe in seiner Rede über die „Grundlagen der Lohnregelung in der Optischen Werkstätte“ deutlich machte. Demnach sollte jeder Arbeiter so viel erhalten,

> wie er nach Wertschätzung seiner Fähigkeiten und seiner persönlichen Leistungsfähigkeit anderwärts dafür bekommen würde – nicht soviel, wie ihm möglicherweise, wenn er Glück hat, geboten werden kann, sondern soviel, als er mit Wahrscheinlichkeit anderswo erhalten würde.[481]

Die Optische Werkstätte sei daher den allgemeinen Marktregeln von Angebot und Nachfrage ebenso unterworfen wie solche Unternehmen, die keine Stiftungsbetriebe seien: „Denn wir in Jena können doch die Welt nicht anders machen, wie sie

---

479 Abbe, Über Gewinnbeteiligung, S. 115 f.

480 Hierin stimmte Abbe mit Robert Bosch überein, der ebenfalls eine Personalpolitik verfolgte, die eine „Abhängigkeit oder zumindest ein Gefühl der Abhängigkeit der Arbeitnehmer vom Arbeitgeber“ verhindern sollte. Bosch setzte daher auf hohe Löhne, ein umfassendes Versicherungsnetz und Prämien für Erfindungen und Erfolge. Vgl. Mulert, Jürgen: Erfolgsbeteiligung und Vermögensbildung der Arbeitnehmer bei der Firma Robert Bosch zwischen 1886 und 1945, in: Zeitschrift für Unternehmensgeschichte 30 (1985) 1, S. 1–29, hier: S. 9, 29. Siehe auch Bähr, Johannes/Erker, Paul: Bosch. Geschichte eines Weltunternehmens, München 2013, S. 26.

481 Abbe, Über die Grundlagen, S. 142.

einmal ist. Wir können auf dem gegebenen Boden unsere Angehörigen möglichst günstig stellen."[482]

Die Lohnpolitik der Optischen Werkstätte stand folglich von Anfang an im Spannungsfeld von betriebsinternem Mindestlohn und der Orientierung am Arbeitsmarkt. Für die Arbeiter sollte die Lohnpolitik sowohl Rechtssicherheit als auch einen gewissen ökonomischen Standard gewährleisten. Es ist nun fraglich, inwieweit Abbes Anspruch von der Geschäftsleitung umgesetzt wurde und von den Arbeitern als weitgehendes Entgegenkommen des Arbeitgebers erkannt und honoriert wurde. Zunächst fiel es der Geschäftsleitung leicht, die mit der Personal- und Lohnpolitik Abbes verbundenen hohen Ideale weiterzuverfolgen: So resümierte Siegfried Czapski beinahe zehn Jahre nach der Verabschiedung des Stiftungsstatuts gegenüber Max Vollert, dass es der Geschäftsleitung gelungen sei, durch ihre Lohnpolitik die von Abbe unternommenen Schritte zur Stärkung des ökonomischen Niveaus der Arbeiter weiterzuführen und sogar noch auszubauen. Die Geschäftsleitung habe in vielen Fällen Akkordlohnverhältnisse eingeführt und zudem im Fall von internen Versetzungen den Akkordarbeitern, deren Löhne wegen der mit der Versetzung verbundenen Einarbeitungszeit nicht die vorherige Lohnhöhe erreicht hätten, Zuschläge gewährt, – eine „Konzession", die selbst Abbe den Arbeitern stets verweigert habe. Zudem habe die Geschäftsleitung einer Gruppe hochqualifizierter Arbeiter einen höheren Mindestverdienst zugesichert und damit sehr gute Erfahrungen gemacht. Keinesfalls seien die Arbeiter aufgrund der sicheren Einnahmequelle weniger motiviert, es sei im Gegenteil eine „gute Stimmung" und durch die „Verdienstsicherung gehobene Arbeitsleistung" verzeichnet worden.[483] Bemerkenswert ist, dass sich die Geschäftsleitung der Schwierigkeiten der Prinzipal-Agenten-Beziehung zwischen ihr und den Arbeitern wohl bewusst war und sie die möglichen Auswirkungen ihrer Anreizsetzung beobachtete. Sodann ist Czapskis Aussagen zu entnehmen, dass das Anliegen der Geschäftsleitung nicht nur darin bestand, den Stifterwillen durch das simple Befolgen der Statuten umzusetzen, sondern bei der Umsetzung des Willens Eigeninitiative zu entwickeln. Czapski hoffte, auch in Zukunft Gelegenheit zu erhalten, „unseres verehrten Freundes Werk in seinem Sinne weiterzuführen und auszugestalten und in möglichst wenigen Punkten Einschränkungen daran vorzunehmen."[484]

Gerade auf dem Gebiet der Lohnpolitik gestaltete sich das Verhältnis zwischen Beschäftigten und Geschäftsleitung jedoch nicht im Geringsten so, wie es Czapski darstellte und für die Zukunft erwartete. Vielmehr sorgte das unflexible Lohnsystem

482 Abbe, Über die Grundlagen, S. 142.
483 Siegfried Czapski an Max Vollert, 21.11.1905, in: CZA, BACZ 23018.
484 Ebd.

für ständige Konflikte, die die Jahre bis 1933 wie ein „Grundrauschen" begleiteten, ohne allerdings jemals gemäßigte Bahnen zu verlassen und in einer schlimmeren Streiksituation zu enden.[485] Gesprächspartner der Geschäftsleitung bei Lohnverhandlungen war der Arbeiterausschuss[486] bzw. dessen Stellvertreterorgan, die Siebenerkommission[487], und nach dem Ersten Weltkrieg der Arbeiterrat. Ein Kritikpunkt, den sowohl Arbeiterausschuss als auch Arbeiterrat vorbrachten, bezog sich auf die Verteilung der Erträge der Stiftungsbetriebe zu Lasten von Erhöhungen des

485 Unabhängig von den Stiftungsbedingungen zeigten sich die Arbeiter vor dem Ersten Weltkrieg darüber frustriert, dass die Akkordsätze in halbjährlichen Überprüfungen den Arbeitern durch ihre zuständigen Werkmeister zugewiesen wurden. U. a. Siegfried Czapski an Max Vollert, 1. 8. 1903, in: CZA, BACZ 23013. Die Geschäftsleitung hatte diese Entscheidung vollständig an die Meister der jeweiligen Werkstätten delegiert. Die Geschäftsleitung selbst legte lediglich in den Stiftungssitzungen jährliche Lohnerhöhungen fest bzw. ordnete Akkordlohnrevisionen an, zumeist, wenn diese zu hoch geworden waren. Protokoll der Stiftungssitzung, Nr. 189, 6. 5. 1905, in: CZA, BACZ 23018. Protokoll der Lohnbesprechung, 20. 3. 1907, in: CZA, BACZ 664. Die Meister waren nicht in der Lage, das Arbeitspensum ihrer Mitarbeiter durch standardisierte Verfahren festzustellen, was häufig zu Über- und Unterschätzungen führte. Durch die unterschiedlichen Bewertungsmaßstäbe der zahlreichen Meister – 1908 waren es beispielsweise über 50 – lag die Gefahr der gefühlten Benachteiligung nahe. Siebenerkommission an Geschäftsleitung Zeiss, Februar 1908, in: CZA, BACZ 664. Vgl. hierzu auch Markowski, Frank: Schmeißt Kotthaus aus dem Fenster! Arbeitskonflikte bei Carl Zeiss von der Jahrhundertwende bis zur Rationalisierung in der Weimarer Republik, in: Ders. (Hrsg.): Der letzte Schliff, S. 76–95, hier: S. 81–84.

486 Der Arbeiterausschuss war bereits in § 64 des Statuts vorgesehen und wurde im Zusammenhang mit der Neu-Redaktion des Arbeitsvertrags eingerichtet, den die Geschäftsleitung mit einer Vertretung der nunmehr die Grenze von 500 überschreitenden Arbeiterschaft besprechen wollte. Aus der einmaligen Angelegenheit institutionalisierte sich ein von den Arbeitern gewähltes und regelmäßig versammeltes, ständiges Gremium. Obwohl viele dort behandelte Angelegenheiten eher banaler Natur waren führte beispielsweise der Vorschlag des Achtstundentags zu dessen Einrichtung. Im Zentrum der Versammlungen standen meist Personalfragen, Verbesserungen der Arbeitsbedingungen, Lohnfragen – Themen, die von Arbeiterseite aufgeworfen wurden, während die Geschäftsleitung ihrerseits die Arbeiter betreffende Informationen oder Probleme der Arbeitsmoral etc. vorbrachte. In den Jahren seit 1901 versuchte der Arbeiterausschuss seine bescheidenen Rechte der Geschäftsleitung gegenüber auszudehnen – ihm war nur das Recht, ungefragt gehört zu werden und beratend in Angelegenheiten der Arbeiterschaft tätig zu werden, zugestanden worden. Eine seitdem immer wieder geforderte und versuchte Erweiterung der Rechte wies Abbe mit dem Verweis auf eine Orientierung an der gegenwärtigen Umwelt des Unternehmens zurück, die eine weitergehende Partizipation der Arbeiterschaft an den die Unternehmensführung betreffenden Entscheidungen nicht kannte. Sehr detailliert anhand der Protokolle des Arbeiterausschusses ist die Geschichte des Arbeiterausschusses zwischen 1897 und 1905 rekonstruiert bei Mühlfriedel/Hellmuth, Zeiss 1846–1905, S. 250–258.

487 Die Siebenerkommission existierte seit 1902 als verkleinertes, weil handlungsfähigeres Stellvertreterorgan des Arbeiterausschusses, vgl. Mühlfriedel/Hellmuth, Zeiss 1846–1905, S. 256 f.

festen Lohns. Zum ersten Mal äußerte dies der Arbeiterausschuss im Sommer 1903, als er kritisierte, dass die Stiftung die Unternehmenserträge für gemeinnützige Zwecke nach Paragraph 1, B verteilte, während die Arbeiter selbst durch die Vorgabe des festen Lohns keine Möglichkeit auf rasche Lohnerhöhungen sahen. Die Kritik der Arbeiter im Sommer 1903 bezog sich auf die hohen Ausgaben für eine Lesehalle, eine Gewerbeschule, das Physikalische Institut, Professorengehälter und nicht zuletzt für den Universitätsneubau. Die Arbeiter hätten es bevorzugt, wenn die dafür verwendeten Erträge in Lohnerhöhungen oder in die „Arbeiter Wohlfahrts Einrichtungen" geflossen wären.[488] Diese Kritik kam nicht von ungefähr, denn Abbe hatte bei der Verteilung der Unternehmenserträge mit seiner Stiftungskonstruktion eine Konkurrenzsituation zwischen den einzelnen Empfängern geschaffen und zugleich für die Arbeiterlöhne, die ja unmittelbar an der Erwirtschaftung der Erträge beteiligt waren, eine Deckelung festgelegt.[489] Ein Problem dabei war, dass bedeutende Stiftungsleistungen für die Arbeiterschaft immaterieller Natur waren. „Persönliche Rechte und Wirtschaftliche Anrechte" waren zwar an sich bemerkenswerte Einrichtungen, schon allein, da sie einen gesetzlichen Binnenraum innerhalb des Deutschen Reiches mit seinen dürftigen Arbeiterrechten schafften. Arbeiter, die ihre Lohnbeutel durch die Erträge der Carl-Zeiss-Stiftung gern voller gesehen hätten, konnten diese außergewöhnlichen immateriellen Rechte allerdings kaum befriedigen. Dass stattdessen die anderen Destinatäre der Stiftung begünstigt wurden, rief bei den Arbeitern ein Gefühl der Ungerechtigkeit hervor. Auch für Czapski war diese seitens der Arbeiter bereits häufiger geäußerte Benachteiligung durchaus nachvollziehbar, jedoch nicht „diskutabel".[490] Für die Geschäftsleitung seien hier keine Spielräume vorhanden, denn „[w]ir stehen unter dem Stiftungsstatut, wie der Staatsbürger unter der Verfassung und dem Gesetz,"[491] äußerte sich Czapski. In Reaktion auf die Kritik der Arbeiter schien sich im Sommer 1903 eine gewisse Resignation bei der Geschäftsleitung breitzumachen, da die Arbeiter die sozialen Leistungen nicht so schätzten, wie es von ihnen erwartet wurde.[492] Czapski

---

488 Siegfried Czapski an Max Vollert, 1. 8. 1903, in: CZA, BACZ 23013. Czapski zitiert aus einer Eingabe der Arbeiter, in der diese das Lohnsystem aus zwei Gründen heftig kritisierten: Wegen des Meistersystems und eben der Fixierung der Löhne vor dem Hintergrund der hohen Stiftungsausgaben. Vgl. Mühlfriedel/Hellmuth, Zeiss 1846–1905, S. 272 f.

489 Für den Zusammenhang zwischen Unternehmenserträgen und Stiftungsverwendungen siehe das Kapitel „Finanzierungpolitik".

490 Siegfried Czapski an Max Vollert, 1. 8. 1903, in: CZA, BACZ 23013.

491 Ebd.

492 Notizen zu einer Rede an die Arbeiter unter dem Titel „Vorrechte", undatiert und ohne Namen, aber aufgrund der Schrift als Notizen Czapskis erkennbar und aus dem Inhalt auf den Anfang des 20. Jahrhunderts zu datieren, mit Sicherheit aber auf einen Zeitpunkt nach dem April 1902, in: CZA, BACZ 235.

ging sogar so weit, deswegen Zweifel an der Eignung der Arbeiter für die durch das Stiftungsstatut geschaffenen sozialen Einrichtungen zu äußern.[493]

Einige Jahre nach diesem Disput kam der problematischste Aspekt des festen Lohnsystems zum Tragen: Es wurde unmöglich, auf sich wandelnde volkswirtschaftliche Bedingungen zu reagieren. Der Widerspruch zwischen starrem Lohnsystem und dynamischer Wirtschaftsentwicklung offenbarte sich in der im Jahr 1907 fühlbaren Teuerung, auf die die Geschäftsleitung nicht einfach mit Lohnerhöhungen proportional zu den steigenden Preisen reagieren konnte. Als 1907 eine kurze Depressionszeit die Wirtschaft bestimmte, äußerte sich die Arbeiterschaft der Optischen Werkstätte mit deutlichen Worten.[494] Unterstützung bei ihrem Protest erhielten sie vom Deutschen Metallarbeiterverband,[495] der am 21. Oktober 1907 eine Betriebsversammlung der Zeiss-Arbeiter einberief.[496] In Zusammenarbeit mit der Ortsverwaltung des Verbandes erarbeitete die Siebenerkommission Vorschläge zur Verbesserung der Entlohnungssituation in Bezug auf die Höhe der festen Löhne, die – im Februar 1908 vorgelegt – zu weiteren Verhandlungen führten.[497] In dieser Verhandlungsvorlage hatte der Metallarbeiterverband statistisches Material gesammelt, um zu beweisen, dass Arbeiter in der Optischen Werkstätte trotz langer Betriebszugehörigkeit nicht die Maximallöhne erreichten. Die Siebenerkommission berief sich auf Aussagen älterer Arbeiter, laut denen Abbe mehrmals geäußert habe, dass auch Durchschnittsarbeiter den maximalen Lohn erreichen können sollten.[498] Das statistische Material enthüllte die lohnpolitische Strategie der Geschäftsleitung: So hatte diese bereits im Jahr 1904 während einer Stiftungssitzung die Prämisse ausgegeben, bei der Erhöhung der Löhne stets Vorsicht walten zu lassen und den Maximallohn möglichst spät, „mit Rücksicht auf die Bestimmung, daß der Lohn nicht gekürzt werden kann" zu gewähren. Dabei stehe das allgemeine Prinzip über individuellen Ungerechtigkeiten, die von Siegfried Czapski erneut eingeräumt wurden.[499] Die Antwort der Geschäftsleitung auf die Einwände der Arbeiter fiel

---

493 Siegfried Czapski an Max Vollert, 1. 8. 1903, in: CZA, BACZ 23013.

494 Siebenerkommission an Geschäftsleitung Zeiss, Februar 1908, in: CZA, BACZ 664.

495 Die Geschäftsleitung versuchte, den Einfluss von außerbetrieblichen Arbeiterorganisationen klein zu halten und verweigerte in späteren Lohnverhandlungen im Jahr 1911 auch jede Kommunikation mit diesen. Protokoll der Stiftungssitzung, Nr. 305, 10. 10. 1911, in: CZA, BACZ 1482.

496 Zur Versammlung der im Lohnverhältnis stehenden Arbeiter der Optischen Werkstätte war die Geschäftsleitung eingeladen worden. CZA, BACZ 666.

497 Siebenerkommission an Geschäftsleitung Zeiss, Februar 1908, in: CZA, BACZ 664.

498 Ein Geschäftsleiter versah diese vermeintliche Äußerung Abbes im Protokoll mit einem Fragezeichen. Auch in Ernst Abbes Rede „Über die Grundlagen des Lohnsystems" ist diese Äußerung nicht zu finden. Siebenerkommission an Geschäftsleitung Zeiss, Februar 1908, in: CZA, BACZ 664.

499 Protokoll über die Sitzung des Arbeiterausschuss am 7. 6. 1904 mit der Geschäftsleitung Zeiss, in: CZA, BACZ 510.

ebenso wie ihre kommenden Antworten aus: Sie lehnte eine allgemeine Erhöhung der festen Löhne ab. Doch sie gestand in diesem Fall die Erhöhung der „verhältnismäßig niedrigen Optikerlöhne“ zu, ebenso wie die Erhöhung von Pensionszahlungen.[500]

Mit der Forderung nach der Erhöhung des festen Lohns äußerte die Siebenerkommission grundsätzliche Kritik am Lohnsystem, das eine „sich von Jahr zu Jahr verstärkende Unzufriedenheit in die Arbeiterschaft“ bringe. Der zu niedrige feste Lohn sei auch deshalb ein Problem, weil er als Berechnungsgrundlage für die Pensionen herangezogen werde. Nach Berechnungen des Deutschen Metallarbeiterverbandes mache der feste Lohn eines Arbeiters zu diesem Zeitpunkt durchschnittlich 60 Prozent des Gesamtlohns aus. Der Rest setze sich aus Akkordverdiensten und/oder aus Zuschlägen zusammen, die jedoch nicht den Charakter garantierter Zahlungen hätten.[501] Diese Zuschläge waren keine Entwicklung der Geschäftsleitung, sondern bereits von Abbe eingeführt worden.[502] Aufgrund der Zusammensetzung der Lohnzahlungen aus festem Lohn und Zuschlägen sowie möglicherweise aus Akkordverdiensten fühlten sich die Arbeiter im Vergleich zu den im Unternehmen angestellten Beamten im Nachteil, deren Gehalt vollständig zur Pensionsberechnung herangezogen wurde. Die Siebenerkommission forderte daher die flächendeckende Einführung eines Mindestlohns und die Orientierung des Maximallohns an der Beschäftigungsdauer der Arbeiter – Forderungen, die von der Geschäftsleitung aber nicht erfüllt wurden.[503]

Es ist interessant, dass sich die Kritik der Arbeiter nur auf die Relation von Lohnhöhe und Stiftungsausgaben nach Paragraph 1, B sowie die Relation von tatsächlicher Lohnhöhe und Maximallohnsatz bezog. Ausbleibende Vergleiche der Arbeiter mit anderen Unternehmen der optischen Industrie hingegen lassen darauf schließen, dass die Geschäftsleitung die Prämisse der Orientierung der Lohnhöhe am Arbeitsmarkt wahrte.[504] Der Vergleich der Löhne der Optischen Werkstätte mit denen der Wetzlarer optischen Industrie zwischen den Jahren 1900 und 1933 zeigt, dass Zeiss-Löhne im Ganzen gesehen zumeist ein wenig über dem Durchschnitt der

---

500 Protokoll der Stiftungssitzung, Nr. 243, 21.3.1908, in: CZA, BACZ 8046.

501 Siebenerkommission an Geschäftsleitung Zeiss, Februar 1908, in: CZA, BACZ 664.

502 Begründung zur Statutenänderung 1931, 27.6.1931, in: CZA, BACZ 192.

503 Siebenerkommission an Geschäftsleitung Zeiss, Februar 1908, in: CZA, BACZ 664.

504 Aus den Quellen ist ein Fall zu rekonstruieren, in dem die Geschäftsleitung die Orientierung an anderen Unternehmen als Maßstab artikulierte: die Akkordregulierung im Jahr 1903. Rede von S. Czapski in der Versammlung der Geschäftsangehörigen im Volkshaus, 25.11.1903, S. 12 f., in: CZA, BACZ 2677. Zu einer industrieweiten Vereinheitlichung trugen Absprachen mit anderen Unternehmen über Löhne und Gehälter bei, die die Geschäftsleitung der Optischen Werkstätte nach dem Ersten Weltkrieg traf. August Kotthaus an Firma W. Winkel Gmbh, Göttingen, 12.2.1920, in: CZA, RW 223.

Wetzlarer Löhne lagen.[505] Für die Beschäftigten der Optischen Werkstätte kamen außerdem noch die Lohn- und Gehaltsnachzahlungen hinzu, die im Herbst am Ende eines Geschäftsjahres ausgeschüttet wurden und ihnen einen zusätzlichen Verdienst in respektabler Höhe ermöglichten.[506]

Mit der fortschreitenden Teuerung wurde die Problematik des festen Lohns immer dringender. Die Geschäftsleitung erließ vor und schließlich seit der zweiten Hälfte des Krieges wiederholt Teuerungszulagen,[507] die von den Arbeitern auch immer wieder gefordert wurden, um der verminderten Kaufkraft einen höheren Lohn entgegensetzen zu können. Zugleich sorgten sich die Arbeiter jedoch um die sich parallel dazu verringernden Leistungen wie den bezahlten Urlaub und Abgangsentschädigungen. Immer wieder ergingen daher Beschwerden und Forderungen der Arbeiter an die Geschäftsleitung, die im Juni des Jahres 1920 in einen sogenannten „Lohnstreit" mündeten. Dieser wurde schließlich vor einen Schlichtungsausschuss gebracht, bei dem die Arbeiter die Erhöhung der Pensionsbezüge und eine Lohnfortzahlung für Urlaubs- und Feiertage forderten, die sich an der Höhe des gesamten Lohns bemisst – eine Forderung, die unerfüllt blieb.[508]

Da sich die Höhe der Abgangsentschädigungen, wie bereits oben deutlich wurde, ebenfalls auf den festen Lohn und das feste Gehalt bezog, wurde auch hier die Teuerung zum Problem. Im September 1920 stellte der Betriebsrat daher einen Antrag auf Erhöhung der Abgangsentschädigung und brachte vor dem Hintergrund der Entlassung zahlreicher Arbeiter eine Änderung des Paragraphen 77 des Statuts ins Gespräch. Friedrich Ebsen erläuterte der Stiftungsverwaltung in einem Brief, warum die Geschäftsleitung die vom Betriebsrat geforderte Statutenänderung nicht für angebracht hielt, obwohl die „Grundlagen für die statutmäßige Abgangsent-

505 Vgl. Both, Heinz: Die Lohnentwicklung in der optisch-mechanischen Industrie Wetzlars während der Jahre 1914–1927, Frankfurt a. M. 1928, S. 14, 23, 29.

506 Siehe das anschließende Kapitel „Lohn- und Gehaltsnachzahlung".

507 In den ersten beiden Kriegsjahren war der Verdienst der Arbeiterschaft durch höhere Akkordlöhne bei Massenfertigung und Überstunden gesteigert. Zudem wurden im Dezember 1915 für die Geschäftsjahre 1913/14 und 1914/15 Lohn- und Gehaltsnachzahlungen angeordnet. Aufgrund der spürbar werdenden Teuerung setzte die Geschäftsleitung die Lohn- und Gehaltsnachzahlung auf die ungewöhnliche Höhe von 10 % fest. Ab 1. April 1916 wurde eine Kinderzulage gezahlt, die auch für außereheliche Kinder galt. Schomerus an Kriegsamtsstelle, 27.11.1917, in: CZA, BACZ 664. Auch die Pensionäre erhielten während der Kriegszeit Teuerungszuschläge auf ihre Pension in Höhe von 5 %. Friedrich Ebsen an Departement des Kultus, 25.7.1916, in: CZA, BACZ 1487 (Die Bewilligung erfolgte am 1.8.1916, in dieser Akte). Für weitere Erhöhungen der Teuerungszuschläge siehe Friedrich Ebsen an Departement des Kultus, 11.3.1917, in: CZA, BACZ 1487.

508 Weitere Verhandlungen vor dem Demobilmachungskommissar revidierten einen zuvor zu Gunsten der Arbeiter gefällten Schiedsspruch, August Kotthaus an Direktion, Firma Winkel GmbH, 16.6.1920, in: CZA, RW 223.

schädigung [...] den gegenwärtigen Teuerungsverhältnissen nicht mehr entsprechend" seien, wie die Geschäftsleitung selbst einräumen musste. Eine Statutenänderung wäre daher nach Paragraph 118 gemäß der statutarischen Bedingungen möglich gewesen. Dies stünde für die Geschäftsleitung allerdings nicht zur Debatte, da den Arbeitern ein Anspruch auf staatliche „Erwerbslosen-Unterstützung" zustehe, die den Stifterwillen, „die Arbeiter im Fall der unverschuldeten Entlassung von Mangel zu schützen", zwar auf eine andere Weise, aber letztlich mit demselben Ergebnis erfülle. Daher sei eine Änderung des Paragraphen nicht vonnöten, zumal „die gegenwärtige vollkommene Unsicherheit der Geschäftslage und damit der hauptsächlichsten finanziellen Grundlage der Stiftung" nicht erlaube, statutarische Änderungen vorzunehmen, deren Konsequenzen nicht abzusehen wären. Die Geschäftsleitung sei sich dennoch bewusst, so Ebsen weiter, dass in der nächsten Zeit eine Vielzahl von Arbeiterentlassungen anstehen werde und habe daher entschieden, einen Zuschlag von 100 Prozent auf Abgangsentschädigungen zu zahlen, um diese zu „erleichtern". Vorläufiges Datum, bis zu dem diese Zahlungen geleistet werden sollten, sei der 1. April 1921.[509] Dieses Verhalten provozierte den Betriebsrat, ein Grundsatzschreiben abzufassen, das er im Folgemonat, im Oktober 1920, an den Stiftungskommissar Friedrich Ebsen adressierte. Überschrieben war es mit der prinzipiellen Frage: „Wird das Zeisswerk im Sinne des Stiftungsstatuts und damit im Geiste des Begründers, des hochherzigen Ernst Abbe, verwaltet?"[510] Nach einer ausführlichen Untersuchung der Unternehmenspraxis in Bezug auf das Statut verneinten die Arbeiter diese Frage. Dabei konnten sie zunächst keinen direkten Bruch mit dem Statut nachweisen, denn die Geschäftsleitung folgte noch immer der Vorgabe, die den festen Lohn zur Maßgabe machte. Die Vertreter des Betriebsrats wiesen allerdings detailliert unter Verweis auf das Statut und Abbes Rede „Über die Grundlagen der Lohnregelung in der Optischen Werkstätte" nach, wie diese Maßgabe ausgehöhlt werde. Laut ihrer Berechnungen seien kurz nach dem Tod Abbes Lohnzuschläge eingeführt worden, die bereits vor dem Krieg ein Drittel des Lohns ausgemacht hätten. Dieses Missverhältnis habe sich noch verschärft, da die zunehmende Teuerung dazu geführt habe, dass sich der feste Lohn in den Jahren von 1913 bis 1920 nicht verändert habe und alle Erhöhungen aufgrund der Teuerung nur Zuschlagscharakter gehabt hätten. Die Konsequenz dieser Lohnpolitik seien stagnierende feste Löhne. So seien die festen Wochenlöhne seit 1913 und die Maximalbeträge seit 1897 nicht erhöht worden, was gegen Paragraph 97 verstoße. In diesem Paragraphen hatte Abbe für den Fall einer Geldentwertung festgehalten, dass die Maximalsätze erhöht werden sollten. Allen Einwänden der Arbeiter sei die

509 Friedrich Ebsen an Volksbildungsministerium Thüringen, 30.9.1920, in: CZA, BACZ 1489.

510 Betriebsrat Zeiss an Friedrich Ebsen, 2.10.1920, in: CZA, BACZ 1489.

Geschäftsleitung stets unter Berufung auf den Paragraphen 67 ausgewichen, nach welchem sie einmal erhöhte Löhne nicht herabsetzen dürfe. Der Betriebsrat sah jedoch aufgrund der guten finanziellen Lage der Stiftung keinen Grund für die strategische Entscheidung der Geschäftsleitung, Löhne nur über Zuschläge zu erhöhen. Die einzige Erklärung, die die Arbeiter für dieses Vorgehen ersinnen konnten, war das Einsparen von Ausgaben wie Abgangsentschädigungen, die vom festen Zeitlohn abhängig waren, sodass die auf diese Weise frei werdenden Gewinne für gemeinnützige Zwecke nach Paragraph 1, B eingesetzt werden konnten. Dafür, so die Arbeiter, vernachlässige die Geschäftsleitung lieber die Interessen des Betriebes und vor allem die seiner Mitarbeiter.[511]

Der Betriebsrat erklärte auch, warum seine Grundsatzkritik erst im Herbst 1920 erfolge, obwohl die Anfänge der Zuschlagspolitik der Geschäftsleitung bereits in die Zeit nach Abbes Tod fielen. Dafür gäbe es drei Gründe, so der Betriebsrat. Zum einen hätte unter den Arbeitern, welche bereits zu Abbes Zeit in der Optischen Werkstätte gearbeitet hätten, ein „blindes Vertrauen" zur Geschäftsleitung geherrscht. Zum zweiten seien dem Einzelnen die Nachteile der nicht statutengemäßen Lohnpraxis der Geschäftsleitung nicht bewusst gewesen, sodass diese erst durch den Betriebsrat aufgezeigt werden mussten. Und zum dritten kenne die Mehrheit der Beschäftigten der Optischen Werkstätte nicht das Statut bzw. seien dessen Paragraphen für die Arbeiter schwierig zu verstehen.[512] Der Konflikt um die Lohnzuschläge war also auf die Politisierung der Arbeiter in der Nachkriegs- und Revolutionszeit nach 1918 zurückzuführen, ebenso wie auf den unausbleiblichen Generationswechsel der Arbeiter, der durch den Krieg noch verstärkt wurde, in dessen Folge zunehmend mehr Arbeiter ohne Bindung an Ernst Abbe im Betrieb waren.[513] Im Sinne von Anne Nieberding kann hier von einer Auflösung der „Sinnwelt"[514] gesprochen werden, die über Abbes Persönlichkeit erzeugt worden war und die die Prinzipal-Agenten-Beziehung vor dem Ersten Weltkrieg im Sinne

---

511 Betriebsrat Zeiss an Friedrich Ebsen, 2.10.1920, in: CZA, BACZ 1489.

512 Ebd. Die Unkenntnis des Statuts war der Grund für die kuriose Klage eines Saaldieners gegen die Optische Werkstätte im März 1906. Nachdem dieser selbst gekündigt hatte, legte er Klage gegen die Kündigung beim Gewerbegericht in Jena ein. Vom „Hörensagen" sei er über die Abgangsentschädigung informiert worden, die er nun auf diesem Wege juristisch einfordern wollte. Das Gericht riet zur Rücknahme der Klage durch den Kläger, der dies befolgte. Das Jenaer Volksblatt berichtete am 14. März 1906 erstaunt, dass die geladenen Zeugen, andere Arbeiter der Optischen Werkstätte, fest überzeugt von der Rechtmäßigkeit der Klage gewesen seien. Jenaer Volksblatt, 14.3.1906, in: CZA, BACZ 8361.

513 Das erklärt auch die veränderte Stimmung der Arbeiter gegenüber der Geschäftsleitung Zeiss nach dem Ersten Weltkrieg. Vgl. hierzu den Aufsatz, dessen Titel bereits auf die drastischen Ausfälle der Arbeiter zu Anfang der 1920er Jahre hinweist: Markowski, Schmeißt Kotthaus, v. a. S. 90.

514 Ebd. siehe auch: Nieberding/Wischermann, Unternehmensgeschichte, S. 42–45.

der Geschäftsleitung dominiert hatte. Es gelang aber scheinbar nicht, diese „Sinnwelt“ auf weitere Generationen von Arbeitern zu übertragen, wobei hinzugefügt werden muss, dass die Ausnahmesituationen Krieg und Revolution die Bewährung dieser „Sinnwelt“ vermutlich erheblich erschwerten.

Friedrich Ebsen reagierte mit einer ausführlichen schriftlichen Auseinandersetzung auf diese Denkschrift. Diese wiederum blieb seitens des Betriebsrats unbeantwortet. Bemerkenswert ist in diesem Zusammenhang ein zwei Jahre später von Ebsen verfasster Brief an die Stiftungsverwaltung, der die Angelegenheit erneut aufgriff. Zwischenzeitlich hatte sich der Betriebsrat anscheinend kritisch über den Umgang des Stiftungskommissars Ebsen mit der Denkschrift des Betriebsrats geäußert. Wesentlich interessanter als die Äußerungen Ebsens über die inhaltlichen und kommunikativen Aspekte des Konflikts, für die er sowohl das Statut als auch Abbes Rede über die Aufgaben des Arbeiterausschusses vom 27. Januar 1902 heranzog, ist seine Interpretation der Corporate Governance. Ebsen vertrat grundsätzlich den Standpunkt, dass Stiftungsverwaltung und Stiftungskommissar nicht in Verhandlungen zwischen Geschäftsleitung und Arbeiterschaft eingreifen sollten. Zwar existierten „Recht und Pflicht des Stiftungskommissars zur Beaufsichtigung der Geschäftsführung der Betriebe und zur Ueberwachung der Ordnungsmässigkeit der Verwaltung und Statutenmässigkeit im Verfahren der Geschäftsleitungen“[515], wie Paragraph 11 bestimmte. In Ernst Abbes „Motive und Erläuterungen“ (zu § 11, 2) und Abbes „Verfassung der Carl Zeiss-Stiftung“ sei jedoch hervorgehoben worden, dass diese Funktion des Stiftungskommissars nur über ein Veto-Recht ausgeübt werden könne. Gegen den Willen der Geschäftsleitung hingegen könnten Stiftungsverwaltung und Stiftungskommissar in unternehmerischen Angelegenheiten nicht entscheiden. In Hinblick auf die Kommunikationskanäle der Stiftung sah Ebsen zwar durchaus eine direkte Verbindung zwischen Arbeiterschaft und seinem Amt. Seinen eigenen Handlungsspielraum sah Ebsen jedoch durch die Rechte der anderen Organe begrenzt:

> Ein Zusammenarbeiten der Stiftungsorgane ist auf die Dauer nur möglich, bei gegenseitigem Vertrauen auf die Loyalität des anderen Teils. Erste Voraussetzung dafür aber ist, dass jedes Organ seine Tätigkeit in den Grenzen hält, die ihr durch die Satzungen gegeben sind.[516]

Das Einschalten des Stiftungskommissars durch die Arbeiterschaft sei laut Ebsen außerdem unnötig, da – sofern hier eine wichtige Angelegenheit vorliege – dieser bereits durch die Geschäftsleitung informiert werde, wie es das Statut vorsehe. Dies

515 Friedrich Ebsen an Volksbildungsministerium Thüringen, 17.7.1922, in: CZA, BACZ 8435.
516 Ebd.

sei bisher immer so geschehen und habe in begründeten Fällen eine Stellungnahme seinerseits zur Folge gehabt.

Die vom Betriebsrat in der Denkschrift von 1920 geforderte Statutenänderung bezüglich der Erhöhung der Abgangsentschädigung wies Ebsen prinzipiell zurück:

> Für mich ist das Stiftungsstatut grundsätzlich etwas Unantastbares. Es ist nicht die mehr oder weniger gleichgültige Arbeit einer bezahlten Hand, es ist Abbes eigene Arbeit, in der er seine [Unterstreichungen im Original, J.S.] Gedanken und Empfindungen niederlegte, in der er sein [Unterstreichungen im Original, J.S.] Ideal von der Organisation eines gewerblichen Betriebes verkörperte.[517]

Den Antrag auf eine Statutenänderung der Arbeiterschaft führte Ebsen auf „Zeitströmungen und Zeitansichten" zurück. Diese sollten nicht ausschlaggebend dafür sein, Handlungen gegen Abbes Willen vorzunehmen, so Ebsen. Denn Abbe habe ja gerade die juristische Persönlichkeit zur Fortführung der Unternehmen präferiert, damit sein „erklärter Wille" überdauern könne.[518]

Da die folgenden Jahre keine Stabilisierung der Währung mit sich brachten, sondern stattdessen in die Inflation 1923 führten, konnte die Geschäftsleitung den größten Konfliktpunkt zwischen ihr und der Arbeiterschaft nicht entschärfen. Im Gegenteil, die „gewaltigen Erschütterungen des Geldwesens" der 1920er Jahre, wie Schomerus sich in einem Schreiben von 1930 über die Erhöhung des festen Lohns rückblickend äußerte,[519] waren nur über Zuschläge auszugleichen. Eine prinzipielle Änderung der Lohnpolitik seitens der Geschäftsleitung erfolgte, indem im Mai 1922 für beide Stiftungsbetriebe ein Lohnabkommen mit den Arbeitergewerkschaften geschlossen wurde.[520] Diese Lohnvereinbarung basierte insofern auf dem Abbe'schen System, als sie kündbar war und die zuvor gesetzten festen Löhne weiterhin als Mindestlöhne bestanden, inklusive möglicher Mindest-Akkord-Entschädigung und zuzüglich der bis dahin bewilligten Teuerungszulage, Kopfzulage und der sozialen Zulagen, nämlich Kinderzulage oder Verheiratetenzulage. Durch die Lohnvereinbarung und die damit einhergehende Koppelung der Löhne an die der Metallindustrie konnte die Geschäftsleitung im Fall von Eingaben und Protesten auf externe Faktoren verweisen, die nicht in ihrer Entscheidungsgewalt lagen. Damit konnte den Protesten jedoch nur wenig von ihrer Schärfe genommen werden, im Gegenteil: Aufgrund des Metallarbeiterverbandes und anderen Arbeiterverbänden

517 Friedrich Ebsen an Volksbildungsministerium Thüringen, 17.7.1922, in: CZA, BACZ 8435.

518 Ebd.

519 Friedrich Schomerus an Betriebsrat Zeiss, 28.5.1930, in: CZA, BACZ 501.

520 Lohnvereinbarung zwischen Zeiss und Schott sowie dem Deutschen Metallarbeiterverband, Verwaltungsstelle Jena, dem Deutschen Glasarbeiter-Verband, Zahlstelle Jena und dem Gewerkverein der Maschinenbau- und Metallarbeiter, 15.5.1922, in: CZA, RW 223.

als Verhandlungspartner bei den Lohnverhandlungen nach dem Krieg wurden diese Verhandlungen intensiver geführt.[521] In der Folge gab es bis zum Jahr 1923 immer wieder Arbeitsniederlegungen.[522]

Die mittels der Währungsreform 1923 ermöglichte Rückkehr zu einer stabilen Währung und die sich verbessernden Absatzbedingungen für die Optische Werkstätte führten zu einem Anstieg der Löhne. Die Lohnsteigerungen bezogen sich nicht auf die Optische Werkstätte, sondern waren in der gesamten optischen Industrie zu beobachten. Aufgrund der zuvor gemachten Erfahrungen allerdings widerstrebte es der Geschäftsleitung, den Verdienst der Arbeiter und Angestellten über einen Anstieg des festen Lohns bzw. Gehalts zu erhöhen.[523] Stattdessen griff sie auf sogenannte allgemeine Verdienstzuschläge zurück, die zum ersten Mal 1925 gezahlt wurden und die jährlichen Erhöhungen des festen Lohns ersetzten.

Dass diese Lohnpolitik bei den Mitarbeitern weiteren Unmut erzeugte, verwundert nicht. Die Geschäftsleitung versuchte, um den Forderungen der Arbeiter nachzukommen, das soziale Sicherheitssystem zu bewahren, indem ebenfalls Zuschläge auf die Pensionen und die anderen sozialen Leistungen gewährt wurden.[524] Gleichzeitig verwahrte sie sich gegen den Versuch des Betriebsrats, die Rechtsnatur der Verdienstzuschläge als unwiderrufliche Zahlungen feststellen zu lassen. Die Geschäftsleitung erreichten mehrere Anträge der Belegschaftsvertretungen, in denen die Umwandlung der Verdiensterhöhungen in Erhöhungen des festen Lohns bzw. Gehalts gefordert wurde. Diesen Anträgen wurde nicht stattgegeben. Die Uneinigkeit zwischen Geschäftsleitung und Arbeitern mündete schließlich in einen Rechtsstreit vor dem Kaufmannsgericht in Jena. In einem Urteil vom 18. November 1926 wurde den Lohnzuschlägen die Rechtsnatur des festen Lohns abgesprochen.[525] Ein Motiv für die Abwehrhaltung der Geschäftsleitung gegenüber der Fixierung der Zuschläge findet sich in einem Schreiben derselben an den Betriebsrat aus dem Mai 1930. Hier stellte die Geschäftsleitung fest, dass sie personal- und lohnpolitische Schritte nur gehen könne, wenn sie damit die Stiftung in einer nicht überschaubaren Angelegenheit nicht festlege. Auch dürfe sie „gegenüber ihrer Zukunft" nicht

---

521 Allerdings bezogen sich diese Verhandlungen mit den Arbeiterverbänden nur auf Zuschläge. Verhandlungen über den festen Lohn wurden von der Geschäftsleitung nur mit dem Arbeiterrat geführt, da es sich beim festen Lohn um eine im Statut vorgesehene Einrichtung handele. Friedrich Schomerus an Betriebsrat Zeiss, 28.5.1930, in: CZA, BACZ 501.

522 Markowski, Schmeißt Kotthaus, S. 94. Markowski erwähnt Streiks, Arbeitsniederlegungen und Demonstrationen im Zeitraum von den Kriegsjahren bis zum Jahr 1923, ebd., S. 90.

523 Begründung zur Statutenänderung 1931, 27.6.1931, in: CZA, BACZ 192.

524 Friedrich Schomerus an Betriebsrat Zeiss, 28.5.1930, in: CZA, BACZ 501.

525 Ebd.

„verantwortungslos" handeln.[526] Dies kann auch als Grund für die sehr vorsichtigen Erhöhungen des festen Lohns seit Abbes Rücktritt aus der Geschäftsleitung gelten.

Ähnlich wurde mit dem Gehalt der Angestellten verfahren, wenngleich hier noch weitere Restriktionen wirkten, wie im Unterkapitel „Remunerationen" gezeigt wird. Die Angestellten waren ebenso von der Problematik der abnehmenden Bedeutung des festen Gehalts in Bezug auf den Gesamtverdienst betroffen.[527] Hier verlief die Kommunikation mit der Geschäftsleitung über den Betrachtungszeitraum hinweg zwar verhaltener, aber im Grunde war der Konflikt vergleichbar mit dem zwischen Arbeitern und Geschäftsleitung. Auch hier versuchten die Angestellten auf rechtlichem Wege, ihre statutarischen Rechte bei der Stiftungsverwaltung durchzusetzen, wie beispielsweise in Reaktion auf eine Verdienstregelung von 1925. Diese zog die Kritik einiger Angestellten auf sich, die errechnet hatten, dass sie mit ihren aktuellen Gehältern nicht die gleiche Kaufkraft von 1914 erreichen würden. Die Angestellten identifizierten dies als Verstoß gegen Paragraph 67, der den festen Lohn bzw. das Gehalt betraf, sowie gegen die von Abbe hinzugefügten Erläuterungen zum Statut.[528] Verhandlungen mit der Geschäftsleitung im Dezember 1926 und Januar 1927 verliefen ergebnislos, da letztere nicht „bei der unübersehbaren wirtschaftlichen Entwicklung die Verantwortung" für weitgehende Zugeständnisse tragen wollte.[529] Als besonders schwerwiegend empfanden die betreffenden Angestellten, dass die Geschäftsleitung es ablehnte, die Kosten für entstehende Rechtstreitigkeiten zu übernehmen. Dies habe zu einem Vertrauensverlust in den Willen der Geschäftsleitung zur „Aufrechterhaltung der Stiftungsbestimmungen" geführt, weshalb die Mitarbeiter erneut den Stiftungskommissar einschalteten.[530]

Folglich waren sowohl Arbeiter als auch Angestellte von der Statutenänderung zum Ende des Betrachtungszeitraums betroffen, die den Paragraphen 67 über die Fixierung des festen Lohnes betraf. So wurde dieser Paragraph 67 im Zuge der Statutenänderung des Jahres 1931, der ersten seit der Revision des Jahres 1905/06, um zwei Absätze erweitert. Absatz 3 des Paragraphen 67 des Stiftungsstatuts lautete:

526 Friedrich Schomerus an Betriebsrat Zeiss, 28.5.1930, in: CZA, BACZ 501.

527 Im Übrigen galt nicht selbstverständlich die Trennung von Arbeitern als Lohnempfängern und Angestellten bzw. Beamten als Gehaltsempfängern, da auch Arbeiter zu Beamten erhoben werden konnten, die weiter Lohn bezogen, z. B. 1906, siehe Protokoll der Stiftungssitzung, Nr. 216, 7.11.1906, in: CZA, St 218. 1908 war die Einkommensgrenze zwischen beiden Lohnformen 1.620 Mark. Protokoll der Stiftungssitzung, Nr. 245, 11.4.1908, in: CZA, St 218.

528 Die Angestellten bezogen sich auf Abbes Motive und Erläuterungen zu §§ 66–69.

529 Edwart Richter an Friedrich Ebsen, 29.12.1927, in: CZA, BACZ 1491.

530 Ebd.

> Bei Verkürzung der Arbeitszeit auf Grund eines Gesetzes oder einer behördlichen Anordnung oder gemäss einer Gesamtvereinbarung (Tarifvertrag, Betriebsvereinbarung usw.) ist der feste Lohn oder Gehalt im Sinne der vorstehenden Bestimmungen nur gewährleistet als Mindestverdienst für die ganze Zahlungsperiode (pro Woche oder pro Monat).

Die Geschäftsleitung nannte die katastrophalen wirtschaftlichen Bedingungen seit 1929 als Grund für das Hinzufügen dieses Absatzes. Die Weltwirtschaftskrise habe sich – wenn auch verzögert – stark auf den Absatz der Optischen Werkstätte ausgewirkt. Daraufhin seien im Herbst 1930 Entlassungen vorgenommen worden, denen Anfang 1931 weitere hätten folgen sollen. Stattdessen habe die Geschäftsleitung Anträgen der Arbeiter- und Angestelltenräte nachgegeben, die an Stelle der Entlassungen die Verkürzung der Arbeitszeit gefordert hätten. Die in diesem Zuge getroffenen Vereinbarungen zwischen Geschäftsleitung und Arbeiter- bzw. Angestelltenvertretungen sowie Gewerkschaften hätten beinhaltet, dass die Stiftungsbetriebe nur einen Teil der ausfallenden Arbeitszeit bezahlen sollten. Die Vereinbarungen seien „mit Rücksicht auf das Solidaritätsgefühl" der Geschäftsangehörigen in schwierigen Zeiten getroffen worden.[531]

Mit diesen Vereinbarungen wurde unzweifelhaft gegen Paragraph 67 verstoßen, der vorsah, dass der volle feste Lohn bzw. das feste Gehalt bei Verkürzung der Arbeitszeit weitergezahlt werden solle. Wie der Begründung der Geschäftsleitung für die Statutenreform zu entnehmen ist, erkannten sie und die übrigen Vertragsparteien bemerkenswerterweise keinen Verstoß gegen das Stiftungsstatut. Ganz im Gegenteil waren sie davon überzeugt, „im Rahmen des Statuts und im Sinne des Stifters gehandelt zu haben".[532] Ein Mitarbeiter der Optischen Werkstätte bemerkte den Verstoß hingegen und wollte sein Recht auf Zahlung des ganzen festen Lohns bei Verkürzung der Arbeitszeit auf dem Klageweg durchsetzen. Seine Klage wurde jedoch vom Arbeitsgericht abgewiesen. Das daraufhin angerufene Landesarbeitsgericht erachtete die Vereinbarung allerdings als statutenwidrig. Um einer möglichen Bestätigung dieses Urteils durch das Reichsarbeitsgericht vorzukommen und Rechtssicherheit zu schaffen, nahm die Geschäftsleitung, bzw. vielmehr für diese die Stiftungsverwaltung, die Statutenreform nach statutarisch vorgesehenem Verfahren vor und fügte oben zitierten Absatz ein.

531 Begründung zur Statutenänderung 1931, 27.6.1931, in: CZA, BACZ 192.

532 In diesem Sinn hatte sich die Geschäftsleitung bereits geäußert, als 1919/1920 Kurzarbeit eingeführt worden war, währenddessen die statutarische Bezahlung ausgesetzt wurde, „da die Firma lediglich durch die Demobilmachungsbestimmung zur Kurzarbeit gezwungen" worden sei. Die Frage des Aussetzens der statutarischen Bezahlung beschäftigte seit 1920 wiederholt die Gerichte. August Kotthaus an Volksbildungsministerium Thüringen, 15.4.1924, in: CZA, BACZ 1511.

Der zweite Absatz, um den Paragraph 67 ergänzt wurde, legitimierte nachträglich die in den Jahren zuvor von Arbeitern und Angestellten bekämpfte Lohnpolitik der Geschäftsleitung in Bezug auf die Widerrufbarkeit der Zuschläge:

> Zum festen Lohn oder Gehalt gehören nicht die neben dem festen Lohn oder Gehalt an Geschäftsangehörige gewährten individuellen Zuschläge und – zunächst für die Zeit bis 31. Dezember 1940 – auch nicht die allgemeinen (prozentualen oder sonstigen) Zuschläge.

Mit diesem Zusatz wollte die Geschäftsleitung verhindern, dass der damals aktuelle Zuschlag in Höhe von 35 Prozent auf juristischem Wege als unwiderruflich erklärt werden könnte,[533] was Arbeiter ja bereits 1926 vor Gericht zu erstreiten versucht hatten. Die Änderungen wurden am 30. Juni 1931 vorläufig gültig und – wie es das Statut vorsah – nach einem Jahr ohne Widerspruch im August 1932 durch das Thüringische Volksbildungsministerium zum festen Teil des Statuts erklärt.[534]

Hervorhebenswert an dieser Änderung hinsichtlich der Widerrufbarkeit von Zuschlägen ist, dass hierdurch die bereits seit über 25 Jahren praktizierte Lohnpolitik der Geschäftsleitung im Nachhinein statutarisch legitimiert wurde. Wenngleich Abbe die Zuschläge wohl ebenso als probates Mittel gesehen hatte, um individuelle Löhne zu erhöhen, ist nicht anzunehmen, dass er die Aushöhlung des festen Lohnes befürwortet hätte. Dafür hatte Abbe den festen Lohn zu stark ins Zentrum seines sozialen Sicherungssystems für die Arbeiter gestellt. Schließlich hing die Höhe der Kosten der „Stiftungsrechte" wie etwa die Abgangsentschädigungen und Pensionszahlungen von der Höhe des festen Lohns ab. Die vor dem Ersten Weltkrieg verfolgte Strategie der Geschäftsleitung, Erhöhungen des festen Lohns aufgrund unsicherer Erwartungen nach Möglichkeit zu vermeiden, blieb folglich bis zum Ende des Betrachtungszeitraums nicht nur unverändert, sondern wurde sogar im Nachhinein durch eine Statutenänderung legitimiert. Die Geschäftsleitung hatte sich in ihrer Erwartungsbildung nicht getäuscht, brachten die Nachkriegszeit und die 1920er Jahre doch schwierige ökonomische Verhältnisse hervor, auf die die Geschäftsleitung flexibel mit der Verkürzung der Arbeitszeit und Entlassungen – wenn auch mit statutarisch festgelegten Abgangsentschädigungen – reagieren konnte. Dabei bewährte es sich, dass der feste Lohn auf einem verhältnismäßig geringen Niveau blieb und sich die Geschäftsleitung auf diese Weise ihren Entscheidungsspielraum erhielt. Obgleich die Unternehmensführung sich in dieser Hinsicht bewährte, ist nicht zu unterschätzen, was die Strategie der Verdienstzuschläge hinsichtlich des Statuts und des Stifterwillens bedeutete. Indem die Geschäftsleitung begann, den festen Lohn als zentralen Bestandteil des Statuts zu

533 Begründung zur Statutenänderung 1931, 27.6.1931, in: CZA, BACZ 192.
534 Ebd.

umgehen, entzog sie sich zugleich dem fiktiven Prinzipal Abbe. Eines seiner wesentlichen Anliegen war zweifelsfrei, die Arbeiter unabhängig von den personal- und lohnpolitischen Entscheidungen ihres Arbeitgebers zu machen und damit in gewisser Weise das personale Verhältnis zwischen Unternehmer und Arbeiter zu lösen. Stattdessen sollten einklagbare Rechte eine „wirkliche und dauernde Hebung der Rechtslage" der Arbeiter, sowohl wirtschaftlich als auch persönlich erzielen, „damit die wichtigsten bürgerlichen und materiellen Interessen dieser Personen nicht länger der Willkür des Unternehmers und ganz einseitigen Rücksichten auf dessen jeweiligen Vorteil unterworfen bleiben."[535] Das Abhängigkeitsverhältnis zwischen Geschäftsleitung und Beschäftigten war aber gerade dann wieder gegeben, als die von der Höhe des festen Lohns abhängigen „Stiftungsrechte" wie die Abgangsentschädigung, die Pensionen, die Überstundenzuschläge, der Mindestlohn und der bezahlte Urlaub allein durch Zuschläge wieder ein angemessenes Niveau erreichen konnten, das jedoch statutarisch nicht gesichert sowie von den Entscheidungen und dem Entgegenkommen der Geschäftsleitung abhängig war.

Am Beispiel des festen Lohnes wird deutlich, dass die Geschäftsleitung Bestimmungen des Stiftungsstatuts umging, um sich Entscheidungsspielräume im Hinblick auf eine unsichere Zukunft offen zu halten. Die Geschäftsleitung versuchte sich über diese Strategie von den „ehernen Schienen" des Stiftungsunternehmens zu befreien und Rahmenbedingungen eines Unternehmens herzustellen, das nicht durch ein Stiftungsstatut eingeengt wurde. Festzuhalten ist ebenfalls, dass die Geschäftsleitung in der Weltwirtschaftskrise durch die verringerten Zahlungen bei der Verkürzung der Arbeitszeit offen gegen das Statut verstieß. Die nachträgliche Legitimierung dieses Statutenverstoßes durch eine Revision der Statuten zeigt nachdrücklich, dass sich die Geschäftsleitung der Problematik ihrer Handlungen bewusst war. Welche Folgen die statutengetreue Umsetzung von Abbes Lohnsystem-Konzept gehabt hätte, kann nur angenommen werden. Die Geschäftsleitung hätte durch einen höheren festen Lohn höhere Kosten für die „Stiftungsrechte" tragen müssen, die ohnehin eine Belastung für die Unternehmensführung darstellten, wie das Kapitel „Stiftungsrechte" im Folgenden zeigt. Zudem hätte ein höherer Anteil des festen Lohns am Gesamtlohn die Lohnpolitik der Geschäftsleitung noch weiter eingeengt. Die Geschäftsleitung jedoch wollte ihrer eigenen Aussage nach verhindern, vor dem Hintergrund der unsicheren Zukunft, Entscheidungen mit belastenden Konsequenzen für die Stiftung und die Stiftungsbetriebe zu treffen. Diese Beweggründe schlugen sich unter anderem in den diffizilen Austarierungsstrategien der Geschäftsleitung zwischen festem Lohn und sonstigen Lohnerhöhungen nieder.

535 Abbe, Motive und Erläuterungen, S. 348.

Zusammenfassend ist es daher wohl nicht übertrieben, das System des festen Lohns als gescheitert zu betrachten. Dieser Schluss wird durch die Erkenntnisse des nächsten Kapitels unterstrichen: Dort wird gezeigt, dass die Lohn- und Gehaltsnachzahlung, die eigentlich als Kompensationszahlung des niedrigen festen Lohns dienen und der Geschäftsleitung Entscheidungsspielräume eröffnen sollte, nicht in diesem Sinne eingesetzt werden konnte.

6.2 Lohn- und Gehaltsnachzahlung

Zum Zeitpunkt der Einführung der von Abbe entwickelten kollektiven Lohn- und Gehaltsnachzahlung im Jahr 1896 waren Formen von Gewinnbeteiligungen in Theorie und Praxis durchaus bekannt, wenn auch nicht weit verbreitet.[536] Ernst Abbe hatte sich nachweislich mit einigen der theoretischen Schriften zur Gewinnbeteiligung auseinandergesetzt, so beispielsweise mit Gustav Schmollers Rede über die Gewinnbeteiligung von 1890.[537] Die unternehmerischen Präzedenzfälle jedoch hatten für ihn bei der Gestaltung der Zeiss'schen Lohn- und Gehaltsnachzahlung ungleich bedeutenderen Wert.[538] Nicht als Vorbild in Frage kamen für Abbe Versuche von Genossenschaften, die die Gewinnbeteiligung als Ausschüttung für die

536 Erste Diskussionen von Theoretikern und Unternehmern gab es seit den 1830er Jahren, vgl. Siegler, Albrecht: Der Beteiligungsgedanke im 19. und frühen 20. Jahrhundert und seine Beurteilung durch die organisierte Arbeitnehmerschaft. Parallelen zur Entwicklung der Gegenwart?, in: Die Betriebswirtschaft 39 (1979), S. 143–153, hier: S. 143. In der Praxis finden sich erste Versuche dazu bereits seit 1824, in welchem Jahr Amtsrat Albert auf seinem Gut Cöthen bei Breslau mit der Gewinnbeteiligung experimentierte. In der Gründerzeit geriet das Thema zunehmend in den Fokus von Unternehmern und Theoretikern. Vgl. ebd., S. 144. Der Artikel „Der magdeburgische Bezirksverein deutscher Ingenieure" zählt im Jahr 1901 30 Firmen, welche die Gewinnbeteiligung eingeführt haben, in: Magdeburgische Zeitung vom 24.4.1901, in: CZA, BACZ 615. Auch im vor Deutschland industrialisierten England gab es häufiger Versuche mit der Einführung einer Gewinnbeteiligung, die aber oft auf Wunsch der Arbeiter wieder abgeschafft wurde, da insgesamt weniger Lohn gezahlt wurde. Über die Gewinnbeteiligung der Arbeiter in der englischen Industrie, von Dr. C. R. Hennings, in: Die Grenzboten, Berlin, 4.3.1914, in: CZA, BACZ 615.

537 Nach empirischen Untersuchungen identifizierte Gustav Schmoller als Vorteile der Gewinnbeteiligung die verminderte Fluktuation der Mitarbeiter und ein gesteigertes Geschäftsergebnis, dessen Ertrag den durch die zusätzlichen Zahlungen der Gewinnbeteiligung entstehenden Aufwand übersteige, wie auch die Reduzierung des Aufsichtspersonals, erhöhte Disziplin sowie ein höheres Engagement der Arbeiter. Vgl. Schmoller, Gustav: Über Gewinnbeteiligung, in: Ders.: Zur Social- und Gewerbepolitik der Gegenwart, Leipzig 1890, S. 441–461, hier: S. 455. Abbe bezieht sich auf Schmollers Ausführungen in seinem eigenen Vortrag „Über Gewinnbeteiligung", S. 104.

538 Abbe, Motive und Erläuterungen, zu § 98, S. 366.

beteiligten Angestellten und Arbeiter konzipiert hatten.[539] Ebenso lehnte er die zeitgenössischen Versuche ab, in denen die Gewinnbeteiligung den Arbeitern als mildtätige Gabe zu einem besseren Leben verhelfen sollte, ohne institutionalisiert worden zu sein. Sollte die Motivation eines Unternehmers mehr im Mitleid als in echtem Willen zur Verbesserung des rechtlichen und ökonomischen Status der Arbeiter bestehen, so Abbe, solle dieser lieber gleich eine angemessene Lohnhöhe wählen, anstatt auf die schwankende Gewinnbeteiligung als variablen Teil des Lohns zu setzen.[540]

In einigen Unternehmen wurde die Gewinnbeteiligung als Prämie für rationelles Arbeitsverhalten eingesetzt, beispielsweise seit den 1850er Jahren für einen Teil der Angestellten und Arbeiter bei Siemens.[541] Diese Ausschüttungsform sah einen Gewinnanteil für die Arbeiter vor, sofern diese durch bestimmte Verhaltensweisen bei der Arbeit – wie Abbe formulierte, durch „Sparsamkeit, Achtsamkeit und Fleiß" – einen messbar höheren Gewinn erwirtschaftet hätten. Abbe war sich der grundsätzlichen Schwierigkeit bewusst, den Arbeitern Anreize zu setzen, entsprechend ihrer Verträge und im Sinne des Auftraggebers zu handeln. Er sprach daher der Gewinnbeteiligung als Prämie durchaus eine Wirkung zu, gerade in Berufen mit geringen Kontrollmöglichkeiten, die zugleich große Möglichkeiten zum Müßiggang böten.[542] Wenn es aber darum gehe, Anreize zu setzen, um den sparsamen Umgang mit Material und die effektive Ausnutzung von Arbeitszeit zu belohnen, wie es die Arbeit in der Optischen Werkstätte erforderte, bevorzugte er schon 1897 das rationelle Akkordlohnsystem als maßgebliches Instrument.[543] Dieses nämlich richte sich auf den einzelnen Arbeiter, dessen individuelle Anstrengung bewertet und im besten Falle prämiert werde, sodass die Verbindung zwischen Anreiz, Arbeitsleistung und Belohnung unmittelbar und eindeutig sei: „Beim Akkordlohn aber fällt alle Mehrleistung direkt in seine [die des Arbeiters, J.S.] Ta-

539 Abbe, Über Gewinnbeteiligung, S. 104 f.

540 Abbe, Über Gewinnbeteiligung, S. 107–109. Abbe verneinte, dass die Gewinnbeteiligung zur „Milderung des Klassengegensatzes" tauge, da sie keine Aufwertung der Arbeiter bedeute. Ebd., 109. Abbe erkannte in diesem Zusammenhang die – wenngleich nicht von ihm als solche benannte – Problematik der Risikokosten von Agenten in Prinzipal-Agenten-Beziehungen. Diese entstehen bei leistungsabhängigen Einkommen aufgrund der Unsicherheit der Agenten, die die Höhe von Anreizzahlungen nicht allein beeinflussen können. Daher sieht die Prinzipal-Agenten-Theorie eine Versicherungskomponente in Verträgen vor, die Abbe hier in der Garantie eines Grundeinkommens berücksichtigt hatte. Vgl. Hochhold/Rudolph, Prinzipal-Agenten-Theorie, S. 140.

541 Vgl. Conrad, Christoph: Erfolgsbeteiligung und Vermögensbildung der Arbeitnehmer bei Siemens (1847–1945), Stuttgart 1986, S. 60.

542 Abbe, Über Gewinnbeteiligung, S. 106.

543 Ebd.

sche.“[544] Die Gewinnbeteiligung als Anreiz hingegen erlaube durch das allgemeine Umlageverfahren des mittels Anstrengungen vieler erarbeiteten Mehrertrags keine direkte Zuordnung, sodass die Gewinnbeteiligung einen Großteil ihrer Wirkung einbüße.[545] Ein besonders fleißiger, umsichtiger Arbeiter bekomme zudem nur einen Bruchteil des von ihm ersparten und erarbeiteten Gewinns, während untätige Arbeiter ebenso von einer Gewinnbeteiligung profitieren würden, argumentierte Abbe und beschrieb damit das später in der Organisationstheorie bekannte Trittbrettfahrerproblem.[546]

Die spezifische Form der Nachzahlung der Optischen Werkstätte, welche Ernst Abbe konzipiert hatte, wurzelte im System des festen Lohns. Abbe war sich bewusst, dass er die Geschäftsleitung durch dieses System sehr einschränkte, doch wollte er diese Einschränkungen mithilfe der Lohn- und Gehaltsnachzahlungen teilweise aufheben:

> Die Gewinnbeteiligung [also die Lohn- und Gehaltsnachzahlung, J.S.] erscheint unter diesem Gesichtspunkt als unentbehrliches Ergänzungsglied eines strengeren Lohnsystems, welches darauf abzielt, den gewöhnlichen normalen Lohn auch in Zeiten ungünstiger Wirtschaftslage als Mindestverdienst zu gewährleisten – also dem vorbeugen kann, daß auf der Rückseite jeder Welle gehobener Wirtschaftstätigkeit eine große Zahl von Existenzen mit dem Herabsinken in das Proletariat bedroht sei.[547]

Durch die Lohn- und Gehaltsnachzahlung sollte der Geschäftsleitung die Zahlung eines verhältnismäßig niedrigen Lohns ermöglicht werden. Da dieser fixiert war, sollte die Nachzahlung als variabler Lohnanteil der Geschäftsleitung erlauben, auf konjunkturelle Schwankungen reagieren zu können.

Mit den Begriffen Gewinnbeteiligung sowie Lohn- und Gehaltsnachzahlungen finden sich in den Quellen, unter anderem im Statut,[548] zwei unterschiedliche Be-

---

544 Abbe, Über Gewinnbeteiligung, S. 107.

545 Ebd., S. 106 f.

546 Abbe, Über Gewinnbeteiligung, S. 107. Das Trittbrettfahrerproblem wird in der Prinzipal-Agenten-Theorie unter dem angloamerikanischen Terminus „shirking“ diskutiert, vgl. den für die Entwicklung der Prinzipal-Agenten-Theorie grundlegenden Aufsatz von Armen A. Alchian and Harold Demsetz. Dies: Production, Information Costs and Economic Organization, in: American Economic Review 62 (1972), S. 777–795, hier: S. 780. Die Beschreibung des Trittbrettfahrerproblems trifft auf das von Abbe beschriebene allgemeine Szenario zu, nicht aber auf das von Abbe erwähnte konkrete Problem des „Müßiggangs“, das offen erfolgt, während Trittbrettfahrerei durch verdecktes Handeln charakterisiert ist. Vgl. Dunn, Malcolm H.: Die Unternehmung als ein soziales System. Ein sozialwissenschaftlicher Beitrag zur Neuen Mikroökonomie, Berlin 1998, S. 158, Fn 46.

547 Abbe, Über Gewinnbeteiligung, S. 117 f.

548 Das Statut von 1896 kennt noch die Bezeichnung „Lohn- und Gehaltsnachzahlung“, in der redigierten Fassung von 1906 ist „Gewinnbeteiligung“ eingefügt worden.

zeichnungen für Abbes Konzept der Gewinnausschüttung. Zunächst war die gängige, zeitgenössische Bezeichnung der Gewinnbeteiligung von Abbe verwendet worden, bis er sich kurz nach Abfassung des Statuts für die Verwendung eines anderen Begriffs entschied. Der Grund für die Umbenennung, so Siegfried Czapski in seinem Tagebuch vom Dezember 1897, sei gewesen, „bei der Gewinnvertheilung die Stiftung als Unternehmer unbetheiligt (!) erscheinen zu lassen."[549] Die Lohn- und Gehaltsnachzahlung sollte also im Sinne des unpersönlichen Unternehmers einen fast zwangsläufigen Charakter erhalten. Dass dies nicht der Entscheidungsrealität entsprach, war Abbe offenkundig bewusst, da die Entscheidung darüber, ob die Mitarbeiter der Stiftungsbetriebe mit einer Lohn- und Gehaltsnachzahlung bedacht werden sollten, Stiftungskommissar und Geschäftsleitung oblag. Ausschlaggebende Kriterien für die Anwendung dieses Lohninstruments sollten die „gesamte Geschäftslage" sowie die Höhe des Reservefonds sein. Bei der Revision des Statuts 1905/06 wurden diese recht unspezifischen Kriterien gestrichen, ohne durch andere ersetzt zu werden. Entscheiden sollten Geschäftsleitung und Stiftungskommissar auch über die Höhe der Nachzahlung, die sich auf einen Prozentsatz der Summe aller Gehälter und Löhne belaufen sollte, welche die Firma im betreffenden Geschäftsjahr ausgezahlt hatte (§ 98). Dieser Betrag sollte gleichmäßig auf alle Beschäftigten aufgeteilt werden. Der in der ersten Fassung des Statuts publizierte Maßstab für die Höhe der Nachzahlung war strikt gefasst.[550] Interessanterweise ersetzte die Statutenrevision von 1905/06 die Vorgabe Abbes durch eine Bestimmung, die mehr Entscheidungsspielraum zuließ. Nun galt ein „angemessenes Verhältnis zwischen dem Anteil des Personals am wirtschaftlichen Gesamtertrag und dem Anteil der Stiftung im Sinne der in §§ 40, 41 bezeichneten Richtschnur" zur Kompensation konjunktureller Schwankungen als Bemessungsgrundlage (§ 98). Die Paragraphen 40 und 41 legten fest, nach welchen Berechnungen ein durch die Stiftungsbetriebe erwirtschafteter „Unternehmergewinn" ermittelt werden und im Anschluss an die Stiftung zurückfließen sollte. Die Gründe für die beiden genannten Statutenänderungen im Jahr 1906 gingen auf die im Folgenden dargestellten Erfahrungen der Geschäftsleitung mit der Lohn- und Gehaltsnachzahlung zurück.

Von der Lohn- und Gehaltsnachzahlung ausgeschlossen waren die Mitglieder der Geschäftsleitung, damit sie nicht „des eigenen Vorteils wegen die schwankenden

549 Tagebuchbericht Czapski, 1897–1901, in: CZA, BACZ 8341.

550 Demnach war er „zu bemessen nach dem gemäß § 41, Abs. 2 auf das gleiche Lohn- und Gehalts-Konto bezogenen prozentischen Nettogewinn des Geschäftsjahres, und zwar als ein Bruchteil desjenigen Betrags, mit welchem dieser prozentische Nettogewinn die Ziffer überschreitet, die gemäß der in §§ 40, 41 gegebenen Richtschnur als Mindestziffer im Sinn des § 41, Abs. 3 jeweils gelten soll". Erste Version des § 98 von 1986, abgedruckt in Abbe, Vorträge, Reden und Schriften sozialpolitischen und verwandten Inhalts, S. 307.

Bezüge der Geschäftsangehörigen auf Kosten der regelmäßigen Bezüge derselben zu erhöhen suchen" würden.[551] Auch Angehörige der Stiftungsverwaltung waren laut Statut ausgeschlossen. Für die Jahre nach dem Krieg jedoch ist eine Zahlung an die Beamten der Stiftungsverwaltung belegt, was im Fall des Stiftungskommissars Friedrich Ebsen zu einem problematischen Interessenkonflikt von Entscheider und Begünstigtem führte. Aus diesem Grund bat Ebsen im Jahr 1927 selbst darum, von der Nachzahlung ausgeschlossen zu werden.[552] Trotz ihrer Eigenschaft als Stiftungsrecht wurde die Lohn- und Gehaltsnachzahlung wie auch die übrigen „Stiftungsrechte" durch die Erträge der Unternehmen finanziert.[553] Die Zahlung stellte die Optische Werkstätte immer wieder vor Schwierigkeiten, da jeweils im Dezember eines Jahres ein hoher Betrag aufgebracht und ohne zeitlichen Aufschub an die Mitarbeiter gezahlt werden musste.[554]

Die erste Auszahlung der Lohn- und Gehaltsnachzahlung erfolgte im Jahr 1896 anlässlich des 50-jährigen Jubiläums der Optischen Werkstätte für das vorausgegangene Jahr. Der betreffende Paragraph wurde damit wirksam und die Lohn- und Gehaltsnachzahlung folglich institutionalisiert. Die Höhe der im November ausgeschütteten Auszahlung belief sich auf acht Prozent des im Laufe des Geschäftsjahres empfangenen Lohns oder Gehalts. Auch in den Folgejahren bis zum Ersten Weltkrieg behielt die Geschäftsleitung dieses Niveau bei, wie Abbildung 1 zeigt, und gewährte Nachzahlungen zwischen acht und zehn Prozent, nur für drei von insgesamt 18 Jahren ist eine Unterschreitung dieses Korridors überliefert. Diese konstante Ausschüttungshöhe lässt erste Zweifel an der statutengemäßen Berechnung der Zahlungen aufkommen, da die Bedingungen für die Berechnung demgemäß immer sehr ähnlich hätten sein müssen. Tatsächlich zeigte sich bereits im zweiten Jahr nach Einführung der Lohn- und Gehaltsnachzahlung, dass die vom Statut bestimmte Bemessungsgrundlage nicht als alleinige Entscheidungsprämisse herangezogen wurde.

551 Abbe, Motive und Erläuterungen, zu § 98, S. 367.

552 Friedrich Ebsen an Volksbildungsministerium Thüringen, 1.12.1927, in: CZA, BACZ 1491.

553 Siehe in dieser Arbeit das Kapitel „Stiftungsrechte".

554 Zum Beispiel die Zahlungen für das Geschäftsjahr 1906/07, Departement des Kultus an Geschäftsleitung Zeiss, 29.11.1907, in: CZA, BACZ 9203. Siehe auch das Unterkapitel „Ergänzungsstatut".

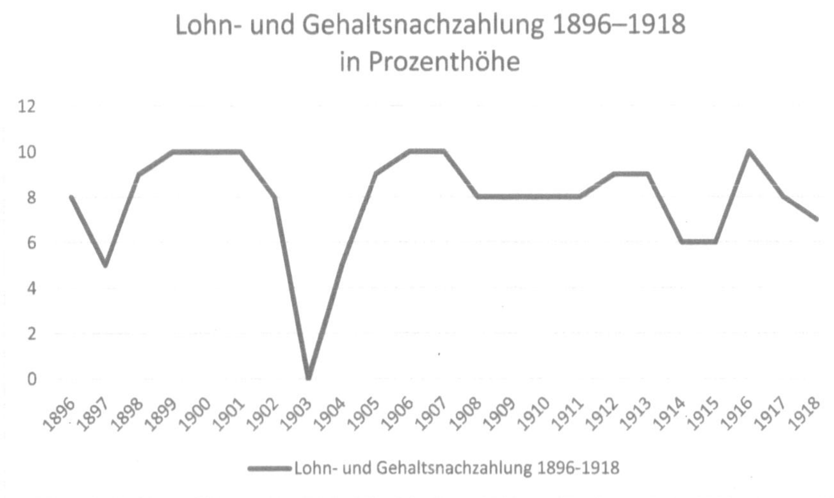

Abbildung 1: Lohn- und Gehaltsnachzahlung der Jahre 1896 bis 1918.[555]

So fiel der Gewinn für das Geschäftsjahr 1896/97 mit rund 367.579 Mark zwar hoch aus, ähnlich hoch wie für das Jahr zuvor.[556] Allerdings waren auf dem Lohn- und Gehaltskonto im Jahr 1896/97 170.000 Mark mehr verbucht als im Geschäftsjahr zuvor.[557] Die Erhöhung resultierte nicht aus Neueinstellungen von Arbeitern, sondern ging auf eine übersteigerte Erhöhung der Akkordlöhne zurück.[558] In der Konsequenz wurden die Akkordlohnsätze um zwölf bis 13 Prozent herabgesetzt,[559] und Abbe erkannte, dass das Lohn- und Gehaltskonto zu hoch war, um trotz eines beträchtlichen Gewinns dem Konto angemessene Nachzahlungen gewähren zu können. Wäre der Gewinn als bestimmender Faktor für die Höhe der Lohn- und Gehaltsnachzahlungen herangezogen worden, hätte die Geschäftsleitung sich für ein ähnliches Niveau wie im Vorjahr entscheiden müssen. Zog man zur Berechnung die Relation der Nachzahlung zum Lohn- und Gehaltskonto heran, ergaben sich rechnerisch jedoch nur drei Prozent. Da der resultierende Rückgang des Niveaus

555 Zahlen nach Auerbach, Das Zeisswerk, S. 212 f.

556 Gewinn und Verlustrechnungen 1890/91–1899/1900, in: CZA, BACZ 6468.

557 Anhang zu Abbe, Über die Grundlagen, S. 156.

558 Tagebuchbericht Czapski, 1897–1901, in: CZA, BACZ 8341.

559 In Besprechungen der Geschäftsleiter mit den Werkmeistern wurden diese Vorgaben auf der Ebene des mittleren Managements umgesetzt. Tagebuchbericht Czapski, 1897–1901, Eintrag vom 26.12.1897, in: CZA, BACZ 8341. Im Tagebuch hält Czapski zudem den Versuch der Arbeiter fest, die Herabsetzung der Verdienste zu verhindern.

der Lohn- und Gehaltsnachzahlung in Relation zum Vorjahr zu drastisch gewesen wäre, entschied sich die Geschäftsleitung für eine Höhe von fünf Prozent.[560] Diese strategische Entscheidung legte bereits zu diesem frühen Zeitpunkt offen, dass die von Abbe bestimmten Entscheidungsprämissen nicht tragfähig waren und durch die Geschäftsleitung angepasst werden mussten. Eben dieses Problem legte Abbe selbst vor dem Arbeiterausschuss dar und räumte ein, dass die Geschäftsleitung andere Entscheidungskriterien habe finden müssen. Dabei sei der Vergleich zwischen den Geschäftsjahren besonders wichtig,

> so daß auch, wenn einmal thatsächlich ein ungünstiges Geschäftsjahr zu verzeichnen sein sollte, deshalb noch nicht unter allen Umständen die Gewinnbetheiligung erheblich niedriger werden müsse. Es sei also ein mehr constanter Zustand geschaffen worden, unter dem jeder im Wesentlichen sicher rechnen könne, am Schluß des neuen Geschäftsjahres eine annähernd gleiche Gewinnbetheiligung zu erhalten […].[561]

Den Einfluss des Erwartungshorizonts der Mitarbeiter auf die Entscheidung der Geschäftsleitung über die Höhe der Lohn- und Gehaltsnachzahlung, die im Luhmann'schen Sinne eine „Erwartungserwartung“ der Geschäftsleitung hervorrief, hatte Abbe daher sehr früh erkannt. Entsprechend verlief die Entscheidungsfindung der Geschäftsleitung: Als in der Stiftungssitzung vom 13. November 1902 über die Lohn- und Gehaltsnachzahlung für 1901/1902 beraten wurde, forderten Ernst Abbe und Max Fischer acht Prozent.[562] Otto Schott und Siegfried Czapski hingegen plädierten für sechs Prozent. Ihrer Meinung nach stellte sich die Geschäftslage der Optischen Werkstätte trotz des buchmäßigen Gewinns von 618.000 Mark als ungünstig dar, da das Warenlager im Vergleich zum Lohnkonto unverhältnismäßig groß gewesen sei (119 Prozent). Sie lehnten es daher für diesen Fall ab, die Bemessungsgrundlage des Stiftungsstatuts heranzuziehen. Abbe hingegen verneinte, dass das Warenkonto übermäßig hoch sei. Sein gewichtigeres Argument jedoch war, dass die letzten Geschäftsjahre aufgrund ihres Ertrags durchaus höhere Nachzahlungen erlaubt hätten als ausgezahlt worden seien, da die Geschäftsleitung zu hohe Sprünge in der Nachzahlungshistorie habe vermeiden wollen.[563] Zwar war hierdurch die Erwartungsbildung der Empfänger in Bezug auf höhere Nachzahlungen gedämpft worden. Allerdings galt dies nicht für Herabsetzungen der Nachzahlun-

560 Protokoll der Sitzung des Arbeiterausschusses vom 18. Dezember 1900, in: CZA, BACZ 508. Vgl. auch Mühlfriedel/Hellmuth, Zeiss 1846–1905, S. 281 f.

561 Protokoll der Sitzung des Arbeiterausschusses vom 18. Dezember 1900, in: CZA, BACZ 508.

562 Vermutlich rausgeschrieben von Friedrich Schomerus, zitiert aus Akten des Kultusdepartements des Großherz. S. Staatsminister zu Weimar, Jena 1903, Thür. Staatsarchiv, Weimar, in: CZA, BACZ 615.

563 Ebd.

gen. Abbes wichtigster Grund gegen eine Herabsetzung auf sechs Prozent bezog sich daher wieder auf die Nachzahlungshistorie: Es dürfte nun im Vergleich zu den vorhergehenden Zahlungen kein „unvermittelter Sprung“ auf ein so niedriges Niveau vollzogen werden. Abbes optimistische Sicht auf die nächsten Geschäftsjahre unterstrich seine Argumentation: So erklärte er den ungünstigen Jahresabschluss vor allem mit den Verlusten, die sich aufgrund der Übernahme des Kamerawerks in der Bilanz niederschlugen und die für die künftigen Jahre nicht zu erwarten seien. Nachdem Abbe seine inhaltlichen Argumente ausgebreitet hatte, erhöhte er den Druck auf die Entscheider, indem er ankündigte, dass er protestieren wolle, sollte er überstimmt werden. Dann nämlich sei die Stiftung nicht in dem von Abbe beabsichtigten Sinne handlungsfähig, denn sie käme in diesem Fall den Pflichten gegenüber den Arbeitern nicht nach und folge damit nicht Abbes Willen in der Stiftungsarbeit. Ernst Abbe ging dabei so weit, dass er ankündigte, Reue über die Stiftungsgründung und -errichtung empfinden zu müssen, sollte man gegen seinen Vorschlag stimmen.[564] An eine im Fall der Uneinigkeit durch das Statut vorgesehene Vermittlung des Stiftungskommissars zwischen den Geschäftsleitern war daher nicht zu denken (§ 15). Da auch Carl Rothe, der Chef der Stiftungsverwaltung, bei einer Vorbesprechung eine Nachzahlung von acht Prozent als akzeptabel bezeichnet hatte, entschied sich Vollert in dieser schwierigen Situation, Abbes Position zu folgen. Wäre er seiner eigenen Meinung gefolgt, hätte er sich zu Gunsten des Vorschlags von Otto Schott und Siegfried Czapski ausgesprochen. Denn Vollert schätzte die Lage der Stiftung ebenfalls als ungünstig ein und warb eher dafür, alle vermeidbaren Ausgaben zu unterlassen. Abbes einziges Zugeständnis an die Geschäftsleitung bestand darin, den Arbeitern bereits zu diesem Zeitpunkt mitzuteilen, dass das kommende Geschäftsjahr keine oder allenfalls eine geringe Lohn- und Gehaltsnachzahlung mit sich bringen werde.[565]

Diese Diskussion erhärtet die Annahme, dass Abbes Vorstellung von der Lohn- und Gehaltsnachzahlung als Korrektiv zum festen Lohn unrealistisch war. Bereits die Erwartungsbildung der Arbeiter während der ersten fünf Jahre schränkte die freie Entscheidung über die Höhe der Nachzahlung stark ein. Um daher im Geschäftsjahr 1902/03 eine größere Entscheidungsfreiheit zu erlangen, beschlossen

564 Vermutlich rausgeschrieben von Friedrich Schomerus, zitiert aus Akten des Kultusdepartements des Großherz. S. Staatsminister zu Weimar, Jena 1903, Thür. Staatsarchiv, Weimar, in: CZA, BACZ 615. Diese deutlichen Worte, die alle anderen Entscheidungsalternativen obsolet und nur den Vorschlag Abbes wählbar machten, waren sicherlich auch auf Abbes physischen und psychischen Zustand zurückzuführen. Abbes desolate Verfassung, die sich auch in einer starken Nervosität und Überreiztheit ausdrückte, führte schließlich in dieser Verhandlung dazu, dass er in Tränen ausbrach.

565 Ebd.

Ernst Abbe und Max Fischer, eine Sitzung des Arbeiterausschusses am 25. November 1902 zu nutzen, um die Erwartungshaltung der Arbeiter hinsichtlich der Lohn- und Gehaltsnachzahlungen zu dämpfen. So klärten sie die Arbeiter darüber auf, dass das Geschäftsergebnis zwar im Vergleich zur gesamtwirtschaftlichen Situation günstig sei, aber die vollen Lager und eine gesamtwirtschaftliche Verringerung der Nachfrage zu Kurzarbeit und Wartegeldern führen könnten. Bei einer Verkürzung der Arbeit um durchschnittlich etwa einen Tag pro Woche würde die Summe der Wartegelder der Summe der Nachzahlung für das Jahr 1901/02 entsprechen bzw. diese noch übersteigen. Eine Lohn- und Gehaltsnachzahlung sei in diesem Fall nicht möglich. Die Alternative hierzu sei die Entlassung von „brauchbare[n] Leute[n]", die Abbe aber „so gut wie" ausschließen wolle.[566]

Abbes und Fischers Vorhaben, auf die Erwartungshaltung der Arbeiter einzuwirken, war aus zwei Gründen wichtig. Zum einen war den Arbeitern im Jahr zuvor vermittelt worden, dass sie bei Zeiss und Schott in besonders stabilen Arbeitsverhältnissen angestellt waren, denen konjunkturelle Abschwünge kaum etwas anhaben konnten. Hierauf hatte die Geschäftsleitung auf einer Versammlung des Arbeiterausschusses zum Ende des Geschäftsjahres 1901 im Zusammenhang mit der Auszahlung der Lohn- und Gehaltsnachzahlung in Höhe von zehn Prozent explizit hingewiesen. Die Erklärung fand Nachhall in den lokalen Zeitungen. Die Jenaische Zeitung beispielsweise zitierte die Geschäftsleiter und erklärte die Höhe der Nachzahlung an die Arbeiter damit, dass bestimmte tatsächliche Anzeichen des in der übrigen Wirtschaft schon stark empfundenen rückläufigen Geschäftsgangs bei Schott und Zeiss noch nicht zum Vorschein gekommen seien.[567] Tatsächlich hatte die Depression in Deutschland bereits im März 1900 eingesetzt.[568] Die Erfahrung der Geschäftsleitung sei, so der Bericht der Jenaischen Zeitung weiter, dass Depressionen in Deutschland die beiden Stiftungsbetriebe immer nur sehr verlangsamt und stark abgemildert träfen. Die Vielfalt der Erzeugnisse der Optischen Werkstätte, die verschiedene Käufergruppen adressiere, sorge für einen konstanten Absatz. Die große Ausdehnung des Exports, der drei Viertel der Gesamtproduktion ausmache, „verbürgten der Optischen Werkstätte wie dem Glaswerk eine ungewöhnliche Stetigkeit der Arbeit."[569] Eine anhaltende wirtschaftliche Depression werde daher verspätet und abgemildert Wirkungen zeigen, die aktuelle wirtschaftliche Schwäche werde bei Schott und Zeiss aber mit Sicherheit nicht zu Kurzarbeit und Entlassungen führen.[570] Es ist davon auszugehen, dass die Wiedergabe der Aussagen der

566 Protokoll der Arbeiterausschusssitzung, 25.11.1902, in: CZA, BACZ 510.

567 Z.B. Jenaische Zeitung, 14.11.01, in: CZA, BACZ 615.

568 Vgl. Wehler, Hans-Ulrich: Das deutsche Kaiserreich 1871–1918, 7. Auflage, Göttingen 1994, S. 51.

569 Jenaische Zeitung, 14.11.01, in: CZA, BACZ 615.

570 Ebd.

Geschäftsleitung durch die lokalen Zeitungen den Eindruck der Arbeiter von Zeiss noch verstärkte, bei einem krisensicheren Arbeitgeber beschäftigt zu sein. Die Aufmerksamkeit der Presse war der zweite Grund, warum die von Abbe und Fischer anvisierte Einwirkung auf die Erwartungshaltung der Arbeiter wichtig war. Denn die Vertreter der Presse ebenso wie die Arbeiter der Optischen Werkstätte waren ökonomisch nicht fachkundige Personen. Diese bezogen bezüglich der Bewertung der Höhe der Lohn- und Gehaltsnachzahlung nur konjunkturelle Bedingungen und offensichtliche Kennzahlen des Unternehmens für Erfolg bzw. Misserfolg wie Gewinn oder Umsatz ein. Die Höhe des Warenkontos und Erwartungen bezüglich der künftigen Nachfragesituation waren keine transparenten Bewertungsmaßstäbe und beeinflussten somit die Erwartungshaltung der Arbeiterschaft nicht.

Die von der Geschäftsleitung vorhergesagte vergleichsweise positive Entwicklung der Optischen Werkstätte traf nicht ein. Der Rückgang des militärischen Absatzes im Geschäftsjahr 1901/02 machte sich stark bemerkbar,[571] sodass die Geschäftsleitung im Herbst 1902 die Arbeitszeit verkürzte. Für die Geschäftsleitung bedeutete dies, den festen Lohn nach Paragraph 67 selbst bei verminderter Produktion weiterzahlen zu müssen. Das verschlechterte die Situation der Optischen Werkstätte noch: Im Frühsommer 1903 kam es zur Entlassung von 60 Optik-Arbeitern.[572] Zum ersten Mal seit Verabschiedung des Stiftungsstatuts wurden Abgangsentschädigungen in Höhe von 28.675 Mark fällig.[573] Da die Geschäftsleitung im Geschäftsjahr 1902/03 von einem Umsatz in Höhe von 3.575.112 Mark zusätzlich zu den anderen Kosten für Pensionen und Abgangsentschädigungen 146.000 Mark zurücklegen musste und 75.000 Mark an Lizenzausgaben zu zahlen hatte, blieben nur 304.294 Mark an Gewinn. Laut Berechnung wäre bei einer Lohn- und Gehaltsnachzahlung von neun Prozent nur ein Unternehmergewinn von 9.000 Mark verblieben.[574] Für das Jahr 1903 wurde folglich keine Lohn- und Gehaltsnachzahlung ausgeschüttet, was – kaum verwunderlich – zu Konflikten führte.[575] Die Schwie-

571 Problematisch waren zudem die Reparaturen von Fernrohren, die mit ansteigendem Alter des Unternehmens in zunehmender Zahl einhergingen und betriebswirtschaftlich äußerst ungünstig waren. Die „wahren" Kosten der Reparaturen wurden durch das Unternehmen nicht an die Kunden weitergegeben. Rede von S. Czapski in der Versammlung der Geschäftsangehörigen im Volkshaus, 25.11.1903, S. 18, in: CZA, BACZ 2677.

572 Vgl. Mühlfriedel/Hellmuth, Zeiss 1846–1905, S. 227; Schumann (u. a.), Carl Zeiss Jena, S. 161 f.

573 Vgl. Mühlfriedel/Hellmuth, Zeiss 1846–1905, S. 287.

574 Protokoll der Stiftungssitzung, 9.11.1903, in: CZA, BACZ 23013.

575 Auch in diesem Fall waren u. a. zu hohe Akkordsätze für die nicht erfolgte Auszahlung verantwortlich. So waren durch rationelle Maßnahmen und Skaleneffekte bei der Ausdehnung der Produktion verbesserte Bedingungen zur Erreichung einer größeren Stückzahl geschaffen worden, wodurch die erreichten Stückzahlen und die Akkordpreise in ein Missverhältnis gelangten. Siegfried Czapski an Max Vollert, 1.8.1903, in: CZA, BACZ 23013.

rigkeiten zwischen Arbeitern und Geschäftsleitung, zu denen eine ausbleibende Lohn- und Gehaltsnachzahlung führen konnte, hatte Abbe bereits im Januar 1897 in einem Vortrag, den er in der Staatswissenschaftlichen Gesellschaft zu Jena „Über Gewinnbeteiligung der Arbeiter in der Großindustrie" hielt, vorausgesagt:

> Solange es gut geht und ein Gewinnanteil gezahlt werden kann, werden die Beteiligten stillvergnügt ihn einstecken und nichts sagen. Erst wenn er einmal ausbleibt oder geringer ausfällt wie erwartet, werden sie kommen und fragen; wie hängt das zusammen, woher rührt das?[576]

Für die Arbeiter war es nur schwer verständlich, dass im Jahr 1903 trotz des erwirtschafteten Gewinns keine Lohn- und Gehaltsnachzahlung ausgeschüttet werden sollte. Dieses Unverständnis koinzidierte mit einer ohnehin hohen Unzufriedenheit, die im gleichen Jahr aufgrund der Entlassungen von 60 Arbeitern und des hieraus resultierenden Konflikts zwischen Geschäftsleitung und Arbeitern aufgekommen war.[577] Die Situation erhielt unter anderem deshalb eine bisher ungekannte Schärfe, weil der seit April 1903 aus der Geschäftsleitung ausgetretene Ernst Abbe nicht mehr Sprachführer der Geschäftsleitung gegenüber den Arbeitern war[578] und eine Entlassung in dieser Größenordnung nicht zu dem Bild der Optischen Werkstätte als sozialem Vorzeigeunternehmen zu passen schien. Dies galt ebenso für das Ausbleiben der Lohn- und Gehaltsnachzahlung, die noch ungeheuerlicher erschien, da der Optischen Werkstätte im Jahr 1903 in der Wahrnehmung der Arbeiter ein gutes Geschäft beschieden war.[579] Die Nichtzahlung rief in Jena und

---

576 Abbe, Über Gewinnbeteiligung, S. 110.

577 Auf den Konflikt an sich soll hier nicht weiter eingegangen werden, da er bei Mühlfriedel/Hellmuth sehr ausführlich dargestellt ist. Vgl. Mühlfriedel/Hellmuth, Zeiss 1846–1905, S. 268–276. Insgesamt lässt sich festhalten, dass sich der Streit vor allem auf der Ebene zwischen Geschäftsleitung und Arbeiterausschuss abspielte. Die Einrichtung des Ausschusses im Jahr 1897 hatte sich also bereits dahingehend ausgewirkt, dass die Unzufriedenheit der Arbeiter kanalisiert wurde und der Konflikt so innerhalb der Kommunikationswege der beiden Organe verlief. Diese Beobachtung stimmt mit Dahrendorfs Feststellung überein, der diese Art von Kanalisierung als Grundlage dafür sieht, dass Konflikte „aus dem Stadium des ‚Partisanenkrieges' herausgeführt werden". Vgl. Dahrendorf, Industrie- und Betriebssoziologie, S. 103.

578 Wobei Ernst Abbes Austritt aus der Geschäftsleitung vor dem Hintergrund der schlechten geschäftlichen Situation erst zu einem späteren Zeitpunkt von der Geschäftsleitung öffentlich gemacht wurde. So wurde „beschlossen, das formelle Ausscheiden des Prof. A. wenigstens zunächst noch auszusetzen, da sonst die Presse sofort einen Zusammenhang mit den Entlassungen und dem Rücktritt des Arbeiterausschusses konstruieren wird. Ob die Aussetzung auf längere (1/2 Jahr) oder kürzere Zeit zu bewirken sei, bleibt in suspenso." Protokoll der Stiftungssitzung, 8.8.1903, in: CZA, BACZ 23013. Der Rücktritt wurde schließlich am 24.9.1903 den Beschäftigten mitgeteilt. Vgl. Schomerus, Geschichte, S. 161.

579 Rede von S. Czapski in der Versammlung der Geschäftsangehörigen im Volkshaus, 25.11.1903, S. 2, in: CZA, BACZ 2677.

Umgebung, aber auch in ganz Deutschland ein Medienecho hervor.[580] Die Tribüne beispielsweise berichtete von einer starken Erregung unter den Arbeitern, da das Geschäft im Großen und Ganzen nicht schlecht gegangen sei.[581] Die Geschäftsleitung rief zur Verteidigung ihrer Entscheidung eine Versammlung ein, in der Siegfried Czapski eine lange, mit kaufmännischen Details gespickte Rede hielt.[582]

Der Konflikt des Jahres 1903 kann auf verschiedene Weisen interpretiert werden: Für Edith Hellmuth und Wolfgang Mühlfriedel basierten die Streitigkeiten auf einer Diskrepanz zwischen den Bedingungen, von denen das Statut ausging, und den Bedingungen, in denen sich das Statut im Jahr 1903 behaupten musste: nämlich das Erstarken der Sozialdemokraten und ihrer Emanzipation innerhalb der Arbeiterschaft der Optischen Werkstätte. Laut Hellmuths und Mühlfriedels Analyse war das Stiftungsstatut also bereits sieben Jahre nach seiner Verabschiedung von äußeren Ereignissen überholt worden. Der Versuch, mittels des Stiftungsstatuts einen politisch neutralen Raum innerhalb der Optischen Werkstätte zu schaffen, sei damit gescheitert.[583] Wenngleich der Einfluss der Sozialdemokraten auf die Geschehnisse im Jahr 1903 durchaus eine Rolle gespielt haben mag, ist die hohe Bedeutung der Erwartungsbildung der Arbeiter im Hinblick sowohl auf die Lohn- und Gehaltsnachzahlung als auch auf die Krisensicherheit der Optischen Werkstätte nicht zu unterschätzen. So verdeutlicht der Konflikt des Jahres 1903, wie eng die Handlungsspielräume der Geschäftsleitung beim Ansetzen der Höhe der Lohn- und Gehaltsnachzahlung waren. In diesem Punkt hatte die Lohn- und Gehaltsnachzahlung durchaus Dividendencharakter und wurde daher nicht zufällig von der Geschäftsleitung als „Dividende" bezeichnet.[584]

Das Bewusstsein der Geschäftsleitung, dass sich bei den Arbeitern eine Erwartungshaltung bezüglich der Höhe der Lohn- und Gehaltsnachzahlung gebildet hatte sowie der Umstand, dass diese Höhe von der Öffentlichkeit beobachtet wurde

580 Es berichteten u.a. die Dorfzeitung Hildburghausen, Altmärker Stendal, Neue Preussische Zeitung, Bonner Zeitung, Posener Tageblatt. Die Artikel liegen gesammelt im ZEISS Archiv vor, siehe: CZA, BACZ 615.

581 Tribüne, 11.12.03, in: CZA, BACZ 615. Die Erfurter Tribüne war eine regionale sozialistische Tageszeitung.

582 Kölnische Zeitung, 16.12.1903, in: CZA, BACZ 615.

583 Vgl. Mühlfriedel/Hellmuth, Zeiss 1846–1905, S. 275.

584 Kölnische Zeitung, 16.12.1903, in: CZA, BACZ 615. Auch in Bezug auf Dividenden ist die Erwartungshaltung der Empfänger relevant und bestimmt den Handlungsspielraum der jeweiligen Unternehmensführung. Es wird daher eine Dividende ausgeschüttet, die für Aktionäre in der Wahrnehmung des Vorstands akzeptabel erscheint. Siehe zum Vergleich mit der Dividende die Handlungsspielräume des Vorstands von Bayer gegenüber den Aktionären. Steinfeld, Frederic: Das quantifizierte Unternehmen. Rechnungswesen und Entscheidungen in der deutschen chemischen Industrie, 1863–1916, Berlin/München/Boston 2021, S. 247.

und dem potentiellen Unmut der Arbeiter noch Vorschub leistete, beeinflussten die zukünftigen Entscheidungen über die Lohn- und Gehaltsnachzahlungen. Auswirkungen hatten die psychologischen Momente auch auf die Entscheidungsfindung hinsichtlich der gemeinnützigen Stiftungsausgaben. Als die Stiftungsverwaltung für den Universitätsneubau im Januar 1904 weitere Fördermaßnahmen bei der Geschäftsleitung anfragte, beschloss diese einstimmig, dass die Stiftung keine Gelder verwenden dürfe, da den Mitarbeitern gerade erst die Lohn- und Gehaltsnachzahlung verweigert worden sei.[585] Es ist zudem davon auszugehen, dass die Kommunikation mit den Arbeitern in der Folge vorsichtiger gestaltet wurde und ihnen nicht mehr das Bild von der Optischen Werkstätte als einem von Marktschwankungen unbeeinflussten Sonderunternehmen vermittelt wurde.

Ungleich bedeutender war der Einfluss der Erwartungsbildung auf die zukünftige Politik der Lohn- und Gehaltsnachzahlung. So wurde die Nachzahlung in dem auf den Konflikt folgenden Geschäftsjahr auf fünf Prozent gesetzt und pendelte dann in den Folgejahren bis zum Ersten Weltkrieg zwischen acht und zehn Prozent. Gelegentlich wurde, wie im Jahr 1905, die eigentlich festgelegte Summe wegen der herrschenden Teuerung um ein Prozent erhöht.[586] Auch im Jahr 1908 und 1909 beispielsweise beschloss die Geschäftsleitung jeweils eine Zahlung von acht Prozent, um den Erwartungen der Arbeiter aufgrund der Ausschüttungshistorie zu entsprechen. Das Statut wurde dabei als Richtlinie immer unbedeutender. So vermerkten die Geschäftsleiter nach der beschlossenen Nachzahlung für das Jahr 1908 selbstkritisch, dass bei Heranziehung des Paragraphen 41, 3 des Stiftungsstatuts keine Lohn- und Gehaltsnachzahlung hätte erfolgen dürfen, „da der Gewinn um über 200.000 M hinter dem dort für die Stiftung reservierten Minimum zurückgeblieben sei."[587] Insgesamt 249.800 Mark wurden für die Nachzahlung in diesem Jahr ausgeschüttet – Geld, das der Stiftung zur Verausgabung von Stiftungszwecken oder der Überweisung in den Reservefonds entzogen wurde.[588] Dass der Gewinn so gering ausfiel, hing mit den hohen Investitionen zusammen, die in diesen Jahren vor der Berechnung des Gewinns in die Unternehmen gelenkt wurden.[589] Die für das Geschäftsjahr laut Statut reservierten Beträge für die Stiftung aus dem Organisationsgewinn lagen daher unter der vom Statut vorgegebenen Höhe, das dafür „mindestens noch ein Fünftel vom Anteil der Gesamtheit der mittätigen Personen

585 Protokoll der Stiftungssitzung, 13.1.1904, in: CZA, BACZ 23014.

586 Protokoll der Stiftungssitzung, ohne Nummerierung, 14.10.1905, in: CZA, BACZ 23018.

587 Protokoll der Stiftungssitzung, Nr. 260, 28.11.1908, in: CZA, BACZ 22259.

588 Übersicht der Lohn- und Gehaltsnachzahlung, in: CZA, BACZ 8439. Theoretisch waren zudem andere Ausgabemöglichkeiten denkbar, wenn die Stiftung ihr Kapital anlegen wollte, beispielsweise in Immobilien und Grundstücken. Siehe dazu das Kapitel „Finanzierungspolitik".

589 Siehe hierzu in dieser Arbeit das Kapitel „Investitionspolitik".

und zugleich nicht weniger als ein Zehntel der Jahresausgabe" (§ 41) vorgab. Dies bedeutete jedoch nicht, dass keinerlei Ausgaben für die gemeinnützigen Zwecke unter Paragraph 1, B getätigt wurden: Die Aufstellung der Verwendungen verzeichnete im Geschäftsjahr 1909/10 Ausgaben in Höhe von rund 323.000 Mark für die Universität und andere Zwecke.[590] Da das Lohnkonto allerdings rund 3,5 Millionen Mark aufwies[591], hätte der Unternehmergewinn der unpersönlichen Stiftung rund 700.000 Mark betragen müssen.[592]

Ebenso verhielt es sich im Geschäftsjahr 1910/1911, in welchem zu wenig Gewinn erwirtschaftet wurde, um den statutarisch festgelegten Mindestbetrag als Unternehmergewinn für die Stiftung ausschütten zu können, wie die Geschäftsleitung selbst konstatierte. Dennoch wurde die Nachzahlung auf acht Prozent festgesetzt.[593] Interessanterweise kam es auch zu einem umgekehrten Fall, in dem die Geschäftsleitung die Nachzahlung künstlich verringerte. Im Jahr 1911/1912 entschied sich die Geschäftsleitung unter Zustimmung der Stiftungsverwaltung für neun statt zehn Prozent, obwohl zehn Prozent eher der zunehmenden Teuerung entsprochen hätte. Ausschlaggebend für die getroffene Entscheidung war ein Handeln im „Interesse der Kontinuität": So wollten sich die Geschäftsleiter die Option offenhalten, ebenfalls im nächsten Jahr neun Prozent auszuschütten, ohne damit Protest bei den Arbeitern zu provozieren.[594]

Das Problem der Erwartungshaltung der Zeiss-Mitarbeiter und der politischen und medialen Öffentlichkeit gegenüber der Lohn- und Gehaltsnachzahlung erschwerte es folglich, die Vorgaben des Statuts einzuhalten. Schon Abbe hatte dies realisieren müssen, wie Max Fischer retrospektiv bestätigte. Die fehlerhafte Konzipierung Abbes habe darin gelegen, so Fischer, die Lohn- und Gehaltsnachzahlung vom Gewinn abhängig zu machen. In der Praxis habe Abbe dann erfahren müssen, wie schwierig es war, mit „feste[n] Auszahlungsnormen" als Entscheidungsprämissen umzugehen. So könne es vorkommen, dass in einem Jahr ein reger Geschäftsgang, aber kein entsprechender Jahresgewinn erzielt werde, beispielweise wenn viel gearbeitet worden sei, um Lager aufzufüllen, oder wenn neue, noch unrentable Betriebszweige aufgenommen worden seien. Andererseits gebe es ebenso Geschäftsjahre, die hohe, aus der Produktion früherer Herstellungsjahre realisierte Gewinne vorwiesen, während das Personal zugleich reduziert werde. Die

---

590 Aufstellung der Verwendungen, in: LATh – HStA Weimar, Thüringisches Volksbildungsministerium C 534, Bl.2v.

591 Bilanz für das Jahr 1907/08, in: SCHOTT Archiv 5/48.

592 Statistische Nachweisungen über die Betriebe der Carl Zeiß-Stiftung für das Geschäftsjahr 1907/08, in: SCHOTT Archiv 5/48.

593 Protokoll der Stiftungssitzung, Nr. 310, 9.12.1911, in: CZA, BACZ 1482.

594 Protokoll der Stiftungssitzung, Nr. 328, 30.11.1911, in: CZA, BACZ 1484.

Höhe der Lohn- und Gehaltsnachzahlung sei daher für das Personal kaum plausibel vermittelbar, so Fischers Resümee.[595]

Bestätigt wurde Abbe allerdings in seiner Einschätzung, dass die Lohn- und Gehaltsnachzahlungen als Anreize für Mitarbeiter untauglich seien. So diskutierte die Geschäftsleitung in einer ihrer Stiftungssitzungen im Juli 1914 über die Wirksamkeit der Lohn- und Gehaltsnachzahlung zur Erhöhung der Leistungen und zur Identitätsstiftung als Mitarbeiter der Optischen Werkstätte. Da nämlich die Nachzahlung ebenso an alle Unmotivierten und Leistungsschwachen gezahlt werde, erlösche ihr Anreizcharakter. Daher ergebe eine Erhöhung der Nachzahlung über die statutengemäß vorgegebene Höhe hinaus keinen Sinn. Im Gegenteil diskutierte die Geschäftsleitung darüber, die Nachzahlung in den nächsten Jahren auf die statutarische Höhe zu reduzieren und stärker auf das Instrument der Remunerationen „zu Gunsten der wirklich würdigen Angestellten" zu setzen.[596] Inwiefern dies umgesetzt wurde, wird im nächsten Unterkapitel rekonstruiert.

Zu Beginn des Krieges setzte die Geschäftsleitung die Nachzahlung von Lohn und Gehalt aufgrund der Unsicherheit in Bezug auf die künftigen Ereignisse zunächst aus. Diesbezügliche Proteste sind nicht überliefert, da die außergewöhnliche Situation diese Entscheidung wohl vor den Mitarbeitern legitimierte. Zudem verdienten viele Arbeiter durch hohe Akkordstückzahlungen in der auf Massenherstellung umgestellten Produktion und Überstunden während des Krieges besser als zuvor.[597] Als sich abzeichnete, dass die militärische Produktion der Optischen Werkstätte hohe Gewinne einbringen würde,[598] wurde die bis dahin unterbliebene Nachzahlung im darauffolgenden Geschäftsjahr rückwirkend bewilligt.[599] Für beide Geschäftsjahre 1913/14 und 1914/15 wurden jeweils sechs Prozent ausgezahlt, für 1913/14 waren dies 460.000 Mark und für 1914/15 670.000 Mark.[600] Berücksichtigt wurden zudem die zum Kriegsdienst eingezogenen Arbeiter, die vor dem 1. August 1914 bei Zeiss beschäftigt waren.[601]

Auch in der Nachkriegszeit konnte die Geschäftsleitung nicht auf die zuvor festgelegten Kriterien zurückgreifen. Die beschleunigte Geldentwertung wider-

595 Vgl. Fischer, Abbe als Industrieller, S. 96 f.

596 Protokoll der Stiftungssitzung, Nr. 339, 3.7.1914, in: CZA, BACZ 1485.

597 Die Geschäftsleitung zahlte den Arbeitern, die keine Mehrverdienste erzielten, Sondervergütungen. Protokoll der Stiftungssitzung, Nr. 342, 30.1.1915, in: CZA, BACZ 1486.

598 Nach Abschreibungen blieb ein Reingewinn von rund 8,3 Millionen Mark, wovon rund 1,2 Millionen Mark als Lohn- und Gehaltsnachzahlung gezahlt wurden. Protokoll der Stiftungssitzung, Nr. 346, 11.12.1915, in: CZA, BACZ 1486.

599 Ebd.

600 Saßmannshausen, Carl Zeiss – Wachstum in schwieriger Zeit, S. 26, 29.

601 Friedrich Ebsen an Departement des Kultus, 16.12.1915, in: CZA, BACZ 23027.

sprach der Logik einer Nachzahlung, sodass diese zwischen 1920 und 1923 ausgesetzt wurde. Dem folgte ein Anstieg der Nachzahlungshöhe bis 1928 und eine weitere Nachzahlung im 1929, bis die Weltwirtschaftskrise wieder zur Aussetzung der Zahlungen in den Jahren 1930 bis 1932 führte, wie Abbildung 2 zeigt.

Abbildung 2: Lohn- und Gehaltsnachzahlung der Jahre 1919 bis 1933.[602]

Die Erwartungshaltung der Mitarbeiter nach dem Krieg hatte sich nicht verändert, wenngleich die wirtschaftlichen Rahmenbedingungen völlig andere waren. Das zeigte sich, als die Geschäftsleitung trotz der stabileren geldpolitischen Verhältnisse in den Jahren 1924 und 1925 wegen der Geschäftslage und des unbefriedigenden Ergebnisses keine Lohn- und Gehaltsnachzahlung gewährte. Daraufhin regte sich Protest in der Öffentlichkeit und der Arbeiterschaft. Eine kleine Anfrage der Fraktion der Kommunisten im Thüringer Landtag vom 22. Januar 1925 kritisierte, dass die geringe Lohn- und Gehaltsnachzahlung nicht in Zusammenhang mit den Gewinnen von Zeiss stehe.[603] Die kommunistische Fraktion forderte die Stiftungsverwaltung auf, die Stiftungsleistungen am Statut auszurichten.[604] Ebsen empfahl

602 Zahlen entnommen aus CZA, BACZ 8439. Die Jahre 1920–1923 sind als Inflationsjahre nicht aufgeführt.

603 Dies ist verwunderlich, weil der nach § 23 Abs. 4 errechnete Jahresverlust rund 1,1 Millionen RM betrug. Siehe Aufstellung der statistischen Nachweisungen, in: CZA, BACZ 1494.

604 Kleine Anfrage der Fraktion der Kommunisten, Landtag von Thüringen, 22.1.1925, in: CZA, BACZ 1511.

der Stiftungsverwaltung zu erwidern, dass die Stiftung und ihre Organe nicht der Aufsicht des Landtags unterworfen seien. Die einzige Möglichkeit, auf die Stiftungsverwaltung Einfluss zu nehmen, sei über die staatliche Aufsichtsbehörde. Eine weitere Rechtfertigung schloss Ebsen aus, schließlich, so beteuerte er, sei das Statut „alleinige Richtschnur" des Handelns aller Stiftungsorgane.[605]

Auf die zweite ausbleibende Lohn- und Gehaltsnachzahlung in Folge reagierten die Mitarbeiter Ende 1925 mit Protest. Am Ende mehrerer Betriebsversammlungen stand eine Resolution, die dem Stiftungskommissar übersandt wurde. Diese Auseinandersetzungen 1925/1926 verdeutlichen, wie die Stiftungsorgane in Konflikten mit den Mitarbeitern reagierten. Stiftungskommissar Ebsen entschied sich für Zurückhaltung, da die betreffende Frage seiner Auffassung nach außerhalb seines durch das Statut umgrenzten Kompetenzbereiches lag. Zudem sei er an der Entscheidung über die Nichtauszahlung der Lohn- und Gehaltsnachzahlung beteiligt gewesen und habe sich ein eigenes Urteil gebildet: „Wenn die Betriebe auch nicht, wie ein großer Teil der anderen optischen Industrie, direkt in Not sind, so kann doch von einem Verdienst, einem Reingewinn, nicht gesprochen werden [...]." Ebsen warnte vor einem Eingriff seinerseits in die Kommunikation zwischen Mitarbeitern und Geschäftsleitung. Damit würde ein Präzedenzfall geschaffen, der die Rechte der Geschäftsleitung entgegen der Statuten beschneide. Dies sei durchaus ein strategisches Ziel der Arbeiter, welches bereits mittels des erfolglosen Antrags zur Statutenänderung von 1918 angestrebt worden sei, durch welche „[...] das Schwergewicht der geschäftlichen Tätigkeit der Stiftung von den Geschäftsleitungen auf den Stiftungskommissar [...]" übertragen werden sollte.[606] Ebsen bezog sich hier auf den Sozialisierungsversuch der Arbeiter nach dem Ende des Ersten Weltkriegs, als die Arbeiter der Optischen Werkstätte im Zuge der Sozialisierungs- und Mitbestimmungsbestrebungen der jungen Weimarer Republik übereingekommen waren, „daß die Regierung durch die im Statut festgelegte Bestimmung eines Stiftungskommissars sehr wohl mitbestimmenden Einfluß auf die Gestaltung der neuen Verhältnisse im Betriebe ausüben" könne. Sie forderten die Sozialisierung und Einführung eines Betriebsrates und erhofften sich von der provisorischen republikanischen Regierung des Freistaats Sachsen-Weimar-Eisenach mithilfe des Stiftungskommissars eine stärkere Stellung im Gefüge der Stiftungskonstruktion. Die Antwort der Geschäftsleitung nahm dem Sozialisierungsansinnen jeglichen Wind

---

605 Friedrich Ebsen an Volksbildungsministerium Thüringen, 2.2.1925, in: CZA, BACZ 1511. Sachlich sei festzuhalten, dass Zeiss für 1924 keine Lohnnachzahlung gezahlt habe, da keine Gewinne erzielt worden seien, die man hätte verwenden können.

606 Ebd.

aus den Segeln: So sei eine Sozialisierung nicht möglich, da die Optische Werkstätte durch die Form des Stiftungsunternehmens bereits ein sozialisierter Betrieb sei.[607] Ebsens Schluss aus den Sozialisierungsbestrebungen der Arbeiter war es, in Konflikten zwischen Geschäftsleitung und Arbeitern möglichst Distanz zu wahren, wie schon im vorherigen Kapitel zum festen Lohn bzw. Gehalt gezeigt wurde. Es zeigte sich aber an dieser Stelle auch, dass die Lohn- und Gehaltsnachzahlung in wirtschaftlich schlechten Zeiten, die ohnehin zu Spannungen zwischen Geschäftsleitung und Arbeitern führten, einen weiteren Konfliktpunkt bildete. Das ist ebenso für die Jahre 1930 und 1932 anzunehmen, in denen Lohn- und Gehaltsnachzahlungen ausblieben – auch wenn dergleichen nicht überliefert ist.

Zusammenfassend entfaltete die Lohn- und Gehaltsnachzahlung nicht das von Abbe erwartete Potential der Flexibilisierung des Lohnsystems, zumal bereits zu Abbes Zeiten die Einhaltung von statutarischen Vorgaben nur schwer möglich war. Das Instrument, mit dem das Lohn- und Gehaltskonto des Geschäftsjahres korrigiert werden sollte, konnte ähnlich einer Dividende bei Aktionären nur bedingt frei eingesetzt werden. Der Handlungsspielraum der Geschäftsleiter war stark eingeschränkt: Die Lohn- und Gehaltsnachzahlung wurde in einer Zeit eingeführt, in der die persönlichen Bindungen zwischen Abbe und Arbeitern äußerst stark waren, sodass diese als eine „persönliche" Entscheidung der Geschäftsleitung betrachtet wurde – ganz entgegen Abbes Anliegen. Die Erwartungsbildung engte die Geschäftsleitung in ihrer Entscheidung ein und begründete eine Zahlungstradition, die Abbe bereits 1901/1902 identifiziert hatte und deren historisch gewachsene geringe Flexibilität sich immer wieder zeigen sollte. Daraus resultierte für die Optische Werkstätte ein hoher Kostenblock, ohne dass der feste Lohn auf der anderen Seite hätte reduziert werden können. Die Mittel für die Lohn- und Gehaltsnachzahlung aufzubringen stellte die Geschäftsleitung daher vor Herausforderungen, besonders in Zeiten hoher Investitionstätigkeit.[608] Die Geschäftsleitung dachte sogar über eine gezielte Verringerung der Bedeutung der Nachzahlung zu Gunsten der Remunerationen nach.[609] Während der Inflationsjahre 1920 bis 1923 konnte die Lohn- und

607 Arbeiterausschuss der Firma Carl Zeiss, i.A. Matthies an Regierung Sachsen-Weimar, 26.3.1919, abgedruckt in Schomerus, Geschichte, S. 201f. Auch das Anliegen der Einführung eines Betriebsrats wurde zurückgewiesen und vertagt, bis es gesetzlich vorgeschrieben wurde.

608 Siehe hierzu in dieser Arbeit das Kapitel „Investitionspolitik" oder auch beispielhaft Protokoll der Stiftungssitzung, Nr. 257, 31.10.1908, in: CZA, BACZ 22259; Protokoll der Stiftungssitzung, Nr. 306, 9.11.1911, in: CZA, BACZ 1482.

609 Die Gewinnbeteiligung setzte sich auch in anderen Unternehmen nicht als Instrument der Personalpolitik durch, vermutlich aus den von der Geschäftsleitung Zeiss identifizierten Gründen. Siehe die Tabelle bei Neumayer, welche zeigt, dass die meisten Firmen die Gewinnbeteiligung wieder aufgegeben haben, in: Ders., „Direkt"-Gewinnbeteiligung durch Leistungslohn und Plankostenrechnung, Zeitschrift für Betriebswirtschaft 21 (1951) 5, S. 269–293, hier: S. 272.

Gehaltsnachzahlung nicht wie von Abbe geplant eingesetzt werden. Doch selbst in den geldpolitisch stabileren Jahren waren Nichtauszahlungen verbreitet: Die schlechten Ergebnisse der 1920er Jahre führten dazu, dass die Geschäftsleitung in insgesamt fünf Jahren des Jahrzehnts die Lohn- und Gehaltsnachzahlung vollständig verweigerte.

6.3 Remunerationen

Abbe fixierte eine „Vergütung für besondere Leistungen" als Remunerationen in Paragraph 95 des Statuts. Diese Vergütung hatte flexiblen Charakter; im Gegensatz zur Lohn- und Gehaltsnachzahlung sollte sie nur anlassbezogen ausgeschüttet werden. Die beiden lohnpolitischen Instrumente unterschieden sich zudem in ihrer von Abbe jeweils zugedachten Funktion: Während die Lohn- und Gehaltsnachzahlung der Flexibilisierung des festen Lohnsystems dienen sollte und daher explizit keine Anreizwirkung hatte, wurden die Remunerationen gerade aufgrund dieser Wirkung von Abbe im Statut festgeschrieben. Die Zahlung von Sondervergütungen war im Kaiserreich nicht unüblich, etwa für das Unternehmen Werkstätte für Feinmechanik und Elektrotechnik Bosch, das diese Entlohnungsform seit dem Jahr 1897 als Anreizsystem für die Erfindungstätigkeit nutzte.[610] In den wissenschaftsbasierten Branchen der sogenannten zweiten Industriellen Revolution war diese Art von zusätzlichem Verdienst verbreitet, da die Unternehmen ein Interesse daran hatten, Erfinder an das Unternehmen zu binden und zu herausragenden Erfindungen oder Entdeckungen zu animieren.[611] Zielten diese Vergütungen in diesen Unternehmen vor allem auf Angestellte, hatte Abbe ausdrücklich auch Arbeiter als Begünstigte der Remunerationen vorgesehen. Für Arbeiter war die Chance auf eine Vergütung theoretisch geringer, da einzelne Arbeiter aufgrund ihrer Aufgabenstruktur weniger Gelegenheit hatten, eine herausragende Leistung für das Unternehmen zu erbringen. In Bezug auf die Arbeiter zielte die Anreizsetzung daher eher auf die Steigerung der Arbeitsproduktivität bzw. das Einsparen von Material und Rohstoffen ab. Dazu hatte Abbe das Akkordlohnsystem als geeignet erkannt und eingeführt.[612]

---

610 Vgl. Mulert, Erfolgsbeteiligung, S. 20.

611 Die Bedeutung von Sondervergütungen für die mechanische und chemische Industrie wird deutlich bei Schmidt, Alexander K.: Erfinderprinzip und Erfinderpersönlichkeitsrecht im deutschen Patentrecht von 1877–1936, Tübingen 2009, S. 78 f.

612 Hierzu in dieser Arbeit, S. 137. Während der Industrialisierung hatten sich verschiedene Formen der Arbeiterdisziplinierung herausgebildet. Neben Strafzahlungen waren dabei auch verschiedene Anreizsysteme entwickelt worden, die materielle und immaterielle Anreize umfassten. Vgl. Schmidt,

Die Kriterien für eine laut Statut allein von der Geschäftsleitung zu treffende Entscheidung über die Auszahlung einer Remuneration waren im Fall „besonderer erfinderischer oder sonst auf technischen und wirtschaftlichen Fortschritt gerichtete[n] Betätigung, wenn daraus ihrer Firma besonderer Vorteil [...] erwächst“ oder im Fall „von besonderen Leistungen irgend einer andern Art zum Nutzen ihrer Firma“ erfüllt. Folglich mussten eine subjektive und eine objektive Voraussetzung gegeben sein. Die subjektive Voraussetzung konnte von einem Einzelnen durch eine Leistung erfüllt werden, die über das zu erwartende Maß an Erfindungen und Konstruktionen im Rahmen seines regulären Grundgehalts hinausging. Die zu prämierenden Erfindungen mussten sich demnach deutlich von gewöhnlichen Erfindungen abheben. Abbe erläuterte dies in seinen „Motive und Erläuterungen“ zum Statut, indem er festhielt, dass „pflichtmäßige Leistungen“ der Beschäftigten nicht durch Prämien nach Paragraph 95 vergütet werden sollten.[613] Es genügte daher nicht, dass ein Beschäftigter der Optischen Werkstätte eine über das Maß seiner sonstigen Tätigkeiten hinausragende Leistung erbrachte. Die Leistung musste vielmehr auch objektiv als prämierenswert zu identifizieren sein, indem sie dem Unternehmen einen wirtschaftlichen Vorteil brachte.

Aus dem Paragraphen 95 sollte für die Beschäftigten kein Rechtsanspruch auf eine Remuneration abgeleitet werden können. Dies präzisierte ein Dokument, das von der Geschäftsleitung mit hoher Wahrscheinlichkeit vor dem Ersten Weltkrieg verfasst wurde.[614] Die Remuneration sei nicht Teil der industriellen Beziehungen, sondern drücke eine Verpflichtung der Stiftungsorgane gegenüber dem Stifter aus, so der paraphrasierte Wortlaut des Dokuments. Mit Blick auf das Erkenntnisinteresse dieser Arbeit lässt sich hieraus schließen, dass die Geschäftsleitung die Remunerationen als Instrument sah, das die Durchsetzung der Interessen des Stifters in der Beziehung zwischen Geschäftsleitung und Beschäftigten ermöglichen sollte.

Die Entscheidung über die Zahlung von Sondervergütungen und deren Höhe findet in den Protokollen der Stiftungssitzungen bis zum Ende des Ersten Weltkriegs ihren Niederschlag.[615] Die Vergütungen können dabei in ereignisbezogene und

Jürgen: Arbeiter in der Moderne, Arbeitsbedingungen, Lebenswelten, Organisationen, Frankfurt a. M./New York 2015, S. 95, 97.

613 Abbe, Motive und Erläuterungen, zu § 95, S. 366.

614 Unbetiteltes Dokument zu § 95, undatiert und ohne Verfasserkennzeichnung, aus dem Inhalt der Geschäftsleitung zuweisbar, vermutlich vor dem Ersten Weltkrieg entstanden, in: CZA, BACZ 8313.

615 CZA, BACZ 20311–23018, St 218, BACZ 8406, BACZ 22259. Für die Jahre seit dem Weltkrieg ist davon auszugehen, dass die Geschäftsleitung nicht mehr über diese Art von Remunerationen ent-

leistungsbezogene Remunerationszahlungen unterschieden werden. Erstere wurden als Belohnung für das Erreichen von für die Optische Werkstätte bedeutenden Meilensteinen gezahlt: Als beispielsweise das 3.000ste Apochromatobjektiv fertiggestellt wurde, erhielten die an den Arbeiten zu diesem Objektiv beteiligten Schleifer im Oktober 1902 Remunerationszahlungen.[616] Bei dieser Form der „kollektiven" Prämierung war die Wahrscheinlichkeit vergleichsweise hoch, dass nicht nur Angestellte, sondern ebenfalls Arbeiter eine Sondervergütung erhielten.

Die leistungsbezogenen Remunerationszahlungen prämierten individuelle Arbeiten und Erkenntnisse. Wie bereits erwähnt, lag laut Statut die Entscheidungshoheit hinsichtlich der Zahlungen bei der Geschäftsleitung. Eine Ausnahme stellten Fälle dar, in denen die Geschäftsleitung selbst mit Remunerationszahlungen bedacht werden sollte. In diesem Fall legte Paragraph 16 fest, dass die „Bestimmung der Gehaltsbezüge der Vorstandsmitglieder und Gewährung sonstiger Vorteile an letztere" durch den Stiftungskommissar genehmigungspflichtig sei. Die Geschäftsleitung machte bemerkenswerterweise häufig von diesem Mittel der Sondervergütung Gebrauch. Im Dezember 1900 beispielsweise bewilligte der Stiftungskommissar Max Vollert die stattliche Summe von insgesamt 100.000 Mark, welche auf Abbe, Czapski und Fischer im Verhältnis von drei zu fünf zu zwei aufgeteilt wurde. Abbe, von dem der Antrag stammte, rechtfertigte die enorme Summe als „Anerkennung der Arbeiten für Einführung der Fernrohrindustrie" und die 50.000 Mark für Czapski mit dessen ausgesprochen hoher Arbeitsbelastung, die aus dem „Mangel an Hilfskräften" resultierte.[617] Im Zuge dessen beantragte die Geschäftsleitung insgesamt 20.000 Mark für die zwei Abteilungsleiter und einen wissenschaftlichen Angestellten. Hier zeigte Abbe, dass er das Instrument der Remunerationen großzügig verwendet wissen wollte und brachte dies gegenüber seinen Geschäftsleiterkollegen für die Zeit nach seiner Geschäftsleitertätigkeit deutlich zum Ausdruck.[618] Die Geschäftsleitung folgte seiner Vorgabe: So wurden für die Konstruktion der Zielfernrohre im Jahr 1905 insgesamt 70.000 Mark ausgeschüttet, die auf die daran beteiligten Angestellten in mehrere kleinere Beträge aufgeteilt wurden.[619] 1908 wurden 46.000 Mark an Remunerationen für verschiedene Kon-

---

schied, sondern dies aufgrund des Zeitaufwandes von der Personalabteilung übernommen worden ist. Dies ist jedoch nicht aus den Quellen zu rekonstruieren.

616 Vorlage, vermutlich für einen Aushang, „Remuneration an die Schleifer von Apochromatobjektivlinsen", in: CZA, BACZ 12180.

617 An Abbe wurde die Remuneration von 30.000 Mark erst drei Jahre später ausgezahlt: Protokoll der Stiftungssitzung, 8.6.1903, in: CZA, BACZ 23012.

618 Vgl. Fischer, Abbe als Industrieller, S. 96.

619 Die Sondervergütung für die an der Einführung und Entwicklung der Zielfernrohe beteiligten Beamten wurde aufgeteilt in 10.000 Mark an Czapski, 10.000 Mark für den wissenschaftlichen Mit-

strukteure, wissenschaftliche Angestellte und Abteilungsleiter beschlossen, die sich durch unterschiedliche Arbeiten zu Feldstechern, Lupen, Entfernungsmessern etc. hervorgetan hatten.[620] Die in diesen Fällen gezahlten Sondervergütungen eigneten sich darüber hinaus, um sich gegenüber Ansprüchen der Angestellten auf ihre Erfindungen zu schützen. Die Geschäftsleitung zog diese hohen, einmal ausgezahlten Summen regelmäßig zu zahlenden Tantiemen an ihre wissenschaftlichen Angestellten vor. Das erklärt, weshalb Tantiemenzahlungen in der Optischen Werkstätte bei der Personalvergütung nur eine untergeordnete Rolle spielten.

Über die von Abbe konzipierte, gezielt einzusetzende Sondervergütung hinaus entwickelte sich der Einsatz der Remunerationen innerhalb der Optischen Werkstätte in ganz bemerkenswerter Weise. Die Remunerationen avancierten zu einem bedeutenden personal- und lohnpolitischen Instrument, das von der Geschäftsleitung für weitere Zwecke genutzt wurde: Erstens als jährlich gezahlter Bonus für beinahe alle Gehaltsempfänger, zweitens als Gehaltszuschlag für wissenschaftliche Mitarbeiter und drittens als Prämie für Verbesserungsvorschläge. Dass die Remunerationen zu generellen Bonuszahlungen für beinahe alle Angestellten wurden, deren Höhe individuell festgelegt wurde, lässt sich aus den Gehaltstabellen schließen, die zusätzlich zum Jahresgehalt eine Spalte mit Remunerationen auflisteten. Die seit dem Ersten Weltkrieg vorliegenden Gehaltstabellen zeigen, dass sie als regelmäßige allgemeine Zahlungen an beinahe alle in Gehalt stehenden Mitarbeiter gingen. Sie betrafen daher die wissenschaftlichen Angestellten und Beamten.[621] Die Geschäftsleitung entschied somit nur noch über die Höhe der Remunerationen und nicht, ob der Empfänger diese aufgrund einer überdurchschnittlichen Leistung verdient hatte. Im Geschäftsjahr 1918/1919 beispielsweise führt die Gehaltsliste 861 Beschäftigte der Optischen Werkstätte, die – ausgehend von den Lehrlingen und Telefonistinnen bis hoch zu den wissenschaftlichen Angestellten – beinahe ausnahmslos Remunerationen erhielten. Filialbeamte der Optischen Werkstätte waren ebenso in die Prämienzahlung eingeschlossen. Auch Angestellte der Carl-Zeiss-Stiftung, wie Jussuf Ibrahim, der seit 1917 das Kinderkrankenhaus der Carl-Zeiss-

arbeiter Albert König, 3.000 Mark an Paul Fischer und viele weitere ähnliche und geringere Beträge. Protokoll der Stiftungssitzung, Nr. 197, 21.10.1905, in: CZA, BACZ 23018.

620 Neben den wissenschaftlichen Mitarbeitern Albert König und Mordko Herschkowitsch, dem Leiter der Mikroskop-Werkstatt Meister Jakob Heckel (für neue Feldstecher), den wissenschaftlichen Mitarbeitern Moritz von Rohr (für Lupen), Henry Siedentopf (für Kondensoren), Otto Eppenstein (für Erfindungstätigkeit in Zusammenhang mit Entfernungsmessern) erhielt auch ein externer Vertreter eines Bauunternehmens, „Bau-Müller", für die in den letzten Jahren bei Zeiss und Schott errichteten Bauten eine Vergütung. Protokoll der Stiftungssitzung, Nr. 260, 28.11.1908, in: CZA, BACZ 22259.

621 Entsprechende allgemeine Zahlungen von Remunerationen an Arbeiter ließen sich nicht rekonstruieren.

Stiftung leitete und den von der Stiftung geschaffenen Lehrstuhl für Kinderheilkunde in Jena innehatte, erhielten die Zahlung von Remunerationen.[622] Um die Arbeitsmoral unter den Empfängern nicht zu gefährden, sollten die Remunerationen geheim gehalten werden, Zuwiderhandlungen gegenüber dem Geheimhaltegebot wurden mit einem Ausschluss von den Remunerationszahlungen in darauffolgenden Jahren bestraft.[623]

Die Höhe der Remunerationen differierte sehr stark und wurde wohl sehr bewusst von den Entscheidern, vermutlich Mitarbeitern der Personalabteilung, festgelegt.[624] Wissenschaftliche Mitarbeiter konnten hohe Zuzahlungen erhalten, wie zum Beispiel der Mathematiker Hans Boegehold. Im Geschäftsjahr 1920/21 wurde sein Gehalt durch die Remunerationen fast um ein Drittel erhöht: Zu 12.060 Mark Gehalt kamen 4.100 Mark Remuneration hinzu. In diesem Geschäftsjahr 1920/21 war die Spanne der Remunerationszahlungen sehr groß. Eine weibliche Angestellte erhielt mit 66 Mark die niedrigste Zulage, während der spätere Geschäftsleiter Paul Henrichs die höchste Remunerationszahlung in Höhe von 13.200 Mark erhielt.[625] Das Dienstalter war dabei keine Voraussetzung für hohe Remunerationen: Selbst erst kürzlich eingetretene Beschäftigte konnten hohe Remunerationen erhalten, die teilweise diejenigen weitaus dienstälterer Mitarbeiter überstiegen.

Der Prozess der Ausweitung des Empfängerkreises der Remunerationen auf annähernd alle Gehaltsempfänger ist nur bedingt rekonstruierbar. Vergleichsweise sicher angenommen werden kann, dass sie während Abbes Geschäftsleitertätigkeit nicht auf diese umfassende Weise eingesetzt wurden und ein eindeutiger Beleg für die umfassende Zahlung an beinahe alle Gehaltsempfänger erst durch die Vorlage der Gehalts- und Zulagelisten seit 1915/16 vorliegt.[626] Das Ende dieser Zahlungspolitik ist hingegen eindeutig überliefert, da sich seit dem Geschäftsjahr 1925/26 eine

---

622 Z.B. Gehalts- und Zulagelisten, Remunerationen der Firma Carl Zeiss Jena 1920/21, in: CZA, BACZ 23169.

623 Auszahlungsbeleg für Remunerationen, in: CZA, BACZ 13407.

624 Für Entscheidungen über die Höhe der Remunerationen ist für die individuelle Zahlungshistorie eine ähnliche Erwartungshaltung anzunehmen, wie sie kollektiv für die Belegschaft in Bezug auf die Lohn- und Gehaltsnachzahlung herausgearbeitet werden konnte.

625 Gehalts- und Zulagelisten, Remunerationen der Firma Carl Zeiss Jena 1920/21, in: CZA, BACZ 23169.

626 Es gibt jedoch einzelne Belege dafür, dass die regelmäßigen Zahlungen durch Remunerationen bereits vor dem Ersten Weltkrieg etabliert waren. So wurde beispielsweise im März 1913 von der Geschäftsleitung ein Antrag des Leiters der Mikroskopfasserei, Fritz Müller, zur Erhöhung der statutarischen Pension abgelehnt, seine seit den letzten sechs Jahren regelmäßig gewährte Remuneration von 500 Mark jedoch als pensionsfähiges Gehalt anerkannt. Protokoll der Stiftungssitzung, Nr. 331, 27.3.1913, in: CZA, BACZ 1484. Meldungen der Abteilungen für den Jahresbericht 1910–1911, in: CZA, BACZ 1373.

Veränderung in der Remunerationspolitik feststellen lässt.[627] So wurden ab diesem Jahr kollektive Remunerationen mit einem einheitlichen Prozentsatz gezahlt: Im Geschäftsjahr 1927/28 beispielsweise wurden 124 Prozent Remunerationen gezahlt, wonach zu dem Grundgehalt also 24 Prozent des Gehalts an zusätzlicher Prämie kamen.[628] Bis zum Jahr 1931/32 bewegten sich die zusätzlich gezahlten Sätze zwischen 15 und 35 Prozent. Eine Erklärung für die Vereinheitlichung lässt sich den Quellen nicht entnehmen. In jedem Fall ist festzuhalten, dass Abbes ursprünglich konzipierte Idee der Anreizsetzung und der individuellen Belohnung vollends hinfällig wurde.

Die zweite Funktion der Remunerationen für die Personal- und Lohnpolitik der Geschäftsleitung bestand in der Aufbesserung des Gehalts. Hatte Abbe den Geschäftsleitern schon bei der Erhöhung der Löhne enge Grenzen gesetzt, stellte sich dies hinsichtlich der Zahlung des Gehalts ähnlich dar. Betreffs der Entlohnung der Geschäftsleiter bzw. aller Bezüge der Beamten in den Stiftungsbetrieben setzte das Statut das Gehalt der „verschiedenen Beamtenklassen" und den durchschnittlichen Verdienst der erwachsenen Arbeiter in den Betrieben in Relation zueinander (§ 94, 2). Dabei gab es keine Hierarchisierung der Gehaltsstufen nach Position, sondern unterschiedslos für alle Beamten eine Höchstgrenze ihres Gehalts: das Zehnfache des durchschnittlichen Einkommens der über 24-jährigen und mindestens drei Jahre im Betrieb tätigen Arbeiter aller Stiftungsbetriebe. Berechnungsgrundlage dafür sollten die drei letzten Geschäftsjahre sein. Zusätzlich sorgte eine weitere Regelung (§ 94, 3) dafür, dass diejenigen Beamtengehälter, die doppelt so hoch oder sogar höher waren als das durchschnittliche Einkommen nach obigen Kriterien, im Durchschnitt nicht mehr als das Vierfache dieses Arbeitseinkommens betragen sollten. Angenommen, das nach diesen Kriterien berechnete Durchschnittseinkommen der Arbeiter belief sich auf 1.600 Mark, so sollten folglich alle Beamtengehälter, die 3.200 Mark oder mehr betrugen, im Durchschnitt nicht die Höhe von 6.400 Mark übersteigen. Inbegriffen in diese Regelung waren ebenso die Geschäftsleitergehälter, sodass der Spielraum für sehr hohe Gehälter eingeschränkt war. Auch für die Gestaltung des Gehalts bei Neueinstellungen oder für die von den Angestellten geforderten Gehaltserhöhungen war der Spielraum gering.[629] Da die

627 Gehalts- und Zulagelisten, Remunerationen der Firma Carl Zeiss Jena 1925/26, in: CZA, BACZ 23174.

628 Gehalts- und Zulagelisten, Remunerationen der Firma Carl Zeiss Jena für 1927/28, in: CZA, BACZ 23175; für 1928/29, in: CZA, BACZ 23177; für 1929/30, in: CZA, BACZ 23178; für 1930/31, in: CZA, BACZ 23179; für 1931/32, in: CZA, BACZ 23180.

629 So sind Beispiele von Vertragsverhandlungen wissenschaftlicher Mitarbeiter überliefert, die u. a. mit dem Verweis auf die Gehaltshöhe eine andere Stelle bevorzugten. Ein Geomatiker Schulze aus Dessau lehnte im Frühjahr 1898 u. a. aus diesem Grund eine Einstellung ab. CZA, BACZ 8341:

Optische Werkstätte höchste Ansprüche an ihr wissenschaftlich und technisch ausgebildetes Personal hatte, stand diese Einschränkung der Lohnpolitik infolge dieser Bestimmungen dem Anspruch der Personal- und Lohnpolitik an hochqualifizierte Fachkräfte entgegen. Eine Erhöhung des durchschnittlichen Arbeitseinkommens lag der Geschäftsleitung aufgrund des Prinzips des festen Lohns zudem eher fern, und auch der Umgang mit den individuellen oder allgemeinen Anträgen der Angestellten auf Erhöhungen des Gehalts erfolgte nur mit großem Bedacht.[630] Die Strategie der Geschäftsleitung bestand darin, das allgemeine Gehaltsmaximum nicht wesentlich zu erhöhen, sondern einzelne „besonders wertvolle Beamte" über das Maximum der übrigen Angestellten hinauszuheben.[631] Dafür stand der Geschäftsleitung die Möglichkeit offen, das Gehalt individuell zu steigern oder stattdessen bzw. zusätzlich die Zahlung von Remunerationen anzuweisen. Individuelle Forderungen von Angestellten in Gehaltsverhandlungen konnten durch diese Art der Zahlungen rasch erfüllt werden. Carl Pulfrich beispielsweise erhielt im März 1899 1.000 Mark für eine Badereise und die Rückzahlung alter Schulden, musste sich dafür aber damit zufriedengeben, seine ursprüngliche Forderung nach einem höheren Grundgehalt aufzugeben.[632]

Selbst außerordentliche Vergütungszahlungen – wie etwa im Jahr 1905 in Höhe von 70.000 Mark – erschienen der Geschäftsleitung gerechtfertigt, „auch durch die Erwägung, dass einmalige Renumerationen weniger belasten, als Gehaltserhöhungen."[633] Dieser strategische Einsatz des Paragraphen 95 wurde so weit getrieben, dass die Geschäftsleitung die statutarischen Kriterien für die Zahlungen missachtete, wie das Beispiel der Einstellung des Physikers Henry Siedentopf zeigt. Hier entschied die Geschäftsleitung im Januar 1904, dass bei der Festlegung seines Einstiegsgehalts die Grenzen der Gehaltsskala nicht überschritten werden sollten, aber eine Renumeration nach Paragraph 95 gerechtfertigt erscheine. Dies ist bemerkenswert, da diese Renumeration bereits zum Zeitpunkt der Vertragsverhandlungen zugesichert wurde, noch bevor Siedentopf irgendeine Leistung für das Unternehmen erbracht hatte – ein klarer Widerspruch zu Vergütungen nach Paragraph

---

Tagebuchbericht Czapski, 1897–1901, Eintrag vom 3.3.1898. Ein weiterer Bewerber sagte Anfang März 1899 ab, da er vergeblich als Gehalt innerhalb der Lohnskala der Optischen Werkstätte sehr hoch angesiedelte 5.000 Mark für das erste und 10.000 Mark ab dem fünften Arbeitsjahr gefordert hatte. Ebd., Eintrag vom 8.3.1898.

630 Protokoll der Stiftungssitzung, Nr. 278, 25.10.1909, in: CZA, BACZ 1711; Protokoll der Stiftungssitzung, Nr. 305, 10.10.1911, in: CZA, BACZ 1482.

631 Im Jahr 1906 belief sich dieses beispielsweise auf 9.000 Mark, Protokoll der Stiftungssitzung, Nr. 208, 28.5.1906, in: CZA, St 218.

632 Tagebuchbericht Czapski, 1897–1901, Eintrag vom 16.3.1899, in: CZA, BACZ 8341.

633 Protokoll der Stiftungssitzung, Nr. 197, 21.10.1905, in: CZA, BACZ 23018.

95, der die Remunerationen eindeutig für bereits erbrachte Leistungen vorsah. Zudem erhielt Siedentopf eine Zusage der Geschäftsleitung, bei der nächsten Steigerung des gegenwärtigen Gehaltmaximums von 8.000 Mark berücksichtigt zu werden.[634] Die Zuschläge zum Gehalt der Angestellten waren daher für die Geschäftsleitung ein adäquates Mittel, um die engen Bestimmungen des festen Gehalts und die in Paragraph 94 festgeschriebenen Vorgaben zur Gehaltshöhe zu umgehen.

Das dritte Einsatzgebiet für Remunerationen war das betriebliche Vorschlagswesen. Es wurde nach Abbes Rücktritt aus der Geschäftsleitung im Jahr 1904 in der Optischen Werkstätte eingeführt, um Vorschläge der Arbeiter zu prämieren. Czapski und Fischer hatten Abbe bereits 1902 ihre Idee unterbreitet, die bei den Arbeitern bereits vorhandene Motivation, der Geschäftsleitung Verbesserungen vorzuschlagen, zu institutionalisieren und zu fördern und durch Zahlung von Remunerationen zu prämieren. Dabei zielte das Vorschlagswesen nicht hauptsächlich – wie für ein Forschungsunternehmen naheliegend – auf wissenschaftliche Erfindungen oder technische Entwicklungen, sondern auf jegliche Verbesserungen, die der Rentabilität der einzelnen Abteilungen zuträglich waren.[635] Das Vorschlagswesen war eine Maßnahme der Geschäftsleitung, die sich in zweifacher Hinsicht vorteilhaft auswirkte: Zum einen wurde damit die Position der Werksmeister geschwächt, auf die sich die Geschäftsleitung im Hinblick auf eine rationelle Arbeitsweise, den sinnvollen Verbrauch des Materials, den angemessenen Personaleinsatz usw. verlassen musste (*hidden action*). Zum anderen wurde die direkte Verbindung zu den Arbeitern gestärkt und deren Motivation erhöht, das eigene Verhalten im Sinne der eingereichten Vorschläge zur Erhöhung der Rentabilität anzupassen (Vermeidung von *moral hazard*). Ursprünglich hatte die Geschäftsleitung vorgehabt, das Sammeln von Verbesserungsvorschlägen für das Unternehmen dem Arbeiterausschuss zu übertragen. Da dieser sich aber letztlich nicht dafür eignete, dachten die Geschäftsleiter über eine andere Möglichkeit der Institutionalisierung von Vorschlägen ihrer Mitarbeiter nach. Interessanterweise wurden sie dabei weniger durch die naheliegenden deutschen Vorbilder wie Krupp oder die Allgemeine Elektricitäts-Gesellschaft (AEG) inspiriert, die ihre Arbeiter seit 1888 bzw. 1901 zu Vorschlägen aufriefen,[636] sondern durch eine amerikanische Firma, die ihr Vorschlagswesen mittels einer Zettelbox organisierte, wie Czapski im Jahr 1903 gegenüber den Ar-

---

634 Protokoll der Stiftungssitzung, 13.1.1904, in: CZA, BACZ 23014.

635 Vgl. Schomerus, Geschichte, S. 180. In einer Sitzung der Siebenerkommission mit der Geschäftsleitung am 9.12.1903 stimmte erstere dem Vorschlag der Geschäftsleitung zu, der Arbeiterschaft mehr Partizipationsmöglichkeiten durch einen Kasten für Verbesserungsvorschläge einzuräumen, aus denen denen die brauchbarsten prämiert werden sollen, in: CZA, BACZ 510.

636 Vgl. Spahl, Siegfried: Geschichtliche Entwicklung des BVW, in: Personal 42 (1990), S. 178–180, hier: 178 f.

beitern erläuterte.[637] Czapski nannte den Namen dieser Firma nicht, aber es ist anzunehmen, dass er die amerikanische Firma Bausch & Lomb meinte, die 1899 eine Zettelbox im Rahmen des betrieblichen Vorschlagswesens eingeführt hatte.[638] Die Optische Werkstätte stand seit den 1890er Jahren durch Lizenzverträge in Beziehung mit Bausch & Lomb[639] und profitierte an dieser Stelle von deren innovativen Maßnahmen der Personalführung. Bereits im Jahr 1904/05 wurden zahlreiche Verbesserungsvorschläge von Angestellten und Arbeitern eingereicht.[640] Über den Erfolg dieser Einrichtung in den folgenden Jahrzehnten berichtet Schomerus, wenn auch recht oberflächlich, dass zahlreiche Vorschläge eingereicht wurden und der „Nutzeffekt der Arbeit" somit erhöht worden sei.[641]

Es stellt sich nun die Frage, wie hoch der Kostenfaktor der Remunerationszahlungen für die Optische Werkstätte war. In den Vorkriegsjahren war die Höhe des Remunerationskontos eher gering. Die Gewinn- und Verlustrechnung des Jahres 1907/08 beispielsweise weist für das Remunerationskonto rund 48.700 Mark auf, ähnlich wie im darauffolgenden Jahr mit rund 50.000 Mark.[642] Nach dem Weltkrieg und der Stabilisierung der Währung lagen die Summen im Geschäftsjahr 1926/27 bei 53.877 Reichsmark, 1927/28 bei 80.529 Reichsmark, 1928/29 bei 48.887 Reichsmark und schließlich im Geschäftsjahr 1929/30 bei 33.167 Reichsmark.[643] Im Vergleich zu den Lohn- und Gehaltsnachzahlungen fielen die Remunerationssummen, die vermutlich nur die Sondervergütungen fassten, gering aus, doch bildeten sie einen weiteren Kostenblock neben den Lohn- und Gehaltsnachzahlungen sowie den Zahlungen, die sich aus den „Stiftungsrechten" ergaben.

Die Geschäftsleitung fasste folglich unter dem Begriff der Remunerationen verschiedene Arten von Anreizen und Gehaltszuschlägen, die in der Bilanz unterschiedlich behandelt wurden. Die große Bedeutung der Remunerationen in ihren verschiedenen Funktionen für die Geschäftsleitung ist unbestreitbar, da auf diese Weise das System des festen Lohns durch flexible Vergütungsinstrumente ergänzt

637 Rede von S. Czapski in der Versammlung der Geschäftsangehörigen im Volkshaus, 25.11.1903, S. 16, in: CZA, BACZ 2677.

638 Protokoll der Siebenerkommission, 9.12.1903, in: BACZ 510; vgl. Spahl, Entwicklung, hier: S. 178 f.

639 Vgl. Bausch & Lomb Optical Company: A Triple Alliance in Optics. Being the association of Bausch & Lomb Optical Co., Carl Zeiss, Optical Works, Jena, George N. Saegmuller under the name of Bausch & Lomb Optical Co, Rochester 1908, S. 12 f.

640 Vgl. Schomerus, Geschichte, S. 180.

641 Ebd.

642 Gewinn- und Verlustrechnung für das Geschäftsjahr 1908/09, in: CZA, BACZ 10880.

643 Aufstellung, in: CZA, BACZ 8439. Diese niedrigen Summen lassen den Schluss zu, dass die aus den Gehalts- und Zulagelisten entnommenen ersichtlichen generellen Boni auf das allgemeine Lohn- und Gehaltskonto gebucht und auf dem Remunerationskonto nur die von Abbe im eigentlichen Sinne vorgesehenen Sondervergütungen verbucht wurden.

werden und ein umfassendes Anreizsystem geschaffen werden konnte. Die Vergütungen für besondere Leistungen, das heißt Remunerationen im eigentlichen Sinne von Paragraph 95, hatten sich dabei so bewährt, dass sie auch bei den Beteiligungsunternehmen, die die Optische Werkstätte seit 1907 zunehmend akquirierte, eingesetzt wurden. Im Zuge der Beteiligung bei Hensoldt beispielsweise sollte der Vorstand des Unternehmens, Carl Hensoldt, zusätzlich zu seinem Jahresgehalt von 18.000 Reichsmark eine Zulage von jährlich 6.000 Reichsmark Remunerationen erhalten, wie Rudolf Straubel Hensoldt im Dezember 1928 wissen ließ: „Falls der Gesellschaft aus den von Ihnen künftig persönlichen [!] ausgearbeiteten und unter gewerblichen Schutz stehenden Konstruktionen aussergewöhnliche Vorteile erwachsen, wird Ihnen hierfür eine besondere Vergütung zugesichert, im Sinne des § 95 des Zeiss-Statuts, über deren Höhe der Aufsichtsrat zu entscheiden hat."[644] Max Fischer konkretisierte schließlich die Bedeutung der Sondervergütungen für die Geschäftsleitung. Wie er in der 1936 von Moritz von Rohr veröffentlichten Unternehmensgeschichte festhielt, seien die Sondervergütungen als Leistungsanreiz bedeutend, um den unternehmerischen, schöpferisch-kreativen Charakter der Optischen Werkstätte aufrechtzuerhalten: „Die genossenschaftliche Organisation im *Abbe*schen Sinne würde erschlaffen und bürokratische Formen annehmen, wenn sie nicht dem Personal vom ersten bis zum letzten Manne einen angemessenen Anreiz für *besondere* [Kursivierungen im Original, J.S.] Leistungen böte."[645]

6.4 „Stiftungsrechte"

Die in den Quellen häufig als „Stiftungsrechte" bezeichneten Rechte der Angestellten und Arbeiter der Optischen Werkstätte sind in der Literatur sehr ausführlich behandelt worden. Bereits zu Ernst Abbes Lebzeiten setzten sich der Nationalökonom Julius Pierstorff und der Physiker Felix Auerbach mit den sozialen Leistungen der Stiftung auseinander und legten den Grundstein für eine intensive Beschäftigung mit dem außergewöhnlichen Arbeiterrecht der Carl-Zeiss-Stiftung.[646]

---

644 Rudolf Straubel an Carl Hensoldt, 12.12.1928, in: CZA, BACZ 22879.

645 Fischer, Abbe als Industrieller, S. 96. Aus Max Fischers Zitat lässt sich ableiten, dass die Beschäftigten durch Anreize zu dynamischen, kreativen Handlungen motiviert werden sollten. Das erweitert Bosetzkys Bild des Unternehmens, das eine nicht-bürokratische Spitze einem bürokratischen Unternehmensapparat gegenüberstellt. Vgl. Bosetzky, Grundzüge einer Soziologie, S. 94–102.

646 Siehe Pierstorff, „Die Carl Zeiß-Stiftung" und das Kapitel „Die besonderen Leistungen für die Angestellten", in: Auerbach, Das Zeisswerk, S. 139–144. Die sich an diese beiden Publikationen anschließenden Titel sind im ersten Kapitel dieser Arbeit unter „Forschungsstand" genannt, hinzu

Nicht zuletzt durch die eifrige publizistische Tätigkeit des Personalchefs Friedrich Schomerus wurde, wie Werner Plumpe zutreffend bemerkte, die Carl-Zeiss-Stiftung zu einer „Marke" für weitgehende Arbeiterrechte, wenngleich die Stiftung zur Zeit ihrer Gründung bzw. in den drei Jahrzehnten danach nicht so breite Aufmerksamkeit in der deutschen Öffentlichkeit fand, wie man es aufgrund ihrer Eigenart annehmen würde.[647] In den Untersuchungen unbeachtet blieb jedoch bisher, ob die „Stiftungsrechte" in der Unternehmenspraxis tatsächlich statutenkonform umgesetzt wurden und inwiefern die Unternehmensführung von diesen Bestimmungen beeinflusst wurde.

Unter Titel V des Statuts waren die mit den „Stiftungsrechten" verbundenen Rechte und materiellen Leistungen für die Beschäftigten der Optischen Werkstätte festgehalten: Das Neutralitätsgebot in Bezug auf die Herkunft, Religion und politische Gesinnung der Beschäftigten (§ 56), das Verbot von Überstunden für einen längeren Zeitraum als vier Arbeitswochen (§ 61) bzw. Bezahlung der Überstunden (§ 68), bezahlter Urlaub (§ 70), die Einrichtungsmöglichkeit von Arbeitervertretungen (§ 64), der feste Lohn bzw. Gehalt, auch in Zeiten der verkürzten Arbeit (§ 67), Anspruch auf Pensionszahlungen (§ 72) und Abgangsentschädigung (§ 77) im Fall einer nicht selbstverschuldeten Kündigung. Rechtliche Gültigkeit erhielten die zehn Paragraphen des Titel V durch die Beiordnung zum Arbeitsvertrag vom 15. Juli 1897.[648] Aufgrund dieser „Stiftungsrechte" waren die von Abbe gestalteten Beziehungen zwischen Unternehmen und Arbeitern ihrer Zeit voraus:[649] Einige der Einrichtungen und Rechte wie die Möglichkeit von Arbeitern eine eigene Interessenvertretung zu gründen oder die Betriebskrankenkasse wurden – durch individuelle Unternehmerinitiative oder auf gesetzlichem Wege – erst in den Jahren und

---

kommt, dass auch die dort erwähnten Unternehmensgeschichten zur Optischen Werkstätte die „Stiftungsrechte" ausführlich beschreiben.

647 Das Urteil gründet auf einer unveröffentlichten von Matthias Kemmerer vorgenommenen Auswertung der Bibliographie der deutschen Zeitschriftenliteratur für die Jahre 1896–1964 (Bde. 1–128) der Herausgeber Felix Dietrich (bis 1938) und Reinhard Dietrich (bis 1965). Diese brachte hervor, dass es außer dem Todesjahr Abbes 1905 kein großes Presseecho auf die Carl-Zeiss-Stiftung, die Stiftungsbetriebe und Ernst Abbe gab. Es wurde der Zeitraum 1896 bis 1933 auf die Schlagworte „Abbe", „Zeiss, Person", „Zeiss, Unternehmen", „Zeiss, Stiftung", „Zeiss, technisches Produkt" „Schott", „Thüringen" hin ausgewertet. Ich danke Matthias Kemmerer für die Bereitstellung seiner Ergebnisse.

648 Vgl. Mühlfriedel/Hellmuth, Zeiss 1846–1905, S. 247.

649 Abbe selbst formulierte das mit dem Titel V verbundene Ziel des rechtlichen Fortschritts folgendermaßen: „Für den ganzen Personenkreis der jetzigen Stiftungsunternehmungen (soll) das öffentliche Proletarierrecht der Reichs-Gewerbeordnung und der einschlägigen Abschnitte des Handelsgesetzbuches durch ein besseres privates Arbeiter- und Angestelltenrecht ersetzt werden." Abbe, Motive und Erläuterungen, S. 347. Darin einbezogen war nicht das Mitbestimmungsrecht der Arbeiter, wie der nur mit Petitionsrechten ausgestattete Arbeiterausschuss belegt.

Jahrzehnten nach Verabschiedung des Stiftungsstatuts in anderen Unternehmen gültig.[650] Finanziert wurden die Leistungen der Carl-Zeiss-Stiftung von den Stiftungsbetrieben. Ob die immateriellen und materiellen Vergünstigungen als Anreize wirkten, kann nur vermutet werden. Grundsätzlich schienen sie – zumindest in den Jahren vor dem Krieg – den Arbeitern das Gefühl zu vermitteln, bei einem besonderen Arbeitgeber beschäftigt zu sein,[651] auch wenn die Vergünstigungen eine gewisse Fluktuation nicht verhindern konnten, was ein generelles Problem der Unternehmen im Kaiserreich war.[652] Bemerkenswert ist, dass eine weitere arbeitsorganisatorische Errungenschaft der Optischen Werkstätte, der Achtstundentag, nicht statutarisch fixiert war. Paragraph 61 bestimmte hingegen neun Stunden zur maximalen Dauer eines Arbeitstages. Da der Achtstundentag erst vier Jahre nach der Verabschiedung des Statuts eingeführt wurde, läge es nahe, die nicht erfolgte Aufnahme in das Statut mit dem Zeitpunkt der Einführung nach der Verabschiedung des Stiftungsstatuts zu erklären. Im Zuge der Statutenrevision von 1905/06 jedoch blieb der Achtstundentag unberücksichtigt, weshalb die Arbeiter, wissenschaftlichen Angestellten und Beamten im Jahr 1906 bei der Geschäftsleitung den Antrag stellten, den Achtstundentag statutarisch zu fixieren, wodurch die „Stiftungsrechte" um ein Recht erweitert worden wären.[653] Siegfried Czapskis Antwort fiel eindeutig aus:

> Das Stiftungs-Statut sieht aber die Möglichkeit der Errichtung von Zweigbetrieben an beliebigen Stellen der Erde [Hervorhebung im Original, J.S.] vor; für diese Betriebe würde die statutarische Beschränkung der Arbeitszeit auf höchstens 8 Stunden – ja vielleicht sogar schon die jetzige auf 9 – unter Umständen höchst unerwünscht sein.

650 Hierfür ist die Betriebskrankenkasse ein Beispiel, die bereits seit 1875 bestand. Als das Reichsgesetz vom 16.6.1883 eine Pflicht-Betriebskrankenkasse vorschrieb, wurde sie per 1.1.1885 in eine solche umgewandelt und auf die Mitarbeiter des Glaswerks ausgedehnt. Vgl. Hähner-Rombach, Sylvelyn: Die Geschichte der BKK Schott-Zeiss 1875–2000, herausgegeben von der Betriebskrankenkasse Schott-Zeiss, Jena/Mainz/Oberkochen 2000, S. 8–24.

651 In einer Sitzung des Arbeiterausschusses bezog sich beispielsweise der Vorsitzende auf die Arbeitervertretungen Arbeiterausschuss und Siebenerkommission: „Leber ist der Meinung, daß man mit der hiesigen Einrichtung tatsächlich anderen Betrieben voraus sei und vorbildlich wirke." Sitzung des Arbeiterausschusses, 26.1.1903, in: CZA, BACZ 510. Vgl. auch zu Zeiss als attraktivem Arbeitgeber Markowski, Schmeißt Kotthaus, S. 80 f.

652 Vgl. Nieberding, Anne: Unternehmenskultur im Kaiserreich. J.M.Voith und die Farbenfabriken vorm. Friedr. Bayer & Co, München 2003, S. 298 f. Die Geschäftsleitung Zeiss sprach im Jahr 1909 sogar von „andauernd starke[m] Personalwechsel", Zusammenfassung der Geschäftsleitung zur Debatte um die Erhöhung der Pensionen, 1909, in: CZA, St 218.

653 Entwurf des Protokolls über die am 9.1.1906 von Czapski mündlich auf die beiden Eingaben der vereinigten Ausschüsse vom 7. Januar gegebene Antwort, in: CZA, BACZ 8313.

Diese Ansicht der Geschäftsleitung lasse sich laut Czapski auf Abbe zurückführen, der den Achtstundentag nicht per se als das beste Arbeitszeitmodell gesehen habe. So hänge die Fähigkeit, dasselbe Arbeitspensum in kürzerer Arbeitszeit zu bewältigen, „neben der Art der Arbeit in hohem Maße von der körperlichen und geistigen Erziehung und dem allgemeinen Kulturniveau der betr. Arbeiter ab."[654] Das Arbeitszeitmodell der Optischen Werkstätte stand daher in enger Verbindung mit der besonders qualifizierten Arbeiterschaft in Jena und konnte somit nicht zwangsläufig auf andere Standorte übertragen werden.

Im Hinblick auf die Analyse des Zusammenhangs von „Stiftungsrechten" und Unternehmensführung ist die im Jahr 1903 erfolgte Umstellung der Buchhaltung und des Rechnungswesens von besonderem Interesse. Sie ermöglichte der Unternehmensführung die Einsicht in die Hilfslöhne und die durch die statutarischen Bestimmungen zusätzlich anfallenden Kosten. Bei der Berechnung der Zusammensetzung der Lohnkosten ergab sich, dass der Optischen Werkstätte bei der Implementierung der „Stiftungsrechte" hohe Fixkosten entstanden, etwa für die Bezahlung der Feier- und Urlaubstage, die Garantie des Mindestlohns bei Kurzarbeit und die Auszahlung der Lohndifferenz zum Erreichen des Mindestlohns für Arbeiter, die eben diesen über die Akkordarbeit nicht erreichen konnten. Im Herbst 1903 zog Czapski Bilanz: Für ein halbes Jahr beliefen sich die unproduktiven Löhne auf rund 50.000 Mark, was auf ein ganzes Jahr hochgerechnet etwa zehn Prozent des gesamten Lohnkontos bedeutete. Siegfried Czapski war wegen der Höhe der Zahlungsverpflichtungen der Optischen Werkstätte im Vergleich zu anderen Unternehmen mindestens beeindruckt, wenn nicht sogar besorgt und hatte keine Zweifel, dass sich Ernst Abbe bei der Anlage des Lohnsystems eine solche Höhe der unproduktiven Löhne nicht hätte vorstellen können. Nicht eingerechnet waren in diesem Kostenblock die weiteren aus den „Stiftungsrechten" resultierenden Ausgaben für Abgangsentschädigungen, Pensionen, Alters- und Invalidenrenten, sowie Krankenkassenbeiträge, die für diesen Zeitraum zusammen einen zusätzlich zu zahlenden Betrag von etwa 30.000 Mark ergaben.[655] Hochgerechnet auf ein volles Geschäftsjahr fielen zu Beginn des 20. Jahrhunderts bei Zeiss demnach Fixkosten von rund 160.000 Mark an, von denen sich ein Großteil auf Verpflichtungen des Statuts zurückführen ließ. Werden hierzu noch die Ausgaben für die Lohn- und Gehaltsnachzahlung gerechnet, kommen weitere 189.000 Mark als anfallende Kos-

654 Entwurf des Protokolls über die am 9.1.1906 von Czapski mündlich auf die beiden Eingaben der vereinigten Ausschüsse vom 7. Januar gegebene Antwort, in: CZA, BACZ 8313.

655 Rede von S. Czapski in der Versammlung der Geschäftsangehörigen im Volkshaus, 25.11.1903, S. 16, in: CZA, BACZ 2677.

ten hinzu.[656] Kosten für statutarische Verpflichtungen gegenüber den Beschäftigten in Höhe von 349.000 Mark standen daher einem Umsatz von rund 3.575.112 Mark gegenüber und überstiegen die Höhe des Gewinns dieses Geschäftsjahres, der sich auf 304.294 Mark belief.[657]

Wenngleich das schwache Geschäftsjahr 1902/03 aufgrund der geleisteten Kurzarbeit und der Entlassungen von 60 Arbeitern nicht repräsentativ ist, zeigt sich jedoch, mit welch hohen Kosten die Geschäftsleitung angesichts ihrer statutarischen Verpflichtungen rechnen musste. Auch der krisenverstärkende Charakter der mit den „Stiftungsrechten“ verbundenen Kosten wird hierdurch deutlich, da in wirtschaftlich schlechten Zeiten noch zusätzliche Belastungen auf die Stiftungsbetriebe zukamen. So betrug der gesamte Posten für bezahlte Feiertage, Urlaub und Lohnfortzahlungen für Kurzarbeit, die während der Weltwirtschaftskrise geleistet wurden, im Jahr 1930 930.000 Reichsmark.[658] Hinzu kam die Summe der Abgangsentschädigungen im Geschäftsjahr 1929/30 mit rund 30.000 Reichsmark, die im darauffolgenden Geschäftsjahr auf 233.300 Reichsmark anstieg.[659] Rechnet man für das Jahr 1930 die Kosten für bezahlte Feiertage, Urlaub, Entschädigungssummen für Kurzarbeit (930.000 Reichsmark), für Abgangsentschädigungen (30.000 Reichsmark) und für Pensionszahlungen in Höhe von rund 492.500 Reichsmark zusammen, ergibt sich eine Summe von 1.452.500 Reichsmark.[660] Auch der hohe Umsatz von rund 20,07 Millionen Reichsmark in diesem Jahr konnte die hohen Ausgaben der „Stiftungsrechte“ nicht kompensieren: Eine Lohn- und Gehaltsnachzahlung konnte daher nicht ausgeschüttet werden, da vom Umsatz nur 140.164 Reichsmark an Gewinn übrigblieben.[661]

Stiegen die Kosten der „Stiftungsrechte“ zum einen in Krisenzeiten an, erhöhten sie sich zum anderen auch durch das Alter der Stiftung und das Wachstum der Optischen Werkstätte. Da sich im Laufe der Jahre die Zahl der Pensionäre stets vermehrte, wurde die Summe der Pensionszahlungen an diese bzw. ihre Witwen

656 Da im Geschäftsjahr 1902/03 diese Zahlungen ausfielen, wurden an dieser Stelle die durchschnittlichen Lohn- und Gehaltskosten für die nächsten drei Jahre 1903/04 bis 1905/06 zur Berechnung herangezogen.

657 Vollert, Max: Bericht über die Geschäftspolitik der Firma Carl Zeiss, 19.10.1909, in: SCHOTT Archiv 5/46.

658 Petermann, Max: Aufstellung, 14.3.1934, in: CZA, BACZ 16084.

659 Vgl. Schomerus, Geschichte, S. 275.

660 Vgl. ebd., S. 309. Da bei Schomerus nur Jahre und keine Geschäftsjahre angegeben sind, wurde die Angabe für 1930 auf das Geschäftsjahr 1929/30 bezogen. Die Berechnungszeiträume sind daher möglicherweise nicht kongruent, für den Fall, dass die so ermittelte Summe nicht korrekt ist, zeigt sie aber wenigstens eine Tendenz.

661 Bilanz-Vergleich ab 1923/24, in: CZA, BACZ 10513.

zunehmend höher.[662] Schon vor der Gründung der Stiftung hatten die beiden späteren Stiftungsbetriebe einen gemeinsamen Pensionsfond eröffnet, der mit dem Deckkapital der Pensionsverpflichtungen plus Rücklagen dotiert sein sollte. Nach fünfjähriger Dienstzeit erlangte jeder Betriebsangehörige einen Anspruch auf eine Arbeitsunfähigkeitsversicherung, auf die Zahlung einer Altersrente und im Fall seines Todes auf die Zahlung einer Hinterbliebenenrente für seine Angehörigen.[663] Versicherungsbeiträge wurden nur für die Hinterbliebenenversicherung erhoben (§ 74). Die Pensionseinrichtung wurde im Stiftungsstatut festgeschrieben, die einzelnen Regelungen fanden sich im „Gemeinsame[n] Pensions-Statut" der beiden Stiftungsbetriebe. Waren die Belastungen zu Beginn noch gering – in den 1880er Jahren beliefen sie sich auf wenige Tausend Mark–, überschritten sie mit der Jahrhundertwende die Marke von 10.000 Mark und verdoppelten sich bis zum Geschäftsjahr 1903/04 auf 20.713 Mark.[664] Bis zum Ende des Betrachtungszeitraums 1933 war die Zahl der Pensionäre auf rund 1.200 angewachsen – eine Zahl, die in diesem Jahr Zahlungen in Höhe von 980.000 Reichsmark erforderlich machte.[665] Die Belastung durch die Pensionsverpflichtungen wurde noch erdrückender aufgrund der Tatsache, dass das Stiftungsvermögen seit der Stiftungsgründung Garant für zukünftige Pensionsverpflichtungen sein sollte und der Pensionsfonds nicht länger als eigenständiger und vom Stiftungsvermögen abgetrennter Fonds existierte.[666] Somit waren die Pensionen unmittelbar mit der Prosperität der Unternehmen und dem Vermögensstand der Stiftung verbunden, wie die Geschäftsleitung in einer Verteidigung der bestehenden Corporate Governance gegenüber Sozialisierungsbestrebungen der Arbeiter konstatierte:

> Arbeitet der Betrieb unwirtschaftlich, so müssen die vorhandenen Reserven angegriffen werden, und die Sicherheit der Pensionsrechte wird gefährdet.[667]

Dass die Sicherung der Pensionsrechte daher keinesfalls selbstverständlich war, erkannten nach der wirtschaftlichen Krise der Optischen Werkstätte im Jahr 1903

---

662 Zudem kann davon ausgegangen werden, dass aufgrund der seit den 1880er Jahren erst langsam, dann rascher steigenden Lebenserwartung die Pensionskosten der Optischen Werkstätte noch erhöht wurden. Vgl. Wedel-Schaper, Eva: Deutsches Reich (Kaiserreich, Weimarer Republik, Drittes Reich), in: Imhof, Arthur E. (Hrsg.) unter Mitwirkung von Hans-Ulrich Kamke: Lebenserwartungen in Deutschland, Norwegen und Schweden im 19. und 20. Jahrhundert, Berlin 1994, S. 173–249, hier: S. 199.

663 Vgl. Mühlfriedel/Hellmuth, Zeiss 1846–1905, S. 288.

664 Vgl. Mühlfriedel/Hellmuth, Zeiss 1846–1905, S. 335, Tabelle 20.

665 Petermann, Max: Aufstellung, 14.3.1934, in: CZA, BACZ 16084.

666 Vgl. Mühlfriedel/Hellmuth, Zeiss 1846–1905, S. 291.

667 Geschäftsleitung des Zeißwerks, „An alle Betriebsangehörigen!" 27.6.1919, in: CZA, BACZ 521.

auch die Angestellten. Vertreten durch die jüngst gegründeten Gremien, den Beamten-Ausschuss und den Verein wissenschaftlicher Mitarbeiter, traten sie daher mit der Geschäftsleitung wegen der Sicherung ihrer Pensionsrechte in Kontakt. Bemerkenswert hinsichtlich der Fragestellung dieser Arbeit ist, dass – nachdem die Geschäftsleitung auf die Anfrage der Angestellten eingegangen war und die Antwort nicht im Sinne der Angestellten ausfiel – die Beschäftigtenvertreter die Anfrage nun an den Stifter und die Stiftungsverwaltung schickten. Abbe galt folglich zu Lebzeiten selbst nach seinem Austritt aus der Geschäftsleitung als oberste Instanz, deren Urteil über dem der Geschäftsleitung stand. Der Forderung der beiden Vereine nach einem gesonderten Pensionsfonds hatte sich auch die Siebenerkommission, eine verkleinerte Abordnung des Arbeiterausschusses, angeschlossen. Am 30. März 1904 wurde das entsprechende Bittgesuch versendet. Zusammenfassend ging es den Unterzeichnern um eine Vorzugsbehandlung vor anderen Gläubigern bei einem möglichen Bankrott.[668] Mit ihrem Gesuch wollten die Angestellten und Arbeiter diesbezüglich eine Änderung des Stiftungsstatuts erwirken, mittels der die sozialen Pflichten für die Belegschaft vor den anderen Stiftungszwecken priorisiert werden sollten.[669] Ernst Abbe versammelte Geschäftsleiter und die Vertreter der Mitarbeitergremien und ging in Anwesenheit des Stiftungskommissars auf die Beschwerden ein. Seine Vorstellung der Funktionsweise der Stiftung sprach gegen ein gesondertes Ansparen von Mitteln für den Pensionsfonds, denn „nicht Zinsgüter, sondern die lebendige Organisation der Zeisswerke, die Summe der in ihnen vereinigten Kräfte, Fähigkeiten, Erfahrungen und Überlieferungen müssen der Träger der Stiftung und ihrer Verbindlichkeiten sein."[670] Der Antrag der Beschäftigten wurde daher nicht angenommen. In der Folge fand das Thema des Gläubigerschutzes in den Stiftungssitzungen über dieses Ereignis hinaus keine weitere Beachtung.

Das Anwachsen der Summe der Pensionszahlungen parallel zum Alter der Stiftung sowie die übrigen Kosten der „Stiftungsrechte" bedeuteten für die Geschäftsleitung eine Schmälerung des Gewinns bzw. eine Verschlechterung der Rentabilität. Der Stiftungskommissar Max Vollert erklärte 1909 das Missverhältnis der Entwicklung von Umsatz und Gewinn im Zeitraum von 1890/91 und 1907/08 mit den hohen Kosten der „Stiftungsrechte", zu denen die Unternehmen verpflichtet

---

668 Die Frage nach einer Gläubigerhierarchie beantwortet Abbe bzw. das Statut nicht. Seine im Statut festgehaltene Vorstellung bezüglich eines möglichen Endes der Stiftung und der Stiftungsunternehmen bezieht sich auf eine Auflösung der Stiftung, bei der Vermögen übrigbleibt. Das sollte in diesem Fall zur Hälfte an die Gemeinden Jena und Wenigenjena, zur anderen Hälfte an die Universität Jena verteilt werden.

669 Vgl. Mühlfriedel/Hellmuth, Zeiss 1846–1905, S. 292 f.

670 Antwort von Abbe auf das Gesuch vom 30. August 1904, in: CZA, BACZ 638; teilweise abgedruckt bei Mühlfriedel/Hellmuth, Zeiss 1846–1905, S. 294.

waren. Tatsächlich hatte sich der Umsatz während dieser 17 Jahre von rund 1.064.000 Mark auf rund 6.357.000 Mark fast versechsfacht, der Reingewinn hingegen von rund 301.000 Mark auf rund 1.029.000 Mark nur verdreifacht. Ein großer Kostenblock an statutarischen Leistungen verschlinge einen großen Teil des Reingewinns, so lautete die Analyse Vollerts. Für den Zeitraum von 1890/91 und 1907/08 errechnete er, dass dieser Kostenblock 25 Prozent vom Reingewinn ausmache.[671]

Die hohen Kosten für die „Stiftungsrechte“ bedeuteten eine verminderte Rentabilität der Optischen Werkstätte, die Nachteile im Konkurrenzkampf mit anderen Unternehmen brachte. Eine Kompensation dieser Nachteile über die Preispolitik der Optischen Werkstätte wurde erschwert, da die Preise der Optischen Werkstätte aufgrund der hohen Forschungs- und Entwicklungskosten und des hohen Qualitätsanspruchs ohnehin auf einem überdurchschnittlichen Niveau lagen. Nicht zuletzt war diese Preispolitik auch Teil der Markenstrategie der Optischen Werkstätte, die darüber ihre Qualitätsführerschaft im Markt festigen wollte.[672] Die Annahme, dass die Zeiss-Geschäftsleiter unter einem höheren Druck bezüglich der Unternehmensperformanz standen als andere Unternehmen, ist daher plausibel.[673] Damit lässt sich auch die außergewöhnliche Fokussierung der Geschäftsleitung auf den Indikator Rentabilität erklären.[674] Dass die Kosten der statutarischen „Stiftungsrechte“ daher als Entscheidungsprämisse für das expansive Wachstum innerhalb und außerhalb des Unternehmens gesehen werden können, liegt nahe. Zugleich führte das Wachstum der Optischen Werkstätte wiederum zu steigenden Personalzahlen, sodass sich die Ausgaben für bezahlte Feiertage, Urlaub und die Lohnfortzahlungen bei geleisteter Kurzarbeit sowie für die Pensionszahlungen für eine steigende Zahl an Pensionsempfängern erhöhten.[675]

---

671 Vollert, Max: Bericht über die Geschäftspolitik der Firma Carl Zeiss, 19.10.1909, in: SCHOTT Archiv 5/46.

672 Siehe beispielsweise die Ausführungen dazu von Max Fischer in seiner Rede zur Eröffnung der Optikerschule, 20.10.1924 im Volkhaussaal, in: CZA, BACZ 218.

673 Dies erkannte auch Julius Pierstorff: So könne „ein solches Maß von socialen Lasten, wie in dem hier besprochenen Falle, nur von Betrieben übernommen werden, die sich in besonders günstiger und dauernd gesicherter ökonomischer Lage“ befänden. Ders.: „Die Carl Zeiß-Stiftung“, S. 63.

674 Vor dem Ersten Weltkrieg sind die Berichte über die Geschäftslage von Geschäftsleitung wie auch von Stiftungskommissar und Stiftungsverwaltung unter dem Kriterium der Rentabilität verfasst worden. Vgl. hierzu in dieser Arbeit, das Kapitel „Die Paragraphen 42 und 43: Forschung und Entwicklung“.

675 Im Jahr 1910 lagen diese bei 152.000 Mark. 1914 hatten sich die Ausgaben bereits auf 313.000 Mark erhöht. Petermann, Max: Aufstellung, 14.3.1934, in: CZA, BACZ 16084. Dem stand allerdings – sofern der Grenznutzen des Wachstums nicht erreicht war und sofern der administrative Apparat der Optischen Werkstätte nicht übermäßig aufgebläht wurde – das Wachstum der Produktion durch mehr Personal gegenüber.

Interessanterweise war sich Ernst Abbe der Belastung der Geschäftsleitung durch die Kosten der „Stiftungsrechte“ sehr wohl bewusst, allerdings hatte er Daten zur möglichen Betriebsentwicklung mit Daten zur Lebenserwartung verglichen und war zu dem Ergebnis gekommen, dass die Höhe der Pensionsverpflichtungen „durchaus innerhalb der Grenzen der Leistungsfähigkeit eines jeden auf gesunder Grundlage ruhenden Grossbetriebs wenigstens desjenigen Industrie-Zweigs [liegt], dessen allgemeine wirtschaftliche Lage nicht direkt ungünstig ist.“[676] Dass sich dieses Argument aufgrund der Ungewissheit der Zukunft anzweifeln lässt, ist nahezu selbstredend. Darüber hinaus hatte er nicht bedacht, dass – wie bereits beschrieben – die Kosten der „Stiftungsrechte“ krisenverschärfend wirkten. Für diese Verschärfung waren neben den bereits beschriebenen Pensionszahlungen vor allem die Abgangsentschädigungen verantwortlich, die aufgrund der häufig mit Krisenzeiten einhergehenden Entlassungen in größerem Stil gezahlt werden mussten. Die Abgangsentschädigung nach Paragraph 77 des Stiftungsstatuts sah für den Fall einer Auflösung des Arbeitsverhältnisses von Seiten des Arbeitgebers eine Fortzahlung des festen Lohns oder Gehalts für ein halbes Jahr vor. Den Anspruch auf Abgangsentschädigung sollten die Beschäftigten nach drei Jahren Betriebszugehörigkeit erhalten.[677] Ein Anstieg der Abgangsentschädigungen ist zum ersten Mal für die Unternehmenskrise des Jahres 1903 überliefert, in der die Optische Werkstätte – wie erwähnt – zur Entlassung von 60 Arbeitern gezwungen war. In den Folgejahren bis 1933 kam es zu drei weiteren Entlassungswellen, die hohe Entschädigungszahlungen nach sich zogen: Außer den Krisenzeiten der unmittelbaren Nachkriegszeit (1918/19: 1.493.090 Mark)[678] und der Weltwirtschaftskrise (1930/31: 233.300 Reichsmark, 1931/32: 623.420 Reichsmark und 1932/33: 122.730 Reichsmark) führte das Krisenjahr der deutschen Wirtschaft 1926 zu vermehrten betriebsbedingten Kündigungen (knapp 200.000 RM) im Geschäftsjahr 1926/27.[679] Die hohen Summen und die

676 Manuskript über Begründung und Aufwand der Pensionseinrichtung, Juni 1897, in: CZA, BACZ 627; zitiert nach Demel, Auf dem Weg, S. 340.

677 Ursprünglich hatte Abbe im Statut von 1896 eine Betriebszugehörigkeit von drei Jahren festgelegt, zwischenzeitlich gab es aber anscheinend die Praxis, die Abgangsentschädigung nach einem halben Jahr zu zahlen. Durch die Statutenrevision von 1906 wurde festgelegt, dass die Abgangsentschädigung weiterhin nach drei Jahren gezahlt werden solle, sofern die Kündigung durch die Optische Werkstätte nicht betriebsbedingt erfolge. In diesem Fall sollte bereits der Zeitraum von einem halben Jahr für die Zahlung ausreichend sein. Siehe hierzu in dieser Arbeit das Kapitel „Statutenrevision 1905/1906“.

678 Auch Entlassungen entgegen der gesetzlichen Beschränkungen der Demobilmachungsverordnung vom 12.2.1920 wurden von der Geschäftsleitung vorgenommen. Durch eine Klage entlassener Arbeiter war sie gezwungen, ab dem 1.2.1921 110 Arbeiter für drei Monate wiedereinzustellen. Vgl. Schomerus, Geschichte, S. 210.

679 Aufstellung, in: CZA, BACZ 168.

sich daraus ableitende hohe Zahl an Entlassungen sind deshalb so bemerkenswert, weil Abbe die Abgangsentschädigungen eigentlich als Instrument eingeführt hatte, um Entlassungen nach Möglichkeit zu vermeiden. In Zeiten der verringerten Nachfrage diente dieses Instrument als Entscheidungsprämisse für die Geschäftsleitung, um die Fluktuation der Beschäftigten so gering wie möglich zu halten:

> Meine Nachfolger in der Geschäftsleitung müßten närrische Kerle sein, wenn sie sich nicht an den Fingern abzählen sollten, daß, wenn 50 Leute zuviel wären, es töricht wäre, diese ohne weiteres zu entlassen und ihnen die Abgangsentschädigung auszuzahlen.[680]

Nach Abbes Auffassung sollte die Belegschaft in Krisenzeiten zunächst in Kurzarbeit überführt werden und Entlassungen nur im äußersten Fall eine Option sein, wobei die Abgangsentschädigung für die Arbeiter in diesem Fall als Arbeitslosenversicherung wirken sollte.[681]

Dass Abbes Ansinnen, Entlassungen in Krisenzeiten möglichst zu verhindern, nicht realisiert werden konnte, lässt sich auf ein besonders „enges Korsett" des Stiftungsstatuts für Krisenzeiten zurückführen. So wurde die Umsetzung von Abbes Bestimmungen dadurch erschwert, dass der Handlungsspielraum der Geschäftsleitung zugleich durch eine weitere Entscheidungsprämisse eingeschränkt war, namentlich durch das Prinzip des festen Lohns, welches die Verringerung der Lohn- und Gehaltskosten durch Kurzarbeit verhinderte. In Krisenzeiten war daher der Handlungsspielraum der Geschäftsleitung denkbar gering, da die gängigen unter-

---

680 Abbe, Über die Grundlagen, S. 131.

681 Es ist sehr wahrscheinlich, dass sich Abbe bei seinem Szenario der Entlassung ausschließlich auf betriebsbedingte Gründe bezog und kein allgemeines Entlassungsverbot aussprechen wollte. Doch wurden natürlich auch Abgangsentschädigungen gezahlt, wenn einzelne Arbeiter aufgrund ihrer Unfähigkeit entlassen wurden. Der Stiftungskommissar Friedrich Ebsen zitierte in seinem Geschäftsbericht für die Jahre 1911/12 bis 1913/14 einen der Geschäftsleiter, nach welchem „Abgangsentschädigungen häufig das best angelegte Geld seien". Ebsen erläuterte, dass es für das Unternehmen häufig besser sei, ungeeignetes Personal trotz Abgangsentschädigung zu kündigen, als dass dieses die Leistungen der anderen herabziehen würde. Geschäftsbericht des Stiftungskommissars der Carl-Zeiss-Stiftung, Geschäftsjahr 1911/12 bis 1913/14, in: CZA, BACZ 1501. Dennoch gab es wohl auch Fälle, in denen die Abgangsentschädigung als Fehlanreiz wirkte, die eine Entlassung von ungeeigneten Mitarbeitern verhinderte: So schrieb Friedrich Schomerus seiner Schwiegermutter im Mai 1911: „Bei Zeiss haben wir auch einen Arbeiter, der in den 21 Jahren seines Dienstes alle Menschen, mit denen er zu tun gehabt hat, gequält hat. Wenn der sein 25-jähriges Jubiläum feiert, verdient die Firma eher einen Orden als er. Neulich war's beinahe soweit, die Kündigung auszusprechen, die allerdings eine Abgangsentschädigung von fast 4.000 Mark gekostet hätte – da wurde er krank und wird nun wohl wieder gehalten werden, da einige Wochen Zeit ja manches in milderem Licht erscheinen lassen." Zit nach: Springer, Ralf: Biographische Studien zum Sozialreformer und Politiker Friedrich Schomerus (1876–1963), Oldenburg 2003, S. 187, Fn 33.

nehmerischen Handlungsmöglichkeiten zur Bewältigung von Krisen – Kurzarbeit oder Entlassungen – durch das Statut negativ sanktioniert waren. Somit blieb der Geschäftsleitung nichts anderes übrig, als entweder im Fall der Kurzarbeit und des nicht gewährten festen Lohns gegen einen der beiden Paragraphen zu verstoßen oder entgegen Abbes Absicht Massenentlassungen durchzusetzen, um Krisenzeiten angemessen zu begegnen. Dies lässt den Schluss zu, dass sich Abbe, der als Unternehmer in der Gründerzeit sozialisiert wurde, Krisen nur bedingt vorstellen konnte, in denen sich die Optische Werkstätte aufgrund ihrer besonderen Konstitution als nicht resistent erweisen würde.[682] Die besonderen Vorteile der Optischen Werkstätte, namentlich der hohe Diversifikationsgrad und die Verankerung in vielen ausländischen Märkten, konnten allerdings nur dann über Krisen hinweghelfen, wenn diese auf das Inland bzw. eine spezifische ausländische Region beschränkt blieben. Die Tiefe und Ausdehnung der Krisen der Weimarer Republik unterschied sich jedoch von denen, die Abbe erlebt und beim Verfassen des Statuts vor Augen hatte und ließen das vorgegebene Krisenkonzept der Optischen Werkstätte brüchig werden.[683] Die Abgangsentschädigungen sind somit ein seltenes Beispiel dafür, dass die Geschäftsleitung dem Stifterwillen durch statutengemäße Handlungen zwar formal folgte, aber inhaltlich von diesem abwich. Abbe hatte mit den Abgangsentschädigungen Entscheidungsprämissen gelegt, die nicht zu dem von ihm gewünschten Ergebnis führten, da er sich die entsprechenden wirtschaftlichen Rahmenbedingungen schlicht nicht hatte vorstellen können. Anderenfalls hätte er seine Absicht, das Humankapital der Optischen Werkstätte dauerhaft zu erhalten und ein zu rasches, rücksichtsloses Wachstum der „Großindustrie“ zu verhindern,

682 Die erste Weltwirtschaftskrise von 1857, die Abbe 17jährig erlebt hatte, schien sich nicht in seiner Erwartungsbildung niedergeschlagen zu haben, was auch damit erklärt werden kann, dass ihr „Boomjahre“ nachfolgten, die eine Krise rasch vergessen machen konnten. Vgl. Plumpe, Werner: Wirtschaftskrisen. Geschichte und Gegenwart, 4. durchgesehene und aktualisierte Auflage, München 2013, S. 62. Die Gründerkrise 1873 erlebte Abbe jedoch schon als wissenschaftlicher Mitarbeiter der Optischen Werkstätte. Die Nachfrage nach den gerade auf den Markt gebrachten Mikroskopen der Optischen Werkstätte blieb von der Krise unberührt, wie Schomerus fast poetisch beschreibt: „In diesen Jahren der allgemeinen Ebbe erlebte Zeiss [Carl Zeiss, J.S.] eine Flut von Bestellungen, in dem damals herrschenden Niedergang stieg seine Firma in die Höhe.“ Schomerus, Geschichte, S. 37. Die Gründerkrise schlug sich nicht auf alle Branchen gleichermaßen nieder, vgl. Burhop, Carsten: Wirtschaftsgeschichte des Kaiserreichs, Göttingen 2011, S. 77, Fn 37. Nimmt man die Krisenerfahrung von 1873 als prägend für Abbe an, ist sein Optimismus in Bezug auf die weitere Entwicklung der Optischen Werkstätte und auf ihre Krisenresistenz durchaus nachvollziehbar. Hinzu kommt, dass die Gründerkrise von 1873 eng mit den organisatorischen Schwächen von Aktiengesellschaften verbunden war, von denen eine Vielzahl in der Krise Bankrott anmelden musste. Aufgrund der Wahl des Stiftungsunternehmens konnte Abbe sich in diesem Punkt in Sicherheit wiegen.

683 Vgl. Plumpe, Wirtschaftskrisen, S. 90.

mittels eines anderen Instruments sichern müssen. Dennoch erfüllte die Abgangsentschädigung ihre Funktion in dem Sinne, dass sie als Garantie für die übrigen „Stiftungsrechte" wirkte. So hielt Max Fischer rückblickend fest, dass die Entschädigungen in Bezug auf Entlassungen die „folgerichtige Ergänzung der auf alle Angestellten und Arbeiter der Firma ausgedehnten Pensionseinrichtung [seien, J.S.], die ohne jeden Schutz bei einseitiger Kündigung des Arbeitsverhältnisses durch die Firma in Gefahr gekommen wäre, eine leere Form zu bleiben."[684] Fischer bezog sich auf Abbes „Motive und Erläuterungen", in denen Abbe bereits ausgeführt hatte, dass „alle Hintertüren fest verschlossen sein" müssen, um zu verhindern dass „die Bestimmungen des Pensions-Statuts, und sei es nur *in thesi*, jemals umgangen werden könnten."[685]

Wie im Fall der Abgangsentschädigungen stellte sich das Verhalten der Geschäftsleitung auch in Hinblick auf die restlichen „Stiftungsrechte" als statutenkonform heraus. Gleichwohl versuchte die Geschäftsleitung, die Kosten für die „Stiftungsrechte" auf dem Gebiet der Personal- und Lohnpolitik zu reduzieren. So ist für das Ende des Betrachtungszeitraums überliefert, dass die Geschäftsleitung grundsätzlich nur Personal mit einem Alter bis 35 Jahren einstellte, um das Verhältnis zwischen der geleisteten Arbeitszeit und den zu zahlenden Pensionen zu optimieren.[686] Die Spielräume für die Geschäftsleitung bezüglich der Verringerung der Kosten der „Stiftungsrechte" waren allerdings vergleichsweise gering: Konnten in dieser Arbeit einige Fälle in anderen Bereichen der Unternehmensführung rekonstruiert werden, in denen ein Umgehen von statutarischen Bestimmungen durch die Geschäftsleitung bzw. die Auslegung von Paragraphen in ihrem Interesse die Spielräume erweiterte, waren die Kosten der „Stiftungsrechte" kaum zu reduzieren oder etwa durch strategisches Vorgehen ganz zu umgehen. Dies war auch deshalb nicht möglich, da die „Stiftungsrechte" den „Markenkern" der Stiftung bildeten[687] und der Öffentlichkeit somit gut bekannt waren. Die „Stiftungsrechte" waren daher weitreichende Entscheidungsprämissen, aufgrund derer die Geschäftsleitung unter dem Dogma des ständigen Wachstums Wege der Marktbeherrschung abseits des Preiskampfes wählen musste, wie im Kapitel „Investitionspolitik" ausführlich dargelegt wird. Dass die „Stiftungsrechte" am Stammsitz Jena für die Geschäftsleitung aufgrund ihres hohen Wertes und ihrer Bekanntheit nicht

684 Fischer, Abbe als Industrieller, S. 97.

685 Abbe, Motive und Erläuterungen, S. 352.

686 Der Beleg stammt aus dem August 1933, bezieht sich aber auch auf die Zeit zuvor. Sozialpolitische Abteilung des Reichsstands der Deutschen Industrie, 3.3.1933, in: CZA, BACZ 8052.

687 Abbe bezeichnete die unter Titel V gefassten „Stiftungsrechte" als „den wichtigsten Teil des Statuts". Ders., Motive und Erläuterungen, zu Titel V „Arbeiter- und Angestelltenrecht der Carl Zeiss-Stiftung", S. 347.

zur Disposition standen, bedeutete aber keinesfalls, dass sie ohne weiteres in den zu der Carl-Zeiss-Stiftung gehörenden Unternehmen eingeführt wurden, wie es das Statut eigentlich vorsah. Das Statut schrieb für die Gründung eines „Betriebsunternehmens“ mit der Carl-Zeiss-Stiftung als Gesellschafter vor, dass die „Stiftungsrechte“ dort gelten sollten (§ 93). Im sich anschließenden Kapitel „Investitionspolitik“ wird detailliert rekonstruiert, dass die Geschäftsleiter dieser Prämisse bei der externen Expansion seit 1907 nicht folgten, sondern stattdessen erfolgreich Wege fanden, die Unternehmensführung der neu gegründeten Beteiligungsunternehmen nicht mit den „Stiftungsrechten“ zu „belasten“.[688] In diesem Sinne beschrieb der Geschäftsleiter Rudolf Straubel die „Stiftungsrechte“ im August 1933 einmal mehr als „erhebliche Belastung“, die voraussetze, dass „ein Unternehmen genügend gefestigt“ sei.[689] Im Fall von externen Stätten wie Filialen oder Produktionsstätten, die zum Stiftungsbetrieb gehörten, war jedoch durchaus anzunehmen, dass sie diese Voraussetzung der ausreichenden Stabilität erfüllten, nicht zuletzt, weil Gewinne bzw. Verluste über die Gesamtbilanz der Optischen Werkstätte verbucht wurden. Dennoch wurden die „Stiftungsrechte“ nicht allen Beschäftigten dieser externen Zweigbetriebe der Optischen Werkstätte zugestanden, wie es das Statut vorsah (§ 87), sondern nur den Beschäftigten der im Inland niedergelassenen Zweigstellen. Diesen Verstoß gegen das Statut begründeten die Geschäftsleiter mit der zu verhindernden Kumulierung der „Stiftungsrechte“ mit Gesetzen des jeweiligen nationalen Rechts.[690] So unterschiedlich die Begründungen für die Ablehnung der durch das Statut vorgegebenen Implementierung der „Stiftungsrechte“ in Unternehmensneugründungen und in betrieblichen Zweigniederlassungen der Optischen Werkstätte waren,[691] deutlich wird, dass sie von der Geschäftsleitung zum einen als Belastung empfunden wurden und zum anderen auf die Optische Werkstätte mit ihren innerdeutschen Zweigniederlassungen beschränkt wurden.

688 Siehe hierzu in dieser Arbeit das Kapitel „Investitionspolitik“.

689 Rudolf Straubel an Betriebsrat der Sendlinger Optischen Glaswerke Berlin-Zehlendorf, 24.8.1933, in: CZA, BACZ 22272.

690 Das galt nicht für Beschäftigte in ausländischen Zweigniederlassungen, welche bereits in der Optischen Werkstätte einen Anspruch auf „Stiftungsrechte“ erworben hatten und anschließend in einen ausländischen Zweigbetrieb versetzt worden waren. Friedrich Ebsen an das Thüringische Ministerium für Volksbildung und Justiz, 1.4.1928, in: LATh – ThHStAW, Bestand 6–32–004, Thüringisches Volksbildungsministerium, C 546.

691 Ebenfalls abgelehnt hatte die Geschäftsleitung es, den seit 1922 tätigen Beschäftigten der drei Zeiss-Wasserkraftwerke an der oberen Saale die Stiftungsrechte zu verleihen, wohingegen die zur selben Zeit Beschäftigten der ebenfalls zur Stiftung gehörenden Wasserkraftwerke Burgau und Kunitz am mittleren Saalelauf Stiftungsrechte erhielten. Erst im Jahr 1936 wurden die Mitarbeiter der Zeiss-Wasserkraftwerke an der oberen Saale zu Stiftungsangehörigen erklärt. Vgl. Mittelsdorf, Harald: Die Geschichte der Saale-Talsperren (1890–1945), Jena 2007, S. 91.

Zuletzt stellt sich die Frage, inwiefern die „Stiftungsrechte“ – neben dem Kostenaspekt – auch inhaltliche Entscheidungsprämissen für die Unternehmensführung bildeten. Den großen Einfluss des festen Lohns auf die Personal- und Lohnpolitik hat das vorliegende Kapitel aufzeigen können. Darüber hinaus ist den Quellen zu entnehmen, dass Rechte wie der bezahlte Urlaub (§ 70) oder das Neutralitätsgebot in Bezug auf die Herkunft, Religion und politische Gesinnung der Beschäftigten (§ 56) wenig Gestaltungskraft für die Unternehmensführung entwickelte. Das hatte nicht zuletzt individuelle Gründe, etwa im Fall des Neutralitätsgebots, da Personalentscheidungen stärker von wissenschaftlich-technischen Kriterien geprägt waren. Auch die Paragraphen 61 und 68 beispielsweise, die eine Vereinbarung zu Überstunden für einen längeren Zeitraum als vier Arbeitswochen untersagten und eine Entlohnung dieser Überstunden vorsahen, spielten nur eine geringe Rolle für die Entscheidungen der Geschäftsleitung. Gleichwohl gab es diesbezüglich Verstöße gegen das Statut, da das äußerst dynamische Wachstum seit den 1890er Jahren ohne Überstunden nicht zu leisten war, die jedoch nicht immer statutengemäß entlohnt wurden.[692] Größere Konflikte entstanden daraus allerdings nicht. Zusammengefasst waren es daher eher die Folgen der „Stiftungsrechte“, also deren Kosten und nicht deren Inhalt, die zu Entscheidungsprämissen für die Unternehmensführung wurden.

6.5 Zwischenfazit

Die Personal- und Lohnpolitik war der Bereich der Unternehmensführung, der am stärksten von den Entscheidungsprämissen des Statuts beeinflusst war. Die zentrale Frage einer gerechten anreizsetzenden Vergütung wurde von Ernst Abbe mit einem umfassenden Lohnmodell beantwortet, das unterschiedliche Instrumente integrierte. Dessen Basis, der feste Lohn, verringerte den Handlungsspielraum der Geschäftsleitung enorm, da eine Lohnerhöhung folgenreich war: Aufgrund der in Paragraph 67 festgeschriebenen Regelungen konnte eine einmal festgesetzte Lohn- bzw. Gehaltshöhe nicht mehr herabgesetzt werden. Zudem war die Höhe der aus den „Stiftungsrechten“ abgeleiteten Ansprüche vom festen Lohn abhängig. Die Geschäftsleitung schien zunächst trotz dieser engen Vorgaben daran interessiert zu sein, die der Personal- und Lohnpolitik Abbes zu Grunde liegenden Ideale weiterzuführen bzw. sie sogar weiterzuentwickeln. Dass der Stifterwille von der Geschäftsleitung schließlich weder in Bezug auf den festen Lohn noch auf beinahe alle

692 Siehe hierzu die Jahresberichte der verschiedenen Abteilungen vor 1914, in denen immer wieder von Überstunden die Rede ist, z. B. in: BACZ 10969–BACZ 11008.

weiteren Instrumente der Personal- und Lohnpolitik befolgt wurde, ja in einigen Fällen nicht befolgt werden konnte, kann nicht nur auf Abbes mangelnde Vorstellungskraft hinsichtlich der späteren Unternehmensentwicklung zurückgeführt werden. Vielmehr hielt er an mehreren Stellen fest, welche Herausforderungen seine Personal- und Lohnpolitik für die zukünftige Geschäftsleitung bedeuten werde und quantifizierte diese sogar. Es gab jedoch zwei Veränderungen der ökonomischen und politischen Bedingungen, die die Vorstellungskraft Abbes vermutlich überstiegen: Die seit der Jahrhundertwende zunehmende Teuerung, die die Reallöhne sinken und die Lebenshaltungskosten stiegen ließ,[693] sowie die deutlich verschärften Wirtschaftskrisen während der Zeit der Weimarer Republik.

Die einsetzende Teuerung führte zu einer Aushöhlung von Abbes Lohnmodell, da die Geschäftsleitung zwar mit Zuschlägen auf den Nominallohn reagieren konnte, sich hierdurch jedoch der Anteil des festen Lohns am Gesamtlohn stetig verringerte, was wiederum Konsequenzen für die Höhe der mit den „Stiftungsrechten" verbundenen Zahlungen hatte. Die Geschäftsleitung verhinderte mit dieser Taktik, die aus den „Stiftungsrechten" resultierenden Fixkosten in die Höhe zu treiben. Da mehrere Dokumente überliefert sind, in denen die Geschäftsleitung ihr vorsichtiges Vorgehen mit unsicheren Zukunftsaussichten begründete, ist davon auszugehen, dass die Geschäftsleiter das Grundproblem von Entscheidungen erkannt hatten, die angesichts einer unsicheren Zukunft getroffen werden müssen.

Die von der Geschäftsleitung verfolgte Praxis der Vergütungszulagen rief bei den Beschäftigten grundlegende Kritik an der Geschäftsleitung hervor, die von Zeit zu Zeit in offenen Auseinandersetzungen kulminierte. Die in der Nachkriegszeit von der Forschung beschriebene deutliche Entfremdung zwischen Arbeitern und Geschäftsleitung kann darauf zurückgeführt werden, dass die politisierten Arbeiter die Unternehmensführung der Geschäftsleitung verstärkt mit den Stiftungsstatuten abglichen und diese in der von politischen und ökonomischen Bedrohungen geprägten Nachkriegszeit nicht mehr als unumstößliche Sicherheiten wahrgenommen werden konnten.[694] Dass die Kritik der Beschäftigten nicht zu heftigen Streiks

693 Die Lebenshaltungskosten stiegen zwischen 1900 und 1913 um ein Drittel an, vgl. Wehler, Das deutsche Kaiserreich, S. 53.

694 Zudem nivellierten die Verbesserungen des Arbeitsrechts seit der Nachkriegszeit Teile der fortschrittlichen Errungenschaften der Carl-Zeiss-Stiftung, beispielsweise in Bezug auf Mitbestimmungsrechte und den Achtstundentag. Zu den veränderten industriellen Beziehungen ab 1916/17 siehe Plumpe, Werner: Industrielle Beziehungen, in: Ambrosius, Gerold/Petzina, Dietmar/Ders. (Hrsg.): Moderne Wirtschaftsgeschichte. Eine Einführung für Historiker und Ökonomen, 2. überarbeitete und erweiterte Auflage, München 2006, S. 391–426, hier: S. 400–402. Auch die Arbeiter nannten selbst Gründe für die ansteigende Kritik nach dem Ersten Weltkrieg, vgl. in dieser Arbeit, S. 128 f.

führte, mag daran gelegen haben, dass zum einen die allgemeine Lohnhöhe vergleichsweise hoch war und zum anderen mit großer Wahrscheinlichkeit von den „Stiftungsrechten" eine besondere, loyalitätsinduzierende und beschwichtigende Wirkung ausging. Einzelne Beschäftigte mag das nicht beeindruckt haben, sodass eine Fluktuation nicht völlig unterbunden werden konnte, in der Breite allerdings schienen sich die Beschäftigten darüber im Klaren gewesen zu sein, dass eine Durchsetzung ihrer Anliegen über das Instrument des Streiks nicht sinnvoll gewesen wäre – nicht zuletzt, da mit einer Kündigung im Streikfall der Verlust der „Stiftungsrechte" und die damit verbundenen Anwartschaften auf Pensionen einhergegangen wären.

Für das Scheitern des Systems des festen Lohns war zudem die Fehlkonzeption der Lohn- und Gehaltsnachzahlungen verantwortlich. Abbe hatte diese als Flexibilisierungsmittel vorgesehen, das je nach Jahresgewinn und der aus dem Jahresabschluss ersichtlichen Höhe des Lohnkontos zur Kompensation von zu hohen oder zu niedrigen Dotierungen herangezogen werden sollte. Wie sich herausstellte, war dieser Anspruch jedoch aus zwei Gründen nicht tragfähig: Zum einen erwies sich das Verhältnis zwischen Gewinn und Lohn- und Gehaltskonto nicht als aussagefähiger Indikator für die Höhe der Lohn- und Gehaltsnachzahlung, zum anderen bildete sich unabhängig von objektiven Bewertungskriterien bei den Arbeitern aufgrund der Zahlungshistorie eine Erwartungshaltung an die Höhe der Zahlungen heraus. An dieser mussten sich die künftigen Entscheidungen der Geschäftsleitung orientieren, um keinen Konflikt mit den Beschäftigten zu riskieren. Hier zeigte sich der öffentliche Charakter der von der Geschäftsleitung nicht umsonst als „Dividende" bezeichneten Lohn- und Gehaltsnachzahlung, der eine Wahrnehmung und Beurteilung über die Optische Werkstätte hinaus sicher war. Die Lohn- und Gehaltsnachzahlung führte daher zu hohen Kosten, ohne der Geschäftsleitung wesentlichen Nutzen zu bringen. Diese Kosten reihten sich in die Fixkosten für die „Stiftungsrechte" ein, die von Jahr zu Jahr durch Pensionszahlungen und besonders in Krisenzeiten durch die Abgangsentschädigungen wuchsen. Die hohen Zahlungen für Abgangsentschädigungen sind ein Beispiel für statutengemäßes Handeln der Geschäftsleitung, das dennoch nicht in Abbes Sinne war. So hatte dieser mit dem Anreiz der Abgangsentschädigung eigentlich größere Entlassungen verhindern wollen, aber dabei, wie beschrieben, nicht die Tragweite der wirtschaftlichen Krisen vor Augen, die die Nachkriegsjahre prägten. Auch Beamte der Stiftungsverwaltung analysierten in einigen Dokumenten die Bedeutung der hohen Fixkosten der „Stiftungsrechte" für die Geschäftsleitung. Aufgrund der vergleichsweise enormen Fixkosten und der zugleich bereits weitgehend ausgeschöpften Rationalisierungsmöglichkeiten erkannte die Geschäftsleitung im Wachstum des Unternehmens eine Möglichkeit, den steigenden Fixkosten einen höheren Unternehmensgewinn entgegenzustellen. Dieses Wachstum sollte extern erfolgen, wie im Kapitel „Investitionspolitik" dargelegt wird. Über das externe Wachstum konnte der einzigartige Wettbewerbsnachteil der „Stiftungsrechte" kompensiert und der Optischen Werkstätte die Möglichkeit zur Profitsteigerung gegeben werden, die auf den bestehenden Märkten aufgrund der im Vergleich zur Konkurrenz schlechten Kostenstruktur kaum gegeben zu sein schien.

Es ist bemerkenswert, wie sehr Abbe, die Geschäftsleitung und die Stiftungsorgane die verschiedenen Lohnformen unter dem Gesichtspunkt der Anreizmöglichkeit betrachteten. Dabei identifizierte Abbe schon früh das Akkordsystem als größtmöglichen Anreiz für Arbeiter. Eine Gewinnbeteiligung hingegen, die nicht einzelnen Leistungen zugerechnet werden konnte, schien die Arbeiter nicht ausreichend zu motivieren, wie die Geschäftsleitung 1914 konstatierte. Damit bestätigte sie Abbes Konzeption der Lohn- und Gehaltsnachzahlung, die ausdrücklich kein Anreizinstrument sein sollte. Mit dieser Erfahrung reihte sich die Optische Werkstätte in die Reihe anderer Unternehmen ein, die ihre Hoffnung auf die allgemeine Gewinnbeteiligung als Anreizinstrument rasch begruben. Die von Abbe als Anreizinstrument konzipierten Remunerationen zur Vergütung von besonderen Leistungen entfalteten demgegenüber ihre Wirkung durchaus und wurden von der Geschäftsleitung großzügig ausgezahlt. Der umfassende Anwendungsspielraum für Remunerationen wird angesichts der Entscheidungen der Geschäftsleitung deutlich, diese nicht nur als allgemeine jährliche Erfolgsboni für beinahe alle Gehaltsempfänger sowie als Belohnungszahlungen für ausgewählte Verbesserungsvorschläge zu verwenden, sondern ebenso zur Aufbesserung der Gehälter von wissenschaftlichen Mitarbeitern abseits der statutarisch fixierten Maximalhöhe. Die Remunerationen entwickelten sich daher über Abbes Konzept hinaus zu einem flexiblen Instrument der Geschäftsleitung, das aufgrund seiner vielen Einsatzmöglichkeiten vom Statut eingeschränkte Handlungsspielräume erweiterte.

7 Investitionspolitik

Für die Optische Werkstätte stellte sich die für ein Unternehmen einzigartige Frage, wie die erzielten Gewinne zwischen Unternehmen und Destinatären aufgeteilt werden sollen. Da die Gewinne nicht wie sonst üblich an die Unternehmenseigentümer ausgeschüttet werden mussten, konnten die bei der Optischen Werkstätte zur Verteilung stehenden Summen vergleichsweise hoch ausfallen. Grundsätzlich ist die vollständige oder teilweise Rückführung dieser Summen als Investition in ein Unternehmen Bedingung für dessen weitere Prosperität. In diesem Sinne priorisierte Abbe die Ausgaben für die Stiftungsbetriebe und legte unter Paragraph 1, A des Stiftungsstatuts als Stiftungszweck die „dauernde Fürsorge für die wirtschaftliche Sicherung der genannten Unternehmungen" fest. Erst nachdem der wirtschaftliche Bedarf der Betriebe nach Paragraph 1, A gedeckt worden und die Bestimmungen zum Reservefonds erfüllt waren, sollten nach Paragraph 1, B gemeinnützige Zwecke bedacht werden (§ 100).[696] Der Reservefonds versammelte – gesondert vom Betriebsvermögen der Stiftungsunternehmen und weiterem, zweckgebundenen Vermögen – das Kapital der Stiftung. Eine gewisse Höhe des Reservefonds sollte die Finanzierung bestimmter Zwecke der Stiftungsbetriebe und die Erfüllung der Stiftungszwecke sichern.[697]

Die Voraussetzungen für hohe Investitionen in die Stiftungsbetriebe waren daher durch die Priorisierung des Unternehmensbedarfs gegeben. Die Höhe der Investitionen wurde von Abbe nicht begrenzt, wenngleich die Entscheidungsbefugnisse ab einer gewissen Höhe der Unternehmensausgaben nicht mehr allein bei der Geschäftsleitung lagen. In diesen Fällen musste der Stiftungskommissar seine ausdrückliche Zustimmung geben (§ 16).[698]

Das Statut enthielt nur wenige Vorgaben zur Art der Investitionsvorhaben. Da Ernst Abbe die Gestaltung der Unternehmensführung grundsätzlich der Ge-

---

696 Paragraph 100 schrieb vor: „Die Überschüsse, welche der Carl Zeiss-Stiftung aus den Erträgnissen der Stiftungsbetriebe und des Reservefonds jeweils zu freier Verfügung verbleiben, nachdem die in § 1 dieses Statuts sub A angeführten Aufgaben der Stiftung vermöge statutengemäßer Leitung ihrer geschäftlichen Unternehmungen schon vollständige Erfüllung gefunden haben und nachdem zugleich durch Dotierung des Reservefonds gemäß den Vorschriften der §§ 45–50 die statutenmäßige Sicherung für fortgesetzte Erfüllung jener Aufgaben beschafft worden ist, sollen stets für die in § 1 sub B bezeichneten Zwecke der Stiftung Verwendung finden."

697 Die Bestimmungen zum Reservefonds werden als Teil der Finanzierungspolitik aufgefasst und finden sich daher im entsprechenden Kapitel.

698 Hierbei ging es um Kapitalanlagen für Betriebserweiterung u. ä., die eine bestimmte Höhe überstiegen. Entscheidungen darüber hingen daher von der „ausdrückliche[n] Zustimmung des Stiftungskommissars" ab (§ 16).

https://doi.org/10.1515/9783111053233-008

schäftsleitung überließ,[699] waren die meisten Investitionsarten als Teil unternehmerischer Aktion nicht inhaltlich geregelt.[700] Lediglich Titel III des Statuts – „Allgemeine Normen für die geschäftliche Tätigkeit der Stiftung" –, der die inhaltliche Arbeit der Geschäftsleitung näher bestimmte, befasst sich mit Investitionsobjekten. So finden sich Bestimmungen zu zwei unternehmerischen Bereichen, welche Ziel von Investitionen werden konnten: das externe Wachstum der beiden Stiftungsbetriebe (§§ 35–38) sowie der Bereich der Forschung und Entwicklung (§ 42). Beiden Bereichen widmet sich im Folgenden jeweils ein Unterkapitel, wobei der erste Bereich aufgrund der Intensität der Expansionstätigkeit seit 1905 den weitaus größeren Raum einnimmt. Der Umfang und die Bearbeitungstiefe sind zudem darauf zurückzuführen, dass sich auf diesem Investitionsfeld ein wesentliches Element der Unternehmensstrategie herausbildete, welches anfänglich zu Konflikten zwischen Stiftungsverwaltung und Geschäftsleitung führte.

Dass mit diesen beiden Beispielen Entscheidungen über Finanzinvestitionen und immaterielle Investitionen behandelt werden, materielle Investitionen aber ausgespart bleiben, geht auf die Anlage des Statuts zurück.[701] Vermutlich hatte Abbe materielle Investitionen in betriebliche Erweiterungen dem „gewöhnlichen Geschäftsgang" zugeordnet (vgl. § 14), deren Modalitäten das Stiftungsstatut nicht regelte. Gleichwohl hatte Abbe in den von ihm formulierten Wünschen und Anträgen zu seinem 1891 geschlossenen Abtretungsvertrag als explizite Forderung an die Stiftung formuliert, die Erträge aus den beiden Unternehmen jederzeit für notwendige bauliche Erweiterungen auszugeben.[702] Diese Forderung ging in das Statut ein, indem dieses innerhalb des Reservefonds einen Erneuerungs- und Betriebserweiterungs-Fonds „in Höhe von einem Drittel des jeweiligen Buchwertes aller der Abnutzung unterliegenden Betriebsmittel" vorsah (§ 45). Wachstum sollte so durch vorausschauende Planung ermöglicht werden und nicht durch nachträgliche Betriebserweiterungen.[703] In diesen Zusammenhang fiel auch Abbes Wunsch an die Stiftung, den dafür notwendigen Grundstücks- und Immobilienerwerb vorausschauend zu tätigen.

---

699 Siehe hierzu in dieser Arbeit das Kapitel „Die Corporate Governance".

700 Der Begriff „Investition" war im 19. Jahrhundert durchaus gebräuchlich, von Abbe aber im Statut nicht verwendet worden. Vgl. ohne Autor: „Investieren", in: Dudenredaktion (Hrsg.): Duden – Das Herkunftswörterbuch. Etymologie der deutschen Sprache, Berlin 2020, S. 397.

701 Immaterielle Investitionen meinen Investitionen in immaterielle Wirtschaftsgüter wie Patente, Lizenzen oder Markennamen. Mit materiellen Investitionen sind Sachinvestitionen gemeint, die auf Material, Maschinen, Anlagen oder Gebäude zielen. Vgl. Becker, Hans P.: Investition und Finanzierung. Grundlagen der betrieblichen Finanzwirtschaft, 4. Auflage, Wiesbaden 2010, S. 37.

702 Abbe, Wünsche und Anträge, S. 226.

703 Ebd.

7.1 Die Paragraphen 35 – 38: Externes Wachstum

Die rasche und intensive Ausdehnung der Optischen Werkstätte zum Zeiss-Konzern wird in der Literatur vor allem mit der Zeit nach dem Ersten Weltkrieg verknüpft. Begründungen für die expansiven Tätigkeiten der Geschäftsleitung wurden demgemäß häufig an den historischen Bedingungen festgemacht. Die hohen Kriegs- und Inflationsgewinne wurden dabei als ursächlich für die Entwicklung zum Konzern interpretiert.[704] Mehr als ein Jahrzehnt zuvor jedoch hatte die Geschäftsleitung bereits mit Verhandlungen zu Unternehmenskäufen und -beteiligungen begonnen, wenngleich diese zunächst nicht zu erfolgreichen Abschlüssen geführt hatten. Die Verhandlungen fielen mit institutionellen Veränderungen zusammen, die der Geschäftsleitung einen größeren Spielraum für ihre Expansionsstrategien verschafften. Diese Veränderungen der Rahmenbedingungen einschließlich der ersten Schritte der Geschäftsleitung in Richtung von Unternehmensbeteiligungen in den Jahren 1905 und 1906 beleuchtet das erste Unterkapitel.

Dass in dem kurzen Zeitraum zwischen 1905 und 1906 noch keine Modelllösungen für künftige Expansionen gefunden werden konnten, ist nicht weiter überraschend, zumal das Stiftungsstatut hinsichtlich der Kompetenzverteilung und buchhalterischen Erfassung der Expansionsvorhaben einen großen Interpretationsspielraum ließ. Dies führte zu Konflikten zwischen Geschäftsleitung, Stiftungskommissar und Stiftungsverwaltung in der zweiten Expansionsphase, die zudem durch die kapitalintensive, innerbetriebliche Erweiterung der Optischen Werkstätte gekennzeichnet war. Das zweite Unterkapitel zeigt den konfliktreichen Aushandlungsprozess von Geschäftsleitung und Stiftungsverwaltung in Hinblick auf ein statutengemäßes Verhalten bei Unternehmenskäufen und -übernahmen und rekonstruiert die ersten erfolgreichen Beteiligungen der Geschäftsleitung. Der Erste Weltkrieg unterbrach den Konflikt zwischen Stiftungsverwaltung und Geschäftsleitung, unterband allerdings nicht die Expansionstätigkeiten. In der Nachkriegszeit mit ihren veränderten wirtschaftlichen Bedingungen profitierte die Geschäftsleitung von den in den vorherigen zwei Expansionsphasen gemachten Erfahrungen und dem Aushandlungsprozess bezüglich der institutionellen Bedingungen. Das dritte Unterkapitel „Die Jahre 1919 – 1933“ zeigt, wie sich innerhalb weniger Jahre die Aktivitäten der Geschäftsleitung der Optischen Werkstätte in Bezug auf Unterneh-

704 Das der sozialistischen Geschichtsschreibung zuzuordnende Werk von Schumann betont vor allem kapitalistische Machtmotive für das externe Wachstum. Vgl. Schumann, Carl Zeiss Jena, S. 297. Vgl. ebenso Wörfel, Erhard: Die Arbeiterregierung in Thüringen im Jahre 1923, Erfurt 1974, S. 30. Auch wenn eine gewisse Machtorientierung der Geschäftsleitung im Sinne der Vergrößerung unternehmerischer Chancen als Motiv für eine Expansion grundsätzlich nicht von der Hand zu weisen ist, sind die einzelnen Gründe vielschichtiger, wie sich in diesem Kapitel zeigen lässt.

menskäufe und -kooperationen intensivierten, sodass man zum Ende des Betrachtungszeitraums von einem Stiftungs-„Konzern“ sprechen kann. Die Rekonstruktion bleibt an dieser Stelle hinsichtlich der Vielzahl der Aktivitäten seitens der Geschäftsleitung exemplarisch. Vor allem soll es darum gehen, mit Blick auf die Fragestellung dieser Arbeit zu klären, inwiefern die beiden ersten Expansionsphasen von 1905 und 1906 bzw. von 1906 bis 1919 die Grundlagen für die dritte Phase zwischen 1919 und 1933 legten.

7.1.1 Die Jahre 1905 – 1906: Statutenänderung und strategische Weichenstellungen

7.1.1.1 Statutarische Grundlagen

Investitionen in das Unternehmen waren grundsätzlich Sache der Geschäftsleitungen und fielen unter die allgemein zugewiesene Kompetenz „gesamte innere Betriebsleitung“ (§ 8). Der Stiftungskommissar war einzuschalten bzw. dessen Zustimmung einzuholen, wenn Entscheidungen ungewöhnlicher Art getroffen wurden (§ 14) oder über Kapitalaufwendungen entschieden wurde, welche eine gewisse Höhe überstiegen (§ 16). Da die ersten Entscheidungen über geplante Beteiligungen in der Tat als ungewöhnlich anzusehen sind, war der Stiftungskommissar einzubeziehen (§ 14). Ausdrückliche Zustimmung durch den Stiftungskommissar erforderten zudem „Kapitalaufwendungen für neue geschäftliche Unternehmungen“ in einer bestimmten Höhe, die sich nach dem Reservefonds richtete (§ 16).[705] Der Fall einer Unternehmensexpansion durch Beteiligungen oder Unternehmenskäufe war im Stiftungsstatut unter Titel II vorgesehen, aber durch einige Bestimmungen eingeschränkt. Zum einen sollte die „gewerbliche Tätigkeit der Carl Zeiß-Stiftung“ auf „dasjenige Arbeitsgebiet beschränkt“ bleiben, dem die Optische Werkstätte und das Glaswerk angehörten (§ 35). Gewerbliche Aktionen aller Art mussten demnach die Voraussetzung erfüllen, die „engere Verbindung zwischen Technik und Wissenschaft“ in den Stiftungsbetrieben aufrechtzuerhalten, und dies sowohl hinsichtlich des „Gebrauchszweck[s] der Erzeugnisse“ als auch der „Herstellungsbedingun-

705 So waren Kapitalaufwendungen genehmigungsbedürftig, die innerhalb eines Geschäftsjahres die Hälfte des Anteils am „Erneuerungs- und Betriebserweiterungskonto“ im Reservefonds der Stiftung zu Beginn des betreffenden Geschäftsjahres überstiegen sowie auf das Unkostenkonto gebuchte Aufwendungen innerhalb eines Geschäftsjahres für genannte Zwecke in Höhe von mehr als einem Zehntel des Anteils der Firma am „allgemeinen Rücklagekonto“ in diesem Reservefonds. Die Bestimmung galt unabhängig davon, ob das Kapital aus dem Reservefonds entnommen wurde oder nicht (§ 16).

gen".[706] Die charakteristische Prägung von Zeiss und Schott als wissensbasierte Unternehmen sollte demnach unbedingt erhalten werden, um die Geschäftsgrundlage der gesamten Stiftungskonstruktion nicht aufzuweichen. Abbe sah in der Erweiterung der Stiftungsbetriebe offenbar Chancen, die er höher gewichtete als die mit ihnen verbundenen Risiken. So stünden den Gefahren des externen Wachstums, die den Unternehmen durch die zunehmende „Erschwerung der Übersicht und der Einheitlichkeit der Geschäftsaktion" drohe, positive Effekte gegenüber: Durch die „Verbreiterung der Grundlagen der hiesigen Unternehmungen durch Ausdehnung ihres Arbeitsfeldes" werde die Stabilität der Unternehmen sichergestellt – ein unternehmensstrategisches Vorgehen, das laut Abbe von diesem selbst und seinen Geschäftsleiterkollegen seit den 1890er Jahren praktiziert worden sei.[707]

Innerhalb der vom Statut festgelegten Einschränkungen bezüglich der Beteiligungen stand es dem „gesunden Unternehmungsgeist" der Geschäftsleitung offen (§ 36), sich sowohl unternehmensintern wie -extern zu entfalten: Die Unternehmen sollten jederzeit durch neue „Betriebszweige" und den Ausbau des internationalen Handelsnetzes mittels Filialen und Niederlassungen erweitert werden können und zudem Unternehmensneugründungen oder Unternehmenskäufe möglich sein. Bedingung für diese Expansionsschritte war die „Sicherung des Bestehenden". Neugegründete oder übernommene Unternehmen sollten nach fünf Jahren als unveräußerliche Betriebe der Stiftung gelten, zu denen selbstverständlich auch Schott und Zeiss gehörten (§ 37).[708] Auch für Beteiligungen der Stiftung an Unternehmen, also für den Fall der Stiftung als Gesellschafterin bei schon bestehenden Gesellschaften, hatte das Statut Regelungen parat: Diese Gesellschaftsverhältnisse sollten rechtlich so gestaltet sein, dass die Stiftung bei Ausscheiden des oder der ursprünglichen „Sozius" aus der Unternehmensleitung zur alleinigen „Vertretung und Verwaltung" berechtigt sei (§ 38).[709] Zusammenfassend fällt auf, dass Unternehmenskäufe bzw. Unternehmenskooperationen statutarisch vergleichsweise wenig reguliert waren. Dies lässt sich auch auf den Charakter des Statuts als Vertragstext zurückzuführen. Nicht jede unternehmerische Aktion war durch eine spezifische Kompetenzbestimmung geregelt. In Fällen, die eine solche Lücke im Statut betrafen, griff die durch die Paragraphen 8–16 geregelte allgemeine Kompetenzbestimmung. Wichtige Fragen, beispielsweise, ob die Stiftungsbetriebe oder die Stiftung als

706 Abbe, Motive und Erläuterungen zu §§ 35, 36, S. 341.

707 Ebd.

708 Eine Lösung dieser Unternehmen von der Stiftung war nur für Fälle vorgesehen, in denen deren Weiterbetrieb zur Gefährdung der jeweils anderen Stiftungsbetriebe hätte führen können. Dann sollten diese Unternehmen liquidiert werden (§ 37).

709 Mit „Sozius" ist hier das Mitglied einer Handelsgesellschaft gemeint, siehe „Sozius", in: Meyers Großes Konversations-Lexikon, Bd. 18. Leipzig 1909, S. 643.

Käufer oder als Beteiligte auftreten sollten, wurden in den Statuten nicht explizit beantwortet, was in den folgenden Jahren zu Konflikten zwischen Stiftungsverwaltung, Stiftungskommissar und Geschäftsleitung führen sollte.

Eine Aufweichung der statutarischen Vorgaben wurde 1905/1906 durch die Revision des Stiftungsstatuts erreicht. So durften bis zu diesem Zeitpunkt nur Unternehmen aus derselben Branche aufgekauft werden. Durch einen neuen, zu Paragraph 35 hinzugefügten Absatz wurden nun auch Beteiligungen bei Unternehmen für legitim erklärt, die außerhalb des bisherigen Arbeitsgebietes, der optischen und feinmechanischen Industrie sowie der Glastechnik, lagen. Bedingung hierfür war die Erweiterung der Fertigungstiefe mittels solch einer Beteiligung. Die betreffenden Unternehmen mussten den Herstellungsprozess der Stiftungsbetriebe vor- oder nachgelagert ergänzen, also Rohmaterialien oder Halbfabrikate produzieren oder den Vertrieb der Produkte der Stiftungsbetriebe übernehmen. In diesen Gesellschaftsverhältnissen sollte die Stiftung keine unternehmerischen Aktivitäten außerhalb des Unternehmens vollziehen dürfen und nicht an der aktiven Leitung beteiligt sein. Zudem sollte das finanzielle Risiko „auf einen bestimmten Betrag“, der nicht näher festgelegt war, beschränkt bleiben. Interessanterweise interpretierte Kurt Pätzold die sprachliche Gestaltung dieses Einschubs als bewusste Machtdemonstration der Geschäftsleitung, die die Stiftungsverwaltung aus Unternehmungen dieser Art ausschließen und sich selbst die aktive Leitung sichern wolle.[710] Es ist aber eindeutig, dass sich der Ausschluss der „Stiftung“ auf alle Organe der Stiftung bezog, also grundsätzlich eine Partizipation an der Leitung von Unternehmen ausgeschlossen wurde, an denen die Stiftung zwar beteiligt war, aber die nicht zu ihrem Fachgebiet gehörten.[711] In diesem Sinne legten die Mitglieder der zur Statutenrevision eingesetzten Redaktionskommission fest, dass die Bestimmung in Paragraph 38, derzufolge die Unternehmenskontrolle bei einer Veränderung der Gesellschaftskonstellation durch die Stiftung ausgeübt werden solle, nicht für die eben erwähnten, der Wertschöpfungskette vor- oder nachgelagerten Unternehmen gelte.

---

710 Vgl. Schumann, Carl Zeiss Jena, S. 167.

711 Dieser Schluss lässt sich aus dem Wortlaut der anderen Paragraphen in Bezug auf Unternehmenskäufe und -übernahmen ableiten. Dort wird „Stiftung“ als Bezeichnung für alle Stiftungsorgane verwendet, siehe zum Beispiel § 38. Der Ausschluss von der Unternehmensführung eines nicht zu den Arbeitsgebieten der optischen Werkstätte und des Glaswerks gehörenden Unternehmens lässt sich aus der Sichtweise der Geschäftsleitung ableiten, unternehmerische Aktivitäten auf das Arbeitsfeld zu konzentrieren, auf dem man Experte sei. So äußerte Kotthaus im Februar 1932 in Bezug auf weitere Expansionsmöglichkeiten, dass man auf dem eigenen Arbeitsgebiet bleiben solle, wo man „Fachmann“ und „Erfolg keine Spekulation“ sei. CZA, BACZ 22272.

Diese Änderung des Statuts entsprach nicht Abbes Ansinnen, dessen Fokus stets auf der Unterordnung der Unternehmens- und Stiftungsziele unter den Stiftungszweck der „Pflege der Zweige feintechnischer Industrie“ (§ 1, A) gelegen hatte. Die Erweiterung des Handlungsspielraums durch vertikale Integration ging hingegen von Otto Schott aus. Von ihm stammte die Anregung für diese Statutenänderung,[712] und er war es auch, der sie entgegen anfänglicher Bedenken seitens Czapskis innerhalb der Geschäftsleitung durchsetzte,[713] zugleich erste Verhandlungen mit Rohstofflieferanten aufnahm, und kurze Zeit darauf die Beteiligung seines Unternehmens an der Gründung einer Papierfabrik veranlasste.[714] Für die Optische Werkstätte waren Schotts Unternehmungen dieser Art von Belang. Da die Stiftung das Vorhaben mitfinanzierte, waren dem Finanzierungskreislauf der Stiftung finanzielle Mittel entzogen worden.[715] Diese Mittel standen in der Folge nicht für eigene Investitionen der Optischen Werkstätte zur Verfügung ebenso wie sie die Stiftung nicht für gemeinnützige Zwecke verwenden konnte.[716] Dem Zusammenhang zwischen den Investitionen von Optischer Werkstätte und Glaswerk entsprach die statutarische Bestimmung, dass Entscheidungen die Errichtung von selbständig zu führenden Unternehmen betreffend nicht gegen das einstimmige Veto der Geschäftsleitung des jeweils anderen Stiftungsbetriebes gefällt werden konnten (§ 36).

---

712 Protokoll der Stiftungssitzung, Nr. 189, 6.5.1905, in: CZA, BACZ 23018.

713 Protokoll der Stiftungssitzung, Nr. 190, 3.6.1905, in: CZA, BACZ 23018.

714 Nur wenige Monate später, Ende des Jahres 1905, verhandelte Otto Schott mit der Firma Hirsch in Gera über eine Beteiligung Schotts an einer Kohlengrube. Protokoll der Stiftungssitzung, Nr. 200, 22.12.1905, in: CZA, BACZ 23018. Zu Beginn des Jahres 1906 ließ er sich in der Stiftungssitzung von der Zeiss-Geschäftsleitung und dem Stiftungskommissar eine Beteiligung des Glaswerks an der Papierfabrik des Wilhelm Müller-Ceswig in Tannroda genehmigen, die Schott Strohpapier als Verpackungsmaterial liefern sollte. Protokoll der Stiftungssitzung, Nr. 202, 5.2.1906, in: CZA, BACZ 23018. Zum weiteren Verlauf Protokoll der Stiftungssitzung: Nr. 206, 27.4.1906, in: CZA, BACZ 23019. Im selben Jahr unternahm Schott Schritte zur Beteiligung an der Kohlenproduktion im Meuselwitzer Revier. Protokoll der Stiftungssitzung, Nr. 216, 7.11.1906, in: CZA, St 218. Bis 1933 finden sich in den Quellen weitere von Schott initiierte Unternehmensbeteiligungen, z. B. an der Dellarosa-AG mit 200.000 Mark zur Sicherung des Borkalkbedarfs. Protokoll der Stiftungssitzung, Nr. 269, 1.5.1909, in: CZA, St 218; zudem im Jahr 1912 die Verhandlungen im damaligen Konstantinopel wegen einer Boracit-Konzession. Protokoll der Stiftungssitzung, Nr. 319, 13.4.1912, in: CZA, BACZ 1484. Boracit war zur Herstellung des vom Glaswerk produzierten Borosilikatglas erforderlich.

715 Protokoll der Stiftungssitzung, Nr. 210, 3.7.1906, in: CZA, St 218.

716 Zudem gelangten die für Investitionen verwendeten Erträge von Schott nicht in den Finanzierungskreislauf der Stiftung, aus dem sie in die Optische Werkstätte hätten abgeführt werden können. Siehe hierzu in dieser Arbeit das Kapitel „Finanzierungsmöglichkeiten der Beteiligungen“.

7.1.1.2 Das geodätische Arbeitsfeld

Interessanterweise fielen die ersten Verhandlungen in Bezug auf das externe Wachstum der beiden Stiftungsbetriebe gerade in die Zeit kurz nach Ernst Abbes Tod. Die ersten Schritte der Optischen Werkstätte entsprangen wohl zum einen einer Mischung aus expansionsstrategischen Überlegungen der Geschäftsleitung und zum anderen einer Anfrage der in Finanznöte geratenen Fabrik für geodätische Instrumente Ludwig Tesdorpf in Stuttgart, mit der die Optische Werkstätte Verhandlungen aufnahm.

Im Frühjahr 1905 wandten sich der Eigentümer Ludwig Tesdorpf sowie seine Teilhaber mit dem Wunsch „nach Anschluss an die Stiftung“ an die Optische Werkstätte. Ludwig Tesdorpf und die Herren der Geschäftsleitung Zeiss‘ waren einander persönlich bekannt, da Tesdorpf zu Anfang der 1870er Jahre seine Lehre in der Optischen Werkstätte gemacht hatte und in Gremien von Vereinen und Verbänden wirkte, in denen auch Vertreter von Zeiss aktiv waren.[717] Die Geschäftsleitung der Optischen Werkstätte war der Anfrage des Stuttgarter Unternehmens gegenüber grundsätzlich positiv eingestellt, weil sie zur selben Zeit – ungewiss, ob durch die Anfrage Tesdorpfs angeregt oder aufgrund eigener Vorstellungen – nach Möglichkeiten suchte, die Chancen des geodätischen Instrumentenbaus für ihr Unternehmen nutzbar zu machen. Die Entscheidung der Geschäftsleitung wurde stark durch deren negative Einschätzung der Tele-Abteilung beeinflusst, zumal auch die Abteilungen Mikro und Photo noch „intensivste Arbeit erforderten“.[718] Diese Beobachtungen der Geschäftsleitung fielen mit jüngst gemachten Erfahrungen zusammen. So war das Wachstum zum ersten Mal in der jüngeren Unternehmensgeschichte von 3.629.337 Mark im Jahr 1902 auf 3.575.112 Mark im Jahr 1903 zurückgegangen, andererseits wuchs die Erkenntnis, dass einem Umsatzwachstum nicht notwendigerweise eine proportionale Gewinnentwicklung gegenüberstehen musste. Diese neuen Zusammenhänge offenbarten sich 1903, als die vorherige Erfolgsperiode zu einem vorläufigen Ende gelangte. So war der Gewinn im Vergleich zum Vorjahr verringert und machte nur noch neun Prozent des Umsatzes aus, im Vergleich zur Umsatzrendite der letzten drei Jahre von 15, 20 und 21 Prozent ein enttäuschendes Ergebnis. 1904 gelang zwar wieder eine Umsatzsteigerung von 3.575.112 Mark auf 3.880.531 Mark, die Umsatzrendite war aber nur unwesentlich auf zehn Prozent gestiegen.[719] Dies blieb vom Chef der Stiftungsverwaltung, Carl Rothe, nicht unbemerkt. Er wies auf den engen Zusammenhang zwischen der Performance der Geschäftsleitung und der Erfüllung der gemeinnützigen Stiftungszwecke hin. Rothes

717 Tesdorpf und Vertreter von Zeiss waren gemeinsam im Vorstand der Fraunhofer-Stiftung, vgl. „Der 16. Deutsche Mechanikertag“, in: Deutsche Mechanikerzeitung, Heft 16, 15.8.1905.

718 Protokoll der Stiftungssitzung, Nr. 187, 31.3.1905, in: CZA, BACZ 23016.

719 Umsätze und Gewinne 1900 – 1908, aus: CZA, BACZ 23023.

Anmerkungen in diesem Zusammenhang sind ein bemerkenswertes Zeugnis für die enge und detaillierte Aufsicht der Stiftungsverwaltung über die Geschäftsleitung. So wertete Rothe im Juni 1904 den Halbjahresabschluss der Optischen Werkstätte für den Zeitraum vom 1. Oktober 1903 bis 1. April 1904 aus. Für die erste Hälfte dieses Geschäftsjahres 1903/04 hatte die Optische Werkstätte trotz gestiegener Produktivität lediglich einen Bruttogewinn von rund 110.000 Mark zuzüglich rund 38.000 Mark an Lizenz- und Bonifikationseinnahmen erwirtschaftet. Rothe rechnete nach Abzug der Abschreibungen mit einem Verlust von rund 36.000 Mark. Vor dem Hintergrund zu erwartender Gehaltserhöhungen der Beamten, der Erhöhung der Pensionszahlungen, dem Beginn der Rückzahlung der Obligationsscheine von drei Millionen Mark sowie einer „immer fühlbarer" werdenden Konkurrenz innerhalb der optischen Industrie sei es unabdingbar, erstens Gewinn und Umsatz der Optischen Werkstätte zu steigern und zweitens die Kosten zu senken. Vorschläge Rothes dazu bezogen sich vor allem auf die Reduzierung des Hilfs- und Aufsichtspersonals der Werkstätten, was mehr als zehn Prozent einsparen würde. Carl Rothe wies die Geschäftsleitung an, die betreffenden Zahlen zu prüfen und geeignete Entscheidungen zu treffen.[720] Dennoch sollte der Stiftungskommissar einen „detaillierteren Einblick" in die „Unkosten" erhalten. Ausgaben von Zeiss sollten im Sinne des Stiftungsstatuts einer kritischen Prüfung unterzogen werden. Weitere Empfehlungen zur Senkung der Betriebskosten bezogen sich auf die Herabsetzung unproduktiver Löhne, die Regulierung der Abgangsentschädigungen auf ein angemessenes Maß und den wirkungsvollen Einsatz von Werbung, dem die Konkurrenzunternehmen laut Rothe unter anderem ihren Erfolg zu verdanken hatten. Rothe zeigte bei seiner Betriebsrevision ein erstaunliches Maß an Fachkenntnis in Bezug auf die Organisation des Unternehmens, die vermutlich unter anderem auf seine Zeit als Stiftungskommissar in den Jahren von 1891 bis 1899 zurückging.[721] Seine Ermahnungen trugen auch moralische Züge. So trat er der im Betrieb verbreiteten Vorstellung entgegen, die Mittel der Carl-Zeiss-Stiftung und ihrer Betriebe seien unendlich.

---

720 Departement des Kultus an Geschäftsleitung Zeiss, 14.6.1904, in: CZA, BACZ 9203. Die Geschäftsleitung selbst zeigte sich ratlos über den ungünstigen Abschluss des Geschäftsjahres 1902/1903. Als Gegenmaßnahmen wurden vor allem die Steigerung des Umsatzes, dann die „Verbesserung der Fabrikationsbedingungen" und schließlich die Senkung der allgemeinen Unkosten vorgeschlagen. Auch der Stiftungskommissar sollte in der Rabattfrage, also bei der Einbeziehung des Zwischenhandels, tätig werden. Protokoll der Stiftungssitzung, 27.2.1904, in: CZA, BACZ 23014.

721 Auch Max Fischer drückte gegenüber Carl Rothe seine Achtung diesbezüglich aus: „Wie mein großer väterlicher Freund Abbe bin aber auch ich von Bewunderung und Dankbarkeit erfüllt für die geniale, befruchtende und weithinschauende juristische und kaufmännische Wirksamkeit, die Ew. Excellenz seit Ihrer Anregung zur Gründung der Carl Zeiß-Stiftung entfaltet haben." Max Fischer an Carl Rothe, zit. nach Stier, Friedrich: Biographie von M. Fischer, Februar 1956, in: CZA, BACZ 15041, S. 17.

Rothe zufolge solle die Geschäftsleitung eine entgegengesetzte Haltung demonstrieren, indem sie vermeidbare Kosten wie solche für die Verschönerung der Geschäftsräume spare. Auch die Arbeit der Stiftungsverwaltung folge schließlich der Prämisse der Wirtschaftlichkeit, wie sich beispielsweise an der Führung des Volkshauses zeige, so Rothe.[722] Bereits hier zeichnete sich ab, dass zu dieser Zeit die Geschäftsleitung in ihrer Unternehmensführung engmaschig kontrolliert wurde und – wie durch Rothe verdeutlicht – ihre Ergebnisse nicht nur für die Unternehmensentwicklung, sondern ebenso für die Ausschüttung von Geldern für gemeinnützige Zwecke im Sinne des Paragraphen 1, B Bedeutung hatten.

Rothes Ermahnungen erhöhten den Druck auf die Geschäftsleitung, über eine angemessene Umsatzrendite genügend Erträge zu erzielen, um die Kosten von Unternehmen *und* Stiftung, darunter auch Pensionszahlungen, Abgangsentschädigungen sowie die Erfüllung gemeinnütziger Zwecke, tragen zu können. Dies sollte nicht nur durch die Aufdeckung von Sparpotentialen erreicht werden. Rothe hatte explizit die Erhöhung von Umsatz und Gewinn gefordert. Die ersten Verhandlungen zu möglichen Beteiligungen im Sinne der Weiterentwicklung der Stiftungsbetriebe sind daher durchaus vor diesem Hintergrund zu sehen. Auf die durch Abbe etablierte Strategie der horizontalen Diversifikation zurückzugreifen, lag dabei ebenso nahe, wie das Arbeitsfeld der Geodäsie in den Blick zu nehmen. Zur Entwicklung und Herstellung von geodätischen Instrumenten, also Instrumenten, mit denen räumliche Verhältnisse wie Oberflächen der Erde bestimmt werden konnten, waren in der Optischen Werkstätte bereits Grundlagen gelegt worden: Sowohl die Mess-Abteilung als auch einige Bereiche der Optik bereiteten den Boden für die Entwicklung und Produktion von geodätischen Instrumenten. Durch eine Unternehmensbeteiligung an einem hinsichtlich der Qualität der Instrumente etablierten Unternehmen wäre ein Wissenstransfer sichergestellt, ohne dass die Werkstätte selbst viel in Forschung hätte investieren müssen. Die Geschäftsleitung rechnete bei Aufnahme der geodätischen Instrumente mit einem „lukrativen und ziemlich ständigen Absatz".[723]

Für eine Beteiligung legte die Geschäftsleitung der Optischen Werkstätte die stille Teilhaberschaft „mit weitgehendem Einfluss auf Leitung und Fabrikation" als Prämisse fest.[724] Der zu verfassende Gesellschaftsvertrag enthielt bereits Elemente der künftig wiederholt angewendeten Beteiligungsstrategie der Zeiss-Geschäftsleitung: So sollten Buchführung, Revision, Produktionsprozess, Arbeitsmethoden und der Arbeitsprozess, sprich die Arbeitsteilung sowie die Wahl der Werkzeuge nach

722 Departement des Kultus an Geschäftsleitung Zeiss, 14.6.1904, in: CZA, BACZ 9203.
723 Paul Fischer an „Herr Dr.", vermutlich Siegfried Czapski, in: CZA, BACZ 14560.
724 Protokoll der Stiftungssitzung, Nr. 186, 10.3.1905, in: CZA, BACZ 23016.

Vorgaben der Optischen Werkstätte gestaltet werden. Inventur und Bilanz sollten vollständig in den Händen von eigens dazu entsandten Zeiss-Mitarbeitern liegen. In das Gesellschaftsverhältnis sollte nicht die Stiftung, sondern die Firma Zeiss eintreten – eine Differenzierung, die bei späteren Beteiligungen noch wichtig werden sollte.[725] Zum Bedenkenträger in dieser Sache geriet Otto Schott. Er sprach sich gegen eine Dezentralisierung der Optischen Werkstätte aus, da zunächst die bereits bestehenden, darunter zwei besonders hervorzuhebende Abteilungen der Konsolidierung bedürften.[726] Mit hoher Wahrscheinlichkeit bezog sich Schott hier auf die Abteilungen „Mess" und „Astro", deren Abschlüsse nicht mit denen der anderen Abteilungen konkurrieren konnten.[727] Die Argumentation Otto Schotts jedenfalls blieb bei den anderen Geschäftsleitern nicht ungehört, sodass Verhandlungen mit Tesdorpf zwar angestrebt wurden, „aber über [ein, J.S.] Freundschaftsverhältnis" hinaus keine langfristigen Verbindungen eingegangen werden sollten.[728] Die Warnungen von Schott richteten sich auch auf die Pläne der Geschäftsleitung in Bezug auf Carl Bambergs Werkstätten für Präzisions-Mechanik und Optik[729] und der Werkstatt von Max Hildebrand in Freiberg, Sachsen[730], bei denen die Geschäftsleitung parallel zu den Gesprächen mit Tesdorpf an Einfluss in Form einer Teilhaberschaft gewinnen wollte.[731] Beide Werkstätten waren für die Qualität ihrer geodätischen Instrumente bekannt, besonders attraktiv waren für die Optische Werkstätte zudem Bambergs gute Geschäftsbeziehungen zum Militär.

Schließlich blieben die Expansionsvorhaben der Geschäftsleiter in allen drei Fällen nur Theorie. Das resultierte nicht nur aus Schotts Argumenten, sondern lässt sich auch auf die geschäftliche Lage der betreffenden Werkstätten zurückführen. Für Bamberg und Tesdorpf zumindest lässt sich dies gut aus den Quellen rekon-

725 Siegfried Czapski an Geschäftsleitung Zeiss, 13.3.1905, in: CZA, BACZ 14560.

726 Protokoll der Stiftungssitzung, Nr. 187, 31.3.1905, in: CZA, BACZ 23016.

727 Während in den Abteilungen „Mikro" und „Tele" im Geschäftsjahr 1903/04 Umsätze über eine Million erzielt wurden („Tele": rund 2 Millionen), hatten „Mess" und „Astro" gerade erst die 100.000 Mark-Grenze überstiegen. Vgl. Mühlfriedel/Hellmuth, Zeiss 1846–1905, S. 328 f., Tabelle 14: Der Umsatz der Abteilungen der Optischen Werkstätte in den Geschäftsjahren 1890/91 bis 1904/05 (in Mark).

728 Protokoll der Stiftungssitzung, Nr. 187, 31.3.1905, in: CZA, BACZ 23016.

729 Carl Bamberg, der 1892 verstorbene Gründer des Unternehmens, war wie Tesdorpf Lehrling bei der Optischen Werkstätte gewesen. Siegfried Czapski arbeitete vor seinem Eintritt bei Zeiss bei Carl Bamberg. Vgl. Czerny, Marianus: „Bamberg, Johann Karl Wilhelm Anton", in: Neue Deutsche Biographie (NDB), Bd. 1, Berlin 1953, S. 571 f.

730 Hildebrand war für seine erfindungsreichen geodätischen und astronomischen Instrumente bekannt. Vgl. Fischer, Walther: „Hildebrand, Max", in: Neue Deutsche Biographie (NDB), Bd. 9, Berlin 1972, S. 123–124.

731 Protokoll der Stiftungssitzung, Nr. 186, 10.3.1905, in: CZA, BACZ 23016; Protokoll der Stiftungssitzung, Nr. 187, 31.3.1905, in: CZA, BACZ 23016; Siegfried Czapski an Geschäftsleitung, 13.3.1905, in: CZA, BACZ 14560.

struieren: Fischer und Czapski, die bei Tesdorpf in Stuttgart sowie bei Bamberg in Berlin waren, hielten beide Unternehmen für unrentabel geführt – ein Umstand, der unter der Führung der Optischen Werkstätte hätte geändert werden sollen.[732] Die Führung des Tesdorpf'schen Unternehmens allerdings offenbarte sich letztlich als so miserabel, dass laut Fischer und Czapski lediglich die Liquidation bleibe. Eine Idee von Rudolf Straubel und Max Fischer zielte daher darauf, nach einer möglichen Liquidation von Tesdorpf dessen Produktionseinrichtungen und Know-How zu übernehmen und die Produktion in Jena, getrennt von der Optischen Werkstätte unter Leitung von Ludwig Tesdorpf weiterzuführen.[733] Schließlich wollte die Geschäftsleitung aber nicht in eine Leitungskonstellation eintreten, mit der sie schon einmal schlechte Erfahrungen gemacht hatte: mit Paul Rudolph, der die photographische Abteilung geführt hatte. Besonderes Gewicht hatte zudem der Einwand des Stiftungskommissars Vollert, der die Anstellung von Ludwig Tesdorpf durch die Optische Werkstätte für „bedenklich" hielt.[734] Letztlich wurden weitere Überlegungen in diese Richtung durch den unerwarteten Tod von Tesdorpf nicht weiterverfolgt.

Im Fall von Carl Bambergs Unternehmen zog sich die Geschäftsleitung aufgrund des hohen Kaufpreises von dem Geschäft zurück. Der Beschluss, eine Beteiligung bei Bamberg für spätere Zeiten im Auge zu behalten, mündete nie in unternehmerische Aktion; auch Straubels späterer Vorschlag aus dem Mai 1906, die Vorräte Bambergs zu übernehmen und dessen geschäftliche Beziehungen im Reichsmarineamt zur Grundlage weiterer Überlegungen zu machen, führte zu keinen unternehmerischen Handlungen. Während der gesamten Verhandlungen wiederholte Schott seine Warnungen vor einer Zersplitterung der Interessen der Geschäftsleitung bezüglich Aktivitäten außerhalb des Unternehmens. In Hinblick auf die Unterbilanzen einzelner Abteilungen wollte Schott die Konzentration Czapskis, Fischers und Straubels vielmehr auf das Unternehmen selbst gelenkt wissen.[735] Schließlich wurde seit dem Jahr 1908 die Geodätische Abteilung innerhalb des Unternehmens aufgebaut.[736]

---

732 Protokoll der Stiftungssitzung, Nr. 188, 15.4.1905, in: CZA, BACZ 23018.

733 Protokoll über Verhandlung mit Herrn Fues, Stuttgart in Sachen Tesdorpf, 27.5.1905, in: CZA, BACZ 23018. Ludwig Tesdorpf starb am 28.6.1905. Letztlich wurde Tesdorpf von Sartorius im Jahr 1906 übernommen. Vgl. Sartorius-Herbst, Karin/Bracht, Karl/Barankewitz, Jörg: Vom Universitäts-Mechanikus zum Global Player. Sartorius-Chronik von 1870 bis 2005, Göttingen 2006, S. 40.

734 Protokoll der Stiftungssitzung, Nr. 190, 3.6.1905, in: CZA, BACZ 23018.

735 Protokoll der Stiftungssitzung, Nr. 188, 15.4.1905, in: CZA, BACZ 23018; Protokoll der Stiftungssitzung, Nr. 208, 28.5.1906, in: CZA, St 218; Protokoll der Stiftungssitzung, Nr. 209, 20.6.1906, in: CZA, St 218.

736 Zur Entwicklung dieser Abteilung vgl. Schumann (u. a.), Carl Zeiss Jena, S. 88 – 91.

Im Jahr 1905 gerieten ebenfalls die Werkstätte für wissenschaftliche Instrumente von Stückrath in Berlin-Friedenau sowie die optisch-mechanische Werkstätte von Carl Reichert in Wien in den Fokus der Geschäftsleitung. Auch hier führten Verhandlungen zu keinem Ergebnis, weil sich eine potentielle Übernahme Stückraths[737] bzw. eine Beteiligung bei Reichert als ungeeignet herausstellten.[738] Die Fortschritte bei den Verhandlungen wurden stets in den Stiftungssitzungen vorgestellt und diskutiert, Zusagen in Verhandlungsgesprächen unter Vorbehalt des Einverständnisses der nicht anwesenden Geschäftsleiter und des Stiftungskommissars formuliert.[739] Hierbei handelten die Geschäftsleiter und der Stiftungskommissar statutenkonform, da laut Statut alle Einleitungen von Neugründungen und Übernahmen als „Geschäftsaktion[en]" von den Geschäftsleitungen ausgehen sollten (§ 36). Das starke Gewicht von Otto Schotts Stimme in den Verhandlungen lässt sich anhand der Vorgabe des Statuts erklären, dass Entscheidungen zu Neugründungen und Übernahmen gemeinschaftlich durch beide Geschäftsleitungen getroffen werden mussten. Auch der Widerspruch des Stiftungskommissars Max Vollert, der über ein Vetorecht bei ungewöhnlichen Geschäftsvorgängen verfügte, war im Stiftungsstatut vorgesehen (§ 14).

Die hier im Detail dargestellten und schlussendlich erfolglosen Diskussionen über die Art und Weise der Beteiligung bei Unternehmen der optischen und feinmechanischen Industrie zeigen, wie die Geschäftsleitung nach Ernst Abbes Tod um die Herausbildung eines Entscheidungskorridors für die Beteiligung an anderen Unternehmen rang. Prämisse sollte dabei sein, die Stabilität des „Stammhauses" Jena, wie die Geschäftsleiter die Optische Werkstätte bezeichneten, zu gewährleisten. Die Bestrebungen der Zeiss-Geschäftsleitung standen in diesen ersten Jahren des externen Wachstums zunächst im Zeichen der Ausweitung des Produktprogramms. Dass die Einrichtung einer neuen Abteilung überhaupt anvisiert wurde, folgte der Unternehmensstrategie Abbes, der ein breites Produktsortiment als „das wichtigste Mittel zur Erhöhung [der] wirtschaftlichen Stabilität" der Optischen

737 „Der Erwerb der Werkstätte von Stückrath in Friedenau wird abgelehnt, weil die Fabrikate nicht zur Uebernahme durch uns geeignet scheinen." Protokoll der Stiftungssitzung, Nr. 193, 9. 8. 1905, in: CZA, BACZ 23018.

738 Protokoll der Stiftungssitzung, Nr. 200, 22.12.1905, in: CZA, BACZ 23018. Die Verhandlungen mit Reichert wurden schließlich abgebrochen, da „trotz des prinzipiellen Entgegenkommens Reicherts ein wirklich günstiges Arrangement bei der Höhe des Objektes und der Schwierigkeit einer befriedigenden Teilung der Fabrikation und der Absatzgebiete und der zu erwartenden Ansprüche der Reichert'schen Söhne doch nicht zu erwarten ist." Protokoll der Stiftungssitzung, Nr. 201, 8.1.1906, in: CZA, BACZ 23018.

739 Protokoll über Verhandlung mit Herrn Fues, Stuttgart in Sachen Tesdorpf, 27.5.1905, in: CZA, BACZ 23018.

Werkstätte und damit auch der Stiftungskonstruktion erachtet hatte.[740] Somit war die Abbe'sche Unternehmensstrategie der horizontalen Diversifikation, die um Unternehmensausweitungen anderer Art ergänzt werden konnte, zu einer Entscheidungsprämisse für die Geschäftsleiter geworden. Bemerkenswert ist jedoch das Agieren der Geschäftsleiter innerhalb dieses Entscheidungskorridors. So widersprach der „Einkauf" einer neuen Abteilung durch Unternehmensankauf oder -beteiligung nicht dem Statut, das externes Wachstum innerhalb der eigenen Branche ohne weitere Einschränkungen zuließ. Auf ideeller Ebene gaben die für die Forschungsstrategie festgelegten Grundsätze des Statuts jedoch der Einrichtung einer eigenen geodätischen Forschung den Vorzug.[741] Sogenannte „Make-or-Buy"-Entscheidungen waren daher eigentlich durch die Entscheidungsprämissen des Statuts bereits beantwortet. Dennoch stellte die Geschäftsleitung hier vermutlich betriebswirtschaftliche Entscheidungskriterien, wie die Kosten für die Einrichtung einer eigenen Forschungs- und Entwicklungsabteilung sowie die bis zur Marktreife der Entwicklungen anfallenden Opportunitätskosten, über die im Statut festgelegte Priorisierung der Förderung von Forschung und Wissenschaft. Interessanter in Bezug auf die Statutentreue der Geschäftsleitung und das Verhältnis zum fiktiven Prinzipal sind jedoch Schotts Expansionsunternehmungen zur Vergrößerung der Produktionstiefe. Diese waren erst durch die Statutenrevision ermöglicht worden. Der zusätzliche Paragraph wurde durch die Revisionskommission eingefügt und war nicht von Abbe angeregt worden, sodass jede weitere Handlung zum Zwecke der vertikalen Diversifikation zwar rechtlich durch das Statut, aber nicht explizit durch die Absicht des Stifters legitimiert war.

Seit den Verhandlungen mit Tesdorpf im Frühjahr des Jahres 1905 jedenfalls war die Idee von Beteiligungen für die Geschäftsleitung als Möglichkeit unternehmerischen Handelns etabliert, und es kristallisierten sich erste Elemente künftiger Expansionsstrategien heraus. Sowohl ein Unternehmensankauf als auch eine Beteiligung wie in Form einer stillen Teilhabe waren für die Geschäftsleitung denkbar. Die stille Teilhabe sollte im Fall von Tesdorpf mit einer weitgehenden Umorganisation des fremden Unternehmens nach Leitlinien der Optischen Werkstätte verknüpft werden, vor allem hinsichtlich der Buchführung und des Rechnungswesens sowie der Produktion und der Arbeitsmethoden. Noch höher sollte der Grad an Kontrolle und Einfluss durch Zeiss bei der Durchführung der Inventur und der

740 Abbe, Motive und Erläuterungen, zu §§ 35, 36, S. 341.

741 Die Paragraphen 42 und 43 begünstigten Forschungsvorhaben, die nicht einer wirtschaftlichen Nutzenkalkulation unterliegen mussten. Gerade eine geodätische Abteilung hätte den an diese Forschungsvorhaben gelegten Anspruch der „technisch hochstehende[n] Einzelarbeit" erfüllt. Siehe ausführlich hierzu in dieser Arbeit Kapitel „Die Paragraphen 42 und 43: Forschung und Entwicklung".

Bilanzerstellung sein, die beide von Zeiss-Mitarbeitern selbst vorgenommen werden sollten. Wie sich zeigte, konnte sich die Geschäftsleitung mit dieser Strategie der überwiegenden Kontrolle von Unternehmen bei künftigen Beteiligungen durchsetzen, wie im Folgenden dargestellt wird.

Trotz der erfolglosen Beteiligungsverhandlungen verzeichnete das Unternehmen eine deutliche Umsatzsteigerung. So drückte Carl Rothe im Mai 1906 gegenüber Straubel, Czapski und Fischer seinen Dank für ihre im Geschäftsjahr 1905/1906 „bewiesene Tatkraft, Ausdauer und Umsicht" aus.[742] Dem vom Stiftungskommissar angefertigten Geschäftsbericht hatte Rothe entnommen, dass die Geschäftsleitungen von Zeiss und Schott erreicht hätten,

> in dem letztvergangenen Geschäftsjahr trotz des sich immer mehr fühlbar werdenden Wettbewerbs der auf den gleichen Gebieten tätigen Unternehmen den Vorsprung der Werke zu erhalten, die einzelnen Fabrikationszweige in gedeihlicher Weise fortzubilden und einen die Erwartung übertreffenden Reingewinn zu erzielen.

Das habe der Stiftung ermöglicht, namhafte Zuschüsse an die Universität zu zahlen.[743] Tatsächlich wies der Umsatz 1905/06 rund 5.720.200 Mark auf,[744] der Gewinn betrug 949.510 Mark.[745] Die Stiftung konnte damit rund 289.000 Mark für gemeinnützige Zwecke ausgeben.[746]

7.1.2 Die Jahre 1906 – 1919: Konflikte um die statutengemäßen Beteiligungsaktivitäten

7.1.2.1 Erschließung des amerikanischen Markts

Die zweite Expansionsphase war vor allem zum einen durch die Beteiligung an dem amerikanischen Unternehmen Bausch & Lomb Company, Rochester und zum anderen durch den später erfolgten Zusammenschluss der Photographie-Firmen zur Ica AG geprägt. Die Motivation der Geschäftsleitung fiel in beiden Fällen sehr unterschiedlich aus. Ähnlich wie im Fall des Aufbaus einer geodätischen Abteilung sah die Geschäftsleitung eine Beteiligung an Bausch & Lomb Optical Company als Chance an, weitere Absatzmärkte für das Unternehmen zu erschließen. Im Ge-

742 Departement des Kultus an Siegfried Czapski, 2.5.1906, in: CZA, BACZ 9203.

743 Ebd.

744 Bericht des Stiftungskommissars der Carl Zeiss Stiftung über die Geschäftsjahre 1907/08 und 1908/09, 11.1.1910, in: SCHOTT Archiv 5/48.

745 Umsätze und Gewinne 1900 – 1908, aus: CZA, BACZ 23023.

746 Vgl. Walter, Zeiss 1905 – 1945, S. 307.

gensatz zu den ersten Expansionsunternehmungen handelte die Geschäftsleitung aus einer günstigeren Geschäftssituation heraus. Vergleiche der Nettoumsätze der Geschäftsjahre von 1905/06 bis 1908/09 zeigen einen Aufwärtstrend, der seinen Höhepunkt in einer bisher nicht gekannten Steigerung um 21,96 Prozent vom Geschäftsjahr 1907/08 zum Jahr 1908/09 fand.[747] Der in den Geschäftsjahren 1906/07 bis 1908/09 erzielte Reingewinn machte durchschnittlich 12,92 Prozent des Umsatzes aus. Die guten Ergebnisse bezogen sich dabei auf das gesamte Unternehmen, dessen „innere Konsolidierung" von der Geschäftsleitung als „günstig" bezeichnet wurde.[748] Das von Otto Schott vorgebrachte Argument gegen eine Beteiligung hatte damit seine Gültigkeit verloren. Zudem machte die hohe Nachfrage nach ihren Produkten einige Erweiterungen der Optischen Werkstätte notwendig, etwa den im Frühjahr des Jahres 1906 genehmigten Neubau der optischen Abteilung mit kalkulierten Baukosten von 330.000 Mark,[749] die einen großen Teil des Umsatzes verzehrten.[750]

Vor diesem Hintergrund richtete die Geschäftsleitung ihren Blick auf die Erschließung neuer Absatzfelder im Ausland. Großes Potential barg für die stark exportorientierte Optische Werkstätte der US-amerikanische Markt – ein Potential, welches von der Geschäftsleitung bereits früh erkannt worden war:[751] So beschickte Zeiss beispielsweise die Weltausstellung in Chicago im Jahr 1893, anlässlich derer auch Max Fischer zwei Monate in den Vereinigten Staaten verbrachte – vermutlich, um Geschäftsmöglichkeiten aufzutun.[752] Dass diese ersten Schritte in Richtung des US-amerikanischen Marktes nur bedingt erfolgreich waren, beklagte Max Fischer im August 1904 gegenüber dem Stiftungskommissar. So seien in den vor 1904 liegenden Jahren auf diesem Markt nur insgesamt 130.000 Mark umgesetzt worden. Da

747 1905/06 rund 5.720.200 Mark, 1906/07 rund 5.908.500 Mark (Erhöhung zum Vorjahr: rund 3,2 %), 1907/08 rund 6.356.800 Mark (Erhöhung zum Vorjahr: rund 7,6 %), 1908/09 rund 7.900.000 Mark (Erhöhung zum Vorjahr: rund 22 %) Veränderung zum Vorjahr gerundet und eigene Berechnung, Zahlen entnommen aus: Bericht des Stiftungskommissars der Carl Zeiss Stiftung über die Geschäftsjahre 1907/08 und 1908/09, 11.1.1910, in: SCHOTT Archiv 5/46.

748 Protokoll der Stiftungssitzung, Nr. 260, 28.11.1908, in: CZA, BACZ 22259.

749 Protokoll der Stiftungssitzung, Nr. 206, 17.4.1906, in: CZA, BACZ 23019; vgl. Burhop, Wirtschaftsgeschichte, S. 72.

750 Das zeigte sich bereits im Geschäftsjahr 1907/08: Sein Umsatz wurde durch Umzugskosten, Neueinrichtung der Gebäude Nr. VII und Optik wie auch durch hohe Kosten für die Fabrikationsfilialen in Wien und Riga in Höhe von insgesamt 300.000 bis 400.000 Mark stark geschmälert. Protokoll der Stiftungssitzung, Nr. 260, 28.11.1908, in: CZA, BACZ 22259.

751 Schon 1899 gingen von den bei Zeiss fabrizierten Instrumenten bereits etwa zwei Drittel ins Ausland: Einiges über Entwickelung (!) und gegenwärtigen Zustand der Optischen Werkstaette (Firma CARL ZEISS) Jena, Herbst 1899, in: CZA, BACZ 168.

752 Fischer, Max: Bericht der Firma Carl Zeiss Jena über den Verkehr mit der Kundschaft im Betriebsjahre 1. Oktober 1892/93, Januar 1894, in: CZA, BACZ 168.

er und seine Geschäftsleitungskollegen davon ausgingen, dort in derselben Periode leicht das Dreifache erwirtschaften zu können, plante Fischer eine weitere Reise.[753] Ihr Zweck sollte nicht nur dem Studium der „wirtschaftlichen und technischen Verhältnisse der Industrie" dienen, sondern auch der Erkundung der dortigen Absatzbedingungen.[754] Trotz Fischers Bemühungen stellte es sich in den nächsten drei Jahren jedoch als schwierig heraus, den Export der Optischen Werkstätte auf den US-amerikanischen Markt wesentlich zu befördern. Anderen Firmen der optischen Industrie erging es nicht anders. Der Export dieser Industrie in die US-amerikanischen Staaten war im Vergleich zu den europäischen Ländern äußerst gering. Lediglich chirurgische Instrumente nahmen mit knapp 15 Prozent der deutschen Gesamtausfuhr einen akzeptablen Platz ein, wobei selbst diese Menge nur ein Vierfaches der bevölkerungsmäßig kleineren Schweiz ergab. Für alle anderen Bereiche der Industrie war die Ausfuhr sogar verschwindend gering.[755] Die Gründe hierfür lagen keinesfalls in einer außergewöhnlich gut entwickelten amerikanischen optischen Industrie. Lediglich auf dem Gebiet der Brillengläserherstellung stach diese hervor. Bis zur Aufnahme der Rathenower Herstellung gemäß amerikanischem Vorbild nach der Jahrhundertwende und der Zeiss'schen Produktion seit ca. 1912 waren amerikanische Unternehmen auf diesem Gebiet die unangefochtenen Weltmarktführer. Damit einher ging auch die Entwicklung von im In- und Ausland erfolgreichen amerikanischen Fabriken für Brillengestelle. Im Bereich der übrigen Optik und Feinmechanik konsumierten die Amerikaner lediglich amerikanische „gute Durchschnittsware", wie Max Fischer im Jahr 1915 urteilte. Verantwortlich dafür waren vor allem die hohen Zölle, die Importe von Produkten der deutschen Qualitätsführer unrentabel machten. Für die Nachfrager aus der Wissenschaft war zudem häufig zu beobachten, dass die Mäzene, welche die Universitäten und Forschungseinrichtungen finanzierten, einheimische Anbieter für Forschungsinstrumente bevorzugten.[756]

Der Handlungsspielraum der Zeiss-Geschäftsleitung war daher aufgrund der hohen Zölle stark eingeschränkt, als sie den 1904 durch Fischer angestoßenen Versuch zur Ausdehnung des Absatzes, vor allem militärischer Produkte, in den USA weiterverfolgte. Es blieben faktisch nur zwei Möglichkeiten der Markterschließung: Der Aufbau einer eigenen Fabrikation in den USA, der von Max Fischer und Rudolf

753 Gemeint ist dieselbe Periode, innerhalb derer 130.000 Mark erwirtschaftet worden waren. Auf welche Jahre genau sich diese Aussage bezieht, ist der Quelle nicht zu entnehmen.

754 Siegfried Czapski an Max Vollert, 17.8.1904, in: CZA, BACZ 23014.

755 Die Zahlen sind der Statistik des Deutschen Reichs für das Jahr 1907 entnommen, die in folgendem Artikel ausgewertet wurde: Die deutsche Ausfuhr von Instrumenten, optischen Artikeln und Mechanismen im Jahre 1907, in: Der Mechaniker, Jg. 16, 5.6.1908, S. 129 f.

756 Max Fischer an Dr. Späth, Berlin, 29.9.1915, in: CZA, BACZ 22766.

Straubel in einer Denkschrift vom März 1908 als „unmöglich“ beschrieben und deshalb verworfen wurde oder eine Unternehmenskooperation mit einem amerikanischen Unternehmen.[757] Zu diesem Zweck der Unternehmenskooperation unterhielt die Geschäftsleitung seit Anfang 1907 eine Korrespondenz mit George N. Saegmüller. Der aus Bayern stammende Saegmüller konstruierte und fabrizierte in kleinerem Rahmen zunächst in Washington und später in Rochester geodätische und militärische Instrumente. Im Jahr 1905 ging Saegmüller eine Kooperation mit dem Unternehmen Bausch & Lomb Optical Company ein.[758] Die beiden Unternehmen waren hinsichtlich ihrer Fabrikation und des Vertriebs miteinander verflochten, Bausch & Lomb war darüber hinaus zur Hälfte bei der Firma Saegmüller beteiligt.[759] Das erschwerte die Sachlage in Hinblick auf das Beteiligungsvorhaben der Geschäftsleitung, da Bausch & Lomb ebenfalls vom Wissenstransfer von Zeiss an Saegmüller profitieren würde. Allerdings wirkte begünstigend, dass Zeiss zu diesem Zeitpunkt bereits seit über zehn Jahren in geschäftlicher Verbindung mit Bausch & Lomb stand. Das Unternehmen war 1853 in Rochester von den zwei Deutschstämmigen John J. Bausch und Henry Lomb als Brillenverkaufsgeschäft gegründet worden. Durch ein Praktikum von Henry Lombs Sohn, Adolph Lomb, in der Optischen Werkstätte in Jena, waren beide Unternehmen in Kontakt gekommen. Ihre Geschäftsleitungen kamen in den frühen 1890er Jahren überein, den von Paul Rudolph bei Zeiss entwickelten Anastigmaten unter Lizenznahme von Bausch & Lomb zu produzieren und auf dem amerikanischen Markt zu vertreiben. Später kam auch die Herstellung und der Vertrieb von Prismenfeldstechern hinzu.[760] So entwickelte sich ein reger Austausch von Kenntnissen über die Produktionsprozesse zwischen den beiden Unternehmen, der durch gegenseitige Besuche weiter gefördert wurde.[761]

Dass die Verträge mit Bausch & Lomb über die Photo- und Tele-Lizenzen gerade ausgelaufen waren, erhöhte das Interesse der Geschäftsleitung an einer Beteiligung bei Saegmüller und Bausch & Lomb in entscheidenem Maße. Zudem war der Wunsch von Czapski, Straubel und Fischer nach einer Lösung für den amerikani-

757 Denkschrift von Rudolf Straubel und Max Fischer über das Zustandekommen der Beteiligung bei der Firma Bausch & Lomb und der Firma Saegmüller, März 1908, in: CZA, BACZ 17314.

758 Vgl. Bausch & Lomb Optical Company, A Triple Alliance, S. 29. Am 1.5.1905 wurde die Bausch & Lomb-Saegmüller Company gegründet. Bericht von Petermann: Bilanzen der Firma Bausch & Lomb Optical Co., Rochester, N.Y., per 1908 – 1911, in: CZA, BACZ 16906.

759 Denkschrift Dr. Straubel und Max Fischer über das Zustandekommen der Beteiligung bei der Firma Bausch & Lomb und der Firma Saegmüller, März 1908, in: CZA, BACZ 17314.

760 Bausch & Lomb Optical Company, A Triple Alliance, S. 12 f.

761 Im Juli 1905 beispielsweise reisten Vertreter von Bausch & Lomb in Jena zu Verhandlungen an. Protokoll der Stiftungssitzung, Nr. 192, 13.7.1905, in: CZA, BACZ 23018.

schen Markt derart groß, dass sie die Ausweitung des ursprünglichen Vorhabens akzeptierten. In der schon erwähnten Denkschrift aus dem März 1908 kamen Straubel und Fischer zu dem Schluss, dass die Lösung für die veränderte Situation in einer Beteiligung von Zeiss bei Bausch & Lomb liege. Dass die Bausch-Lomb-Saegmüller Company mit der Bausch & Lomb Company zum 1. Januar 1908 zusammengezogen worden war,[762] vereinfachte die folgenden Verhandlungen für die Geschäftsleitung.[763] Interessant für die sich unter anderem an dieser Beteiligung entzündende Auseinandersetzung zwischen den Organen der Stiftung ist die von der Geschäftsleitung kalkulierte Gewinnerwartung. Die Geschäftsleitung rechnete bei Saegmüller mit einer Gewinnbeteiligung entsprechend des Kapitalanteils und einer Verzinsung des bei Bausch & Lomb eingebrachten Kapitals von fünf Prozent zuzüglich einer Vergütung von drei Prozent für ihre „laufende wissenschaftliche und technische Mitarbeit". Darüber hinaus sollten Lizenzzahlungen als Gewinnbeteiligung bei Bausch & Lomb vereinbart werden.[764] Basierend auf den Ergebnissen des Jahres 1907 kam die Geschäftsleitung bei einem Kapitaleinsatz von 529.600 Dollar auf einen Ertrag von 70.000 bis 80.000 Dollar. Gemäß dieser Rechnung erwartete die Geschäftsleitung eine Rendite von 13,2 bis 15,1 Prozent. Auf dieser Grundlage wurden durch Paul Fischer Verträge ausgearbeitet, die am 27. November 1907 unterzeichnet wurden.[765] Danach erwarb die Carl-Zeiss-Stiftung ein Fünftel des Aktienkapitals der Bausch & Lomb Optical Company gegen Zahlung eines Fünftels des Nettobuchwertes der Schlussbilanz vom 31. Dezember 1907.[766] Dies entsprach zunächst 1.292 Aktien von Bausch & Lomb Company, für deren Kauf 2.808.738,04 Mark aufgewendet wurden. Der Kaufpreis wurde auf die drei Jahre von 1908 bis 1910 aufgeteilt. Die Optische Werkstätte zahlte für die offenen Beträge innerhalb dieses Zeitraums fünf Prozent Zinsen.[767] Zusätzlich kamen zu einem späteren Zeitpunkt 100 Aktien hinzu, die die Carl-Zeiss-Stiftung von Henry C. Lomb erwarb.

762 Bericht über Rentabilität von Bausch & Lomb, in: CZA, BACZ 16905.

763 Vgl. Schomerus, Geschichte, S. 177.

764 Denkschrift Dr. Straubel und Max Fischer über das Zustandekommen der Beteiligung bei der Firma Bausch & Lomb und der Firma Saegmüller, März 1908, in: CZA, BACZ 17314.

765 Ebd.

766 Mit Nettobuchwert war der Wert gemeint, „zu welchem das Gesamt-Vermögen der Bausch & Lomb Optical Co. in ihren Inventar- bezw. Geschäftsbüchern erscheinen würde, weniger aller Passiva und Verbindlichkeiten." Bericht von Petermann: Bilanzen der Firma Bausch & Lomb Optical Co., Rochester, N.Y., per 1908–1911, in: CZA, BACZ 16906.

767 Gezahlt wurden 1908 1.794.375,91 Mark, 1909 950.569,52 Mark und 1910 63.792,61 Mark. Bemerkung zur Stiftungsrechnung für 1910/11, vermutlich von der Stiftung erstellt zu Ende des Jahres 1911, in: CZA, BACZ 1482. Die Optische Werkstätte war am Jahresgewinn von Bausch & Lomb nur mit denjenigen Unternehmensanteilen beteiligt, die sie bereits erworben hatte. Protokoll der Stiftungssitzung, Nr. 235, 13.12.1907, in: CZA, St 218.

Damit hatte die Optische Werkstätte für 1.392 Aktien insgesamt 2.932.970 Mark aufgewendet.[768]

Die detaillierte Darlegung dieses ersten erfolgreichen Beteiligungsvorhabens ist nicht nur aufgrund der hohen Investitionssumme interessant, sondern auch, weil hier der erste Beteiligungsvertrag der Optischen Werkstätte mit einem anderen Unternehmen abgeschlossen wurde und dieses Unternehmen seinen Sitz in einem weit entfernten Land hatte. Die Geschäftsleitung repräsentierte hierbei den Eigentümer der Aktien, namentlich die Carl-Zeiss-Stiftung, und wollte als Prinzipal ihre Interessen im Sinne der vertraglich geregelten Vermehrung ihrer Investitionen durchsetzen. Die Bedingungen ihrer Investitionsentscheidung waren aufgrund des unbekannten Marktes nur schwer zu ersehen. Der Prinzipal-Agenten-Theorie zufolge hätte Bausch & Lomb die Möglichkeit gehabt, vor Vertragsschluss Informationen vorzuenthalten oder zu manipulieren – unter anderem, weil sich die Markt- und die rechtlichen Bedingungen der US-Staaten stark von denen des Kaiserreichs unterschieden (*hidden information*).[769] Die Geschäftsleitung beauftragte deshalb vor Vertragsabschluss eine Überprüfung von Bausch & Lomb – eine Maßnahme, welche in der Prinzipal-Agenten-Theorie als *Screening* definiert wird und den Informationsrückstand des Prinzipals vor Vertragsschluss verringern soll. Im Fall von Bausch & Lomb lag der Zeiss-Geschäftsleitung ein detailliertes Gutachten einer Unternehmensprüfungsgesellschaft von ca. 1.950 Seiten vor.[770]

Wenngleich dieses Gutachten den Informationsstand der Geschäftsleitung mit Sicherheit erhöhte, konnte es die Unkenntnis über den US-amerikanischen Markt und die rechtlichen Bedingungen dort wie auch über das – nur aus der Ferne bekannte – Unternehmen nur teilweise aufheben. Das Eingehen dieser Unternehmensbeziehung, erst recht mit einer solch hohen Investitionssumme, kann daher durchaus als Wagnis bezeichnet werden. Dieses wurde in der Wahrnehmung der Geschäftsleitung durch die seit den 1890er Jahren gepflegte Geschäftsbeziehung zwischen den beiden Unternehmen verringert, ebenso wie durch die Tatsache, dass die Unternehmensgründer John J. Bausch & Henry Lomb sowie George N. Saeg-

768 Da die Firma Bausch & Lomb der Optischen Werkstätte für das Gehalt von G.N. Saegmüller 17.114,38 Mark schuldete, wurde dieses mit dem Kaufpreis bei der Erwerbung verrechnet. Bemerkung zur Stiftungsrechnung für 1910/11, vermutlich von der Stiftung erstellt zu Ende des Jahres 1911, in: CZA, BACZ 1482.

769 Ann M. Carlos und Stephen Nicholas weisen zudem darauf hin, dass auch die zeitliche Verzögerung der Informationsübertragung zwischen zwei Kontinenten ein großes Hindernis bei der Informationsangleichung darstellen konnte, hierzu Carlos, Ann M./Nicholas, Stephen: Agency Problems in Early Chartered Companies. The Case of the Hudson's Bay Company, in: Journal of Economic History 50 (1990), S. 853 – 875, hier: S. 860 f.

770 Bericht von Petermann: Bilanzen der Firma Bausch & Lomb Optical Co., Rochester, N.Y., per 1908 – 1911, in: CZA, BACZ 16906.

müller deutscher Abstammung waren. Auch die an Abbe erinnernde Persönlichkeit von Henry Lomb schien eine Rolle gespielt zu haben, denn dessen

> strenge Rechtlichkeit, die Vornehmheit seiner Gesinnung, seine selbstlose Bescheidenheit und sein warmes Herz für sociale Bestrebungen [habe, J.S.] vielfach an die Person unseres Professors A b b e [Sperrung im Original, J.S.] erinnert und das Bewusstsein, dass solche Männer der Firma Bausch & Lomb ihren Stempel aufgedrückt haben, hat uns nicht zum wenigsten das Gefühl des Vertrauens gegeben, das unsere Verhandlungen im vorigen Jahre in so erfreulicher Weise beherrschte.[771]

Folglich bestand ein gewisses Vertrauensverhältnis zwischen den Geschäftsleitungen beider Unternehmen, das dazu geeignet war, die durch die besonderen Umstände hervorgerufene Vielzahl an möglichen Erwartungen innerhalb des Entscheidungsprozesses zu reduzieren und so den Boden für Verhandlungen zu bereiten.[772]

7.1.2.2 Statutenkonformität der Beteiligungen

Mit ihren Beteiligungsaktivitäten erschloss die Geschäftsleitung einen neuen Weg des Wachstums über Transaktionen auf der Unternehmensebene. Das externe Wachstum stellte für Czapski, Straubel und Fischer ein bisher ungekanntes Betätigungsfeld dar, das in Bezug auf die Stiftungsverfassung und -organisation durch drei Merkmale gekennzeichnet war. Das erste Merkmal betrifft das fehlende Vorbild Ernst Abbes. Obwohl es Abbe ein großes Anliegen war, im Sinne einer Schärfung des Stifterwillens eine *vorbildliche* Unternehmensführung vorzuleben, existierte zu Unternehmensbeteiligungen oder -käufen kein Praxismodell Abbes, das zur Reaktualisierung des fiktiven Prinzipals hätte herangezogen werden können. Das zweite Merkmal bezieht sich auf die institutionellen Rahmungen dieses Betätigungsfeldes. Wie bereits im vorigen Unterkapitel festgestellt, hatte Abbe den zukünftigen Entwicklungen in diesem Feld nur einige wenige Regelungen beigeordnet. Für die Unternehmensbeteiligungen hatten deshalb die Paragraphen nach Titel II, „Orga-

---

771 Max Fischer an Bausch & Lomb Optical Co, 15.6.1908, in: CZA, BACZ 27419.

772 Nach Niklas Luhmann führt Vertrauen als auf die Zukunft gerichteter Selektionsmechanismus dazu, soziale Komplexität zu reduzieren, wie der Titel seiner Monographie darüber schon aussagt. Luhmann, Niklas: Vertrauen. Ein Mechanismus der Reduktion sozialer Komplexität, 4. Auflage, Stuttgart 2000, u.a. S. 30f. Empirisch zeigt das Stefan Gorißen für die Beziehungen zwischen Handelspartnern der frühen Neuzeit, in denen „persönliches Vertrauen" eine große Rolle spielte, weil opportunistisches Handeln nicht durch Institutionen eingehegt wurde. Gorißen, Stefan: Der Preis des Vertrauens. Unsicherheit, Institutionen und Rationalität im vorindustriellen Fernhandel, in: Frevert, Ute (Hrsg.): Vertrauen. Historische Annäherungen, S. 90–118, Göttingen 2003, hier besonders: S. 114.

nisation der industriellen Tätigkeit der Stiftung“, zur Anwendung zu kommen, die das Kompetenzgefüge zwischen Stiftungsverwaltung, Stiftungskommissar und Geschäftsleitung grundsätzlich festlegten.[773] Auf eben dieses Kompetenzgefüge verweist das dritte Merkmal. Die Unternehmensbeteiligungen waren Geschäftsaktionen, denen betriebliche Entscheidungen zugrunde lagen, die zumindest in den ersten Jahren von der Geschäftsleitung getroffen wurden. Da sie aber als Transaktionen auf Unternehmensebene die rechtliche Struktur der Stiftung veränderten, waren Entscheidungen über Beteiligungen besonders gewichtig und folgenreich. Das galt ebenso für die finanziellen Konsequenzen, da hohe Beträge für die Beteiligungen gezahlt werden mussten. Die Zuordnung dieser Art von Entscheidungen zu verschiedenen Kompetenzbereichen und die Folgen dieser Entscheidungen für die Stiftung hatte bereits Abbe als Schwierigkeit und sogar als Gefahr des externen Wachstums erkannt.[774]

Auch der Stiftungsverwaltung und Geschäftsleitung war bewusst, dass es sich bei den Beteiligungen um neuartige und durch das Statut nur rudimentär geregelte Vorhaben handelte. Als die Verhandlungen mit Bausch & Lomb abgeschlossen waren und somit die Optische Werkstätte zu ihrer ersten Beteiligung an einem anderen Unternehmen gelangt war, nutzten die Organe der Stiftung eine Stiftungssitzung im April 1908 zur Besprechung der statutarischen Grundlagen von Beteiligungen. Grundsätzlich seien Beteiligungen statutenkonform, ohne dass die Rechtsform vorgegeben sei, so das Protokoll der Stiftungssitzung: „Es wird anerkannt, dass die Beteiligung der Stiftung nach Paragraph 35, 1 Stat unzweifelhaft zulässig und dass über die Form der Beteiligung Vorschriften im Statut nicht gegeben seien.“ Auch die statutarischen Bestimmungen zu Neugründungen von Unternehmen durch die Stiftung rückten in den Fokus. In diesem Zusammenhang wurden bereits erste Vorstellungen der Kompetenzverteilung geäußert. So wurde festgehalten, dass die Neugründung einer Aktiengesellschaft als besondere Form des Unternehmens zu gelten habe: Diese sei weder als Stiftungsunternehmen anzusehen noch als reine Kapitalbeteiligung. Daher sei die Gründung einer Aktiengesellschaft nach Paragraph 36, 2 ausschließlich von der Geschäftsleitung einzuleiten.[775]

Das Thema der Kompetenzverteilung in Bezug auf die Neugründung einer Aktiengesellschaft hatte einen aktuellen Hintergrund und kam daher nochmals auf die Tagesordnung der Stiftungssitzung vom 19. November 1908, die ganz im Zeichen der geplanten Gründung einer Aktiengesellschaft, der Optica AG, stand. Zu diesem

773 Siehe in dieser Arbeit das Kapitel „Die Corporate Governance“.
774 Siehe oben die von Abbe gefürchteten Gefahren des externen Wachstums.
775 Protokoll der Stiftungssitzung, Nr. 246, 14./15.4.1908, in: CZA, BACZ 8046.

Zeitpunkt waren die Verhandlungen über die gemeinsam mit Bausch & Lomb sowie der American Optical Company, Rochester, zu gründende Optica AG bereits so weit gediehen, dass Rudolf Straubel und Syndikus Paul Fischer mit Bausch & Lomb Vorverträge geschlossen hatten. Die Geschäftsleitung beabsichtigte, zusammen mit den beiden amerikanischen Unternehmen in den europäischen Markt für qualitativ hochwertigere Brillen und Brillengestelle einzusteigen. Die Besprechung in der Stiftungssitzung folgte zwei Argumentationssträngen. Zum einen suchten sich die Geschäftsleitungen der Stiftungsbetriebe sowie die Vertreter der Stiftungsverwaltung Rothe, Haubold und Vollert der statutarischen Konformität zu versichern, und zum anderen das Vorhaben unternehmensstrategisch zu rationalisieren. Zunächst hielten Geschäftsleitung und Stiftungsverwaltung fest, dass Brillenproduktion und -vertrieb im optischen, feinmechanischen oder glastechnischen Gebiet zu verorten seien, wie es Paragraph 35, 1 vorgab. Sodann sei der Brillenmarkt als äußerst wichtiger Markt zu betrachten, nicht zuletzt, weil Zeiss „intime Beziehungen" zu Ladenoptikern aufbauen könne, die für den Absatz weiterer Produkte der Optischen Werkstätte genutzt werden könnten. Ein Eintritt in dieses Geschäftsgebiet wurde daher von Geschäftsleitung und Stiftungsverwaltung als gleichsam statutarisch „zulässig" und unternehmerisch „geboten" befunden. Zudem bewertete die Geschäftsleitung ihr Handeln als gewissermaßen alternativlos angesichts des Umstandes, dass die beiden amerikanischen Unternehmen Bausch & Lomb sowie American Optical Company auch ohne die Optische Werkstätte auf den europäischen Markt expandieren würden. Mit deren jahrelanger Erfahrung auf dem Gebiet der Brillenproduktion würde Zeiss nur schwer konkurrieren können, und die eigene Expertise in der Herstellung von Gläsern ohne die komplementären Brillengestelle keine Anwendung finden können. Als Form der Beteiligung schlug die Geschäftsleitung wohl die Offene Handelsgesellschaft vor. Diese Form wurde jedoch von den amerikanischen Unternehmen abgelehnt, um „das Unternehmen nicht von vornherein mit den Verpflichtungen des Stiftungsstatuts" zu belasten.[776] Die Sorge der Geschäftsleitung von Bausch & Lomb war nicht unbegründet. Zum einen regelte der Paragraph 38 die Nachfolge in Bezug auf das Leitungsorgan von Neugründungen zu Gunsten der Stiftung, welcher in diesem Fall die „alleinige Vertretung und Verwaltung" obliegen sollte. Zum anderen sicherte Paragraph 93 für diese Art von Gesellschaften die Einführung der „Stiftungsrechte" für die Angestellten und Arbeiter unter Titel V, wie politische Neutralität bei der Einstellung der Angestellten und Arbeiter, Abgangsentschädigung, feste Löhne etc. Anders sah es hingegen in Hinblick auf die stattdessen gewählte Form der Aktiengesellschaft aus. Zunächst war sie durch das Statut (§§ 35, 2 und 36) legitimiert. Zudem hatte sich Abbe in Bezug

776 Abschrift aus der Niederschrift Nr. 259 über die Sitzung vom 19.11.08, in: CZA, St 218.

auf neu gegründete Gesellschaftsverhältnisse für Aktiengesellschaften ausgesprochen.[777] Der Geschäftsleitung kam aber vor allem entgegen, dass sich die Paragraphen des Statuts ihrer Auslegung nach nicht auf Aktiengesellschaften bezögen. So würden die Paragraphen 38 und 93 über Unternehmensbeteiligungen nur für offene Handelsgesellschaften und ähnliche Gesellschaften gelten, da hier von „Sozien" gesprochen werde. Die Aktiengesellschaft sei jedoch keine Societas, sondern eine Korporation. Auch sei Paragraph 38, demzufolge die Stiftung im Fall des Rückzugs des Mitgesellschafters die Kontrolle der Unternehmensführung übernehmen solle, nicht auf einen Minderheitsgesellschafter anwendbar. Da die Stiftung aber eben nur als Minderheitsgesellschafter bei der zu gründenden Aktiengesellschaft beteiligt wäre, entfalle die Verpflichtung zur Übernahme statutarischer Bestimmungen. Für die Optica AG war nur eine Beteiligung der Stiftung zu einem Drittel vorgesehen, sodass hier keine weiteren statutarischen Bestimmungen bedacht werden müssten. Als selbstverständlich erachteten es Stiftungsverwaltung und Geschäftsleitung dennoch, bei der Optica AG ihren „Einfluß dafür geltend zu machen [...], die Bestimmungen des Statuts allmählich auf die neue Gesellschaft zu übertragen." Das beziehe sich zunächst auf die Paragraphen 56 – 65 und 66 ff., welche das Rechtsverhältnis der Angestellten und Arbeiter in den Stiftungsbetrieben zum Gegenstand hatten.[778] An dieser Stelle ist herauszustellen, dass sich die bisweilen konstruiert anmutende Argumentation, die neugegründeten Aktiengesellschaften seien von den Vorgaben des Stiftungsstatuts ausgenommen, nicht grundsätzlich gegen die Vorschriften des Statuts richtete. Die Geschäftsleitung und die Stiftungsverwaltung waren vielmehr daran interessiert, die statutarischen Verpflichtungen der Unternehmensführung gegenüber den Beschäftigten auf lange Sicht auch auf Neugründungen zu übertragen. Das Verhalten der Geschäftsleitung orientierte sich zu diesem Zeitpunkt daher ausschließlich an den Forderungen der US-amerikanischen Verhandlungspartner und war demnach nicht Ausdruck einer Prämisse für die zukünftige Unternehmensstrategie. Die Gründung der Optica wurde im Jahr 1909 vollzogen und zu diesem Zweck im September 1909 37.500 Mark als Aktienkapital eingezahlt.[779] Die Finanzierung aus Stiftungsmitteln hatte die Stiftungsverwaltung untersagt, die Gründung aber unter der Voraussetzung genehmigt, „wenn das Ka-

777 Abbes Bevorzugung der Rechtsform der Aktiengesellschaft war nicht durch das Statut geregelt, sondern durch mündliche Aussagen Abbes überliefert worden. Abschrift aus der Niederschrift Nr. 259 über die Sitzung vom 19.11.08, in: CZA, St 218. Auch über die GmbH traf das Statut keine Aussagen, was dadurch zu erklären sein könnte, dass diese Gesellschaftsform zum Zeitpunkt der Abfassung des Statuts erst wenige Jahre existierte. Die Gründung einer GmbH war erst durch ein 1892 verabschiedetes Gesetz ermöglicht worden.

778 Ebd.

779 Paul Fischer an Max Vollert, 30.5.1911, in: CZA, BACZ 9206.

pital durch Privatmittel der interessierten Herren aufgebracht werde."[780] Damit waren die Geschäftsleiter selbst gemeint, die über diese außergewöhnliche Finanzierung zum Nutzen der Optischen Werkstätte eigene Mittel investieren sollten. Die Unternehmung entwickelte sich jedoch nicht zufriedenstellend, weshalb sich die beiden amerikanischen Unternehmen im Jahr 1910 wieder von ihr zurückzogen.[781] 1912 wurde in der Optischen Werkstätte dann eine eigene Brillenabteilung gegründet.

7.1.2.3 Finanzierungsmöglichkeiten der Beteiligungen

Neben der Frage der statutarischen Legitimität der Beteiligungsunternehmungen wurde für die Stiftung und die Optische Werkstätte rasch deren Finanzierung zum Thema. Wie zuvor beschrieben, hing die Gründung der Optica von einem außergewöhnlichen Finanzierungsmodell ab. Dieses Finanzierungsmodell wurde in der Stiftungssitzung vom April 1908 entwickelt, in der grundsätzliche Aspekte der Beteiligungsunternehmungen in Bezug auf das Stiftungsstatut geregelt wurden. Dort bekundeten die Geschäftsleiter Rudolf Straubel und Otto Schott ihr Interesse, sich als Privatpersonen und mit eigenem Kapital in die Beteiligungsunternehmen von Zeiss einzubringen. Die anwesenden Stiftungsvertreter reagierten ablehnend, da „für eine private persönliche Beteiligung von Mitgliedern der G.L. sowohl bei der Gründung als bei der Verwaltung des Unternehmens kein Raum sei, da diese Tätigkeit gemäss § 362 Stat zu den dienstlichen Funktionen der G.L. gehöre." Die Mitglieder der Geschäftsleitung könnten deshalb nur als Vertreter der Stiftung handeln. Da sich die Kapitalbeschaffung für die Unternehmensbeteiligungen jedoch als schwierig herausstellte, kam der Stiftungsverwaltung der Einfall, dass die Geschäftsleitungsmitglieder zwar ihr eigenes Kapital einbringen könnten, aber darüber hinaus nicht in Erscheinung treten sollten. So sollten sie Aktien auf eigene Rechnung kaufen können. Mit dem Erwerb der Aktien seien finanzielle Rechte verbunden, wonach den Geschäftsleitern die Dividende zugestanden wurde. Das Stimmrecht sei jedoch der Stiftung zu überlassen, die sich zudem ein Vorkaufsrecht beim Verkauf der Anteile sowie ein Ankaufsrecht für den Todesfall sichern wolle.[782] Die Stiftungsverwaltung schloss auf diese Weise Interessenkonflikte aus, die für die Geschäftsleiter entstehen könnten.

---

780 Protokoll der Stiftungssitzung, Nr. 235, 13.12.1907, in: CZA, St 218.

781 Vgl. Walter, Zeiss 1905–1945, S. 64 f.

782 In dem Zusammenhang wurde auch diskutiert, ob Geschäftsleiter Aktien von Konkurrenzunternehmen kaufen dürften. Die Stiftungsverwaltung bejahte dies grundsätzlich, sah aber im Fall von Interessenkonflikten eine Einzelfallregelung vor. Protokoll der Stiftungssitzung, Nr. 246, 14./15.4.1908, in: CZA, BACZ 8046.

Weitere Regelungen zur Finanzierung der Beteiligungen wurden nicht getroffen. Daher ist es mit Blick auf die dürftige Regelung im Statut nicht weiter überraschend, dass sich zwischen Stiftungsverwaltung und Geschäftsleitung in Bezug auf das Beteiligungsvorhaben bei Bausch & Lomb und künftige Unternehmungen dieser Art Konflikte ergaben. Diese Konflikte lassen sich aus der Forderung der Stiftungsverwaltung ableiten, einen Zusatz zu einem Protokoll einer Stiftungssitzung, die mit sehr hoher Wahrscheinlichkeit im ersten Halbjahr 1908 abgehalten wurde,[783] hinzuzufügen und so aktenkundig zu machen. In diesem Zusatz vermerkte die Stiftungsverwaltung kritisch, dass aufgrund der Grundstücksankäufe, Bauten und Maschinenanschaffungen in den letzten Geschäftsjahren beinahe zwei Millionen Mark aufgewendet worden seien bzw. bis zum 1. Oktober 1908 noch aufgewendet werden müssten. Daraus habe sich ergeben, dass kein Barbetrag an die Stiftung abgeliefert werden könne, was keineswegs im Verhältnis zum „buchmäßige[n] Betrag der Firma" über 1.028.000 Mark im Geschäftsjahr 1906/07 stehe.[784] Dabei hätten die der Stiftung vorenthaltenen Geldmittel für den Finanzierungsaufwand ohnehin nicht ausgereicht: So flossen zusätzlich 400.000 Mark aus dem Reservefonds und 100.000 Mark aus dem Reingewinn vom Glaswerk an die Optische Werkstätte. Da auch diese Mittel nicht genügten, nahm die Geschäftsleitung Wechselverpflichtungen in Höhe von 200.000 Mark mit 7,5 Prozent Verzinsung auf. Carl Rothe sorgte sich nun, dass sogar bei gleichbleibender guter Geschäftslage und geringerer Ausgaben für Betriebserweiterungen der verbleibende Reingewinn auch im laufenden Jahr „zur Deckung jener Aufwendungen" voll beansprucht werde bzw. auch wieder ein Anteil vom Reingewinn des Glaswerks für die Optische Werkstätte verwendet werden müsse. Die finanzielle Lage sei also angespannt – ein Umstand, über den der Stiftungskommissar Max Vollert nicht ausreichend von der Geschäftsleitung informiert worden sei, wie der Vorstand der Stiftungsverwaltung, Carl Rothe, seine Situationsbeschreibung abschloss. Angesichts der tatsächlich sehr hohen Aufwendungen für die Betriebserweiterungen waren Rothes Mahnungen berechtigt: Die in den Geschäftsjahren 1906/07 und 1907/08 anfallenden sowie die für die ersten acht Monate des Jahres 1908 erwarteten Kosten beliefen sich auf insgesamt 1.893.000 Mark. Hervorgerufen wurden sie vor allem vom Gebäudeneubau Optik, Gebäudeerweiterungen und deren infrastruktureller Ausstattung, die insgesamt mit Kosten von 1.412.900 Mark veranschlagt worden waren.[785]

---

783 Der Zusatz ist undatiert, aber die Einordnung in die sonstigen Ereignisse spricht für die Niederschrift in den ersten beiden Quartalen des Jahres 1908.

784 Zusatz der Stiftungsverwaltung für ein Protokoll einer Stiftungssitzung, ohne Datum, vermutlich im Geschäftsjahr 1907/08 verfasst, in: CZA, BACZ 9203.

785 Aufstellung „Aufwendungen für Betriebserweiterungen" zu Protokoll der Stiftungssitzung, Nr. 236, 3.1.1908, in: CZA, St 218.

Vor dem Hintergrund der angespannten Lage sei es umso weniger verständlich, so Rothe weiter, dass mit Goerz, Bausch & Lomb sowie Bausch, Lomb, Saegmüller in Rochester über eine „erhebliche [...] Beteiligung" an diesen Firmen verhandelt worden sei. Durch die Vertragsabschlüsse mit Bausch & Lomb sowie Bausch, Lomb, Saegmüller sei die Optische Werkstätte zur Zahlung von 2.750.000 Millionen Mark verpflichtet.[786] Ein weiteres projektiertes Vorhaben, der Unternehmenskauf von Goerz, hätte mit weiteren 1,5 Millionen Mark zu Buche geschlagen, sei jedoch glücklicherweise nicht erfolgreich abgeschlossen worden. Nur durch das Eingreifen der Stiftungsverwaltung, die wegen der amerikanischen Verhandlungen „für Anfang d. J. [1908, J.S.]" 400.000 Mark flüssig gemacht habe, sei die Zahlungsfähigkeit der Optischen Werkstätte aufrechterhalten worden. Die „bedrohliche Lage" des Geldmarktes habe keine anderen Finanzierungsmöglichkeiten zugelassen, da eine Kreditaufnahme nicht möglich und eine geplante Anleihe zu diesem Zeitpunkt nur teilweise unterzubringen gewesen sei. Ein Verkauf der Wertpapiere des Reservefonds hätte große Verluste für die Stiftung bedeutet.[787]

Es ist nur mit dem finanziellen Engpass der Stiftung zu erklären, dass Rothe die Finanzierung über eine Kreditaufnahme erwog. So wurde auch in Phasen drängender Kapitalnot, beispielsweise als im Jahr 1908 deutlich wurde, dass die beiden Vertragsraten von je ca. 850.000 Mark an Bausch & Lomb nicht zu beschaffen sein würden, die Aufnahme von Fremdkapital von der Stiftungsverwaltung als „nicht angängig" abgelehnt.[788] Vor dem Hintergrund der finanziellen Knappheit sind die Mahnungen Rothes nur nachvollziehbar. Dieser drängte für die Zukunft auf ein „maßvolleres Vorgehen" der Geschäftsleitung und forderte bei den „geschäftlichen Dispositionen" eine bessere Übersicht über Einnahmen und Ausgaben.[789] Die riskanten Entscheidungen der Geschäftsleitung betrafen den Wesenskern der Stiftung. Rothe machte deutlich, dass die Entscheidungen der Geschäftsleitung Konsequenzen für die gesamte Stiftungskonstruktion hatten, sodass die „sonstigen Interessen der Stiftung" nur schwer gewahrt werden konnten. Es ist bezeichnend, dass die

786 Die Abweichung zu der zuvor genannten Summe lässt sich erklären durch den separaten, zusätzlichen Kauf von 80 Aktien zu 1/3 des Kaufpreises in Höhe von 53.319,69 Mark. Bemerkung zur Stiftungsrechnung für 1910/11, vermutlich von der Stiftung erstellt zu Ende des Jahres 1911, in: CZA, BACZ 1482.

787 Aufstellung „Aufwendungen für Betriebserweiterungen" zu Protokoll der Stiftungssitzung, Nr. 236, 3.1.1908, in: CZA, St 218.

788 Protokoll der Stiftungssitzung, Nr. 241, 22.1.1908, in: CZA, St 218. Weshalb dennoch Obligationen durch die Stiftungsverwaltung akzeptiert waren, die ja auch Fremdkapital waren, klärt das Kapitel „Finanzierungspolitik".

789 Zusatz der Stiftungsverwaltung für ein Protokoll einer Stiftungssitzung, undatiert, vermutlich im Geschäftsjahr 1907/08 verfasst, in: CZA, BACZ 9203.

Geschäftsleitung die von Rothe geforderte Aufnahme dieses Zusatzes in das Protokoll ablehnte.[790]

Es lässt sich festhalten, dass die Beteiligungsfinanzierung durch Überweisungen aus dem Reservefonds der Stiftung, aus einbehaltenen Gewinnen der Optischen Werkstätte und aus zugeführten Gewinnen von Schott ermöglicht wurde. Der Unterschied zu der Finanzierung anderer Unternehmensvorhaben[791] bestand daher nur in dem zusätzlichen Finanzierungsmittel des Kaufes von Aktien durch die Geschäftsleiter. Für Otto Schott ist belegt, dass er von dieser Möglichkeit tatsächlich Gebrauch machte: Schott war bereit, für sich und das von ihm vertretene Konsortium Ica-Aktien im Wert von 100.000 Mark zu kaufen.[792] Bereits an diesem Punkt der Untersuchung kann der Schluss gezogen werden, dass die Optische Werkstätte wesentlich von direkten Zahlungen aus dem Gewinn des Glaswerks profitierte. Hinzu kam, dass schon in den Jahren zuvor Gewinne von Schott an den Reservefonds geflossen waren, sodass über diesen Weg weitere Mittel vom Glaswerk an die Optische Werkstätte geleitet wurden. Schott hatte in den Jahren nach der Jahrhundertwende bis 1908 hohe Gewinne erwirtschaftet, sodass hier eine sprudelnde Finanzquelle zur Verfügung stand, die auch in den nächsten Jahren nicht versiegen sollte.[793] Im Jahr 1909/1910 überstieg der Gewinn von Schott sogar den der Optischen Werkstätte.[794] Die Abhängigkeit der Optischen Werkstätte von mittelbaren, durch Schott erwirtschafteten Zahlungen der Stiftung oder unmittelbaren Überweisungen der Stiftung aus Eigen- oder Fremdkapitalquellen, ist daher nicht zu bestreiten.[795]

7.1.2.4 Verstärktes Monitoring der Stiftungsverwaltung

Rothe kritisierte in dem oben ausgewerteten Schreiben an die Geschäftsleitung, dass der Stiftungskommissar durch die Geschäftsleitung nicht adäquat über die

790 Zusatz der Stiftungsverwaltung für ein Protokoll einer Stiftungssitzung, undatiert, vermutlich im Geschäftsjahr 1907/08 verfasst, in: CZA, BACZ 9203.

791 Siehe hierzu in dieser Arbeit das Kapitel „Finanzierungspolitik“.

792 Mitarbeiter der Optischen Werkstätte mit Kürzel „Lo“ an Friedrich Ebsen, 28.5.1914, in: CZA, BACZ 9206, 11357.

793 Siehe Gewinnzahlungen an die Stiftung, 1891/92 – 1907/08, gerundet in Steiner/Hoff, Vom Versuchslaboratorium zum Weltunternehmen, S. 223. Obwohl Schott nur zur Hälfte der Stiftung gehörte, führte das Unternehmen in den Jahren 1904 und 1908 mehr als Zeiss an die Stiftung ab.

794 Während der Gewinn von Zeiss rund 933.000 Mark betrug, belief sich der von Schott auf 1.145.000 Mark. Paul Fischer an Max Vollert, 12.2.1910, in: CZA, BACZ 9206.

795 Für weitere Beispiele für die Verwendung der Schott'schen Gewinne für die Zwecke der Optischen Werkstatt, siehe Protokoll der Stiftungssitzung, Nr. 236, 3.1.1908, in: CZA, St 218; Protokoll der Stiftungssitzung, Nr. 250, 13.6.1908, in: CZA, BACZ 8406.

Finanzlage der Betriebe informiert worden sei. Für die Zukunft forderte er deshalb ausführlichere und zeitnahe Informationen über die geschäftlichen Handlungen der Geschäftsleitung.[796] Damit verwies er abgesehen von seiner Missbilligung der unausgegorenen Finanzierungsstrategie für die Expansionsvorhaben auf einen weiteren kritischen Punkt: Die Übereinstimmung der Interessen von Stiftung und Geschäftsleitung. Voraussetzung dafür war eine ausreichende Kontrolle der Geschäftsleitung durch die Stiftungsverwaltung, deren Basis wiederum ein angemessener Informationsstand der Stiftungsverwaltung war. Zwei weitere Beispiele der nächsten Jahre zeigen allerdings, wie schwer die Geschäftsleitung es der Stiftungsverwaltung schwer machte, den für ihre Kontrolle notwendigen Einblick in die Geschäfte zu behalten (*hidden action*). So mahnte Carl Rothe im September 1908 an, dass die Umformulierung eines Vorvertrags zwischen Bausch und Zeiss vor der Abreise von Rudolf Straubel und Paul Fischer in die Vereinigten Staaten der Stiftungsverwaltung nicht noch einmal vorgelegt worden war.[797] Eine weitere Mahnung der Stiftungsverwaltung erging im Februar 1910 an die Geschäftsleitung: Abmachungen von großer finanzieller Bedeutung für die Stiftung seien zwischen der Geschäftsleitung und Vertretern von Bausch & Lomb ohne Kenntnis des Stiftungskommissars und der Stiftungsverwaltung getroffen worden.[798]

Von der Stiftungsverwaltung beklagt wurden zum einen der gestörte Informationsfluss und zum anderen die eigenmächtigen Entscheidungen der Geschäftsleitung. Der gestörte Informationsfluss könnte dabei auch eine Konsequenz der veränderten Zusammensetzung der Geschäftsleitung gewesen sein. So war Siegfried Czapski im Juni 1907 überraschend an den Folgen einer Blinddarmoperation verstorben. Er hatte ein gutes persönliches Verhältnis zu Carl Rothe gepflegt, der Vorsitzender der Stiftungsverwaltung und zuvor in den Jahren 1891–1896 Stiftungskommissar gewesen war. Die Zusammenarbeit zwischen diesem ersten Stiftungskommissar und der Geschäftsleitung war laut Siegfried Czapski gedeihlich und eng, da Rothe bei jeder Stiftungssitzung zugegen und an vielen Entscheidungen beteiligt war.[799] Als Rothe zum Staatsminister von Sachsen-Weimar-Eisenach ernannt wurde und daher aus seiner bisherigen Stellung ausscheiden musste, nahm Czapski dies mit Bedauern wahr: „Ein schwerer Verlust für uns; einen so gescheiten

---

796 Zusatz der Stiftungsverwaltung für ein Protokoll einer Stiftungssitzung, undatiert, vermutlich im Geschäftsjahr 1907/08 verfasst, in: CZA, BACZ 9203.

797 Carl Rothe an Geschäftsleitung Zeiss, 23.9.1908, in: CZA, BACZ 9203.

798 Die Abmachungen bezogen sich wohl auf das Vertragsverhältnis zwischen Stiftung und Bausch & Lomb, sind aber nicht näher in dem betreffenden Brief konkretisiert. Carl Rothe an Geschäftsleitung Zeiß, 25.2.1910, in: CZA, BACZ 9203.

799 Beispielsweise wurde Carl Rothe in Entscheidungen über Neueinstellungen und Anstellungsverträge involviert. Siehe Czapski, Siegfried: Tagebuchbericht, 1897–1901, in: CZA, BACZ 8341.

und wohlwollenden Beirath [!] bekommen wir schwerlich wieder."[800] Das Verhältnis zwischen Geschäftsleitung und Stiftungsverwaltung wurde durch den Verlust des persönlichen Kontakts zwischen dem Vorstand der Stiftungsverwaltung, Carl Rothe, und Siegfried Czapski durch dessen Tod geschwächt und entpersonalisiert. Dafür sprechen auch die Briefadressen, die Rothe verwendete. Er schrieb nicht mehr an einzelne Geschäftsleiter, sondern an die gesamte Geschäftsleitung der Optischen Werkstätte Zeiss. Mit Walther Bauersfeld, der schließlich 1908 für Czapski in die Geschäftsleitung nachrückte, wurde ein für Rothe und Vollert weitgehend Unbekannter berufen.[801] Zudem verstarb mit Czapski *der* Briefeschreiber der Geschäftsleitung. Während von Max Fischer noch zahlreiche Briefe überliefert sind, fiel die Korrespondenz der beiden anderen Geschäftsleiter der Periode bis 1919 wesentlich dünner aus. Bei Rudolf Straubel waren die Gründe für die mangelnde Korrespondenz persönlicher Natur: Seine Abneigung gegenüber dem Schreiben von Briefen war über das Unternehmen hinaus bekannt.[802] Sollte sich die zunehmende Informationsasymmetrie zwischen Stiftung und Unternehmen tatsächlich auf den Rückgang der schriftlichen Korrespondenz zurückführen lassen, wäre dies in Bezug auf das Statut durchaus bemerkenswert. Abbe hatte die schriftliche Kommunikation zwischen den beiden Organen statutarisch untersagt.

Die Konsequenz, die die Stiftungsverwaltung aus den abweichenden und eigenmächtigen Handlungen der Geschäftsleitung zog, bestand in deren verstärkter Überwachung, was sich entsprechend der Prinzipal-Agenten-Theorie unter dem Schlagwort des *Monitorings*, d. h. der Verringerung von Informationsasymmetrien, fassen lässt. Dieses verstärkte *Monitoring* zeigt sich gut anhand von Rothes Teilnahmen an den Stiftungssitzungen. Zum ersten Mal nahm Rothe am 30. April 1907 an einer Stiftungssitzung teil, als es um den Kauf von Aktien bei dem Unternehmen C. P. Goerz ging. Die folgenden Sitzungen, an denen Rothe im Jahr 1907 zugegen war, widmeten sich ebenfalls dem Anteilskauf bei Goerz und den Beteiligungen bei

---

800 Czapski, Siegfried: Tagebuchbericht, 1897–1901, Eintrag vom 27.3.1899, in: CZA, BACZ 8341. Und an späterer Stelle mit Hinblick auf dessen Nachfolger Vollert: „Dass er denselben weiten Blick und das ausserordentliche Verständnis für die gesammte [!] Situation sowie die Geschäfts- und Welterfahrung seines Vorgängers besitze kann nicht erwartet werden." Ebd., Eintrag vom 1.6.1899.

801 Das Statut bestimmte, dass zu Geschäftsleitern nur Angestellte werden konnten, die in einem Zeitraum von vier Jahren vor ihrer Ernennung bereits zwei Jahre in der Optischen Werkstätte gearbeitet hatten (§ 26). Walther Bauersfeld hatte vor Beginn seiner Geschäftsleitertätigkeit im Jahr 1908 von 1905 bis 1907 in der Optischen Werkstätte gearbeitet, sodass er in dieser Zeit durchaus mit Max Vollert und – nicht sehr wahrscheinlich – mit Carl Rothe in Kontakt gekommen sein könnte.

802 Straubels Schwager, Otto Knopf, bezeichnete es wiederholt als unmöglich, mit ihm schriftlich Kontakt zu halten. Auch der Physiker Clemens Schaefer aus Breslau beklagte sich in einer wissenschaftlichen Zeitschrift über Straubels Schreibfaulheit. Anekdoten von Rudolf Straubel, von Wandersleb aus der Erinnerung diktiert, in: CZA, NL 3, Nr. 8.

Bausch & Lomb. Rothe nahm als Chef der Stiftungsverwaltung im Jahr 1908 an insgesamt zehn Sitzungen teil. In den Jahren 1909 bis 1913 wohnte er jeweils dreimal einer Sitzung bei, mit Ausnahme des Jahres 1912, in dem er viermal anwesend war.[803] Bis auf wenige Ausnahmen wurden in den von Rothe besuchten Sitzungen Aspekte der Beteiligungsvorhaben und -verhandlungen besprochen oder damit verbundene Fragen der Finanzierung der Beteiligungen geklärt. Neben seiner eigenen sporadischen Anwesenheit und der stetigen Präsenz des Stiftungskommissars Max Vollert bestimmte Rothe Anfang Februar 1908, dass der Ministerialrevisor in Weimar, Rat Haubold, der auch für die Buchhaltung der Stiftung zuständig war, als weiterer Repräsentant der Stiftung regelmäßig an den Stiftungssitzungen teilzunehmen habe.[804] Zusätzlich war ab Frühsommer des Jahres 1909 ein weiterer Vertreter der Stiftungsverwaltung in den Stiftungssitzungen anwesend, als Referent des Kultusdepartments in Angelegenheiten der Stiftung.[805] Die Einsetzung eines Stiftungsreferenten trug der veränderten Kommunikationssituation Rechnung, die durch die Versetzung von Stiftungskommissar Max Vollert als Universitätskurator von Weimar nach Jena entstanden war. Damit konnte die durch das Statut geforderte mündliche Berichterstattung des Stiftungskommissars an die Stiftungsverwaltung nicht aufrechterhalten werden. Diesen Umstand sollte der Stiftungsreferent als mündlicher Vortragender bei der Stiftungsverwaltung kompensieren.[806] Zum Stiftungsreferenten wurde Friedrich Ebsen berufen, der schließlich zu Beginn des Jahres 1912 auf Max Vollert als Stiftungskommissar folgte. Seit dem 4. Juni 1909 war Ebsen fester Teilnehmer der Stiftungssitzungen.[807] Aufgrund dieser Verstärkung des Stiftungspersonals konnten in den Sitzungen durchaus vier Vertreter der Stiftung den vier anwesenden Geschäftsleitern Fischer, Straubel, Bauerfeld und Schott sowie dem Syndikus Paul Fischer gegenübersitzen.[808]

Hinsichtlich des eigenmächtigen Handelns der Geschäftsleitung ohne Berichterstattung an die Stiftungsverwaltung erließ Rothe im September 1908 die Vorgabe,

---

803 Rothe war anwesend an folgenden Daten: 30.4.1907, 6.6.1907 (Aktienkauf Goerz), 4.9.1907 Beteiligung B&L, 13.12.1907 Beteiligung B&L, 3.1.1908 Beteiligung B&L, 22.2.1908 Beteiligungen/Aktienkauf bei Goerz, B&L, Krauss, 2.3.1908, 4.4.1908, 14.15./4.1908, 26.4.1908, 30.5.1908, 23.7.1908, 9.10.1908, 11.11.1908, 28.11.1908, 25.2.1909, 22.3.1909, 26.7.1909, 6.5.1910, 30.6.1910, 26.9.1910, 18.11.1911, 25.11.1911, 4.12.1911, 25.1.1912, 21.2.1912, 8.10.1912, 19.12.1912, 30.4.1913, 6.6.1913, 7.7.1913. Siehe die Protokolle in den Akten: CZA, St 218, BACZ 1482, 1483, 1484, 1486, 1488, 22259.

804 Max Vollert an Rechtsanwalt (mit hoher Wahrscheinlichkeit: Paul Fischer), 1.2.1908, in: CZA, BACZ 9206.

805 Protokoll der Stiftungssitzung, Nr. 270, 15.5.1909, in: CZA, BACZ 22259.

806 Vollert: Gutachten „Die Stellung des Kommissars der Carl-Zeiss-Stiftung zu Stiftungsverwaltung", 16.2.1912, in: CZA, BACZ 185.

807 Protokoll der Stiftungssitzung, Nr. 271, 4.6.1909, in: CZA, St 218.

808 Beispielsweise in der Sitzung vom 25.11.1911, in: CZA, BACZ 1482.

dass der Stiftungsverwaltung alle Verträge vor Abschluss vorzulegen seien[809] und stellte ferner im Februar 1910 die Forderung auf, in Zukunft keine die Stiftungsfinanzen betreffenden Entscheidungen ohne vorherige Stellungnahme der Stiftungsverwaltung zu treffen.[810] Zudem sollten der Stiftungsverwaltung die Informationen über das Geschäft der Optischen Werkstätte in einer Darstellungsweise übermittelt werden, die eine bessere Vergleichbarkeit ermögliche. Als Carl Rothe dies dem Stiftungskommissar Max Vollert im März 1911 zur Vorgabe machte, verlangte er zugleich einen Bericht über die „Geschäftspolitik der Firma Carl Zeiß", nachdem der letzte Bericht zur Unternehmensführungsstrategie der Geschäftsleitung beinahe eineinhalb Jahre zurücklag.[811]

Die Ermahnungen der Stiftungsverwaltung blieben nicht ungehört, wie die Vertragsgestaltung anlässlich einer weiteren Unternehmensbeteiligung bei dem Unternehmen Christian Bruns & Cie im Jahr 1911 verdeutlicht.[812] Die GmbH wurde 1911 von den beiden Feinmechanikern Christan und Heinrich Bruns zur Produktion und zum Vertrieb von photographischen Verschlüssen gegründet. Die Gesellschaft sollte durch Patentanmeldung vom 6. Juni 1910 geschützte photographische Objektivverschlüsse verwerten sowie andere in Bezug zu diesem Patent stehende Fabrikate herstellen. Bedeutsam für die spätere Beteiligung der Optischen Werkstätte war, dass die Rechte aus der Patentanmeldung auf die Gesellschaft übertragen wurden und das Grundkapital von 40.000 Mark zwischen Christian und Heinrich Bruns aufgeteilt wurde, wobei letzterem mit 21.000 Mark der größere Anteil zufiel.[813] Die Gründung dieser Gesellschaft war allerdings nur der erste Schritt zur Beteiligung der Carl-Zeiss-Stiftung: Am Tag der Gründung von Christian Bruns & Cie trat Heinrich Bruns in einem zweiten Rechtsakt seinen Geschäftsanteil von 21.000 Mark mit allen Rechten an die Carl-Zeiss-Stiftung ab. Bei den Beteiligungsverhandlungen an der Firma Bruns nahm der Syndikus Paul Fischer einen Passus in den Vertrag mit Heinrich und Christian Bruns auf, der die Übereinstimmung der Geschäftsleiterinteressen mit denen des Stiftungskommissars für das Zustandekommen des Geschäfts eindeutig sichern sollte. Voraussetzung für die Gültigkeit des

809 Carl Rothe an Geschäftsleitung Zeiss, 23.9.1908, in: CZA, BACZ 9203.

810 Ebd.

811 Carl Rothe an Max Vollert, 13.3.1911, in: CZA, BACZ 1482. Carl Rothe bezog sich hier auf den Bericht des Stiftungskommissars vom 19.10.1909, in: SCHOTT Archiv 5/46.

812 Das Interesse der Optischen Werkstätte an Christian Bruns & Cie ging auf dessen herausragende Konstruktionsleistungen in Bezug auf Verschlüsse zurück. Diese wurden in Kameras verbaut, wo sie das lichtempfindliche Aufnahmematerial schützten. Während der Belichtung lassen die Verschlüsse für einen sehr kurzen Moment das durch das Objektiv geleitete Licht durchdringen.

813 Urkunde des Notars Dr. Karl Schad, München, für die Firma Christian Bruns & Cie, 30.3.1911, in: CZA, BACZ 2527.

Rechtsgeschäfts war Punkt V des Vertrags: „Die Wirksamkeit des Vertrages ist abhängig von der Genehmigung des Stiftungskommissars der Carl Zeiss Stiftung in Jena". Erst mit Vollerts Unterschrift vom 12. April 1911 wurde der Kauf rechtskräftig.[814] Dass die zwei Rechtsakte der GmbH-Gründung und der Übertragung der Unternehmensanteile unmittelbar hintereinander erfolgten, ist ungewöhnlich und weist auf ein besonderes strategisches Vorgehen der Geschäftsleitung hin. Heinrich Bruns Rolle schien die eines Strohmannes zu sein, der eingesetzt wurde, um die Stiftung nicht in die Gesellschaftsgründung zu involvieren. Die Motive werden an späterer Stelle rekonstruiert.

Schon der Sommer und Herbst des Jahres 1910 standen im Zeichen der Verhandlungen mit verschiedenen Unternehmen des Verschlussgeschäfts. Dabei holte die Geschäftsleitung in einer Stiftungssitzung im September 1910 explizit die Genehmigung des Stiftungskommissars für diese Verhandlungen ein. Die Geschäftsleitung plante Beteiligungen der Optischen Werkstätte durch die Übernahme von einem Sechstel des Kapitals der fusionierten Unternehmen Friedrich Deckel[815] in München und Gauthier in Calmbach. Damit sollte nominal ein Geschäftsanteil von 84.000 Mark zum Preis von 200.000 Mark erworben werden.[816] Bei Deckel kam es zum erfolgreichen Abschluss. Die Beteiligungsbestrebungen bei den Herstellern von Objektivverschlüssen, in deren Zuge es auch zu einem Abschluss mit der Firma Kenngott kam,[817] standen in Verbindung mit der Gründung des Kameraunternehmens Ica AG. Die Gründung wurde gemeinsam mit den Kamera-Unternehmen Hüttig und Wünsche in Dresden sowie der Firma Krügener in Frankfurt a. M. im Jahr 1909 vollzogen. Zeiss brachte seine Kameraabteilung in die Ica AG ein.[818] So gelang es der Geschäftsleitung, die Verlust generierende Kameraabteilung der Optischen Werkstätte in ein profitables Unternehmen zu überführen, was zuvor angesichts des starken Konkurrenzkampfes auf diesem Gebiet wenig vielversprechend erschien.[819]

---

814 Urkunde des Notars Dr. Karl Schad für die Carl-Zeiss-Stiftung, 30.3.1911, in: CZA, BACZ 2527.

815 Friedrich Wilhelm Deckel hatte seinerseits bereits mit Christian Bruns in einer Unternehmenskooperation zusammengearbeitet. 1903 wurde die Werkstätte Bruns & Deckel zur Herstellung des „Compound"-Verschlusses gegründet. Nach nur zwei Jahren jedoch wurde die Zusammenarbeit der beiden beendet. Deckel entwickelte den „Compur"-Verschluss mit ansonsten unerreichten Eigenschaften. Er arbeitete sehr schnell und ungewöhnlich präzise. Vgl. Neher, Deckel, S. 543 f. Deckel führte 1912 als erster Unternehmer in München den Achtstunden-Arbeitstag ein.

816 Protokoll der Stiftungssitzung, Nr. 292, 26.9.1910, in: CZA, St 218.

817 Protokoll der Stiftungssitzung, Nr. 286, 6.5.1910, in: CZA, St 218.

818 Petermann: Notizen, 23.9.1946, in: CZA, BACZ 7792.

819 Schumann (u. a.), Carl Zeiss Jena, S. 171. Vor allem Goerz trat auf dem Markt für Objektive als starker Konkurrent auf, ebd., S. 172.

Wenngleich es also Versuche der Geschäftsleitung gab, die Transparenz ihrer Entscheidungen zu erhöhen, war das Problem der mangelnden Information und Einbeziehung der Stiftungsverwaltung in die Entscheidungen zu Beteiligungsvorhaben und -verhandlungen wohl nicht gelöst. Verschiedene Schreiben bis zum Herbst 1911 zeigen, dass die Stiftungsverwaltung um einen erhöhten Informationsstand bemüht war. Rothe schrieb beispielsweise im Mai 1911 an den Stiftungskommissar Max Vollert in der Absicht, ein umfassendes Bild der Beteiligungsaktivitäten der Geschäftsleitung zu gewinnen.[820] Rothes Schreiben lässt den Schluss zu, dass er seinen Informationsstand trotz der neu etablierten *Monitoring*-Maßnahmen als nicht ausreichend wahrnahm.[821] Es ist plausibel, den von Rothe als ungenügend wahrgenommenen Informationsstand auf die gesteigerte Aktivität der Geschäftsleitung in Hinblick auf das externe Wachstum in den Jahren 1908 bis 1911 zurückzuführen. So führte die Geschäftsleitung bis Mai 1911 insgesamt elf verschiedene Verhandlungen zu Beteiligungen zum Abschluss, die bereits genannte Beteiligung bei Bausch & Lomb und den Verschlussgeschäften eingerechnet. Aktienkäufe hatten außer bei Bausch & Lomb zu Beteiligungen bei dem Konkurrenzunternehmen C. P. Goerz, der Optica AG und der Ica AG geführt. Zudem gründete Zeiss mit dem Mikroskophersteller Winkel eine GmbH in Göttingen.[822] Um auf dem Gebiet der Kystokopie – medizinisch-optische Geräte zur Untersuchung der Blase, bei denen Zeiss die optischen Teile liefern konnte – eine „Monopolstellung“ zu erlangen, beteiligte man sich zudem, wie Syndikus Paul Fischer erläuterte, an den Firmen G. Wolf, Berlin und an Kollmorgen, Berlin.[823] Die Kapitalsumme für all diese Beteiligungen belief sich im September 1911 auf 1.410.700 Mark, wie Tabelle 1 aufführt.

820 Carl Rothe an Max Vollert, 17.5.1911, in: CZA, BACZ 9206. In diesem Zusammenhang steht auch das Schreiben von Carl Rothe an die Geschäftsleitung vom 17.5.1911, in dem er mehr Informationen über die Beteiligung bei Bausch & Lomb in Form einer „Bemerkung“ zur Stiftungsrechnung fordert. Diese sollte den Erfolg bzw. Misserfolg der Geschäftsleitung in Bezug auf diese Beteiligungsunternehmung offenlegen. In Bezug auf die anderen, mittlerweile abgeschlossenen Beteiligungen verlangte Rothe von der Geschäftsleitung zudem „eine tabellarische Aufstellung, aus der die jeweilige Kapitalbeteiligung, die Zahl der Aktien, die Gewinn- und Verlustziffern usw. für jedes Geschäftsjahr zu ersehen sind.“ In: CZA, BACZ 1482.

821 Allerdings muss an dieser Stelle auch darauf hingewiesen werden, dass Carl Rothe in dem Jahr vor der Abfassung seines Schreibens vom 17.5.1911 nur bei drei von 15 Stiftungssitzungen anwesend war, davon zuletzt am 26.9.1910. Protokolle der Stiftungssitzungen in CZA, St 218, BACZ 22259.

822 Siehe hierzu das sich anschließende Unterkapitel.

823 Paul Fischer an Max Vollert, 30.5.1911, in: CZA, BACZ 9206.

Tabelle 1: Aufgewendetes Kapital für Beteiligungen (in Mark), September 1911.[824]

Beteiligungsunternehmen	**Beteiligungssumme (in Mark)**
Bruns GmbH, München	3.000
T. Ertel & Sohn GmbH, München	50.000
R. Winkel GmbH, Göttingen	500.000
„Dr. Paul Fischer im Hause"[825]	200.000
Hans Kollmorgen GmbH Berlin (Aufgeld)	14.000[826]
Hans Kollmorgen GmbH Berlin (Kapital)	17.000
Ica Ag Dresden (487 Aktien a 110 %)	535.700
Optische Anstalt Saalfeld GmbH, Saalfeld	40.000
Georg Wolf GmbH Berlin (Kapital)	34.000
Georg Wolf GmbH (Darlehen)	17.000
J. Rinnebach, München (Darlehen)	50.000
Summe	**1.410.700**

Insgesamt vervielfachte sich durch die Beteiligungen die Aufgabenmenge der Geschäftsleitung signifikant, was wiederum die Kontrolle durch die Stiftungsverwaltung erheblich erschwerte. Neben den sich aus den Quellen erschließenden zeitintensiven und anspruchsvollen Verhandlungen verdeutlichen die überlieferten Schriftwechsel, wie eng der Kontakt zwischen den Beteiligungsunternehmen und der Geschäftsleitung war. Nicht zuletzt vergrößerten erfolglos geführte Verhandlungen die Informationsmenge und erschwerten der Stiftungsverwaltung die ausreichende Kontrolle der Geschäftsleitung weiter. Ein Beispiel sind die Verhandlun-

824 Protokoll der Stiftungssitzung, Nr. 306, 9.11.1911, in: CZA, BACZ 1482; Rothe, „Verfassung der Carl Zeiß-Stiftung im Allgemeinen", undatiert, zwischen 1910/11 und 1914, in: CZA, BACZ 10069. Es fehlt die Beteiligungssumme für die Bausch & Lomb Company, die zusätzlich mit 2.932.970 Mark zu Buche schlug.

825 Paul Fischer und Rudolf Straubel, denen auf dem Konsortial-Konto hohe Beträge zugeordnet worden waren, waren Decknamen für Beteiligungen, die unter Vertragsstrafe zu verheimlichen waren. Geschäftsbericht des Stiftungskommissars der Carl-Zeiss-Stiftung. Geschäftsjahr 1911/12 bis 1913/14, in: CZA, BACZ 1501.

826 Eine andere Quelle nennt 17.000 Mark für das Aufgeld, Kollmorgen, 27.000 Mark für das Kapital, Wolf, 20.000 Mark für das Darlehen, Wolf, siehe Paul Fischer an Max Vollert, 30.5.1911, in: CZA, BACZ 9206.

gen mit Ross Ltd. zum Schutz der britischen Patente von Zeiss.[827] Nachdem die Verhandlungen wegen nicht annehmbarer Forderungen, die Ross gestellt hatte, abgebrochen werden mussten,[828] kaufte Zeiss schließlich ein Grundstück für eine Werkstatt in London, High Barnett, zu einem Preis von 110.000 Mark.[829] Ergebnislos blieben zudem die Verhandlungen über eine Beteiligung an der Fabrikation von Infanterie-Entfernungsmessern mit dem Optiker Höhn in Cassel, ebenso wie mit Hensoldt in Wetzlar. Eine Fehlinvestition war darüber hinaus die an die Lucifer-Gesellschaft gezahlte Summe von 16.500 Mark zwecks Vertriebs eines Gewehrzielscheinwerfers. Das Unternehmen erzielte so schlechte Ergebnisse, dass die Investition per 30. September 1910 als „dubiose Forderung" abgeschrieben wurde.[830]

7.1.2.5 Auswirkungen des Statuts auf die Beteiligungsstrategie

Wie schon bei der Beteiligung an Bruns wurde Kollmorgen zunächst als eine GmbH zwischen dem späteren Mitgesellschafter von Zeiss, Hans Kollmorgen, und einer dritten unbeteiligten Person gegründet. In beiden Fällen trat diese dritte unbeteiligte Person ihren Anteil direkt nach der Gesellschaftsgründung an die Stiftung bzw. die Optische Werkstätte ab. Interessanterweise trat im Fall von Bruns die Stiftung als Käuferin auf, während Kollmorgens Anteile von der Optischen Werkstätte erworben wurden. In beiden Fällen wurde der Stiftung bzw. der Optischen Werkstätte der größere Unternehmensanteil übertragen. Vom gesamten Geschäftskapital von Kollmorgen in Höhe von 32.000 Mark erhielt Zeiss 17.000 Mark. Vertraglich festgehalten wurde zudem ein Vorkaufsrecht im Fall der einseitigen Aufkündigung durch einen der beiden Gesellschafter.[831] Folglich wurden – wie im Fall von Bruns – zwei Rechtsakte unmittelbar hintereinander vollzogen. Über das Einschalten eines formalen, aber ansonsten unbeteiligten Gründers war die Stiftung imstande, eine Neugründung zu initiieren, ohne an dieser beteiligt zu sein. Die Beteiligung erfolgte im Nachhinein durch den Kauf der Unternehmensanteile des ansonsten nur formal beteiligten Dritten und ermöglichte so, die statutarischen Bedingungen zu umgehen. Auf diese Weise waren die Geschäftsleitung und die Stiftung in der Lage, eine Unternehmensneugründung nicht durch statutarische Verpflichtungen zu erschweren, die zum einen die Corporate Governance betroffen hätten und zum anderen Kosten

827 Protokoll der Stiftungssitzung, Nr. 248, 6.5.1908, in: CZA, BACZ 8046.

828 Protokoll der Stiftungssitzung, Nr. 251, 18.6.1908, in: CZA, BACZ 8046.

829 Bericht des Stiftungskommissars der Carl Zeiss Stiftung über die Geschäftsjahre 1907/08 und 1908/09, 11.1.1910, in: SCHOTT Archiv 5/48.

830 Paul Fischer an Max Vollert, 30.5.1911, in: CZA, BACZ 9206.

831 Gesellschaftsvertrag Kollmorgen-Keller, 11.11.1910; Abschrift der notariellen Verhandlung betr. Abtretung des Geschäftsanteils Keller an Carl Zeiss, 11.11.1910, in: CZA, BACZ 26957.

für die „Stiftungsrechte" bedeutet hätten. War dieses Vorgehen bei der Optica AG noch den amerikanischen Vertragspartnern zuliebe gewählt worden, so war es nun, im Jahr 1910, Teil der strategischen Unternehmensführung der Zeiss-Geschäftsleitung. Im September 1911 erläuterte die Geschäftsleitung in einer Stiftungssitzung die Entscheidung für die von ihr favorisierten Rechtsformen der Aktiengesellschaft und der GmbH. Zum einen lasse sich mit diesen Gesellschaftsformen das finanzielle Risiko beschränken, zum anderen könne „gegenüber den Bestimmungen in § 93, 2 Stat. eine gewisse Freiheit" erlangt werden, die die Geschäftsleitung demnach bewusst anstrebte.[832] Denn die Option zu einer Neugründung unter Stiftungsbeteiligung bestand durchaus. Sowohl Bruns als auch Kollmorgen waren als Minderheitsbeteiligte in den Verhandlungen in der schwächeren Verhandlungsposition. Dass sich das Motiv für das Umgehen der statutarischen Pflichten demnach verschoben hatte, ist bemerkenswert. Noch bei der Gründung der Optica AG war es erklärtes Ziel der Geschäftsleitung und der Stiftungsverwaltung, bei Neugründungen „Stiftungsrechte" für die Beschäftigten durchzusetzen. In der Zwischenzeit allerdings waren Geschäftsleitung und vielleicht auch Stiftungskommissar und/oder Stiftungsverwaltung zu einer anderen Ansicht gelangt. Das ist aus unternehmensstrategischer Sicht zunächst nachvollziehbar, da so hohe Kosten gespart werden konnten, die für Pensionen, Abgangsentschädigungen, bezahlten Urlaub etc. angefallen wären.[833] Im Fall der Optica AG war in der Geschäftsleitung die Erkenntnis gereift, dass das Statut nicht auf Aktiengesellschaften angewendet werden musste – eine Feststellung, die ebenfalls in Bezug auf GmbHs Geltung behielt. Zwar war die Beteiligungsstrategie somit statutenkonform, es ist allerdings zweifelhaft, dass es wirklich Abbes Wille gewesen wäre, das externe Wachstum der Optischen Werkstätte unter Ausschaltung der „Stiftungsrechte" für die beteiligten Unternehmen zu vollziehen. Dafür sprechen mehrere Punkte: So zeigt Abbes Motivation für die Stiftungsgründung, die in Kapitel 4 erarbeitet wurde, dass ihm die „Stiftungsrechte" für Beschäftigte ein wesentliches Anliegen waren. Eine Ausdehnung der Verbesserung des sozialen Status von Arbeitern und Angestellten auf Beteiligungsunternehmen hätte sein Interesse gefunden. Aus diesem Grund findet sich die unmissverständliche Passage unter Paragraph 93, 2: „Wenn die Carl Zeiss-Stiftung ein neues Betriebsunternehmen im Gesellschaftsverhältnis mit anderen beginnt, muß für dieses die alsbaldige Geltung aller Bestimmungen des Titels V dieses Statuts [...] im Gesellschaftsvertrag besonders festgestellt sein." Dass dieser Paragraph unter

832 Protokoll der Stiftungssitzung, Nr. 306, 9.11.1911, in: CZA, BACZ 1482. Die statutarische Legitimität war dabei Voraussetzung und durch Stiftungsverwaltung und Geschäftsleitung geklärt worden, siehe oben, Unterkapitel „Statutenkonformität der Beteiligungen".

833 Das Unterkapitel „Stiftungsrechte" in dieser Arbeit zeigt deutlich, wie sehr die Unternehmen durch diese Posten belastet wurden.

„Schlußbestimmungen“ steht, betont seine allgemeine Gültigkeit. Die Berufung der Geschäftsleitung auf den Paragraphen 38, der die Nachfolgeregelung der Beteiligungen bestimmt und den Terminus „Sozius“ verwendet und somit nicht auf Aktiengesellschaften bezogen werden könne, scheint daher zumindest fragwürdig.

Trotz unterbliebener Verleihung der „Stiftungsrechte“ strahlten die arbeitsorganisatorischen Errungenschaften der Optischen Werkstätte aus, wie sich zumindest für ein Beispiel zeigen lässt: In dem Göttinger Unternehmen Winkel wurde im Jahr 1912, ein Jahr nach der Mehrheitsbeteiligung der Carl-Zeiss-Stiftung, der Achtstundentag eingeführt. Diese Übertragung eines Arbeiterrechts zur Verbesserung des Lebensstandards der Arbeiter ist dem Umstand geschuldet, dass der Achtstundentag nicht im Statut unter den „Stiftungsrechten“ fixiert war und zudem keine Kosten verursachte.

Dass das Statut die Ausprägung der Beteiligungsstrategie auch in anderen Fällen beeinflusste, zeigt das Beispiel der Beteiligungsbestrebungen an dem Unternehmen Goerz. Die Bestrebungen lassen sich auf die Konkurrenzsituation unter den größeren Unternehmen der optischen Industrie zurückführen, die sich seit der Jahrhundertwende verschärfte und zunehmend die Entscheidungen der Geschäftsleitung beeinflusste. So war Abbe noch in der „Denkschrift vom 4. Dezember 1887“, einem Konzeptentwurf der Stiftung, davon ausgegangen, dass die Qualitätsführerschaft der Optischen Werkstätte ein entscheidender Faktor im Konkurrenzkampf sei. Die von Abbe daher als wesentlich identifizierte Qualitätsführerschaft folgte aus dem Anspruch ein „Forschungsinstitut“ zu sein, dessen Niveau einer Universität oder anderen Forschungseinrichtungen durchaus gleichkam bzw. diese übertraf.[834] Da Abbes Denken von der Angebotsseite bestimmt war, betrachtete er die Stiftungsbetriebe wegen ihrer außergewöhnlichen Forschungs- und Entwicklungsleistung als der Konkurrenz voraus. Faktoren wie Kundenakquise und Werbung oder die Rolle von Preiskämpfen hatte er nur bedingt bedacht. Solange er in der Geschäftsleitung vertreten war, gestalteten sich die Marktbedingungen aufgrund eines weniger stark ausgeprägten Wettbewerbs einfacher, sodass die Abschlüsse entsprechend günstig ausfielen. Im Zeitraum von 1890/91 bis 1900/01 schloss Zeiss das Geschäftsjahr jeweils mit stets steigenden Umsätzen und einer Umsatzrentabilität von durchschnittlich über 18 Prozent ab. Da die geringen Abschreibungen während dieser Jahre die Marke von 127.000 Mark nicht überstiegen und die Stiftungsleistungen für Pensionen und Abgangsentschädigungen noch verhältnismäßig niedrig ausfielen,[835] konnten sogar hohe Erträge an die in Paragraph 1, B bestimmten Destinatäre gezahlt werden, sprich hohe Summen an die Universität

834 Abbe, Denkschrift vom 4. Dezember 1887, S. 44 f.

835 Max Vollert an Departement des Kultus, 19.10.1909, in: SCHOTT Archiv 5/46.

ausgeschüttet werden. Während der letzten Lebensjahre von Abbe und erst recht nach seinem Rückzug aus der Geschäftsleitung im Jahr 1903 jedoch waren vor allem die Unternehmen Goerz und Busch erstarkt. Die Geschäftsleitung jedenfalls stand wegen der verschärften Wettbewerbssituation unter erhöhtem Druck, weil in diesem Zeitraum auch die steigenden statutarischen Verpflichtungen für Pensionen evident wurden und das Geschäftsjahr 1902/03 zudem offenbarte, dass in Krisenzeiten mit hohen Abgangsentschädigungen zu rechnen war. Das Unternehmen Goerz hatte die Optische Werkstätte bereits zu Lebzeiten Abbes auf den meisten Gebieten der Optik herausgefordert, besonders im Militärgeschäft. Berichte der Geschäftsleitung und des Stiftungskommissars betonen die zunehmend bedrohliche Stärke des Unternehmens. In seinem Bericht über die Geschäftspolitik der Firma Carl Zeiss vom 19. Oktober 1909 bezeichnete Vollert Goerz sogar als „gefährlichste Konkurrentin".[836]

Wurde der Konkurrenzkampf von Seiten der Optischen Werkstätte zunächst über preis- und produktpolitische Mittel wie Preissenkungen oder verstärkte Konzentration auf das Militärgeschäft geführt, ergaben sich mit der Etablierung des externen Wachstums als Komponente der strategischen Unternehmensführung neue Möglichkeiten. Vor diesem Hintergrund kamen sowohl Geschäftsleitung als auch Stiftungsverwaltung zu dem Schluss, dass eine Aufhebung des „Interessengegensatzes" der Unternehmen durch eine Unternehmenskooperation oder -übernahme vonnöten sei. Von allen anderen Möglichkeiten der Zusammenarbeit zwischen Goerz und Zeiss wie Preisabsprachen, Konventionen oder Vereinigungen von Teilbereichen der Unternehmen erwartete man sich hingegen nur Schwierigkeiten.[837] In den sich anschließenden Verhandlungen machte sich die Unternehmensleitung von Goerz für eine gegenseitige Kapitalverflechtung stark, die das Statut allerdings nicht zuließ. So blieb nur der Aufkauf aller Goerz-Aktien. Dabei sollte der Gründer und bisherige Eigentümer der Optischen Anstalt C. P. Goerz, Carl Paul Goerz, weiterhin Geschäftsleiter bleiben. Ferner erhielt er die vertragliche Garantie, bei Zeiss einen gewissen Einfluss auf die Unternehmensführung geltend machen zu können.[838] Die Verhandlungen waren bereits weit fortgeschritten, wurden aber aufgrund von Schwierigkeiten, die sich durch die Unternehmensbeteiligung bei Bausch & Lomb ergaben, nicht zum Ende geführt. Für diese parallel stattfindenden Beteiligungsverhandlungen bei Bausch & Lomb waren solch hohe Summen erforderlich, dass das Ausgabevolumen von Seiten der Stiftungsverwal-

836 Vollert, Max: Bericht über die Geschäftspolitik der Firma Carl Zeiss, 19.10.1909, in: SCHOTT Archiv 5/46.

837 Zum ersten Mal wurde am 15.2.1907 in einer Stiftungssitzung darüber verhandelt, siehe das betreffende Protokoll der Stiftungssitzung, in: CZA, St 218.

838 Protokoll der Stiftungssitzung, Nr. 223, 23.4.1907, in: CZA, St 218.

tung auf maximal 1,5 Millionen Mark begrenzt wurde.[839] Aus diesem Grund untersagte die Stiftungsverwaltung den Aufkauf aller für die Übernahme notwendigen Goerz-Aktien.[840] Die Investition in die Goerz-Aktien wurde schließlich als Fehlentscheidung eingeordnet. Die bereits gekauften 134 Aktien wurden als Kapitalanlage gesehen und sollten mittelfristig wieder abgestoßen werden.[841] An dieser Stelle war letztlich das Statut für das Scheitern der Beteiligungsbestrebungen verantwortlich, da es die von Carl Goerz geforderte Kapitalverflechtung nicht gestattete. Die Carl-Zeiss-Stiftung konnte keinem Modell der Unternehmenskooperation zustimmen, dass die Übertragung oder den Verkauf ihrer Unternehmensanteile einschloss (§ 37). Diese Entscheidungsprämisse vereinfachte die Verhandlungen bei Beteiligungsunternehmungen wegen der raschen Selektion von Entscheidungsmöglichkeiten. Dies zeigte sich ebenfalls bei den beschriebenen Verhandlungen mit Bausch & Lomb sowie Saegmüller, bei denen die gegenseitige Beteiligung seitens der amerikanischen Unternehmen gefordert wurde. Von der Geschäftsleitung der Optischen Werkstätte wurde die Forderung als „natürlich indiskutabel" bewertet, wie Max Fischer in einem Brief an den Stiftungskommissar am 4. September 1907 festhielt.[842] Die rechtlichen Bestimmungen bewahrten die Optische Werkstätte vor einer mit einer Kapitalverflechtung verbundenen Verringerung ihrer Entscheidungshoheit. Auf lange Sicht bildete damit diese Vorgabe des Statuts die Grundlage für eine dominante Position innerhalb der Unternehmensbranche, die in der Entwicklung zum Konzern mündete.

Die Frage, warum der Qualitätsführer Zeiss seine Konkurrenz auf diese Weise bekämpfte, lässt sich mit Blick auf die Stiftungskonstruktion beantworten, die zwei Entscheidungsprämissen vorgab: zum einen die Diversifikation des Unternehmens zur Sicherung der Stabilität der Stiftungsbetriebe, von deren Prosperität die Durchsetzung der Stiftungszwecke abhing. Hiermit war auch verbunden, dass Abteilungen aufgebaut wurden, deren ökonomischer Erfolg dem wissenschaftlichen Fortschritt untergeordnet wurde. Diese Abteilungen waren Kostenfaktoren, denen nur verhältnismäßig geringe Erträge gegenüberstanden.[843] Zum anderen waren die Fixkosten der Optischen Werkstätte besonders hoch, weil die statutarisch bestimmten Sozialleistungen in diese eingingen. Aus dem ersten Punkt folgte, dass die

839 Protokoll der Stiftungssitzung, Nr. 232, 4.9.1907, in: CZA, BACZ 22259.

840 Protokoll der Stiftungssitzung, Nr. 235, 13.12.1907, in: CZA, St 218.

841 Max Vollert an Paul Fischer, 17.2.1908, in: CZA, BACZ 9206. Der Bericht des Stiftungskommissars der Carl Zeiss Stiftung über die Geschäftsjahre 1907/08 und 1908/09, 11.1.1910, in: SCHOTT Archiv 5/48 verzeichnete nur noch 65 Aktien.

842 Max Fischer an Max Vollert, 4.9.1907, in: CZA, BACZ 9206.

843 Siehe dazu in dieser Arbeit das Kapitel „Die Paragraphen 42 und 43: Forschung und Entwicklung".

Optische Werkstätte rasch wuchs und höhere Organisationskosten entstanden. So analysierte Stiftungskommissar Vollert,

> dass ein stetig sich vergrössernder Betrieb meist nur bis zu einer bestimmten Grenze rentabler wird, nach deren Überschreitung sich dann aber wieder verteuert, weil infolge der grösseren Schwierigkeiten der Übersicht und des Zusammenhalts sowie des planmässigen Zusammenwirkens eine erhebliche Verstärkung der für die Aufsicht und den inneren Verkehr nötigen Organe erforderlich wird.[844]

Max Vollert lieferte damit eine Erklärung der abnehmenden Rentabilität von Unternehmen einer gewissen Größe aufgrund von abnehmendem Grenznutzen bei gleichzeitig steigenden Organisationskosten.[845] Auch seine folgenden Ausführungen in diesem Zusammenhang zeugen von hoher unternehmerischer Kenntnis sowie einer guten Einsicht in die Vorgänge innerhalb der Optischen Werkstätte:[846] So resultierten laut Vollert die erhöhten Koordinationskosten bei Zeiss vor allem aus der Anstellung von Verwaltungs- und Kontrollpersonal, dessen Gruppe überproportional zu der der wissenschaftlichen Angestellten und Arbeiter angestiegen sei. Zu den Organisationskosten kämen hohe Forschungs- und Entwicklungskosten und zudem die Zahlung von fünf Prozent auf das Geschäftskapital von Zeiss an die Stiftung. Der sich hieraus ergebende Wettbewerbsnachteil hätte sich durch die statutarisch vorgeschriebenen Ausgaben für Pensionszahlungen, Abgangsentschädigungen, Remunerationen und andere Leistungen wie bezahlten Urlaub etc. noch vergrößert. All dies wirke sich auf die Umsatzrentabilität der Optischen Werkstätte aus. Während sich der Umsatz im Zeitraum von 1890/91 bis 1907/08 fast versechsfacht habe (1.064.119 Mark auf 6.356.832 Mark), hinke der Reingewinn mit einer Verdreifachung von 301.455 Mark im Geschäftsjahr 1890/91 auf 1.028.699 Mark im Jahr 1906/7 hinterher.[847] Wiesen die Geschäftsjahre zwischen 1890/91 und 1895/96 noch einen Durchschnitt der Umsatzrentabilität in Höhe von 25,9 Prozent aus, so sei dieser

---

844 Vollert, Max: Bericht über die Geschäftspolitik der Firma Carl Zeiss, 19.10.1909, in: SCHOTT Archiv 5/46.

845 Vgl. zu der Verbindung von Organisationskosten und Grenznutzen die Ausführungen bei Coase, Ronald H.: The Nature of the Firm, in: Economica 16 (1937), S. 386–405, hier: S. 390–399.

846 Das resultiert vermutlich zu großem Teil daraus, dass Stiftungskommissar Max Vollert in die Einrichtungen der Stiftung von Abbe eingeführt wurde und von Max Fischer in die geschäftliche Organisation eingewiesen wurde. Czapski, Siegfried: Tagebuchbericht, 1897–1901, Eintrag vom 1.6. 1899, in: CZA, BACZ 8341.

847 Das Geschäftsjahr 1907/08 bietet sich nicht als Referenz an, weil sein Ergebnis mit einer Umsatzrentabilität von 9 % außergewöhnlich schlecht war.

Durchschnittswert während der sechs Jahre zwischen 1902/03 und 1907/08 auf 13,5 Prozent gesunken.[848]

Es ist bemerkenswert, dass Max Vollert der Geschäftsleitung dennoch ein gutes Zeugnis ausstellte. So lobte er, die Leistung der Geschäftsleitung in Beziehung zum Stifterwillen setzend:

> Im Allgemeinen wird man der Geschäftsleitung der Firma Carl Zeiss das Zeugnis nicht versagen können, dass sie das von Professor Abbe in sie gesetzte Vertrauen gerechtfertigt, mit anerkennenswerter Energie an dem Ausbau aller Zweige der optischen Industrie gearbeitet, alle Gelegenheiten zur Stärkung der Fabrikation und Vermehrung des Umsatzes wahrgenommen und namentlich die Bedingungen zur Unterhaltung und zum Gedeihen einer zahlreichen und immer wachsenden Arbeiterschaft zu schaffen und aufrecht zu erhalten gewusst hat.[849]

Es war daher umso plausibler, dass Vollert die schlechte Rentabilität nicht auf die Unternehmensführung, sondern wesentlich stärker auf äußere Faktoren zurückführte: Neben den hohen Fixkosten machte Vollert im Jahr 1909 auch die starke Konkurrenz der Optischen Werkstätte für die schlechte Rentabilität in den 1900er Jahren verantwortlich.[850] Die Wettbewerbsvorteile des Qualitätsführers Zeiss wurden durch Nachahmungen seiner Produkte und deren Verkauf zu niedrigeren Preisen zunichte gemacht. Die Geschäftsleitung musste daher den Preiskampf aufnehmen, vor allem bei den bestverkauften Produkten, etwa den Feldstechern. Einen solchen Preiskampf konnte die Optische Werkstätte jedoch nur verlieren, da das Herabsetzen der Preise die Rentabilität beeinträchtigte, ein Anstreben der Preisführerschaft aber aufgrund der hohen Organisations-, Forschungs- und Entwicklungskosten sowie der Kosten für die „Stiftungsrechte" hoffnungslos war. Zudem konnten Skaleneffekte bei den Produkten der optischen Industrie kaum realisiert werden.[851] Wenngleich der Zusammenhang zwischen

848 Vollert, Max: Bericht über die Geschäftspolitik der Firma Carl Zeiss, 19.10.1909, in: SCHOTT Archiv 5/46.

849 Ebd.

850 Neben Goerz waren Konkurrenten der Optischen Werkstätte in Bezug auf Feldstecher, Mikroskope und Photographische Apparate die Firma Voigtländer & Sohn, Braunschweig, und in Bezug auf Feldstecher die Aktiengesellschaft Busch sowie die Firma Schütz, Kassel. Konkurrenten auf dem Gebiet der Mikroskope und Projektionsapparate waren Leitz in Wetzlar mit „billige(r), marktgängige(r)" Ware sowie nur für Mikroskope Winkel in Göttingen und Reichert in Wien, „welche auch in schwierigeren Konstruktionen beachtenswerte Fortschritte machen." Vollert, Max: Bericht über die Geschäftspolitik der Firma Carl Zeiss, 19.10.1909, in: SCHOTT Archiv 5/46.

851 Skalierung war aufgrund der hohen Qualität und des hohen Präzisionsgrad der Produkte, sowie der Differenzierung und Spezialisierung des Produktsortiments nur in Bezug auf einige wenige Produkte wie Brillen möglich. Siehe hierzu in dieser Arbeit, S. 38 f.

diesen Wettbewerbsnachteilen und dem externen Wachstum für die Jahre zwischen 1906 und 1914 nicht ausdrücklich belegt werden kann, ist davon auszugehen, dass diese Gemengelage ein Motiv für die Beteiligungsunternehmungen war, zumal die zeitliche Parallelität von sinkender Rentabilität und externem Wachstum nicht zu leugnen ist.

7.1.2.6 Finanzierung und Liquiditätsengpass

Die ersten Ausgaben für Beteiligungsvorhaben wurden im Juli 1907 für den Kauf von Goerz-Aktien mit Geldmitteln getätigt, die von Schott zur Verfügung gestellt wurden.[852] Da zu diesem Zeitpunkt bereits feststand, dass auf die Optische Werkstätte größere Zahlungen an Saegmüller sowie Bausch & Lomb zukommen würden und die innerbetrieblichen Erweiterungen ihren finanziellen Tribut forderten, entschloss sich die Carl-Zeiss-Stiftung zur Auflage einer neuen Anleihe in Höhe von zwei Millionen Mark. Damit griff die Stiftung auf ein bewährtes Finanzierungsmittel zurück, das bereits bei der Schuldentilgung im Zuge der Eigentumsübertragung von Roderich Zeiss und Ernst Abbe auf die Stiftung Anwendung gefunden hatte und somit finanzielle Grundlage des Unternehmenswachstums war.[853] In den Jahren 1896, 1899 und 1902 wurden Obligationen zu je einer Million Mark ausgegeben.[854] Im Herbst 1907 bereitete die Stiftungsverwaltung die erneute Anleihe vor und verhandelte dazu mit „vermittelnden Banken"[855]. Die vierte Anleihe wurde in Höhe von zwei Millionen Mark zum 1. Januar 1908 ausgegeben. Die Stiftungsverwaltung schuf zudem durch die Veräußerung von Wertpapieren und das Abtreten von Hypothekenforderungen weitere liquide Mittel. Insgesamt könnten der Bausch-Lomb-Saegmüller Company nun 420.000 Mark und der Bausch & Lomb Company 330.000 Mark überwiesen werden, so Rothe. Mit weiteren flüssigen Mitteln sei im April zu rechnen.[856] Eine weitere Anleihe in Höhe von zwei Millionen folgte zum 1. Juli 1909.

Bezüglich Fragen der Finanzierung stand der Zeiss-Geschäftsleitung eine durchaus engagierte, auch von sich aus tätige Stiftungsverwaltung gegenüber, die die Vorhaben der Geschäftsleitung unterstützte und dafür ihre Möglichkeiten zur Be-

852 Carl Rothe an Geschäftsleitung Zeiss, 29.7.1907, in: CZA, BACZ 9203: Schott sollte auf Anweisung der Stiftungsverwaltung der Optischen Werkstätte den Betrag von 46.867,75 Mark überweisen, um damit zusammen mit den bereits überwiesenen 100.000 Mark die Kosten des Ankaufs von 67 Goerz-Aktien zu decken.

853 Vgl. Schomerus, Geschichte, S. 116.

854 Vgl. Walter, Zeiss 1905–1945, S. 305, Tabelle V.

855 Departement des Kultus an Geschäftsleitung Zeiss, 10.10.1907, in: CZA, BACZ 9203.

856 Carl Rothe an Geschäftsleitung Zeiss, 19.1.1908, in: CZA, BACZ 9203.

schaffung finanzieller Mittel nutzte. Zum Gesamtbild gehören aber auch Fälle, in denen die Stiftungsverwaltung der Optischen Werkstätte Zahlungen aus dem Reservefonds verweigerte,[857] weil dessen liquide Mittel als Rücklage bewahrt werden sollten. Die Stiftungsverwaltung war hinsichtlich der Finanzsituation des Unternehmens ausgezeichnet informiert, da sie diese durch ihre eigene Buchhaltung stets überprüfen konnte. In einem Brief der Stiftungsverwaltung an den Stiftungskommissar Vollert vom 17. März 1910, in dem eine beantragte Errichtung eines Fabrikbaus genehmigt wurde, treten beide Eigenschaften der Stiftungsverwaltung hervor: einerseits ihr Entgegenkommen bei der Ausführung von Investitionsvorhaben der Geschäftsleitung und andererseits das Wissen um die aktuelle Finanzsituation.

> Allerdings müssen wir darauf hinweisen, dass nach der finanziellen Lage der Carl-Zeiss-Stiftung, namentlich mit Rücksicht darauf, dass nicht unbeträchtliche Teile des vorhandenen Vermögens unveräusserlich in industriellen Beteiligungen angelegt sind, die Beschaffung grösserer Barmittel unter Umständen mit Schwierigkeiten verbunden sein kann. Wir nahmen indessen an, dass diese Verhältnisse den Geschäftsleitungen der Stiftungsbetriebe bekannt sind, und dass deshalb eine besondere sorgfältige Prüfung der Frage erfolgt ist, ob die Errichtung dieses Neubaues durch die Bedürfnisse des Betriebes tatsächlich gefordert wird. Gegenüber der auf Grund dieser Prüfung gewonnenen Überzeugung der zunächst zuständigen Organe der Stiftung erscheint es uns als ausgeschlossen, der Erweiterung der Betriebsanlagen Hindernisse zu bereiten.[858]

Trotz der hohen Summen, die durch die Anleihen in die Kasse der Stiftung gespült wurden, wies die Stiftungsverwaltung den Stiftungskommissar bereits in diesem Schreiben aus dem März 1910 auf die ungünstige Lage bezüglich der Beschaffung liquider Mittel hin. Der finanzielle Engpass verschärfte sich in den darauffolgenden eineinhalb Jahren deutlich, wie in einer Stiftungssitzung vom 18. November 1911 konstatiert wurde. Der Geldbedarf der Optischen Werkstätte bis zum 30. September 1912 wurde mit insgesamt 1,4 Millionen Mark beziffert. Dringend wurde zu diesem Zeitpunkt das Aufbringen liquider Mittel für die Lohn- und Gehaltsnachzahlung des Geschäftsjahres 1910/11, die sich auf ungefähr 350.000 Mark beliefen. Dafür sollten 50.000 Mark aus dem Reservefonds, 100.000 Mark von Schott & Genossen und 200.000 Mark durch Akzepte der Firma beschafft werden.[859] Innerhalb einer Woche meldete die Geschäftsleitung dann jedoch einen nochmals erhöhten Kapitalbedarf der Optischen Werkstätte an, da die liquiden Mittel so gering seien, dass weitere

857 Siehe das Beispiel im Kapitel „Stiftungspolitik" und weitere Beispiele im Kapitel „Finanzierungspolitik".
858 Departement des Kultus an Max Vollert, 17.3.1910, in: CZA, BACZ 9203.
859 Protokoll der Stiftungssitzung, Nr. 307, 18.11.1911, in: CZA, BACZ 1482.

100.000 Mark durch Lombarddarlehen aufgebracht werden müssten.[860] Am 25. November 1911 wurde daher entschieden, eine weitere Ausgabe von Obligationen in Höhe von zwei Millionen Mark zu den Bedingungen der früheren Anleihen aufzulegen, von der Anfang Januar 1912 zunächst nur eine Million Mark auf den Markt gebracht werden sollte. Hiermit sollte sichergestellt werden, dass das Verhältnis von Fremd- zu Eigenkapital ein angemessenes sei. Sehr weitsichtig war der Vorschlag der Stiftungsverwaltung, die Anleihen der Jahre 1909 und 1912 in den folgenden Jahren stärker zu amortisieren. Die jährliche Rückzahlung von 250.000 Mark anstatt der geplanten 150.000 Mark sollte zu einer Verringerung der Zahlungsverpflichtungen bei Ablauf der Anleihe im Jahr 1919 führen.[861] Im November 1912 blieb der Vorschlag zwar unwidersprochen, die Erhöhung der Amortisierung allerdings wurde schließlich noch über das Jahr 1913 hinausgeschoben, da die Optische Werkstätte weiterhin auf hohe Summen liquider Mittel angewiesen war.[862] Der Liquiditätsengpass im November 1911 führte zu einer Änderung der Strategie des externen Wachstums. In der Stiftungssitzung vom 25. November 1911 wurde die Entscheidung gefällt, „in nächster Zeit" keine weiteren Vorhaben in dieser Richtung zu verfolgen.[863]

Keineswegs wurden die hohen, durch die Obligationen eingebrachten Summen nur zum Ankauf von Aktien anderer Unternehmen oder von Unternehmensanteilen gebraucht. Im Prospekt zur Anleihe von 1912, der insgesamt sechsten der Optischen Werkstätte, erläuterten Max Fischer und Max Vollert den Zweck der Erlöse: So sollten diese

> den Kapitalbedarf der Firma Carl Zeiß in Jena für Neubauten und Betriebserweiterungen, Erneuerung maschineller Einrichtungen, Vergrößerung bestehender und Errichtung neuer Zweigniederlassungen im Inland und Ausland und für andere, auf Hebung des Umsatzes der Firma abzielende Unternehmungen zu einem Teile durch Heranziehung fremden Kapitals [...] decken.[864]

Die Ausgaben für die Beteiligungsunternehmungen waren daher nur ein Aspekt des sich zwischen den Jahren 1907 und 1912 verstärkenden Finanzbedarfs. Die Kosten für die Vergrößerung des Maschinenparks von ca. 150.000 Mark im Jahr 1909 beispielsweise überstiegen deutlich die Summe kleinerer Beteiligungen wie etwa diejenige bei Bruns in Höhe von 21.000 Mark.[865] Laufende innerbetriebliche Investi-

860 Protokoll der Stiftungssitzung, Nr. 308, 25.11.1911, in: CZA, BACZ 1482.
861 Ebd.
862 Protokoll der Stiftungssitzung, Nr. 327, 13.11.1912, in: CZA, BACZ 1484.
863 Protokoll der Stiftungssitzung, Nr. 308, 25.11.1911, in: CZA, BACZ 1482.
864 Prospekt zur sechsten Obligationenanleihe, Dezember 1911, in: CZA, BACZ 1482.
865 Protokoll der Stiftungssitzung, Nr. 263, 30.1.1909, in: CZA, St 218.

tionen waren nötig, da die Kapazitäten mit der großen Nachfrage kaum Schritt halten konnten, obwohl diese stets erweitert wurden. Dass die Geschäftsleitung die Ausdehnung der Optischen Werkstätte auf mehreren Feldern gleichzeitig betrieb, entsprach ihrer Vorstellung von Unternehmensführung. So wollte die Geschäftsleitung die Gewinne prosperierender Zeiten für schlechtere Zeiten nutzen und dazu, wie Stiftungskommissar Max Vollert feststellte,

> insbesondere die Fabrikanlagen, soweit zu einer bequemeren, schnelleren und billigeren Produktion erforderlich ist, erweitern, leistungsfähigere Maschinen anschaffen, zur Ausdehnung und Sicherung des Umsatzes neue Filialen errichten und neue Geschäftsverbindungen anknüpfen.[866]

Nur so sei man der Konkurrenz in „ungünstige[n] Zeitläufte[n]“ gewachsen, so Vollert weiter, während Reaktionen auf verschlechterte Unternehmensergebnisse verspätete Maßnahmen seien, die längst nicht so wirkungsstark seien. Es ist bemerkenswert, dass die Geschäftsleitung Entscheidungen traf, ohne unter Entscheidungsdruck aufgrund schlechter Umsatz- und Gewinnzahlen zu stehen. Vollert stimmte mit dieser strategischen Ausrichtung der Zeiss-Geschäftsleitung zwar überein. Das Vorhalten von leicht flüssig zu machenden Reserven und die „Stärkung des Kredits“ – gemeint ist wohl die Stärkung der Kreditwürdigkeit – befand er aber als ebenso wichtig, um Vorsorge für schlechte Zeiten zu betreiben.[867]

Gerade wegen der parallelen inner- und außerbetrieblichen Ausdehnung der Optischen Werkstätte jedoch konnten die Kosten für die Beteiligungsunternehmungen nicht aus den laufenden Erträgen beglichen werden und das, obwohl diese hoch ausfielen. Das Geschäftsjahr 1908/09 sah einen Betriebsüberschuss von rund 933.000 Mark, den der auf rund 1,1 Millionen Mark bezifferte Kapitalbedarf noch überstieg. Dem erhöhten Gewinn von rund 1,5 Millionen Mark stand im Geschäftsjahr darauf ein Kapitalbedarf von 1,7 Millionen Mark gegenüber. Im Geschäftsjahr 1910/11 stieg der Kapitalbedarf auf 2,4 Millionen Mark, konnte aber nicht durch den Gewinn von 1,1 Millionen Mark gedeckt werden.[868] Vor diesem Hintergrund zeigte sich, dass das Stiftungsunternehmen der Optischen Werkstätte eine einmalige Finanzierungssituation bot, die einen weitgehenden Verzicht auf die Aufnahme von Fremdkapital ermöglichte und eine damit einhergehende Verrin-

866 Vollert, Max: Bericht über die Geschäftspolitik der Firma Carl Zeiss, 19.10.1909, in: SCHOTT Archiv 5/46.

867 Vollert, Max: Bericht über die Geschäftspolitik der Firma Carl Zeiss, 19.10.1909, in: SCHOTT Archiv 5/46.

868 Rothe, Carl: „Verfassung der Carl Zeiß-Stiftung im Allgemeinen“, undatiert, zwischen 1910/11 und 1914, in: CZA, BACZ 10069.

gerung der Entscheidungshoheit verhinderte. Das Stiftungsunternehmen Zeiss war in der besonders glücklichen Situation, nicht nur in Bezug auf innerbetriebliche Erweiterungen die Möglichkeit des Zugriffs auf den Reservefonds der Stiftung zu haben[869], sondern profitierte auch erheblich von den jährlichen Erträgen des mit ihm verbundenen Glaswerks. Die bedeutsame Rolle von Schott und der Stiftung als Finanziers wurde bereits deutlich. Mit der Begebung von Obligationen erwies sich zudem ein weiteres Finanzierungsinstrument als geeignet, um den Geldbedarf der Optischen Werkstätte in diesem Zeitraum zu befriedigen. Über die Obligationen konnten nicht nur liquide Mittel generiert werden, sondern Anleihescheine auch selbst als Zahlungsmittel eingesetzt werden, wie anhand des noch zu beschreibenden Beispiels der Firma E. Krauss deutlich werden wird.

Zudem wurden die Beteiligungsunternehmen selbst zu Finanzierungsquellen, indem sie Rendite abwerfen konnten oder Möglichkeiten zur Kapitalbeschaffung anboten. So ist für die Ica AG überliefert – wenngleich die Verwendung der Gelder nicht rekonstruierbar ist –, dass die Zeiss-Geschäftsleitung im September 1912 ein Darlehen von der Ica AG an Zeiss ausgehandelt hatte.[870] Fraglich ist, ob die Beteiligungsunternehmungen solch hohe Renditen hervorbrachten, dass sie weitere Beteiligungen finanzieren konnten. Das setzte voraus, dass die durch die Beteiligungen generierten Erträge wieder an die Unternehmen zurückflossen – eine Frage, die das Statut nicht adressiert und die zudem bei den Erörterungen über institutionelle Voraussetzungen der Beteiligungsgeschäfte nicht durch Stiftungsverwaltung und Geschäftsleitung geklärt worden war.[871] Für die Beteiligung bei Bausch & Lomb lässt sich zeigen, dass die Beteiligungsunternehmungen nicht ausschließlich profitable Geschäfte für die Geschäftsleitung waren. Dort setzte sich der Ertrag der Jahre 1908 bis 1910 aus Dividendenzahlungen in Höhe von 141.491,99 Mark zusammen, denen der ursprüngliche Aufwand von 2.932.970 Mark gegenüberstand. Die Dividendenquote belief sich in den Jahren 1908 auf 24 Prozent und im Jahr 1910 auf sechs bzw. 18 Prozent. Für die Jahre 1908 bis 1910 wurde demnach insgesamt eine Rendite von knapp fünf Prozent für die Optische Werkstätte bzw. die Stiftung erwirtschaftet. Von diesem Betrag waren allerdings noch keine Unkosten für Spesen, Reisen etc. abgezogen, die für die Stiftungsverwaltung aufgrund der Verbuchung bei der Optischen Werkstätte nicht mehr nachvollziehbar waren.[872] Zudem hatte sich

869 Siehe hierzu in dieser Arbeit das Kapitel „Finanzierungspolitik".

870 Protokoll der Stiftungssitzung, Nr. 325, 27.9.1912, in: CZA, BACZ 1484. Zudem war die Anleihe von 1926 möglich über eine mit Zeiss verbundene niederländische Firma. Schumann (u. a.), Carl Zeiss Jena, S. 340.

871 Siehe hierzu in dieser Arbeit das Kapitel „Statutenkonformität der Beteiligungen".

872 Bemerkung zur Stiftungsrechnung für 1910/11, vermutlich von der Stiftung erstellt zu Ende des Jahres 1911, in: CZA, BACZ 1482.

der Wert der 1908 gekauften Aktien in der Bilanz verringert. Laut Vertrag vom 27. November 1907 war der jeweilige Wert der Aktien mit dem zehnfachen Betrag des durchschnittlichen buchmäßig erzielten allgemeinen Gewinns der letzten drei Geschäftsjahre zu berechnen. Der Wert von 1.392 Aktien belief sich daher auf 2.458.468,92 Mark. Im Vergleich zu dem eingestellten Kapital von 2.932.970 Mark zum Kauftermin, ergab sich damit ein Verlust von rund 500.000 Mark.[873]

Die Beteiligung bei Bausch & Lomb hätte demnach nicht ausgereicht, um über die Dividenden weitere Vorhaben der Geschäftsleitung zu finanzieren. Angesichts der erwarteten Rendite zwischen 13,2 und 15,1 Prozent waren die Ergebnisse schlichtweg enttäuschend.[874] Der Experte für Buchhaltung und Rechnungswesen der Optischen Werkstätte, Max Petermann, reiste daher nach Rochester, um das Unternehmen vor Ort zu prüfen. Er machte zwar die allgemeine Wirtschaftslage in den USA für die niedrigen Reingewinne der Bausch & Lomb Company mitverantwortlich, konnte aber keine anderen plausiblen Gründe für die schlechte Entwicklung liefern. Das größte Versäumnis von Bausch & Lomb liege in zu niedrigen Abschreibungen, deren richtige Behandlung den Reingewinn jedoch nur geschmälert hätten.[875] Da auch der Vertrieb von Produkten der Optischen Werkstätte durch Bausch & Lomb unbefriedigend ausfiel, sei als einziger Vorteil aus der Verbindung, wie Vollert konstatierte, ein größerer Auftrag für Entfernungsmesser im Wert von 84.000 Mark hervorgegangen.[876] Die an vorheriger Stelle theoretisch entfalteten, potentiellen Schwierigkeiten dieses Prinzipal-Agenten-Verhältnisses hatten sich also tatsächlich bewahrheitet. Die Geschäftsleitung der Optischen Werkstätte hatte keine Möglichkeit, die Handlungen der Bausch & Lomb-Geschäftsleitung zu beurteilen und angemessen zu kontrollieren. Eine Kontrolle war noch nicht einmal retrospektiv möglich, wie die Überprüfung der Geschäfte von Max Petermann zeigt, denn selbst diese Überprüfung ließ für Petermann keine Rückschlüsse auf die zuvor getroffenen Entscheidungen der Bausch & Lomb-Geschäftsleitung zu (*hidden action*).[877] Die Geschäftsleitung der Optischen Werkstätte leitete sogleich Maßnahmen

---

873 Bemerkung zur Stiftungsrechnung für 1910/11, vermutlich von der Stiftung erstellt zu Ende des Jahres 1911, in: CZA, BACZ 1482. Dem bilanziellen Verlust standen jedoch durch die Verringerung der Buchwerte erhöhte Renditen gegenüber.

874 Daher ist auch die Feststellung von Schomerus nicht nachvollziehbar, dass sich die Kapitalanlage bei Bausch & Lomb gut verzinst hätte, vgl. ders., Geschichte, S. 177.

875 Bericht über die Rentabilität der Firma Bausch & Lomb, in: CZA, BACZ 16905.

876 Vollert, Max: Bericht über die Geschäftspolitik der Firma Carl Zeiss, 19.10.1909, in: SCHOTT Archiv 5/46.

877 Hierbei handelt es sich um ein typisches Beispiel eines *hidden action*-Problems, da die Prinzipal-Agenten-Theorie davon ausgeht, dass das Ergebnis einer Handlung zusätzlich zu dieser von einer „exogene[n] Störgröße" verursacht wird. Aus dem Ergebnis lässt sich nicht der Unterschied zwischen Handlung und Störgröße ersehen. Für Max Petermann und die Geschäftsleitung ließ sich

ein, um die Leistungsfähigkeit von Bausch & Lomb zu verbessern und mittel- und langfristig Einfluss auf deren Produktsortiment zu Gunsten der Zeiss'schen Produkte zu gewinnen.[878] Darüber hinaus forderte die Geschäftsleitung monatliche statt wie bisher vierteljährliche Bilanzen an, was in theoretischer Perspektive einem der Lösungsansätze der Prinzipal-Agenten-Theorie entspricht *(Monitoring).*[879]

Die rasche Reaktion auf die schlechten Ergebnisse von Bausch & Lomb entsprang nicht allein der Initiative der Geschäftsleitung. Auch die Stiftungsverwaltung glich das Ergebnis mit den 1908 kalkulierten Erwartungen ab und bemängelte die Diskrepanz. Darüber hinaus kritisierte die Stiftungsverwaltung, dass die Stiftungskapitalien nicht in der von der Stiftungsverwaltung erwarteten Höhe von vier oder fünf Prozent verzinst worden seien, sondern geringer oder gar nicht. Da von 1908 bis 1910 Lizenzgebühren der Firma Bausch & Lomb von rund 284.000 Mark an die Optische Werkstätte gegangen seien, habe die Optische Werkstätte „ihre Bilanz zu Lasten der Stiftungsreservefonds um etwa die Hälfte dieses Betrages aufgebessert."[880] Für die Stiftungsverwaltung schien das Beteiligungsgeschäft bei Bausch & Lomb daher nur mit Verlusten verbunden zu sein – ein Umstand, der die Atmosphäre zwischen Stiftungsverwaltung und Geschäftsleitung in den Monaten vor dem Ende 1911 ausbrechenden Konflikt noch weiter verschlechterte.

7.1.2.7 Der Konflikt zwischen Stiftungsverwaltung und Geschäftsleitung

Bis zum Herbst 1911 hatte sich die Zahl der Unternehmensbeteiligungen auf insgesamt elf erhöht und in Verbindung mit betrieblichen Erweiterungen die Finanzierungsmöglichkeiten der Stiftung stark ausgereizt. Die Vielzahl an Beteiligungsverhandlungen und -abschlüssen potenzierte die Summe der Entscheidungen, die die Geschäftsleitung zu treffen hatte. Infolgedessen wurde deutlich, wie schwierig vor diesem Hintergrund eine angemessene Kontrolle der Geschäftsleitung durch die Stiftungsverwaltung war, wenngleich diese ihre *Monitoring*-Maßnahmen zur Überwachung der Geschäftsleitung verstärkt hatte.

Dass diese *Monitoring*-Maßnahmen letztlich keinen Erfolg zeitigten, wurde der Stiftungsverwaltung im Herbst 1911 allzu bewusst. Das Informationsungleichgewicht hatte sich so sehr zu Lasten der Stiftungsverwaltung verschoben, dass ohne Rothes Wissen und Einverständnis „in letzter Zeit in steigendem Masse Vermö-

---

der Anteil der Performance der Geschäftsleitung von Bausch & Lomb an den schlechten Jahresabschlüssen nicht von der schlechten amerikanischen Wirtschaftslage abgrenzen. Vgl. Alparslan, Adem: Strukturalistische Prinzipal-Agent-Theorie. Eine Reformulierung der Hidden-Action-Modelle aus der Perspektive des Strukturalismus, Wiesbaden 2006, S. 49.

878 Protokoll der Stiftungssitzung, Nr. 321, 22.5.1912, in: CZA, St 218.

879 Bericht über Rentabilität von Bausch & Lomb, in: CZA, BACZ 16905.

880 Carl Rothe an Max Vollert, 18.11.1911, in: CZA, BACZ 1482.

gensteile der Carl Zeiss-Stiftung“ angelegt worden seien. Carl Rothe sandte deshalb am 31. Oktober 1911 einen mit „Eilt!“ überschriebenen Brief an den Stiftungskommissar, um seine Empörung darüber auszudrücken, dass die beträchtliche Summe von rund 1,4 Millionen Mark eigenmächtig investiert worden sei.[881] Nicht sicher ist, ob Rothe bereits zu diesem Zeitpunkt Kenntnis von den beiden weiteren geplanten Gesellschaften für Stereoplastik und Stereographie hatte, über die zu diesem Zeitpunkt verhandelt wurde und für die nochmals jeweils 100.000 Mark aufgewendet werden sollten.[882] Rothe sah sich hier als Vertreter des Aufsichtsorgans Stiftungsverwaltung gefordert. Er erkannte eine Regelungslücke des Statuts in Bezug auf die Entscheidungsbefugnisse des Abschlusses sowie der Leitung und Verwaltung von Beteiligungen. Für die als „selbständige Betriebsunternehmungen“ geltenden Beteiligungsprojekte müssten daher Richtlinien aufgestellt werden, welche „die Mitwirkung der Stiftungsverwaltung sicherstellen, die Zuständigkeiten und Obliegenheiten der Geschäftsleitung der optischen Werkstätte feststellen und die buch- und rechnungsmässige Behandlung der in derartigen Unternehmungen investierten Kapitalien regeln“ würden. Dies sei aufgrund des ungewöhnlichen Charakters der Entscheidungen über die Beteiligungsunternehmungen notwendig. Die Entscheidungen über Beteiligungsprojekte seien nämlich keine „geschäftliche[n] Aktionen der Firma Carl Zeiss“ im Sinne der Paragraphen 6 ff. des Statuts, wie Rothe erläuterte. Eine Zuordnung zum Alltagsgeschäft der Unternehmensführung, das in den Kompetenzbereich der Geschäftsleitung fiel, sei daher ausgeschlossen. Vielmehr erforderten Entscheidungen dieser Art aufgrund ihrer hohen finanziellen Konsequenzen für das Stiftungsvermögen eine verstärkte „Verantwortlichkeit“ der Stiftungsverwaltung. Rothes zweiter Kritikpunkt adressierte die Erfassung des Beteiligungskapitals. Rothe sah die Einhaltung von Paragraph 6 in Gefahr, der die Trennung von Betriebs- und Stiftungskapital bestimmte. Nur durch „Uebersichtlichkeit, Klarheit und Ordnung in dem Buch- und Rechnungswesen der Stiftungsverwaltung und der Firma Carl Zeiss“ könne Paragraph 6 Genüge getan werden, so Rothe.[883]

Ein weiteres Schreiben von Rothe an den Stiftungskommissar vom 3. November 1911 bezog sich erneut auf die Verbuchung des Beteiligungskapitals. Diesmal ging es

---

881 Diese Summe weicht nur unwesentlich von der im Kapitel „Verstärktes Monitoring der Stiftungsverwaltung“ nach eigener Zusammenstellung errechneten Summe der Beteiligungen im Herbst 1911 ab. Eine Aufstellung per 30.9.1911 führt ebenfalls die Summe von 1.410.700 Mark auf, in: CZA, BACZ 1482.

882 Carl Rothe, „Verfassung der Carl Zeiß-Stiftung im Allgemeinen“, undatiert, zwischen 1910/11 und 1914, in: CZA, BACZ 10069. Zu den Beteiligungssummen an den einzelnen Unternehmen siehe die Tabelle oben, in Unterkapitel „Verstärktes Monitoring der Stiftungsverwaltung“.

883 Carl Rothe an Max Vollert, 31.10.1911, in: CZA, BACZ 9203.

um die Aktien der Ica AG, welche die Optische Werkstätte und die Stiftung erworben hatten.[884] Rothe wiederholte seine Forderung aus dem Schreiben vom 31. Oktober, dass laut Paragraph 6 des Statuts eine Trennung vom Stiftungsvermögen zu erfolgen habe.[885] Es müsse daher grundsätzlich geklärt werden, ob Beteiligungen dem Kapital des Unternehmens oder der Stiftung zuzuweisen seien.[886] In Hinblick auf die Ica-Aktien gestaltete sich die Lage besonders unübersichtlich: Ein Teil der Aktien befand sich im Besitz der Stiftung und ein anderer Teil in Unternehmensbesitz. Bei dem Beteiligungsvermögen konnte es sich um eine beträchtliche Summe handeln, die sich im Fall der 487 Ica-Aktien der Optischen Werkstätte auf den Ankaufswert von 110 Prozent und damit auf 535.700 Mark belief.[887]

Das Aktienkapital der Ica AG von drei Millionen Mark war bei der Gründung zunächst so verteilt worden, dass auf Zeiss 650 der insgesamt 3.000 Aktien mit einem Gegenwert von 650.000 Mark entfielen.[888] Durch Aufkäufe von Teilen der in den freien Verkauf gelangten 664 Aktien zu je 1.000 Mark konnte die Optische Werkstätte mit Hilfe der Deutschen Bank und des Direktors von der Firma Hüttig, Guido Mengel, weitere 437 Aktien in ihren Besitz bringen.[889] Ansonsten gingen Aktienpakete in Höhe von 786 an die ehemaligen Hüttig-Aktionäre, in Höhe von 500 an die ehemaligen Wünsche-Aktionäre und in Höhe von 400 an Dr. R. Krügener.[890] Ein „Zusammengehen mit Krügener", also die Übernahme seiner 400 Aktien, sicherte der Geschäftsleitung der Optischen Werkstätte die Stimmenmehrheit.[891] Aufgrund der Beteiligungen bei den Objektiv-Verschluss-Herstellern, der eigenen Produktion von Objektiven und der Stimmenmehrheit bei der Ica AG hatte die Geschäftsleitung nun Einfluss auf die gesamte Wertschöpfungskette der Kameraherstellung.

---

884 Carl Rothe an Max Vollert, 31.10.1911, in: CZA, BACZ 9203.

885 Die Buchungsweise war auch daher von Belang, weil dadurch die statutarisch zu ermittelnden Kriterien des Reservefonds und damit die Bezugsgröße der Ertragsverteilung verändert werden konnten. Es gibt keine überlieferten Beispiele, dass dies von der Geschäftsleitung erkannt und gezielt ausgenutzt wurde.

886 Carl Rothe an Max Vollert, 31.10.1911, in: CZA, BACZ 9203.

887 Paul Fischer an Max Vollert, 30.5.1911, in: CZA, BACZ 9206.

888 Vgl. Schumann (u. a.), Carl Zeiss Jena, S. 173. Die 650.000 Mark teilten sich in 550.000 Mark Aktienkapitel und die im Wert von 100.000 Mark eingebrachte Kamera-Abteilung auf. Vgl. Walter, Zeiss 1905–1945, S. 56.

889 Vgl. Schumann (u. a.), Carl Zeiss Jena, S. 173; Carl Rothe an Max Vollert, 3.11.1911, in: CZA, BACZ 9203.

890 Vgl. Schumann (u. a.), Carl Zeiss Jena, S. 173; Dieser Berechnung der Verfasserin ist die Annahme zu Grunde gelegt, dass alle Aktien zu je 1.000 Mark emittiert worden waren.

891 Protokoll der Stiftungssitzung, Nr. 292, 26.9.1910, in: CZA, St 218; Petermann: Notizen, 23.9.1946, in: CZA, BACZ 7792.

Was die sozialistische Literatur als das Erringen der „völlige[n] Herrschaft" über die Kamera-Branche bezeichnete,[892] entpuppte sich in Bezug auf das Verhältnis zwischen Stiftungsverwaltung und Geschäftsleitung als Problem. Wie Rothe feststellte, hatte die Geschäftsleitung durch ihre eigenmächtigen Aktienzukäufe die mit der Stiftung vereinbarte Zahl der zu erwerbenden Aktien der Ica AG überschritten.[893] Seiner Kritik ließ Rothe die Aufforderung folgen, jeden zukünftigen Aktienkauf im Vorhinein von der Stiftungsverwaltung genehmigen zu lassen. Die Stiftungssitzungsprotokolle allerdings zeigen, dass es gemeinsame Entscheidungen der Geschäftsleitungen beider Stiftungsbetriebe über weitere Aktienkäufe gegeben hatte, gegen die der Stiftungskommissar kein Veto eingelegt hatte.[894] In der Stiftungssitzung vom 26. September 1910 wurde sogar explizit davon gesprochen, dass nun die angestrebte „absolute Mehrheit" erreicht sei, womit vermutlich die Gesellschafterversammlung gemeint war. Von weiteren Aktienkäufen wolle man daher absehen. Folglich entsprach Rothes Anweisung hinsichtlich künftiger Aktienkäufe nicht mehr der aktuellen Situation und führte daher auch nicht zu Veränderungen im Handeln seitens der Geschäftsleitung.[895] Die aufgeworfene Frage der Verbuchung der Unternehmensanteile und Aktien und die damit verknüpfte Regelung der Kompetenzverteilung hingegen beschäftigte die Organe der Stiftung nachhaltig. Die Beantwortung dieser Frage war in mehrfacher Hinsicht folgenreich: Erstens erhöhte sich mit der Verbuchung der Aktien in der Bilanz der Optischen Werkstätte deren Geschäftskapital, welches die Geschäftsleitung aber prinzipiell nicht zu hoch ansteigen lassen wollte. Wie das übrige Kapital musste dieses mit fünf Prozent verzinst werden und die Zinsen an die Stiftungsverwaltung abgeführt werden. Zweitens war mit der unregelmäßigen Zuordnung des Kapitals auch die Verwaltung desselben verbunden, sodass hierbei die Kompetenzverteilung zwischen Stiftungsverwaltung und Geschäftsleitung berührt wurde. Drittens konnte nur eine einheitliche, ordnungsgemäße Verbuchung zur korrekten Abrechnung der Beteiligungserträge und -aufwendungen führen. Schließlich hatte die Buchungsweise viertens Konsequenzen für die Frage, wohin die Erträge der Beteiligungen fließen sollten. Gleiches galt selbstverständlich für die mit der Buchung anfallenden Auf-

---

892 Vgl. Schumann (u. a.), Carl Zeiss Jena, S. 173. Die Interpretation der „Machtambition" (Ebd.) der Optischen Werkstätte kann angezweifelt werden, da nach Aussage von Vollert der bisherige Direktor der Aktiengesellschaft R. Hüttig & Sohn, Guido Mengel, die „Triebfeder" der Fusion war. Vollert, Max: Bericht über die Geschäftspolitik der Firma Carl Zeiss, 19.10.1909, in: SCHOTT Archiv 5/46.

893 Carl Rothe an Max Vollert, 3.11.1911, in: CZA, BACZ 9203.

894 Zum Beispiel wurde im September 1910 der Ankauf weiterer Ica-Aktien zu 114 % aus dem Wünsche'schen Nachlass genehmigt. Protokoll der Stiftungssitzung, Nr. 291, 13.9.1910, in: CZA, BACZ 8406.

895 Carl Rothe an Max Vollert, 3.11.1911, in: CZA, BACZ 9203.

wendungen, wie beispielsweise die Zinszahlungen für den für die Beteiligung bei Bausch & Lomb gezahlten Kaufpreis sowie für Lizenzzahlungen an diese Firma.

Für den Konflikt zwischen Geschäftsleitung und Stiftungsverwaltung wurden vor allem der zweite Aspekt, der die Verwaltung und Kompetenzbefugnisse betraf, sowie der dritte Aspekt der ordnungsgemäßen Verbuchung relevant. Im Statut fanden sich keine Bestimmungen zur Verbuchung der Beteiligungsunternehmungen, sodass eine Regelung ausgehandelt werden musste. Bereits im April 1908 war die Aufteilung der Erträge von Geschäftsleitung und Stiftungsverwaltung diskutiert worden, ohne dass man zu Ergebnissen gelangt war.[896] Im Mai 1910 sollten in einer Stiftungssitzung Richtlinien zu dieser Frage formuliert werden. Laut Meinung der damals Anwesenden seien die Beteiligungen dem Firmenvermögen zuzurechnen. Nachdem dieser Vorschlag bezüglich der Beteiligung an Bausch & Lomb Zustimmung gefunden hatte, wurde er auch für die Ica AG und sonstige Beteiligungen gutgeheißen. Ausgenommen wurden lediglich die Goerz-Aktien:[897] Da diese, wie erwähnt, als Fehlinvestition galten, dienten sie ausschließlich der Geldanlage und waren mit keinem weiteren unternehmerischen Interesse verbunden. Nach verschiedenen Vorschlägen wurde in der Stiftungssitzung vom 19. Dezember 1910 schließlich die Entscheidung der Geschäftsleitung bekannt gegeben, die Bausch & Lomb-Beteiligung mit rund drei Millionen Mark ins Unternehmensvermögen zu übernehmen und sie in der Buchhaltung gesondert zu verwalten.[898] Das Beteiligungskonto bei der Optischen Werkstätte sollte mit Lizenzen und Aufwendungen für sonstige Leistungen des Unternehmens belastet und auf den verbleibenden Nettobetrag fünf Prozent Zinsen an die Stiftung gezahlt werden. Sofern Überschüsse zu verzeichnen seien, würden diese der Stiftung als Gewinn überwiesen werden, sofern sie nicht zur Aufstockung des Reservefonds verwendet würden. Eine grundsätzliche Beschlussfassung wurde wiederum vertagt, sodass die bisherige Handhabung beibehalten wurde und beispielsweise die Ica-Aktien auf das Stiftungs- und das Unternehmensvermögen aufgeteilt wurden.[899]

Diesen unklaren Zustand galt es für Rothe zu beseitigen. Die dafür notwendigen Informationen lagen ihm zu Anfang des Jahres 1911 in Form des Abschlusses des Geschäftsjahres 1909/10 vor und zeigten, so Rothe, dass die Ica-Beteiligung eine

896 Protokoll der Stiftungssitzung, Nr. 244, 4.4.1908, in: CZA, BACZ 8046.

897 Protokoll der Stiftungssitzung, Nr. 286, 6.5.1910, in: CZA, St 218.

898 Protokoll der Stiftungssitzung, Nr. 296, 19.12.1910, in: CZA, St 218. Nur einen Monat später wurde jedoch in der Stiftungssitzung beschlossen, die Ica-Beteiligung nur als Kapitalanlage zu betrachten, die daher nicht ins Unternehmensvermögen übernommen werden solle. Protokoll der Stiftungssitzung, Nr. 288, 30.6.1910, in: CZA, St 218.

899 Protokoll der Stiftungssitzung, Nr. 296, 19.12.1910, in: CZA, St 218.

„Anlage von Stiftungskapitalien" sei, „mit der die Firma Carl Zeiss als solche nichts zu tun" habe. Sie seien anzusehen als

> ein Teil des ausserhalb [Unterstreichungen im Original, J.S.] der optischen Werkstätte vorhandenen Stiftungsvermögens, das zwar in Berücksichtigung geschäftlicher Interessen der Firma Carl Zeiss erworben ist und dauernd erhalten werden soll, dass aber nach Massgabe der statutarischen Bestimmungen von der Stiftung verwaltet werden muss.

Rothe untermauerte seine Argumentation damit, dass bei den Gründungsverhandlungen der Ica nicht die Firma Carl Zeiss, sondern die Carl-Zeiss-Stiftung als Mitbegründerin und Aktionärin beteiligt gewesen sei. Zudem sei die Stiftungsverwaltung auch im Sinne des Aktienrechts verantwortlich. Für die Stiftungsverwaltung forderte Rothe daher die mit der Verbuchung der Ica-Aktien als Stiftungskapital einhergehende Oberaufsicht. Die operative Arbeit überließ Rothe hingegen der Geschäftsleitung, die ein Aufsichtsratsmitglied der Ica AG stellen sollte, wozu sie von der Stiftung bevollmächtigt würde. Zum Schluss kam Rothe auf den Aspekt des Buch- und Rechnungswesens zurück. Dieses könne die Grundsätze der „Uebersichtlichkeit, Klarheit und Ordnung" nur dann erfüllen, wenn die Ica-Aktien getrennt vom Firmen-Vermögen verwaltet würden.[900]

Wenngleich das Argument des übersichtlichen Buch- und Rechnungswesens nicht ganz sinnfällig ist, da die von Rothe geforderten Grundsätze sicherlich auch umsetzbar gewesen wären, wenn die Aktien im Unternehmensvermögen gebucht würden, so scheint seine Argumentation mit Blick auf die Verwaltung von Kapitalanlagen durch die Stiftung plausibel. Allerdings war sich Rothe nicht im Klaren darüber, dass sich die Geschäftsleitung stark in der Unternehmensführung der Ica engagierte, sodass seine Charakterisierung der Ica AG als „reine Kapitalanlage" unzutreffend war. Die zahlreich überlieferten Schreiben zwischen der Geschäftsleitung der Optischen Werkstätte und dem Vorstand der Ica AG zeigen die enge Zusammenarbeit zwischen beiden Unternehmen, die auch Max Petermann – vor allem im technischen und wissenschaftlichen Bereich – in einem zusammenfassenden Bericht über die Ica AG bestätigte.[901] Dabei ist die Annahme durchaus berechtigt, dass die Geschäftsleitung basierend auf ihrer Stimmenmehrheit in der Gesellschafterversammlung mittels dieses Engagements vor allem ihre eigenen Interessen durchsetzen wollte.

Es ist daher nur zu verständlich, dass die Geschäftsleitungen beider Stiftungsbetriebe in der Stiftungssitzung vom 9. November 1911 den Kauf der Ica-Aktien nicht als Finanzierungsentscheidung, sondern vielmehr als strategische Investitionsent-

---

900 Carl Rothe an Max Vollert, 3.11.1911, in: CZA, BACZ 9203.
901 Petermann, Max: Notizen, Jena, 23.9.1946, in: CZA, BACZ 7792.

scheidung einordneten, welche „aus dem Bedürfnis der Firma Carl Zeiss herausgewachsen und lediglich als deren geschäftliche Aktionen anzusehen sind im Interesse der Verbreitung und Stärkung ihrer gewerblichen Position".[902] Rothes aktienrechtlicher Argumentation folgten die Stiftungsbetriebe nicht: So bedeuteten der Kauf der Aktien durch die Stiftungsverwaltung und ihre damit nach dem Aktienrecht einhergehende Verantwortung nicht die Stärkung der Kompetenz der Stiftungsverwaltung in diesem Bereich. Die Wahl der Rechtsform jeder Beteiligung werde nur nach wirtschaftlichen Kriterien entschieden. Auch das Argument der ordnungsgemäßen Buchung ließ die Geschäftsleitung nicht gelten. Diese sei ebenso einzuhalten, wenn die Beteiligungen dem Unternehmenskapital in getrennter Buchführung zugeschlagen würden. Das Fazit der Erörterung fiel dementsprechend deutlich aus: Die Verwaltung der Beteiligungen dürfe lediglich der Geschäftsleitung der Optischen Werkstätte unterstehen. Bei einer anderen Handhabung, so warnte man, würde es zu Interessenskonflikten zwischen Geschäftsleitung und Stiftungsverwaltung kommen. Die Reaktion des Stiftungskommissars und der anwesenden Vertreter der Stiftungsverwaltung fiel verhalten aus. Statt der sonst üblichen Billigung, kündigten sie eine Stellungnahme an.[903]

Geschäftsleitung und Stiftungsverwaltung waren bezüglich der Deutungshoheit in eine Sackgasse geraten. Die durch die Verbuchung der Ica-Aktien im Unternehmensvermögen ausgelöste Debatte über die Kompetenzverteilung hinsichtlich der außerbetrieblichen Unternehmungen und deren buchhalterische Erfassung war infolge der zahlreichen Beteiligungsvorhaben noch intensiviert worden. Sowohl der Frage der Kompetenzverteilung als auch der nach der Buchhaltung lag das Problem der Zuweisung des Beteiligungskapitals zum Unternehmens- bzw. zum Stiftungsvermögen zugrunde. Wie sich der Stiftungskommissar bis Ende des Jahres 1911 positioniert hatte, ist aus den Akten kaum zu ersehen. Ihm kam im Folgenden die bedeutsame Rolle zu, ein Gutachten über die Frage zu erstellen, ob die Gründung und Verwaltung von Beteiligungen oder neuen Unternehmen zu den Funktionen der Stiftungsverwaltung oder zu denen der Geschäftsleitung gehörten.[904]

7.1.2.8 Die Klärung des Konflikts

Im Streit zwischen Stiftungsverwaltung und Geschäftsleitung der Optischen Werkstätte wurde der Stiftungskommissar unerwartet zur exponierten Figur. Das Statut sah für Streitigkeiten zwischen den Organen der Stiftung keinerlei Verfahrensregeln vor, sodass Rothe das Gutachten des Stiftungskommissars erbat. Dabei rührte

902 Protokoll der Stiftungssitzung, Nr. 306, 9.11.1911, in: CZA, BACZ 1482.
903 Ebd.
904 Protokoll der Stiftungssitzung, Nr. 309, 4.12.1911, in: CZA, BACZ 1482.

Rothes Bitte nach einer Stellungnahme nicht nur von seiner Wertschätzung der Person des Stiftungskommissars, sondern war durch die „Rücksicht auf die Stellung des Stiftungskommissars als eines neben [Hervorhebung im Original, J.S.] der Geschäftsleitung stehenden und zur aktiven [Hervorhebung im Original, J.S.] Mitwirkung berufenen Stiftungsorgans" motiviert.[905] Dass dem Involvieren Vollerts in den Konflikt jedoch dessen Rückzug vom Amt des Stiftungskommissars folgen würde, war nicht abzusehen. Wenige Tage nach dem Erstellen des Gutachtens Ende Januar erklärte Max Vollert seinen Rückzug. Dabei hatte er schon über einen Monat zuvor die Stiftungsverwaltung um seinen Rücktritt gebeten, den sie ihm zu diesem Zeitpunkt nicht gewährt hatte. In dem betreffenden Brief an die Stiftungsverwaltung führte er als Grund für seinen erbetenen Rücktritt sein Hauptamt als Universitätskurator an, das sich durch die Verdoppelung der Studierendenzahl innerhalb der letzten vier Jahre zu einer zeitintensiven Tätigkeit entwickelt habe.[906] Da sich parallel hierzu die Aktivitäten der Geschäftsleitungen der Stiftungsbetriebe ausgedehnt hätten, sei die Doppelbelastung in Hinblick auf seine Arbeitskapazitäten nicht weiter durchzuhalten. Die Begründung Vollerts eröffnet zudem eine persönliche Perspektive:

> Dazu kommt, dass sich inbezug auf das Tempo der Entwicklung und die Inangriffnahme neuer Unternehmungen zwischen der GL Zeiss und mir eine immer grössere Meinungsverschiedenheit herausgestellt hat, die ein gedeihliches Zusammenarbeiten für die Zukunft ausgeschlossen erscheinen lässt. Auch ist den sich hieraus ergebenden Besorgnissen und Aufregungen meine körperliche Widerstandsfähigkeit nicht mehr gewachsen.[907]

Max Vollert war anscheinend schon im Spätherbst 1911 amtsmüde gewesen, ohne dass dies in einen Rücktritt gemündet wäre. Im weiteren Verlauf des Beteiligungs-Konflikts fühlte er sich anscheinend persönlich getroffen. Rothe reagierte überrascht und nicht wenig vorwurfsvoll ob der Verquickung sachlicher und persönlicher Angelegenheiten, wenngleich er in seinem Schreiben „tiefgehende Meinungsverschiedenheiten" zwischen dem Stiftungskommissar und der Geschäftsleitung der Optischen Werkstätte zugestehen musste.[908] Das schlechte Verhältnis zwischen Geschäftsleitung und Stiftungskommissar konnte auch nicht durch die starke Verbindung zwischen Stiftungsverwaltung und Stiftungskommissar kompensiert werden. So entschuldigte Vollert seinen Rücktritt gegenüber Rothe mit dem Verweis auf

905 Carl Rothe an Max Vollert, 1.2.1912, in: CZA, BACZ 1483.

906 Max Vollert war 1909 zum Universitätskurator ernannt worden. Max Vollert an Departement des Kultus, 16.11.1911, in: CZA, BACZ 15805.

907 Max Vollert an Departement des Kultus, 16.11.1911, in: CZA, BACZ 15805.

908 Carl Rothe an Max Vollert, 1.2.1912, in: CZA, BACZ 1483.

sein persönliches Gefühl, dass seine Arbeit als Stiftungskommissar nicht mehr das von Rothe erwartete Niveau erreicht habe.[909] Nach Max Vollerts Rückzug wurde Friedrich Ebsen zum Stiftungskommissar, der als Ministerial-Referent für Stiftungsangelegenheiten seit 1909 mit der Arbeit der Stiftung vertraut war. Sein nun unbesetztes Amt übernahm Hans Guyet.[910]

Die genauen Gründe für Vollerts Rückzug lassen sich nicht rekonstruieren, der persönliche Anteil sollte aber nicht unterschätzt werden. Eine nicht unbedeutende Rolle könnten zudem die durch die beiden Ämter des Universitätskurators und des Stiftungskommissars erzeugten Interessenkonflikte gespielt haben. So bedeuteten die hohen Ausgaben der Geschäftsleitung für die Beteiligungen stets, dass dieses Geld nicht in den Stiftungs-Geldkreislauf gelangen konnte bzw. ihm entzogen wurde, noch bevor es an die Universität gelangen konnte. Sicher aber ist, dass Vollert zwischen die Fronten von Stiftungsverwaltung und Geschäftsleitung geraten war. Dieser Umstand verstärkte Rothes Betroffenheit über den Rücktritt Vollerts, da er selbst die im Folgenden ausgeführte starke Positionierung Vollerts bezüglich der Beteiligungsfrage allgemein und der „Krauss'sche[n] Angelegenheit" im Speziellen verursacht hatte.[911]

Mit der „Krauss'schen Angelegenheit", die wohl den letzten Schub für den Rücktritt des Stiftungskommissars gab, war die Aufnahme von bereits in den Jahren 1907 und 1908 geführten Verhandlungen zwischen der Optischen Werkstätte und der Firma E. Krauss in Paris gemeint.[912] Die im Jahr 1911 rund 200 Arbeiter beschäftigende Firma E. Krauss produzierte hauptsächlich Feldstecher und Fernrohre, hatte jedoch bereits seit einigen Jahren den durch Lizenzerteilung legitimierten Vertrieb für photographische Objektive der Optischen Werkstätte inne.[913] Grundsätzlich sollte eine Beteiligung an dem französischen Unternehmen die Patente in Frankreich sicherstellen und zugleich Beziehungen zum französischen Militär etablieren.[914] Die Beteiligung an einer bereits bestehenden Firma als Voraussetzung für den Absatz an das Militär eignete sich dabei eher als der Aufbau einer eigenen Niederlassung, die unter Umständen die deutschen Militärbehörden hätte brüskieren können. Am 10. Juli 1911 wurde eine Absichtserklärung zu erneuten Verhandlungen zwischen den beiden Firmen getroffen. Die sich anschließenden Verhandlungen verliefen schleppend, nicht zuletzt, da die Stiftungsverwaltung mehrmals die Bedingungen der Verhandlungen änderte und damit den Fortgang der

909 Entwurf zum Schreiben von Max Vollert an Carl Rothe, 8.2.1912, in: CZA, BACZ 1483.
910 Protokoll der Stiftungssitzung, Nr. 329, 19.12.1912, in: CZA, BACZ 1484.
911 Carl Rothe an Max Vollert, 1.2.1912, in: CZA, BACZ 1483.
912 Protokoll der Stiftungssitzung, Nr. 247, 26.4.1908, in: CZA, BACZ 8406.
913 Max Vollert an Departement des Kultus, 2.11.1911, in: CZA, BACZ 1482.
914 Protokoll der Stiftungssitzung, Nr. 245, 11.4.1908, in: CZA, St 218.

Verhandlungen verzögerte.[915] Der Stiftungskommissar hielt die Beteiligung zwar für unternehmerisch „wünschenswert“, die Ausgabe der letzten flüssigen Mittel der zweiten Millionenanleihe aber für bedenklich.[916] Für das Krauss'sche Projekt sollten Kosten in Höhe von 600.000 Mark anfallen, die zum großen Teil über die Weitergabe von Obligationsscheinen an Krauss finanziert werden sollten.[917] Zudem bewertete Vollert die Erwartungen der Geschäftsleitung in Hinblick auf das Militärgeschäft als zu hoch. Der Erfolg des Vorhabens sei gefährdet, da die Beteiligung eines deutschen Unternehmens an einer französischen Firma nicht geheim bleiben würde. Es ist wahrscheinlich, dass Vollert davon ausging, dass das angestrebte Ziel, die deutschen Militärbehörden nicht zu verstimmen, daher nicht erreicht werden könnte. Zudem wurde Vollert gegenüber der Stiftungsverwaltung in seiner Kritik auch grundsätzlich: „Das von der Geschäftsleitung bei ihren Unternehmungen eingehaltene Tempo erscheint schon lange als ein zu beschleunigtes.“[918] Nachdem verschiedene Varianten der Unternehmenskooperation und des Unternehmenskaufs verhandelt worden waren,[919] wurden die Verhandlungen schließlich abgebrochen.[920] Der Abbruch ging vermutlich auch, wenngleich nur zu einem Teil, auf das „Mitwirken“ der Stiftungsverwaltung zurück,[921] da diese den Verhandlungsprozess durch ihre Verzögerungen und Bedingungen nicht erleichtert hatte.[922]

Das von Rothe zu der „Krauss'schen Angelegenheit“ angeforderte Gutachten von Max Vollert vom 9. Januar 1912 prüfte zunächst anhand des Statuts äußerst genau die Frage: „Inwieweit steht bei Beteiligungen an anderen gewerblichen Unternehmungen der Abschluss und die Verwaltung der Stiftungsverwaltung der Carl

---

915 Petermann, Max: Bericht über Aufnahme und Bewertung der Aktiv-Bestaende der Firma E. Krauss, Paris, 21.9.1911, in: CZA, BACZ 22970.

916 Protokoll der Stiftungssitzung, Nr. 313, 25.1.1912, in: CZA, BACZ 1483.

917 Paul Fischer an Max Vollert, 15.11.1911, in: CZA, BACZ 9206.

918 Max Vollert an Departement des Kultus, 2.11.1911, in: CZA, BACZ 1482.

919 Als letzte Variante vor Abbruch der Verhandlungen wurde Anfang Januar die Übernahme von Krauss entschieden, die dann letztlich nicht vollzogen wurde. Protokoll der Stiftungssitzung, Nr. 312, 18.1.1912, in: CZA, BACZ 1482.

920 Der Rückzug von Krauss ist belegt im Protokoll der Stiftungssitzung, Nr. 316, 21.2.1912, in: CZA, BACZ 1483. Für die Wiederaufnahme der Verhandlungen siehe Protokoll der Stiftungssitzung, Nr. 323, 9.7.1912, in CZA, BACZ 1484, schließlich folgte der Abbruch der Verhandlungen, Protokoll der Stiftungssitzung, Nr. 237, 13.11.1912, in: CZA, BACZ 1484.

921 Protokoll der Stiftungssitzung, Nr. 325, 27.9.1912, in: CZA, BACZ 1484.

922 Es war auch die schwierige Persönlichkeit von Krauss sowie dessen nicht erfüllbare Forderungen, die die Verhandlungen sehr erschwert hatten. Nach Abbruch der Verhandlungen standen sich beide Parteien in einem Schiedsgerichtsprozess gegenüber. Protokoll der Stiftungssitzung, Nr. 327, 13.11.1912, in: CZA, BACZ 1484; Protokoll der Stiftungssitzung, Nr. 329, 19.12.1912, in: CZA, BACZ 1484. Letztlich wurde in Paris eine selbständige Filiale gegründet, Protokoll der Stiftungssitzung, Nr. 331, 27.3.1913, in: CZA, BACZ 1484.

Zeiss-Stiftung und inwieweit den Vorständen der Stiftungsbetriebe zu?“[923] Der juristische Hintergrund des Verfassers ist dem Gutachten anzumerken, in welchem Vollert auf der Basis der von ihm als anzuwendenden, dürftigen Bestimmungen zu Beteiligungen (§§ 35, 38) andere Auslegungswege suchte: Vollert unterzog das Statut einer semantischen Analyse zur Bedeutung der Begriffe „Stiftung“ und „Stiftungsbetriebe“ und nutzte Analogieschlüsse. Im ersten Schritt bezog Vollert auch die „Motive und Erläuterungen“ Abbes mit ein und widmete sich aufgrund der mangelnden Einzelregelungen den Rahmenbestimmungen über die Verteilung der führungspolitischen Kompetenzen. Das Urteil des ersten Abschnitts sprach eindeutig der Geschäftsleitung die Gründungs- und Verwaltungskompetenz bei Beteiligungen zu. Die Stiftungsverwaltung habe nur bei Beteiligungen Einfluss, deren Kapitalbedarf die im Paragraphen 16 bestimmten Grenzen überschreite.[924] Sodann ging Vollert auf die Teilfrage ein, ob der Ertrag der Beteiligungen als Gewinn des Unternehmens zu verbuchen sei oder – vorausgesetzt das Kapital für die Beteiligung sei aus dem Reservefonds oder durch Stiftungsanleihen aufgebracht – an die Stiftung abzuführen sei. Vollert entschied auch in dieser Frage zu Gunsten der Geschäftsleitung, da das Kapital der Stiftung nur verwaltet werden (§ 55) und keine spekulativen Züge tragen solle (§ 52).

Die Frage nach der Buchführung und dem Rechnungswesen beantwortete Vollert ebenfalls im Sinne der Geschäftsleitung. Er sprach der Stiftungsverwaltung schlichtweg die für die Führung von Bilanzen und Gewinn- und Verlustrechnungen anderer Unternehmen nötigen Kenntnisse ab. Die Beteiligungen bei den GmbHs bzw. die Aktien der Ica seien also im Unternehmensvermögen zu verbuchen, das Geschäftskapital entsprechend zu erhöhen und die jeweilige Summe mit fünf Prozent zu verzinsen. Vollert schloss mit Bemerkungen aus Ernst Abbes Erläuterungen, die seine Argumentation unterstrichen und verdeutlichen sollten, dass er die Darlegung im Sinne des Stifters verfasst habe.[925]

Das Ergebnis des Gutachtens ist deshalb so bemerkenswert, weil Max Vollert als Universitätskurator auch die Interessen der Universität vertrat. Vollert schien selbst von seinem Urteil überrascht zu sein. Denn er war mit seinem Gutachten zu einer Schlussfolgerung gelangt, die ihm, wie er selbst äußerte, im Interesse der Universität

923 Carl Rothe an Max Vollert, 1.2.1912, in: CZA, BACZ 1483.

924 Zu den Bestimmungen des § 16 siehe in dieser Arbeit das Kapitel „Die Corporate Governance“. Diese Bestimmungen sind hier nicht näher betrachtet worden, weil sie in Hinsicht auf die Kontrollbemühungen der Stiftungsverwaltung keine Rolle spielten.

925 Vollert, Max: Gutachten, 9.1.1912, in: CZA, BACZ 1482. Vollert zitierte aus Abbe, Erläuterungen 1900, S. 138.

„nicht erwünscht" schien.[926] „Erwünscht" wäre für Vollert als Universitätskurator hingegen gewesen, dass das Stiftungsstatut die Entscheidungshoheit oder mindestens die Entscheidungsbefugnisse über die Beteiligungsunternehmungen der Stiftungsverwaltung zugesprochen hätte. In diesem Fall wäre sichergestellt, dass den hohen Investitionen Grenzen gesetzt wären. Die nicht verausgabten Mittel wären schließlich anderen Zwecken zugekommen, darunter auch der Universität. In diesem Fall ermöglichte das Stiftungsstatut auf bemerkenswerte Weise die Durchsetzung und Bewahrung des Stifterwillens – geht man davon aus, dass Vollert den Stifterwillen korrekt erfasst hatte. Doch selbst wenn dies nicht der Fall gewesen sein sollte: Es ist herauszustellen, dass Vollert zu einem Urteil gelangte, das seinen Interessen als Universitätskurator entgegenstand. Dass Abbe Beamte des für die Angelegenheiten der Universität Jena zuständigen Departements für die Positionen innerhalb der Stiftungsverwaltung und für das Amt des Stiftungskommissar ausgewählt hatte, bewährte sich nun. Als Juristen behandelten diese das Statut wie einen Gesetzestext, das zu einer objektiven Beurteilung verpflichtete. Dass Vollert seinen juristischen Ergebnissen mit Abbes Konkretisierungen aus seinen „Motive und Erläuterungen" Gewicht verlieh, zeigt, dass er dem Stifterwillen Bedeutsamkeit einräumte, was Abbe als fiktiven Prinzipal zur Wirkung brachte.

Die Reaktionen auf das Gutachten des Stiftungskommissars fielen entsprechend seines Inhaltes aus, das dem unternehmerischen Interesse der Geschäftsleiter entgegenkam. Die Geschäftsleitung billigte die Ergebnisse des Gutachtens, ließ es aber dennoch durch ihren Syndikus Paul Fischer juristisch überprüfen. Im Gegensatz zu Vollert setzte Fischer die Beteiligungen mit einer selbständigen Unternehmensgründung gleich, sodass er nur bedingt Vollerts Argumentationsgang folgen konnte. Seine Argumentation zog daher anstatt der von Vollert angewendeten Paragraphen 35 und 38 die Paragraphen 33 und 36, Absatz 1 und 2, hinzu, in denen selbständige Unternehmen behandelt wurden, deren Gründung und Verwaltung das Statut in den Verantwortungsbereich der Geschäftsleitung legte. Auch Paul Fischer zitierte Abbes Motive unter Titel II, um hervorheben, dass die Geschäftsleitungen in Bezug auf alle unter Paragraph 1, A fallenden Angelegenheiten die Stiftung vertrete, dass dagegen die Stiftungsverwaltung bezüglich der eigentlichen Geschäftsaktion völlig entlastet sei und ihr nur bedeutsame Personalentscheidungen obliegen sollten. Im Ergebnis pflichtete Paul Fischer daher „mit voller Sicherheit" dem Fazit Vollerts bei. Zweifel bestanden für ihn lediglich hinsichtlich der Frage nach dem Charakter der Beteiligung als Geschäftsaktion im Sinne des Para-

926 Aus diesem Grund übermittelte er das Gutachten nach Fertigstellung zunächst an Carl Rothe, bevor es die Geschäftsleitungen einsehen durften. Max Vollert an Carl Rothe, 9.1.1912, in: CZA, BACZ 179.

graphen 1, A des Statuts einerseits oder als Geldanlage des Reservefonds andererseits. Fischer sah aber bezogen auf die Klärung dieser Frage keine Schwierigkeiten auf Geschäftsleitung und Stiftungsverwaltung zukommen, da eine empirische Betrachtung der Einzelfälle jeweils zeigen werde, wie der Charakter der Beteiligung zu bestimmen sei. Interessant ist Fischers Annahme, dass Vollerts Gutachten die Zustimmung aller bisherigen Geschäftsleitungsmitglieder gefunden hätte. Damit waren die verstorbenen Ernst Abbe und Siegfried Czapski gemeint. Dass die Stiftungsverwaltung, so Fischer weiter, von der Geschäftsleitung überhaupt in die Verhandlungen einbezogen worden sei, sei nur auf die hohen finanziellen Investments zurückzuführen. Diese hätten eine „Uebereinstimmung sämtlicher Stiftungsorgane" wünschenswert gemacht – auch und vor allem, um sich die „wertvolle Mithilfe der Stiftungsverwaltung zu sichern".[927] Hier wird die Abhängigkeit der Geschäftsleitung von der Stiftungsverwaltung bei großen Investitionsprojekten erkennbar, die letztlich dazu führte, dass die Aufsicht der Stiftungsverwaltung über die Geschäftsleitung gewahrt wurde.

Nur eine Woche nach dem Gutachten des Stiftungskommissars Max Vollert über die Beteiligungen versandte dieser ein weiteres Gutachten, das sich mit der „Stellung des Kommissars der Carl-Zeiss-Stiftung zur Stiftungsverwaltung" beschäftigte. Ebenso wie sein erstes wurde auch dieses Gutachten im weiteren Verlauf des Konflikts als bedeutsames Schriftstück behandelt. Im Gutachten über die Beteiligungen hatte Vollert bereits den Stiftungskommissar als „Beauftragte[n] der Stiftungsverwaltung" bezeichnet, der sein Veto auf Anordnung der Stiftungsverwaltung auf vom Statut vorgegebenen Gebieten einlegen könne.[928] In seinem zweiten Gutachten bestätigte er diese Ansicht, indem er entlang des Statuts und auf Basis der Texte „Motive und Erläuterungen" sowie „Die Verfassung der Carl Zeiss-Stiftung" argumentierte. Dabei fasste er im Wesentlichen die Befugnisse des Stiftungskommissars und die Einwirkungsmöglichkeiten der Stiftungsverwaltung auf die Unternehmensführung zusammen. Letztere bestünden lediglich in Personalentscheidungen über die Besetzung der Führungsebene. Alle anderen Entscheidungen stünden unbeschränkt der Geschäftsleitung und in Bezug auf die im Paragraph 16 vorgegebenen Feldern Stiftungskommissar und Geschäftsleitung gemeinsam zu. Bei diesen Entscheidungen sei der Stiftungskommissar jedoch vollkommen an die Weisung der Stiftungsverwaltung gebunden.

Vollert selbst habe das Amt des Stiftungskommissars fünfzehn Jahre lang im Sinne dieser Auslegung geführt. Das Verhältnis zwischen ihm und Rothe sei von „ziemlicher Gebundenheit" geprägt, wie Vollert in seinem Gutachten ebenfalls

927 Paul Fischer an Geschäftsleitung Zeiss, 10.2.1912, in: CZA, BACZ 1482.
928 Vollert, Max: Gutachten, 9.1.1912, in: CZA, BACZ 1482.

niederschrieb. So habe die Stiftungsverwaltung von ihm nicht nur „die regelmäßige Berichterstattung“ über alle Angelegenheiten der Stiftungssitzungen sowie über sonstige wichtige Ereignisse verlangt. Er habe ebenso den Geschäftsleitungen Stellungnahmen und Forderungen der Stiftungsverwaltung vermitteln müssen und dabei „auch mancherlei Weisungen, hier und da auch gegen sein Votum, erteilt.“ Vollert handelte folglich nicht als von der Stiftungsverwaltung unabhängige Instanz, sondern manchmal auch gegen seine eigene Ansicht. In besonderen Angelegenheiten, wie beispielsweise den Beteiligungen an Bausch & Lomb Optical und an der Ica Dresden sowie an der Firma Winkel in Göttingen, sei weder seine Einschätzung noch persönliche Beteiligung gefragt gewesen, so Vollert. Hier sei die Stiftungsverwaltung „persönlich und entscheidend an den Verhandlungen beteiligt“ gewesen. Für Vollert war die Unterordnung gegenüber den Anordnungen der Stiftungsverwaltung naheliegend, da er in Carl Rothe einen Kenner der Stiftungskonstruktion sah, der an den Gründungshandlungen ebenso wie an der Ausarbeitung des Statuts zur Carl-Zeiss-Stiftung partizipiert hätte und „Abbe besonders nahe stand und seine Absichten kannte“. Darüber hinaus sei Rothe selbst Stiftungskommissar gewesen und mit den Stiftungsbetrieben sehr gut vertraut.[929] In Bezug auf Vollerts Gutachten sind zwei Aspekte hervorzuheben: Zum einen war seine Stellung innerhalb der Führungsgremien gemäß eigener Aussage recht schwach und sein eigener Gestaltungsanspruch eher gering. Diese Selbstaussage ist daher wertvoll, da sie den Quellen so nicht zu entnehmen gewesen wäre. Diese werfen nur wenig Licht auf das Verhältnis zwischen Stiftungsverwaltung und Stiftungskommissar. Zum anderen ist Vollerts Auslegung des Statuts überraschend. Aufgrund der Nähe Vollerts zur Haltung der Stiftungsverwaltung wäre eher zu vermuten, dass sein Gutachten im Sinne der Stiftungsverwaltung verfasst sein würde. Ansonsten hätte auch Rothe Vollert nicht um ein Gutachten gebeten.

Carl Rothe äußerte sich zu den beiden Gutachten Vollerts und der Erklärung Paul Fischers in einer längeren Niederschrift über die „Verfassung der Carl Zeiß-Stiftung im Allgemeinen“.[930] Auffällig ist, dass seine Abfassung hinsichtlich der allgemeinen Abgrenzung der Kompetenzen zwischen Geschäftsleitung und Stiftungsverwaltung mit Vollerts Gutachten und Paul Fischers Bemerkung übereinstimmte. Dies lässt darauf schließen, dass die Paragraphen des Statuts für die generelle Organisation der Stiftung eindeutig ausgelegt werden konnten. Anders sah es mit Rothes Standpunkt zur Verbuchung der Beteiligungen aus, der Max Vollerts Ansicht und Paul Fischers Auslegungen widersprach, und den Rothe mit Paragra-

929 Vollert, Max: Gutachten „Die Stellung des Kommissars der Carl-Zeiss-Stiftung zu Stiftungsverwaltung“, 16.2.1912, in: CZA, BACZ 185.

930 Carl Rothe, „Verfassung der Carl Zeiß-Stiftung im Allgemeinen“, undatiert, zwischen 1910/11 und 1914, in: CZA, BACZ 10069.

phen des Statuts untermauerte. Für Rothe taugte das von ihm selbst angeordnete Gutachten von Max Vollert nicht als Grundlage für weitere Verständigungsschritte. Im März 1912 ordnete er ein neues, von „einigen außerhalb des Interessenkreises der Stiftung stehenden rechts- und sachkundige[n] Personen" zu verfassendes Gutachten an. Damit beauftragt wurden der beim Abfassen des Stiftungsstatuts involvierte Eduard Rosenthal, der Ministerialdirektor Dr. Nebe aus Berlin, und als „kaufmännische[r] Fachmann" der Direktor der Norddeutschen Grundkreditbank, Regierungsrat Dr. Michael aus Weimar.[931]

Das Gutachten dieser drei Männer vom 20. November 1913 diskutierte die Frage, „ob in Fällen der finanziellen Beteiligung der Carl Zeiss-Stiftung an fremden Geschäftsunternehmungen und der Errichtung von neuen Stiftungsbetrieben nach dem Statut der Carl Zeiss-Stiftung eine Mitwirkung der Stiftungsverwaltung erforderlich sei".[932] Die Ausführungen fielen detailliert aus. Bemerkenswert sind zwei Punkte: Zum einen schlugen die Gutachter vor, den während des Konflikts konstruierten Gegensatz von Kapitalanlage und dem unternehmerischen Interesse an dieser Anlage aufzuheben. Vielmehr sei das Interesse der Geschäftsleitung an der günstigen Entwicklung des Stiftungskapitals nur selbstverständlich:

> Stiftung und Stiftungsbetriebe stehen sich nicht als zwei selbständige Rechtssubjekte gegenüber, sondern letztere sind eben als die Geschäftsunternehmungen der Carl Zeiss-Stiftung (§ 6 des Statuts) in untrennbarem Zusammenhang mit der Carl Zeiss-Stiftung. Daher erscheint es selbstverständlich, dass diese bei ihrer Vermögensanlage geschäftliche Interessen der Stiftungsbetriebe, die doch auch ihre eignen sind, zu fördern bestrebt ist.[933]

Dass Aktien ihrer Natur nach gemäß Paragraph 6 des Statuts in das Stiftungsvermögen gehörten, stand für die Gutachter außer Frage. Eine wie bisher streng durchgeführte Kontrolle der Stiftungsverwaltung über Stiftungsvermögen und der Geschäftsleitung über Betriebsvermögen war tatsächlich nur historisch zu erklären und nicht durch das Statut vorgegeben. Das Gutachten bot daher eine wirkliche Lösung für die Frage der Verbuchung an: Die Entscheidung über die Verbuchung einer Beteiligung im Unternehmens- oder Stiftungskapital sollte nicht zwangsläufig die Festlegung von Kontrolle und Verwaltung der Beteiligungen nach sich ziehen. Im Gegenteil erkannten die Gutachter gemeinsame Interessen der Stiftung und der Geschäftsleitung in Bezug auf die Vermögensanlage.

Zum anderen ist die von den Gutachtern gezogene Analogie zu gegenwärtigen Aktiengesellschaften interessant. So sei der

931 Carl Rothe an Friedrich Ebsen, 4.3.1912, in: CZA, BACZ 1483.
932 Rosenthal, Nebe, Michael: Gutachten, 20.11.1913, in: CZA, BACZ 179.
933 Ebd.

> Vorstand einer Aktiengesellschaft nicht befugt, allein derartig wichtige Geschäfte zu beschliessen, obwohl ihm die Geschäftsführung im Ganzen, die Leitung der Gesellschaft übertragen ist und obwohl der Aufsichtsrat als Kontrollorgan grundsätzlich an der Geschäftsführung keinen Anteil nimmt.[934]

Der Vergleich mit einer Aktiengesellschaft bestätigte die Gutachter in ihrem Gesamturteil, der Stiftungsverwaltung die Mitwirkung an Beteiligungsunternehmungen zuzusprechen. So lautete das Fazit des Gutachtens, dass die Stiftungsverwaltung an Entscheidungen zu Beteiligungsunternehmungen involviert sein müsse. Die erworbenen Aktien und Unternehmensanteile sollten in dem Reservefonds der Stiftung verbucht werden. Als Begründung nannten die drei Gutachter die Gefahr von Beteiligungsunternehmungen für den Finanzierungs- und Investitionskreislauf der Stiftung. Da der Stiftungsverwaltung die „oberste Leitung“ nach Paragraph 4 obliege, sei sie gerade an Stellen wie dieser dafür verantwortlich, die Stabilität des Gesamtkonstrukts der Stiftung zu garantieren. Nur so sei das Verfolgen der Stiftungszwecke möglich.[935]

Auf die beiden Gutachten folgten mehrere Jahre, in denen die Beteiligungsangelegenheit nicht weiterverfolgt wurde, obwohl es immer wieder Anläufe von Seiten der Stiftungsverwaltung gab, die Angelegenheit zu einem Abschluss zu bringen.[936] Es ist allerdings davon auszugehen, dass die Geschäftsleitung das Gutachten von Rosenthal, Nebe und Michael aufgrund seines Urteils über eine Mitwirkung an Beteiligungsunternehmungen abgelehnt hatte. Währenddessen wandten sich Stiftungsverwaltung und Geschäftsleitung von der 1911 festgelegten Prämisse ab, keine weiteren Unternehmensbeteiligungen einzugehen. Im Juni 1913 wurde beispielsweise eine Beteiligung an der Auto-Aero Gesellschaft während einer Stiftungssitzung auf statutarische Zulässigkeit geprüft und gebilligt. Bei dieser Gesellschaft ging es um die Vergrößerung des Absatzes der Automobilscheinwerfer und die Verbindung zu einem der führenden Unternehmen auf diesem Gebiet. Hier wurde die Stiftungsverwaltung jedoch nicht in die Finanzierung eingebunden, da eine weitere Privatbeteiligung von Otto Schott das von Banken eingebrachte Fremdkapital möglichst gering halten sollte.[937] Der Wert der Beteiligungen steigerte sich von über 3,81 Millionen Mark im Jahr 1911 auf über 7,95 Millionen Mark im Jahr 1914.

---

934 Die Gutachter berufen sich hier auf das folgende Lehrbuch: Lehmann, Karl: Lehrbuch des Handelsrechts, Leipzig 1908.

935 Rosenthal, Nebe, Michael, Gutachten, 20.11.1913, in: CZA, BACZ 179.

936 Beispielsweise im März 1913: Departement des Kultus an Geschäftsleitung Zeiss, 4.3.1913; Carl Rothe an Friedrich Ebsen, 26.3.1913, in: CZA, BACZ 180. Siehe auch die Schreiben von Friedrich Ebsen an Departement des Kultus, 11.7.1913 und Departement des Kultus an Friedrich Ebsen, 8.3.1914, in: CZA, BACZ 180.

937 Protokoll der Stiftungssitzung, Nr. 334, 6.6.1913, in: CZA, BACZ 1485.

Im Juli 1914 schließlich war man sich einig, dass Grundsätze, die von Ebsen gemeinsam mit Paul Fischer und dem Stiftungsreferenten aufgestellt werden sollten, weiterführend im Konflikt um die Beteiligungsunternehmungen sein könnten. Die Grundsätze sollten als Grundlage für die Verständigung zwischen der Stiftungsverwaltung und der Geschäftsleitung dienen. Auch der gerade beginnende Erste Weltkrieg sollte dem ernstgemeinten Anliegen der Stiftungsverwaltung, eine endgültige Klärung herbeizuführen, nicht entgegenstehen – so zumindest die Bestrebungen der Stiftungsverwaltung. Wenngleich diese anordnete, für den früh zum Kriegsdienst eingezogenen Paul Fischer einen Ersatz in die Kommission zur Aufstellung von Grundsätzen zu benennen, bedeuteten die Kriegsjahre einen gewissen Aufschub für die Klärung dieser Frage.[938] Für Fragen der Corporate Governance blieb neben stets zunehmenden Aufgaben und den großen Herausforderungen des Ersten Weltkriegs offensichtlich wenig Zeit.[939]

Auch drängende Mahnungen der Stiftungsverwaltung im Januar 1915 konnten daher nichts an der Untätigkeit der Geschäftsleitung ändern.[940] Diese Untätigkeit lässt auch daran zweifeln, ob die Geschäftsleitung grundsätzlich an der Lösung des Konflikts interessiert war, zumal dessen Verzögerung für die Geschäftsleitung bedeutete, dass sie weiterhin die Entscheidungshoheit über die Beteiligungen besaß. Sollte dieses Motiv eine Rolle gespielt haben, profitierte die Geschäftsleitung weiterhin von den politischen Verhältnissen. Nach der Revolution im Herbst 1918 wurde Carl Rothe von Arnold Paulssen abgelöst, der den Vorsitz des Staatsministeriums des Freistaates Sachsen-Weimar-Eisenach sowie die Leitung der Ressorts Kultus, Justiz und Finanzen innehatte. Der Personalwechsel hatte große Auswirkungen auf den Konflikt zwischen Stiftungsverwaltung und Geschäftsleitung, weil er sich nicht auf die neue Stiftungsverwaltung übertrug. So wurde der schwebende Konflikt durch eine Veränderung der personellen Konstellation ohne formale Klärung aus dem Weg geschafft.[941] Ebsen schrieb im April 1919 an die Stiftungsver-

938 Departement des Kultus an Friedrich Ebsen, 29.9.1914, in: CZA, BACZ 9204. Protokoll der Stiftungssitzung, Nr. 339, 3.7.1914, in: CZA, BACZ 1484.

939 Departement des Kultus an Geschäftsleitung Zeiss, 13.10.1915, in: CZA, BACZ 1486.

940 Carl Rothe an Friedrich Ebsen, 15.1.1915, in: CZA, BACZ 180.

941 Wolfgang Wimmer, der den Konflikt in einigen Worten schildert und im Wesentlichen als Verteilungskonflikt interpretiert, sieht dessen Ende durch das „Kleinbeigeben" von Rothe herbeigeführt. Das resultierte aus Rothes Sorge vor einer Blockierung von Mitteln für Zwecke der Stiftung durch die Geschäftsleitung, so Wimmer. Dieses Urteil kann insofern relativiert werden, da die Stiftungsverwaltung– wie oben gezeigt – durchaus auf die Durchsetzung ihrer statutarischen Mindestbeträge pochen konnte, wenn sie es als angezeigt erkannte. Wimmers Schluss, die Veränderung in der Beziehung zwischen Stiftungsverwaltung und Geschäftsleitung auf den Konflikt zurückzuführen, kann hinzugefügt werden, dass Erster Weltkrieg und Personalwechsel der Stiftungsverwaltung hierbei einen entscheidenden Anteil hatten. Vgl. Wimmer, Verhältnis, S. 66.

waltung, dass man nach „Lage der Verhältnisse“ annehmen dürfe, dass die Differenzen zwischen Stiftungsverwaltung und Geschäftsleitung nun als beigelegt gelten könnten. Eine Grundsatzentscheidung sei daher nicht mehr vonnöten, weshalb er die zu diesem Zweck eingesandten Akten an das Kultusdepartement zurückgebe.[942] Nicht zu rekonstruieren ist, unter welchen Umständen zwei Jahre später und insgesamt neuneinhalb Jahre nach der Auseinandersetzung im Herbst 1911 eine Stiftungssitzung zum Ort der Aussprache zu diesem Thema wurde. Dem Stiftungssitzungsprotokoll vom 28. Mai 1921 wurde unter Punkt 10 der Zusatz hinzugefügt, dass die

> Beteiligungen an auswärtigen Unternehmungen [...] künftig nicht mehr durch die Firmenbilanz der Firma Carl Zeiß gehen, sondern unmittelbar in der Stiftungsrechnung nachgewiesen werden. Die Führung der Geschäfte verbleibt der Geschäftsleitung der Firma Carl Zeiß, die aber in dieser Beziehung im unmittelbaren Auftrag der Stiftung tätig wird.[943]

Stiftungsverwaltung und Geschäftsleitung hatten sich auf die Entflechtung von Rechnungswesen und Kompetenz geeinigt und waren damit dem Gutachten von Rosenthal, Nebe und Michael gefolgt. Rothes einstige Forderung nach „Uebersichtlichkeit, Klarheit und Ordnung“ wurde auf diese Weise erfüllt, ohne dass die Geschäftsleitung Kompetenzen bei der Führung der Beteiligungen einbüßen musste. Dass sie im Auftrag der Stiftung handeln sollte, ist als Einschub zur Selbstvergewisserung der Stiftungsverwaltung zu deuten. Diese Stellung war für die Geschäftsleitung nämlich grundsätzlich im Rahmen der Stiftungskonstruktion vorgesehen. Die Erträge der Beteiligungen jedoch wurden durch die Verbuchung im Stiftungsvermögen direkt an die Stiftung abgeführt. Schlussendlich ging die Geschäftsleitung gestärkt aus diesem Konflikt hervor, wobei sie deutlich von den sich wandelnden politischen und institutionellen Bedingungen profitierte.

7.1.3 Die Jahre 1919 – 1933: Extreme Ausdehnung ohne verfassungsrechtliche Hemmnisse

Durch die Beilegung des Konflikts zwischen Stiftungsverwaltung und Geschäftsleitung wurden die Entscheidungsspielräume in Bezug auf das externe Wachstum stark erweitert. Einschränkend wirkte nur noch die Finanzierung, bei der die Geschäftsleitung weiterhin auf die Stiftungsverwaltung angewiesen war. In Hinblick

942 Friedrich Ebsen an Departement des Kultus, 21.4.1919, in: CZA, BACZ 1488.
943 Zusatz zum Stiftungssitzungsprotokoll, 28.5.1921, in: LATh – HStA Weimar, Thüringisches Volksbildungsministerium C 531.

auf die in dieser Arbeit formulierte Fragestellung ist für den Zeitraum von 1919 bis 1933 vor allem zu klären, inwiefern die beiden ersten Expansionsphasen von 1905 und 1906 bzw. von 1906 bis 1919 die Grundlagen für die dritte Phase zwischen 1919 bis 1933 legten. So soll es in diesem Unterkapitel weniger um die vollständige Rekonstruktion der Expansionsphase gehen, als um die Frage, ob sich die zuvor herausgebildeten Strategien des externen Wachstums auch unter den veränderten Rahmenbedingungen der Nachkriegszeit als effizient erwiesen.[944] Die dargestellten Unternehmungen der Geschäftsleitung bleiben daher exemplarisch. Abschließend kann durch die Zusammenschau aller drei Wachstumsphasen eine Bewertung der Unternehmensführungsstrategie des externen Wachstums vor dem Hintergrund der statutarischen Bedingungen erfolgen, die die Entwicklungsphase der Optischen Werkstätte von einem handwerklichen Unternehmen bis hin zum Konzern abdeckt.

Der Erste Weltkrieg und seine Konsequenzen bildeten die Entscheidungsanlässe für einige der Beteiligungsunternehmungen im Zeitraum 1919 bis 1933. So brachte sehr wahrscheinlich der im Krieg um sich greifende Kohlenmangel die Geschäftsleitung dazu, seit 1917 Schritte der Rückwärtsintegration zu gehen, weshalb mehrere, jedoch erfolglose Versuche zum Ankauf von Kohlefeldern unternommen wurden.[945] Die Geschäftsleitung der Optischen Werkstätte nutzte damit zum ersten Mal die mit der Änderung des Stiftungsstatuts von 1905/1906 eröffnete Möglichkeit zur vertikalen Diversifikation. Den Rahmenbedingungen der Nachkriegszeit geschuldet war die kapitalintensive Unternehmensgründung der N.V. Nederlandsche Instrumenten Companie (Nedinsco) im holländischen Venlo. Die Firma wurde am 21. Januar 1921 durch holländische Treuhänder gegründet, die einhundert Prozent der Unternehmensanteile hielten.[946] In Zusammenarbeit mit der Nedinsco wurde Zeiss die Produktion von militäroptischen Instrumenten ermöglicht, die der Versailler Vertrag für deutsche Unternehmen eingeschränkt hatte.[947] Die Optische Werkstätte lieferte Halbfertigwaren an die Nedinsco, aus welchen diese Fertigprodukte herstellte und vertrieb. Die Gründung der Nedinsco wich von der bisherigen Unternehmensstrategie ab, möglichst mit einer Mehrheit an der jeweiligen GmbH oder der Aktiengesellschaft beteiligt zu sein. Dieser Strategiewechsel lässt sich nur mit den erschwerten Bedingungen der Nachkriegsjahre erklären, die der Geschäftsleitung keine andere Möglichkeit ließen. Um sich auf andere Art und Weise abzusichern, setzte die Geschäftsleitung auf eine besondere

944 Schumann hat bereits die Eckpunkte der Geschichte einiger Beteiligungen rekonstruiert, wenngleich das Thema noch weiteren Raum zur Forschung bietet.

945 Vgl. Schumann (u. a.), Carl Zeiss Jena, S. 302.

946 Zu der Vorgeschichte der Gründung, siehe ebd., S. 315 – 322.

947 Der Versailler Vertrag genehmigte Zeiss, unter bestimmten Bedingungen weiterhin für das Militär zu produzieren, allerdings war der Export verboten. Vgl. Walter, Zeiss 1905 – 1945, S. 102.

Strategie der Personalentscheidungen. So wählte sie ausschließlich Personal, das in familiärer oder freundschaftlicher Beziehung zur Optischen Werkstätte stand: Der Schwager von August Kotthaus, Diplomingenieur Schreiber, wurde zu einem späteren Direktor der Nedinsco, Kotthaus' Studienfreund Dr. Duiker zum Treuhänder. Ein anderer Treuhänder, Peters, war der Schwager von Paul Henrichs. Geheimverträge zwischen den Treuhändern und der Carl-Zeiss-Stiftung sorgten zudem dafür, dass die Kontrolle über die Unternehmensanteile und die Unternehmensführung bei der Stiftung verblieb.[948] Die Nedinsco wurde für die Optische Werkstätte zu einem bedeutsamen Unternehmen, sowohl bezüglich der über dieses Unternehmen erzielten Erträge wie auch auf die Rolle, die es im nationalen und internationalen Konzernnetz der Carl-Zeiss-Stiftung einnahm. Damit ist nicht nur die Bedeutung für die Devisenerwirtschaftung der Optischen Werkstätte gemeint, sondern auch die Möglichkeit der Nedinsco, selbst Beteiligungen anstelle der Stiftung einzugehen. Diese Möglichkeit wurde von der Geschäftsleitung genutzt, wie beispielsweise im Fall von Anschütz & Co im Jahr 1930.[949] Für das Einbeziehen der Nedinsco spielten weder statutarische Bedingungen noch die Abhängigkeit von der Stiftung zur Finanzierung des Vorhabens für die Geschäftsleitung eine Rolle.

Die zahlreichen Beteiligungen der folgenden Jahre bis 1933 können in drei Kategorien unterteilt werden. Zunächst lassen sich Beteiligungen zusammenfassen, die das Engagement im Sinne der horizontalen Diversifikation fortführten. Dazu gehörten beispielsweise die Beteiligungen an den Luftbild-Gesellschaften Kartographische Relief-Gesellschaft, München und Luftbild-Gesellschaft, Berlin, die schließlich im Konsortium Luftbild GmbH-Stereographik GmbH, München mündeten, zu dem über Lizenzabkommen verbundene Firmen in Italien, Frankreich und Spanien gehörten. Ein Beispiel für die vertikale Diversifikation ist die Gründung der Ocar GmbH zur Herstellung künstlicher Augen in Lauscha gemeinsam mit weiteren Herstellern von Augenprothesen. Die Optische Werkstätte übernahm den vertraglich zugesicherten Alleinvertrieb der von der Ocar bzw. ihren Gesellschaftern herstellten Glasaugen.[950] Sie hielt mit 50.000 Mark den größten Anteil am Stammkapital.[951] Angesichts der Fülle der Beteiligungsunternehmungen wurde nun ebenfalls das mittlere Management in die Führung der Beteiligungsunternehmen

948 Vgl. Schumann (u. a.), Carl Zeiss Jena, S. 320.

949 Anschütz & Co, Kiel, war auf dem Weltmarkt Qualitätsführer für Kreisel-Konstruktionen, siehe: Schomerus, Friedrich: Firma Anschütz u. Co, Kiel, 4.3.1943, in: CZA, BACZ 165. Siehe auch Schumann (u. a.), Carl Zeiss Jena, S. 434 f.

950 Vertrag zwischen Ocar-Gesellschaft zur Herstellung künstlicher Augen mbH in Lauscha, der Firma Carl Zeiss in Jena und den unterzeichneten Herstellern künstlicher Augen, 10.3.1920, in: CZA, BACZ 3537.

951 Petermann, Max: Aufstellung zur Ocar GmbH, Lauscha, 1.9.1921, in: CZA, BACZ 3537.

eingespannt. So waren Prof. Henker und Max Petermann im Aufsichtsrat der Ocar vertreten.[952]

Zweitens ist – ebenfalls eine Weiterführung der Strategien aus der vorherigen Expansionsphase – das Engagement in der Kamerabranche zu nennen, das innerhalb der optischen Industrie zu verbesserten Wettbewerbsbedingungen der Optischen Werkstätte führte.[953] Über verschiedene, bei Schumann rekonstruierte Schritte,[954] gelang unter Führung der Zeiss-Geschäftsleitung im Jahr 1926 der Zusammenschluss mehrerer Kameraunternehmen und Goerz zur Zeiss Ikon AG.[955] Mit Goerz brachte die Geschäftsleitung ein Unternehmen in ihren Einflussbereich, das sich selbst zum Konzern entwickelt hatte und zu den bedeutenden Konkurrenten zählte. Die Konzentrationsbewegung innerhalb der optischen Industrie wurde mit der Fusion zur Zeiss Ikon stark beschleunigt und reihte sich in die gesamtwirtschaftlichen Prozesse der 1920er Jahre ein, die zur Gründung etwa der I.G. Farben AG oder der Vereinigten Stahlwerke AG führten. Die Geschäftsleitung folgte weiterhin ihrer Strategie der Mehrheitsbeteiligung. Zum Zeitpunkt der Entstehung der Zeiss Ikon AG hielt die Stiftung 53,1 Prozent des Stammkapitals von 12,5 Millionen Reichsmark, Rudolf Straubel wurde Vorsitzender des Aufsichtsrates.[956] Die Geschäftsleitung der Optischen Werkstätte wusste die Mehrheit zu nutzen, indem sie die Arbeitsgebiete der verschiedenen Unternehmen zu ihren Gunsten aufteilte – ein Vorgang, der etwa zur Auflösung der optischen Abteilungen der Unternehmen Ernemann und Goerz führte.[957] Finanziert wurden die Fusionsschritte der Carl-Zeiss-Stiftung durch eine in Holland aufgenommene Anleihe im Wert von fünf Millionen Gulden.[958]

Bemerkenswert ist, wie stark die Optische Werkstätte mit der Gründung der Zeiss Ikon AG an Marktmacht gewann: Über 40 Prozent der Arbeiter in der deutschen optischen Industrie gehörten seit der Fusion Unternehmen an, an denen die Stiftung beteiligt war.[959] In diese Kategorie der Beteiligungen zur Ausdehnung der Marktmacht zu Lasten anderer Konkurrenten fallen weitere Beteiligungen inner-

952 Niederschrift über die Besprechung der Herstellung künstlicher Menschenaugen wegen restlosen Zusammenschlusses, 6.2.1921, in: CZA, BACZ 3537.

953 Sehr ausführlich bei Schumann (u.a.), Carl Zeiss Jena, S. 330–345.

954 Vgl. ebd., S. 311.

955 Zu den Gründen für diesen Zusammenschluss, siehe ausführlich Walter, Zeiss 1905–1945, S. 134 und Schumann (u.a.), Carl Zeiss Jena, S. 332 f. Zuvor war eine Interessengemeinschaft im September 1925 gegründet worden, siehe Schumann (u.a.), Carl Zeiss Jena, S. 334–337.

956 Vgl. Walter, Zeiss 1905–1945, S. 134.

957 Vgl. ebd., S. 142.

958 Detailliert bei Schumann (u.a.), Carl Zeiss Jena, S. 340–342.

959 Dennoch muss die eindrucksvolle Zahl relativiert werden: 20 % der Arbeiter dieser Branche arbeiteten allein bei der Optischen Werkstätte, vgl. Walter, Zeiss 1905–1945, S. 158.

halb der optischen Industrie wie beispielsweise an dem Unternehmen Busch. Diese wurden so intensiv verfolgt, dass der Optischen Werkstätte zum Ende der dritten Expansionsphase als ernstzunehmender Konkurrent nur noch das Wetzlarer, vor allem für seine Kameras bekannte Unternehmen Leitz gegenüberstand.[960] Mit dieser Art von Beteiligungen verfolgte die Geschäftsleitung auch das Ziel einer möglichst umfassenden Informiertheit über die Branche und den Markt, wie aus zahlreichen Schriftwechseln der Geschäftsleiter hervorgeht.[961]

Eine dritte Kategorie fasst diverse Unternehmungen, die nicht zum Arbeitsgebiet der Optischen Werkstätte gehörten und der Produktion der Optischen Werkstätte weder vor- noch nachgelagert waren. Damit verstießen sie gegen Paragraph 35, der das Gebiet von Unternehmenskooperationen und -käufen auf die optische und feinmechanische Branche beschränkte. Abseits dieser Branche beteiligte sich Zeiss im Jahr 1921 an der Thüringischen Elektrizitäts-Versorgungs-AG und der Rheinischen Versicherungsgruppe Köln sowie 1922/23 am Kölner Versicherungs-Konzern Gerling. Auch Beteiligungen an Nachrichtendiensten wie der Deutschen Überseedienst GmbH und Trans-Ocean-GmbH sind an dieser Stelle zu nennen, ebenso wie die Gründung der Kuppelbau-Gesellschaft mbH in Jena mit Dyckerhoff & Widmann im Jahr 1923, welche mit sehr hoher Wahrscheinlichkeit mit dem Bau der Zeiss-Planetarien in Verbindung stand.

Aus den vorliegenden Quellen ist nicht zu rekonstruieren, ob die Statutenkonformität dieser Beteiligungen diskutiert wurde, da die entsprechenden Entscheidungen nicht in den Stiftungssitzungsprotokollen vermerkt wurden. Lediglich in sehr seltenen Fällen wurden Beteiligungen in den Protokollen der Sitzungen nach 1918 überhaupt thematisiert. Entscheidungen über Beteiligungen an der Ocar oder Stereoplastik hingegen wurden abseits der Stiftungssitzungen getroffen. Wurde die Stiftungsverwaltung vor dem Ersten Weltkrieg noch in die Entscheidung über die Dividendenhöhe der Ica einbezogen, war davon in den Stiftungssitzungen in der Zeit bis 1933 keine Rede mehr.[962] Dieser eindeutige Bedeutungswandel im Vergleich zur ersten und zweiten Expansionsphase geht auf die größere finanzielle Unabhän-

---

960 Vgl. Walter, Zeiss 1905–1945, S. 156. Zu Beteiligungen an Gauthier 1926, siehe Schumann (u. a.), Carl Zeiss Jena, S. 346 f. sowie an Nitsche & Günther 1929, ebd., S. 349, an J.D. Möller, Optische Werke, GmbH, 1925, ebd., S. 351, zu Aktienkäufen von M. Hensoldt & Söhne AG, Wetzlar, 1928, ebd., S. 351, zu Aktienkäufen von der Busch AG 1928/9, ebd., S. 349.

961 Beispielsweise gab der Geschäftsleiter des Göttinger Unternehmens Winkel, an dem die Carl-Zeiss-Stiftung seit der Umwandlung in eine GmbH im Jahr 1911 beteiligt war, Georg Hausmann, dem späteren Zeiss-Geschäftsleiter Henrichs das Versprechen, „Sie immer über die Vorgänge in der hiesigen Industrie auf dem Laufenden zu erhalten". Georg Hausmann an Paul Henrichs, 4.5.1923, in: CZA, RW 298.

962 Z.B. Protokoll der Stiftungssitzung, Nr. 329, 19.12.1912, in: CZA, BACZ 1484.

gigkeit der Geschäftsleitung aufgrund der ausländischen Firmen, das veränderte Verhältnis zwischen der neu besetzten Stiftungsverwaltung und der Geschäftsleitung allgemein sowie die ihr durch die Stiftungsverwaltung zugesprochene Kompetenz bei Beteiligungsunternehmungen zurück. Zudem machten die Beteiligungsunternehmungen seit 1905 einen Großteil der Arbeit der Geschäftsleitung aus. Es ist daher von einer gewissen Routine auszugehen, die die Anwendung des Paragraphen 14 verhinderte, demzufolge der Stiftungskommissar bei ungewöhnlichen Entscheidungen informiert werden musste. Nicht zuletzt waren die zu treffenden Entscheidungen zunehmend voraussetzungsvoll und komplex, sodass sich die Stiftungsverwaltung nur schwer kompetent hätte einbringen können. Eine durchgehende Kontrolle war daher nicht mehr möglich (*hidden action/hidden information*). Als Konsequenz lässt sich im Zeitraum bis 1933 kein größerer Konflikt zwischen der Stiftungsverwaltung und Geschäftsleitungen ausmachen. Das einzige, rekonstruierbare Beispiel ist der Fall der Papierfabrik Tannroda, der zu Debatten zwischen der Geschäftsleitung Schott und der Stiftungsverwaltung führte.[963]

Die Frage danach, wie sehr die Optische Werkstätte ihren Einfluss innerhalb der Beteiligungsunternehmen ausweitete, bewegt sich außerhalb des Gegenstands dieser Arbeit und kann hier nur angedeutet werden, wenngleich die Beschäftigung mit diesem Thema sehr interessante Ergebnisse hervorbringen würde. So übertrug die Geschäftsleitung die Praxis ihrer Unternehmensführung auf die Unternehmen, an denen sie Anteilseigner wurde. Dazu gehörte, dass die einzelnen Abteilungen der fremden Unternehmen von Zeiss-Angestellten des mittleren und oberen Managements beraten und angeleitet wurden. Ein zentraler Aspekt war die Reformierung der Buchhaltung und des Rechnungswesens durch Zeiss-Angestellte, die dazu in die anderen Unternehmen abgeordnet wurden. Auch in Fragen der Produktion und Fabrikation sandte die Geschäftsleitung ihre Angestellten. Zugleich wurden Abteilungen und Bereiche der Beteiligungsunternehmen bei Zeiss konzentriert und synergetisch verwaltet, wie beispielsweise Patentangelegenheiten. Daneben erstreckte sich die Beratung, die teilweise nicht den Charakter von Freiwilligkeit erweckte, auch auf personal- und produktpolitische Entscheidungen.[964] Die Zeiss-Geschäftsleitung begriff die Optische Werkstätte dabei als Vorbild, nach dem die

963 Die Papierfabrik Tannroda gehörte zu den frühesten der Schott'schen Unternehmungen des externen Wachstums. Siehe Abschrift des Schreibens von Friedrich Ebsen an Thüringisches Volksbildungsministerium, 1.5.1927, in: SCHOTT Archiv 5/97. Vgl. hierzu in dieser Arbeit Fn 714.

964 Für die Beteiligung an der Unternehmensführung Winkel gibt es zahlreiche Beispiele, wie die Einstellung eines Buchhalters, bei der Max Fischer mitentschied, Max Fischer an Georg Hausmann, 14.6.1919, in: CZA, BACZ 8253. Für Beispiele des dominierenden Einflusses der Zeiss-Geschäftsleitung in Lohnfragen, siehe zum Beispiel: Georg Hausmann an Geschäftsleitung Zeiss, 31.8.1921, in: CZA, BACZ 8253.

Beteiligungsunternehmungen ausgerichtet werden sollten. Dieses Vorgehen war nicht durch statutarische Vorgaben beeinflusst, da das Statut grundsätzlich keine Bestimmungen für Bereiche der Produktion, der Buchhaltung etc. des Unternehmens enthielt. Umso bemerkenswerter ist, dass die stark vom Statut geprägte Personalpolitik der Geschäftsleitung nicht auf die Beteiligungsunternehmen übertragen wurde. Im Gegenteil, auf der Grundlage einer fragwürdigen Argumentation hatte die Geschäftsleitung während der zweiten Expansionsphase legitimiert, Unternehmenskooperationen und -neugründungen keine „Stiftungsrechte" zu gewähren – eine Auffassung, nach der die Geschäftsleitung auch in der dritten Expansionsphase handelte. Zu einer Übertragung von „Stiftungsrechten" an ein Beteiligungsunternehmen kam es erst weit nach dem Ende des Betrachtungszeitraums, als Zeiss 1957 dem Göttinger Unternehmen Winkel zum 100-jährigen Jubiläum die „Stiftungsrechte" verlieh.[965] Das Vorgehen der Zeiss-Geschäftsleitung bestätigt die im Unterkapitel „Stiftungsrechte" anhand der Kostenauswertung entwickelte These, dass die durch die „Stiftungsrechte" der Optischen Werkstätte aufgebürdeten Kosten eine Belastung für die Unternehmensführung darstellten.

Wie stark die institutionelle und inhaltliche Ausrichtung des externen Wachstums in den ersten beiden Beteiligungsphasen von 1905 und 1906 sowie 1906 bis 1919 den Weg für die sich anschließende Entwicklung zum Konzern bereitete, sollte deutlich geworden sein. Der Aushandlungsprozess der ersten Phasen führte zur „Anpassung" der Entscheidungsprämissen des Statuts. Statutarische Entscheidungsspielräume wurden beispielsweise mittels Statutenrevision sowie geschicktem Umgehen des Statuts erweitert und Lücken des Statuts in einem langen und aufwändigen Aushandlungsprozess zwischen den Organen der Stiftung durch die Entwicklung von Entscheidungsprämissen geschlossen. Inhaltlich bildete sich in diesen beiden Phasen die Beteiligungsstrategie der Zeiss-Geschäftsleitung heraus, die auch nach 1919 weiterverfolgt wurde. So wählte die Geschäftsleitung weiterhin die etablierten Rechtsformen der GmbH und Aktiengesellschaft, an denen die Optische Werkstätte möglichst die Anteilsmehrheit und damit auch die Stimmmehrheit halten sollte. Eine Ausnahme bildete die Gründung der Nedinsco, welcher allerdings infolge der Restriktionen durch den Versailler Vertrag eine besondere Motivlage zugrunde lag.

Die Geschäftsleitung der Optischen Werkstätte konnte daher in den wirtschaftlich schwierigen Jahren vom Ersten Weltkrieg bis 1933 auf eine strategische Ausrichtung und ein operatives Instrumentarium hinsichtlich des externen Wachstums zurückgreifen, mit dem sie den Herausforderungen der Nachkriegszeit und der 1920er Jahre begegnen konnte. Dabei vollzog die Optische Werkstätte die

965 Matthes, Friedrich: „Firma R. Winkel GmbH wird Stiftungsbetrieb", in: CZA, RW 313.

Entwicklung zu einem weitverzweigten Stiftungskonzern, der sich auf ein äußerst komplexes, international gestricktes Unternehmensbeteiligungsnetzwerk stützte: Nicht wenige Unternehmen, an denen Zeiss beteiligt war, waren mit ihrem Kapital untereinander verflochten.[966] Zugleich wurde der Markt innerhalb der optischen und feinmechanischen Branche durch die Unternehmensbeteiligungen und -käufe zu Gunsten der Optischen Werkstätte einschneidend umgestaltet.

7.2 Die Paragraphen 42 und 43: Forschung und Entwicklung

Anders als bei den Expansionsinvestitionen waren mit Investitionen in Forschung und Entwicklung weder außerordentliche Entscheidungen der Geschäftsleitung noch größere einmalige Ausgaben der Optischen Werkstätte verbunden. Ganz im Gegenteil, Investitionen in Forschung und Entwicklung waren seit der beginnenden Industrialisierung der Optischen Werkstätte Bedingung für die Herausbildung ihres Alleinstellungsmerkmals als forschungsbasiertes Unternehmen. Entscheidungen über Forschung und Entwicklung waren daher Teil der Unternehmensführung, sofern sie nicht Routine-Entscheidungen waren, die im Geschäftsgang der Optischen Werkstätte keinen Unterschied machten. Die Ausgaben für Forschung und Entwicklung waren überwiegend regelmäßiger Art und wurden selten gesondert erfasst: Vielmehr fielen darunter Ausgaben für wissenschaftliche Angestellte, Forschungsinfrastruktur und -geräte, Ausgaben für Patentanmeldungen und -prozesse etc. Die Frage nach der Finanzierung dieser Vorhaben wurde folglich nur selten aufgeworfen, weshalb die Stiftungsverwaltung weder als Finanzier aktiviert werden musste noch größere Prinzipal-Agenten-Probleme auftraten.

Die erste bedeutende Investition der Zeiss'schen Werkstätte in Forschung und Entwicklung war die Anstellung von Ernst Abbe, der die Berechnungen für Immersions-Mikroskope vornahm. Die Ausgaben dafür waren überschaubar: Abbe benötigte keine aufwändige Forschungsausstattung, und seine Entlohnung war im Vergleich zu den später erzielten Erträgen gering.[967] Das Risiko für diese Forschungsinvestition war daher begrenzt, zumal Carl Zeiß ohne diese Investition den Anschluss in Bezug auf den Bau qualitativer Mikroskope verloren hätte. Seit den 1890er Jahren wurden von Abbe mehrere Abteilungen aufgebaut, die unterschiedliche Arbeitsfelder der optischen Industrie ins Unternehmen integrierten. Geleitet

966 Vgl., Schumann (u. a.), Carl Zeiss Jena, S. 345; BACZ 9508.

967 Die Entlohnung Abbes in den 1860er Jahren ist nicht überliefert, es ist aber davon auszugehen, dass Carl Zeiß nur geringe Mittel zur Verfügung hatte. Dafür spricht auch, dass Abbe Tantiemen erhielt, die prozentual an den Einnahmen der seit den 1870er Jahren verkauften Mikroskope errechnet wurden. Siehe hierzu in dieser Arbeit S. 78.

wurden sie von Wissenschaftlern, die im Gehaltsgefüge der Optischen Werkstätte hoch angesiedelt waren.[968] Zudem wurden Konstruktionsbüros eröffnet, deren Leiter eine Ingenieursausbildung genossen hatten. Es fielen daher Personalkosten an, ebenso wie Kosten für die Forschungsumgebung, das Material etc., die unter Forschungs- und Entwicklungskosten zusammengefasst werden können. Die Forschungs- und Entwicklungskosten der Optischen Werkstätte vergrößerten sich mit der Ausdehnung des Unternehmens im Zuge der horizontalen Diversifikation. So gab es keine zentrale Forschungs- und Entwicklungsabteilung der Optischen Werkstätte. Die einzelnen Abteilungen waren jeweils selbständig und wurden von Wissenschaftlern geleitet: Jeder Abteilungsaufbau konnte die Voraussetzungen für neue Forschungs- und Entwicklungsvorhaben sowie für daraus folgende Abteilungsgründungen bilden.[969]

Bis zu diesem Punkt der Darstellung unterschied sich Abbes Unternehmensführungsstrategie nicht von der anderer diversifizierter Unternehmen. Deutlich wurden die mit dem Stiftungsunternehmen verbundenen Besonderheiten von Abbes Forschungs- und Entwicklungsstrategie in der Gedächtnisrede zur Feier des 50-jährigen Bestehens der Optischen Werkstätte im Jahr 1890. Hier legte Abbe die Gründe für seine eng mit der horizontalen Diversifizierung verbundenen Vorstellungen von Forschung und Entwicklung in der Optischen Werkstätte offen. Abbe identifizierte die Ausweitung des Produktsortiments als Chance, um die Stabilität der Stiftungsbetriebe zu sichern und Anreize für fortwährende Forschungs- und Entwicklungsvorhaben zu setzen. Die Stabilität sei besonders wichtig, da von der Prosperität der Unternehmen der Erfolg der Stiftungskonstruktion abhänge. Zugleich solle die Erweiterung der Abteilungen die im Unternehmen angestellten Wissenschaftler und Ingenieure vor Stagnation bewahren.[970] Dies war bedeutsam, weil die Optische Werkstätte laut Abbe gegenüber den Konkurrenzunternehmen über einen wissenschaftlichen und technischen „Vorsprung“ verfüge, den es zu wahren gelte, wie er in der Konzeptionsschrift zur Stiftungsgründung „Wünsche und Anträge als Grundlage für die im Artikel 9 meines Abtretungsvertrages noch vorbehaltenen Vereinbarungen“ im Juni 1891 festhielt. Dieses Ziel sollte durch ein Vorgehen abseits der Marktzwänge ermöglicht werden, denen ein profitorientiertes

968 Siehe hierzu in dieser Arbeit das Unterkapitel „Fester Lohn bzw. Gehalt“.

969 Das Unternehmen war in einzelne Abteilungen nach Produkten, Herstellungswerkstätte, Nebenbetriebe sowie zentrale Stabsstellen wie Patentabteilung oder das Literarische Büro gegliedert, die wiederum allen Abteilungen und der Geschäftsleitung zuarbeiteten. Von einer divisionalen Organisation kann dennoch nicht gesprochen werden, da die Produktion nicht den einzelnen Abteilungen zugeordnet war, sondern in zentralen Werkstätten erfolgte. Es lag bei der Optischen Werkstätte demnach eher eine Mischform zwischen funktionaler und divisionaler Organisation vor.

970 Vgl. Abbe, Gedächtnisrede, S. 83 f.

Unternehmen gewöhnlich unterworfen ist. Denn Abbe plante die Gründung von Abteilungen, die Raum für Forschungsvorhaben abseits von Verwertungsinteressen und Massenproduktion boten. Die in diesen Abteilungen geleistete Arbeit werde zu einer qualitativen Erweiterung der Optischen Werkstätte führen. Diese brächten einen „große[n] indirekte[n] Wert" für die Optische Werkstätte hervor, ohne eine „erhebliche wirtschaftliche Bedeutung" gewinnen zu müssen. Als „Schule der feineren Technik" schüfen diese Abteilungen die Bedingungen dafür, herausragende Wissenschaftler und technische Fachkräfte in der Optischen Werkstätte zu halten. Die 1892/93 eingerichtete Abteilung „Mess" beispielsweise, in der optische Messinstrumente hergestellt wurden, die ursprünglich in der Optischen Werkstätte zur eigenen Nutzung entwickelt worden waren, ordnete Abbe der qualitativen Erweiterung zu. Weder war mit ihrem Aufbau der Anspruch verbunden, serielle Massenprodukte herzustellen noch bedeutende Gewinne zu erzielen.[971] 1897 wurde in gleichem Sinne die astronomische Abteilung eingerichtet, die neben großen Fernrohren später auch astronomische Geräte und weitere Instrumente herstellte, von denen viele Einzelanfertigungen waren.[972] Durch die in Abteilungen mit qualitativer Zielsetzung ermöglichte Grundlagenforschung sei die Chance gegeben, hochqualifiziertes Personal zu halten, so Abbe. Von den Abteilungen mit qualitativer Zielsetzung grenzte Abbe Abteilungen ab, in denen „fabrikatorische Arbeit" geleistet werde. Fragen der Forschung und Entwicklung sollten in diesen Abteilungen zweckgeleitet und anwendungsorientiert behandelt werden. Die Einrichtung der Abteilung „Tele" im Jahr 1894 erfüllte diese Kriterien. Hier wurde fabrikatorische Arbeit durch größer angelegte serielle Herstellungsweise geleistet.

In die Paragraphen 42 und 43 des Statuts gingen Abbes spezifische Vorstellungen des forschenden Unternehmens ein. Nach Paragraph 42 sollten die Stiftungsbetriebe auch solche Vorhaben verfolgen, die „allgemeine Interessen der feintechnischen Industrie oder besondere Angelegenheiten ihrer Technik oder besondere Bedürfnisse der Wissenschaft […]" beförderten. Die Maßgabe eines „unmittelbaren Vorteil[s]" solle nicht zum bestimmenden Kriterium ihrer Umsetzung werden. Die spezifischen Vorteile der Optischen Werkstätte sollten im Gegenteil genutzt werden, um den Fortschritt ihrer Umwelt voranzutreiben. Damit wurde, wenn auch nicht explizit benannt, der Grundlagenforschung durch das Statut eine wesentliche Bedeutung zugewiesen. Paragraph 43 bekräftigte die Stellung der Grundlagenforschung. So sollten Stiftungsverwaltung, Stiftungskommissar und Geschäftsleitung für die Auswahl und Umsetzung von Forschungsvorhaben sorgen, die „technisch hochstehende Einzelarbeit erfordern" würden und daher „dem Ganzen ein höheres

971 Abbe, Wünsche und Anträge, S. 225.
972 Vgl. Mühlfriedel/Hellmuth, Zeiss 1846–1905, S. 212 f.

Niveau technischer Leistungsfähigkeit" verliehen, ohne dem Kriterium wirtschaftlicher Verwertung entsprechen zu müssen. Nochmal bekräftigte Abbe im Statut sein Ansinnen, mit dieser Art von Forschung der „Routinetendenz" von industrieller Arbeit zu begegnen.

Hohe Investitionen in Forschung und Entwicklung waren daher sowohl aus unternehmensinternen als auch aus unternehmensexternen Gründen statutarisch gerechtfertigt. Die Schwierigkeit für die Geschäftsleitung bestand in den hohen, nicht zwangsläufig amortisierbaren Kosten, die mit diesen Investitionen verbunden waren. Zudem nahmen Forschungen häufig Unternehmenskapazitäten über Jahre in Beschlag.[973] Mit den Produkten aus Forschungen nach Paragraph 42 sollte nicht zwangsläufig die Marktreife angestrebt werden, also keine direkte Rendite aus ihnen erwirtschaftet werden. Da die Geschäftsleitung aber durchaus in ihren Stiftungssitzungsprotokollen, vor allem in der Zeit nach Abbes Rückzug, die Rentabilität der einzelnen Abteilungen kritisch prüfte und eine profitable Performance anstrebte, ist es fraglich, ob die Vorgaben aus den Paragraphen 42 und 43 eingehalten wurden. Die Rekonstruktion der Antwort darauf fällt nicht leicht, da sich diese immateriellen Investitionen nicht explizit wie andere Arten von Investitionen auf der Aktiva-Seite der Unternehmensbilanz niederschlugen bzw. im Fall des Stiftungsunternehmens in der Stiftungsrechnung verbucht waren. Die Kosten gingen vielmehr auf generalisierte Konten wie das Personalkonto, Anlagenkonto etc. ein. Folglich ist es unmöglich, die Amortisierungsquote der Forschungs- und Entwicklungsinvestitionen zu beziffern, da den Gewinnen schlichtweg keine Kosten gegenübergestellt werden können.

Vieles spricht jedoch dafür, dass die Geschäftsleitung der Grundlagenforschung innerhalb der Optischen Werkstätte großen Raum gab. So liefern diese Rahmenbedingungen unter anderem einen Erklärungsansatz dafür, dass hervorragende Wissenschaftler[974] von der Optischen Werkstätte gewonnen und trotz relativ

973 Die lange Entwicklungsdauer zeigt sich anschaulich an der von Auerbach beschriebenen Entwicklung eines mikrokinematographischen Apparats, eines Zusatzinstruments zum Mikroskop, wenngleich die Kriegsjahre die Forschungen unterbrachen. So wurden 1907 die ersten Versuche zur Entwicklung in der Mikroabteilung unternommen. Seit 1911 benutzte Siedentopf, der Leiter der Abteilung für Mikroskopie, ein erstes, einfaches Modell eines mikrokinematographischen Apparats. Erst 1922 wurde das Ergebnis der Forschungen, der im Zeisswerk konstruierte „Mikromanipulator", auf der Hundertjahrfeier der Versammlung Deutscher Naturforscher und Ärzte 1922 in Leipzig vorgestellt. Vgl. Auerbach, Das Zeisswerk, S. 31.

974 Bedeutende Wissenschaftler waren Henry Siedentopf (Mikro), Otto Henker (Med-Opto), Otto Forstmann (Tele bzw. Mil), Carl Pulfrich (Mess) und nach dessen Tod Fritz Löwe (ab 1927 Mess), der Schweizer Walter Villiger (Astro-Auto), Oberingenieur Heinrich Wild (Geo) und Otto Eppenstein (Feinmess).

niedriger Gehälter gehalten werden konnten.[975] Über die Arbeitsweise der Wissenschaftler ist bekannt, dass ihnen große Freiheiten zugestanden wurden. Mackensen beispielsweise, der als Leiter eines Konstruktionsbüros arbeitete, war dafür bekannt, mehrere Erfindungsarbeiten angefangen zu haben, ohne sie zu einem Ende führen zu können. Dennoch konnte er am Ende seiner Laufbahn bei Zeiss auf die (Mit-)Erfindung von 44 Patenten zurückblicken.[976] Die Freiheit des Forschens muss demnach groß gewesen sein. Teilweise musste die Geschäftsleitung sogar darauf achten, dass die wissenschaftlichen Angestellten ihre Interessen stärker auf das Geschäft richteten, weshalb sie etwa von Wissenschaftlern gestellte Habilitationsanträge wiederholt ablehnte.[977] Die zugestandene wissenschaftliche Freiheit bedeutete allerdings nicht, dass sich die Geschäftsleitung den möglichen Prinzipal-Agenten-Problemen nicht bewusst war.[978] Kontrollmaßnahmen bestanden vor allem in Jahresberichten der einzelnen Abteilungen und Werkstätten, die überliefert seit dem Geschäftsjahr 1900/1901 vorliegen.[979] Sowohl die jeweiligen Leiter der Abteilungen als auch ihre Assistenten berichteten – letztere ab Oktober 1905 direkt – an die Geschäftsleitung.[980]

Auch die Tatsache, dass die beiden im Sinne der qualitativen Erweiterung gegründeten Abteilungen „Mess“ und „Astro“ trotz ihrer bescheidenen wirtschaftlichen Ergebnisse nicht geschlossen wurden, spricht für hohe Investitionen der Geschäftsleitung in Grundlagenforschung. Der Umsatz der „Mess“-Abteilung hatte sich zwar in den ersten zehn Jahren ihres Bestehens fast verzehnfacht, von 12.562 Mark

975 Siehe hierzu in dieser Arbeit das Kapitel „Remunerationen“.

976 U.a. erfand er das Lager für schnelllaufende Achsen an Schleifmaschinen, siehe Stier, Friedrich: Biographie Otto Mackensen, in: CZA, BACZ 15965.

977 Siedentopf hatte wiederholt Anträge zur Genehmigung seiner Habilitation eingereicht, ebenso wie Moritz von Rohr. Siehe Protokoll der Stiftungssitzung, Nr. 218, 4.12.1906, in: CZA, St 218; Protokoll der Stiftungssitzung, Nr. 219, 31.12.1906, in: CZA, St 218; Protokoll der Stiftungssitzung, Nr. 317, 8.3.1912, in: CZA, BACZ 1484. Schließlich wurde die Berufung von Moritz von Rohr zum außerordentlichen Professor genehmigt, trotz weiter vorherrschender prinzipieller Bedenken, da die Berufung der Universität einstimmig erging und die Regierungen die Berufung unterstützten. Protokoll der Stiftungssitzung, Nr. 331, 27.3.1913, in: CZA, BACZ 1484.

978 Die Prinzipal-Agenten-Theorie sieht in der Forschung und Entwicklung einen Unternehmensbereich, der besonders problemanfällig ist, da eine gewisse Freiheit für diese Art von Arbeit unabdingbar ist. Vgl. Weber, Anreizsysteme für die betriebliche Forschung und Entwicklung, S. 103, 106, 108.

979 CZA, BACZ 10966 für das Geschäftsjahr 1901/1902, folgende Jahre in CZA, BACZ 10969, 10970, 10971, 10972, 11007, 11008, 12638, 16217, 16227, 16267. Inhalt der Berichte der Wissenschaftler waren die wissenschaftliche Tätigkeit der Abteilungen, Neueinführungen von Produkten, Absatz der Produkte der Abteilung, Marktbeobachtungen, Personal sowie die allgemeine Entwicklung der Abteilung und außergewöhnliche Vorkommnisse.

980 Protokoll der Stiftungssitzung, ohne Nummerierung, 14.10.1905, in: CZA, BACZ 23018.

im Geschäftsjahr 1892/93 auf 110.283 Mark im Geschäftsjahr 1902/03, im Vergleich zum Gesamtumsatz aller Abteilungen des Unternehmens von 3.697.972 Mark war der Beitrag der „Mess"-Abteilung allerdings außerordentlich gering. Mit dem Umsatz der Astro-Abteilung verhielt es sich nicht anders.[981] Da die anderen Abteilungen mit sehr hohen Umsätzen und entsprechenden Gewinnen abschlossen, ist von einer Querfinanzierung der Investitionen auszugehen. Wenngleich die Stiftungszwecke die Forschung und Entwicklung im Unternehmen vom Verwertungsdruck befreiten, wurden sie nicht aus Stiftungsgeldern bezahlt, sondern aus den jährlichen Erträgen der Optischen Werkstätte.[982]

In Kontrast zu den statutarisch gewährten Forschungsfreiheiten stehen in den Stiftungssitzungsprotokollen der Jahre bis 1914 überlieferte kritische Berichte zur Wirtschaftlichkeit der Optischen Werkstätte. Dabei wurden stets die einzelnen Abteilungen trotz ihrer unterschiedlichen Ausrichtungen miteinander verglichen.[983] Das Bemessungskriterium der Geschäftsleitung und der durch Max Petermann vorgenommenen Prüfungen war, eine angemessene Rentabilität zu erreichen.[984] Diesem Kriterium folgten ebenfalls der Stiftungskommissar und die Stiftungsverwaltung.[985] Auch die Einrichtung des betrieblichen Vorschlagswesens zielte ausdrücklich auf eine Verbesserung der Rentabilität.[986] Schließlich spielte die betriebswirtschaftliche Kennzahl ebenso in der Kommunikation mit den Mitarbeitern zur Mahnung und Motivation eine Rolle.[987] Kurz gesagt ist davon auszugehen, dass die vor allem seit 1903 erfolgende, ständige Selbstüberprüfung anhand der

---

981 Im ersten Geschäftsjahr des Bestehens 1899/1900 brachte die Astro-Abteilung rund 15.000 Mark Umsatz hervor, 1902/03 waren es 86.586 Mark Umsatz dieser Abteilung. Vgl. Mühlfriedel/Hellmuth, Zeiss 1846–1905, S. 328 f.

982 Die Kosten für das Gehalt der Wissenschaftler zahlte die Optische Werkstätte ebenso wie die Bereitstellung und Unterhaltung der Forschungsinfrastruktur und sonstige Ausgaben, die auf dem Versuche-Konto gebucht wurden. Z. B. Gewinn- und Verlustrechnung, 1911, in: CZA, BACZ 1483.

983 Seit Frühjahr 1903 wurden Aufstellungen über die Rentabilität der einzelnen Fabrikations-Abteilungen auf Basis der von einem englischen Wirtschaftsprüfer Harvey Preen festgelegten Leitlinien erstellt. Vorschläge des Prokuristen Petermann zur Umorganisation, 14.9.1910 (urspr. ohne Titel), in: CZA, BACZ 11820. Harvey Preen bzw. seine Firma Harvey Preen & Co., Chartered Accountants wurde auch zu einem anderen Zeitpunkt beratend tätig, als die Geschäftsleitung eine Tochtergesellschaft in London gründen wollte. Vgl. Hagen, Antje: Deutsche Direktinvestitionen in Großbritannien 1871–1918, Stuttgart 1997, S. 179.

984 Neben den in dieser Arbeit bereits beschriebenen kritischen Berichten, siehe auch: Vorschläge des Prokuristen Petermann zur Umorganisation, 14.9.1910 (urspr. ohne Titel), in: CZA, BACZ 11820.

985 Zum Beispiel: Bericht des Stiftungskommissars der Carl Zeiss-Stiftung über die Geschäftsjahre 1907/08 und 1908/09, 11.1.1910, in: SCHOTT Archiv 5/48.

986 Siehe hierzu in dieser Arbeit das Kapitel „Remunerationen".

987 Vgl. zum Beispiel die Rede von Siegfried Czapski in der Versammlung der Geschäftsangehörigen im Volkshaus, 25.11.1903, in: CZA, BACZ 2677.

Abteilungsergebnisse mit dem Ziel der Verbesserung der unternehmerischen Performance die Rechtfertigung hoher Investitionen in die gewinnschwachen Abteilungen erschwerte. Von der Geschäftsleitung selbst finden sich hierzu zwei Zeugnisse unterschiedlichen Charakters. Noch im November 1903 äußerte Czapski öffentlich in der Versammlung der Volksangehörigen im Volkshaus:

> Wenn wir eine Reihe von Jahren nur aufhören würden, diese Pionier-Arbeit in erheblichem Maasse [!] fortzusetzen, dann würde es rasch abwärts gehen. Dieser Pionier-Arbeit, das wusste Prof. Abbe zweifellos, haben wir den Mehrwert zu verdanken, den unsere Fabrikate auf dem Weltmarkt erlangen gegenüber der Ramschware, die sich durch keinen Erfindungsgedanken, durch keinen hohen Grad technischer Vollendung auszeichnet.[988]

Siegfried Czapski legte sein öffentliches Bekenntnis zur Grundlagenforschung im schwachen Geschäftsjahr 1903/04 ab. Ein Jahr später hatte sich der Geschäftsabschluss zwar verbessert, die Ergebnisse der Optischen Werkstätte führten dennoch zu Zweifeln an der bis dahin verfolgten Forschungsstrategie. In einer Stiftungssitzung im November 1904 warnten die Geschäftsleiter Czapski, Schott und Straubel in Hinblick auf den Vergleich der Abteilungen untereinander eindringlich davor, sich von dem „nicht ganz ungünstigen Abschluss" des Geschäftsjahres täuschen zu lassen. Die Lage von Zeiss sei noch immer eine „höchst unerfreuliche und geradezu gefährliche". Vor allem die Mess- und Photo-Abteilung bedürften dringender und einschneidender Maßnahmen, zudem sei auch der Abschluss der Mikro-Abteilung unbefriedigend. Siegfried Czapski rückte den „wissenschaftlichen Apparat" und die Frage nach seiner Rechtfertigung in den Mittelpunkt der Debatte. Er kritisierte nicht die Arbeit der wissenschaftlichen Angestellten als solche, vielmehr ging es ihm darum, dass die wirtschaftliche Verwertung der wissenschaftlichen Ergebnisse in keinem Verhältnis zu der Zahl und den Kosten der wissenschaftlichen Angestellten stand. Czapski führte aus:

> Es entstehe die Frage, ob man überhaupt berechtigt sei, den grossen wissenschaftlichen Apparat beizubehalten, wenn man nicht in der Lage wäre, das Ergebnis desselben in einer ganz anderen Weise als bisher wirtschaftlich auszunutzen. Andere machten mit Kleinigkeiten grosse Geschäfte, bei uns fände eine grosse Summe wertvoller geistiger Arbeit z.T. eine geradezu klägliche Ausbeute.[989]

Die schließlich ergriffenen Maßnahmen zielten allerdings nicht auf eine Kostenreduzierung der Forschung und Entwicklung, sondern auf Maßnahmen zur Erhö-

988 Rede von Siegfried Czapski in der Versammlung der Geschäftsangehörigen im Volkshaus, 25.11.1903, in: CZA, BACZ 2677.

989 Protokoll der Stiftungssitzung, 25.11.1904, in: CZA, BACZ 23014.

hung des Umsatzes und zur Verringerung der Produktionskosten, die auch durch Rationalisierungsmaßnahmen erreicht werden sollten.[990] Bemerkenswert war in diesem Zusammenhang auch der Beschluss einer Organisationsreform. Unter der Geschäftsleitung sollten nun direkt die Abteilungsleitungen verortet sein, denen Oberingenieur, dann Konstruktionsbüro und alle weiteren Abteilungen untergeordnet sein sollten, wodurch die Abteilungsleiter eine größere Verantwortung für die untergeordneten Stellen erhielten.[991] Zugleich wurden die Aufsichtsmöglichkeiten der Geschäftsleitung über die wissenschaftlichen Mitarbeiter verbessert. Im Sinne dieser Resultate wurden bei künftigen Debatten vor allem Maßnahmen zur Umsatzsteigerung priorisiert, während Investitionen in Forschung und Entwicklung nicht länger in Frage gestellt wurden.[992]

Zu klären ist an dieser Stelle noch, ob die in der Optischen Werkstätte durchgeführte Forschung und Entwicklung eher Paragraph 42 als Paragraph 43, also eher allgemeinen Zwecken als denen der Optischen Werkstätte, zuzuordnen ist. Durch Paragraph 42 wurde das sogenannte Trittbrettfahrerproblem aufgeworfen, nach welchem Konkurrenzunternehmen der Optischen Werkstätte die erforschten Kenntnisse zur eigenen Verwertung hätten nutzen können. Ein Schreiben des Stiftungskommissars Ebsen an die Stiftungsverwaltung vom 18. März 1917 lässt für die Relevanz dieses Problems bedeutende Schlüsse zu. In Reaktion auf einen Förderungsvorschlag eines wissenschaftlichen Mitarbeiters von Schott, Eberhard Zimmer, räumte Ebsen ein, dass es in Zukunft vermutlich nicht zu vermeiden sei, Projekte wissenschaftlicher Forschung auf einem für die Betriebe bedeutsamen Gebiet zu fördern. Die Tatsache, dass „Erfahrungen und Forschungsergebnisse, die im Interesse der Stiftungsbetriebe geheim zu halten wären, doch einem größeren Kreis von Personen zugänglich würden“, führte bei Ebsen jedoch zu Besorgnis. Der zu diesem Zeitpunkt unzweifelhafte „Vorsprung“ der Stiftungsbetriebe vor anderen Unternehmen sei dann ernsthaft in Gefahr eingeholt zu werden.[993]

Die Trittbrettfahrerproblematik wurde der Optischen Werkstätte bereits durch Abbes großzügige Patentstrategie der ersten Jahre beinahe zum Verhängnis.[994] Wie

990 Maßnahmen zur Erhöhung des Umsatzes sollten sein: verstärkte Werbung bei Endverbrauchern, eventuelle Anstellung eines dafür eigens qualifizierten Beamten und die „Verbesserung des Inseraten- und Katalogewesens“. Gleichfalls sollte der Zwischenhandel vermehrt angesprochen, Rabatte erhöht und das Rabattsystem insgesamt vereinfacht werden. Protokoll der Stiftungssitzung, 25.11.1904, in: CZA, BACZ 23014.

991 Protokoll der Stiftungssitzung, 25.11.1904, in: CZA, BACZ 23014.

992 Protokoll der Stiftungssitzung, Nr. 195, 27.9.1905, in: CZA, BACZ 23018; Protokoll der Stiftungssitzung, Nr. 215, 26.9.1906, in: CZA, St 218.

993 Friedrich Ebsen an Departement des Kultus, 18.3.1917, in: CZA, BACZ 1487.

994 Vgl. Schomerus, Geschichte, S. 87–92.

sein Zeitgenosse Max Fischer berichtete, habe Abbe keine Patente auf rein wissenschaftliche Instrumente nehmen wollen, um den Fortschritt nicht zu behindern. Seit 1890 wurden die Instrumente dann für industriellen und privaten Gebrauch patentrechtlich geschützt, im Jahr 1898 schließlich eine Patentabteilung eingerichtet.[995] Den hohen Investitionen in Forschung und Entwicklung folgend, sorgte die Geschäftsleitung dafür, dass alle Erfindungen innerhalb der Optischen Werkstätte, die die „Interessensphäre der Firma" berührten, Eigentum derselben bleiben sollten.[996] An solchen Stellen kam der Paragraph 95 zum Tragen, in welchem die Vergütungen an den jeweiligen Erfinder geregelt wurden. Patente der Optischen Werkstätte wurden, einem Forschungsverbund ähnlich, auch dem Glaswerk zur Verfügung gestellt. Ein Entgelt war für das Glaswerk nur in solchen Fällen zu zahlen, in denen in Zusammenhang mit dem betreffenden Patent für Zeiss eine Vergütung nach Paragraph 95 anfiel. In diesem Fall erwartete die Zeiss-Geschäftsleitung eine Beteiligung an dieser Vergütung.[997] Abseits der unternehmensinternen Forschung wurden ebenso Wissenschaftler in anderen Laboren etc. für Forschungen bezahlt. Auch hier sorgte die Geschäftsleitung durch rechtliche Übereinkünfte dafür, dass die gewerblich verwertbaren Resultate für die Stiftung sichergestellt wurden.[998] Abbes Ideal von den Stiftungsbetrieben als Stätten wissenschaftlicher Forschung zum Zwecke allgemeinen Fortschritts war schlicht nicht realisierbar, da die Verwertung von Unternehmenserkenntnissen und -erfindungen durch andere Unternehmen das Alleinstellungsmerkmal beider Stiftungsbetriebe zerstört hätte. Dies wurde von allen Organen der Stiftung erkannt und dementsprechend gehandelt.

Während des Ersten Weltkriegs wurde dieses grundsätzliche Verhältnis zwischen Forschung und Verwertung außer Kraft gesetzt, als beide eindeutig von der militärischen Produktion dominiert wurden. Nachdem in den wirtschaftlich schwierigen Nachkriegsjahren zunächst direkt verwertbare Forschungs- und Entwicklungsvorhaben in den Fokus der Unternehmensleitung gerieten,[999] schien es schließlich möglich, wieder zum Status quo vor dem Ersten Weltkrieg zurückzukehren. So wurden selbst in Krisenzeiten weder Stellen wissenschaftlicher Mitar-

995 Vgl. Fischer, Abbe als Industrieller, S. 92 f.

996 Protokoll der Stiftungssitzung, Nr. 282, 15.2.1910, in: CZA, St 218. Anhand des Falls der Konstruktion von Henker, dem Leiter der Brillenabteilung – ein Lampenschirm für ein Hängelicht –, wurde von der Geschäftsleitung eine Grundsatzentscheidung getroffen, nach der auch alle Erfindungen und Erkenntnisse in Grenzgebieten des Produktionsgebietes von der Optischen Werkstätte beansprucht werden müssten.

997 Protokoll der Stiftungssitzung, Nr. 282, 15.2.1910, in: CZA, St 218.

998 Protokoll der Stiftungssitzung, Nr. 284, 2.4.1910, in: CZA, St 218.

999 Siehe die Produktionskonferenzen 1918/1919 zur Aufnahme neuer Produkte und ihrer Fabrikation, in: CZA, BACZ 17373.

beiter gekürzt noch Abteilungen geschlossen, welche ohne Verwertungsdruck angelegt worden waren. Max Fischer jedenfalls resümierte, dass die Techniken und Methoden von Neugründungen der Optischen Werkstätte insgesamt zu Gute gekommen wären:

> Manche neue Zweige warfen jahrelang und zum Teil noch heute keinen oder nur unangemessenen Gewinn ab, dienten aber dem Ausbau der gesamten, der Fabrikation zugute kommenden Technik und bildeten einen Kern für die Entwicklung einer Anzahl angewandter Wissenschaften und Industrien.[1000]

7.3 Zwischenfazit

Die Untersuchung der Investitionen in Forschung und Entwicklung sowie des externen Wachstums erweist sich sowohl in Hinblick auf die unternehmenshistorischen Ergebnisse als auch in Bezug auf Aspekte der Corporate Governance als äußerst fruchtbar. Für beide Bereiche verwendete die Geschäftsleitung hohe Anteile der Erträge der Stiftungsbetriebe, die daher nicht den Stiftungszwecken zukommen konnten. Grenzen dieser Ausgaben zeigten sich lediglich, wenn die Destinatäre, vor allem die Universität, auf Unterstützung drängte. Es zahlten sich vor allem die Investitionen in das externe Wachstum des Unternehmens aus, und dies nicht nur durch direkte Erträge der Beteiligungsunternehmen in Form von Dividenden oder Gewinnanteilen. Das externe Wachstum hatte zu einer Stellung der Optischen Werkstätte innerhalb der optischen Industrie geführt, welche ihren Einfluss in produkt-, preis- und absatzpolitischen Fragen gegenüber ihren Wettbewerbern deutlich vergrößerte. Initiiert wurde die Ausdehnung des Unternehmens im Jahr 1905 sowohl durch die Anfrage des in Not geratenen Unternehmens Tesdorpfs als auch durch das Bestreben der Geschäftsleitung, das Unternehmen horizontal zu diversifizieren. Die 1906 durch die Geschäftsleitung angeregte Statutenänderung hatte jedoch – anders als in der sozialistischen Forschungsliteratur zu lesen – kaum Bedeutung für die Expansion. Die sich anschließende Entwicklung war von solch intensiver Aktivität der Geschäftsleitung und hohen Investitionen geprägt, dass innerhalb von weniger als einem Jahrzehnt Beteiligungssummen von über 4,3 Millionen Mark in der Unternehmensbilanz bzw. in der Stiftungsrechnung verbucht wurden. Die mit den Beteiligungen verbundenen Vorteile für die Optische Werkstätte reichten von der Eindämmung der Konkurrenz und Ausdehnung von Marktmacht sowie der Erschließung neuer Märkte bis zur Informationsgewinnung und Teilung von Organisationskosten durch die Übernahme von Dienstleistungen

1000 Fischer, Abbe als Industrieller, S. 91.

für die Beteiligungsunternehmungen. Dabei waren die überwiegenden Unternehmungen der horizontalen Diversifikation zuzurechnen, da mit dem Glaswerk Schott bereits der wichtigste Rohstofflieferant an die Optische Werkstätte gebunden war. Knapp zwanzig Jahre später war die Carl-Zeiss-Stiftung zu einem die optische Industrie dominierenden Konzern herangewachsen, der es der Geschäftsleitung ermöglichte, den Verwerfungen der Nachkriegszeit ungewöhnlich gut begegnen zu können. So konnte etwa der Wegfall des Militärgeschäfts nach dem Ersten Weltkrieg rasch kompensiert werden.

Das externe Wachstum bewegte sich nicht immer innerhalb der statutarisch gesetzten Grenzen, wenngleich die Geschäftsleitung durchaus bemüht war, ihre Tätigkeiten als statutenkonform erscheinen zu lassen. Ein direkter Verstoß gegen das Statut ist vor allem in der unterbliebenen Einführung von „Stiftungsrechten" in den neugegründeten Unternehmen und den Beteiligungsunternehmen auszumachen. Dieses Vorgehen der Geschäftsleitung war auch deshalb möglich, weil Abbe diesem Bereich der Unternehmensführung keine Vorgaben gemacht hatte, wenngleich er die Möglichkeit von Unternehmenskäufen, -kooperationen und -gründungen schon bedacht und im Statut mit einigen wenigen Bestimmungen geregelt hatte; etwa die grundlegende Bedingung, dass die Ausdehnung des Unternehmens nur innerhalb der eigenen Branche erfolgen sollte. Wie auch für andere Bereiche der Unternehmensführung hatte Abbe keine spezifischen Bestimmungen für die Kompetenzverteilung der Stiftungsorgane in Hinblick auf das externe Wachstum vorgegeben. Hier sollten die grundsätzlichen Rahmenbestimmungen greifen, die das Leitungs- und Kontrollgefüge nach Titel II definierten.

Es wird deutlich, dass das Verhältnis zwischen Stiftungsverwaltung und Geschäftsleitung typische Problematiken einer Prinzipal-Agenten-Beziehung aufwies. Die Stiftungsverwaltung versuchte im Zuge der Interessenkoordinierung mit der Geschäftsleitung möglichst große Kenntnisse über die Aktivitäten der Letzteren zu erlangen. Dass dies zunächst in eindrucksvoller Weise gelang, zeigen mehrere Beispiele, allen voran eine von Rothe selbst verfasste, ausführliche Analyse der Geschäftslage. Rothes Ausführungen lassen auf ein tiefes betriebswirtschaftliches Verständnis und ein detailreiches Fachwissen schließen, das durch seine Tätigkeit als Stiftungskommissar bis zum Jahr 1896 begünstigt wurde. Hier zeigt sich als interessanter Nebenaspekt, dass die Stiftung aufgrund des gemeinsamen Finanzkreislaufs ökonomische Prinzipien verinnerlicht hatte. So verschrieben sich die Repräsentanten der Stiftungsverwaltung in schwierigeren Zeiten einem Programm aus Sparen und einem ökonomischen Umgang mit Ressourcen.

Die Beteiligungsunternehmungen jedoch vergrößerten die Zahl der Aktivitäten der Geschäftsleitung enorm und verlagerten sich auf ein der Stiftungsverwaltung bisher unbekanntes und nicht unmittelbar verständliches Gebiet, wodurch das Bestreben der Stiftungsverwaltung nach möglichst umfassenden Informationen deutlich erschwert wurde. Zudem fiel der zunehmende Informationsfluss mit dem Tod Czapskis zusammen, der in engem Kontakt zu den Vertretern der Stiftungsverwaltung und dem Stiftungskommissar Vollert gestanden und für diese den Strom an neuen Informationen kanalisiert hatte. Für die Prinzipal-Agenten-Theorie typische *Monitoring*-Maßnahmen der Stiftungsverwaltung sollten in Reaktion darauf den Informationsstand und die Kontrolle vergrößern, griffen aber nur vereinzelt. Zugleich verschärfte sich die finanzielle Lage der Stiftung deutlich, da die Optische Werkstätte bedeutende Investitionssummen in die innerbetriebliche Ausdehnung lenkte. Die Stiftungsverwaltung erkannte nicht nur die mangelnde Kontrolle und die Statutenverstöße in Bezug auf die Kompetenzverteilung und die ordnungsgemäße Verbuchung von Stiftungskapital als Problem, sondern sah auch das Stiftungsvermögen durch die hohen Ausgaben der Geschäftsleitung als gefährdet und die gemeinnützigen Ausgaben nach Paragraph 1, B als zu gering an. Zwischen Geschäftsleitung und Stiftungsverwaltung entspann sich daher zum Ende des Jahres 1911 ein Konflikt, der wenige Monate später zum Rücktritt des Stiftungskommissars führte.

Die Konfliktführung verlief in juristischen Bahnen, sodass mehrere Gutachten angefertigt wurden, welche zur Lösung des Problems führen sollten. In Hinblick auf die Verfassung der Unternehmensstiftung zeigt sich dabei, dass das Statut bezüglich seiner grundsätzlichen Aussagen über die Kompetenzverteilungen konsistent formuliert war: Sowohl Geschäftsleitung, Stiftungskommissar, Stiftungsverwaltung als auch die drei externen Gutachter Nebe, Rosenthal und Michael stimmten überein, dass die Stiftungsverwaltung prinzipiell nicht am operativen Geschäft partizipieren sollte und die Stiftungsverwaltung nur die Aufsicht über Fragen der Gemeinnützigkeit nach Paragraph 1, B wahrnehmen sollte. Nicht ganz eindeutig wurde allerdings die Frage nach der Verbuchung der Beteiligungen oder Neugründungen von Abbe beantwortet, wodurch auch die Zuständigkeit für die Verwaltung und Aufsicht der fremden Unternehmensanteile ungeklärt blieb. Die Lösung des Konflikts wurde aufgrund der Kriegsjahre zunächst aufgeschoben und erfolgte schließlich durch die personelle Neubesetzung der Stiftungsverwaltung. Der Konflikt wurde schlicht zu Gunsten der Geschäftsleitung als beendet erklärt, die wohl die Verbuchung der Beteiligungen im Stiftungskapital hinnehmen musste, aber alle Verwaltungs- und Leitungsbefugnisse in diesem Bereich auf sich vereinen konnte. Dieser Umstand verändert die Interpretation der Corporate Governance ganz wesentlich: Die außergewöhnlich enge Kontrolle der Geschäftsleitung durch die Stiftungsverwaltung in der Zeit bis zum Ersten Weltkrieg –, die auch im Sinne des Stiftungsstatuts erfolgte, welches ständige, mündliche Informationen über die wichtigsten Entscheidungsprozesse vorsah – war zudem auf die personellen Beziehungen zwischen Carl Rothe und der Geschäftsleitung zurückzuführen. Dies änderte sich nach 1918, da die neue Stiftungsverwaltung unter Arnold Paulssen und seinen Nachfolgern keinerlei

Ansprüche mehr an die Einbeziehung in die Investitionsentscheidungen des externen Wachstums stellte. Hinzu kam, dass die Geschäftsleitung durch die Beteiligungsunternehmungen neue Finanzierungsmöglichkeiten hinzugewonnen hatte, die eine Unabhängigkeit von der Stiftungsverwaltung garantierten.

Ein Schlaglicht wirft die Untersuchung ebenfalls auf die im Kapitel „Unternehmensverfassung" als problematisch skizzierte Rolle des Stiftungskommissars: Diese stellte sich als ebenso schwierig heraus, wie angenommen. Das unklare Verhältnis des Stiftungskommissars zur Stiftungsverwaltung, das ihm eigenständiges Handeln in Bezug auf die Entscheidungsfindung der Geschäftsleitung bei gleichzeitiger Unterordnung unter die Stiftungsverwaltung abverlangte, barg großes Konfliktpotential. Dass sich dieses nicht in einem Kompetenzgerangel zwischen den Stiftungsorganen entlud, lag an der Unterordnung des Stiftungskommissars Max Vollert unter den Minister und Chef der Stiftungsverwaltung, Carl Rothe. Umso bemerkenswerter war daher das Gutachten von Max Vollert bezüglich der Beteiligungsunternehmungen, das er entgegen dem Interesse der Stiftungsverwaltung und der Universität verfasste. Dies zeigt, dass die von Abbe geschaffenen institutionellen Entscheidungsprämissen sowie seine eigenen Personalentscheidungen ein Befolgen des Stifterwillens wahrscheinlich machten. Diesem Willen wurde an vielen Stellen entsprochen, zumal der fiktive Prinzipal häufiger durch Stiftungsverwaltung, Stiftungskommissar und Geschäftsleitung reaktiviert wurde, um ihre Argumentationen zu legitimieren.

War das externe Wachstum unternehmenshistorisch kein Spezifikum, so waren es jedoch zwei Entscheidungsprämissen der Stiftung, die es in dieser erfolgreichen Weise erst ermöglichten: Die Bestimmungen des Statuts zur Corporate Governance – einschließlich der Verteilung der Property Rights – und die Rolle der Stiftung als Finanzierungsinstitut. Das Stiftungsstatut sah vor, dass bei Neugründungen oder Beteiligungsunternehmungen der überwiegende Einfluss der Stiftung gewahrt bleiben sollte. Die Nachfolgeregelungen bei Unternehmen des externen Wachstums bestimmten, dass die Property Rights so verteilt werden sollten, dass die Stiftung nicht als Minderheitsbeteiligte auftreten konnte. Die Übertragung von Unternehmensanteilen der Stiftungsbetriebe war ausgeschlossen. Die Dominanz der Carl-Zeiss-Stiftung war daher durch die Entscheidungsprämissen wesentlich vorbestimmt und erleichtert worden. Zugleich darf die herausragende Bedeutung der Stiftung als Finanzier nicht unterschätzt werden. Im Unterschied zu anderen Unternehmen wurden nicht nur hohe Beträge der Stiftungserträge in den Unternehmen einbehalten, es war der Optischen Werkstätte auch möglich, auf die Erträge des verbundenen Unternehmens Schott zurückzugreifen und das große Stiftungsvermögen zu nutzen, um Fremdkapital durch Stiftungsanleihen zu generieren. Die Stiftung stand ständig zur Verfügung, um zu einem Zinssatz von fünf Prozent sehr kurzfristig Geld an die Optische Werkstätte zu verleihen. Dabei hatte die Zusammensetzung von Eigen- und Fremdkapital zu keinem Zeitpunkt Auswirkungen auf die Corporate Governance, die stets von den durch Abbe festgelegten Organen der Stiftung bestimmt blieb. Banken als Kreditgeber waren durch die Stiftungsanleihen nur mittelbar in die Finanzierung einbezogen, sodass Entscheidungsbefugnisse nicht außerhalb der Stiftungskonstruktion verteilt wurden. Die hohe Kapitaldecke der Stiftung ermöglichte es zudem, kleinere Fehlinvestitionen zu kompensieren.

Dass die Stiftungskonstruktion daher einerseits Vorteile auf dem Weg zum Konzern bot, ist unbestreitbar. Auf der anderen Seite wurden die Schritte des externen Wachstums mit großer Wahrscheinlichkeit erst durch die Nachteile der Optischen Werkstätte gegenüber anderen Unternehmen motiviert. Die Strategie des externen Wachstums eignete sich nämlich, um die hohen Kosten zu kompensieren, die der Optischen Werkstätte durch die Stiftung entstanden: die hohen Organisationskosten, welche durch die von Abbe vorgegebene Strategie der horizontalen Diversifikation der Optischen Werkstätte verursacht wurden und denen nur in geringem Maße Skaleneffekte gegenüberstanden, die durch die „Stiftungsrechte“ entstandenen hohen Fixkosten und die hohen Ausgaben für Investitionen in Forschung und Entwicklung. Der durch diese Kosten entstandene Wettbewerbsnachteil der Optischen Werkstätte, der ihre Position im Konkurrenzkampf schwächte, wurde auf diese Weise aufgefangen. Auch wenn der Zusammenhang zwischen diesen Wettbewerbsnachteilen und dem externen Wachstum nur durch den Quellen entnommene Indizien belegt werden kann, ist das Motiv eines erhöhten Leistungsdrucks aufgrund der durch die statutarischen Bedingungen hervorgerufenen Kosten für die Beteiligungsunternehmungen plausibel. Auch die Interdependenz von sinkender Rentabilität und externem Wachstum ist für diese Argumentation von Bedeutung.

Das Kapitel zeigt, wie sehr die von Abbe im Statut fixierte Maxime zur Förderung der Grundlagenforschung von der Geschäftsleitung weiterhin befolgt wurde. Interessant ist vor diesem Hintergrund Abbes Unterscheidung von Abteilungen, die einen quantitativen Wert erschaffen sollten und Abteilungen, die qualitativ angelegt waren. Zwar wurden nach seinem Rücktritt keine Abteilungen mit qualitativer Zielsetzung gegründet, die ausdrücklich nicht einer verwertbaren Forschung dienen sollten, doch wurden die dieser Kategorie zuzuordnenden Abteilungen auch nicht geschlossen oder das in ihnen tätige Personal reduziert. Zugleich wurde deutlich, dass Abbes Forderung nach einer allgemeinen Förderung von Grundlagenforschung (§ 42), wie sie sich zum Beispiel in der chemischen Industrie durch das Kaiser-Wilhelm-Institut für Chemie seit 1906 herausbildete, nicht Genüge getan werden konnte.[1001] Der wissenschaftliche und ingenieurtechnische Vorsprung der

1001 Vgl. Johnson, Jeffrey Allan: Die Gründung und Entwicklung des Kaiser-Wilhelm-Instituts für

Optischen Werkstätte innerhalb der eigenen Branche war so herausragend, dass eine offene Förderung der Grundlagenforschung und das damit riskierte Trittbrettfahrerproblem eine ernsthafte Bedrohung für die Optische Werkstätte bedeutet hätte.

Chemie 1905–1930, in: Kant, Horst (Hrsg.): 100 Jahre Kaiser-Wilhelm-/Max-Planck-Institut für Chemie (Otto-Hahn-Institut). Facetten seiner Geschichte, Berlin 2012, S. 21–52, hier v. a. das Kapitel 2.4 „Das Kaiser-Wilhelm-Institut als neues Modell eines Forschungsinstituts. Wirkungen auf die deutsche Wissenschaftspolitik und die Kaiser-Wilhelm-Gesellschaft".

8 Stiftungspolitik

Die Untersuchung von Stiftungspolitik als Teil der Unternehmensführung leuchtet nicht unmittelbar ein. So umfasst Stiftungspolitik die Entscheidungen von Stiftungsverwaltung, Stiftungskommissar und Geschäftsleitung, die sich auf die statutengemäße Verteilung von Stiftungsmitteln beziehen, ohne zunächst unternehmerische Fragen zu berühren. Wenngleich Abbe der Stiftungsverwaltung das Verfügungsrecht über die Mittel der Stiftung im Hinblick auf die Zwecke unter Paragraph 1, B zuteilte, hatte die Geschäftsleitung verschiedene Partizipationsmöglichkeiten an diesen Entscheidungen (§ 108), die durchaus zu einem Interessenkonflikt zwischen Unternehmensnutzen und Gemeinnützigkeit führen konnten. Die zu verteilenden Mittel nämlich waren Erträge der Stiftungsbetriebe, die deswegen nicht als Investitionen ins Unternehmen rückgeführt werden konnten. Die Konkurrenz zwischen Unternehmensinteressen und Interessen der gemeinnützigen Zwecke war daher in der Stiftungskonstruktion angelegt. Um eine einseitige Orientierung der Geschäftsleitung am Unternehmensinteresse zu verhindern und eine Ausgabenpolitik in seinem Sinne zu forcieren, machte Abbe quantifizierte Vorgaben zu den Stiftungsausgaben im Stiftungs- bzw. im Ergänzungsstatut.

Inwieweit die Geschäftsleitung diesen Förderprinzipien Abbes in Bezug auf die Stadt Jena wie auch auf die Universität folgte, zeigen die nächsten beiden Unterkapitel. Dabei wird deutlich, dass die Geschäftsleitung dem unternehmerischen Interesse vor gemeinnützigen Ausgaben den Vorrang gab. Hieran entzündete sich ein Konflikt um einen Artikel des Ergänzungsstatuts zwischen Geschäftsleitung und Stiftungsverwaltung, der in Unterkapitel 8.2.3 rekonstruiert wird.

8.1 Paragraph 1, B, 2: Förderung innerhalb der Stadt Jena und Umgebung

Die Förderung von Projekten, Einrichtungen und Organisationen innerhalb der Stadt Jena und Umgebung durch die Stiftung fußte auf Abbes Leitidee, die Situation der Arbeiter durch Stiftungsausgaben zu verbessern. Den Standort der Optischen Werkstätte und die Lebenswelt ihrer Beschäftigten durch die Stiftung finanziell zu unterstützen war daher nur naheliegend. Paragraph 1, B, 2 des Statuts legitimierte die Unterstützung von „gemeinnützigen Einrichtungen oder Veranstaltungen in Jena und seiner nächsten Umgebung“, welche imstande waren das „leibliche Wohl“, die ökonomische Situation und den Lebensstandard der Arbeiterschicht zu verbessern. Auch Ausgaben für die berufliche und allgemeine Aus- und Fortbildung der Arbeiter fielen unter diesen Förderzweck (§ 1, B, 3). Die Stadt Jena selbst war nicht

https://doi.org/10.1515/9783111053233-009

als Begünstigte vorgesehen. Das in Paragraph 104 festgelegte Neutralitätsgebot bezüglich Politik und Religion verbot der Geschäftsleitung und der Stiftungsverwaltung zudem jegliche Unterstützung von parteinahen Vorhaben und Projekten. In die Corporate Governance der Stiftung war die Stadt Jena jedoch – wenngleich nicht formal – integriert: zum einen als selbst ernannte Vertretung ihrer vom Statut begünstigten Bevölkerung, zum anderen durch die Abordnung eines Repräsentanten der Stadt in die Rechnungskommission der Stiftung.

Der offen formulierte, die Stadt Jena und ihre Umgebung betreffende Stiftungszweck schloss sowohl infrastrukturelle als auch kulturelle und vereinspolitische Förderungen durch die Carl-Zeiss-Stiftung ein. Diesen Förderungen sind eine Reihe von Veröffentlichungen gewidmet, deren Synthese den Schluss zulässt, dass die Stiftung die Stadtentwicklung wesentlich prägte.[1002] Für die Geschäftsleitung der Optischen Werkstätte lag mit der Carl-Zeiss-Stiftung insofern eine günstige Konstruktion vor, da einige Ausgaben für städtische Belange zugleich dem Eigennutzen des Unternehmens und dem Gemeinnutzen dienten. Sozialpolitische Fragen, beispielsweise nach dem Wohnungsbau für Arbeiter, konnte die Geschäftsleitung an die Stiftung als eine Art „Sozialagentur" auslagern: Als etwa im Frühjahr 1913 Arbeiter der Optischen Werkstätte wegen des Wohnungsmangels ihren Arbeitsplatz nicht antreten konnten und die Mietpreise stark anstiegen, konnte die Carl-Zeiss-Stiftung der Heimstättengenossenschaft Jena, die Ein- und Zweifamilienhäuser zur Vermietung erbauen wollte, ein günstiges Darlehen anbieten.[1003]

Da die „arbeitende Bevölkerung Jenas und seiner nächsten Umgebung", die im Stiftungszweck Paragraph 1, B, 2 als Destinatär festgelegt war, nicht organisiert war und ihre Interessen nicht selbst gegenüber der Carl-Zeiss-Stiftung vertreten konnte, war es naheliegend, dass die Stadt Jena diese Interessenvertretung übernahm. Zwischen den Jahren 1896 und 1933 standen der Stadt Jena drei Oberbürgermeister vor, die ihre Interessen sehr unterschiedlich anmeldeten und formulierten. Wäh-

---

1002 Gut erforscht ist die Geschichte des Volkshauses Jena, das von Ernst Abbe als öffentliche Stätte für kulturelle und politische Zwecke konzipiert wurde und am 1.1.1903 der Bevölkerung der Stadt Jena übergeben werden konnte. Siehe Liebold, Birgit/Franz, Margret (Hrsg.): Volkshaus Jena, Versuch einer Chronik. 1903–2003, 100 Jahre, Jena/Quedlinburg 2003; Ernst-Abbe-Bücherei (Hrsg.): Chronik der Ernst-Abbe-Bücherei und Lesehalle zu Jena 1896–1996, Jena 1996. Siehe zu den kommunalen Förderungen der Carl-Zeiss-Stiftung Koch, Herbert: Geschichte der Stadt Jena, Stuttgart 1966, S. 308, 328. Der Bau des Volkshauses war bereits zu Abbes Lebzeiten abgeschlossen und die zur Unterhaltung benötigten Gelder in einer niedrigen fünfstelligen Höhe erreichten in keiner Weise mehr die sechsstelligen Beträge, die während der Bauphase benötigt worden waren und dabei die Stiftungsausgaben wesentlich stärker belastet hatten. Aufstellung, in: ThHstAW, Thüringisches Volksbildungsministerium C 534, Bl.2v. Insofern spielte das Volkshaus im Folgenden keine große Rolle mehr in den Entscheidungsprozessen der Geschäftsleitungen und der Stiftungsverwaltung.

1003 Friedrich Ebsen an Departement des Kultus, 12.4.1913, in: CZA, BACZ 1484.

rend der Amtsperioden der Oberbürgermeister Heinrich Singer (1899 bis 1912) und Alexander Elsner (1922 bis 1933) erfolgten keine größeren Versuche der Stadt, Ansprüche gegenüber der Stiftung durchzusetzen. Oberbürgermeister Theodor Fuchs hingegen, der das Amt in den Jahren 1912 bis 1922 bekleidete,[1004] forderte die Stiftungsmittel geradezu ein. Gleich zu Beginn seiner Amtszeit erbat er von der Stiftungsverwaltung eine Aufstellung von Aufwendungen, die seit Abbes Tod für die Stiftungszwecke unter den Paragraphen A, 3 und B, 1, 3 aufgebracht worden waren.[1005] Aus den Aufstellungen ergab sich, dass die Ausgaben für städtische Belange deutlich hinter denen für die Universität zurückstanden, weshalb Fuchs höhere Bewilligungen für die Stadt verlangte.[1006] Die Geschäftsleitung verhielt sich nach Rücksprache mit der Stiftungsverwaltung freundlich, aber reserviert. Interessanterweise verwies sie auf die Rechnungslegungskommission als Entscheidungsträger (§ 110).[1007] Dies war strategisch geschickt, weil dieser ehrenamtlichen Kommission neben einem Geschäftsleiter und zwei Repräsentanten der Universität auch ein Vertreter der Stadtverwaltung angehörte.[1008] Die Bedeutung der Kommission als Entscheidungsträger sollte jedoch nicht überbewertet werden: Denn wenngleich das Statut für die Zeit nach dem Tod Abbes bestimmte, dass die Revision der Carl-Zeiss-Stiftung der Rechnungslegungskommission überantwortet werden sollte, blieb die Bedeutung dieses Organs ansonsten verschwindend gering.[1009]

Eine Denkschrift von Oberbürgermeister Theodor Fuchs aus dem Jahr 1916 führte zu einer weiteren Entfremdung zwischen Stiftungsverwaltung bzw. Geschäftsleitung und Stadt.[1010] Obwohl Fuchs in dieser anerkannte, dass Abbe gegen eine „Verstadtlichung" der Stiftungsverwaltung gewesen sei, so habe dieser die Stadt Jena dennoch an der Stiftung „beteiligt".[1011] Diese Feststellung leitete Fuchs aus der

---

1004 Vgl. Jena. Mann, Constanze: Zwischen den Fronten – der Jenaer Oberbürgermeister Dr. Theodor Fuchs 1912 bis 1922, in: Hellmann/Mieth, Heimatfront, a.a.O., S. 49–66, hier: S. 49.

1005 Theodor Fuchs an Departement des Kultus, 7.12.1912, in: Stadtarchiv Jena, Akten des Gemeinde-Vorstandes zu Jena, betreffend Zuschüsse der Carl Zeiss-Stiftung für Zwecke der Ortsgemeinde Jena, Sign. B VIf – 70.

1006 Aufstellung, in: LATh – HStA Weimar, Thüringisches Volksbildungsministerium C 534, Bl.2v.

1007 Max Fischer an Theodor Fuchs, 3.5.1913, in: Stadtarchiv Jena, Akten des Gemeinde-Vorstandes zu Jena, betreffend Zuschüsse der Carl Zeiss-Stiftung für Zwecke der Ortsgemeinde Jena, Sign. B VIf – 70.

1008 Die Vertrauensmänner der Stadt waren auf drei Jahre gewählt. Vertrauensmann der Universität war u. a. Eduard Rosenthal bis zu seinem Lebensende im Jahr 1926, der an der Verfassung des Stiftungsstatuts beteiligt war. Vgl. Wittig, Joachim: Carl-Zeiss-Stiftung, Universität und Stadt Jena (1890–1920), in: Stolz/Ders., Carl Zeiss und Ernst Abbe, a.a.O., S. 61–98, hier: S. 95.

1009 In den Protokollen der Stiftungssitzungen beispielsweise wird die Kommission im betreffenden Zeitraum nicht erwähnt.

1010 Zusammengefasst, siehe Wittig, Carl-Zeiss-Stiftung, S. 93–95.

1011 Denkschrift des Oberbürgermeisters Fuchs, Jena 1916, in: CZA, BACZ 1487, S. 5.

Bestimmung ab, dass im Fall der Stiftungsauflösung das Vermögen zur einen Hälfte an Jena und Wenigenjena, das im Jahr 1909 nach Jena eingemeindet worden war, und zur anderen Hälfte an die Universität Jena fließen sollte. Hieraufbaute Fuchs seine Argumentation auf, die auf mehr Gelder von der Stiftung zielte.[1012] Als Reaktion auf die Denkschrift versuchten Geschäftsleitung und Stiftungsverwaltung, den von der Stadt Jena an das Unternehmen und die Stiftung herangetragenen Wunsch nach mehr Transparenz bei Entscheidungsprozessen nach Möglichkeit nicht zu entsprechen, um sich hierdurch ihre eigenen Handlungsspielräume zu bewahren.[1013] Zudem wurden die einzelnen Bewilligungen unter dem Aspekt der Statutenkonformität gründlich geprüft und Vorschläge Fuchs' mit der legitimen Begründung abgewiesen, die beantragten Projekte stellten „reine städtische Aufgaben"[1014] dar.

Der Entscheidungsspielraum der Geschäftsleitung gegenüber den Amtsträgern der Stadt blieb daher stets groß, obgleich diese versuchten, auf Entscheidungsprozesse hinsichtlich der Verwendung der Stiftungserträge Einfluss zu nehmen und die Erträge für die Stadt zu vergrößern – wenngleich vergeblich. Das bedeutete jedoch im Umkehrschluss nicht, dass die Stiftung nach Abschluss großer Projekte wie etwa dem Volkshaus ihre Förderungen zu Gunsten der Stadt und Umgebung einschränkte, sondern im Gegenteil zahlreiche Vereine, einmalige Veranstaltungen und Kultureinrichtungen unterstützte. Zudem war die Förderung während des Ersten Weltkriegs gewichtig, die durch die enormen Gewinne der Optischen Werkstätte jener Jahre finanziert wurde.[1015] Die Beträge, die zu Zwecken der Stadt Jena bewilligt wurden, bildeten dabei nur einen Bruchteil aller Unterstützungsleistungen, sodass sie zu keiner Zeit eine Konkurrenz zu möglichen Unternehmensinvestitionen darstellten.[1016] Innerhalb der gemeinnützigen Ausschüttungen der Stiftungsmittel

---

1012 Denkschrift des Oberbürgermeisters Fuchs, Jena 1916, in: CZA, BACZ 1487, S. 7.

1013 Friedrich Ebsen an Departement des Kultus, 24.8.1916, in: CZA, BACZ 1487. Den Wunsch nach einer höheren Transparenz lehnten Stiftungskommissar Friedrich Ebsen und die Geschäftsleitung ab, da in diesem Falle eine Ablehnung von Gesuchen deutlich erschwert worden wäre.

1014 Vgl. Wittig, Carl-Zeiss-Stiftung, S. 94.

1015 Dass die Stiftung vor allem in Kriegszeiten Gelder für Kernaufgaben städtischer Infrastrukturarbeit ausgab, zeigen beispielsweise die hohen Zuwendungen zum Bau eines Isolierkrankenhauses in Höhe von 100.000 Mark und einer neuen Quellwasserzuleitung in Höhe von 500.000 Mark im Jahr 1917. Beschluss des Gemeinderats Jena, 1.3.1917, in: Stadtarchiv Jena, Akten des Gemeinde-Vorstandes zu Jena, betreffend Zuschüsse der Carl Zeiss-Stiftung für Zwecke der Ortsgemeinde Jena, Sign. B VIf – 70.

1016 Mit der Ausnahme des Geschäftsjahres 1906/07 wurden für Zwecke der Stadt Jena vor dem Ersten Weltkrieg vier- bis fünfstellige Beträge ausgeschüttet, während alle Beträge zu Gunsten der Universität im gleichen Zeitraum sechsstellig waren. In der Weimarer Republik war das Verhältnis ähnlich. Einige Empfänger von Förderungen wie das Kinderkrankenhaus können im städtischen

genoss demgegenüber die Finanzierung der Universität unbestreitbaren Vorrang, womit die Geschäftsleitung Ernst Abbes Schwerpunktlegung innerhalb seiner Förderungspolitik folgte. Das bestätigte auch Eduard Rosenthal, der mit Ernst Abbe im Zuge der Statutenniederschrift zusammengearbeitet hatte, in einer Stellungnahme, um die ihn die Universität im Zusammenhang mit der Denkschrift des Oberbürgermeisters Fuchs gebeten hatte:[1017]

> Und doch behaupte ich, dass die Förderung der Universität Abbe in erster Linie am Herzen lag. Nichts lässt die Absichten des Stifters, die er durch seine Stiftung zu verwirklichen bestrebt war, so scharf hervortreten wie dessen eigene Handlungen.[1018]

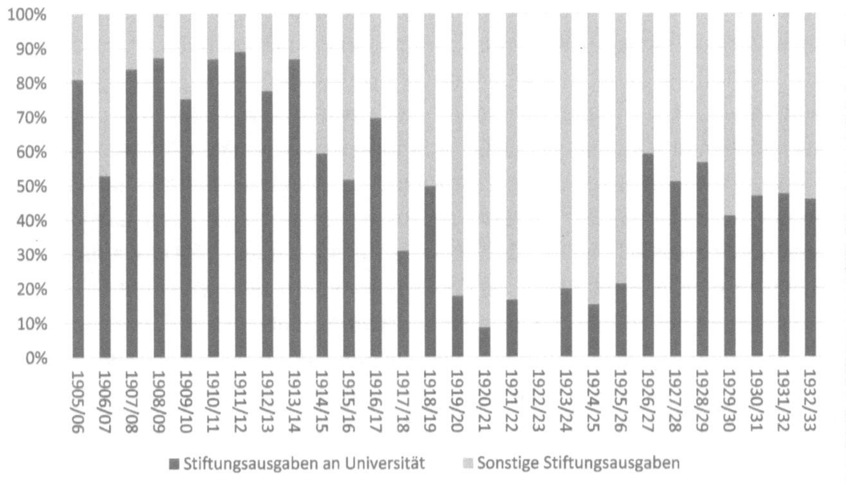

Abbildung 3: Verteilung der Ausgaben nach § 1, B durch die Carl-Zeiss-Stiftung, 1905/06 bis 1932/33.[1019]

Um seinen Worten Nachdruck zu verleihen, fügte Rosenthal hinzu, dass Otto Schott mit ihm übereinstimmen würde. Dieser sei als Freund Abbes „am Besten wohl in

Raum verortet werden, werden aber in der Aufstellung dennoch separiert geführt. Aufstellung, in: LATh – HStA Weimar, Thüringisches Volksbildungsministerium C 534, Bl.2v.

1017 Vgl. Demel, Auf dem Weg, S. 244.

1018 Abgedruckt bei Wittig, Carl Zeiss-Stiftung, S. 95. Eine ausführliche Auswertung der Antwort Rosenthals findet sich bei Matthes, Finanzier, Förderer, Vertragspartner, S. 121 ff.

1019 Daten entnommen: Aufstellung, in: LATh – HStA Weimar, Thüringisches Volksbildungsministerium C 534, Bl.2v. Aufgrund der Inflation wurde das Jahr 1922/23 nicht berücksichtigt.

seine Absichten eingeweiht“[1020] gewesen. Abbes Priorisierung der Stiftungszuweisungen wurde allerdings nur bis zum Ersten Weltkrieg verfolgt, wie Abbildung 3 zeigt. Während in den Jahren nach dem Krieg zumeist die Ausgaben für nichtuniversitäre Zwecke überwogen, pendelten sich die Ausgaben für nichtuniversitäre und universitäre Zwecke in den letzten Jahren der 1920er und Anfang der 1930er Jahre auf einem ausgewogenen Niveau ein. Die hohen Ausgaben für nichtuniversitäre Zwecke lassen sich auf das Engagement der Carl-Zeiss-Stiftung für das von ihr erbaute Kinderkrankenhaus in Jena zurückführen.[1021]

Für die Geschäftsleiter lässt sich festhalten, dass sie ein hohes Engagement in Bezug auf die bewilligten Förderprojekte zeigten. Die zahlreichen, teilweise ins Detail gehenden Entscheidungsprozesse sind bis 1933 in den Protokollen der Stiftungssitzungen erfasst, an denen Vertreter der Stiftungsverwaltung teilnahmen. Den Stiftungssitzungsprotokollen ist zu entnehmen, dass sich die Geschäftsleitungen hinsichtlich der zu fördernden Einrichtungen und Personen in hohem Maße am Statut orientierten.[1022] Bemerkenswert hoch war der zeitliche und persönliche Aufwand, den die Geschäftsleiter der Stiftungsarbeit widmeten,[1023] etwa als sie im Frühjahr 1903 Entwürfe von Schülern der Kunstschule in Weimar für eine Prämierung begutachteten.[1024] Darüber hinaus waren einige der Geschäftsleiter, wie Abbe zuvor, persönlich mit den Stiftungszwecken verbunden.[1025] Oft waren sie auch diejenigen, die die Initiative für die Förderung von Projekten ergriffen.[1026] Das war ganz im Sinne des Statuts, das der Geschäftsleitung einen großen Einfluss in Bezug auf die Ausgestaltung der Stiftungsarbeit im Sinne des Paragraphen 1, B zugestand. Paragraph 108 sah vor, dass Stiftungskommissar und Geschäftsleiter jederzeit Anträge zu Förderprojekten stellen konnten. Ferner beinhaltete der Paragraph die

---

1020 Wittig, Carl Zeiss-Stiftung, S. 95.

1021 Aufstellung, in: LATh – HStA Weimar, Thüringisches Volksbildungsministerium C 534, Bl.2v.

1022 Ausnahmen wurden kaum gestattet, sondern mussten beispielsweise durch besondere persönliche Beziehungen gerechtfertigt werden, wie die der Geschäftsleitung zu Gustav Schmoller, aufgrund derer der Verein für Socialpolitik im Juni 1916 mit 3.000 Mark unterstützt wurde, Departement des Kultus an Gustav Schmoller, 8.6.1916, in: CZA, BACZ 1487.

1023 Unterstützend dabei wirkten sowohl der Personalchef der Optischen Werkstätte, Friedrich Schomerus als auch der jeweilige Stiftungskommissar, die zu den einzelnen Fördermöglichkeiten Informationen beschafften. Siehe z. B. Protokoll der Stiftungssitzung, 3.3.1904, in: CZA, BACZ 23014.

1024 Protokoll der Stiftungssitzung, 14.7.1903, ohne Nummerierung, in: CZA, BACZ 23011.

1025 Siegfried Czapski etwa war intensiv in die Planung und den Bau des Jenaer Volkshauses involviert und setzte mit der Kunsterziehung als Aufgabe des Volkshauses auch einen eigenen Schwerpunkt. Vgl. Flitner/Wittig, Optik – Technik – Soziale Kultur, S. 44, 47f.

1026 Beispielsweise schlug Otto Schott vor, nachdem in den Jahren zuvor „erhebliche Aufwendungen“ für die Hochschule gemacht worden waren, ein Unternehmen für günstige Säuglingsmilch zu unterstützen oder zu gründen. Protokoll der Stiftungssitzung, Nr. 203, 15.2.1906, in: St 218.

Bestimmung, dass einstimmig bewilligte Anträge der Geschäftsleitungsmitglieder beider Stiftungsbetriebe für gemeinnützige Zwecke verfolgt werden sollten, „sofern statutengemäß die Mittel vorhanden" wären.

Hinsichtlich der Verbindung der beiden Funktionen als Förderer städtischer Projekte und als Geschäftsleitung ist interessant, dass die Geschäftsleiter bei der Bewilligung von Stiftungsgeldern versuchten, größtmögliche Synergien zwischen den beiden Sphären sicherzustellen. Diese waren bereits in Paragraph 103 des Stiftungsstatuts angelegt, dem zufolge alle gemeinnützigen Einrichtungen und Veranstaltungen zu Gunsten der Mitarbeiterschaft der Stiftungsbetriebe auch für die arbeitende Bevölkerung der Stadt ein- bzw. ausgerichtet werden sollten. Umgekehrt war die Geschäftsleitung sehr darum bemüht, dass auch Beschäftigte der Stiftungsbetriebe von gemeinnützigen Einrichtungen und Veranstaltungen für die Bevölkerung profitierten – eine Entscheidungsprämisse, welche die Geschäftsleitung selbst entwickelte. Beispielsweise beschloss die Stiftungsverwaltung im Einvernehmen mit der Geschäftsleitung, dass dem Kunstverein Jena vom 1. Januar 1912 ein jährlicher Zuschuss von 300 Mark nur bewilligt werde, wenn die Arbeiter der Stiftungsbetriebe einen ermäßigten Eintritt erhielten.[1027] Zahlreiche andere Beispiele aus dem gesamten Betrachtungszeitraum belegen diese Förderstrategie der Geschäftsleitung, die auf diese Weise Ausgaben der Stiftung nach Paragraph 1, B für ihre eigenen Mitarbeiter fruchtbar machte.[1028] Dies war umso wichtiger, weil die unter Paragraph 1, A, 3 begünstigten Mitarbeiter der Optischen Werkstätte nicht in genügendem Maße organisiert waren, um ihre Interessen gegenüber der Geschäftsleitung zum Ausdruck zu bringen. Der mit dürftigen Rechten ausgestattete Arbeiterausschuss war jedenfalls nicht imstande, die statutarischen Möglichkeiten in vollem Umfang zu nutzen und entsprechende Ansprüche zur Geltung zu bringen. Es war daher folgerichtig, dass die Geschäftsleitung versuchte, Synergieeffekte zu entwickeln, die vorteilhaft für ihre Beschäftigten waren und dabei zum Repräsentanten der Mitarbeiter zu werden. Über die genannten Beispiele hinaus jedoch lässt sich nicht feststellen, dass sich die Geschäftsleitung dieser möglichen Rolle als Vertreterin des Destinatärs Mitarbeiterschaft bewusst war, zumal Siegfried Czapski sich in einem Brief an Max Vollert im Jahr 1903 so äußerte, dass sich „die Betriebsleiter m. E. nur zu fragen [hätten, J.S.], ob sie bei der Verteilung der Ueber-

1027 Departement des Kultus an Geschäftsleitung Zeiss, 13.3.1912, in: CZA, BACZ 1484.

1028 Beispielsweise wurde im Jahr 1912 bei der Bewilligung von 100.000 Mark für den Theater-Neubau durch die Stiftung zur Bedingung gemacht, dass eine Reihe Volksvorstellungen in den Spielplan aufgenommen und zum halben Preis der arbeitenden Bevölkerung von Jena und Umgebung offenstehen sollten. Protokoll der Stiftungssitzung, Nr. 317, 8.3.1912, in: CZA, BACZ 1484.

schüsse den Arbeitern gegenüber und anderen Angehörigen des Betriebs die Rücksichten haben walten lassen, die der Gründer der Stiftung […] wünschte.«[1029]

8.2 Paragraph 1, B, 3: Förderung der Universität

8.2.1 Die Förderpolitik Ernst Abbes

Die Prinzipien hinter Abbes Förderpolitik zu Gunsten der Universität haben Sebastian Demel und Christoph Matthes rekonstruiert. Wie Demel zeigt, verhielt sich Abbe in den ersten Jahren nach der Stiftungsgründung im Umgang mit den Unternehmensüberschüssen eher zurückhaltend, ihr überwiegender Teil wurde zur Rücklagenbildung der Stiftung verwendet. So beliefen sich die Überschüsse zwischen 1890 und 1900 zwar auf rund 5,8 Millionen Mark, allerdings wurde die hohe Summe von drei Millionen Mark dem Reservefonds zugewiesen, während 1,9 Millionen Mark in die Betriebe reinvestiert wurden. Von den übrigen rund 870.000 Mark wurde nur etwa die Hälfte für Zwecke nach Paragraph 1, B ausgegeben.[1030] Seit dem Herbst des Jahres 1901 strebte Ernst Abbe jedoch eine Strategie an, die die Erhöhung der Mittel für gemeinnützige Zwecke zum Ziel hatte. Die gemeinnützigen Ausgaben sollten nach Paragraph 1, B unter Ausreizung des bis zur statutarisch fixierten Obergrenze Möglichen getätigt werden. Trotzdem galt es den von Abbe zu allen Zeiten verfolgten strategischen Grundsatz zu beachten, dass Stadt und Länder nicht aus ihrer Finanzierungspflicht entlassen werden sollten.[1031]

Die Grundlagen für eine intensivierte Ausgabenpolitik legte Abbe durch das Verfassen eines „Ergänzungsstatuts“, das er in Reaktion auf die im Jahr 1897 drängende Reform der Besoldung der Universitätsprofessoren verfasste.[1032] Da das ursprüngliche Statut durch seine Beschränkung auf naturwissenschaftlich-mathematische Förderungen Zuschüsse der Stiftung zu einer allgemeinen Besoldungserhöhung der Professoren aller Fächer nicht zugelassen hätte, definierte Abbe im Ergänzungsstatut den Zweck und die Organisation der Universitätsförderung durch die Stiftung neu. Über die naturwissenschaftlich-mathematischen Disziplinen hin-

1029 Siegfried Czapski an Max Vollert, 1.8.1903, in: CZA, BACZ 23013.

1030 Vgl., Demel, Auf dem Weg, S. 298.

1031 Vgl. Matthes, Finanzier, Förderer, Vertragspartner, S. 70. Dieses Prinzip fand in Bezug auf die Universität auch Eingang in § 1 des Ergänzungsstatuts: „Demgemäß soll der Fonds nicht dazu dienen, den die Universität erhaltenden Staaten Lasten abzunehmen, die sie bisher getragen haben oder die sie, um das für eine Universität Unentbehrlichste zu beschaffen, in Zukunft zu übernehmen hätten (…).“

1032 Vgl. ebd., S. 68 f.

aus wurde nun auch die Förderung solcher Fächer möglich, die in einer weiter definierten Beziehung zur Stiftung standen (Erg. Art. 7), ebenso wie die Förderung allgemeiner Zwecke über die Besoldungsleistungen für Professoren und Dozenten hinaus. In das Ergänzungsstatut ging auch das Prinzip des schon im Statut fixierten „Ausgabezwang[s]“ ein (§ 51, Erg. Art. 6), wonach eine Thesaurierungspolitik der Stiftung verhindert werden sollte.

Dass der Entstehungsprozess des Ergänzungsstatuts nicht ohne Reibungen zwischen den Stiftungsorganen ablief, dürfte kaum verwundern.[1033] Die Stiftungsverwaltung hatte sich ja bereits auf das Statut verpflichtet, dem Abbe nun noch ein weiteres Schriftstück hinzufügte, das der Universität größere finanzielle Mittel zuführen sollte. Wenngleich die Beamten der Stiftungsverwaltung in ihrer Doppelfunktion als Beamte des Kultusdepartments inhaltlich an höheren Förderungen zu Gunsten der Universität interessiert gewesen sein mussten, wurde ihnen doch vor Augen geführt, dass sie es zugleich mit dem abstrakten Stifterwillen und dem dahinterstehenden Stifter in persona zu tun hatten. Abbe verknüpfte die Erweiterung der finanziellen Förderung der Universität mit der Übertragung des Stiftungsethos auf die Universitätspolitik. So sollten die von der Stiftung vollständig oder teilweise finanzierten Wissenschaftler der Salana „volle Lehrfreiheit genießen“ und und in ihrer rechtlichen Freiheit nicht beschränkt werden können.[1034] Die Beamten des Kultusdepartements lehnten diese Formulierung ab, weil dienstliche Verstöße folglich nicht mehr geahndet werden könnten. Wie Czapski in seinem Tagebuch notierte, ging es neben dem inhaltlichen Disput auch um die Frage der Kompetenzen: So „sei es nicht Sache A’s [Abbes, J.S.] sondern der vorgesetzten Behörden, im Bes. [Besonderen, J.S.] der Stiftungsverwaltung, das Statut auszulegen [Unterstreichung im Original, J.S.] […] während“, wie Czapski erläuterte, „Abbe doch seine Meinung und Absicht als Stifter ausdrücken wollte“.[1035] Trotz mehrmaligen Redigierens durch Abbe war die Unstimmigkeit bezüglich der Bedingungen für eine Finanzierung nicht einfach aus der Welt zu schaffen. Abbes Drohung gegenüber der an den Stiftungsmitteln im Sinne der Universität interessierten Vertretern von Staat und Universität, das Ergänzungsstatut zunächst zu den Akten zu legen und seine Publikation auf das Jahr 1901 zu verschieben, musste dieser nicht wahrmachen.[1036] Letztlich ließen sich Universitätskurator Heinrich Eggeling und Rothe darauf ein,

1033 Der Konflikt ist detailliert beschrieben bei Matthes, siehe Matthes, Finanzier, Förderer, Vertragspartner, S. 70 – 75.

1034 Entwurf des Ergänzungsstatuts zum Statut der Carl-Zeiss-Stiftung vom September 1898, zitiert nach Matthes, Finanzier, Förderer, Vertragspartner, S. 71.

1035 Czapski, Siegfried: Tagebuchbericht, 1897–1901, Einträge vom 13.–17.11.1899, in: CZA, BACZ 8341.

1036 Ebd.

ihren Regierungen und Landtagen Abbes Ergänzungsstatut inklusive der Forderung nach Lehrfreiheit vorzulegen,[1037] sodass sich hier der doppelte Einfluss Abbes sowohl als fiktiver Prinzipal innerhalb der von ihm verfassten Corporate Governance als auch über seine Person als Stifter zeigte.[1038] Den für die Universität Verantwortlichen war bewusst, dass ein Verzicht auf die Gelder Abbes die beiden drängenden Finanzierungsprojekte, namentlich die Besoldungsneuordnung und den Bau eines neuen Universitätsgebäudes, in Gefahr gebracht hätte. Zudem erläuterte Vollert den Entscheidern der Regierungen der „Erhalterstaaten" die Konkurrenzkonstruktion zwischen den Destinatären, die im Fall einer Ablehnung des Ergänzungsstatuts wohl zur stärkeren Förderung anderer Destinatäre führen würde.[1039] Das Ergänzungsstatut trat schließlich im Februar/März 1899 einschließlich des umstrittenen Artikels 10, der Lehrfreiheit und freie „Ausübung der allgemeinen staatsbürgerlichen und persönlichen Rechte" gewährte, in Kraft.

Wie im Stiftungsstatut fanden sich auch im Ergänzungsstatut keine detaillierten Regelungen zu den Entscheidungsprozessen. Die Aushandlung von Bewilligungssummen war daher dem Zusammenspiel der Stiftungsorgane überlassen, was im Zeitraum bis zu Abbes Rückzug aus der Geschäftsleitung zu zahlreichen Konflikten führte. Die Konflikte, die Christoph Matthes detailliert rekonstruiert hat, berührten dabei in einigen Fällen grundsätzliche Fragen der Verteilungspolitik.[1040] Ein Konfliktpunkt betraf das Interesse der Stiftungsverwaltung an einer langfristigen Vermehrung der Stiftungskapitalien und daher zugleich an geringen Stiftungsausgaben – im Gegensatz zum 1901 von Abbe eingeführten Prinzip des „Ausgabezwangs".[1041] Die anderen Geschäftsleiter verhielten sich in dieser Frage widersprüchlich: Einerseits hatten sie im November 1901 gemeinsam mit Abbe eine Vereinbarung zur Erweiterung der gemeinnützigen Ausgaben unterzeichnet, andererseits deren Inhalt im darauffolgenden Jahr gemeinsam mit der Stiftungsverwaltung weitgehend revidiert.[1042] Grund dafür war der von Stiftungsverwaltung und Geschäftsleitern neu kalkulierte Finanzbedarf der Optischen Werkstätte und der Stiftung. Das entsprechende Treffen von Minister Carl Rothe, Universitätsku-

---

1037 Ebd., Eintrag vom 9.12.1899.

1038 Zudem sah § 117 vor, dass Abbe Statutenänderungen durchsetzen konnte, sofern die Stiftungsverwaltung ihr Einverständnis dazu geben würde.

1039 Vgl. Matthes, Finanzier, Förderer, Vertragspartner, S. 74.

1040 So lehnte Abbe im Juni 1901 Vorschläge der Stiftungsverwaltung ab, den Universitätsfonds über das statutarisch erlaubte Maß hinaus zu erhöhen. Anderen gemeinnützigen Zwecken würde auf die Weise die Möglichkeit der Förderung verbaut werden. Ebd., S. 77.

1041 Ebd., S. 78.

1042 Wie Abbe festhielt, war das entsprechende Schriftstück von Schott, Czapski, Fischer mitunterschrieben worden. Erklärung Abbes an die Stiftungsverwaltung betreffs Verbindlichkeit sowie Einnahmen und Ausgaben der Carl Zeiss-Stiftung, 11.8.1902, in: CZA, BACZ 16256.

rator Eggeling, Stiftungskommissar Vollert und den drei Geschäftsleitern Otto Schott, Siegfried Czapski und Max Fischer im Sommer 1902 wurde von Carl Rothe angeregt. Ernst Abbe befand sich zu diesem Zeitpunkt in Urlaub. Nach seiner Rückkehr war es ihm ein dringendes Anliegen, die Förderpolitik wieder in seinem Sinne auszurichten. In einer Art Denkschrift vom 11. August 1902 schrieb er wichtige Grundlagen für die Zukunft der Stiftung nieder. So erläuterte Abbe dort seine Vorstellungen über die konkurrierenden Finanzierungsbedarfe des Unternehmens und der Stiftungszwecke. Abbe stellte schlichtweg fest, dass die beiden Finanzierungsaufgaben voneinander zu trennen seien – eine Konkurrenzsituation erkannte er offenbar nicht. Da eine neue Ausgabe von Obligationen 950.000 Mark eingebracht habe und dementsprechend ausreichend Mittel für das Unternehmen zur Verfügung stünden, sei die Finanzierungsfrage damit laut Abbe erledigt – unabhängig davon, ob die Stiftungsbetriebe selbst einen Unternehmergewinn hervorbrächten, der für Reinvestitionen verwendet werden könne.[1043]

Eine umgekehrte Logik verfolgten Abbe – sowie mit ihm die restlichen Geschäftsleiter – und die Stiftungsverwaltung in Bezug auf die regelmäßigen jährlichen Zahlungen an die Universität. Diese wollten Abbe und die anderen Geschäftsleiter auf einem niedrigen Niveau belassen, während die Stiftungsverwaltung mehrfach auf eine Erhöhung drängte.[1044] Die abwehrende Haltung Abbes und der Geschäftsleiter war dadurch motiviert, dass die Höhe der jährlich an die Universität überwiesenen Zahlungen fixiert und nur unter bestimmten Voraussetzungen wieder herabgesetzt werden konnte (Erg. Art. 3 und 4).[1045] Die Ausgaben sollten daher nach Abbes Ansicht zwar großzügig fließen, aber im Sinne der Liquiditätspräferenz und der damit einhergehenden Vermeidung von Fixkosten bevorzugt projektbezogen sein.[1046] Grundsätzlich ist festzuhalten, dass bei allen Konflikten zwischen Abbe, der Stiftungsverwaltung und den Geschäftsleitern schlussendlich Kompromisse gefunden werden konnten. Wie in den hier beschriebenen Fällen wurden diese Kompromisse dabei häufig von Ernst Abbes Durchsetzungsfähigkeit geprägt, wodurch sich für diese Konfliktfälle geradezu ein Muster herausbildete.[1047]

Abbes Förderpolitik wurde von der Geschäftsleitung als Nachahmungsmodell interpretiert. In einer Rede vor der Versammlung der Geschäftsangehörigen im

---

1043 Vgl. in dieser Arbeit das Kapitel „Finanzierungspolitik".

1044 Vgl. Demel, Auf dem Weg, S. 306.

1045 Siehe den Brief von Abbe, Schott, Czapski, Fischer an die Universitätskuratel, 20.8.1902, zit. nach Matthes, Finanzier, Förderer, Vertragspartner, S. 78.

1046 Erklärung Abbes an die Stiftungsverwaltung betreffs Verbindlichkeit sowie Einnahmen und Ausgaben der Carl Zeiss-Stiftung, 11.8.1902, in: CZA, BACZ 16256.

1047 Vgl. Matthes, Finanzier, Förderer, Vertragspartner, S. 77, 80.

Volkshaus im November 1903 analysierte Czapski, stellvertretend für die gesamte Geschäftsleitung, Abbes erdachte Verwendung der Stiftungsmittel. Dabei unterschied er zwei Phasen, die der Ausschüttungsrealität der Gelder entsprach: zunächst die Sparpolitik, die die ersten Jahre nach der Gründung der Stiftung zur Sicherung und Stabilisierung der jungen und fragilen Stiftungskonstruktion dominierte; dieser schloss sich eine Politik des Geldausgebens an, die sich – unter der Voraussetzung einer stabilen Reservesituation der Stiftungsbetriebe und der Erfüllung der statutarischen Bedingungen – jegliche Thesaurierung verbat.[1048] Dies galt neben der Förderung der Universität auch für die Ausgaben für andere gemeinnützige Zwecke, die allerdings – wie bereits beschrieben – während der Zeit von Abbes Geschäftsleitertätigkeit eine untergeordnete Rolle spielten. Offen bleibt demnach, inwieweit die Geschäftsleitung Abbes Vorbild nach dessen Austritt aus der Geschäftsleitung und späterem Ableben tatsächlich weiterverfolgte – eine Frage, der im Folgenden nachgegangen wird.

8.2.2 Die Förderpolitik der Geschäftsleitung

Die Geschäftsleitung führte nach Abbes Austritt aus der Unternehmensführung dessen zuletzt betriebene Förderpolitik nicht weiter, sondern war stattdessen bestrebt, die Ausgaben für die gemeinnützigen Zwecke der Stiftung zu reduzieren. Dabei richtete sich dieses Bestreben vor allem auf die Verringerung von Zahlungen an die Universität, die aufgrund von Abbes persönlicher Schwerpunktsetzung im Hinblick auf die Bedürfnisse der Universität, ihrer dürftigen finanziellen Situation und der strukturell engen Verbindung mit dem in Personalunion mit der Stiftungsverwaltung fungierenden Kultusdepartement unter Abbe im Zentrum der Förderpolitik gestanden hatten. Bereits kurze Zeit nach Abbes Austritt wurden bei einer Besprechung für den Entwurf des Jahresabschlusses der Stiftung und des Universitätsfonds für das Geschäftsjahr 1904/05 Erhöhungen an den Universitätsfonds von der Geschäftsleitung mit dem Argument abgelehnt, dass die Höhe des Reservefonds diese nicht zulasse.[1049] Als sich der Universitätskurator Heinrich von Eggeling im Sommer 1905 für eine höhere monetäre Berücksichtigung der Universität einsetzte, wies die Geschäftsleitung dieses Gesuch erneut mit Verweis auf die „über das Mass (!) des Vorsichtigen hinausgehenden Leistungen“ der letzten Jahre zurück. Zudem wurden negative Erwartungen der Geschäftsleitung hinsichtlich der

1048 Rede von S. Czapski in der Versammlung der Geschäftsangehörigen im Volkshaus, 25.11.1903, S. 6, in: CZA, BACZ 2677.

1049 Z.B. Protokoll der Stiftungssitzung, Nr. 188, 15.4.1905, in: CZA, BACZ 23018.

zukünftigen Geschäftsentwicklung, konkret des „in wenigen Jahren in der optischen Industrie gegenüber der gegenwärtigen Hochkonjunktur zu erwartende[n] Rückschlag[s]", als Argument gegen höhere Ausgaben für die Universität angeführt.[1050] Grundlage für die Entscheidungen der Geschäftsleiter über Ausgaben der Stiftung bildete zudem häufig eine Prüfung der Abteilungen und ihrer Rentabilität. Arbeiteten einzelne Abteilungen ökonomisch nicht zufriedenstellend, war dies das ausschlaggebende Argument, um größere Ausgaben der Stiftung nicht zu tätigen bzw. aufzuschieben. So wurde beispielsweise ein ursprünglich von Czapski eingebrachter Antrag auf die Bewilligung eines jährlichen Zuschusses an einen Dozenten für Sozialpolitik schließlich mit der Begründung zurückgezogen, dass diese Bewilligung eine Professur auf Stiftungskosten schaffen und damit eine regelmäßige Zahlung der Stiftung institutionalisiert würde, was von der Geschäftsleitung prinzipiell abgelehnt wurde. Das Sitzungsprotokoll vermerkte:

> Der zu erwartende günstige Jahresabschluss sei in der Hauptsache Konjunktionsgewinn in Tele und gebe bei der ungünstigen Lage in Photo und Mikro und dem zu erwartenden Rückschlag nicht einmal für die nächsten Jahre Sicherheit. In einigen Jahren werde man eventuell gern auf die Sache zurückkommen.[1051]

Weitere Beispiele aus den Jahren nach Abbes Rückzug zeigen, dass die Geschäftsleitung die Förderpolitik bezüglich der Universität zunächst rasch an ihren Interessen ausrichtete. Diese Förderpolitik orientierte sich am Finanzbedarf der Optischen Werkstätte und war durch diesen eingeschränkt, wenngleich der Geschäftsleitung ein grundlegendes Interesse an Förderungen nicht abgesprochen werden kann.[1052] Dem entgegen stand nur die schwierige Finanzlage, die die Geschäftsleitung bereits zu Abbes Zeit erkannt hatte. Nach Abbes Rückzug und erst recht in den folgenden Jahren wurde der Finanzbedarf der Optischen Werkstätte aufgrund ihrer raschen Ausdehnung noch größer, sodass Förderprojekte, die von der Geschäftsleitung durchaus gewünscht waren, bis zur Verbesserung der Finanzlage aufgeschoben werden mussten.[1053] Die ersten Jahre nach Abbes Rückzug und das Vakuum hinsichtlich der Förderprojekte, das sich aus dem Finanzie-

---

1050 Protokoll der Stiftungssitzung, Nr. 190, 3.6.1905, in: CZA, BACZ 23018.

1051 Protokoll der Stiftungssitzung, Nr. 194, 16.9.1905, in: CZA, BACZ 23018.

1052 Siehe dazu zum Beispiel das Protokoll der Stiftungssitzung vom 9.5.1906, das die Bedenken der Geschäftsleitung gegenüber einer Überweisung der Stiftung an die Universität in Höhe von insgesamt 100.000 Mark für Neubauten der Universität festhält. Für den Fall eines günstigen Geschäftsgewinns allerdings wollte die Geschäftsleitung einen „namhaften Betrag" für die Neubau-Projekte bereitstellen. Protokoll der Stiftungssitzung, Nr. 207, 9.5.1906, in: CZA, St 218. Zu diesem Schluss kommt auch Christoph Matthes, vgl. ders., Finanzier, Förderer, Vertragspartner, S. 84.

1053 Protokoll der Stiftungssitzung, Nr. 203, 15.2.1906, in: CZA, St 218.

rungsbedarf des Unternehmens ergab, boten daher die Chance einer Neuausrichtung der Stiftungspolitik in Bezug auf die Verwendung der Mittel. So forderte die Stiftungsverwaltung in Person von Rothe[1054] und Vollert[1055] aus Sorge um eine ausgeglichene Stiftungsbilanz und ausreichende Rücklagen eine maßvolle Ausgabenpolitik der Stiftung sowie Kosteneinsparungen zu Gunsten einer hohen Rücklagenquote.

Abbe wollte über seinen Tod hinaus sicherstellen, dass seine Politik des „Ausgabenzwangs" auch gegen das Interesse der Geschäftsleitung durchgesetzt werden würde. Dazu veranlasste er anlässlich der Statutenrevision im Jahr 1905/06 die Neufassung von Paragraph 47, der die Höhe der Entnahmen aus dem Reservefonds zu Zwecken nach Paragraph 1, B für solche Fälle regelte, in denen der Reservefonds nicht seine statutarisch vorgegebene Höhe erreichte.[1056] Ernst Abbe bestimmte in seiner ersten Fassung des Statuts von 1896, dass Entnahmen jederzeit in Höhe des Betrags der aus dem Reservefonds abgeworfenen Zinsen zulässig sein sollten. Nach der Statutenrevision sollten Aufwendungen für stiftungsgemäße Zwecke nach Paragraph 1, B in Höhe der Zinsen des gesamten Stiftungsvermögens möglich sein. Dies bedeutete, dass die Summe der Zinsen aus dem Reservefonds um die des Geschäftskapitals erweitert wurde. Einige Jahre später versuchten Geschäftsleitung und Stiftungskommissar vor dem Hintergrund eines Konflikts über die Auslegung des Paragraphen 47, die Gründe für diese Änderung zu rekonstruieren. Sowohl Syndikus Paul Fischer als auch Stiftungskommissar Max Vollert schlossen angesichts der Änderung auf Abbes Interesse an einer „grössere[n] Bewegungsfreiheit der Stiftungsorgane", wie Fischer es formulierte.[1057] Auf diese Weise, so fügte Max Vollert an, seien die Grenzen der Höhe des Ausgabenbetrags für gemeinnützige Zwecke deutlich weiter gesteckt.[1058]

In jedem Fall fixierte Abbe mit dieser Statutenänderung Entscheidungsprämissen für eine großzügigere und seiner eigenen Auffassung entsprechenden För-

---

1054 Siehe oben die Ratschläge Rothes zur Verbesserung der Stiftungsbilanz.

1055 Geschäftsbericht des Stiftungskommissars der Carl Zeiss-Stiftung zu Jena für die Zeit vom 1. Oktober 1903 bis dahin 1904, in: SCHOTT Archiv 5/72.

1056 Zudem wurde im Zuge der Statutenrevision ein Paragraph eingeschoben, der die bisher nicht geregelte Organisation von gemeinnützigen Einrichtungen regulierte. Damit waren alle Einrichtungen wie beispielsweise das Volkshaus gemeint, die durch Ausgaben nach § 1, B finanziert wurden. Der neu durch die Revisoren des Statuts eingefügte Paragraph legte die Verwaltung aller dieser Einrichtungen in die Hände der Geschäftsleitungen der Stiftungsbetriebe und des Stiftungskommissars.

1057 Max Fischer an Departement des Kultus, 22.2.1909, in: CZA, BACZ 9203. Gutachten des Stiftungskommissars zur Frage der Auslegung von Art. 4 Ergänzungsstatut, 27.10.1911, in: CZA, BACZ 1482.

1058 Ebd.

derpolitik. Dass die Statutenänderung keinen Einfluss auf die Ausgaben der Geschäftsleitung hatte, zeigt Abbildung 4. Demnach erreichten die verausgabten Summen nach Abbes Rückzug nicht die Höhe der zweiten Phase von Abbes Förderpolitik, in der für alle Zwecke nach Paragraph 1, B zwischen 1900/1901 und 1903/04 im Durchschnitt 569.000 Mark ausgegeben wurden. Stattdessen bewegten sich die Ausgaben nach 1904/05 zwischen etwa 257.000 Mark und rund 421.000 Mark.[1059]

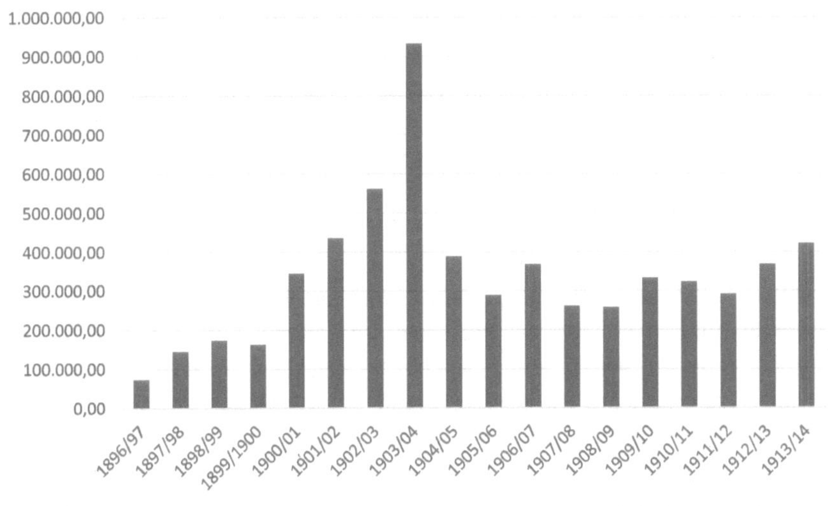

Abbildung 4: Verwendungen der Carl-Zeiss-Stiftung für Zwecke nach § 1, B, 1896/97 bis 1913/14 (in Mark).[1060]

Abgesehen von der Höhe der Stiftungsleistungen, die von der Geschäftsleitung aufgrund des Bedarfs der Stiftungsbetriebe begrenzt wurde, drängt sich eine weitere Frage nach dem Zusammenhang von Stiftungspolitik und Unternehmensführung auf: Bezüglich des Förderprogramms der Geschäftsleitung ist von Interesse, ob sie sich in ihren Entscheidungen über die Ausgabe gemeinnütziger Gelder vom Unternehmensnutzen leiten ließ. Förderungen zu wissenschaftlichen und technischen Zwecken konnten auch dem Interesse des Unternehmens dienen. In diesem Zusammenhang stellt sich ebenfalls die Frage, ob die Optische Werkstätte als Finanzier naturwissenschaftlicher Universitätsinstitute Gegenleistungen für ihr Unternehmen erwartete und einforderte. Erste Erkenntnisse hierzu hat bereits Wolfgang Wimmer vorgelegt, der Belege für Forschungskooperationen anführt,

1059 Aufstellung, in: LATh – HStA Weimar, Thüringisches Volksbildungsministerium C 534, Bl.2v.
1060 Aufstellung, in: LATh – HStA Weimar, Thüringisches Volksbildungsministerium C 534, Bl.2v.

deren Bedeutung für die Optische Werkstätte aber im Vergleich zu ihrer eigenen Forschung verhältnismäßig gering blieb. Mehr als von Forschungsarbeiten der universitären Forscher, so Wimmer, hätte die Optische Werkstätte von der Erprobung von Instrumenten in den wissenschaftlichen Instituten profitiert.[1061] Gleichwohl lassen sich einige Beispiele finden, in denen die unterstützten Institute und Einzelpersonen wiederholt bei speziellen Problemen herangezogen wurden und für deren Lösung die Räume und die Ausstattung der Universität genutzt wurde.[1062] Auch Mitarbeiter der Optischen Werkstätte selbst konnten auf die Räume und die Ausstattung zurückgreifen, wie ein Beleg aus dem Februar 1904 über die Mitbenutzung der Räume des Mikroskopischen Instituts zeigt.[1063] Teilweise wurde das Erbringen von Gegenleistungen überhaupt erst zur Bedingung der Förderung gemacht, wie anhand des Beispiels von Professor Vollmer deutlich wird: Als Gegenleistung für die Erhöhung seiner Bezüge aus der Universitätskasse von 2.800 Mark auf die fast doppelte Höhe von 5.000 Mark mittels Zuschlägen der Stiftung im Jahr 1911 musste er sich „zu[r] Bearbeitung gewisser Aufgaben" bereiterklären.[1064] Bemerkenswert ist zudem, dass bei der Bewilligung von 940 Mark im April 1910 an den Vorgänger von Professor Vollmer, Professor Konrad Simons, für Versuche über den „Energieverlust im Dielektrikum" die Auflage verfügt wurde, dass industriell verwertbare Ergebnisse der Stiftung übereignet werden müssten.[1065] Dass Förderbeziehungen durch die Stiftung auch beendet wurden, wenn sie zum Nutzen der Optischen Werkstätte geschlossen worden waren und diesen ab einem bestimmten Zeitpunkt nicht länger erfüllten, ist entsprechend der zuvor dargestellten Logik nachvollziehbar.[1066]

Die zusammengetragenen Zeugnisse über die Einflussnahme der Geschäftsleitung in Förderbeziehungen zu ihren Gunsten vermögen zunächst den Eindruck erwecken, die Optische Werkstätte hätte einen Teil ihrer Forschungserfolge auf Kosten der durch gemeinnützige Gelder getragenen Universitätsinstitute und des in

1061 Vgl. Wimmer, Verhältnis, S. 73, 75.

1062 Als Beispiel zu nennen ist die Zahlung an Dr. Hillers, Assistent des physikalischen Instituts, dem die Optische Werkstätte 900 Mark zusätzlich zu seinem Gehalt zahlte, um ihn in der Stellung zu halten und gleichzeitig gelegentliche wissenschaftliche Hilfe von ihm zu erhalten. Czapski, Siegfried: Tagebuchbericht, 1897–1901, Eintrag von Mitte August 1900, in: CZA, BACZ 8341.

1063 Protokoll der Stiftungssitzung, Ohne Nummerierung, 27.2.1904, in: CZA, BACZ 23014.

1064 Protokoll der Stiftungssitzung, Nr. 301, 23.5.1911, in: CZA, St 218.

1065 Protokoll der Stiftungssitzung, Nr. 284, 2.4.1910, in: CZA, St 218. Konrad Simons war außerordentlicher Professor für Physik am Technisch-Physikalischen Institut in den Jahren von 1909 bis 1911.

1066 So wurde ein Antrag auf Fortbewilligung eines bis 1.10.1927 laufenden Assistentengehalts (150 Reichsmark) für die Augenklinik zurückgestellt, da die frühere Bewilligung nur erfolgt war, um durch sie Arbeiten zu fördern, die im Interesse der Opto-Abteilung lagen. Protokoll der Stiftungssitzung, Nr. 457, undatiert, in: CZA, BACZ 22259.

ihnen tätigen Personals erzielt. Dieser Eindruck ist in jedem Fall zu relativieren. Selbst wenn die Bedeutung der von der Geschäftsleitung geforderten Forschungsarbeiten nur schwer zu beurteilen ist, brachten diese Forschungsaufgaben der Optischen Werkstätte zwar einige Erkenntnisse, diese waren aber nicht so wesentlich, als dass die Forschungsleistung und der finanzielle Erfolg des Unternehmens auf diesen beruht hätten. Darüber hinaus unterschieden sich die Forschungsansätze an der Universität und im Unternehmen grundlegend: Trotz der im Statut festgelegten Rolle der Grundlagenforschung innerhalb der Optischen Werkstätte war die Verwertbarkeit von Forschungsergebnissen ein unstrittiges Prinzip und Voraussetzung für den Erfolg des Unternehmens.[1067] Eine Auskunft des Stiftungskommissars Friedrich Ebsen gegenüber der Stiftungsverwaltung aus dem Mai 1919 stützt diesen Schluss. Vor dem Hintergrund der Entscheidung über die Einrichtung eines Ordinariats für physikalische Chemie erörterte Ebsen das Interesse der Entscheider, sprich der Stiftung und der Geschäftsleitung, in gemeinnützigen Förderangelegenheiten. Die Geschäftsleitungen hoben zwar den allgemeinen Wert eines solchen Ordinariats hervor, da es sowohl der chemischen Industrie als auch der Universität Jena zu Gute komme. Für die Stiftungsbetriebe hingegen würde das Ordinariat wahrscheinlich keine große Wirkung entfalten, „da, wie besonders von Dr. Schott betont wurde, die für die Praxis wichtigen Fortschritte in der Regel weniger in den für die wissenschaftliche theoretische Forschung bestimmten Universitätsinstituten, als in den mit dem Glaswerk verbundenen Laboratorien erzielt werden."[1068]

Zudem weisen Schriftwechsel zwischen Wissenschaftlern der Universität und den wissenschaftlichen Mitarbeitern der Optischen Werkstätte darauf hin, dass viele dieser Forschungsbeziehungen auch in kollegialem Austausch der Wissenschaftler der Universität auf der einen Seite und der Wissenschaftler der Optischen Werkstätte auf der anderen Seite geführt wurden.[1069] Dieses Forschungsnetzwerk schloss auch externe Wissenschaftler ein, wie das Beispiel von Fritz Haber zeigt, an den 1911 ein Zeiss-Interferometer verschenkt wurde. Im Gegenzug stellte Haber seine Hilfe bei Forschungen der Optischen Werkstätte zur Verfügung.[1070]

1067 Siehe hierzu in dieser Arbeit das Kapitel „Die Paragraphen 42 und 43: Forschung und Entwicklung".

1068 Friedrich Ebsen an Abteilung für Kultus, 18.5.1919, in: CZA, BACZ 1714.

1069 Auch die Geschäftsleiter pflegten eigene Kontakte zu geförderten und nicht geförderten Universitätsinstituten, wie Max Fischer zum Institut für Wirtschaftsrecht und Rudolf Straubel zur Erdbebenstation. Friedrich Ebsen an Volksbildungsministerium Thüringen, Weimar, 13.4.1924, in: CZA, BACZ 1511; Friedrich Ebsen an Abteilung für Kultus, 30.9.1920, in: CZA, BACZ 1489.

1070 Fritz Haber an Fritz Löwe, Carl Zeiss, 16.10.1911, in: CZA, BACZ 13957.

8.2.3 Der Konflikt um Ergänzungsstatut, Artikel 4

Es ist anzunehmen, dass die Förderpolitik der Geschäftsleitung in den bereits beschriebenen, die gemeinnützigen Ausgaben stark kontrollierenden Bahnen verlaufen wäre: Der Finanzierungsbedarf der Optischen Werkstätte stieg durch die Investitionen in die Beteiligungsunternehmungen und den innerbetrieblichen Ausbau der Optischen Werkstätte in zuvor ungekannte Höhen und Gelder für gemeinnützige Ausgaben fehlten schlichtweg. Jedoch wurden in den auf Abbes Rückzug folgenden Jahren drängende Mängel der universitären Infrastruktur offenbar. Zudem hatte sich die Konkurrenzsituation der Finanzierungsziele im Vergleich zu den 1890er Jahren verändert. Standen sich in der frühen Phase der Stiftung – wie erwähnt – die Rücklagenbildung der Stiftung und Stiftungsausgaben gemäß Paragraph 1, B gegenüber, rückten nun anstelle der Rücklagenbildung die unternehmerischen Investitionen ins Konkurrenzgefüge. Ein erstes Abweichen in Bezug auf die Förderpolitik der Universität lässt sich für das Ende des Jahres 1907 rekonstruieren, als eine Bitte der Geschäftsleitung um flüssige Mittel aus dem Reservefonds von der Stiftungsverwaltung abgelehnt wurde:

> Wie uns von dem Stiftungskommissar mündlich berichtet worden ist, wünscht die Geschäftsleitung der Firma Carl Zeiß, um die Lohnnachzahlung für das Geschäftsjahr 1906/7 bewirken zu können, von den flüssigen Mitteln des Reservefonds einen Betrag bis zu 275000 M überwiesen zu sehen. Demgegenüber müssen wir bemerken, dass wir von den Guthaben in Höhe von zusammen etwa 400000 M, welches wir bei der Deutschen Bank und der Gothaischen Privatbank, Filiale Weimar, haben, eines größeren Betrags am Jahresschluß selbst benötigt wird, um den fälligen Zuschuß an die Universität abzuführen und die bei uns eingehenden Zinsscheine einlösen zu können. Weiter aber glauben wir angesichts der schwierigen Lage des Geldmarkts und der Ungewissheit, welche Anforderungen aus den in Behandlung befindlichen Engagements entstehen werden, uns aller flüssigen Mittel nicht entblößen zu dürfen.[1071]

Dass sich die Stiftungsverwaltung nicht kooperativ hinsichtlich der Erfüllung des Geldbedarfs der Optischen Werkstätte zeigte, war nur in seltenen Ausnahmen der Fall, wie bereits im Hinblick auf die Beteiligungsinvestitionen dargestellt wurde. Dennoch wurde das Verhältnis zwischen Geschäftsleitung und Stiftungsverwaltung vor dem Hintergrund dieser Frage – die sich parallel zu dem Konflikt über die Beteiligungsunternehmen abspielte – zunehmend angespannter.

Dass sich die Handlungsspielräume der Geschäftsleitung infolge der zahlreichen zunehmenden Verpflichtungen verengten, lässt sich exemplarisch anhand des Ende 1908 offenkundig werdenden, dringenden Renovierungs- und Baubedarfs der Universität aufzeigen, der die Finanzierungsfreiräume der Geschäftsleitung be-

1071 Departement des Kultus an Geschäftsleitung Zeiss, 29.11.1907, in: CZA, BACZ 9203.

drohte. So waren die räumlichen Bedingungen derart ungenügend, dass es zu Ohnmachtsanfällen in den Räumen der botanischen Anstalt kam und der Anatomiehörsaal nur unter künstlicher Beleuchtung genutzt werden konnte. Wie Rothe in einem Brief Ende Dezember 1908 feststellte, sollte die Carl-Zeiss-Stiftung für bauliche Verbesserungen 140.000 Mark zur Verfügung stellen. Die von den Regierungen der „Erhalterstaaten" beauftragte Stiftungsverwaltung richtete sich formal nach Paragraph 108, 1 mit der Bitte um Zustimmung an die Geschäftsleitung. Um den finanziellen Aufwand dieser außerordentlichen Aufwendung zu begrenzen, schlug die Stiftungsverwaltung vor, die Summe auf einige Jahre aufzuteilen. Auf diese Weise würde auch der statutarischen Vorgabe Rechnung getragen, den jährlichen reinen Zinsabwurf des Stiftungsvermögens und die Hälfte der jährlich zur Verausgabung freigegebenen Überschüsse der Stiftung nicht zu überschreiten (§ 47, 1, 2 und Erg. Art. 4, 2).[1072] Die Antwort von Max Fischer – stellvertretend für die gesamte Geschäftsleitung – fiel ablehnend aus:

> Die seit einigen Jahren eingetretene starke Entwickelung (!) insbesondere der optischen Werkstätte ist noch nicht beendet; die verschiedenen organisatorischen und sonstigen Maßnahmen, die darauf hinzielen, die räumlichen und technischen Arbeitsbedingungen zu verbessern, die Leistungsfähigkeit des Werks den immer steigenden Anforderungen anzupassen und das ganze Unternehmen auf eine breitere Basis zu stellen, werden auch in der nächsten Zeit noch erhebliche Aufwendungen erfordern (Erweiterung der Optik, Anbau an das Verwaltungsgebäude, Erwerbung des Weimar'schen und des Sophienheim Grundstücks, Fabrikationsfiliale in England, Brillenfabrikation, Abfindung Rudolph (pp.)).[1073]

Der Kapitalbedarf der Betriebe und die Finanzlage der Stiftung seien daher für das laufende Geschäftsjahr nicht einzuschätzen. Das zurückliegende, abgeschlossene Geschäftsjahr 1907/08 sei in Bezug auf liquide Mittel kein günstiges gewesen: Aufgrund der Kapitalvermehrung der Stiftungsbetriebe um 1.350.000 Mark seien die Überschüsse der Stiftung nach Dotierung des Reservefonds äußerst gering. Nach den ordentlichen Zahlungen an den Universitätsfonds und einiger dauerhafter kleinerer Verpflichtungen der Stiftung sei nur ein geringer Betrag zur Verteilung übrig. Die Geschäftsleitung sprach sich dafür aus, dass dieser Restbetrag für Zwecke nach Paragraph 1, B, 1 und 1, B, 2 verwendet werden sollte, also für die Arbeiter innerhalb der Stiftungsbetriebe und Förderungen für Einrichtungen der Stadt Jena und ihrer Umgebung, da diese Zwecke bereits in den letzten Jahren zu Gunsten der Universität vernachlässigt worden seien. Priorität sollten daher zunächst kommunale Fragen wie die Unterstützung der Baugenossenschaft haben, die aufgrund der schwierigen Finanzlage der Stiftung aufgeschoben worden waren. Die Geschäfts-

---

1072 Carl Rothe an Geschäftsleitung Zeiss, 31.12.1908, in: CZA, BACZ 9203.
1073 Max Fischer an Departement des Kultus, 12.1.1909, in: CZA, BACZ 9203.

leitung stützte ihre Argumentation dabei auf das Statut. So äußerte Max Fischer Bedenken in Bezug auf die Artikel 1, 2 und Artikel 7 des Ergänzungsstatuts, gegen die die Erweiterungsbauten der biologischen Anstalt und des Anatomiegebäudes verstoßen würden. Artikel 1, 2 sollte verhindern, dass die Stiftung staatliche Verpflichtungen übernahm, während sich Artikel 7 des Ergänzungsstatuts auf die Verwendungsmöglichkeiten des Universitätsfonds bezog, der nicht für infrastrukturelle Maßnahmen vorgesehen war. Die Bedenken der Geschäftsleitung hinsichtlich der Statutenkonformität resultierten daher vor allem aus der infrastrukturellen Dimension der beantragten Förderleistungen, die prinzipiell den „Erhalterstaaten" obliegen sollten.[1074]

Hier zeichnete sich eine tiefergehende Meinungsverschiedenheit zwischen Geschäftsleitung und Stiftungsverwaltung ab. Wie bereits im Konflikt um die Beteiligungsunternehmungen reagierten Geschäftsleitung und Stiftungsverwaltung auf diese Uneinigkeit, indem sie das Stiftungsstatut heranzogen und seinen Wortlaut im Hinblick auf die Streitfrage auslegten. So ging Carl Rothe vor, der seine Auslegung des Statuts am 6. Februar 1909 der Geschäftsleitung übermittelte. Mit seiner statutarischen Prüfung der Kompetenzzugehörigkeit in der Frage der Förderpolitik der Universität wollte Rothe „eine Grundlage für eine grundsätzliche Verständigung [...] gewinnen"[1075]. Der gemäß Rothe für diesen Fall heranzuziehende Paragraph 47 bestimmte, dass dem Reservefonds bis zur Erreichung der statutarischen Höhe jährlich nicht weniger als die Hälfte der summierten Betriebsüberschüsse und Zinserträge überwiesen werden sollte. Bedingung dafür war die gesicherte Deckung des Kapitalbedarfs der Stiftungsfirmen. Jederzeit möglich waren jedoch Aufwendungen für gemeinnützige Zwecke in Höhe der Zinsen des Stiftungsvermögens. Zum Zeitpunkt der Niederschrift von Rothes Brief hatte der Reservefonds allerdings die durch das Statut geforderte Höhe noch nicht erreicht. Da das Kapitalvermögen der Stiftung – abgesehen von dem Vermögen, das als Geschäftskapital bei den Stiftungsbetrieben verbucht wurde – allerdings eine gewisse Höhe erreiche, könne im Geschäftsjahr 1907/08 aus dem Stiftungsvermögen eine Überweisung in Höhe von rund 180.000 Mark an den Reservefonds nach statutarischer Festsetzung erfolgen. Dem Statut sei daher Genüge getan, so die Stiftungsverwaltung.

Die statutarischen Finanzierungsverpflichtungen wurden folglich nicht allein durch die Unternehmenserträge, sondern auch durch das Vermögen der Stiftung erfüllt. Auch die Mittel für die Erhöhung des Geschäftskapitals konnten die Unternehmen nicht immer aus eigener Kraft erwirtschaften: Überdurchschnittlich hoch,

1074 Max Fischer an Departement des Kultus, 12.1.1909, in: CZA, BACZ 9203.
1075 Carl Rothe an Geschäftsleitung Zeiss, 6.2.1909, in: CZA, BACZ 9203.

so Rothe, sei in den Geschäftsjahren 1906/07 und 1907/08 die Erhöhung des Geschäftskapitals bei den beiden Stiftungsbetrieben mit einem Betrag von 2.350.000 Mark gewesen. Dies sei nicht allein aus Erträgen der Stiftungsbetriebe geleistet worden, sondern ebenfalls durch Zuflüsse aus den Zinserträgen der Stiftung und Mitteln des Reservefonds. Die Stiftungsverwaltung erwarte daher für die nächsten Geschäftsjahre wesentlich geringere Kapitalerhöhungen und ausschließlich Ausgaben, die notwendig für eine „stetige und ungestörte Weiterentwickelung des Geschäftes" seien, welche „der Leistungsfähigkeit der Firma und den satzungsmäßigen Aufgaben der Stiftung Rechnung tragen" würden.[1076] Ausgaben hierfür sollten von weniger dringlichen, aber kapitalintensiven Aufgaben wie den zuletzt von der Geschäftsleitung als äußerst dringend dargestellten baulichen Erweiterungen, dem Erwerben von Baugrundstücken oder der Abfindung von Paul Rudolph unterschieden werden.[1077]

Die im Schreiben vom 31. Dezember 1908 dargestellten Mängel des anatomischen und botanischen Instituts veranlassten Rothe, auf die Spielräume hinzuweisen, die das Statut der Stiftungsverwaltung einräumte. Falls sich Stiftungsverwaltung und Geschäftsleitung in Bezug auf die Höhe der Ausgaben für die Universität nicht einig seien, sei Artikel 4 des Ergänzungsstatuts heranzuziehen. Dieser legte in diesem Fall als Mindestsumme für außerordentliche und regelmäßige Leistungen an den Universitätsfonds die Hälfte der Überschüsse der Stiftung, sprich des Zinsertrages der Stiftung fest. Eine von Rothe angestellte und auf dieser Sonderklausel basierende Kalkulation zeigte, dass der reine Zinsabwurf des Stiftungsvermögens im Geschäftsjahr 1907/08 442.197 Mark betrug und die Hälfte davon, 221.098 Mark, nicht vollends ausgeschüttet worden war. So seien für Zwecke der Universität als regelmäßiger Zuschuss 92.900 Mark und als außerordentliche Zuwendungen 78.327 Mark, zusammen folglich nur 171.227 Mark verwendet worden. Offen sei daher ein Betrag von 49.871 Mark. Die Stiftungsverwaltung habe daher beschlossen, der anatomischen Anstalt und zur Erweiterung des botanischen Instituts den Betrag von 48.000 Mark zu überweisen. In der Absicht, mit der Geschäftsleitung zu einem Kompromiss zu gelangen, bot die Stiftungsverwaltung an, dass weitere nicht dringende Bewilligungen für universitäre Zwecke sowie die Begleichung von bereits bewilligten Förderungen verschoben werden sollten.[1078]

Die Antwort der Geschäftsleitung folgte am 22. Februar 1909 in Form eines Schreibens des Syndikus Paul Fischer, in dem sich dieser vor allem auf die Auslegung des Artikels 4 des Ergänzungsstatuts konzentrierte. Rothes Rechenbeispiel

1076 Carl Rothe an Geschäftsleitung Zeiss, 6.2.1909, in: CZA, BACZ 9203.

1077 Ebd.

1078 Paul Fischer an Departement des Kultus, 22. 2.1909, in: CZA, BACZ 9203.

basiere laut Fischer auf der Annahme, dass „als verfügbare Ueberschüsse der Stiftung“ nur der Zinsabwurf des Stiftungsvermögens anzusehen sei.[1079] Die Geschäftsleitungen der Stiftungsbetriebe jedoch verstünden unter diesen Überschüssen gemäß Paragraph 47, 1 des Stiftungsstatuts die „Summe der nach Deckung des Kapitalbedarfs noch verfüglichen Betriebsüberschüsse und der reinen Zinserträge“[1080]. Während die Geschäftsleitung also zur Deckung des Kapitalbedarfs der Unternehmen nicht nur Unternehmenserträge, sondern auch die Zinserträge des Stiftungsvermögens zählte, war die Stiftungsverwaltung der Auffassung, die Zinserträge des Stiftungsvermögens seien nach Artikel 4 als „verfügbare Ueberschüsse der Stiftung“ anzusehen. Die unterschiedliche Auslegung machte insofern einen erheblichen Unterschied, als die Geschäftsleitung zur Unternehmensfinanzierung sowohl die Erträge des Unternehmens als auch die Zinserträge nutzen wollte. Die Stiftungsverwaltung hingegen erhob Anspruch auf das Zinsvermögen.[1081]

Die beiden Stiftungsorgane jedenfalls gelangten hier nicht zu einer raschen Lösung, im Gegenteil nahmen die Unstimmigkeiten zwischen ihnen – wie an anderer Stelle dargestellt – auch im Hinblick auf Investitionen in Beteiligungsunternehmungen zu.[1082] Der auf diesen Briefwechsel des Winters 1909 folgende Konflikt zog sich über die nächsten zwei Jahre hin, ohne ein rechtes Ergebnis hervorzubringen. Das Verhältnis zwischen den beiden Organen wurde darüber hinaus weiter verkompliziert, indem aufgrund der fehlenden Klärung dieser Streitfrage auch künftig Unstimmigkeiten über Verwendungsfragen aufkamen.[1083] Die Stiftungsverwaltung verwahrte sich in den Aushandlungsprozessen dieser Jahre ebenso gegen eine Einschränkung ihres Entscheidungsspielraums bezüglich der Fördermöglichkeiten, wie dies die Geschäftsleitung hinsichtlich regelmäßig fixierter Zahlungen tat.[1084]

Zudem wies die Stiftungsverwaltung den Vorschlag der Geschäftsleitung zurück, die Klärung des Konflikts über einen Feststellungsprozess herbeizuführen.[1085]

1079 Paul Fischer an Departement des Kultus, 22.2.1909, in: CZA, BACZ 9203.

1080 Ebd.

1081 Zur Interpretation dieser unterschiedlichen Sichtweisen siehe in dieser Arbeit S. 306 ff.

1082 Siehe hierzu in dieser Arbeit das Kapitel „Investitionspolitik“. Zu den Reibungen zwischen Geschäftsleitung und Stiftungsverwaltung trug vermutlich ebenfalls die Neubesetzung der Position des Universitätskommissars mit dem Stiftungskommissar Max Vollert im Jahr 1909 bei. Durch diese Doppelrolle war es Vollert möglich, die Investitionen ins Unternehmen und Ausgaben für die Stiftung zu jedem Zeitpunkt in Beziehung zu setzen.

1083 Siehe Carl Rothe an Geschäftsleitung Zeiss, 19.3.1909, in: CZA, BACZ 9203.

1084 Siehe beispielsweise die Erklärung Carl Rothes, „seine statuarischen Bewilligungsrechte zu Gunsten der Universität auch nur auf Jahre durch eine Vereinbarung mit der Geschäftsleitung zu beschränken.“ Protokoll der Stiftungssitzung, Nr. 288, 30.6.1910, in: CZA, St 218.

1085 Protokoll der Stiftungssitzung, Nr. 287, 2.6.1910, in: CZA, St 218.

Stattdessen wurde eine Verständigung dem Vorschlag Rothes entsprechend angestrebt, der den Austausch von schriftlichen Stellungnahmen von Geschäftsleitung und Stiftungsverwaltung vorsah.[1086] Der Stiftungskommissar Vollert legte daraufhin ein Gutachten im Namen der Stiftungsverwaltung vor. Darin diskutierte er die Frage, nach welchen Vorschriften die Gewinnüberschüsse im Sinne von Paragraph 1, B verwendet werden sollten. Die Streitfrage sei durch die Auslegung des Statuts nicht eindeutig zu lösen, so Vollert. Er zitierte vielmehr aus seinen Erinnerungen eine Debatte zwischen Abbe und den Geschäftsleitern. Damals kritisierten die Geschäftsleiter die für den Bau des Universitätsgebäudes zugesicherten, hohen Summen, die ihrer Ansicht nach dem Statut widersprachen. Abbe habe die Kritik mit der Aussage aus dem Weg geräumt, dass der in Paragraph 47 genannte Maßstab, nämlich die jederzeit zulässige Entnahme in Höhe des Zinsertrags des Reservefonds, nicht angemessen sei. Es seien vielmehr die Zinsen der Geschäftsanteile zu berücksichtigen. Den Einwand, dass diese zunächst einmal durch die Unternehmen zu erwirtschaften seien, was voraussetzen würde, dass die Unternehmen Gewinne schrieben, habe Abbe nicht gelten lassen. So habe er es als unmöglich betrachtet, „dass bei den Stiftungsbetrieben nicht einmal eine Verzinsung von 4 beziehungsweise 5 % herauskäme, wenn anders die Betriebsleitungen ihre Aufgabe irgend verständen." Gegen die Auslegung des Statuts der Geschäftsleitung spreche, so Vollert, dass die Geschäftsleitung es in diesem Fall selbst in der Hand habe, durch die Deckung des Kapitalbedarfs der Betriebe und der Zuführung des Reservefonds keinen Betrag mehr für gemeinnützige Zwecke übrig zu lassen. Die Deckung des Kapitalbedarfs der Betriebe sei nämlich allein den Geschäftsleitungen überlassen, die hierdurch die Arbeit der Stiftung zu Gunsten ihrer Destinatäre vollständig verhindern könnten. Dass dies durchaus nicht in Abbes Sinn gewesen sein konnte, war für Vollert nicht anzuzweifeln. Er bewertete daher auch die Geschäftspolitik der dem Gutachten vorausgegangenen Jahre kritisch. Der infolge der großen Investitionssummen erhöhte Kapitalbedarf der Stiftungsbetriebe habe nicht nur die gesamten Unternehmenserträge zusätzlich zu den Stiftungszinsen, sondern auch weitere Mittel erfordert, die durch Obligationen bereitgestellt werden mussten. Die Vermehrung des Reservefonds sei daher kaum oder gar nicht möglich gewesen, von der Ausgabe größerer Summen für gemeinnützige Zwecke ganz zu schweigen.[1087]

Vollerts Urteil über die von der Geschäftsleitung praktizierte zurückhaltende Verwendung der Stiftungsgelder zur Finanzierung gemeinnütziger Zwecke entspricht den empirischen Beobachtungen dieser Arbeit. Im Wesentlichen stand die

1086 Protokoll der Stiftungssitzung, Nr. 288, 30.6.1910, in: CZA, St 218.

1087 Gutachten des Stiftungskommissars zur Frage der Auslegung von Art. 4 Ergänzungsstatut, 27.10.1911, in: CZA, BACZ 1482. Zu der Dotierung des Reservefonds siehe in dieser Arbeit das Kapitel „Finanzierungspolitik".

Geschäftsleitung der Optischen Werkstätte zwei Destinatären gegenüber: Zum einen der Universität, deren Interessen vom Stiftungskurator, den Regierungen der „Erhalterstaaten" sowie vom Kultusdepartment vertreten wurden, zum anderen den städtischen Beamten und dem Oberbürgermeister Jenas, die die städtische, arbeitende Bevölkerung repräsentierten. Gegenüber letzteren verschafften sich Stiftungsverwaltung und Geschäftsleitung immer wieder neue Handlungsspielräume, um regelmäßige Förderungen vor allem kapitalintensiver Projekte zu verhindern und die Stadt nicht von ihren infrastrukturellen Aufgaben zu entbinden. Dabei war es vor allem das Anliegen der Geschäftsleitung der Optischen Werkstätte, keine großen Summen für gemeinnützige Zwecke zu verausgaben, um die Finanzmittel stattdessen in unternehmerische Investitionen zu lenken. Diese eindeutige Präferenz verdeutlicht ein Vergleich der für Investitionen und gemeinnützige Ausgaben aufgebrachten Summen in den Jahren nach Abbes Rückzug aus der Geschäftsleitung: Zwischen den Jahren 1908 und 1911 belief sich die Summe der Ausgaben für die Beteiligungsunternehmungen auf insgesamt 4,1 Millionen Mark, dem entgegen standen – im längeren Zeitraum vom Geschäftsjahr 1907/08 bis zum Geschäftsjahr 1911/12 – Ausgaben für gemeinnützige Zwecke in Höhe von rund 1,5 Millionen Mark. In dieser Gegenüberstellung unberücksichtigt bleiben die sehr hohen Ausgaben für die Ausdehnung des Betriebes, sprich für Neubauten etc., welche die Diskrepanz von gemeinnützigen Ausgaben und unternehmerischen Investitionen noch deutlicher hervortreten lassen würden.

Es lässt sich festhalten, dass die gemeinnützigen Zwecke deutlich hinter den Interessen des Unternehmens zurückstanden, wie angesichts der Höhe der Ausgaben eindeutig belegt wird, die außer in den Kriegsjahren nicht die statutarisch vorgegebene Höhe erreichten. Stefan Gerber kommt dennoch bei Betrachtung der Ausgabenhöhe in Relation zum Haushalt der Universität zu dem Schluss, dass sich die Carl-Zeiss-Stiftung zum „unverzichtbaren Mitfinanzier" der Hochschule entwickelte. Wie von Gerber errechnet, betrugen im Jahr 1914 die Ausgaben der Stiftung für die Universität rund 328.600 Mark und machten damit mehr als ein Drittel des Universitätsetats aus.[1088] Wirtschaftliche Krisenjahre führten zwar zu niedrigeren Förderzahlungen, doch wurden außer in den Jahren 1923/24 und 1924/25 stets sechsstellige Beträge ausgegeben. Für diesen Zeitraum nach dem Ersten Weltkrieg lassen sich vergleichbare Konflikte wie der in diesem Kapitel dargestellte um die Auslegung des Paragraphen 4 des Ergänzungsstatuts nicht rekonstruieren: Es ist

1088 Gerber, Stefan: Die Universität Jena 1850–1918, in: Senatskommission zur Aufarbeitung der Jenaer Universitätsgeschichte im 20. Jahrhundert (Hrsg.): Traditionen – Brüche – Wandlungen. Die Universität Jena 1850–1995, Köln/Weimar/Wien 2009, S. 23–269, hier: S. 85. Seit 1901 machten die Zahlungen beinahe immer ein Drittel des Haushalts aus, wie Wolfgang Wimmer festhält, der daher zum gleichen Schluss wie Gerber kommt. Vgl. Wimmer, Das Verhältnis, S. 69.

davon auszugehen, dass die Stiftungsverwaltung vor dem Hintergrund der Krise der frühen 1920er Jahre keine Anträge mit hohen Fördersummen zu Gunsten der Universität durchsetzen wollte, um das Unternehmen in seiner Stabilität nicht zu beeinträchtigen. Zudem erlangte die Geschäftsleitung, wie im Kapitel „Investitionspolitik" gezeigt, durch den Wechsel des Vorsitzenden der Stiftungsverwaltung nach dem Ersten Weltkrieg eine gewisse Autonomie. Dies ist ebenfalls für die häufigen folgenden Personalwechsel in Bezug auf das Amt des Vorsitzenden der Stiftungsverwaltung anzunehmen.

8.3 Zwischenfazit

Die Untersuchung der Stiftungspolitik als Teil der Unternehmensführung macht zunächst deutlich, dass die Geschäftsleiter dieser Aufgabe in Zusammenarbeit mit der Stiftung sehr engagiert nachgingen. Die hier rekonstruierten Prinzipien der Stiftungspolitik gingen auf Abbe zurück und bestätigen die bereits von Sebastian Demel und Christoph Matthes erarbeiteten Ergebnisse. So waren die Geschäftsleitung und die Stiftungsverwaltung darauf bedacht, durch regelmäßige Förder- oder Unterstützungsleistungen kein „Gewohnheitsrecht" entstehen zu lassen[1089] und die Übertragung von Finanzierungspflichten der Behörden an das Unternehmen zu verhindern. Insofern schützten sich Geschäftsleitung und Stiftung vor zu ausgreifenden Interessen der Destinatäre, um ihre Entscheidungsspielräume weiterhin groß zu halten. Dabei konnten Geschäftsleiter und Stiftungsbeamte auf Abbes Prinzipien der Stiftungspolitik zurückgreifen. Bemerkenswert ist in diesem Zusammenhang, dass die Destinatäre der Stiftung ihre Ansprüche wie selbstverständlich sowohl gegenüber dem Unternehmen als auch der Stiftung äußerten, obwohl sie strenggenommen nur in einer Stakeholderbeziehung zur Stiftung standen.

Die Geschäftsleitung achtete darauf, dass die Ausgaben für Zwecke nach Paragraph 1, B in überwiegendem Maße statutenkonform waren. Sie folgte dabei der statutarischen Vorgabe der größtmöglichen Synergie, indem sie der städtischen Arbeiterschaft und Bevölkerung Einrichtungen der Stiftungsbetriebe zur Verfügung stellte. Umgekehrt waren die Zeiss-Geschäftsleiter äußerst konsequent darauf bedacht, die Förder- und Unterstützungsleistungen für städtische Projekte, für öffentliche Veranstaltungen oder Einrichtungen auch der Arbeiterschaft beider Stiftungsbetriebe zukommen zu lassen. Hier deutet sich bereits die sozialpolitische Funktion der Stiftung an, deren gemeinnützige Arbeit – neben den Stiftungszwe-

---

1089 Vgl. Matthes, Finanzier, Förderer, Vertragspartner, S. 83.

cken, die explizit innerhalb der Stiftungsbetriebe umgesetzt wurden – von der Geschäftsleitung auch für Unternehmenszwecke genutzt wurde. Eine strategische Verbindung von gemeinnützigem und unternehmerischem Interesse kann außerdem bei den Förderungsleistungen für die Universität nachgewiesen werden. Zahlreiche Belege demonstrieren, wie die Geschäftsleitung Zahlungen mit Gegenleistungen verknüpfte und dadurch sicherstellte, dass die durch finanzielle Mittel der Stiftung unterstützten Forschungsergebnisse in ihren Besitz überführt wurden, sofern sie für das Unternehmen gewinnbringend waren. Für das Forschungsportfolio des Unternehmens waren diese Ergebnisse allerdings nur von ergänzender Art. Die hochqualifizierten Wissenschaftler und Ingenieure in den Laboren des Glaswerks, in den Konstruktionsbüros und Forschungsabteilungen der Optischen Werkstätte leisteten weiterhin den wesentlichen Teil der Forschung- und Entwicklungsarbeit.

Wie die anderen Bereiche der Unternehmensführung wurde die Stiftungspolitik zwar in ihren Grundsätzen durch Entscheidungsprämissen gerahmt. Die Entscheidungsverfahren waren jedoch nicht im Einzelnen durch statutarische Bestimmungen geregelt, sodass sie dem Aushandlungsprozess zwischen Geschäftsleitung und Stiftungsorganen unterlagen. Zusätzlich hatte Abbe mit seiner eigenen Stiftungspolitik ein Modell für künftiges Ausgabeverhalten geliefert. Nach Abbes Rückzug brach die Geschäftsleitung mit diesem Modell und dominierte eindeutig die Entscheidungsverfahren, vor allem in Bezug auf die Höhe der für gemeinnützige Zwecke bewilligten Gelder. Als sich die Stiftungsverwaltung mit drängenden Problemen der Universität an die Geschäftsleitung wandte, kam es zu einer Meinungsverschiedenheit, aus der eine grundsätzliche Auseinandersetzung hervorging. Wie auch im parallel geführten Konflikt um die Beteiligungsunternehmungen[1090] wurde die Auseinandersetzung argumentativ durch eine Auslegung der Paragraphen von Statut und Ergänzungsstatut innerhalb der Stiftung geführt – den externen Weg über einen juristischen Prozess schloss die Stiftungsverwaltung aus. Beide Konflikte – der um die Beteiligungsunternehmungen und der um die Verwendung der Stiftungserträge – verliefen ergebnislos. Ein eindeutiger Gewinner trat aus dem Konflikt offenbar nicht hervor, wenngleich die Geschäftsleitung in beiden Fällen die von der Stiftungsverwaltung kritisierte Politik nicht änderte und von der Verzögerung der Konfliktlösung profitierte, die den Status quo aufrecht erhielt. Folglich fiel das Verhältnis zwischen den Ausgaben für Paragraph 1, A und 1, B, also Ausgaben für unternehmerische und Ausgaben für gemeinnützige Zwecke, auch nach der durch die Stiftungsverwaltung geäußerten Kritik im Jahr 1909 zu

1090 Siehe hierzu in dieser Arbeit das Kapitel „Der Konflikt zwischen Stiftungsverwaltung und Geschäftsleitung“.

Gunsten der Unternehmen aus. Inwiefern das stark durch die Geschäftsleitung geprägte Ausgabeverhalten der Stiftung dem Stifterwillen entsprach, ist nur schwer zu beantworten. Zum einen priorisierte Abbe selbst die Bedarfsdeckung der Unternehmen in Bezug auf Kapital, weil nur so die Fortführung der Stiftungskonstruktion garantiert werden konnte. Zum anderen macht die vorangegangene Abbildung 4 deutlich, dass die Entwicklung der Ausgaben für Zwecke nach Paragraph 1, B nach Abbes Rückzug eher stagnierte, obwohl Umsätze und Gewinne gleichzeitig stiegen. Zudem wurden die von Abbe vorgegebenen Maximalsätze für gemeinnützige Ausgaben nicht erreicht, wie das Rechenbeispiel von Rothe für das Geschäftsjahr 1907/08 belegt. In den Jahren nach Abbes Tod wurden dafür außerordentliche Ausgaben für die Unternehmen getätigt, die Abbe nicht vorhersehen konnte: Die Beteiligungsunternehmungen waren ein neues Feld der Unternehmensführung, das die Geschäftsleitung erst nach dem Tod Abbes beschritt. Hier entschied sich die Zeiss-Geschäftsleitung eindeutig für ein expansives Wachstum der Unternehmen, das zu Lasten der anderen Stiftungszwecke nach Paragraph 1, B vorangetrieben werden sollte. Dieses Wachstum war jedoch wiederum Grundlage für die sich anschließenden Förderungen der Stiftung. In diesem Sinne lässt sich die Verbindung von Unternehmensperformanz und Förderungen durch die Stiftung als Voraussetzung für die bedeutende Unterstützungstätigkeit der Stiftung im Ersten Weltkrieg charakterisieren. So waren die stiftungspolitischen Entscheidungen der Geschäftsleitung zwar nicht mehr immer direkt in Abbes Sinne, weil sie die Verteilung der Erträge zu Gunsten des Unternehmens bevorzugten. Die Bedingung erfolgreicher Unternehmensperformanz für die Möglichkeiten gemeinnütziger Stiftungsarbeit aber führt zumindest retrospektiv zu dem Schluss, dass die unternehmensfokussierte Ausrichtung der Geschäftsleitung eine großzügige gemeinnützige Stiftungsarbeit erst erlaubte.

9 Finanzierungspolitik

Innerhalb der Unternehmensführung der Optischen Werkstätte war die Finanzierungspolitik der Bereich, in dem sich die Unterschiede zu anderen Unternehmen am deutlichsten ausprägten. Mit dem Finanzkreislauf des Unternehmens war nämlich zugleich der Finanzkreislauf der Carl-Zeiss-Stiftung verbunden – ein Wechselspiel, das zur Herausbildung einmaliger Finanzierungsmöglichkeiten für die Optische Werkstätte führte. Zudem hatte Abbe einige Fragen der Unternehmensfinanzierung, wie etwa die der Dotierung des Reservefonds, über das Stiftungsstatut detailliert geregelt und hierdurch zahlreiche Entscheidungsprämissen für diesen Bereich gelegt. So waren gewisse Finanzierungsmöglichkeiten, etwa die Umwandlung der Unternehmen in Kapitalgesellschaften, von vorneherein ausgeschlossen worden, da die Corporate Governance der Optischen Werkstätte keine Übertragung von Unternehmensanteilen erlaubte. In Hinblick auf Fragen der Innenfinanzierung durch die Bildung stiller Reserven jedoch waren die Unterschiede zu anderen Unternehmen weitaus geringer, da auch die Leitung der Optischen Werkstätte nach Möglichkeiten suchte, ihre Handlungsspielräume durch Instrumente der Innenfinanzierung vergrößern zu können. Die der Optischen Werkstätte zur Verfügung stehenden Finanzierungsmöglichkeiten und die sich daraus ergebende Finanzierungsstrategie sind trotz ihrer Spezifität bisher nicht untersucht worden.[1091] So ist über die Außenfinanzierung der Optischen Werkstätte etwa nur bekannt, dass seit der Stiftungsgründung Unternehmensanleihen bzw. Obligationen eine bedeutende Rolle gespielt haben und einzelne Erhöhungen des Betriebskapitals der Stiftung bei der Optischen Werkstätte zum Wachstum des Unternehmens beitrugen.[1092]

Die Rekonstruktion der drei Formen der Innenfinanzierung – namentlich die Thesaurierung, die nominelle Kapitalerhöhung sowie Abschreibungen – sowie der Außenfinanzierung der Optischen Werkstätte über Eigen- oder Fremdkapital ist daher für das Verständnis des Stiftungsunternehmens besonders relevant. Dabei profitiert dieses Kapitel von den Ergebnissen der gesamten Arbeit, allen voran aus den Kapiteln „Investitionspolitik" und „Stiftungspolitik", deren Erkenntnisse in

1091 Der Reservefonds wird in der Literatur als tragende Säule der Finanzierung beschrieben, vgl. Herberger, Klaus: Das Stiftungsunternehmen als Instrument zur Nachhaltigkeit einer Stiftung. Der Modellfall Carl-Zeiss-Stiftung, in: Achleitner, Ann-Kristin/Block, Jörn/Strachwitz, Rupert Graf (Hrsg.): Stiftungsunternehmen. Theorie und Praxis, Wiesbaden 2018, S. 181–215, hier: S. 191; vgl. Walter, Zeiss 1905–1945, S. 369 f.

1092 Vgl. Abbe, Werden und Wesen, S. 265; vgl. Mühlfriedel/Hellmuth, Zeiss 1846–1905, S. 189. Zu den Erhöhungen des Betriebskapitals seitens der Stiftung, vgl. Schomerus, Geschichte, S. 173.

https://doi.org/10.1515/9783111053233-010

diesem Kapitel analytisch betrachtet und in die Bedingungen des Stiftungsstatuts eingeordnet und verdichtet werden sollen, um abschließend zu einer Aussage über Finanzierungsentscheidungen der Optischen Werkstätte zu gelangen.

9.1 Innenfinanzierung

Wie anderen Unternehmen standen der Optischen Werkstätte mehrere Möglichkeiten der Innenfinanzierung offen. Erstens konnten die erwirtschafteten Gewinne in den Reservefonds übertragen werden. Die Dotierung des Reservefonds war aufgrund seiner Funktion als Rücklage für die Pensionszahlungen bedeutsam und stand in der Hierarchie der Ertragsverwendung an zweiter Stelle nach der Bedarfserfüllung der Stiftungsbetriebe, noch vor den Ausgaben für gemeinnützige Zwecke nach Paragraph 1, B. Die Bestimmungen des Reservefonds werden im ersten Unterkapitel dargestellt und darin erläutert, inwieweit die Rücklagepraxis der Geschäftsleitung den Vorgaben Abbes entsprach.

Zweitens war es der Optischen Werkstätte möglich, Gewinne einzubehalten, anstatt diese an die Stiftung auszuschütten.[1093] Im Unterschied zu anderen Unternehmen, bei denen diese Finanzierungsmöglichkeit schlicht zu einem bilanziell vermerkten „Übertrag aufs Folgejahr“ führte,[1094] resultierte die Gewinneinbehaltung bei der Optischen Werkstätte aufgrund der komplexen Stiftungsstruktur häufig in nominellen Kapitalerhöhungen. Die Bedeutung, welche dieser einzigartige Vorgang für die Optische Werkstätte in den Expansionsjahren vor dem Ersten Weltkrieg erlangte, ist Gegenstand des zweiten Unterkapitels.

Drittens stand der Optischen Werkstätte auch offen, über Abschreibungen stille Reserven zu bilden. Deren historische Rekonstruktion ist häufig nicht möglich, da die Bilanzen von Unternehmen, die im Fall der Optischen Werkstätte für den Untersuchungszeitraum beinahe vollständig vorliegen, stille Reserven nicht ausweisen.[1095] In Bezug auf die Optische Werkstätte ist die Bildung stiller Reserven besonders relevant, da sie häufig über die Unterbewertung des Anlage- und Umlaufvermögens durch hohe Abschreibungen erreicht wurde. Die sich hieraus ergebende Gewinnminderung konnte wiederum einen unmittelbaren Einfluss auf die Ausschüttung von Geldern für gemeinnützige Zwecke haben. Hierbei kam den Abschreibungen in gewisser Weise dieselbe Funktionsweise zu, welche die Bildung

1093 Bernecker, Michael: Grundlagen der Betriebswirtschaftslehre, Oldenburg 1998, S. 124.

1094 Zum Übertrag vgl. Steinfeld, Das quantifizierte Unternehmen, S. 117 ff.

1095 Über die Schwierigkeit der Rekonstruktion von stillen Reserven v. a. vor dem Ersten Weltkrieg, siehe Hoffmann, Walther G.: Das Wachstum der deutschen Wirtschaft seit der Mitte des 19. Jahrhunderts, Berlin 1965, S. 781.

stiller Reserven für Kapitalgesellschaften hatte, die mithilfe der Abschreibungshöhen ihre Jahresgewinne und somit zugleich die Dividendenhöhe beeinflussen konnten. Im Fall der Optischen Werkstätte bedeutete der Ausweis niedrigerer Reingewinne, dass ein geringerer Teil der Unternehmenserträge an die Destinatäre ausgeschüttet werden musste und stattdessen im Finanzkreislauf des Unternehmens verlieb. Demnach hatten die Abschreibungen Auswirkungen auf die Innenfinanzierung, da über die Abschreibungshöhe Gelder vor den Forderungen der Destinatäre geschützt werden konnten, wie im dritten Unterkapitel gezeigt werden wird.

9.1.1 Der Reservefonds

Ernst Abbe hatte für die Carl-Zeiss-Stiftung einen vom Geschäftskapital separierten Reservefonds der Stiftung unter der Kontrolle der Stiftungsverwaltung vorgesehen, um die Aufgaben der Stiftungsbetriebe und der Stiftung dauerhaft erfüllen zu können (§ 45). Zum einen diente der Reservefonds der Gewährleistung und Deckung der Pensionszahlungen. Diese Zahlungen sollten sichergestellt werden, indem dem Reservefonds Gelder in Höhe von mindestens einem Drittel des Buchwerts der Stiftungsunternehmen zugeführt wurden (§ 45, I.). Zum anderen sahen die Bestimmungen des Reservefonds vor, dass die Unternehmen für Zwecke der innerbetrieblichen Erhaltung und des Wachstums auf diesen rückgreifen konnten. Präzisiert war dies in Paragraph 45, II. b), nach dem ein „Erneuerungs- und Betriebserweiterungs-Fonds" für die Stiftungsbetriebe vorgesehen war, dessen Höhe sich auf ein Drittel des Buchwertes aller abzuschreibenden Betriebsmittel belaufen sollte. Darüber hinaus sollte sich eine „Personallasten-Reserve" auf ein Drittel des jährlichen Lohn- und Gehalt-Kontos der Stiftungsbetriebe belaufen (§ 45, II. a)).[1096] Die Höhe einer durchschnittlichen Jahresausgabe der Stiftungsbetriebe sollte zudem als „allgemeine Rücklage zur Sicherung der Aktionsfähigkeit der Stiftung und ihrer Geschäftsfirmen" in die Reserve eingestellt werden (§ 45, II. c)).

Im Vergleich zu den zeitgenössischen Vorgaben zur Reservepolitik bei Kapitalgesellschaften – diese sah seit der Aktienrechtsnovelle des Jahres 1884 eine jährliche Zuführung von fünf Prozent des Nettogewinns so lange vor, bis sich der Reservefonds auf zehn Prozent des Aktienkapitals belief – waren die Vorgaben für den Reservefonds der Stiftung vergleichsweise streng. Die enorme veranschlagte

1096 Als Bemessungsgrundlage sollte hierbei der Durchschnitt der letzten drei Jahre herangezogen werden.

Reservehöhe ergab sich unter anderem aus den für diese Zeit ungewöhnlich hohen Pensionsverpflichtungen, die den Stiftungsbetrieben auferlegt worden waren und deren Fortzahlung im Fall eines Bankrotts eines oder der beiden Unternehmen garantiert werden musste.[1097] Trotz der hohen Dotierungen und der Sicherungsfunktion des Reservefonds war es Abbes Anliegen gewesen, diesem keine Mittel in unbegrenztem Umfang zukommen zu lassen. Aus diesem Grund sah er eine Maximalgrenze vor, da, wie Abbe in den das Statut ergänzenden „Motive und Erläuterungen" erklärte,[1098] „ganz vagen Möglichkeiten Rechnung tragen zu wollen" nur bedeuten würde, „der lebenden Generation sichere Nachteile aufzuerlegen wegen völlig problematischer Vorteile für eine folgende Generation."[1099]

Festzuhalten ist, dass die von Abbe festgesetzte Maximalgrenze nicht zur Maßgabe der Geschäftsleiter-Entscheidungen wurde, schlicht, da der Reservefonds nicht wie durch das Statut vorgesehen dotiert wurde. Die große Diskrepanz zwischen der statutarisch bestimmten Höhe des Reservefonds und seiner tatsächlichen Dotierung resultierte zum einen aus den von Abbe sehr hoch angesetzten Beiträgen an den Reservefonds, die, obwohl die ersten zehn Jahre nach der Gründung der Stiftung im Jahr 1891 im Zeichen der Kapitalbildung gestanden hatten, bereits in dieser Periode nicht erreicht wurden.[1100] Schon im Geschäftsjahr 1901/1902 lag die Höhe des Reservefonds mit 4.084.096,05 Mark deutlich unter dem Sollwert von 6.522.605 Mark.[1101] Diese Relation änderte sich auch in den nächsten Jahren nicht, im Gegenteil vergrößerte sich die Differenz zwischen dem Soll- und Istwert noch weiter: Der Reservefonds hätte 1908/09 den Betrag von 11.014.000 Mark erreichen sollen. Diese Höhe hatte der Reservefonds erst 1913/14 mit einem Betrag von rund 11.619.974 Mark überschritten.[1102]

1097 Es ist bemerkenswert, dass Abbe keine Gläubigerregelung im Statut fixierte, nach der im Fall eines Bankrotts der Schutz der Pensionsverpflichtungen an oberste Stelle gesetzt worden wäre. Siehe in dieser Arbeit das Kapitel „Stiftungsrechte".

1098 § 50: „Ist der Reservefonds zu irgend einer Zeit so weit angewachsen, daß er außer dem im § 45 unter I benannten, den dritten Teil des buchmäßigen Anteils der Stiftung am Betriebskapital der Stiftungsfirmen überschreitenden Deckungskapital die unter II a bis c dort bezeichneten Rücklagen mit dem Doppelten der in § 45 angegebenen Beträge enthält, so soll von da ab, so lange diese Voraussetzung fortbesteht, weitere Vermögensansammlung außerhalb des Betriebskapitals der Stiftungsbetriebe der Carl Zeiss-Stiftung versagt sein."

1099 Abbe, Motive und Erläuterungen, S. 344.

1100 Vgl. Demel, Auf dem Weg, S. 317 f. Zwischen 1899 und 1904 wurden über 1,2 Millionen Mark zu wenig an den Reservefonds überwiesen.

1101 Statistische Zusammenstellung, in: CZA, BACZ 22184.

1102 Ebd. Geschäftsbericht des Stiftungskommissars der Carl-Zeiss-Stiftung, Geschäftsjahr 1911/12 bis 1913/14, in: CZA, BACZ 1501.

Zum anderen wurde der Reservefonds auch in den meisten Jahren nach Abbes Rückzug aus dem Unternehmen nicht in der statutarisch bestimmten Höhe dotiert.[1103] In den Jahren der intensiven Expansion seit 1906 trafen Stiftungsverwaltung und Geschäftsleitung sogar die explizite Entscheidung, die Dotierung des Reservefonds für einige Jahre auszusetzen.[1104] Durch gleichzeitige Entnahmen aus dem Reservefonds, darunter der hohe Betrag von 400.000 Mark im Geschäftsjahr 1907/08, verringerte sich das Fondsvermögen sogar während dieser Periode.[1105]

Wenngleich es in den Folgejahren zu weiteren Entnahmen kam, fielen diese kaum ins Gewicht.[1106] Weitere größere Entnahmen aus dem Reservefonds sind hingegen nicht überliefert – auch, weil die Stiftungsverwaltung seine Abschöpfung, zumindest in den Jahren vor dem Ersten Weltkrieg, zumeist erfolgreich verhinderte, um die Liquidität von Optischer Werkstätte und Stiftung sicherzustellen. Dennoch wuchs der Reservefonds bis zum Ersten Weltkrieg langsamer als vorgesehen.[1107] Dass er trotz des expansiven Wachstums der Optischen Werkstätte, das nicht viel Raum für eine Gewinnthesaurierungspolitik bot, überhaupt anstieg, ist darauf zurückzuführen, dass das Glaswerk Schott Teile seiner Erträge an den Fonds abführte und die in den Fonds eingezahlten Gelder auch reinvestiert wurden.[1108] Diese Reinvestitionen wiederum brachten Gewinne aus dem Wertpapierhandel und aus Dividendenzahlungen, Erträge aus Immobilien und andere Ertragsarten, die dem Wachstum des Fonds zuträglich waren. Die einzelnen Erträge sind nicht zu rekonstruieren, jedoch trugen sie dazu bei, dass der Reservefonds am 30. September 1911 einen Stand von rund 10.764.186 Mark erreicht hatte.

Die Zinserträge des Reservefonds hatte Abbe durch die Bestimmungen für das Portfolio des Fonds einkalkuliert. Den Umgang mit dem Portfolio hatte er zugleich mit gewissen Restriktionen versehen: So verbot Paragraph 52 jede Art von Spekulation und schrieb die Anlage in Grundbesitz und in liquiden Mitteln vor.[1109] Dar-

1103 Zu geringe Einzahlungen finden sich beispielsweise noch in den Geschäftsjahren 1927/28 und 1928/29, vgl. SCHOTT Archiv 5/105.

1104 Carl Rothe an Geschäftsleitung Zeiss, 6.2.1909, in: CZA, BACZ 9203. Auf welche Jahre sich die Aussage bezieht, ist diesem Schreiben nicht zu entnehmen.

1105 Aufstellung „Aufwendungen für Betriebserweiterungen" zu Protokoll der Stiftungssitzung, Nr. 236, 3.1.1908, in: CZA, St 218.

1106 Vgl. Protokoll der Stiftungssitzung, Nr. 307, 18.11.1911, in: CZA, BACZ 1482.

1107 Departement des Kultus an Geschäftsleitung Zeiss, 29.11.1907, in: CZA, BACZ 9203; ähnlich auch hier: Protokoll der Stiftungssitzung, Nr. 306, 9.11.1911, in: CZA, BACZ 1482.

1108 Für die Zeit bis zum Ende des Ersten Weltkriegs siehe die Stiftungsrechnungen in den Stiftungsakten in CZA, für die 1920er Jahre siehe die Rechnungen der Carl-Zeiss-Stiftung, in: SCHOTT Archiv 5/105.

1109 Diesen Vorgaben wurde die Stiftung umfangreich und systematisch gerecht, indem sie ihre Immobilienkäufe mit dem Interesse der Optischen Werkstätte verband, um Lösungen für den durch

über hinaus sollte auch ein Betrag „in sicheren ausländischen Werten“ angelegt werden.[1110] Die Gestaltung des Portfolios des Reservefonds profitierte dabei zunächst von dem bereits im Kapitel „Investitionspolitik“ dargestellten ökonomischen Sachverstand von Carl Rothe,[1111] während für die Zeit nach dem Ersten Weltkrieg auch der Stiftungsreferent und spätere Stiftungskommissar Friedrich Stier an der Zusammenstellung des Portfolios beteiligt war.[1112] Über den ganzen Zeitraum hinweg beschäftigte sich die Geschäftsleitung eingehend mit dem Portfolio des unter der Kontrolle der Stiftungsverwaltung stehenden Reservefonds,[1113] dessen Zusammensetzung bis 1918 ein wiederkehrendes Thema in den Stiftungssitzungen war. Die Protokolle nach 1918 belegen hingegen keine weiteren Beschlüsse in Bezug auf das Portfolio.

Die weitere Entwicklung des Reservefonds war zunächst durch die Geschäftsergebnisse während des Ersten Weltkriegs geprägt. Die hohen Summen der Reservefondskonten deuten auf eine Thesaurierung der außergewöhnlich hohen Kriegsgewinne hin. So erreichte der Reservefonds per 1. Oktober 1915 mit rund 26.430.607 Mark seinen Höhepunkt, auf dieses Maximum folgten mehrere Jahre mit Geldabflüssen. Die höchste Entnahme im Zeitraum bis 1933 lässt sich im Geschäftsjahr 1918/19 beobachten und ist vermutlich auf die in diesem Jahr fälligen hohen Abgangsentschädigungen zurückzuführen.[1114] Die Höhe des Reservefonds während der 1920er Jahre lässt aufgrund der wechselhaften Währungsgeschichte wenige Schlüsse auf seine Gesamtentwicklung bis 1933 zu. Überliefert ist einzig, dass

---

das stetige Wachstum der Werkstätte hervorgerufenen Platzmangel zu finden und dabei Grundstückspekulationen vorzukommen. Vgl. Kurze, Bertram: Industriearchitektur eines Weltunternehmens. Carl Zeiss 1880–1945, Erfurt 2006, S. 18 f., 28.

1110 Vor der Statutenrevision von 1906 sollte nach Erreichen der vorgeschriebenen Höhe des Reservefonds sogar die gesamte Überdotierung in „sicheren ausländischen Werten“ angelegt werden.

1111 Beispielsweise wurden die Goldreserven im Dezember 1906 auf Vorschlag der Stiftungsverwaltung auf einen Bestand von 50.000 Mark reduziert. Über den liquidierten Betrag wurde in der Stiftungssitzung verfügt, dass dieser in Wertpapieren angelegt werden sollte. Protokoll der Stiftungssitzung, Nr. 218, 4.12.1906, in: CZA, St 218.

1112 SCHOTT Archiv 5/105.

1113 Im Jahr 1905 wurden von der Geschäftsleitung besonders viele Entscheidungen über die Zusammensetzung des Portfolios des Reservefonds getroffen. Die Geschäftsleitung legte Wert darauf, nicht nur liquide Mittel im Reservefonds zu halten, sondern eine angemessene Kapitalanlage zu wählen, die auch Wertpapiere oder Gold beinhalten sollte. Protokoll der Stiftungssitzung, Nr. 190, 3.6. 1905, in: CZA, BACZ 23018; Protokoll der Stiftungssitzung, Nr. 200, 22.12.1905, in: CZA, BACZ 23018. Auch die Wertpapiere selbst suchten die Geschäftsleiter aus, wobei Siegfried Czapski und Max Fischer ein zu diverses Portfolio zu verhindern suchten, um eine engmaschige Kontrolle über die Entwicklung der Wertpapiere garantieren zu können. Protokoll der Stiftungssitzung, Nr. 193, 9.8. 1905, in: CZA, BACZ 23018.

1114 Rechnungsabschlüsse, in: CZA, BACZ 1494.

die Summe des Fonds zwischen 1928 und 1933 auf einem Niveau zwischen 11,7 und 13,5 Millionen Reichsmark pendelte und auch bis 1933 nicht die von Abbe vorgegebene Höhe erreichte. Die statutarisch vorgesehene Dotierung jedoch wies Züge der Kontinuität zur Vorkriegszeit auf:[1115] So vermerkten die Stiftungsrechnungen zuverlässig für jedes Jahr, welche Summen nach Paragraph 47 an den Fonds gezahlt hätten werden müssen und welche Fehlbeträge dabei entstanden seien. Zu rekonstruieren ist nur ein einziges Geschäftsjahr seit der Eröffnung der Goldmarkbilanz im Jahr 1924 – das Geschäftsjahr 1926/27, in dem der Reservefonds tatsächlich in der von Abbe festgelegten Höhe dotiert wurde.[1116]

9.1.2 Nominelle Kapitalerhöhungen

Wie in den Kapiteln „Investitionspolitik“ und „Stiftungspolitik“ gezeigt werden konnte stieg der Finanzierungsbedarf sowohl der Optischen Werkstätte wie auch der Universität in den Jahren nach 1906 enorm an. In den sechs Jahren bis 1912 wurden für die Beteiligungsunternehmungen über 4,1 Millionen Mark[1117] und für die Universität Jena bis zum Ende des Geschäftsjahres 1910/11 rund 1,4 Millionen Mark[1118] ausgegeben. Hinzu kamen Ausgaben für innerbetriebliche Erweiterungen, die, wie beschrieben, beispielsweise zwischen 1906 und 1908 auf eine Höhe von 1.412.900 Mark veranschlagt wurden.[1119] Für diese Fälle erlaubten die statutarischen Vorgaben den Rückgriff auf das Konto des Reservefonds, das für Betriebserhaltung und -erweiterungen vorgesehen war. Wie dargestellt kam es allerdings häufig nur zu geringen Entnahmen, da die Stiftungsverwaltung eine zu starke Inanspruchnahme des Reservefonds explizit verhinderte. Darüber hinaus bestand sie darauf, dass aus den Unternehmenserträgen aufgrund der statutarischen Bestimmungen sogar noch Beträge an den Reservefonds abgeführt werden mussten, wodurch die Finanzierungsmöglichkeiten der Geschäftsleitung weiter eingeschränkt wurden.

Als Reaktion auf diese Einschränkung entwickelte sich in diesen Jahren die nominelle Kapitalerhöhung zu einer bedeutenden Finanzierungsquelle der Optischen Werkstätte. Das folgende Beispiel zeigt, wie sich diese Art der Finanzierung

1115 So findet sich im Geschäftsjahr 1925/26 ein dem Geschäftsjahr 1906/07 ähnlicher Fall, in dem anstatt der einzuzahlenden 459.830,98 RM ein Betrag von 187.345,56 RM entnommen wurde. Statistische Zusammenstellung, in: CZA, BACZ 22184.

1116 Stiftungsrechnung 1926/27, in: SCHOTT Archiv 5/105.

1117 Siehe hierzu die Berechnungen in dieser Arbeit im Kapitel „Investitionspolitik“.

1118 LATh – HStA Weimar, Thüringisches Volksbildungsministerium C 534, Bl.2v.

1119 Aufstellung „Aufwendungen für Betriebserweiterungen“ zu Protokoll der Stiftungssitzung, Nr. 236, 3.1.1908, in: CZA, St 218.

etablierte. Im Geschäftsjahr 1906/07 hatte die Optische Werkstätte der Carl-Zeiss-Stiftung insgesamt rund 517.000 Mark für Ausgaben vorgelegt, die sich aus dem Kauf von Grundbesitz, Förderungszahlungen an die Universität, Ausgaben für sonstige Stiftungszwecke, Verwaltungskosten, Staats- und Gemeindesteuern, Zinsen für die Schuldverschreibungen aus den Anleihen der Stiftung und Darlehen ergeben hatten. Die Stiftung hatte Zeiss für diese Ausgaben rund 607.000 Mark überwiesen. Da die Optische Werkstätte zudem für die der Stiftung vorgelegten Ausgaben auf Zinsen des Geschäftskapitals bei Schott sowie auf Zinsen von Darlehen und auf Erträge aus Grundbesitz in Höhe von 84.000 Mark zurückgegriffen hatte, die Teil des Stiftungsvermögens waren, schuldete die Optische Werkstätte der Stiftung durch Überzahlung und bereits verwendete Stiftungsmittel 174.000 Mark.

Die eigentlich zur Zurückzahlung vorgesehenen Mittel verwendete die Geschäftsleitung jedoch zu eigenen Zwecken, zusammen mit dem Reingewinn des Geschäftsjahres von rund 1.029.000 Mark sowie 225.000 Mark Zinsen ihres Geschäftskapitals, das sie eigentlich zu Ende des Geschäftsjahres ebenso wie den Reingewinn an die Stiftung abführen hätte müssen. Insgesamt hatte die Geschäftsleitung somit rund 1.428.000 Mark ausgegeben, die aus verschiedenen Finanzierungsquellen stammten. Die Carl-Zeiss-Stiftung forderte nur den geringen Betrag von rund 28.000 Mark zurück, der als Schuld der Optischen Werkstätte gegenüber der Stiftung deklariert wurde. Der übrige Betrag wurde in das Geschäftskapital der Optischen Werkstätte bei der Stiftung überführt, das sich damit um 1,4 Millionen Mark erhöhte.[1120] Die Erhöhung des Geschäftskapitals erfolgte auf zwei unterschiedliche Arten: Zum einen führte die Einbehaltung des Reingewinns zur nominellen Kapitalerhöhung. Dabei wurde die Bilanzsumme selbst nicht erhöht, sondern der Reingewinn und die geschuldeten Zinsen nur in das Geschäftskapital überführt. Zum anderen waren 174.000 Mark aus Finanzquellen der Stiftung ans Unternehmen überwiesen worden, sodass diese Zahlung den Charakter einer Außenfinanzierung erhielt, die eine effektive Kapitalerhöhung herbeiführte. Zum 1. Oktober 1907 belief sich damit das Geschäftskapital auf 5,4 Millionen Mark.

Auch in den folgenden Jahren wurden die Reingewinne einbehalten, die gemeinsam mit weiteren, im nächsten Unterkapitel rekonstruierten Geldern der Stiftung zu starken Erhöhungen des Geschäftsanteils der Stiftung an der Optischen Werkstätte führten. So stieg das Geschäftskapital von 1907 auf 1908 um 1,2 Millionen Mark auf 6,6 Millionen Mark, im darauffolgenden Jahr um 1,1 Millionen Mark auf 7,7 Millionen Mark und schließlich um 1,7 Millionen Mark auf insgesamt 9,4 Millionen Mark. Bis zum 1. Oktober 1911 kam es noch zu einer weiteren Kapitalerhöhung um 2,4 Millionen Mark auf 11,8 Millionen Mark, die vor allem für Erweiterungen der

---

1120 Haubold: Aufstellung, 15.7.1908, in: CZA, BACZ 9203.

Fabrikanlagen, den Kauf und Unterhalt von Beteiligungsunternehmungen und Filialen sowie der Einstellung von Personal verwendet wurde.[1121] In den vier Jahren von 1907 bis 1911 erhöhte sich demnach das Geschäftskapital um insgesamt 6,4 Millionen Mark.[1122]

Die Konsequenz aus der Erhöhung des Geschäftskapitals war, dass die Optische Werkstätte höhere Zinszahlungen an die Stiftung leisten musste. Diese Zahlungen in Höhe von fünf Prozent auf das Geschäftskapital waren zwar nicht durch das Statut vorgegeben, sind aber durch die Stiftungsrechnungen eindeutig belegt.[1123] Da bereits vor 1904 ein Kapitalkonto der Stiftung bei den Stiftungsbetrieben existierte, dessen Kapital ebenfalls mit fünf Prozent verzinst wurde, ist es wahrscheinlich, dass dieses Konto ein Überrest des Kaufs der Unternehmensanteile von Ernst Abbe und Roderich Zeiss durch die Stiftung war.[1124] Die Kaufsumme von Abbe wurde damals in ein Darlehen umgewandelt, das mit fünf Prozent jährlich zu verzinsen war und das entsprechende Geschäftskapital der Stiftungsbetriebe in die Stiftungsrechnung eingestellt.[1125]

Erhöhungen des Geschäftskapitals wie etwa von 2,4 Millionen Mark im Geschäftsjahr 1910/11 hatten demnach weitreichende Folgen, da sich einerseits die jährlichen Zinszahlungen der Optischen Werkstätte an die Stiftung erhöhten, andererseits dem Unternehmen keine Möglichkeit eingeräumt war, das Geschäftskapital der Stiftung im Unternehmen zu verringern, wodurch sich die Zinszahlungen zu Fixkosten entwickelten. Die Geschäftsleitung war sich dieser Tatsache offenbar bewusst, da sie sich bei mehreren Gelegenheiten gegen eine Erhöhung des Geschäftskapitals aussprach, wenngleich die hohen Beträge der Geschäftskapitalerhöhungen darauf schließen lassen, dass sie grundsätzlich auf dieses Finanzierungsinstrument angewiesen war.[1126] Dabei resultierten nicht alle Erhöhungen aus Gewinneinbehaltungen, sondern – wie im nächsten Unterkapitel dargestellt – ebenfalls aus anderen Finanzierungsquellen der Stiftung.

So bedeutsam daher diese Finanzierungsart für die Geschäftsleitung in den Jahren vor dem Ersten Weltkrieg war, umso bemerkenswerter war die Entwicklung des Geschäftskapitals in den 1920er Jahren. So verblieb dieses in allen Geschäfts-

---

1121 Bericht des Kommissars der Carl Zeiss-Stiftung über das Geschäftsjahr 1910/11, in: CZA, BACZ 1483.

1122 Zum Vergleich: Das Geschäftskapital der Firma Schott erhöhte sich im gleichen Zeitraum um 750.000 Mark. Ebd.

1123 Siehe die Stiftungsrechnungen in den Stiftungsakten der Carl-Zeiss-Stiftung in CZA.

1124 Entwurf, Schreiben der Geschäftsleitung Zeiss an Departement des Kultus, undatiert, vermutlich zwischen 1904 und 1908, in: CZA, BACZ 9202.

1125 Vgl. Schomerus, Geschichte, S. 114.

1126 Siehe hierzu in dieser Arbeit das Kapitel „Investitionspolitik".

jahren seit 1924 bis zum Ende des Betrachtungszeitraums bei 14 Millionen Reichsmark. Für diesen Kapitalbetrag und ein Darlehen von sechs Millionen Reichsmark, das ebenfalls konstant über den gesamten Zeitraum in der Bilanz verzeichnet ist, zahlte die Optische Werkstätte in jedem Geschäftsjahr 100.000 Reichsmark an Zinsen. Auf das zuvor intensiv genutzte Finanzierungsmittel der nominellen Kapitalerhöhung wurde daher in diesen Jahren nicht länger zurückgegriffen. Diese strategische Veränderung der Finanzierungspolitik ist auch vor dem Hintergrund der äußeren Bedingungen zu sehen. Die Inflationsjahre 1919 bis 1923 griffen das Stiftungsvermögen stark an, sodass die Optische Werkstätte nicht weiter auf die Finanzierung durch die Stiftung setzen konnte.[1127]

9.1.3 Abschreibungen

Möglichkeiten der Innenfinanzierung entstehen in Unternehmen, wenn mithilfe einer großzügigen Abschreibungspraxis der betriebliche Werteverzehr oder der wirtschaftliche Werteverlust von Anlagevermögen höher veranschlagt wird, als dies tatsächlich notwendig ist. Dieses Vorgehen – ebenso wie hohe Rückstellungen, die bewusst über das tatsächlich erwartete Maß an benötigten liquiden Mittel hinaus eingestellt werden – führt zur Bildung sogenannter stiller Reserven, die der Unternehmensleitung aufgrund der vergrößerten Eigenkapitalbasis größere Handlungsspielräume in Bezug auf die Finanzierung verschaffen.[1128] Im Grunde liegt dabei ein typisches Prinzipal-Agenten-Problem vor, dessen Informationsasymmetrie zwischen Unternehmensführung und Kapitalgebern entsteht. In Nicht-Stiftungsunternehmen stehen sich in diesem Fall Vorstand und Aufsichtsrat sowie die Hauptversammlung gegenüber.[1129] Inwiefern dieses Prinzipal-Agenten-Problem auch auf die Stiftungskonstruktion zu übertragen ist, wird im Folgenden zu untersuchen sein.

Ernst Abbe hatte in Paragraph 23 die Praxis „sachgemäßer Abschreibungen auf alle der Wertminderung unterliegenden Betriebsmittel“ vorgeschrieben, also eher

1127 LATh – HStA Weimar, Thüringisches Volksbildungsministerium C 534, Bl.2v.

1128 Mark Spoerer weist darauf hin, dass durch stille Reserven zunächst keine Gewinnmehrung, sondern nur eine Gewinnverschiebung herbeigeführt wird. Faktische Gewinne entstehen nur im Fall der Realisierung der stillen Reserve von Grundstücken oder Beteiligungen durch die Differenz von veränderten Werten von Anlagevermögen in der Bilanz zum Zeitpunkt des Erlöses und dem zu stark abgeschriebenen Anlagevermögen. Vgl. Spoerer, Mark: „Wahre Bilanzen!“ Die Steuerbilanz als unternehmenshistorische Quelle, in: Zeitschrift für Unternehmensgeschichte 40 (1995), S. 158–179, hier: S. 160.

1129 Vgl. ebd., S. 161.

bestimmt, dass Abschreibungen vorgenommen werden sollten, als dass er konkrete Anweisungen zur Abschreibungspolitik gegeben hätte. Als Motive für die Bildung von stillen Reserven werden in der Literatur zu erzielende Steuervorteile genannt, die aber in Bezug auf die Optische Werkstätte während des Kaiserreichs keine Rolle spielten,[1130] sowie die Vergrößerung der Spielräume der Unternehmensleitung gegenüber den Eigentümern.[1131] Wie angedeutet, hatte die Höhe der Abschreibungen ebenfalls Einfluss auf die Stiftungspolitik von Stiftungsverwaltung und Geschäftsleitung, veränderte sie doch die Höhe des Reingewinns, was sich unmittelbar auf die Ausschüttungshöhe der Stiftung an Destinatäre auswirken konnte. Die Ansprüche wurden dabei über die Stiftung als Intermediär vermittelt, die per Statut zur Ausschüttung des Unternehmensgewinns (§ 41) der Optischen Werkstätte an die Destinatäre verpflichtet war. Eben diese Möglichkeit der Gewinnbeeinflussung durch Abschreibungen nutzte Abbe zur Rechtfertigung von höheren oder niedrigeren Ausschüttungen der Stiftung, als er ab 1900 seine stiftungspolitische Strategie änderte. Wie im Kapitel „Stiftungspolitik" beschrieben, war es Abbes Ziel, den gemeinnützigen Zwecken nach Paragraph 1, B höhere Summen zukommen lassen, nachdem die Gründungsjahre der Stiftung im Zeichen des Kapitalaufbaus gestanden hatten, der zu Lasten der Erfüllung der gemeinnützigen Aufgaben ging. Um den Bau des Volkshauses, der physikalischen, mineralogischen und hygienischen Institute sowie die Durchführung der akademischen Besoldungsreform zu ermöglichen, wollte Abbe den Reingewinn seit dem Geschäftsjahr 1895/96 möglichst hoch erscheinen lassen. Die Abschreibungen wurden daher bewusst niedrig angesetzt und beliefen sich im Zeitraum von 1895/96 bis 1901/02 auf durchschnittlich 3,4 Prozent des Geschäftskapitals.[1132] Die häufig unter dem tatsächlichen Verschleiß angesetzten Abschreibungswerte legte Abbe auch deshalb fest, da er eine recht optimistische Sicht in Bezug auf die Benutzbarkeit von Anlagegütern und Immobilien vertrat. So

---

1130 Da zum einen die Steuerlast gering war und zum anderen der Spielraum in Bezug auf die Bilanzierung nicht durch Bewertungsvorschriften eingeengt wurde, worauf Reinhardt Hanf hinweist. Hanf, Reinhardt: Veröffentlichte Jahresabschlüsse von Unternehmen im Deutschen Kaiserreich. Bedeutung und Aussagewert für wirtschaftshistorische Analysen, in: Zeitschrift für Unternehmensgeschichte 23 (1978), S. 145–172, hier: S. 154. Zudem zahlte die Stiftung als gemeinnützige Organisation bis in die 1920er Jahre keine Körperschaftssteuer. Stier, Friedrich: Max Fischer, in: CZA, BACZ 9916, S. 9.

1131 Hanf sieht die Praxis der stillen Reserven als „Mittel zur Stabilisierung der Gewinnausschüttung", ein Argument, dass für die Geschäftsleitung der Optischen Werkstätte keine Bedeutung hatte. Hanf, Veröffentlichte Jahresabschlüsse, S. 161.

1132 Max Vollert, Bericht über die Geschäftspolitik der Firma Carl Zeiss, 19.10.1909, in: SCHOTT Archiv 5/46.

wurde etwa der Verschleiß von Werkzeugen während der Zeit seiner Geschäftsleitertätigkeit überhaupt nicht bilanziell erfasst.[1133]

Die übrigen Geschäftsleiter hießen die Abschreibungspolitik Abbes nicht gut, akzeptierten sie aber. Sie taten dies vermutlich, weil Abbes Autorität in Bezug auf die Optische Werkstätte als sein Lebenswerk nicht angezweifelt wurde.[1134] Der Rückzug Abbes aus der Geschäftsleitung im April 1903 eröffnete dann die Möglichkeit zu einschneidenden Veränderungen innerhalb der Buchführung der Optischen Werkstätte. So wurde diese bereits zu Ostern 1903 reformiert und auch die bisherige Abschreibungspolitik einer kritischen Prüfung unterzogen. Die Geschäftsleiter beschlossen, die bisherigen, ihrer Ansicht nach zu niedrigen Abschreibungssummen durch hohe Abschreibungsquoten während der darauffolgenden Jahre zu kompensieren und zudem Abbes praktizierte Abschreibungspolitik nicht weiterzuführen.[1135] Als Abbe Kenntnis von den Reformierungen der Geschäftsleitung erlangte, bezeichnete er diese als statutenwidrig und stellte zugleich eine juristische Anfechtung in den Raum. Wie das Protokoll der Stiftungssitzung vom 10. Februar 1904 festhält, reagierte die Geschäftsleitung auf Abbes Drohung überraschend heftig:

> Es wird beschlossen, an denselben [Abschreibungen, J.S.] auf jeden Fall festzuhalten und im Notfall dem Prof. A. [Abbe, J.S.] zu erklären, dass man lediglich vor der Alternative stehe, die von der G.L. [Geschäftsleitung, J.S.] nach bestem Wissen und Gewissen gefassten Beschlüsse auch gegenüber den schärfsten Angriffen des Stifters durchzuführen, oder aber die Funktionen der G.L. niederzulegen und ihm die Verantwortung für alles weitere zu überlassen.[1136]

Die Geschäftsleitung hielt folglich am errechneten Abschreibungssatz für dieses Geschäftsjahr fest, der mit 8,2 Prozent im Verhältnis zum Geschäftskapital beinahe doppelt so hoch ausfiel wie im Vorjahr (4,3 Prozent) und auch in den Folgejahren bis zum Geschäftsjahr 1908/09 diese Quote nur unwesentlich unterschritt.[1137]

Die strategische Neuausrichtung der Abschreibungspolitik durch die Geschäftsleitung war nicht nur durch die Angleichung an eine realistische Abnutzungsdauer motiviert worden. Der Stiftungskommissar erwähnte in seinem Jahresbericht aus dem Oktober 1909 – durchaus mit dieser Praxis übereinstimmend –,

---

1133 Rede von Siegfried Czapski in der Versammlung der Geschäftsangehörigen im Volkshaus, 25.11. 1903, S. 16, in: CZA, BACZ 2677.

1134 Ebd.

1135 Der Ausgleich der Abschreibungssummen sollte allerdings nicht innerhalb eines einzigen Jahres erfolgen, sondern auf die folgenden fünf bis sieben Jahre ausgedehnt werden, um einen Gewinn für das Geschäftsjahr 1902/1903 ausweisen zu können.

1136 Protokoll der Stiftungssitzung, Ohne Nummerierung, 10.2.1904, in: CZA, BACZ 23014.

1137 Vollert, Max: Bericht über die Geschäftspolitik der Firma Carl Zeiss, 19.10.1909, in: SCHOTT Archiv 5/46.

dass aufgrund überhöhter Abschreibungen stille Reserven angelegt worden seien, um für schlechtere Zeiten vorzusorgen.[1138] Der typische Prinzipal-Agenten-Konflikt in Bezug auf Abschreibungen entstand daher nicht zwischen Unternehmensleitung und Kapitalgeber, also Geschäftsleitung und Stiftungsverwaltung, sondern zwischen Geschäftsleitung und Destinatären. Insofern befanden sich die Destinatäre hier in der Rolle von Shareholdern, vergleichbar mit Aktionären, die aufgrund höherer Reingewinne höhere Erwartungen an Dividendenausschüttungen stellten. Wenn die Geschäftsleitung stille Reserven bildete, spielte daher vor allem die Vergrößerung der Spielräume gegenüber den Destinatären eine Rolle. Die Stiftungsverwaltung hingegen zeigte sich in Finanzierungsfragen durchaus unterstützend.

9.2 Außenfinanzierung

Vor dem Hintergrund des außergewöhnlichen Wachstums der Optischen Werkstätte erlangte auch die Außenfinanzierung für die Geschäftsleitung eine große Bedeutung. Im Zusammenhang mit der nominellen Kapitalerhöhung konnte bereits gezeigt werden, wie Stiftungsvermögen zur effektiven Kapitalerhöhung verwendet wurde. Zur Finanzierung dieser Kapitalerhöhungen konnte die Stiftung selbst auf zwei Quellen zurückgreifen: zum einen auf die Erträge des ihr zunächst zur Hälfte gehörenden und seit 1919 vollständig in ihren Besitz übergegangenen Stiftungsbetriebs Schott. Dieser schloss im Zeitraum bis zum Ersten Weltkrieg mit guten Gewinnen ab, die bisweilen, etwa im Jahr 1909/1910, den Erlös der Optischen Werkstätte überstiegen.[1139] Dabei verlief das Wachstum des Glaswerks jedoch nicht so rasant, dass der Finanzierungsbedarf die Möglichkeiten der Innenfinanzierung überstiegen hätte und größere Beträge von außen zur Finanzierung hätten herangezogen werden müssen.[1140] Die Optische Werkstätte wiederum profitierte von der soliden Finanzierungslage des Glaswerks, indem sie im Zuge von effektiven Kapitalerhöhungen wiederholt auf Gewinne Schotts zurückgreifen konnte.[1141]

1138 Vollert, Max: Bericht über die Geschäftspolitik der Firma Carl Zeiss, 19.10.1909, in: SCHOTT Archiv 5/46.

1139 Während der Gewinn von Zeiss in diesem Geschäftsjahr rund 933.000 Mark betrug, belief sich der von Schott auf 1.145.000 Mark. Paul Fischer an Vollert, 12. 2. 1910, in: CZA, BACZ 9206.

1140 Zum Zeitpunkt des 25jährigen Jubiläums im Jahr 1909 beschäftigte das Glaswerk rund 1.200 Mitarbeiter und erzielte einen Umsatz von sechs Millionen Mark. Die Optische Werkstätte beschäftigte zu diesem Zeitpunkt rund 2.100 Mitarbeiter. Kappler/Steiner, Schott 1884–2009, S. 52; BACZ 21186.

1141 Siehe hierzu in dieser Arbeit, S. 223.

Zum anderen konnten die Erhöhungen des Betriebskapitals bei der Stiftung auch über die Überweisung der Zinserträge des Stiftungsvermögens an die Optische Werkstätte herbeigeführt werden. In Bezug auf die Verwendung der Zinserträge allerdings gab es unter den Organen der Stiftung widerstreitende Auffassungen, wie im Kapitel „Stiftungspolitik" exemplarisch gezeigt werden konnte. So war die Geschäftsleitung der Meinung, dass zur Deckung des Kapitalbedarfs der Unternehmen nicht nur Unternehmenserträge, sondern eben auch die Zinserträge des Stiftungsvermögens verwendet werden dürften. Die Stiftungsverwaltung hingegen argumentierte, die Zinserträge des Stiftungsvermögens seien nach Artikel 4 des Ergänzungsstatuts als „verfügbare Ueberschüsse der Stiftung" anzusehen, über die sie frei verfügen dürfe und in einer bestimmten Höhe für die Universität verausgaben könne. Die Geschäftsleitung beanspruchte folglich sowohl die Erträge des Unternehmens als auch die Zinserträge zur Unternehmensfinanzierung frei zu nutzen. Die Stiftungsverwaltung hingegen erhob Anspruch auf das Zinsvermögen zu Verfolgung der gemeinnützigen Zwecke. Gewissermaßen prallten hier zwei divergierende Sichtweisen der Stiftungsorgane auf die Finanzierungskreisläufe des Stiftungsunternehmens aufeinander. Die Stiftungsverwaltung sah in der Stiftungskonstruktion zwei grundsätzlich getrennte, parallele Kreisläufe, die stellenweise gemeinsame Verläufe aufwiesen. Der Zinsabwurf des Stiftungsvermögens sollte gemäß dem Statut zweifelsfrei gemeinnützigen Zwecken zugutekommen bzw., wie das Statut festlegte, zwingend dessen Hälfte, sollten sich Geschäftsleitung und Stiftungsverwaltung über die Höhe der gemeinnützigen Ausgaben nicht einig sein. Die Verteilung der Unternehmenserträge hingegen sollte Gegenstand von Verhandlungen sein und nicht wie selbstverständlich an die Unternehmen zur Reinvestition zurückfließen.

In der Wahrnehmung der Geschäftsleitung jedoch existierte offenbar nur ein einziger Kreislauf, dessen Zuflüsse sich aus den Zinserträgen des Stiftungsvermögens und den Unternehmenserträgen zusammensetzten. Als erster Abfluss bzw. prioritäre Ausgabe sollte durch Unternehmens- *und* Zinserträge der Kapitalbedarf des Unternehmens gedeckt werden, noch vor der Tätigung anderer Ausgaben. Diese Ansicht der Geschäftsleitung bedeutete für die Stiftungsbetriebe im Umkehrschluss, dass potentielle Verluste auch durch den Zinsertrag ausgeglichen werden konnten.[1142] Das Statut ließ beide Interpretationen zu, wobei Abbe in seiner, einer Denkschrift ähnlichen Darlegung aus dem Jahr 1902 eher von zwei getrennten Fi-

---

1142 Diese Auffassung bezüglich der Verwendung der Zinserträge wurde auch nochmals in einem Schreiben von Paul Fischer deutlich, das zwei Jahre später detailliert darlegte, wie der Überschuss nach Ansicht der Geschäftsleitung zu definieren sei: „Reinerträge aus den Betriebsüberschüssen und den Zinsen minus den laufenden Ausgaben der Stiftung und dem Kapitalbedarf der Stiftungsbetriebe", siehe Paul Fischer an Max Vollert, 16.9.1911, in: CZA, BACZ 9203.

nanzierungskreisläufen ausging, welche eine Entnahme der Zinserträge durch die Stiftungsverwaltung in statutarisch festgeschriebener Höhe durchaus legitimiert hätte. Klarheit in Bezug auf die Verwendung der Zinserträge zwischen Unternehmensleitung und Stiftungsverwaltung konnte – ähnlich wie bei dem Konflikt über die Beteiligungsunternehmungen – aufgrund sich wandelnder Rahmenbedingungen vor dem Hintergrund der Kriegsjahre, Revolution und personeller Veränderungen der Stiftungsverwaltung, nicht mehr erzielt werden. Eine Klärung der Meinungsverschiedenheit nach dem Ersten Weltkrieg verlor auch deshalb an Dringlichkeit, da die Geschäftsleitung andere Möglichkeiten der Finanzierung nutzte. Da sich in der Bilanz der Optischen Werkstätte keine weiteren Zahlungen der Stiftung rekonstruieren ließen, erlangten, wie bereits im Kapitel „Nominelle Kapitalerhöhungen" beschrieben, anscheinend die im Zusammenhang mit den ausländischen Beteiligungsunternehmungen generierten Gelder eine immer größere Bedeutung für die Unternehmensfinanzierung.

Wie bereits herausgestellt, hatte die Erhöhung des Geschäftskapitals ungewöhnliche Folgen für die Stiftungsbetriebe. Obwohl die Stiftung zur Optischen Werkstätte in einem Eigentümerverhältnis stand und daher durch Überweisungen der Stiftung an das Unternehmen das Eigenkapital desselben erhöht wurde, war die Optische Werkstätte zu einer Zinszahlung von fünf Prozent auf dieses Kapital verpflichtet.[1143] Aufgrund dieser Verzinsung trug das von der Stiftung gehaltene Eigenkapital Züge von Fremdkapital. Diese Auffassung steht konträr zu der im Geschäftsbericht des Jahres 1909 durch den Stiftungskommissar formulierten Feststellung, die Zinszahlung könnte als Dividende betitelt werden, da es sich bei dieser eben um Eigenkapital handelt.[1144] Die Geschäftsleitung hingegen konnte die Zinszahlung – ganz anders als eine Dividende – in schlechten Geschäftsjahren nicht herunter- oder gar aussetzen, sondern sah sich hier mit zusätzlichen Fixkosten konfrontiert, die zu den bereits beschriebenen, durch die „Stiftungsrechte" in erheblichem Maße anfallenden Fixkosten hinzukamen.[1145]

Diesem Nachteil der Finanzierung über die Stiftungskonstruktion standen einige Vorteile gegenüber: Zum einen konnte die Beschaffung von finanziellen Mitteln über die Stiftung rasch und unkompliziert abgewickelt werden, weil diese – nicht zuletzt aufgrund der Profitabilität des Glaswerks Schott – zuverlässig Geld bereit-

---

1143 Vollert, Max: Bericht über die Geschäftspolitik der Firma Carl Zeiss, 19.10.1909, in: SCHOTT Archiv 5/46.

1144 Ebd. Dies ist einer der Belege dieser Arbeit, die zeigen, wie verbreitet die Semantik der Aktiengesellschaft unter den Vertretern der Stiftungsorgane zur Beschreibung unternehmerischen Handelns war. So wurde auch die Lohn- und Gehaltsnachzahlung als „Dividende" beschrieben sowie die Rechnungskommission als „Generalversammlung".

1145 Zu diesem Ergebnis kommt auch Stiftungskommissar Max Vollert. Ebd.

stellen konnte und sich die Stiftungsverwaltung im Zeitraum bis zum Ersten Weltkrieg als engagierte Unterstützerin der unternehmerischen Anliegen zeigte. Zum anderen versetzte der kapitalstarke Eigenkapitalgeber die Geschäftsleitung in die angenehme Lage, ihre Expansionsstrategie mit großem Tempo vorantreiben zu können, ohne eine Überschuldung durch hohe Fremdkapitalquoten riskieren zu müssen. So kam es in mehreren Jahren vor, dass die Geschäftsleitung ihre Zinsen auf das Eigenkapital nicht an die Stiftung zurückzahlte, sondern die Schulden stattdessen für weitere expansive Schritte nutzte. Das führte auf Seiten der Optischen Werkstätte nur zu weiteren nominellen Kapitalerhöhungen und dies, ohne dass die Geschäftsleitung das hohe Tempo des Wachstums hätte verringern müssen. Zudem wurden durch den konservativen Umgang mit Fremdkapital die Einflussmöglichkeiten von externen Geldgebern äußerst gering gehalten.

Die Fremdkapitalfinanzierung war für die Entwicklung der Optischen Werkstätte und der Stiftung bis 1914 jedoch keineswegs unbedeutend. So gehörten Obligationen bereits seit der Stiftungsgründung zu den Finanzierungsinstrumenten der Optischen Werkstätte. Abbe hatte diese Art von Kapitalbeschaffung daher wohl gebilligt bzw. sie möglicherweise sogar selbst angeregt. Denn Abbe war grundsätzlich nicht gegen Fremdkapital: So betonte er die Bedeutung hoher Deckungsmittel im Stiftungsvermögen (worunter er auch Immobilien verstand), welche „in vollwertigen und zugleich marktgängigen Vermögensstücken" vorliegen mussten. Dann nämlich sei das Aufbringen von Geld nur „Sache der Kassentechnik". Es sei in Bezug auf das Ergebnis einerlei und ihm auch persönlich „höchst gleichgültig", wie flüssige Mittel beschafft würden. Ob man Papiere verkaufe, ob man „hohe Bankguthaben" gesammelt, also angespart hätte – auch „unter dem Risiko, gelegentlich einen Teil zu verlieren" –, oder ob man auf „geordnete Krediteinrichtungen" zurückkommen würde, „die kreditfähigen Leuten eine bequemere Regulierung ihrer Geldbewegung ermöglichen sollen". Eine Grundbedingung der Funktionsweise der Stiftung schien daher die Kreditwürdigkeit gewesen zu sein, da diese die Kreditaufnahme garantierte. Wenn die Stiftung kreditwürdig war, so die Vorstellung Abbes, sei die Finanzierung der Unternehmen durch Fremdkapital stets garantiert. Zudem, so Abbe weiter, seien die beiden Finanzierungsaufgaben von Unternehmen und Stiftung voneinander zu trennen – das Potential einer Konkurrenzsituation zwischen Unternehmensnutzen und gemeinnützigen Zwecken war demnach offenbar von ihm nicht erkannt worden.[1146]

1146 Erklärung Abbes an die Stiftungsverwaltung betreffs Verbindlichkeit sowie Einnahmen und Ausgaben der Carl Zeiss-Stiftung, 11. 8. 1902, in: CZA, BACZ 16256. Dieser Interpretation widerspricht Rolf Walter, der die Autonomie der Stiftung gegenüber Fremdkapital auf die strategische Anlage Abbes zurückführt, der die Stiftung unabhängig vom „organisierten Kapitalmarkt und vom Ban-

Demnach war die Aufnahme von Fremdkapital durch Abbe legitimiert und in der Konsequenz auch von Geschäftsleitung und Stiftungsverwaltung weiterverfolgt worden. Dabei wurde jedoch zwischen den verschiedenen Arten des Fremdkapitals unterschieden. So wurden bis 1912 insgesamt sechs Obligationen von der Stiftung in Höhe von insgesamt neun Millionen Mark aufgenommen.[1147] Über diese Obligationen konnten nicht nur liquide Mittel generiert werden, sondern die Anleihescheine auch selbst als Zahlungsmittel eingesetzt werden, wie es zumindest im Fall der später nicht vollzogenen Beteiligung bei Krauss angedacht war.[1148] Auch Akzepte und Lombarddarlehen wurden in den Jahren vor dem Ersten Weltkrieg vor allem dazu verwendet, rasch liquide Mittel beispielsweise für die Lohn- und Gehaltsnachzahlung bereitzustellen, wobei die rekonstruierten Beträge nie über 200.000 Mark hinausgingen.[1149] Auf Bankkredite sollte jedoch von der Stiftungsverwaltung aus so weit wie möglich verzichtet werden.[1150]

Es scheint, dass die Stiftungsverwaltung die Aufnahme höherer Summen an Fremdkapital nur in Bezug auf Obligationen akzeptierte, was bedeutete, dass mit Zinszahlungen der Stiftung verbundene Schuldverschreibungen ausgegeben wurden. In der Summe deuten all diese Faktoren auf eine konservative Finanzierungspolitik der Stiftungsverwaltung hin, die darauf zielte, die Einflussnahme externer Geldgeber auf die Optische Werkstätte nach Möglichkeit vollständig zu verhindern.

9.3 Zwischenfazit

Die Finanzierung eines Stiftungsunternehmens folgt anderen Logiken als die von Unternehmen, denen persönliche Interessen gegenüberstehen. Die Bilanz der Optischen Werkstätte musste nicht gegenüber einem Eigentümer kommuniziert und legitimiert werden, sondern spielte stattdessen für die Destinatäre eine Rolle, deren Vertreter in der Rechnungskommission saßen und aus den Umsätzen der Unternehmen die Formulierung eigener Interessen ableiteten konnten. Insofern nutzte auch die Geschäftsleitung der Optischen Werkstätte Abschreibungen als ein Mittel, um die Höhe von Gewinnausweisen in ihrem Sinne zu gestalten. Bemerkenswer-

kensystem" geführt wissen wollte, vgl. ders., Die Carl Zeiss-Stiftung damals und heute, in: Plumpe, Eine Vision, a.a.O, S. 363–387, hier S. 369.

1147 Vgl. Walter, Zeiss 1905–1945, S. 305, Tabelle V.

1148 Siehe hierzu in dieser Arbeit, S. 237.

1149 Protokoll der Stiftungssitzung, Nr. 307, 18.11.1911, in: CZA, BACZ 1482; Protokoll der Stiftungssitzung, Nr. 308, 25.11.1911, in: CZA, BACZ 1482.

1150 Protokoll der Stiftungssitzung, Nr. 241, 22.1.1908, in: CZA, St 218; Protokoll der Stiftungssitzung, Nr. 334, 6.6.1913, in: CZA, BACZ 1485.

terweise griff Abbe auf das Instrument der Abschreibungen aber gerade nicht zurück, um Reingewinne zu schmälern, sondern um sie so hoch wie möglich auszuweisen und so die Verfolgung seiner Strategie der hohen Ausgaben für die gemeinnützigen Zwecke seit der Jahrhundertwende zu ermöglichen und zu legitimieren. Bezeichnenderweise änderte die Geschäftsleitung diese Politik nach Abbes Rückzug unverzüglich und verteidigte sie ungewohnt energisch gegen dessen Einspruch. So war es nur konsequent, dass in folgenden Aushandlungsprozessen zwischen Stiftungsverwaltung und Geschäftsleitung nicht die Person Abbes als fiktiver Prinzipal aktualisiert wurde, sondern sich die Dispute bezüglich der Finanzierung der Stiftungsbetriebe ausschließlich auf die Auslegung des Statuts konzentrierten. Die Auseinandersetzungen resultierten dabei aus den nicht eindeutigen statutarischen Vorgaben für die Verwendung der Zinserträge des Stiftungsvermögens, welche die Geschäftsleitung für den nach dem Statut zuerst zu deckenden Unternehmensbedarf beanspruchte. Da die Stiftungsverwaltung hingegen die Auslegung des betreffenden Paragraphen 47, nach welchem der Zinsabwurf des Reservefonds bzw. nach Artikel 4 des Ergänzungsstatuts zwingend die Hälfte für gemeinnützige Zwecke zu verwenden war, betonte, standen sich zwei unvereinbare Ansichten gegenüber. Dass diese nicht in einem unüberwindbaren Konflikt mündeten, ist vor allem durch die Verschiebung von Prioritäten im Ersten Weltkrieg sowie die personellen Veränderungen innerhalb der staatlichen Behörde im Revolutionsjahr 1918 zu erklären. Dass ein Konflikt auch später in den 1920er Jahren nicht entbrannte, kann im Wesentlichen damit erklärt werden, dass die Geschäftsleitung andere Finanzierungsmöglichkeiten als die nominelle Kapitalerhöhung fand, die weder statutarisch vorgegeben waren noch durch die Bedingungen der Stiftungskonstruktion ermöglicht wurden und insofern nicht in das Erkenntnisinteresse der in dieser Arbeit formulierten Fragestellung fallen. Dass die Bilanzen und Stiftungsrechnungen der 1920er Jahre nur rudimentäre Hinweise auf die Finanzierungsformen der Optischen Werkstätte liefern, unterstreicht die Annahme, dass diese ab diesem Zeitpunkt auch in miteinander verflochtenen Finanzierungskanälen ausländischer Beteiligungsunternehmen der Stiftung bestanden.

Gerade das Finanzierungsinstrument der nominellen Kapitalerhöhung ist in seiner Bedeutung für das Wachstum der Jahre 1906 bis 1914 nicht zu überschätzen. Die Stiftung fungierte hierbei wie eine Art „Hausbank“ mit beinahe unbegrenzter Kapitalausstattung und einer kalkulierbaren, konstanten Zinsforderung. Gleichzeitig bedeutete diese Finanzierungsform jedoch, dass die Unternehmensleitung die stetige Aushandlung mit der Stiftungsverwaltung suchen musste. Dass dort häufig eine Einigung erzielt werden konnte, lag auch daran, dass die Stiftungsverwaltung durch die Stärkung dieser Finanzierungsform die Geschäftsleitung von anderen potentiellen Finanzierungsmöglichkeiten ablenken konnte. So war der Reservefonds in diesen Jahren gut gefüllt und hatte unmittelbar vor dem Ausbruch des

Ersten Weltkriegs eine Höhe von elf Millionen Mark erreicht. Dennoch erreichte die Dotierung während des gesamten Beobachtungszeitraums nicht das statutarisch vorgegebene hohe Niveau, das weit über den zeitgenössischen – jedoch nur für Kapitalgesellschaften gültigen – gesetzlichen Bestimmungen lag. Die Stiftungsverwaltung verwehrte sich aber gegen Rückgriffe auf den Reservefonds durch die Unternehmensleitung, selbst wenn diese einen Geldbedarf für solche Ausgaben anmeldete, die eigentlich in die eng gesetzten Verfügungsvorschriften des Fonds fielen. Das konservative Verhalten der Stiftungsverwaltung fand seine Begründung unter anderem in der Bedeutung der Pensionsverpflichtungen gegenüber den Beschäftigten, deren Finanzierung das Organ unter allen Umständen sichern wollte. Ein außergewöhnlicher Rückgriff auf den Reservefonds ist daher lediglich für das Jahr 1918 überliefert, der mit der in diesem Jahr mit rund einer Million Mark außergewöhnlich hohen Summe der Abgangsentschädigungen vor dem Hintergrund allgemeiner wirtschaftlicher Schwierigkeiten zusammenfiel.[1151]

Auch musste die Stiftungsverwaltung selbst während der intensiven Wachstumsjahre nicht auf hohe bankenfinanzierte Kredite zurückgreifen und entwickelte hierbei eine eigene Strategie, die sich wesentlich von den Vorgaben Abbes unterschied. Dieser nämlich hatte als oberstes Maß die Kreditwürdigkeit ausgerufen, auf deren Basis die Unternehmensfinanzierung als eine reine „Kassenspielerei" anzusehen sei – Abbe hatte die Aufnahme von langfristigen Bankkrediten also nicht kategorisch ausgeschlossen. Die abweichende Strategie der Stiftungsverwaltung ging auf, auch, da diese der Aufnahme von Fremdkapital nicht grundsätzlich abgeneigt war. So ging sie durchaus kurzfristige Kreditbeziehungen ein, vor allem aber spielten Obligationen für die Unternehmensfinanzierung in den Jahren vor dem Ersten Weltkrieg eine bedeutende Rolle – eine Rolle, die auch in den 1920er Jahren nicht abnahm, wie das Beispiel der hohen holländischen Gulden-Anleihe im Jahr 1926 zeigt. Die Spitzenstellung der Optischen Werkstätte innerhalb der optischen Industrie, die diese schon vor dem Ersten Weltkrieg und endgültig mit der Gründung der Zeiss-Ikon im Jahr 1926 erreichte, wurde durch die Stiftung in mehreren Hinsichten begünstigt: Einerseits agierte diese als großzügiger und flexibler Finanzier mit einer ausgesprochen soliden Kapitalausstattung, andererseits als überaus solventer Schuldner bei der Aufnahme von Obligationen. Nur aufgrund der Unabhängigkeit vom Finanzmarkt konnte die Stiftungsverwaltung die Strategie der eigenen Autonomie gegenüber Fremdkapitalgebern etablieren und verfolgen. Im Konkurrenzkampf erschien die Optische Werkstätte daher als von außen im wahrsten Sinne unberechenbares Unternehmen, das für jegliche Schritte des Wachstums stets auf die üppig gefüllten Töpfe seines juristischen Eigentümers zurückgreifen konnte.

1151 Vgl. Schomerus, Geschichte, S. 308.

10 Fazit

Siegfried Czapski lag mit seinem 1905 gefällten Urteil, das bereits in der Einleitung dieser Arbeit zitiert worden ist, richtig. Der „Körper“ der Optischen Werkstätte wurde in allen vier in dieser Arbeit untersuchten Bereichen – Personal- und Lohnpolitik, Investitionspolitik, Stiftungspolitik und Finanzierungspolitik – von dem Stiftungsstatut als eine Art „Rüstung“ gedrückt, ohne dass an dieser starren Konstruktion während des Untersuchungszeitraums wesentliche Veränderungen vorgenommen wurden. Denn es zeigte sich, dass die Selbstfestlegung eines Unternehmens, hier in Form des detaillierten Statuts, schon seit dem Moment ihrer Niederschrift einer Vergangenheit angehört, deren Bedingungen nicht fortgeschrieben werden können und der kontingenten Zukunft weichen müssen. Dass Ernst Abbe in der Optischen Werkstätte noch die letzten Jahre der Gründerzeit sowie den von Krisen kaum gehemmten, dynamischen Aufstieg dieses Unternehmens erlebte, färbte seinen Blick auf die Zukunft zusätzlich optimistisch. Ausnahmesituationen wie den Ersten Weltkrieg und die Weltwirtschaftskrise, die die Geschäftsleitung der Optischen Werkstätte dazu brachten, die statutarischen Bedingungen auszusetzen und im Jahr 1931 gar eine Statutenänderung gegen den Stifterwillen durchzuführen, hatte Abbe beim Entwurf des Statuts nicht voraussehen können. Doch auch in ruhigeren Zeiten wurden die starren Vorgaben des Stiftungsstatuts der Optischen Werkstätte durch die Geschäftsleitung gelockert: So ließ sich für alle vier untersuchten Bereiche der Unternehmensführung eine Vielzahl von offenen Statutenverstößen und Umgehungen desselben feststellen, ebenso wie Situationen, in denen die Geschäftsleitung das Statut bewusst und trotz besseren Wissens nicht im Sinne des Stifters interpretierte. Die Stiftungsverwaltung legte zwar eine engmaschige Kontrolle an, die durch ihre hohe Informiertheit und Sachkenntnis begünstigt wurde. Dennoch blieben die *Monitoring*-Bemühungen in Bezug auf die Beteiligungsunternehmungen weitgehend erfolglos, und wurden durch die zunehmende Bedeutung der Beteiligungsunternehmen nach dem Ersten Weltkrieg immer stärker herausgefordert. Die unterschiedliche Interpretation der Corporate Governance vor 1918 und in der Phase danach zeigt, wie sehr die von Abbe als unpersönlich charakterisierte Organisation der Stiftung und des Stiftungsunternehmens durch Personen beeinflusst werden konnte.

Verstöße und Umgehungen des Stiftungsstatuts schmälerten allerdings nicht seine Rolle, ebensowenig wie die der Stiftungskonstruktion. Konflikte zwischen den Organen der Stiftung wurden unter starker Bezugnahme auf das Statut geführt. Auch erfuhr Abbe als fiktiver Prinzipal in nahezu allen untersuchten Auseinandersetzungen unterschiedlicher Konfliktgegner eine Aktualisierung, wobei diesem überwiegend eine Legitimationsfunktion zur Stärkung eigener Argumente zukam.

https://doi.org/10.1515/9783111053233-011

Zwischen 1905 und 1918 wurde der fiktive Prinzipal vermehrt auf der Ebene der Organe der Stiftung herangezogen, während er in den Weimarer Jahren vor allem in der Kommunikation und Konflikten zwischen Geschäftsleitung und Arbeitern – und dort vor allem auf Seite der letzteren – Bedeutung erlangte. Darüber hinaus wurde eine Vielzahl von Entscheidungen in den vier untersuchten Bereichen der Unternehmensführungspolitik durch das Statut bestimmt. Denn auch wenn entgegen den Statutenbestimmungen entschieden wurde oder diese gezielt umgangen wurden, bildeten die Paragraphen des Statuts die Entscheidungsprämissen. Letztlich wurden daher sogar nicht statutenkonforme Entscheidungen durch das Statut geprägt. Eine Komplexitätsreduktion ergab sich dann durch die Reduktion von Entscheidungsmöglichkeiten, die aus der Ablehnung statutarischer Entscheidungsprämissen hervorging.

Eine Konsequenz dieser Entscheidungsprozesse über statutarische Vorgaben war eine verstärkte Selbstbeobachtung. Diese Selbstbeobachtung der Geschäftsleitung wurde durch die durch das Statut vorgegebene zu treffende Unterscheidung zwischen abzulehnenden und anzunehmenden Entscheidungsprämissen hervorgerufen und zugleich begrenzt, sodass eine Ausuferung von Komplexität verhindert wurde. Die Selbstbeobachtung wurde durch die zusätzlichen Beobachtungen und Analysen der Stiftungsverwaltung vor dem ersten Weltkrieg noch verstärkt. So kann für den gesamten Untersuchungszeitraum ein intensives Nachdenken der Geschäftsleitung über Unternehmensorganisation und Unternehmensentwicklung, nicht *innerhalb*, sondern *entlang* der Grenzen des Stiftungsstatuts festgestellt werden.

Zudem ergaben sich aus dem Stiftungsstatut noch weitere, ganz praktische Vorgaben, die den Bereich der „Stiftungsrechte" betrafen. Hier waren Lockerungen und Umgehungen nur in wenigen Gebieten möglich. Eine Verringerung der aus den „Stiftungsrechten" resultierenden Fixkosten war daher nicht umzusetzen, jedoch auch nicht beabsichtigt, waren die „Stiftungsrechte" doch der innerhalb und außerhalb der Optischen Werkstätte gut bekannte Kern der Stiftung. Wie die Geschäftsleitung selbst konstatierte, stellten sich die statutarisch bedingten Fixkosten für Leistungen der Stiftung als „Belastung" dar, da sie zum einen nicht zu reduzieren waren und zum anderen aufgrund der stetig wachsenden Pensionsverpflichtungen einen wachsenden Reingewinn voraussetzten. Hinzu traten weitere durch das Statut hervorgerufene Kosten, die das Stiftungsunternehmen in außergewöhnlichem Maße belasteten: Hohe Forschungs- und Entwicklungskosten, die aus der Integration von nicht anwendungsbezogener Forschung in die Optische Werkstätte resultierten, sowie die Zinszahlungen in Höhe von fünf Prozent auf das Kapital der Stiftungsbetriebe.

Das Ergebnis dieser Arbeit ist jedoch, dass die Optische Werkstätte ihre bemerkenswerte Entwicklung zum dominierenden Konzern der optischen Industrie nicht *trotz*, sondern *wegen* dieser Summe von statutarischen Belastungen vollzog. So leitete sich aus den Pensionszahlungen, den hohen Personal- und Forschungskosten sowie den Zinszahlungen für das Geschäftskapital der Optischen Werkstätte die Notwendigkeit einer besonderen Unternehmensstrategie ab. Da die Belastungen der Zukunft bei Zeiss nicht verhandelbar, sondern fixiert und sogar progressiv waren, entwickelte sich die stark gewichtete Zukunftsausrichtung von Unternehmensführungsentscheidungen selbst zur explizit benannten Entscheidungsprämisse, die in den Entscheidungsprozessen der Geschäftsleitung immer wieder aktualisiert wurde. Die Geschäftsleitung stand daher unter erhöhtem Druck – und dies umso mehr, da die sich zuspitzende Wettbewerbssituation innerhalb der optischen Industrie seit der Jahrhundertwende Abbes Strategie der Qualitätsführerschaft auf einem Anbietermarkt als nicht tragfähig offenbarte und neue Wege des Konkurrenzkampfes beschritten werden mussten. Daher fokussierte die Geschäftsleitung ihre Strategie seit 1903 verstärkt auf das Ausschöpfen von Rationalisierungspotentialen, die Anreizgestaltung zur Steigerung der Produktivität der Beschäftigten und ein kontinuierliches Wachstum der Optischen Werkstätte. Letzteres zeichnete sich zunächst durch die innerbetriebliche Ausdehnung der Kapazitäten und seit 1905 durch eine starke Unternehmensexpansion aus, die auch durch den Ersten Weltkrieg und die schwierige Periode zu Beginn der 1920er Jahre nicht gebremst werden konnte. Bis zum Ende des Untersuchungszeitraums war so ein einflussreicher Konzern entstanden, der die meisten ehemaligen Konkurrenten in seine Struktur integriert hatte.

Begünstigt wurde diese Entwicklung durch die besondere Rolle der Stiftung als Finanzier der Optischen Werkstätte. Wie eine Art „Hausbank" stand diese den Unternehmungen der Optischen Werkstätte mit Finanzierungslösungen zur Seite, die von häufigen nominellen Kapitalerhöhungen über die Einbeziehung der Erträge des Glaswerks bis hin zum Bezug von Fremdkapital über die bewährte Form der Obligation reichten. Die Stiftungsverwaltung agierte hierbei als ein vorausschauender Partner der Geschäftsleitung, wenngleich sie zu Gunsten der Thesaurierungsstrategie und des Reservefonds den Rückgriff auf dessen Gelder immer wieder verwehrte.

Aufgrund der Verbundenheit mit dem „Schwesterunternehmen" Schott und der überaus detaillierten Vorgaben des Stiftungsstatuts ist die Vergleichbarkeit der Entwicklung des Stiftungsunternehmens Optische Werkstätte mit anderen Stiftungsunternehmen nur bedingt möglich. Es gibt jedoch übergreifende Merkmale von Stiftungsunternehmen, die bezüglich der Geschichte der Optischen Werkstätte zum Tragen kamen. Erstens zu nennen ist die besondere Eigentumskonstellation: So wurde das kapitalintensive Wachstum der Optischen Werkstätte bei gleichzeitiger Kapazitätserweiterung dadurch ermöglicht, dass dem Unternehmen kein Interesse eines Eigentümers gegenüberstand, der auf Auszahlung seines Unternehmergewinns oder auf die kurzfristige Vergrößerung seiner Rendite pochte. Ohne die „Herrschaft des sich mehrenwollenden Geldes“[1152], wie Abbe es formuliert hatte, ergaben sich für die Geschäftsleitung enorme Handlungsspielräume, die nur in den Interessen der Destinatäre ihre Grenzen fanden. Diese allerdings waren im Beobachtungszeitraum kaum bedeutsam, was sich zum einen aus der Rolle des fiktiven Prinzipals ableitete, der keine eigenständige Autorität entwickelte. Zum anderen war die Repräsentation der Destinatäre innerhalb der Stiftungskonstruktion schwach. Zweitens verhinderte die Stiftungskonstruktion Nachfolgekonflikte: Ursprünglich hatte Abbe Siegfried Czapski als Erbe und Nachfolger vorgesehen. In einem ceteris-paribus-Szenario wäre Czapski als Eigentümer der Optischen Werkstätte bereits 1907 verstorben, sodass schon zwei Jahre nach Abbes Tod ein neuer Eigentümer für die Optische Werkstätte hätte gefunden werden müssen – eine Situation, die womöglich zu Nachfolgekonflikten geführt hätte. Drittens verhinderte die dauerhafte Bindung der Unternehmensanteile an die Stiftung in Aushandlungsprozessen mit anderen Unternehmen die Annahme von Verflechtungsangeboten sowie Anteilsübertragungen. Ein Nachteil von Unternehmensstiftungen, der in dieser Studie offenbar wurde, wirkte sich hingegen nicht negativ auf die Unternehmensentwicklung aus: Die schwierige Aufsicht und Kontrolle der Unternehmensleitung und der Stiftung. So war die Stiftungsverwaltung nur bedingt in der Lage, Kontrolle auf die Geschäftsleitung auszuüben, die Kontrolle der Stiftungsverwaltung durch die staatliche Aufsicht spielte überhaupt keine Rolle.

Ohne kontrafaktisch belegen zu können, dass das Stiftungsunternehmen die beste Unternehmensform für die Leistungsfähigkeit der Optischen Werkstätte war, ist die empirische Untersuchung in der Lage zu zeigen, welche Merkmale des „eigentümerlosen“ Unternehmens zu dessen Gunsten zusammenwirken können: Wenn es keine kapitalvermehrende Ausrichtung gibt, wenn Unternehmenserträge nicht an die Eigentümer ausgeschüttet werden müssen, es keine Nachfolgekonflikte gibt und die Unternehmensanteile im Eigentum der juristischen Person gebunden und nicht übertragbar sind. Sicherer als jede andere Unternehmensform scheinen Stiftungsunternehmen daher die Voraussetzungen für die heute zumindest in der Öffentlichkeit allseits erstrebte „Nachhaltigkeit“ in ökonomischer und sozialer Hinsicht zu erfüllen. Im Fall von Zeiss ergaben sich für den Stifter Ernst Abbe zudem während des Stiftungsgründungsprozesses Möglichkeiten, die Bedingungen künftigen unternehmerischen Handelns in seinem Sinne gestalten zu können und die „Konservierung“ von Unternehmensführung zu einem gewissen Grad beeinflussen zu können. Daher haben Unternehmer aufgrund des Ewigkeitscharakters der Stif-

1152 Abbe, Gedächtnisrede, S. 88.

tung mit deren Gründung die Möglichkeit, eine „Sinnwelt“ zu schaffen, die am ehesten mit der von Familienunternehmen zu vergleichen ist.

Vor diesem Hintergrund ist es verwunderlich, dass Zeiss als Stiftungsunternehmen lange Zeit ein Einzelfall für diese Unternehmensform blieb. Zwar wurde 1908 von Graf Ferdinand von Zeppelin die Luftschiffbau Zeppelin GmbH sowie die Zeppelin-Stiftung gegründet, die sich dem Bau von Luftschiffen, der Förderung der Luftschifffahrt sowie der Beteiligung an Unternehmen, die sich dem Bau oder dem Verkauf von Luftfahrzeugen widmeten, verschrieb. Es vergingen jedoch noch einige Jahrzehnte, bis sich in der Bundesrepublik die Gründungen von Unternehmensstiftungen mehrten, deren Motivation sich nun auch auf steuerliche Vorteile zurückführen ließ. Seitdem etablierte sich auch das Modell der Doppelstiftung, bei dem Eigentum und Stimmrechte auseinanderfallen. Große Namen wie Bertelsmann, Fresenius oder Würth sind heute als Stiftungsunternehmen gut bekannt. Insgesamt jedoch befindet sich eine geringere Zahl von Unternehmen in Stiftungshand.[1153]

Als Grund für die übersichtliche Zahl an Stiftungsunternehmen kann wohl der erschwerte Zugang zum Kapitalmarkt genannt werden, wenngleich den Unternehmen dennoch zahlreiche Finanzierungsmöglichkeiten wie etwa Unternehmensanleihen offenstehen, die keine Übertragung von Stimmrechten voraussetzen. Wohl gewichtiger jedoch ist, dass mit Unternehmensstiftungen bis heute die Auffassung verbunden wird, dass ihre Gründung aufwändig, zeit- und kostenintensiv sei. Gerade für Start-Ups und mittelständische Unternehmen stellen Unternehmensstiftungen daher keine rechte Alternative dar. Aus diesem Grund wirbt seit 2019 die „Stiftung Verantwortungseigentum“ für neue rechtliche Rahmenbedingungen, um Unternehmen in Verantwortungseigentum zu übertragen; sie teilen sich mit Stiftungsunternehmen die in Zusammenhang mit der „Eigentümerlosigkeit“ identifizierten Merkmale.

Was eine großflächige Umwandlung von Unternehmen in Stiftungsunternehmen oder Verantwortungseigentum bedeuten könnte, ist auch in Hinblick auf die Frage nach den gesellschaftlichen und sozialen Folgen interessant. Denn sowohl Stiftungsunternehmen als auch Unternehmen in Verantwortungseigentum sind marktwirtschaftlich orientierte Akteure, rütteln also nicht an Grundprinzipien des Kapitalismus. Aufgrund einer juristischen Person als unpersönlichem Eigentümer jedoch bergen sie das Potential eines „sozialeren Kapitalismus“: Dividenden werden

1153 420 Unternehmensstiftungen gibt Ingo Köhler für das Jahr 2010 an. Vgl. Köhler, Ingo: Aufstieg der Stiftungsunternehmen. Neue Formen der hybriden Governance von Familienunternehmen, 1950 – 2000, in: Ders./Roelevink, Eva-Maria (Hrsg.): Transformative Moderne. Struktur, Prozess und Handeln in der Wirtschaft. Festschrift für Dieter Ziegler zum 65. Geburtstag, Münster 2021, S. 357–386, hier: S. 365.

in diesen Unternehmen nicht in den Händen weniger angehäuft, sondern es rücken das Unternehmen und seine Entwicklung in den Vordergrund. Darüber hinaus bergen Stiftungsunternehmen Implikationen für das Zusammenspiel von Ökonomie und Raum. „Unternehmen, die sich selbst gehören", werden nicht Gefahr laufen, durch ausländische Investoren gekauft zu werden. Dieses Argument könnte durchaus zur Stärkung der nationalen Wirtschaft gegenüber ausländischen Investoren und Techniktransfer herangezogen werden.

Obwohl die langfristige Förderung der deutschen Wirtschaft sicher nicht zu Abbes Motiven für die Gründung der Unternehmensstiftung gehörte, zeigt die Beschäftigung mit dieser Unternehmensform, welches Potential sie sowohl auf Mikro-Ebene für Unternehmer und Unternehmen als auch auf Makro-Ebene für Gesellschaft und Wirtschaft birgt. Um hier zu allgemeingültigen Aussagen zu gelangen, bedarf es gewiss weiterer historischer Forschungen zur Führung von Stiftungsunternehmen, welche vielversprechende Ergebnisse hervorbringen dürften.

11 Anhang

11.1 Abbildungsverzeichnis

11.2 Tabellenverzeichnis

11.3 Quellenverzeichnis

ZEISS Archiv, Jena (CZA)

BACZ 165 Austausch über soziale Maßnahmen mit der Firma Anschütz & Co., Kiel-Neumühlen

BACZ 168 Wirtschaftliche Lage der Firma Carl Zeiss 1890 – 1937

BACZ 179 Gutachten und Stellungnahmen zur Frage der Mitwirkung der Stiftungsverwaltung bei der Beteiligung an fremden Unternehmungen und der Verwaltung dieser Beteiligungen

BACZ 180 Beteiligung an fremden gewerblichen Unternehmungen

BACZ 188 Kopie eines maschinegeschriebenen Gutachtens des Stiftungskommissars Max Vollert (mit handschriftlichen Bemerkungen) über die Stellung des Kommissars der Carl Zeiss-Stiftung zur Stiftungsverwaltung

BACZ 185 Maschinegeschriebener, mit handschriftlichen Bemerkungen versehender Bericht des Geheimrates Max Vollert für die Königlich-Preußische Gesandtschaft über die Leistung der Carl Zeiss-Stiftung

BACZ 192 Die Änderung des Statutes der Carl Zeiss-Stiftung 1931 bezüglich der Herabsetzung der Zuschläge und die daraus resultierenden Reaktionen in der Presse und bei den Gewerkschaften

BACZ 235 Verein wissenschaftlicher Mitarbeiter der Firma Carl Zeiss Jena/später Werkgruppe Carl Zeiss des Vereins angestellter Akademiker technisch-naturwissenschaftlicher Berufe

BACZ 501 Betriebsratsangelegenheiten

BACZ 508 Protokolle über Sitzungen des Arbeiterausschusses

BACZ 510 Protokolle über Sitzungen des Arbeiterausschusses und der Siebener-Kommission

BACZ 615 Gewinnbeteiligung gemäß Stiftungsstatut (Lohn- und Gehaltsnachzahlung bei Firma Zeiss)

BACZ 627 Neues Pensionsstatut, Entwürfe von Dr. Abbe sowie Gutachten von Dr. G. Bohlmann

BACZ 638 Eingaben des Vereins Wissenschaftlicher Mitarbeiter, des Beamtenausschusses und der Siebenerkommission sowie die Antworten der Geschäftsleitung und von Prof. Abbe

https://doi.org/10.1515/9783111053233-012

BACZ 664 Lohnwesen: Lohnerhöhungsgesuche, Lohntarife, Besprechungen über Verdienstverhältnisse, Entlohnungsfragen

BACZ 666 Zeitungsbeschwerden über das Lohnwesen, Streiks usw bei der Firma Zeiss

BACZ 1007 Briefwechsel Prof. Dr. Moritz von Rohrs zu Ermittelungen über Pierre Louis Guinand

BACZ 1373 Meldungen der Abteilungen für den Jahresbericht

BACZ 1444 Antrag von Prof. Ernst Abbe wegen Zahlung einer besonderen Vergütung an Dr. Czapski sowie Briefwechsel Abbes mit dem Kultusdépartement in Weimar

BACZ 1482 Akte des Stiftungskommissar Vollert über gemeinsame Sitzungen mit der Geschäftsführung und dem Schriftwechsel diesbezüglich

BACZ 1483 Akte des Stiftungskommissars Vollert mit Sitzungsprotokollen der Geschäftsleitung sowie Notizen und Schriftverkehr des Stiftungskommissars diesbezüglich

BACZ 1484 Akte des Stiftungskommissars Ebsen mit Protokollen der Geschäftsleitungssitzungen sowie Notizen und Schriftverkehr diesbezüglich

BACZ 1485 Akte des Stiftungskommissars Ebsen mit Sitzungsprotokollen der Geschäftsleitung sowie Notizen und Schriftverkehr des Stiftungskommissars diesbezüglich

BACZ 1486 Akte des Geheimrates Friedrich Ebsen in seiner Eigenschaft als Stiftungskommissar der Carl Zeiss-Stiftung

BACZ 1487 Akte des Geheimrates Friedrich Ebsen in seiner Eigenschaft als Stiftungskommissar der Carl Zeiss-Stiftung

BACZ 1488 Akte des Geheimrates Friedrich Ebsen in seiner Eigenschaft als Stiftungskommissar der Carl Zeiss-Stiftung

BACZ 1489 Schriftwechsel des Stiftungskommissars vor allem bezüglich der Lohn- und Gehaltsleistungen der Stiftung – mit alphabetischem Inhaltsverzeichnis

BACZ 1490 Schriftwechsel der Stiftungskommissars mit dem Thüringischen Volksbildungsministerium über die Angelegenheiten der Stiftung – mit alphabetischem Inhaltsverzeichnis

BACZ 1491 Akte des Stiftungskommissars über den Schriftverkehr mit dem Thüringischen Ministerium für Volksbildung – mit alphabetischem Inhaltsverzeichnis

BACZ 1494 Rechnungsabschlüsse und Rechnungsprüfung der Carl Zeiss Stiftung

BACZ 1501 Abschrift des Geschäftsberichts des Stiftungkommissars für das Geschäftsjahr 1911/12 bis 1913/14

BACZ 1508 Informationen der Geschäftsleitung der Firma Carl Zeiss an den Stiftungskommissar Dr. Ebsen über handelspolitische Abhandlungen

BACZ 1511 Berichte und Schriftstücke über Zuwendungen an die Universität und andere Einrichtungen

BACZ 1711 Protokolle über die gemeinsamen Sitzungen der Stiftungsverwaltung 1909–1925

BACZ 2527 Notarielle Urkunden über Errichtung der „Christian Bruns & Cie. GmbH" in München und Abtretung von Anteilen an die Carl Zeiss-Stiftung

BACZ 2677 Rede des Herrn Dr. Czapski in der allgemeinen Versammlung der Geschäftsangehörigen im Volkshaus

BACZ 3537 Ocar-Gesellschaft zur Herstellung künstlicher Augen GmbH, Lauscha

BACZ 6468 100-Jahrfeier des Zeisswerkes

BACZ 7792 Materialsammlung Archiv: Zeiss-Chronik (1846 – jetzt), Notiz und Berichtsammlung über Ereignisse aus der Geschichte des Werkes

BACZ 8046 Monatliche Betriebsberichterstattung an die sowjetische Militäradministration Deutschland

BACZ 8052 Allgemeine Korrespondenzen mit verschiedenen Firmen und Personen alphabetisch geordnet

BACZ 8152 Jahresbericht der Optik

BACZ 8253 R. Winkel GmbH Göttingen
BACZ 8270 Jahresbericht der Abteilung Ruß (Dreherei, Fräserei, Stanzerei).
BACZ 8313 Einwände des Vorstandes des Vereins wissenschaftlicher Mitarbeiter, des Beamtenausschusses und der Siebenerkommission des Arbeiterausschusses gegen die Änderung des Statutes der Carl Zeiss-Stiftung im Januar 1906 sowie die Reaktion der Geschäftsleitung auf diese Vorbehalte
BACZ 8341 Chronik des Zeisswerkes – Tagebuchbericht von Dr. Czapski über die Ereignisse im Zeisswerk
BACZ 8406 Geheime allgemeine Angelegenheiten der Stiftung
BACZ 8421 Akte über die Geschäftshaltung der Stiftung
BACZ 8435 Akte der Stiftungskommissare bezüglich der Zuwendungen an universitäre und öffentliche Einrichtungen sowie Liegenschafts- und Geschäftsangelegenheiten
BACZ 8439 Pensionsansprüche und Bilanzen der Stiftung
BACZ 8443 Angelegenheiten der Carl Zeiss Stiftung
BACZ 9203 Schriftwechsel mit der Stiftungsverwaltung der Carl Zeiss-Stiftung, Varia Band I – Mit „Inhaltsverzeichnis"
BACZ 9204 Korrespondenz der Geschäftsleitung mit der Stiftungsverwaltung in Weimar. Band II
BACZ 9206 Korrespondenz mit den Stiftungskommissaren Vollert und Ebsen
BACZ 9505 Durchschläge von Aktenvermerken überwiegend des Geschäftsleiters Kotthaus
BACZ 9916 Friedrich Stier, „Dr.h.c. Max Fischer, Mitglied der Geschäftsleitung der Optischen Werke Carl Zeiss in Jena von 1895–1926" verfaßt von Friedrich Stier 1954
BACZ 10069 Maschinegeschriebene Abschriften über die Beteiligung der Carl Zeiss-Stiftung an Betriebsunternehmungen außerhalb des Wirkungs- und Geschäftskreises der Firma Carl Zeiss und rechtliche Regelungen dazu
BACZ 10513 Bilanzvergleich 1923/24–1932/33
BACZ 10880 Bilanz per 30. September 1909
BACZ 10966 Jahresberichte der wissenschaftlichen Beamten
BACZ 10969 Jahresberichte der wissenschaftlichen Beamten für das Geschäftsjahr 1902/1903
BACZ 10970 Jahresberichte der Werkstätten für das Geschäftsjahr 1903/04
BACZ 10971 Jahresberichte der wissenschaftlichen Mitarbeiter für das Geschäftsjahr 1903/1904
BACZ 10972 Jahresberichte der wissenschaftlichen Mitarbeiter und anderer Abteilungen
BACZ 10980 Gehälter der Geschäftsleiter und der Stiftungsverwaltung
BACZ 11007 Jahresbericht der Abteilung Dreherei, Fräserei und Stanzerei (Abt. Russ) für 1912/11
BACZ 11008 Jahresbericht der Abteilung Dreherei, Fräserei und Stanzerei (Abt. Russ) für 1911/12
BACZ 11357 Beteiligung Zeiss an Firma Deckel, München
BACZ 11820 Vorschläge des Prokuristen Petermann vom 14. September 1910 auf Umorganisation der Fabrikations-Abteilungen im Interesse der Rentabilität
BACZ 12180 Remuneration an die Schleifer von Apochromatobjektivlinsen anlässlich der Fertigstellung des 3000. Apochromatobjektivs
BACZ 12309 Maschinegeschriebene Antwort Dr. Siegfried Czapskis auf die Eingabe des Arbeiter- und Beamtenausschusses betreffs der Abänderung des Stiftungsstatuts der Carl-Zeiss-Stiftung
BACZ 12638 Jahresbericht der Abteilung Glasdreherei
BACZ 13407 Vordrucke der Geschäftsleitung über die Gewährung von Sondervergütungen (Renumerationen) mit der Verpflichtung, die Zahlung gegenüber Dritten geheim zu halten
BACZ 13671 Autobiographie von Prof. Dr. Ing. Walther Bauersfeld

BACZ 14560 Schriftwechsel, Vertragsentwürfe usw. über Beteiligung der Fa. Zeiss am Geschäft des Ludwig Tesdorpf in Stuttgart sowie Briefe von Dr. Czapski

BACZ 15041 Biographie des „Diplomingenieurs August Kotthaus, 1884–1941" vom Verfasser Friedrich Stier

BACZ 15805 Schriftverkehr, Mitteilungen und Gehaltsangelegenheiten der Stiftungskommissare von 1911 bis 1954

BACZ 15965 Biographie von Prof. Dr. Otto Mackensen. Wissenschaftlicher Mitarbeiter der optischen Werkstätte Carl Zeiss Jena von 1907 bis 1940, verfasst von Friedrich Stier

BACZ 16084 Betrachtungen des Prokuristen Petermann über A) Zeisswerk, B) Carl-Zeiss-Stiftung

BACZ 16217 Jahresberichte der Abteilungen Photo und Astro

BACZ 16227 Jahresbericht der mechanischen Werkstätten und Hilfsbetriebe der Firma Zeiss für das Geschäftsjahr 1906/07

BACZ 16256 Erklärung Abbe an die Stiftungsverwaltung betreffs Verbindlichkeiten sowie Einnahmen und Ausgaben der Carl-Zeiss-Stiftung

BACZ 16267 Bericht Budig über Gravier- und Dekorativabteilung, Geschäftsjahr 1912/13

BACZ 16905 Bericht über Rentabilität der Firma Bausch & Lomb Optical Co, in Rochester, 1908–1911

BACZ 16906 Bericht über die Bilanzen der Firma Bausch & Lomb, 1908–1911

BACZ 17122 Jahresbericht der Militär-Abteilung für das Geschäftsjahr 1945/46

BACZ 17314 Denkschrift Dr. Straubel und Max Fischer über das Zustandekommen der Beteiligung bei der Firma Bausch & Lomb und der Firma Saegmüller

BACZ 17373 Niederschriften über Besprechungen im Geschäftsleitungszimmer mit der Geschäftsleitung vom 18.3.1918 (Verkaufspreisreglung), 29.11.1918, 6.12.1918, 28.2.1919, 21.3. 1919, 4.4. 1919, 11.4.1919, 25.4.1919

BACZ 18180 Dr. Max Fischer „Wirtschaftliche Bedeutung der deutschen optischen Industrie"

BACZ 18416 Dr. Max Fischer, Geschäftsleiter

BACZ 18178 Prokurist Petermann: Erläuterungen zum Bilanz-Entwurf zum 30.9.1932

BACZ 22184 Tabellen über Ausgaben, Einnahmen, Verdienste, Löhne usw.

BACZ 22186 Bilanzbuch Nr. 1 der Firma Carl Zeiss

BACZ 22259 Protokolle über die gemeinsamen Sitzungen der Stiftungsverwaltung 1907–1934

BACZ 22272 Sendlinger Optische Glaswerke GmbH, Berlin-Zehlendorf

BACZ 22766 Briefwechsel der Geschäftsleiter

BACZ 22879 M. Hensoldt & Söhne, Optische Werke Akt.-Ges., Wetzlar

BACZ 22970 Bericht mit Anlagen des Max Petermann über Aufnahme und Bewertung der Aktivbestände der Firma E. Krauss in Paris vom 21.9.1911

BACZ 23011 Gebundene Fotokopie der Akten des Geheimrates Max Vollert in seiner Eigenschaft als Stiftungskommissar

BACZ 23012 Gebundene Fotokopie der Akten des Geheimrates Max Vollert in seiner Eigenschaft als Stiftungskommissar der Carl Zeiss-Stiftung

BACZ 23013 Gebundene Fotokopie der Akten des Geheimrates Max Vollert in seiner Eigenschaft als Stiftungskommissar der Carl Zeiss-Stiftung

BACZ 23014 Gebundene Fotokopie der Akten des Geheimrates Max Vollert in seiner Eigenschaft als Stiftungskommissar der Carl Zeiss-Stiftung

BACZ 23015 Gebundene Fotokopie der Akten des Geheimrates Max Vollert in seiner Eigenschaft als Stiftungskommissar der Carl Zeiss-Stiftung

BACZ 23016 Gebundene Fotokopie der Akten des Geheimrates Max Vollert in seiner Eigenschaft als Stiftungskommissar der Carl Zeiss-Stiftung

BACZ 23017 Akten des Kultusdepartements des Großherzogl. Sächs. Staatsministeriums Weimar bezüglich der Stiftung – auszugsweise Fotokopie der Akte Nr. 1/4 Nr. 20 N 96 des Schottarchivs
BACZ 23018 Gebundene Fotokopie der Akten des Geheimrates Max Vollert in seiner Eigenschaft als Stiftungskommissar der Carl Zeiss-Stiftung
BACZ 23019 Gebundene Fotokopie der Akten des Geheimrates Max Vollert in seiner Eigenschaft als Stiftungskommissar der Carl Zeiss-Stiftung
BACZ 23023 Gebundene Fotokopie der Akten des Geheimrates Max Vollert in seiner Eigenschaft als Stiftungskommissar der Carl Zeiss-Stiftung
BACZ 23027 Akte des Kultusdepartements die Stiftung betreffend – Fotokopien aus der Akte I/4 N 102 b Nr. 31 (Film 57–5810 S. 161–282) des Schottarchivs
BACZ 23169 Gehaltslisten der Angestellten mit Zulagen und Remunerationszahlungen
BACZ 23174 Gehaltslisten der Angestellten mit Zulagen und Remunerationszahlungen
BACZ 23175 Gehaltslisten der Angestellten mit Zulagen und Remunerationszahlungen
BACZ 23177 Gehaltslisten der Angestellten mit Zulagen und Remunerationszahlungen
BACZ 23178 Gehaltslisten der Angestellten mit Zulagen und Remunerationszahlungen
BACZ 23179 Gehaltslisten der Angestellten mit Zulagen und Remunerationszahlungen
BACZ 23180 Gehaltslisten der Angestellten mit Zulagen und Remunerationszahlungen
BACZ 23401 Dissertation von Alarich Fischer zum Thema „Der Kampf zwischen den Arbeitern und den kapitalistischen Managern des Zeiss-Konzern – Ausdruck des Antagonismus ihrer Klasseninteressen“ Band 1 und Band 2
BACZ 26957 Kammer für Aussenhandel der DDR
BACZ 27419 Bausch & Lomb Optical Co.
NL 3, Nr. 8 Konzept und Vorarbeiten zur Gedenkschrift von Wandersleb und Boegehold über Prof. Rudolf Straubel
RW 223 Korrespondenz von Georg Hausmann mit Carl Zeiss Jena, 1919–1924
RW 298 Vertrauliche Korrespondenz der R. Winkel GmbH
RW 313 Beiträge zur Geschichte der Firma R. Winkel GmbH
St 27 Akte des Thüringischen Volksbildungsministeriums Weimar über das Personal der Verwaltung der Stiftung, Band I, 1922–45
St 69 Stiftungssitzungsprotokoll Nr. 182 vom 20.01.1905 bis Nr. 503 vom 16.11.1934
St 218 Stiftungssitzungsprotokoll Nr. 182 vom 20.01.1905 bis Nr. 503 vom 16.11.1934
St 220 Stiftungssitzungsprotokolle, Niederschriften und Schriftverkehr der Carl Zeiss Stiftung, laufende Nummern 504 bis 603

SCHOTT Archiv, Jena

5/1 Lebenslauf Max Vollert, Kurator der Uni Jena, Stiftungskommissar der Carl-Zeiss-Stiftung 1896
5/46 Akten des Stiftungskommissars der Carl-Zeiss-Stiftung Nr. 23, 1907–1909
5/48 Akten des Stiftungskommissars der Carl-Zeiss-Stiftung Nr. 25, 1908–1910
5/32 Akten des Stiftungskommissars Nr. 9, 1897–1900
5/72 Akten des Stiftungskommissars der Carl-Zeiss-Stiftung Nr. 49, 1905
5/97 Carl-Zeiss-Stiftung – Schriftverkehr mit Glaswerk, 1923–1943
5/105 Finanzberichte an die Carl-Zeiss-Stiftung, 1924–1944

Landesarchiv Thüringen – Hauptstaatsarchiv Weimar (LATh)

LATh – HStA Weimar, Thüringisches Volksbildungsministerium C 531.
LATh – HStA Weimar, Thüringisches Volksbildungsministerium C 534.

LATh – HStA Weimar, Thüringisches Volksbildungsministerium C 546.
LATh – HStA Weimar, Thüringisches Volksbildungsministerium C 1645.
LATh – HStA Weimar, Carl Zeiß-Stiftung, Nr. 417/1.

Stadtarchiv Jena

Akten des Gemeinde-Vorstandes zu Jena, betreffend Zuschüsse der Carl Zeiss-Stiftung für Zwecke der Ortsgemeinde Jena, Sign. B VIf – 70.

11.4 Literaturverzeichnis

Gedruckte Quellen

Abbe, Ernst: Die Denkschrift vom 4. Dezember 1887, in: Werden und Wesen der Carl-Zeiss-Stiftung an der Hand von Briefen und Dokumenten aus der Gründungszeit (1886 – 1896) (Gesammelte Abhandlungen von Ernst Abbe, Bd. 5, herausgegeben von Friedrich Schomerus), Hildesheim/Zürich/New York 1989 (zuerst Jena 1940), S. 22 – 78.

Abbe, Ernst: Wünsche und Anträge als Grundlage für die in Artikel 9 meines Abtretungsvertrages noch vorbehaltenen Vereinbarungen, in: Werden und Wesen der Carl-Zeiss-Stiftung an der Hand von Briefen und Dokumenten aus der Gründungszeit (1886 – 1896) (Gesammelte Abhandlungen von Ernst Abbe, Bd. 5, herausgegeben von Friedrich Schomerus), Hildesheim/Zürich/New York 1989 (zuerst Jena 1940), S. 222 – 235.

Abbe, Ernst: Welche sozialen Forderungen soll die Freisinnige Volkspartei in ihr Programm aufnehmen? (1894), in: Ders.: Vorträge, Reden und Schriften sozialpolitischen und verwandten Inhalts (Gesammelte Abhandlungen von Ernst Abbe, Bd. 3), Hildesheim/Zürich/New York 1989 (zuerst Jena 1906), S. 1 – 59.

Abbe, Ernst: Gedächtnisrede zur Feier des 50jährigen Bestehens der Optischen Werkstätte (1896), in: Ders.: Vorträge, Reden und Schriften sozialpolitischen und verwandten Inhalts (Gesammelte Abhandlungen von Ernst Abbe, Bd. 3), Hildesheim/Zürich/New York 1989 (zuerst Jena 1906), S. 60 – 101.

Abbe, Ernst: Über Gewinnbeteiligung der Arbeiter in der Großindustrie (1897), in: Ders.: Vorträge, Reden und Schriften sozialpolitischen und verwandten Inhalts (Gesammelte Abhandlungen von Ernst Abbe, Bd. 3), Hildesheim/Zürich/New York 1989 (zuerst Jena 1906), S. 102 – 118.

Abbe, Ernst: Über die Grundlagen der Lohnregelung in der Optischen Werkstätte (1897) in: Ders.: Vorträge, Reden und Schriften sozialpolitischen und verwandten Inhalts (Gesammelte Abhandlungen von Ernst Abbe, Bd. 3), Hildesheim/Zürich/New York 1989 (zuerst Jena 1906), S. 119 – 156.

Abbe, Ernst: Die volkswirtschaftliche Bedeutung der Verkürzung des industriellen Arbeitstages (1901), in: Ders.: Vorträge, Reden und Schriften sozialpolitischen und verwandten Inhalts (Gesammelte Abhandlungen von Ernst Abbe, Bd. 3), Hildesheim/Zürich/New York 1989 (zuerst Jena 1906), S. 203 – 249.

Abbe, Ernst: Statut der Carl Zeiss-Stiftung zu Jena (Text der Neuredaktion von 1906 mit den Varianten der Ausgabe von 1896) nebst Ergänzungsstatut (1900), in: Ders.: Vorträge, Reden und Schriften sozialpolitischen und verwandten Inhalts (Gesammelte Abhandlungen von Ernst Abbe, Bd. 3), Hildesheim/Zürich/New York 1989 (zuerst Jena 1906), S. 262 – 329.

Abbe, Ernst: Motive und Erläuterungen zum Entwurf eines Statuts der Carl Zeiss-Stiftung (1895), in: Ders.: Vorträge, Reden und Schriften sozialpolitischen und verwandten Inhalts (Gesammelte Abhandlungen von Ernst Abbe, Bd. 3), Hildesheim/Zürich/New York 1989 (zuerst Jena 1906), S. 330 – 372.

Abbe, Ernst: Die Verfassung der Carl Zeiss-Stiftung. Erläuterungen zu Titel I und II des Stiftungsstatuts (1900), in: Ders.: Vorträge, Reden und Schriften sozialpolitischen und verwandten Inhalts (Gesammelte Abhandlungen von Ernst Abbe, Bd. 3), Hildesheim/Zürich/New York 1989 (zuerst Jena 1906), S. 388 – 402.

Anonym: „Der 16. Deutsche Mechanikertag", in: Deutsche Mechanikerzeitung, Heft 16, 15. 8. 1905.

Anonym: „Die deutsche Ausfuhr von Instrumenten, optischen Artikeln und Mechanismen im Jahre 1907", in: Der Mechaniker, Jg. 16, 5. 6. 1908, S. 129 f.

Anonym: „Die wirtschaftliche Lage der Feinmechanik," in: Zeitschrift der Deutschen Gesellschaft für Mechanik und Optik, 3 und 4 (1920), S. 15.

Borchert, Wilhelm jun.: „An meine Beamten und Arbeiter", abgedruckt in: Böhmert, Victor: Die Gewinnbetheiligung. Untersuchungen über Arbeitslohn und Unternehmergewinn, erster Theil, Leipzig 1878, 250 – 261.

Czapski, Siegfried: Vorwort, in: Abbe, Ernst: Vorträge, Reden und Schriften sozialpolitischen und verwandten Inhalts (Gesammelte Abhandlungen von Ernst Abbe, Bd. 3), Hildesheim/Zürich/New York 1989 (zuerst Jena 1906), S. V–XIII.

Czapski, Siegfried: Ernst Abbe als Arbeitgeber. Vortrag am 17. April 1907, in: Flitner, Andreas/Wittig, Joachim (Hrsg.): Optik – Technik – Soziale Kultur. Siegfried Czapski, Weggefährte und Nachfolger Ernst Abbes. Briefe, Dokumente, Schriften, Rudolstadt 2000, S. 502 – 526.

Flitner, Andreas/Wittig, Joachim (Hrsg.): Optik – Technik – Soziale Kultur. Siegfried Czapski, Weggefährte und Nachfolger Ernst Abbes. Briefe, Dokumente, Schriften, Rudolstadt 2000.

Schomerus, Friedrich: Einleitung, in: Abbe, Ernst: Werden und Wesen der Carl-Zeiss-Stiftung an der Hand von Briefen und Dokumenten aus der Gründungszeit (1886 – 1896), dargestellt von Friedrich Schomerus (Gesammelte Abhandlungen von Ernst Abbe, Bd. 5), Hildesheim/Zürich/New York 1989 (zuerst Jena 1940), S. 1 – 7.

Gesetzestexte

Allgemeines Deutsches Handelsgesetzbuch (ADHGB), Fassung vom 18. Juli 1884.

Schubert, Werner (Hrsg.): Quellen zum Aktiengesetz vom 18. Juli 1884, Frankfurt a. M. 2017.

Verwendete Literatur

Adam, Thomas: Stiften und Stiftungen im deutsch-amerikanischen Vergleich von 1815 – 1945, in: Reden, Sitta von (Hrsg.): Stiftungen zwischen Politik und Wirtschaft. Geschichte und Gegenwart im Dialog, München 2015, S. 23 – 50.

Adloff, Frank: Philanthropisches Handeln. Eine historische Soziologie des Stiftens in Deutschland und den USA, Frankfurt a. M./New York 2010.

Albrecht, Karl: Die Geschichte der Emil Busch A.-G., optische Industrie, Rathenow vom wirtschaftswissenschaftlichen Standpunkt. Ein Beitrag zur Erkenntnis der Struktur des Wirtschaftslebens, Jena 1928.

Albrecht, Karl: „Busch, Friedrich Emil“, in: Neue Deutsche Biographie (NDB), Bd. 3, Berlin 1957, S. 61.

Alchian, Armen A./Demsetz, Harold: Production, Information Costs and Economic Organization, in: American Economic Review 62 (1972), S. 777 – 795.

Alparslan, Adem: Strukturalistische Prinzipal-Agent-Theorie. Eine Reformulierung der Hidden-Action-Modelle aus der Perspektive des Strukturalismus, Wiesbaden 2006.

Anheier, Helmut K., u. a. (Hrsg.): Stiftungen in Deutschland, Bd. 1 – 3, Wiesbaden 2017.

Auerbach, Felix: Das Zeisswerk und die Carl-Zeiss-Stiftung in Jena. Ihre wissenschaftliche, technische und soziale Entwicklung und Bedeutung für weitere Kreise dargestellt, 4. Auflage, Jena 1914.

Auerbach, Felix: Ernst Abbe 1840 – 1905. Sein Leben, sein Wirken, seine Persönlichkeit, Bad Langensalza 2011 (zuerst Leipzig 1918).

Baecker, Dirk: Die Form des Unternehmens, Frankfurt a. M. 1999.

Bähr, Johannes/Erker, Paul: Bosch. Geschichte eines Weltunternehmens, München 2013.

Bähr, Johannes: Selbstbehauptung, Anpassung und Wandel. Die Carl-Zeiss-Stiftung und die Stiftungsbetriebe im „Dritten Reich“, in: Plumpe, Werner (Hrsg.): Eine Vision. Zwei Unternehmen. 125 Jahre Carl-Zeiss-Stiftung, München 2014, S. 147 – 193.

Bausch & Lomb Optical Company: A Triple Alliance in Optics. Being the association of Bausch & Lomb Optical Co., Carl Zeiss, Optical Works, Jena, George N. Saegmuller under the name of Bausch & Lomb Optical Co, Rochester 1908.

Bayer, Christian/Burhop, Carsten: Corporate Governance and Incentive Contracts. Historical Evidence from a Legal Reform, in: Explorations in Economic History 46 (2009), S. 464 – 481.

Becker, Hans P.: Investition und Finanzierung. Grundlagen der betrieblichen Finanzwirtschaft, 4. Auflage, Wiesbaden 2010.

Becker, Markus C.: How Dispositions Shape Organizations: The Carl Zeiss Case, 2012, http://dx.doi.org/10.2139/ssrn.1920678, letzter Aufruf: 15. 3. 2020.

Beckert, Jens: Woher kommen Erwartungen? Die soziale Strukturierung imaginierter Zukünfte, in: Jakob, Mark/Nützenadel, Alexander/Streb, Jochen (Hrsg.): Erfahrung und Erwartung. Jahrbuch für Wirtschaftsgeschichte 59 (2018), S. 507 – 523.

Behnke, Gert: Feinmechanik und Optik in Hamburg. Die Firma C. Plath, Fabrik nautischer Instrumente, Berlin u. a. 2011.

Bein, Zur Entwicklung einer wissenschaftlich-technischen Industrie in England und Amerika, in: Zeitschrift der Deutschen Gesellschaft für Mechanik und Optik 1 und 2 (1920), S. 8 – 11.

Berg, Alexander: Carl Kellner. Zum hundertsten Todestag des Begründers der optischen Industrie in Wetzlar herausgegeben von den optischen Werken Ernst Leitz in Wetzlar, Hildesheim 1955.

Berghoff, Hartmut: Unternehmenskultur und Herrschaftstechnik. Industrieller Paternalismus: Hohner von 1857 bis 1918, in: Geschichte und Gesellschaft 23 (1997), S. 167 – 204.

Berghoff, Hartmut: Moderne Unternehmensgeschichte. Eine themen- und theorieorientierte Einführung, 2. Auflage, Berlin/Boston 2016.

Berndt, Hans: Stiftung und Unternehmen. Rechtsvorschriften, Besteuerung, Zweckmäßigkeit, 6. Auflage, Herne/Berlin 1998.

Bernecker, Michael: Grundlagen der Betriebswirtschaftslehre, Oldenburg 1998.

Blaschke, A.: „Die Exportverhältnisse der deutschen Optik“, in: Handelszeitung des Berliner Tagesblattes, 13. 9. 1912, 2. Beiblatt.

Bönig, Jürgen: Die Einführung von Fließbandarbeit in Deutschland bis 1933. Zur Geschichte einer Sozialinnovation, Bd. 1, Münster/Hamburg 1993.

Bosetzky, Horst: Grundzüge einer Soziologie der Industrieverwaltung. Möglichkeiten und Grenzen der Betrachtung des industriellen Großbetriebes als bürokratische Organisation, Stuttgart 1970.

Both, Heinz: Die Lohnentwicklung in der optisch-mechanischen Industrie Wetzlars während der Jahre 1914–1927, Frankfurt a. M. 1928.

Brocke, Bernhard vom/Krüger, Peter (Hrsg.): Hochschulpolitik im Föderalismus: Die Protokolle der Hochschulkonferenzen der deutschen Bundesstaaten und Österreichs 1898 bis 1918, Berlin 1994.

Brunner-Kirchmair, Thomas M.: Corporate Governance und die Performance von Mergers & Acquisitions, Wiesbaden 2019.

Burhop, Carsten: Wirtschaftsgeschichte des Kaiserreichs 1871–1918, Göttingen 2011.

Carlos, Ann M./Nicholas, Stephen: Agency Problems in Early Chartered Companies. The Case of the Hudson's Bay Company, in: Journal of Economic History 50 (1990), S. 853–875.

Casson, Mark: Der Unternehmer. Versuch einer historisch-theoretischen Deutung, in: Geschichte und Gesellschaft 27 (2001), S. 524–544.

Chandler, Alfred D./Daems, Herman: Introduction. The Rise of Managerial Capitalism and its Impact on Investment Strategy in the Western World and Japan, in: Daems, Herman/Wee, Herman van der (Hrsg.): The Rise of Managerial Capitalism, Den Haag 1974, S. 1–34.

Charreaux, Gerard/Desbrières, Philippe: Corporate Governance: Stakeholder Value Versus Shareholder Value, in: Journal of Management & Governance 5 (2001), S. 107–128.

Coase, Ronald H.: The Nature of the Firm, in: Economica 16 (1937), S. 386–405.

Conrad, Christoph: Erfolgsbeteiligung und Vermögensbildung der Arbeitnehmer bei Siemens (1847–1945), Stuttgart 1986.

Cyert, Richard Michael/March, James G.: A behavioral theory of the firm, 2. Auflage, Cambridge, Mass. u. a. 1992.

Czerny, Marianus: „Bamberg, Johann Karl Wilhelm Anton", in: Neue Deutsche Biographie (NDB), Bd. 1, Berlin 1953, S. 571–572.

Dahrendorf, Ralf: Industrie- und Betriebssoziologie, 4. Auflage, Berlin 1967.

David, Walter: Die Carl-Zeiss-Stiftung, ihre Vergangenheit und ihre gegenwärtige rechtliche Lage, Heidenheim 1954.

Demel, Sebastian: Auf dem Weg zur Verantwortungsgesellschaft. Ernst Abbe und die Carl Zeiss-Stiftung im deutschen Kaiserreich, Göttingen 2014.

Derlien, Hans-Ulrich/Böhme, Doris/Heindl, Markus: Bürokratietheorie. Einführung in eine Theorie der Verwaltung, Wiesbaden 2011.

Donaldson, Thomas/Preston, Lee E.: The Stakeholder Theory of the Corporation: Concepts, Evidence and Implications, in: The Academy of Management Review 20 (1995), S. 65–91.

Dunn, Malcolm H.: Die Unternehmung als ein soziales System. Ein sozialwissenschaftlicher Beitrag zur Neuen Mikroökonomie, Berlin 1998.

Ebers, Mark/Gotsch, Wilfried: Institutionenökonomische Theorien der Organisation, in: Kieser, Alfred/Ebers, Mark (Hrsg.): Organisationstheorien, 7. aktualisierte und überarbeitete Auflage, Stuttgart 2014, S. 195–255.

Erdmann, Ilse: Vom Mechanicus Johann Christoph Voigtländer in Wien zur Voigtländer AG in Braunschweig, II. Teil, in: Tradition. Zeitschrift für Firmengeschichte und Unternehmerbiographie 7 (1962), S. 161–174.

Erker, Paul: Corporate Governance. Ein neuer Untersuchungsansatz der historischen Unternehmensforschung? in: Boch, Rudolf, u. a. (Hrsg.): Unternehmensgeschichte heute. Theorieangebote, Quellen, Forschungstrends, Leipzig 2005, S. 29–45.

Erlei, Mathias/Leschke, Martin/Sauerland, Dirk: Institutionenökonomik, 3. überarbeitete Auflage, Stuttgart 2016.

Ernst-Abbe-Bücherei (Hrsg.): Chronik der Ernst-Abbe-Bücherei und Lesehalle zu Jena 1896 – 1996, Jena 1996.
Esche, Paul G.: Carl Zeiss. Leben und Werk, Jena 1966.
Faludi, Christian: „Stier, Friedrich Otto Alfred Walter", in: Mieth, Matias/Stutz, Rüdiger (Hrsg.): Jena. Lexikon zur Jenaer Stadtgeschichte, Berching 2018, S. 626 – 627.
Faulhaber, Carl: „Die optische Industrie", in: Handbuch der Wirtschaftskunde, Bd. 4, Leipzig 1904, S. 455 – 472.
Feldhaus, Franz M.: Carl Bamberg. Ein Rückblick auf sein Wirken und auf die Feinmechanik, Berlin 1929.
Feldman, Gerald D.: Der deutsche organisierte Kapitalismus während der Kriegs- und Inflationsjahre 1914 – 23, in: Winkler, Heinrich August (Hrsg.): Organisierter Kapitalismus. Voraussetzungen und Anfänge, Göttingen 1974, S. 150 – 171.
Fischer, Max: Ernst Abbe als Industrieller, in: Rohr, Moritz von: Zur Geschichte der Zeissischen Werkstätte bis zum Tode Ernst Abbes, 2. Auflage, Jena 1936, S. 89 – 98.
Fischer, Walther: „Hildebrand, Max", in: Neue Deutsche Biographie (NDB), Bd. 9, Berlin 1972, S. 123 – 124.
Florath, Bernd: Immer wenn Krieg war. Die Bedeutung der Rüstungsproduktion für die wirtschaftliche Entwicklung der Carl-Zeiss-Werke, in: Markowski, Frank (Hrsg.): Der letzte Schliff. 150 Jahre Arbeit und Alltag bei Carl Zeiss, Berlin 1997, S. 34 – 53.
Frey, Manuel: Macht und Moral des Schenkens. Staat und bürgerliche Mäzene vom späten 18. Jahrhundert bis zur Gegenwart, Berlin 1999.
Funcke, Hans: Die deutsche optische und feinmechanische Industrie in der Nachkriegszeit, Weimar 1931.
Gerber, Stefan: Die Universität Jena 1850 – 1918, in: Senatskommission zur Aufarbeitung der Jenaer Universitätsgeschichte im 20. Jahrhundert (Hrsg.): Traditionen – Brüche – Wandlungen. Die Universität Jena 1850 – 1995, Köln/Weimar/Wien 2009, S. 23 – 253.
Gerlach, Dieter: Geschichte der Mikroskopie, Frankfurt a. M. 2009.
Gerth, Kerstin, unter Mitwirkung von Wolfgang Wimmer: Ernst Abbe 1840 – 1905. Wissenschaftler, Unternehmer, Sozialreformer, Jena 2005.
Gill, Amiram: Corporate Governance as Social Responsibility. A Research Agenda, in: Berkeley Journal of International Law 26 (2008), S. 452 – 478.
Göbel, Elisabeth: Neue Institutionenökonomik. Konzeption und betriebswirtschaftliche Anwendungen, Stuttgart 2002.
Gorißen, Stefan: Der Preis des Vertrauens. Unsicherheit, Institutionen und Rationalität im vorindustriellen Fernhandel, in: Frevert, Ute (Hrsg.): Vertrauen. Historische Annäherungen, Göttingen 2003, S. 90 – 118.
Hähner-Rombach, Sylvelyn: Die Geschichte der BKK Schott-Zeiss 1875 – 2000, herausgegeben von der Betriebskrankenkasse Schott-Zeiss, Jena/Mainz/Oberkochen 2000.
Hagen, Antje: Deutsche Direktinvestitionen in Großbritannien 1871 – 1918, Stuttgart 1997.
Hahn, Hans-Werner: Die industrielle Revolution in Deutschland, 3. Auflage, München 2011.
Hahn, Hans-Werner: Thüringen im deutschen Industrialisierungsprozess. Forschungsbilanz und Forschungsperspektiven, in: Gerber, Stefan/Greiling, Werner/Swiniartzki, Marco (Hrsg.): Industrialisierung, Industriekultur und soziale Bewegungen in Thüringen, Köln/Weimar/Wien 2018, S. 37 – 53.

Hanf, Reinhardt: Veröffentlichte Jahresabschlüsse von Unternehmen im Deutschen Kaiserreich. Bedeutung und Aussagewert für wirtschaftshistorische Analysen, in: Zeitschrift für Unternehmensgeschichte 23 (1978), S. 145 – 172.

Hansen, Fritz: Großhandel und Industrie optisch-photographischer Bedarfsartikel, Berlin 1918.

Hellmuth, Edith/Mühlfriedel, Wolfgang: Zeiss 1846 – 1905. Vom Atelier für Mechanik zum führenden Unternehmen des optischen Gerätebaus, Köln/Weimar/Wien 1996.

Herberger, Klaus: Das Stiftungsunternehmen als Instrument zur Nachhaltigkeit einer Stiftung. Der Modellfall Carl-Zeiss-Stiftung, in: Achleitner, Ann-Kristin/Block, Jörn/Strachwitz, Rupert Graf (Hrsg.): Stiftungsunternehmen. Theorie und Praxis, Wiesbaden 2018, S. 181 – 215.

Hesse, Jan-Otmar/Köster, Roman/Plumpe, Werner: Die große Depression. Die Weltwirtschaftskrise 1929 – 1939, Frankfurt a. M./New York 2014.

Hochhold, Stefanie/Rudolph, Bernd: Prinzipal-Agenten-Theorie, in: Schwaiger, Manfred/Meyer, Anton (Hrsg.): Theorien und Methoden der Betriebswirtschaft. Handbuch für Wissenschaftler und Studierende, München 2009, S. 131 – 146.

Hoffmann, Walther G.: Das Wachstum der deutschen Wirtschaft seit der Mitte des 19. Jahrhunderts, Berlin 1965.

Hoffmann-Rehnitz, Philip/Krischer, André/Pohlig, Matthias: Entscheiden als Problem der Geschichtswissenschaft, in: Zeitschrift für Historische Forschung 45 (2018), S. 217 – 281.

Homberg, Wilhelm: Die optische Industrie in Wetzlar, Gießen 1928.

Hoof, Florian: Engel der Effizienz: Eine Mediengeschichte der Unternehmensberatung, Paderborn 2015.

Hüttmann, Hans Dieter: Entwicklungsgeschichte des Glases für optische und technische Zwecke im 19. Jahrhundert, in: Treue, Wilhelm/Mauel, Kurt (Hrsg.): Naturwissenschaft, Technik und Wirtschaft im 19. Jahrhundert. Acht Gespräche der Georg-Agricola-Gesellschaft zur Förderung der Geschichte der Naturwissenschaften und der Technik. Teil 2, Göttingen 1976, S. 565 – 578.

Jakob, Mark/Nützenadel, Alexander/Streb, Jochen (Hrsg.): Erfahrung und Erwartung. Jahrbuch für Wirtschaftsgeschichte 59 (2018).

Jensen, Michael C./Meckling, William H.: Theory of the firm. Managerial behavior, agency costs and ownership structure, in: Journal of Financial Economics 3 (1976) 4, S. 305 – 360.

Johnson, Jeffrey Allan: Die Gründung und Entwicklung des Kaiser-Wilhelm-Instituts für Chemie 1905 – 1930, in: Kant, Horst (Hrsg.): 100 Jahre Kaiser-Wilhelm-/Max-Planck-Institut für Chemie (Otto-Hahn-Institut). Facetten seiner Geschichte, Berlin 2012, S. 21 – 52.

Kappler, Dieter/Steiner, Jürgen: Schott 1884 – 2009. Vom Glaslabor zum Technologiekonzern, Mainz 2009.

Karlsch, Rainer: Die Carl-Zeiss-Stiftung in Jena 1945 bis 1989, in: Plumpe, Werner (Hrsg.): Eine Vision. Zwei Unternehmen. 125 Jahre Carl-Zeiss-Stiftung, München 2014, S. 195 – 237.

Kaschke, Michael: Vorwort, in: Paetrow, Stephan: ... was zusammen gehört. 20 Jahre Wiedervereinigung von Carl Zeiss, herausgegeben vom Carl Zeiss Archiv, Hamburg 2011, S. 4 – 8.

Kieser, Alfred/Nicolai, Alexander: Trotz eklatanter Erfolgslosigkeit. Die Erfolgsfaktorenforschung weiter auf Erfolgskurs, in: Die Betriebswirtschaft 62 (2002), S. 579 – 596.

Kieser, Alfred/Walgenbach, Peter: Organisation, 5. Auflage, Stuttgart 2007.

Kleinschmidt, Christian: Technik und Wirtschaft im 19. und 20. Jahrhundert, München 2006.

Kleinschmidt, Christian: Das 21. Jahrhundert – Die Stiftungsreform, in: Plumpe, Werner (Hrsg.): Eine Vision. Zwei Unternehmen. 125 Jahre Carl-Zeiss-Stiftung, München 2014, S. 331 – 361.

Koch, Herbert: Geschichte der Stadt Jena, Stuttgart 1966.

Kocka, Jürgen: Industrielles Management. Konzeptionen und Modelle in Deutschland vor 1914, in: Vierteljahrschrift für Sozial- und Wirtschaftsgeschichte 56 (1969), S. 332 – 372.

Kocka, Jürgen: Großunternehmen und der Aufstieg des Manager-Kapitalismus im späten 19. und frühen 20. Jahrhundert. Deutschland im internationalen Vergleich, in: Historische Zeitschrift 232 (1981), S. 39 – 60.

Köhler, Ingo: Aufstieg der Stiftungsunternehmen. Neue Formen der hybriden Governance von Familienunternehmen, 1950 – 2000, in: Ders./Roelevink, Eva-Maria (Hrsg.): Transformative Moderne. Struktur, Prozess und Handeln in der Wirtschaft. Festschrift für Dieter Ziegler zum 65. Geburtstag, Münster 2021, S. 357 – 386.

König, Wolfgang: Kleine Geschichte der Konsumgesellschaft. Konsum als Lebensform der Moderne, 2. überarbeitete Auflage, Stuttgart 2013.

Krüß, Hugo: Die Entwicklung der feinmechanischen und optischen Industrie im Kriege, in: Zeitschrift der deutschen Gesellschaft für Mechanik und Optik 3 und 4 (1920), S. 16 – 17.

Kuck, Kristin: Metaphorische Szenarien. Eine Analyseeinheit der linguistischen Epistemologie, in: Wengeler, Martin/Ziem, Alexander (Hrsg.): Diskurs, Wissen, Sprache. Linguistische Annäherungen an kulturwissenschaftliche Fragen, Berlin/Boston 2018, S. 243 – 270.

Kurze, Bertram: Industriearchitektur eines Weltunternehmens. Carl Zeiss 1880 – 1945, Erfurt 2006.

Landes, David: Die Macht der Familie. Wirtschaftsdynastien in der Weltgeschichte, München 2008.

Laux, Helmut/Gillenkirch, Robert M./Schenk-Mathes, Heike Y.: Entscheidungstheorie, 9. Auflage, Berlin 2014.

Lehmann, Karl: Lehrbuch des Handelsrechts, Leipzig 1908.

Lemuth, Oliver: Alles Abbe? Wertzuweisungen und Deutungskämpfe in einer Erinnerungs- und Rezeptionsgeschichte, in: John, Jürgen/Ulbricht, Justus H. (Hrsg.): Jena. Ein nationaler Erinnerungsort?, Köln 2007, S. 483 – 496.

Liebold, Birgit/Franz, Margret (Hrsg.): Volkshaus Jena, Versuch einer Chronik. 1903 – 2003, 100 Jahre, Jena/Quedlinburg 2003.

Lindner, Reinhold: Die Umwandlung einer Stiftung in eine Aktiengesellschaft – am Fallbeispiel der Carl-Zeiss-Stiftung, Jena 2004.

Lingelbach, Gerhard: Juristische Aspekte zur Gründung, in: Stolz, Rüdiger/Wittig, Joachim (Hrsg.): Carl Zeiss und Ernst Abbe: Leben, Wirken und Bedeutung, Jena 1993, S. 51 – 60.

Lorentz, Bernhard/Erker, Paul: Chemie und Politik. Die Geschichte der Chemischen Werke Hüls 1938 bis 1979. Eine Studie zum Problem der Corporate Governance, München 2003.

Luhmann, Niklas: Zweckbegriff und Systemrationalität. Über die Funktion von Zwecken in sozialen Systemen, Tübingen 1968.

Luhmann, Niklas: Soziologische Aspekte des Entscheidungsverhaltens, in: Die Betriebswirtschaft 44 (1984), S. 591 – 603.

Luhmann, Niklas: Soziologie des Risikos, Berlin/New York 1991.

Luhmann, Niklas: Die Paradoxie des Entscheidens, in: Verwaltungsarchiv 84 (1993), S. 287 – 310.

Luhmann, Niklas: Vertrauen. Ein Mechanismus der Reduktion sozialer Komplexität, 4. Auflage, Stuttgart 2000.

Luhmann, Niklas: Zur Komplexität von Entscheidungssituationen, in: Soziale Systeme 15 (2009), S. 3 – 35.

Luhmann, Niklas: Organisation und Entscheidung, 3. Auflage, Wiesbaden 2011.

Luhmann, Niklas: Kann die Verwaltung wirtschaftlich handeln?, in: Ders.: Schriften zur Organisation, Bd. 1: Die Wirklichkeit der Organisation. Herausgegeben von Ernst Lukas und Veronika Tacke, Wiesbaden 2018, S. 111 – 134.

Luhmann, Niklas: Lob der Routine, in: Ders.: Schriften zur Organisation, Bd. 1: Die Wirklichkeit der Organisation. Herausgegeben von Ernst Lukas und Veronika Tacke, Wiesbaden 2018, S. 293 – 332.

Luhmann, Niklas: Soziologische Aufklärung Bd. 3: Soziales System, Gesellschaft, Organisation, 6. Auflage, Wiesbaden 2018.

Lutter, Marcus: Der Aufsichtsrat im Wandel der Zeit – von seinen Anfängen bis heute, in: Bayer, Walter/Habersack, Mathias (Hrsg.): Aktienrecht im Wandel, Bd. 2, Tübingen 2007, S. 389 – 429.

Mahnke, Reinhard: Die Mathematisch-Naturwissenschaftliche Fakultät, in: Maeß, Gerhard (Hrsg.): Mögen viele Lehrmeinungen um die eine Wahrheit ringen – 575 Jahre Universität Rostock, Rostock 1994, S. 219 – 249.

Markowski, Frank: Präzisionsarbeit, Massenproduktion und Gruppensystem. Arbeit und Technik bei Carl Zeiss bis zur Weltwirtschaftskrise, in: Ders. (Hrsg.): Der letzte Schliff. 150 Jahre Arbeit und Alltag bei Carl Zeiss, Berlin 1997, S. 54 – 75.

Markowski, Frank: Schmeißt Kotthaus aus dem Fenster! Arbeitskonflikte bei Carl Zeiss von der Jahrhundertwende bis zur Rationalisierung in der Weimarer Republik, in: Ders. (Hrsg): Der letzte Schliff, S. 76 – 95.

Marx, Christian: Paul Reusch und die Gutehoffnungshütte: Leitung eines deutschen Großunternehmens, Göttingen 2013.

Matthes, Christoph: Finanzier, Förderer, Vertragspartner. Die Universität Jena und die optische Industrie 1886 – 1971, Köln u. a. 2014.

Miles, Samantha: Stakeholder Theory Classification, Definitions and Essential Contestability, in: Wasieleski, David M./Weber, James (Hrsg.): Stakeholder Management, Bingley 2017, S. 21 – 48.

Mittelsdorf, Harald: Die Geschichte der Saale-Talsperren (1890 – 1945), Jena 2007.

Moser, Eva: „Rodenstock, Josef“, in: Neue Deutsche Biographie (NDB), Bd. 21, Berlin 2003, S. 695 f.

Mühlfriedel, Wolfgang/Hellmuth, Edith: Carl Zeiss in Jena 1945 – 1990, Köln/Weimar/Wien 2004.

Mulert, Jürgen: Erfolgsbeteiligung und Vermögensbildung der Arbeitnehmer bei der Firma Robert Bosch zwischen 1886 und 1945, in: Zeitschrift für Unternehmensgeschichte 30 (1985) 1, S. 1 – 29.

Mustaghni, Basir: Einfluss von Corporate Governance auf den Erfolg von Unternehmen. Eine Untersuchung börsennotierter Unternehmen in Deutschland, Frankfurt a. M. 2012.

Nebe, Wolfgang: Ernst Abbes ethische und religiöse Überzeugungen, in: Jenaer Jahrbuch zur Technik – und Industriegeschichte, Bd. 7 (2005), S. 108 – 124.

Neher, Franz L.: „Deckel, Friedrich Wilhelm“, in: Neue Deutsche Biographie (NDB), Bd. 3, Berlin 1957, S. 543 – 544.

Neumayer, Wolfgang W.: „Direkt“-Gewinnbeteiligung durch Leistungslohn und Plankostenrechnung, in: Zeitschrift für Betriebswirtschaft 21 (1951) 5, S. 269 – 293.

Nieberding, Anne/Wischermann, Clemens: Unternehmensgeschichte im institutionellen Paradigma, in: Zeitschrift für Unternehmensgeschichte 1 (1998), S. 35 – 48.

Nieberding, Anne: Unternehmenskultur im Kaiserreich. J.M.Voith und die Farbenfabriken vorm. Friedr. Bayer & Co, München 2003.

Nieberding, Anne: Unternehmenskultur in historischer Perspektive. Chancen und Grenzen eines Forschungsansatzes – dargestellt am Beispiel eines Chemieunternehmens, in: Rupieper, Hermann-Josef/Wagner-Kyora, Georg/Sattler, Friederike (Hrsg.): Die mitteldeutsche Chemieindustrie und ihre Arbeiter im 20. Jahrhundert, Halle 2005, S. 52 – 75.

Ohne Autor: „Investieren“, in: Dudenredaktion (Hrsg.): Duden – Das Herkunftswörterbuch. Etymologie der deutschen Sprache, Berlin 2020, S. 397.

Ohne Autor: „Kommissar“, Meyers Großes Konversations-Lexikon, Band 11. Leipzig 1907, S. 329, http://www.zeno.org/nid/20006917887, letzter Aufruf: 5.1.2020.

Ohne Autor: „Sozius“, in: Meyers Großes Konversations-Lexikon, Band 18. Leipzig 1909, S. 562. http://www.zeno.org/nid/20007487711, letzter Aufruf: 10.4.2020.

Paetrow, Stephan/Wimmer, Wolfgang: Carl Zeiss. Eine Biografie 1816 – 1888, herausgegeben vom ZEISS Archiv, Köln/Weimar/Wien 2016.

Pahlow, Louis: „ ... antikapitalistisch, aber keineswegs socialistisch“. Das Statut der Carl-Zeiss-Stiftung von 1896, in: Plumpe, Werner (Hrsg.): Eine Vision. Zwei Unternehmen. 125 Jahre Carl-Zeiss-Stiftung, München 2014, S. 65 – 85.

Pahlow, Louis/Steiner, André: Die Carl-Zeiss-Stiftung in Wiedervereinigung und Globalisierung 1989 – 2004, Göttingen 2017.

Pierstorff, Julius: Die Carl Zeiß-Stiftung, ein Versuch zur Fortbildung des großindustriellen Arbeitsrechts. Sonderabdruck aus Schmollers Jahrbuch, Bd. 21, Heft 2, Leipzig 1897.

Plumpe, Werner: Menschenfreundlichkeit und Geschäftsinteresse. Die betriebliche Sozialpolitik Ernst Abbes im Lichte der modernen Theorie, in: Markowski, Frank (Hrsg.): Der letzte Schliff. 150 Jahre Arbeit und Alltag bei Carl Zeiss, Berlin 1997, S. 10 – 33.

Plumpe, Werner: Die Neue Institutionenökonomik und die moderne Wirtschaft. Zur wirtschaftshistorischen Reichweite institutionenökonomischer Argumente am Beispiel des Handlungsmodells der Rationalität, in: Wischermann, Clemens/Ellerbrock, Karl-Peter (Hrsg.): Die Wirtschaftsgeschichte vor der Herausforderung durch die New Institutional Economics, Dortmund 2004, S. 31 – 57.

Plumpe, Werner: Industrielle Beziehungen, in: Ambrosius, Gerold/Petzina, Dietmar/Ders. (Hrsg.): Moderne Wirtschaftsgeschichte. Eine Einführung für Historiker und Ökonomen, 2. überarbeitete und erweiterte Auflage, München 2006, S. 391 – 426.

Plumpe, Werner: Wirtschaftskrisen. Geschichte und Gegenwart, 4. durchgesehene und aktualisierte Auflage, München 2013.

Plumpe, Werner: Die Carl-Zeiss-Stiftung 1896 bis 1933, in: Ders. (Hrsg.): Eine Vision. Zwei Unternehmen. 125 Jahre Carl-Zeiss-Stiftung, München 2014, S. 87 – 145.

Plumpe, Werner: Exposé: Die Geschichte der Carl-Zeiss-Stiftung 1896 – 1933, unveröffentlichtes Manuskript, 2014.

Plumpe, Werner: Carl Duisberg 1861 – 1935. Anatomie eines Industriellen, München 2016.

Plumpe, Werner: Wie entscheiden Unternehmen?, in: Zeitschrift für Unternehmensgeschichte 61 (2016), S. 141 – 159.

Plumpe, Werner: Unternehmensgeschichte im 19. und 20. Jahrhundert, Berlin/Boston 2018.

Plumpe, Werner: Den Boden verloren! Die multiple Krise des bürgerlichen Lebens im Zeitalter des Ersten Weltkriegs, in: Hettling, Manfred/Pohle, Richard (Hrsg.): Bürgertum. Bilanzen, Perspektiven, Begriffe, Göttingen 2019, S. 205 – 236.

Pohl, Hans: Zur Geschichte von Organisation und Leitung deutscher Grossunternehmen seit dem 19. Jahrhundert, in: Zeitschrift für Unternehmensgeschichte 26 (1981), S. 143 – 178.

Priemel, Kim Christian: Flick. Eine Konzerngeschichte vom Kaiserreich bis zur Bundesrepublik, Göttingen 2007.

Rahn, Horst-Joachim/Mintert, Svenja: Unternehmensführung, Herne 2019.

Rohr, Moritz von: Zur Geschichte der Zeissischen Werkstätte bis zum Tode Ernst Abbes, 2. Auflage, Jena 1936.

Rohr, Moritz von: Ernst Abbe, Jena 1940.

Roth, Günter D.: Die Grundlagen für eine Optische Industrie in München. Ein Werk von Joseph von Utzschneider und Carl August von Steinheil, in: Tradition 5 (1960), S. 15–26.

Roth, Günter D.: Entwicklung der optischen Industrie in München im 19. Jahrhundert, in: Treue, Wilhelm/Mauel, Kurt (Hrsg.): Naturwissenschaft, Technik und Wirtschaft im 19. Jahrhundert, Göttingen 1976, S. 579–586.

Runkel, Gunter: Genossenschaft, Repräsentation und Partizipation, Berlin u. a. 2003.

Sartorius-Herbst, Karin/Bracht, Karl/Barankewitz, Jörg: Vom Universitäts-Mechanikus zum Global Player. Sartorius-Chronik von 1870 bis 2005, Göttingen 2006.

Saßmannshausen, Sean Patrick: Carl Zeiss – Wachstum in schwieriger Zeit. Ein Beitrag zur Unternehmensgeschichte von 1914–1930, Hamburg 2003.

Schielicke, Reinhard E.: Rudolf Straubel 1864–1943, Jena 2017.

Schmidt, Alexander K.: Erfinderprinzip und Erfinderpersönlichkeitsrecht im deutschen Patentrecht von 1877–1936, Tübingen 2009.

Schmidt, Jürgen: Arbeiter in der Moderne, Arbeitsbedingungen, Lebenswelten, Organisationen, Frankfurt a. M./New York 2015.

Schmitz, Emil-Heinz: Handbuch zur Geschichte der Optik, Ergänzungsband 2, Teil A, Bonn 1989.

Schmoller, Gustav: Über Gewinnbeteiligung, in: Ders.: Zur Social- und Gewerbepolitik der Gegenwart, Leipzig 1890, S. 441–461.

Schmoller, Gustav: Ernst Abbes Sozialpolitische Schriften. Ein Beitrag zur Lehre vom Wesen und Gewinn der modernen Großunternehmung und von der Stellung der Arbeiter in ihr, in: Jahrbuch für Gesetzgebung, Verwaltung und Volkswirtschaft im Deutschen Reich, herausgegeben von Gustav Schmoller 31 (1907), S. 1–29.

Schomerus, Friedrich: Geschichte des Jenaer Zeisswerkes 1846–1946, Stuttgart 1952.

Schubert, Werner: Die Abschaffung des Konzessionssystems durch die Aktienrechtsnovelle von 1870, in: Zeitschrift für Unternehmens- und Gesellschaftsrecht 10 (1981), S. 285–317.

Schultze, Joachim H.: Jena. Werden, Wachstum und Entwicklungsmöglichkeiten der Universitäts- und Industriestadt, Jena 1955.

Schumann, Wilhelm: Kapitalaufbau und Finanzierungsmethoden der deutschen optischen Industrie, Gelnhausen 1935.

Schumann, Wolfgang (u. a.): Carl Zeiss, Jena, einst und jetzt, Berlin 1962.

Schumpeter, Joseph: Theorie der wirtschaftlichen Entwicklung, Leipzig 1912.

Seckelmann, Margrit: Industrialisierung, Internationalisierung und Patentrecht im Deutschen Reich, 1871–1914, Frankfurt a. M. 2006.

Seibt, Christoph H.: Informationsfluss zwischen Vorstand und Aufsichtsrat (dualistisches Leitungssystem) bzw. innerhalb des Verwaltungsrats (monistisches Leitungssystem), in: Hommelhoff, Peter/Hopt, Klaus J./Werder, Axel von (Hrsg.): Handbuch Corporate Governance. Leitung und Überwachung börsennotierter Unternehmen in der Rechts- und Wirtschaftspraxis, Stuttgart 2009, S. 391–422.

Siegler, Albrecht: Der Beteiligungsgedanke im 19. und frühen 20. Jahrhundert und seine Beurteilung durch die organisierte Arbeitnehmerschaft. Parallelen zur Entwicklung der Gegenwart?, in: Die Betriebswirtschaft 39 (1979) 1b, S. 143–153.

Simon, Herbert A.: A Behavioral Model of Rational Choice, in: The Quarterly Journal of Economics 69 (1955), S. 99–118.

Simon, Herbert A.: Models of Man, Social and Rational: Mathematical Essays on Rational Human Behavior in a Social Setting, New York 1957.

Spahl, Siegfried: Geschichtliche Entwicklung des BVW, in: Personal 42 (1990), S. 178–180.

Spenkuch, Hartwin (Hrsg.): Preußische Universitätspolitik im Deutschen Kaiserreich. Dokumente zu Grundproblemen und ausgewählten Professorenberufungen in den Philosophischen Fakultäten zur Zeit Friedrich Althoffs (1897 bis 1907), Berlin/Boston 2018.

Spoerer, Mark: „Wahre Bilanzen!" Die Steuerbilanz als unternehmenshistorische Quelle, in: Zeitschrift für Unternehmensgeschichte 40 (1995), S. 158 – 179.

Springer, Ralf: Biographische Studien zum Sozialreformer und Politiker Friedrich Schomerus (1876 – 1963), Oldenburg 2003.

Stavenhagen, Gerhard: Geschichte der Wirtschaftstheorie, 4. durchgesehene und erweiterte Auflage, Göttingen 1969.

Steinbach, Peter/Demel, Sebastian: Ernst Abbe und die Gründung der Carl-Zeiss-Stiftung. Wissenschaftsförderung – Gestaltungswille – Verantwortung, in: Plumpe, Werner (Hrsg.): Eine Vision. Zwei Unternehmen. 125 Jahre Carl-Zeiss-Stiftung, München 2014, S. 29 – 63.

Steiner, André: Die (Wieder-)Vereinigung der Carl-Zeiss-Stiftungen West und Ost, in: Plumpe, Werner (Hrsg.): Eine Vision. Zwei Unternehmen. 125 Jahre Carl-Zeiss-Stiftung, München 2014, S. 293 – 329.

Steiner, Jürgen/Hoff, Uta: Vom Versuchslaboratorium zum Weltunternehmen. Das Jenaer Glaswerk 1884 – 1934, in: John, Jürgen/Wahl, Volker (Hrsg.): Zwischen Konvention und Avantgarde. Doppelstadt Jena-Weimar, Weimar 1995, S. 209 – 232.

Steinfeld, Frederic: Das quantifizierte Unternehmen. Rechnungswesen und Entscheidungen in der deutschen chemischen Industrie, 1863 – 1916, Berlin/München/Boston 2021.

Stolz, Rüdiger/Wittig, Joachim (Hrsg.): Carl Zeiss und Ernst Abbe: Leben, Wirken und Bedeutung, Jena 1993.

Stolz, Rüdiger: Die Naturwissenschaften zur Zeit von Carl Zeiß, in: Ders./Wittig, Joachim (Hrsg.): Carl Zeiss und Ernst Abbe: Leben, Wirken und Bedeutung, Jena 1993, S. 15 – 20.

Strachwitz, Rupert Graf: Die Stiftung – ein Paradox?: Zur Legitimität von Stiftungen in einer politischen Ordnung, Stuttgart 2010.

Stutz, Rüdiger: Im Banne der Zahlen. Zwei Umfragen des Deutschen Metallarbeiter-Verbandes zur „objektiven Lage" der Arbeiter in der optischen Industrie, 1927 und 1931, in: Gerber, Stefan/Greiling, Werner/Swiniartzki, Marco (Hrsg.): Thüringen im Industriezeitalter. Konzepte, Fallbeispiele und regionale Verläufe vom 18. bis zum 20. Jahrhundert, Wien/Köln/Weimar 2019, S. 325 – 350.

Swiniartzki, Marco: Die Industriegewerkschaften in Thüringen bis 1933. Entwicklungslinien, Organisationsbedingungen, Forschungsfragen, in: Gerber, Stefan/Greiling, Werner/Ders. (Hrsg.): Thüringen im Industriezeitalter. Konzepte, Fallbeispiele und regionale Verläufe vom 18. bis zum 20. Jahrhundert, Wien/Köln/Weimar 2019, S. 291 – 324.

Thommen, Jean-Paul, u. a.: Allgemeine Betriebswirtschaftslehre. Umfassende Einführung aus managementorientierter Sicht, 6. überarbeitete und erweiterte Auflage, Wiesbaden 2009.

Treml, Karl: Beiträge zum Stiftungsrecht in Baden-Württemberg, Tübingen 1961.

Ullmann, Hans-Peter: „Kriegswirtschaft", in: Hirschfeld, Gerhard/Krumeich, Gerd/Renz, Irina (Hrsg.): Enzyklopädie Erster Weltkrieg, 2. Auflage, Paderborn u. a. 2014, S. 220 – 232.

Vogel, Paul: Die Entwicklung und Bedeutung der optisch-feinmechanischen Industrie in der Schweiz, Bern 1949.

Vorstand des Deutschen Metallarbeiterverbandes (Hrsg.): Die deutsche optische Industrie und ihre Arbeiter, Stuttgart 1927.

Walter, Rolf: Zeiss 1905 – 1945, Köln/Weimar/Wien 2000.

Walter, Rolf: Die Carl-Zeiss-Stiftung damals und heute, in: Plumpe, Werner (Hrsg.): Eine Vision. Zwei Unternehmen. 125 Jahre Carl-Zeiss-Stiftung, München 2014, S. 363 – 387.

Weber, Thomas: Anreizsysteme für die betriebliche Forschung und Entwicklung, Wiesbaden 2006.

Wedel-Schaper, Eva: Deutsches Reich (Kaiserreich, Weimarer Republik, Drittes Reich), in: Imhof, Arthur E. (Hrsg.) unter Mitwirkung von Hans-Ulrich Kamke: Lebenserwartungen in Deutschland, Norwegen und Schweden im 19. und 20. Jahrhundert, Berlin 1994, S. 173 – 249.

Wehler, Hans-Ulrich: Das deutsche Kaiserreich 1871 – 1918, 7. Auflage, Göttingen 1994.

Weinel, Heinrich: Der Sinn der Carl Zeiß-Stiftung. Ernst Abbes sozialpolitische Gedanken. Aus seinen Vorträgen und Schriften, Langensalza 1925.

Welskopp, Thomas: Unternehmen Praxisgeschichte. Historische Perspektiven auf Kapitalismus, Arbeit und Klassengesellschaft, Tübingen 2014.

Wetzel, Walter: Naturwissenschaften und chemische Industrie in Deutschland. Voraussetzungen und Mechanismen ihres Aufstiegs im 19. Jahrhundert, Stuttgart 1991.

Williamson, Oliver E.: Markets and hierarchies. Analysis and antitrust implications. A study in the economics of internal organization, New York 1975.

Williamson, Oliver E.: Comparative Economic Organization, in: Ordelheide, Dieter/Rudolph, Bernd/ Büsselmann, Elke (Hrsg.): Betriebswirtschaftslehre und ökonomische Theorie, Stuttgart 1991, S. 13 – 50.

Wimmer, Wolfgang: Das Verhältnis von Carl-Zeiss-Stiftung und Zeisswerk zur Universität bis 1933, in: Steinbach, Matthias/Gerber, Stefan (Hrsg.): „Klassische Universität" und „akademische Provinz". Studien zur Universität Jena von der Mitte des 19. bis in die dreißiger Jahre des 20. Jahrhunderts, Quedlinburg 2005, S. 59 – 76.

Wimmer, Wolfgang: Carl Zeiss im Ersten Weltkrieg, in: Hellmann, Birgitt/Mieth, Matias (Hrsg.): Heimatfront. Eine mitteldeutsche Universitätsstadt im Ersten Weltkrieg (Begleitband zur Ausstellung im Stadtmuseum Jena 3. Oktober 2014 bis 15. März 2015), Jena 2014, S. 193 – 212.

Wischermann, Clemens/Nieberding, Anne: Die institutionelle Revolution. Eine Einführung in die deutsche Wirtschaftsgeschichte des 19. und frühen 20. Jahrhunderts, Stuttgart 2004.

Wischermann, Clemens: Neue Institutionenökonomik, in: Ders./Patzel-Mattern, Katja/Lutz, Martin/ Jungkind, Thilo (Hrsg.): Studienbuch institutionelle Wirtschafts- und Unternehmensgeschichte, Stuttgart 2015, S. 20 – 32.

Wittig, Joachim: Carl Zeiß und die Universität Jena, in: Stolz, Rüdiger/Ders. (Hrsg.): Carl Zeiss und Ernst Abbe: Leben, Wirken und Bedeutung, Jena 1993, S. 21 – 36.

Wittig, Joachim: Carl-Zeiss-Stiftung, Universität und Stadt Jena (1890 – 1920), in: Stolz, Rüdiger/Ders. (Hrsg.): Carl Zeiss und Ernst Abbe: Leben, Wirken und Bedeutung, Jena 1993, S. 61 – 98.

Wörfel, Erhard: Die Arbeiterregierung in Thüringen im Jahre 1923, Erfurt 1974.

Wuttig, Ernst: Die Carl-Zeiss-Stiftung in Jena und ihre Bedeutung für die Forschung, in: Brauer, Ludolph/Mendelssohn-Bartholdy, Albrecht/Meyer, Adolf (Hrsg.): Forschungsinstitute. Ihre Geschichte, Organisation und Ziele, Bd. 1, Hamburg 1930, S. 441 – 449.

Ziegler, Dieter: Das Zeitalter der Industrialisierung, in: Michael North (Hrsg.): Deutsche Wirtschaftsgeschichte. Ein Jahrtausend im Überblick, München 2000, S. 192 – 281.

Ziegler, Dieter: Die Carl-Zeiss-Stiftung Heidenheim 1948 bis 1989, in: Plumpe, Werner (Hrsg.): Eine Vision. Zwei Unternehmen. 125 Jahre Carl-Zeiss-Stiftung, München 2014, S. 239 – 291.

Zschimmer, Eberhard: Die Glasindustrie in Jena. Ein Werk von Schott und Abbe. Entstehung und Entwicklung in den ersten 25 Jahren, 2. Auflage, Jena 1923.

Personenregister

https://doi.org/10.1515/9783111053233-013

Sachregister

https://doi.org/10.1515/9783111053233-014

www.ingramcontent.com/pod-product-compliance
Lightning Source LLC
LaVergne TN
LVHW102230300926
849160LV00006B/81